BUNDES
LIGA
BUNDES
LIGA

EnBW
BUNDES
LIGA

Das offizielle Saisonbuch BUNDESLIGA 2007

Seestrasse 473, CH-8038 Zürich
0041-43-3050560
www.sportverlageuropa.com

Herausgeber:
DFL Deutsche Fußball Liga GmbH
Guiollettstraße 44-46
60325 Frankfurt/M.
Telefon 069/65005-0
Telefax 069/65005-555
Internet www.bundesliga.de .
E-Mail info@bundesliga.de

Projektleitung: Tom Bender (DFL)

Konzeption: Sportverlag Europa Medien AG, Zürich

Chefredaktion:
Christian Pfennig (DFL),
Ulrich Kühne-Hellmessen,
Michael Novak (beide SVE)

Redaktionelle Mitarbeit:
Alex Jacob, Dirk Jaschok, Markus Schmidt, Ulrike Siebert (alle DFL), Daniel Fricker (SVE), Klaus Feuerherm, Christian Ortlepp, Oliver Trust

Autor:
Guido Buchwald

Weitere Autoren: Jean-Julien Beer, Harald Büttner, Gregor Derichs, Michael Eckardt, Roland Hessel, Rainer Kalb, Rainer Klusmeyer, Horst Konzok, Jens Mende, Babak Milani, Thomas Mörs, Marc Rotermund, Hartmut Scherzer, Mathias Sonnenberg, Thomas Stein, Hans-Joachim Zwingmann

Art Direktion:
Ueli Cigner (CVC)

Grafik: Nicole Gut, Janine Leemann, Sylvi Rieder, Andy Suter

Koordination:
Inge Borries (DFL)

Fotoredaktion:
Witters Sport-Presse-Fotos GmbH, Hamburg
Ulrich Winkelmann (Ltg.),
Tay Duc Lam, Klaus Radetzki

Fotonachweis: Alle Fotos Witters Sport-Presse-Fotos GmbH: Matthias Hangst, Tay Duc Lam, Nadine Rupp, Uwe Speck, Miguel Villagran, Valeria Witters;
Zusatzfotos: Alfred Harder, Heiko Rhode, Klaus Feuerherm, Camera 4, Sampics

Lektorat/Schlussredaktion:
Dr. Harro Schweizer, Berlin

Anzeigen:
Katja Beck (DFL)

Druck:
Interak AG, Polen
Printed in Poland 2006
ISBN (10) 3-905698-15-3
ISBN (13) 978-3-905698-15-2

Statistik: IMPIRE Hamburg/München
Florian Holzkamp, Jörn Wendland
Sämtliche statistische Daten haben den Stichtag 20. Mai 2007

IMPIRE DATENBANK

streller
9
stuttgart

Liebe Fußball-Freunde,

wer hätte das gedacht? Nach der WM-Euphorie hatten wohl viele damit gerechnet, dass das Fußball-Fieber etwas sinken würde. Doch weit gefehlt. Ob in der Bundesliga oder der 2. Bundesliga – die Zuschauerzahlen schlugen alle Rekorde. Vor allem in der 2. Liga ist der Zuschauer-Zuspruch so groß, dass die durchschnittlichen Besucherzahlen nahezu denen der italienischen Serie A entsprechen. Nicht anders bei den TV-Einschaltquoten – Profi-Fußball ist in Deutschland so „in" wie noch nie.

Gäbe es eine Rangliste für Spannung und Emotion – unsere Ligen wären hier ebenfalls rekordverdächtig. Spannung bis zum letzten Spieltag im Titelkampf und bei der Frage nach dem Aufstieg – sowohl in die Bundesliga als auch in die 2. Liga. Diese Spielzeit hat alles geboten, was des Fußball-Fans Herz begehrt.

Und eine weitere Fußball-Weisheit hat sich bewahrheitet: Im Sport lässt sich nicht alles planen. Spieler sind Menschen, keine Maschinen. Sie sind ebenso Formschwankungen unterlegen wie verletzungsanfällig. Die Unwägbarkeiten hatten fast zwei Drittel der Clubs in den Abstiegskampf verstrickt. Im Titelrennen hatte schließlich die Elf mit dem größten „Nachwuchsanteil" die Nase vorn. Herzlichen Glückwunsch dem VfB Stuttgart zur Meisterschaft.

Natürlich gilt mein Mitgefühl auch den Schalkern und ihrer großen Anhängerschaft. Wieder so kurz vor dem großen Triumph – und wieder so kurz vor dem Ziel abgefangen – wie vor zwei Jahren und auch wie vor sechs Jahren, als man zum „Meister der Herzen" und erst Sekunden vor dem letzten Schlusspfiff „geschlagen" worden war.

Den ebenso bitteren Weg des Abstiegs müssen leider die mit so großen Erwartungen gestarteten Borussen aus Mönchengladbach gehen. Wie auch der 1. FSV Mainz 05, der drei Jahre lang für ein positives Bild in der Liga gesorgt hat und der Bundesliga fehlen wird. Die Aachener Alemannen gingen durch ein Wechselbad der sportlichen Gefühle – und haben den Klassenerhalt nur knapp verfehlt. Aber ich bin mir sicher – alle drei Clubs werden mit dafür sorgen, dass es in einer sehr starken 2. Bundesliga attraktiven Fußball geben wird.

Doch all diese positiven Aspekte dürfen nicht darüber hinwegtäuschen, dass es auf europäischer Ebene trotz teilweise hervorragendem Fußball wieder nicht zu einem Titel gereicht hat. Einmal mehr wurde deutlich, dass beispielsweise „auf der Insel" und in Südeuropa mit erheblich mehr Geld und teilweise fragwürdigem Geschäftsgebaren auch größere Erfolge erzielt werden. Ob es sich um Vermarktungsmöglichkeiten, um Gehaltsobergrenzen – dem so genannten Salary-Cap – oder um einheitliche Lizenzierungsverfahren handelt: Wir werden immer mehr über unsere Landesgrenzen hinaus schauen müssen. Hier gilt es, den Abstand zu verkleinern.

So gerne ich dieses Vorwort zur gedruckten „Nachlese" über eine sehr erfolgreiche Spielzeit auch schreibe, so traurig macht mich dies gleichzeitig. Denn ich mache dies eigentlich nur in Vertretung. In Vertretung eines engen persönlichen Freundes, eines großen Fußball-Fachmannes und akzeptierten wie respektierten Ligapräsidenten – Werner Hackmann. Durch seinen plötzlichen Tod ist eine Lücke entstanden, die nur schwerlich ganz zu schließen sein wird. Dieses offizielle Saisonbuch soll vor allem auch ihm gewidmet sein.

In Erinnerung an Werner Hackmann, wünsche ich Ihnen bei der Lektüre viel Spaß. Ganz in seinem Sinne. Denn gerade er hatte immer ein Ziel: allen Fans, den Spielern und den Clubverantwortlichen den Spaß am Fußball zu erhalten.

Wolfgang Holzhäuser
Präsident des Ligaverbandes

EDITORIAL

Die pure Meisterfreude bei VfB-Torwart Timo Hildebrand nach dem spannenden Saisonfinale mit dem 2:1 gegen Energie Cottbus.

Meisterlicher Jubel

Guido Buchwald analysiert den Weg des VfB Stuttgart zum Titel

Stuttgarts Trainer Armin Veh wird von seinen Spielern gefeiert.

Guido Buchwald (46), Weltmeister 1990, absolvierte 325 Bundesliga-Spiele (28 Tore) für den VfB Stuttgart. Mit den Schwaben gewann er 1984 und 1992 zwei Deutsche Meisterschaften. Als Trainer holte er mit den Urawa Red Diamonds 2006/07 das Double in der japanischen J-League und wurde zum „Trainer des Jahres" gewählt.

Von Guido Buchwald

Es gibt sie, die Parallelen zu 1992, als wir mit dem VfB Stuttgart den bis dahin letzten Titel gewannen. Keiner hatte mit uns Schwaben gerechnet. Mit jedem Sieg sind wir als Mannschaft zusammengewachsen. Ruhe und Weitsicht der Verantwortlichen haben ihren Teil beigetragen.

15 Jahre später diese Begeisterung zu erleben, zu sehen wie die Menschen überall in der Stadt, ja in der ganzen Region um Stuttgart herum ihre Freude zeigen, das ist etwas ganz Großes. Selbst durfte ich bis dahin der letzte Stuttgarter sein, der 1992 die Schale in Empfang nehmen konnte. Und nun war ich der, der die Schale übergeben durfte. Ein besonderer Moment. Das Gottlieb-Daimler-Stadion war elf Jahre lang auch mein Stadion, ich bin Ehrenspielführer des VfB und nun das – Meister 2007.

Glückwunsch. Unzählige Gedanken jagen einem durch den Kopf, wenn man die Männer ehrt, die es sich über 34 Spieltage verdient haben, ganz oben zu stehen. Deutscher Meister. VfB Stuttgart. Kein Zufall, sondern verdientes Ergebnis harter Arbeit. Und etwas ganz Besonderes für alle, die sich am erfrischenden Stil, der ansteckenden Leidenschaft und dem wohltuenden Teamgeist erfreut haben und den Triumph jetzt miterleben durften.

Eine Saison, die der VfB mit geradezu meisterlicher Ruhe gestaltete. Trotz aller Anfangsschwierigkeiten, trotz des fundamentalen Umbaus der Mannschaft und trotz des neuen Trainers, der sich nach Giovanni Trapattoni, einer schillernden Figur der Trainerbranche, erst einmal freischwimmen musste. Das gelang vor allem, weil Armin Veh mit Manager Horst Heldt einen Mann an seiner Seite hatte, der ihm den Rücken frei hielt. Immer und zu jeder Zeit. Vor allem, wenn Schwierigkeiten auftauchten. Wie ein alter Hase hat Heldt die Dinge aus dem Hintergrund gesteuert und sich – wenn nötig – vor Trainer, Mannschaft und Verein gestellt.

Es war Heldts erstes Jahr als Manager. Ein traumhafter Start, den er sich mit viel Engagement erarbeitet und verdient hat. Beeindruckend, wie er alle Baustellen rund um das Team so schnell wie möglich schließen konnte. Positiv wirkte sich vor allem aus: Veh und Heldt hatten bei der Verpflichtung neuer Spieler ein glückliches Händchen. Mit Ricardo Osorio und Pavel Pardo zwei Mexikaner – Pardo für eine zentrale Position – zu holen, die sich in einem fremden Land zurechtfinden müssen, war ein Risiko, aber eines, das man immer unter Kontrolle hatte.

„Veh und Heldt hatten bei der Verpflichtung neuer Spieler ein glückliches Händchen."

Viel wird darüber geredet, junge Spieler einzusetzen. Veh setzte es um, obwohl er eine Menge älterer Spieler mit reichlich Erfahrung im Kader hatte. Er baute auf die Unbekümmertheit der Jungen, schenkte ihnen Vertrauen und spekulierte auf ihren Erfolgshunger, den er in die richtigen Bahnen lenkte. Er war für die Mannschaft authentisch – als Mensch und Trainer. Er hat ihnen

Bundesliga in Zahlen

ABSCHLUSSTABELLE

Rang	Club	Sp.	g	u	v	Tore	Diff.	Pkt.
1	VfB Stuttgart	34	21	7	6	61:37	24	70
2	FC Schalke 04	34	21	5	8	53:32	21	68
3	Werder Bremen	34	20	6	8	76:40	36	66
4	FC Bayern München	34	18	6	10	55:40	15	60
5	Bayer 04 Leverkusen	34	15	6	13	54:49	5	51
6	1. FC Nürnberg	34	11	15	8	43:32	11	48
7	Hamburger SV	34	10	15	9	43:37	6	45
8	VfL Bochum	34	13	6	15	49:50	-1	45
9	Borussia Dortmund	34	12	8	14	41:43	-2	44
10	Hertha BSC Berlin	34	12	8	14	50:55	-5	44
11	Hannover 96	34	12	8	14	41:50	-9	44
12	DSC Arminia Bielefeld	34	11	9	14	47:49	-2	42
13	FC Energie Cottbus	34	11	8	15	38:49	-11	41
14	Eintracht Frankfurt	34	9	13	12	46:58	-12	40
15	VfL Wolfsburg	34	8	13	13	37:45	-8	37
16	1. FSV Mainz 05	34	8	10	16	34:57	-23	34
17	Alemannia Aachen	34	9	7	18	46:70	-24	34
18	Borussia M'gladbach	34	6	8	20	23:44	-21	26

DIE BESTEN TORSCHÜTZEN

Name	Club	Tore	11er
Gekas	VfL Bochum	20	0
Frei	Borussia Dortmund	16	2
Makaay	FC Bayern München	16	1
Kuranyi	FC Schalke 04	15	0
Gomez	VfB Stuttgart	14	0
Pantelic	Hertha BSC Berlin	14	1
Radu	FC Energie Cottbus	14	0
Zidan	1. FSV Mainz 05	14	4
Cacau	VfB Stuttgart	13	0
Diego	Werder Bremen	13	1
Klose	Werder Bremen	13	0
Gimenez	Hertha BSC Berlin	12	0
Munteanu	FC Energie Cottbus	11	3
Takahara	Eintracht Frankfurt	11	0
Voronin	Bayer 04 Leverkusen	10	0
Wichniarek	DSC Arminia Bielefeld	10	1
Hunt	Werder Bremen	9	0
Saenko	1. FC Nürnberg	9	0
Smolarek	Borussia Dortmund	9	0
Amanatidis	Eintracht Frankfurt	8	2
Hanke	VfL Wolfsburg	8	1
Kießling	Bayer 04 Leverkusen	8	0
Pizarro	FC Bayern München	8	0
Rosenberg	Werder Bremen	8	0
Schlaudraff	Alemannia Aachen	8	0
van der Vaart	Hamburger SV	8	3

ZUSCHAUER

Club	gesamt	Schnitt
Borussia Dortmund	1.237.295	72.782
FC Bayern München	1.167.000	68.647
FC Schalke 04	1.042.921	61.348
Hamburger SV	952.141	56.008
Hertha BSC Berlin	827.732	48.690
Eintracht Frankfurt	809.624	47.625
Borussia Mönchengladbach	807.300	47.488
VfB Stuttgart	777.475	45.734
1. FC Nürnberg	707.367	41.610
Werder Bremen	694.805	40.871
Hannover 96	658.340	38.726
VfL Bochum	424.094	24.947
DSC Arminia Bielefeld	393.159	23.127
Bayer 04 Leverkusen	381.000	22.412
VfL Wolfsburg	379.556	22.327
Alemannia Aachen	352.705	20.747
1. FSV Mainz 05	343.600	20.212
FC Energie Cottbus	270.496	15.912

Horst Heldt: In seinem ersten Jahr als Manager des VfB Stuttgart darf er schon die Meisterschale hochhalten. Und Thomas Hitzlsperger schießt Erinnerungsfotos für sein privates Album.

zusammen mit Heldt eine Idee vermittelt und sie davon überzeugt, alles dafür zu geben.

Glückwunsch auch der VfB-Vereinsführung zur Wahl der Beiden und zum Mut, es mit ihnen durchzuziehen. Es war nicht immer leicht – das soll an dieser Stelle nicht verschwiegen werden. Denken wir an den ersten Spieltag. 0:3 gegen Nürnberg. Fast ein Schock. Eine Zeit, in der alle nervös waren. Keiner wusste: Funktioniert es wirklich? Und trotzdem haben sie in Cannstatt Ruhe bewahrt. Der Ausgangspunkt für eine Reihe von Gründen, die den VfB zum neuen Meister machten.

„Der VfB ist einen eigenen Weg gegangen und schärfte sein Profil als eigene Marke."

Man hat nicht versucht, Branchenführer Bayern München zu kopieren, sondern ist unbeirrt einen eigenen Weg gegangen. Auch dabei, den Club in den Herzen und Köpfen der Menschen lebendig werden zu lassen. Der VfB hat sein Profil als eigene Marke geschärft.

Wie die sportlich Verantwortlichen – in erster Linie Armin Veh und Horst Heldt – zusammengehalten haben, das war beispielhaft. Ohne großes Brimborium wurde gearbeitet, mit großer Sachlichkeit. So konnte keine Unruhe aufkommen. Das Duo Veh und Heldt, und nicht zuletzt Präsident Erwin Staudt, wählten einen vernünftigen Weg. Sie haben es nicht zugelassen, dass Luftschlösser gebaut wurden. Erst hieß es, wir schauen mal, was passiert. Dazu hat gepasst, dass der VfB nach der Ära Trapattoni von unten kam. Dann hieß es, man wolle ins obere Drittel, dann war es der UEFA-Cup, und nach der 0:1-Niederlage beim FC Schalke 04 am 26. Spieltag am 17. März wollte man den dritten Platz sichern. Zur Erinnerung: Damals hatte der VfB sieben Punkte Rückstand auf Schalke.

Womit wir beim nächsten Meistergrund wären. Der VfB nutzte geschickt und mit Ruhe und Übersicht die fehlende Konstanz der Konkurrenz. Früher, das zeigt ein Blick auf die Tabellen von damals, waren es immer etwa 75 Punkte, die ein Meister brauchte. Der VfB hat 70. Eigentlich fehlen zwei Siege in der sonst üblichen Titelbilanz. Hier kommt jetzt das große Aber und der große Unterschied zum Rest der Titelkandidaten: Auch beim VfB gab es Spiele, die nicht überzeugend waren, aber er hat sie meistens nicht verloren, sondern wenigstens noch ein Unentschieden geholt.

Der nächste Grund: Obwohl manch anderer von den Namen her besser besetzt war, setzte sich der VfB durch, leistete sich keine wirkliche Krise. Und in Stuttgart gab es Mario Gomez, der für die anderen jungen Spieler zu einer Art Galionsfigur wurde. Ich erinnere mich an manches Murren auf der Haupttribüne in der Anfangszeit. Gomez erzielte schon damals seine Tore, und trotzdem hieß es oft, „den" hätte er nun wirklich machen müssen. Gomez hat sich durchgebissen und wurde schließlich zur Symbolfigur. Er hat den Weg zum Leistungsträger geschafft und verdiente sich die Berufung in den deutschen Nationalkader von Bundestrainer Joachim Löw. Das stachelte Spieler wie Serdar Tasci, Sami Khedira und Roberto Hilbert an. Dazu die Führungsspieler wie Fernando Meira – oder Cacau, der im Kreise der Jungen regelrecht aufblühte.

Und nicht zu vergessen: Der VfB hatte mit Timo Hildebrand einen Torwart, der Spiele entschieden hat. Nicht nur beim VfL Bochum, als er mit diesem unglaublichen Hechtsprung kurz vor Schluss das 3:2 sicherte. Auch beim am Ende klaren Sieg über Werder Bremen. Es wäre das 1:2 gewesen. Hildebrand verhinderte es mit einer sensationellen Parade.

Zweifellos habe ich jetzt viele vergessen. Aber ein Merkmal dieser fünften Meisterschaft für den VfB Stuttgart ist die Tatsache, dass hier eine wirkliche Mannschaft Erfolg hatte. Nicht nur elf Spieler, sondern der

Bundesliga in Zahlen

KARTEN

Club	Rot	G/R	Gelb
FC Energie Cottbus	0	3	85
Alemannia Aachen	3	2	74
Bayer 04 Leverkusen	4	4	73
Hertha BSC Berlin	2	5	71
1. FC Nürnberg	2	0	68
FC Schalke 04	2	0	67
Hamburger SV	5	2	65
Werder Bremen	0	0	65
VfL Wolfsburg	0	1	64
Borussia Dortmund	1	1	64
Borussia Mönchengladbach	1	2	63
VfL Bochum	1	2	59
FC Bayern München	0	0	58
1. FSV Mainz 05	1	1	57
Hannover 96	3	0	52
VfB Stuttgart	4	2	51
DSC Arminia Bielefeld	2	0	51
Eintracht Frankfurt	4	3	44

BESTE VORBEREITER

Spieler	Club	Torvorlagen
Diego	Werder Bremen	15
Klose	Werder Bremen	15
Streit	Eintracht Frankfurt	14
Kuranyi	FC Schalke 04	12
Reghecampf	Alemannia Aachen	12
Schneider	Bayer 04 Leverkusen	12
Misimovic	VfL Bochum	11
Böhme	DSC Arminia Bielefeld	10
Krzynowek	VfL Wolfsburg	9
Lincoln	FC Schalke 04	9
Pardo	VfB Stuttgart	9
Frings	Werder Bremen	8
Gomez	VfB Stuttgart	8
Marcelinho	VfL Wolfsburg	8
Munteanu	FC Energie Cottbus	8
da Silva	VfB Stuttgart	8

ELFMETER

	für		gegen	
	verhängt	verwandelt	verhängt	verwandelt
Alemannia Aachen	9	6	3	2
1. FSV Mainz 05	8	7	4	2
Hamburger SV	7	5	4	3
1. FC Nürnberg	4	3	3	3
DSC Arminia Bielefeld	4	4	4	4
FC Energie Cottbus	4	3	5	4
Hertha BSC Berlin	4	1	6	4
Werder Bremen	4	1	4	4
Borussia Dortmund	3	3	6	6
FC Bayern München	3	2	1	1
FC Schalke 04	3	1	1	
Hannover 96	3	2	5	2
Bayer 04 Leverkusen	2	2	3	1
Eintracht Frankfurt	2	2	6	1
VfB Stuttgart	2		2	2
VfL Bochum	2	2	3	1
VfL Wolfsburg	2	1	5	4
Borussia M'gladbach	1	1	2	2

DER BALL IST RUND.
DIE ERSTE SAISON WAR ES AUCH.
Die erste Spielzeit mit arena. Voller Spannung – voller Emotionen. Vom Spielfeldrand direkt in Ihr Wohnzimmer. Wir sagen Danke! An alle Clubs, an alle Fans. Und freuen uns schon heute auf die neue Saison. Mit allen, die das Spiel lieben.
Fragen? Informieren Sie sich einfach auf www.arena.tv
BUNDES LIGA
arena
Aus Liebe zum Spiel

Die Wende: Mit einem fantastischen Volleyschuss gelingt Thomas Hitzlsperger in der 27. Minute das 1:1 gegen Energie Cottbus. In der 63. Minute sichert dann Sami Khedira mit dem 2:1 die Meisterschaft.

gesamte Kader. Nur ein Beispiel: Zum Auswärtsspiel nach Bochum fuhr der komplette Spielerkreis mit.

Nach dem Titel war es Zeit zum Feiern, keine Frage. Der VfB kann stolz sein. Aber jetzt gilt auch, die richtigen Schlüsse aus dem Erfolg zu ziehen. Es ist keine Neuigkeit, wenn ich sage: Im Erfolg werden die meisten Fehler gemacht.

Die Spielzeit 2006/07 war ein Überraschungsjahr – und nun fängt die Arbeit erst an. Es geht darum, den VfB auf Jahre in der Spitze der Bundesliga zu etablieren – wie es der FC Bayern und Werder geschafft haben. Nach den Titeln 1984 und 1992 ist das so nicht gelungen. Diese Meisterschaft 2007, so viel Ehrgeiz traue ich bei den „Roten" jedem zu, wird als Gesellenstück betrachtet, das Auftakt zu einer besonderen Ära sein könnte. Deshalb: dran bleiben.

Der VfB hat das Umfeld und die Strukturen dazu. Er ist im Bereich

Beim Autokorso durch Stuttgart lassen sich Roberto Hilbert und Daniel Bierofka (rechts) von den begeisterten Fans feiern.

Management und sportlicher Leitung hervorragend aufgestellt. Der Club ist zu einem kraftvollen Zugpferd in der Region geworden. Allein die Mitgliederentwicklung – von 7.000 auf jetzt über 30.000 – ist phänomenal. Langfristige Verträge aber, das hat uns das Beispiel Aliaksandr Hleb gelehrt, helfen nicht immer weiter, wenn man ein gutes Team zusammen hat, doch diesmal hat der Club ein deutliches Zeichen gesetzt. Die meisten Spieler sind langfristig gebunden. Es braucht auch sehr viel Fingerspitzengefühl, wenn es um die trotzdem notwendigen Verstärkungen der Mannschaft geht. Das ist vielleicht die schwierigste Aufgabe überhaupt.

„Es gehört eine Menge Mut dazu, den Nachwuchs dann einzusetzen, wenn es um die Wurst geht."

Ein Wort noch zum Ausbildungskonzept des VfB, das es schon viele Jahre gibt. Es ist mit Garant dafür, dass es dem Club immer wieder gelang – selbst nach schweren Zeiten – neue Talente in den Profikader zu integrieren. Jugendkoordinator Thomas Albeck und Jugendleiter Frieder Schrof stehen stellvertretend für viele an der Spitze des „Ausbildungsbetriebes" VfB. Aber wie gesagt, es gehört auch eine Menge Mut dazu, den Nachwuchs dann einzusetzen, wenn es um die Wurst geht. Dann ist es egal, wer wie alt oder jung ist, es geht darum, einfach einen Schritt mehr zu tun als der Gegner. Seine Meisterschaft 2007 kleidete der VfB mit viel Leidenschaft aus.

Ich habe fest daran geglaubt, dass beim Saisonfinale gegen Energie Cottbus nichts mehr schiefgehen würde. Meine einzige Sorge vorher war, dass mir die Schale hoffentlich nicht runterfällt. Ich habe dann einfach an 1992 gedacht, denn schwerer als damals ist sie heute schließlich auch nicht.

Ausgelassen feiern Kapitän Fernando Meira und seine Mitspieler im Stadion die erste Deutsche Meisterschaft des VfB Stuttgart seit 15 Jahren. Später zelebrieren Mario Gomez, Serdar Tasci, Roberto Hilbert, Timo Hildebrand (mit Meisterschale), Christian Gentner und Co. zusammen mit den Fans den fünften Titelgewinn der Schwaben auf dem Stuttgarter Schlossplatz.

ALLE SPIELE

Hinrunde									Rückrunde	
1	12.08.	H	0:3	(0:2)	1. FC Nürnberg	4:1	(1:1)	A	27.01.	18
2	20.08.	A	2:3	(0:1)	DSC Arminia Bielefeld	3:2	(1:1)	H	30.01.	19
3	26.08.	H	1:3	(1:2)	Borussia Dortmund	0:1	(0:0)	A	04.02.	20
4	16.09.	A	2:3	(2:1)	Werder Bremen	4:1	(3:1)	H	10.02.	21
5	23.09.	H	1:1	(0:0)	Eintracht Frankfurt	0:4	(0:3)	A	16.02.	22
6	01.10.	A	2:2	(2:1)	Hertha BSC Berlin	0:0		H	23.02.	23
7	14.10.	H	3:0	(1:0)	Bayer 04 Leverkusen	3:1	(2:0)	A	03.03.	24
8	21.10.	A	1:1	(1:1)	VfL Wolfsburg	0:0		H	10.03.	25
9	29.10.	H	3:0	(1:0)	FC Schalke 04	1:0	(0:0)	A	17.03.	26
10	04.11.	A	2:4	(1:2)	Alemannia Aachen	3:1	(1:0)	H	31.03.	27
11	07.11.	H	2:0	(0:0)	Hamburger SV	2:4	(0:3)	A	07.04.	28
12	12.11.	A	1:2	(1:0)	Hannover 96	2:1	(1:0)	H	14.04.	29
13	18.11.	A	2:1	(2:1)	FC Bayern München	2:0	(2:0)	H	21.04.	30
14	26.11.	H	1:0	(1:0)	Borussia M'gladbach	0:1	(0:0)	A	28.04.	31
15	01.12.	A	0:0		1. FSV Mainz 05	2:0	(1:0)	H	05.05.	32
16	09.12.	H	1:0	(0:0)	VfL Bochum	2:3	(2:1)	A	12.05.	33
17	16.12.	A	0:0		FC Energie Cottbus	2:1	(1:1)	H	19.05.	34

VFB STUTTGART AUF EINEN BLICK

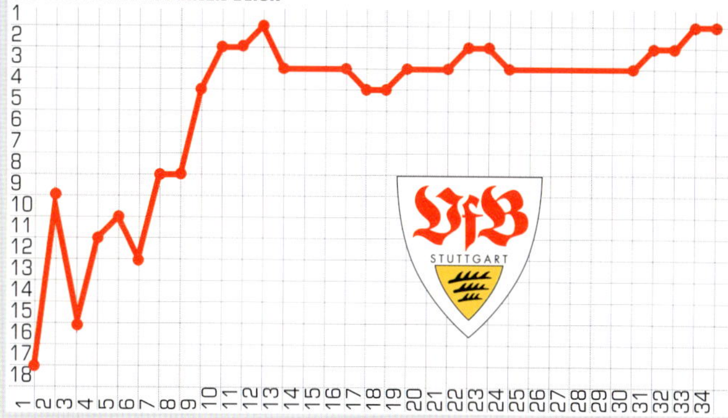

ALLE SPIELER

Name	Vorname	Geburtsdatum	Nationalität	Position	Rücken-Nr.	Einsätze	Auswechslungen	Einwechslungen	Gelbe Karten	Gelb/Rote Karten	Rote Karten	Tore	Elfmeter	Eigentore
Babbel	Markus	08.09.1972	D	A	5	2	-	1	-	-	-	-	-	-
Beck	Andreas	13.03.1987	D	A	3	4		4	[illegible]	[illegible]	[illegible]	[illegible]	[illegible]	[illegible]
Bierofka	Daniel	07.02.1979	D	M	8	12	4	7	2	-	-	-	-	-
Boka	Arthur	02.04.1983	CIV	A	15	19	3	3	4	-	1	1	-	-
Cacau		27.03.1981	BRA	S	18	32	19	1	4	-	-	13	-	-
Delpierre	Matthieu	26.04.1981	FRA	A	17	33	2	-	4	-	-	-	-	-
Farnerud	Alexander	01.05.1984	SWE	M	14	9	3	5	1	-	-	-	-	-
Feisthammel	Tobias	22.02.1988	D	A	26	-	-	-	-	-	-	-	-	-
Gentner	Christian	14.08.1985	D	M	22	15	3	12	-	-	-	-	-	-
Gerber	Heiko	11.07.1972	D	A	12	-	-	-	-	-	-	-	-	-
Gomez	Mario	10.07.1985	D	S	33	25	5	3	2	-	-	14	-	-
Hammel	Timo	27.08.1987	D	T	37	-	-	-	-	-	-	-	-	-
Heinen	Dirk	03.12.1970	D	T	23	-	-	-	-	-	-	-	-	-
Hilbert	Roberto	16.10.1984	D	M	19	34	9	3	2	-	-	7	-	1
Hildebrand	Timo	05.04.1979	D	T	1	33	-	-	-	-	-	-	-	-
Hitzlsperger	Thomas	05.04.1982	D	M	11	30	8	5	4	1	1	7	1	-
Ikeng	Jose-Alex	30.01.1988	CMR	M	30	-	-	-	-	-	-	-	-	-
Khedira	Sami	04.04.1987	D	M	28	22	6	6	1	-	-	4	-	-
Langer	Michael	06.01.1985	AUT	T	41	1	-	-	-	-	-	-	-	-
Lauth	Benjamin	04.08.1981	D	S	16	11	5	6	1	-	-	1	-	-
Magnin	Ludovic	20.04.1979	SUI	A	21	22	2	3	6	-	-	1	-	2
Meira	Fernando	05.06.1978	POR	A	6	20	2	1	5	-	-	3	-	-
Meißner	Silvio	19.01.1973	D	M	7	1	-	1	-	-	-	-	-	-
Nehrig	Bernd	28.09.1986	D	S	24	1	-	1	-	-	-	-	-	-
Osorio	Ricardo	30.03.1980	MEX	A	3	27	6	1	1	-	1	1	-	-
Pardo	Pavel	26.07.1976	MEX	M	13	33	-	-	6	-	-	1	-	-
Schaschko	Raphael	07.06.1985	D	A	34	-	-	-	-	-	-	-	-	-
Schuon	Marcel	28.04.1985	D	A	32	-	-	-	-	-	-	-	-	-
Stolz	Alexander	13.10.1983	D	T	31	-	-	-	-	-	-	-	-	-
Streller	Marco	18.06.1981	SUI	S	9	27	5	20	3	-	-	5	-	-
Tasci	Serdar	24.04.1987	D	A	35	26	1	4	3	-	1	2	-	-
Tomasson	Jon Dahl	29.08.1976	DEN	S	10	4	1	2	-	-	-	-	-	-
Weis	Tobias	30.07.1985	D	S	27	-	-	-	-	-	-	-	-	-
Zivkovic	Boris	15.11.1975	CRO	A	4	-	-	-	-	-	-	-	-	-
da Silva	Antonio	13.06.1978	BRA	M	25	28	13	8	2	1	-	-	1	-

Mario Gomez
Vom „Joker" zum „Tor-ero"

Fast immer, wenn Mario Gomez traf – und das hat er in dieser Saison so häufig wie noch nie zuvor in seiner Profi-Karriere getan –, schwang er die Arme in Hüfthöhe zur Seite – wie ein Stierkämpfer. Gejubelt hat der 21-Jährige mit der Rückennummer „33" vor allem am 12. Mai. Da gelang ihm nach zwei Monaten in der erzwungenen Zuschauerrolle wegen eines Innenbandrisses im Knie und eines Handbruchs als Einwechselspieler in Bochum der richtungweisende Ausgleich beim 3:2-Sieg.

Die Rolle des erfolgreichen „Jokers" kennt Gomez noch aus der Saison 2005/06. Seit er aber Stammkraft im VfB-Team ist und auf dem Platz gerne südländisch feiert, rufen sie Mario Gomez in Stuttgart „Tor-ero". Kein Wunder, sein Vater José ist gebürtiger Spanier, und der VfB Top-Torjäger mag die auch vielen Urlaubern von der iberischen Halbinsel bekannte Paella ebenso gern wie schwäbische Maultaschen.

Nur eines kann und mag Gomez eigentlich nicht mehr hören: den Vergleich mit seinem Vorgänger Kevin Kuranyi, der heute noch „mein Vorbild" ist. Die Ähnlichkeiten sind jedoch gleich in mehrfacher Hinsicht derart verblüffend und eng mit dem Erfolg des VfB verknüpft. Beide sind groß und dunkelhaarig. Beide machten über die Jugend des schwäbischen Traditionsclubs ihren Weg. Und beide stürmten über die Regionalliga-Amateure in das Bundesliga-Team.

„Beim gemeinsamen Werdegang hören die Parallelen aber auch im Prinzip schon wieder auf", sagt Rainer Adrion, Trainer der Amateur-Mannschaft VfB II, über die beiden Himmelsstürmer. Während Kuranyi

Ein Überflieger der Bundesliga-Saison: Mario Gomez vom VfB Stuttgart.

Die
Stars
der Saison
STARS
BUNDESLIGA

Immer auf der Jagd nach Toren: Hier kann Bielefelds Keeper Mathias Hain den Stuttgarter Stürmer nicht aufhalten.

der feinere Spielertyp ist, dessen Spiel aus Kombinationen und aus Balleroberung bestehe, brauche Gomez den Ball in den Raum gespielt. „Er ist viel mehr der Draufgänger, stürzt sich in jedes Dribbling und ist der torgefährlichere Spieler", analysiert Adrion, selbst einmal Cheftrainer des VfB.

Auch privat haben die beiden Torjäger wenig Gemeinsamkeiten vorzuweisen. Gomez lebt zurückhaltend, eher unauffällig. „Ich bin eben ein bodenständiger Typ." Deshalb setzt er sich auch fast nach jedem Training ins Auto und fährt auf die Schwäbische Alb nach Unlingen. Dort wohnen seine Familie und seine alten Freunde, mit denen er heute noch viel unternimmt.

Eines wiederum haben die beiden dann noch gemeinsam. Sowohl Kuranyi als auch Gomez schafften im Trikot des VfB den Sprung in das deutsche Nationalteam. Joachim Löw berief den Schwaben-Torjäger mit spanischem Blut erstmals für das Test-Länderspiel gegen die Schweiz am 8. Februar 2007 in Düsseldorf in den Kreis der A-Mannschaft. „Mario ist sehr torhungrig, sehr dynamisch, sehr schnell. Er hat große Fähigkeiten", so die Meinung des Bundestrainers. Ebenfalls im Kader stand nach längerer Pause bei diesem ersten Länderspiel des Jahres Kevin Kuranyi. Der jetzige Schalker traf beim Comeback nach 15 Monaten Pause, und Gomez erzielte bei seinem Debüt gleich ein Tor. Beide waren per Kopfball erfolgreich. Ein Stück Gemeinsamkeit gibt es dann also doch.

Wieder ein Torjubel: Gemeinsam mit dem Schweizer Ludovic Magnin (rechts) freut sich Mario Gomez über eines der vielen Erfolgserlebnisse.

Diego

Brasiliens Fußball-Idol Pelé von Diego schwer beeindruckt

Sogar der große Pelé ist von ihm begeistert und lobt ihn über den grünen Klee. Von Brasiliens Fußball-Idol war Bremens Fußball-Zauberer Diego entdeckt und gefördert worden. Als er Diego Ribas da Cunha, so sein vollständiger Name, im Alter von zwölf Jahren spielen sah, schlug Pelé das Talent umgehend für das Jugendinternat seines FC Santos vor. „Ich habe ihn von Kindesbeinen heranwachsen sehen und ihm Tipps geben können. Auch Robinho war immer mit dabei."

Zurückblicken wie Pelé kann nach der ersten Saison von Diego in Bremen auch Manager Klaus Allofs – mit großer Zufriedenheit und auch einem Schuss Genugtuung. Der ehemalige Torjäger holte den damals 21-Jährigen quasi von der Ersatzbank des FC Porto an die Weser. Als Nachfolger von Johan Micoud, der Werder im WM-Sommer in seine französische Heimat zu Girondins Bordeaux verließ und eine große Lücke zu hinterlassen schien.

Schon nach drei Spieltagen sprach kaum noch jemand von Micoud. Die Bundesliga staunte über den 1,74 Meter kleinen Mittelfeldspieler. Ein Tor und vier Vorlagen allein im August überzeugten die Fans, die den zum Denker und Lenker des Werder-Spiels avancierten Brasilianer zum „Fußballer des Monats" wählten. „Damit habe ich nicht gerechnet. Diese schnelle Honorierung überrascht mich schon", kommentierte Diego.
Vor allem mit seinen Kabinettstückchen und einzigartigen Tricks und Finten versetzt er die Bundesliga in Staunen. Beim 6:0-Sieg in Bochum ließ Diego vier Abwehrspieler aussteigen, um abschließend auch noch mit dem Ball an der Sohle den herausstürzenden Torhüter Peter Skov-Jensen zu umkurven. Nur einen Spieltag später gelang ihm beim 3:1-Sieg gegen den FC Bayern München ein Treffer, der zum „Tor des Monats" gekürt wurde. Damit nicht genug der Ehrungen. Von seinen Bundesliga-Kollegen wird Diego im „Kicker-Sportmagazin" zum „Besten Spieler der Vorrunde" gekürt. Am 30. Spieltag folgte noch eine besonders spektakuläre Aktion, als der Techniker den Ball gegen Alemannia Aachen aus genau 63,14 Metern Entfernung in das leere Gäste-Tor zirkelte. Diego – ein Gewinner der Saison 2006/07 und eine Gewinn für die Bundesliga.

Brillanter Techniker: Werder-Regisseur Diego in einer Szene gegen Dortmunds Florian Kringe.

Nicht zu stoppen: Bochums Theofanis Gekas (rechts) Sieger gegen Frankfurts Aleksandar Vasoski. Links Benjamin Huggel.

Theofanis Gekas

Sirtaki in Bochum populär gemacht

„Er ist unsere Lebensversicherung." Bochums Trainer Marcel Koller fällte dies Urteil über die griechische Neuerwerbung aus Athen ebenso schnell , wie sich Theofanis Gekas an die Bundesliga gewöhnte. Im Eiltempo stürmte er in die Herzen der VfL-Fans und machte den Sirtaki im rewirpowerSTADION populär. „Ein Torschützenkönig ist noch niemals mit seinem Verein abgestiegen, das hat uns immer die Hoffnung gegeben", bemühte Stefan Kuntz, der 1986 und 1994 selbst diesen Titel gewonnen hatte, die Statistik. Er sollte Recht behalten!

Der ehemalige Nationalspieler und VfL-Profi war es, der auf den 1,79 Meter großen Stürmer mit „einem unglaublichen Torriecher" aufmerksam wurde. Der Wechsel kam allerdings erst durch einen Zufall zustande. Als Panathinaikos Athen, erst zu PAOK Saloniki transferieren wollte, Gerkas sich dagegen aber wehrte, ließ man ihn auf Leihbasis inklusive Kaufoption schließlich doch in Richtung Bundesliga ziehen.

Ein Geheimnis des Erfolgs liegt auch in Christos Orkas, früher Profi bei Hannover 96 und Fortuna Köln, der quasi für die Rundumbetreuung seines Landsmanns Gekas sorgte. Egal ob als Dolmetscher beim Training oder im Spiel, beim Möbelkauf oder sonstigen Erledigungen: Orkas war stets an Gekas Seite.

Um ein Haar wäre Gekas jedoch nicht erfolgreich auf den Fußballplatz gestürmt, sondern hätte ebenso gerne seine Jugend-Karriere im Ringen auf der Matte fortgesetzt. Doch sein Vater sprach ein Machtwort. Im ersten Jahr bei Panathinaikos Athen wurde Theofanis Gekas mit 18 Treffern Torschützenkönig. Wie auch jetzt in seiner ersten Spielzeit beim VfL Bochum, von wo aus er zur kommenden Saison nach Leverkusen wechselt.

Ein Schlitzohr mit schelmischem Lächeln: Bernd Schneider jubelt, und mit ihm Andrey Voronin (links).

Bernd Schneider

Gut wie alter Wein – und nun auch noch Torjäger

Je älter der Wein, umso besser wird er. Diese Weisheit kann manches Mal auch zur Beschreibung von Menschen herhalten. Bisweilen zu Recht. Bei Bernd Schneider von Bayer 04 Leverkusen, 33 Jahre alt, passt sie jedenfalls genau.

„Er hat bei mir das Fußballspielen gelernt, war früher ein richtiger Rumpelfuß", scherzte Hans Meyer, sein ehemaliger Trainer während gemeinsamer Zeiten beim FC Carl Zeiss Jena. Man muss Nürnbergs Coach nicht genauer kennen, um zu erahnen, welches Lob er seinem Schützling damit zukommen lassen wollte. Auch gegen den „Club" hatte „Schnix" sein Bayer-Team – wie wiederholt in der Saison eins nach der Weltmeisterschaft – zum Erfolg geführt und dabei beide Treffer erzielt. Auf seine „alten Tage" nun auch noch Torjäger.

Schneider, seit 1999 bei Leverkusen unter Vertrag, ist die Führungspersönlichkeit. Der „weiße Brasilianer", wie er aufgrund seines technischen Könnens genannt wird, glänzte erneut durch seine vielseitige Einsetzbarkeit. Ob auf seiner Stammposition im halbrechten Mittelfeld oder sonst wo: „Er kann eigentlich überall spielen, außer im Tor", so Sportchef Rudi Völler.

Selbst die WM-Strapazen ließen Schneider nicht, wie andere seiner Kollegen aus dem DFB-Team, in ein Loch fallen. „Ich habe viel im Fitness-Bereich gearbeitet. Die besten Werte, seit ich in der Nationalmannschaft bin." Im Oktober 2006 feierte er gegen Georgien in Rostock seinen 75. Einsatz und ist noch kein bisschen müde. „2008 peile ich den EM-Titel an." Mit Bayer möchte Schneider im UEFA-Cup möglichst noch ein Stück weiterkommen als bis zum Viertelfinale wie in dieser Saison.

Marcelo Bordon

Führungskraft, aber kein Lautsprecher

Er ist der Kopf, das Gehirn. Er ist der Boss. Er ist die Führungspersönlichkeit beim FC Schalke 04: Marcelo José Bordon. Nur ist der gläubige Christ alles andere als ein typischer Chef innerhalb der Mannschaft. Bordon ist kein Lautsprecher, wie es andere Leader schon waren. Der Brasilianer ist ein eher stiller Zeitgenosse. Er spricht leise, flüstert fast schon. „Ich will nicht zu viel reden und etwas vorgeben. Das ist nicht mein Stil. Viele Dinge müssen sich langsam entwickeln. Da muss man mit dem richtigen Gespür herangehen."

Bordon sagte dies in aller Bescheidenheit nach seiner Benennung zum Spielführer und Nachfolger von Ebbe Sand zu Saisonbeginn. Der neue Kapitän muss somit vieles richtig gemacht haben. Er formte aus einer Mannschaft mit den unterschiedlichsten Charakteren eine verschworene Einheit. Zusammen mit seinen Landsleuten Lincoln, Rafinha und Co. organisierte er nicht nur einmal gemeinsame Grillfeste für das Team. Und auch auf dem Platz ging Bordon immer erhobenen Hauptes voraus. „Marcelo verkörpert die absolute Siegermentalität mit unglaublicher Power in seiner Spielweise", so sieht ihn Manager Andreas Müller.

So engagiert und leidenschaftlich Bordon auf dem Spielfeld agiert, so ruhig und bescheiden gibt er sich abseits des Platzes. Er verbringt die fußballfreie Zeit mit seiner Familie, liest täglich in der Heiligen Schrift. „Ich versuche, mein Leben nach der Bibel zu leben. Das gibt mir die Kraft für jeden Tag."

Rafael van der Vaart

HSV-Glücksgriff, Retter des „Dino"

Es war die Szene der Saison für Rafael van der Vaart. Am 31. Spieltag hämmerte der Niederländer mit seinem rechten Fuß aus zwanzig Metern den Ball zum zwischenzeitlichen 1:1 ins Tor des FC Bayern München. Danach gab es kein Halten mehr für den HSV-Spielmacher. Wie ein Irrwisch rannte er zur Trainerbank Richtung Huub Stevens, deutete dabei immer wieder voller Stolz auf seine linke Brust, auf die HSV-Raute. Der Druck im Kampf gegen den Abstieg, die Erwartungshaltung an seine Person und nicht zuletzt die wüsten Spekulationen um seine Zukunft fielen in diesem Moment allesamt von ihm ab.

Dass van der Vaarts siebtes Saison-Tor in München die Wende und den Klassenerhalt einleitete, passt in das Saison-Bild: Ohne van der Vaart läuft beim Hamburger SV nichts mehr. Nach seinem Sehnenriss im Oberschenkel am dritten Spieltag fehlte der Spielmacher für vier Begegnungen. Zwei Niederlagen und zwei Unentschieden waren die geringe Ausbeute. Bei seinem Comeback wurde der erste Saison-Erfolg gefeiert. Und auch während van der Vaarts „Rot"-Sperre gab es für den HSV nicht viel zu holen. Vier Punkte ohne, in den folgenden fünf Spielen vier Siege mit ihm. „Er ist für die Mannschaft und den Verein ein ganz wichtiger Spieler, das Aushängeschild des HSV", so sein Landsmann Huub Stevens.

Der Spielmacher ist zum Boss auf dem Platz aufgestiegen. In einer Saison, in der dem Bundesliga-„Dino" sogar lange der Abstieg drohte, glänzte der 1,75 Meter kleine Mittelfeld-Chef nicht nur durch Übersicht und Schusstechnik, sondern ging auch als Kämpfer immer vorneweg. „Er ist ein Glücksgriff für uns", sagte der Vorstandsvorsitzende Bernd Hoffmann bei seiner Verpflichtung 2005 über van der Vaart. Aus dem Glücksgriff ist in dieser Saison auch ein Retter geworden.

Geht keinem Zweikampf aus dem Weg: Marcelo Bordon springt höher als der Nürnberger Markus Schroth (rechts).

Torschütze des 1:0 in Nürnberg am 33. Spieltag: Rafael van der Vaarts Freude über den Klassenerhalt des Hamburger SV.

STARS

BUNDESLIGA

Jung und zupackend: Manuel Neuer imponiert als Torwart-Talent beim FC Schalke 04 auf Anhieb durch sehr gute Leistungen und Abgeklärtheit.

als Stellvertreter, sondern als Stammkeeper: Die Nummer 12 als neue Nummer 1. Ausgerechnet vor dem Schlager gegen Bayern München warf Trainer Mirko Slomka den Nachwuchsmann ins kalte Wasser. Neuer ging nicht unter, auch wenn nach dem 2:2 gegen den Rekordmeister diskutiert wurde, ob der Youngster einen Treffer vielleicht hätte verhindern können.

Slomka hatte den Schnitt gemacht, nachdem es auf Schalke bis dahin nicht ganz rund gelaufen war in der Saison und zudem das Aus im UEFA-Pokal gegen AS Nancy eine große Enttäuschung bedeutete. „Frank Rost fehlte zuletzt ein Quäntchen Glück bei den 50:50-Bällen", so der Chefcoach über seine überraschende Maßnahme. „Von Manuel Neuer hatte ich einen außerordentlich positiven Eindruck und war überzeugt davon, dass er uns auch im Spiel nach vorne unheimlich helfen würde." Slomka wusste allerdings von vornherein auch: „Wenn das schiefgeht, dann geht's dir an den Kragen."

So weit ließ es Neuer mit dem Schalke-Trainer nicht kommen. Vielmehr zahlte er das in ihn gesetzte Vertrauen zurück. Zwölf Spiele in Folge blieb Schalke ohne Niederlage, Neuer dabei sechs Mal ohne Gegentor. Eine Bestätigung auch für Manager Andreas Müller: „Wir haben Manuel damals zur Nummer zwei hinter Rost befördert, weil wir wussten, dass wir ihm blind vertrauen können." Erst zum Saisonstart war Neuer in der Torwart-Hierarchie aufgerückt, nachdem Christofer Heimeroth zu Borussia Mönchengladbach wechselte.

Und eines Tages möchte Manuel Neuer auch Nachfolger seines Vorbilds Jens Lehmann, dem er noch aus der Nordkurve zugejubelt hatte, werden: „Die A-Nationalmannschaft ist sicher ein Traum, aber darüber mache ich mir noch keine Gedanken. Man muss schon zwei oder drei Jahre in der Bundesliga und international gute Leistungen bringen, um in das Aufgebot zu rutschen." Aber vielleicht geht dieser Traum für Neuer nach dem Bundesliga-Märchen ja ebenso in Erfüllung wie das Märchen.

Clemens Fritz

Konkurrenzkampf als Motivation

Den Ball immer im Visier: Mit großem Selbstbewusstsein spielt Clemens Fritz im Bremer Team.

Mit Patrick Owomoyela wusste er einen Nationalspieler auf seiner Position vor sich. Doch – oder gerade deshalb – wählte Clemens Fritz im Sommer 2006 den Weg von Bayer 04 Leverkusen zu Werder Bremen: „Ich habe mich aber ganz bewusst für den Konkurrenzkampf bei einem Spitzenclub entschieden." Eine gesunde Portion Selbstbewusstsein als Grundlage für seinen fast schon kometenhaften Aufstieg.

Kaum an der Weser angekommen, verdrängte Fritz hier Owomoyela, avancierte auf der rechten Abwehrseite nicht nur zum Stamm-, sondern auch zum Nationalspieler. Am 7. Oktober 2006 absolvierte er beim Testspiel gegen Georgien in Rostock seinen ersten Einsatz im A-Team. Fritz – inzwischen 26 Jahre alt – sagt aber bescheiden: „Ich bleibe mit beiden Beinen auf dem Boden, weil ich auch die andere Seite nur zu gut kenne."

Die andere Seite hätte den gebürtigen Erfurter fast seine Karriere gekostet. Im Sommer 2004 erlitt er einen Bruch des linken Wadenbeins. Es folgten fünf Operationen und eine 16-monatige Fußballpause. Doch selbst in dieser für ihn ganz schwierigen Zeit glaubte Fritz, der bei seinem Heimatverein Rot-Weiß Erfurt, von wo er zwischenzeitlich zum VfB Leipzig abwanderte, und selbst noch bis 2003 beim Karlsruher SC Stürmer spielte, immer an sich. Eben wie im Sommer 2006, als er von Leverkusen nach Bremen wechselte.

Roberto Hilbert

Phänomenaler Aufstieg bis zum Nationalspieler

Aus der 2. Bundesliga zum Nationalspieler: Roberto Hilbert vom VfB Stuttgart.

Ihm lagen auch Offerten vom 1. FC Nürnberg, in der Jugend schon einmal eine Station seiner Laufbahn, und von DSC Arminia Bielefeld vor. Doch Roberto Hilbert entschied sich im vergangenen Jahr zu einem Wechsel von der SpVgg Greuther Fürth zum VfB Stuttgart – und durchlief in seiner ersten Bundesliga-Saison eine phänomenale Entwicklung im Verein und darüber hinaus.

Darüber hinaus bedeutet, dass Hilbert nach Einsätzen in der U21-Auswahl auch schon ein Thema für die A-Nationalmannschaft wurde und am 16. März 2007 in Duisburg gegen Dänemark sein erstes Länderspiel absolvieren durfte. Dieses Debüt hatte sich der 22 Jahre junge Aufsteiger aus dem fränkischen Forchheim durch überdurchschnittliche Leistungen in Stuttgart verdient, wo er bereits einen Stammplatz hatte.

Und mehr noch: Als die Spielzeit 2006/07 auf die Zielgerade einbog und es ein Kopf-an-Kopf-Rennen um die Deutsche Meisterschaft gab, machte Hilbert – eigentlich doch als Mann für die rechte Seite und als Vorbereiter verpflichtet – auch als Torschütze vom Dienst von sich reden. Immer wieder gelangen ihm entscheidende Tore für die so genannten Big Points. Kein Wunder also, dass Trainer Armin Veh mit Hilbert hochzufrieden war und jede Menge Lob für den zweifachen Familienvater bereit hatte.

René Adler

Die Torhüter-Rolle liegt in seiner Familie

Neben seinen außergewöhnlichen Reaktionen zeigt René Adler auch beim Dirigieren seiner Vorderleute Qualitäten.

Eine „Rot"-Sperre von Stammtorhüter Jörg Butt verhalf René Adler am 25. Februar 2007 gegen den FC Schalke 04 zu seinem Bundesliga-Debüt. Mit einer exzellenten Leistung und großartigen Paraden rettete er nicht nur den 1:0-Erfolg von Bayer 04 Leverkusen, sondern ließ auch Butt – zuvor jahrelang die unangefochtene Nummer eins – keine Chance mehr auf eine Rückkehr in die erste Elf.

Dabei hätte es statt dieses märchenhaften Aufstiegs des U-21 Torhüters im vergangenen Dezember 2006 fast das frühe Ende einer hoffnungsvollen Laufbahn gegeben. Im Training Anfang Mai hatte er sich die sechste Rippe angebrochen und konnte wegen Atemnot kaum eine Einheit ohne starke Schmerzen absolvieren. Aufgrund dieser Verletzung musste er auch die U21-Europameisterschaft absagen. Erst eine Operation, bei der eine Titanplatte mit vier Schrauben eingesetzt wurde, ermöglichte sein Comeback. Adler weiß: „Die Karriere hat mir einzig und allein der Doktor gerettet."

Wäre Adler nicht Torhüter geworden, er hätte es fast werden müssen. Denn sein Weg ins Tor war familiär regelrecht vorgegeben. Mutter und Bruder standen bzw. stehen ebenfalls zwischen den Pfosten. Allein sein Vater Jens spielte im Heimatverein SV Liebertwolkwitz im Mittelfeld. Als René Adler im Alter von 15 Jahren vom VfB Leipzig nach Leverkusen wechselte, wohnte er vier Jahre lang bei Rüdiger Vollborn, früher selbst jahrelang die Nummer eins bei Bayer 04 und heute sein Torwart-Trainer.

Na, wie habe ich das gemacht? Jan Schlaudraff nach einem seiner acht Saisontreffer.

Jan Schlaudraff

Fußball-Karriere als Achterbahnfahrt

„Ich habe immer mit meinem älteren Bruder und dessen Freunden auf der Wiese neben dem Gemeindehaus Fußball gespielt", erzählt Jan Schlaudraff, Sohn eines Pfarrers und einer Lehrerin. „Ich wollte nicht immer als Letzter in eine Mannschaft gewählt werden. Deshalb habe ich auch immer heimlich und alleine geübt." Gewählt wird er heute längst nicht mehr als Letzter, im Gegenteil: In der kommenden Saison wird Jan Schlaudraff (23) für den FC Bayern München spielen.

Dabei gleicht die bisherige Karriere des Mittelfeld-Leichtgewichts mit nur 69 Kilogramm bei 1,00 Meter Körpergröße, was ihm den Spitznamen „Knochen" einbrachte, eher einer Achterbahnfahrt. Nach nur zehn Bundesliga-Einsätzen für Borussia Mönchengladbach wechselte Schlaudraff Anfang 2005 in die 2. Bundesliga nach Aachen. Dort setzte er sich im Eiltempo durch, schaffte mit der Alemannia den Aufstieg und spielte sich in der deutschen Fußball-Beletage ins Rampenlicht.

Seine Schnelligkeit und seine exzellente Ballbehandlung blieben auch Bundestrainer Joachim Löw nicht lange verborgen. Ende September 2006 wurde Schlaudraff, der in diesem Zeitraum auch zum „Fußballer des Monats" gewählt wurde, der nächste Nationalspieler vom Tivoli nach Michael Pfeiffer im Jahre 1954.

Weil eine Achterbahn-Karriere aber nicht in geraden Bahnen verläuft, gab es für Schlaudraff auch im Jahr seines Aufstiegs Rückschläge. Das bittere Saisonende für die Alemannia erlebte er nach einer Suspendierung bei den drei letzten Spielen nur als Nebendarsteller auf der Tribüne.

Die Schlagzeilen der Saison

Sebastian Deisler bei einem seiner letzten Bundesliga-Einsätze: Anfang 2007 zog der Nationalspieler des FC Bayern München einen Schlussstrich unter seine Zeit als Fußball-Profi.

Sebastian Deisler
Frühes Ende einer hoffnungsvollen Karriere

„Ich habe nicht mehr das richtige Vertrauen in mein Knie. Ich spiele nicht mehr mit der richtigen Freude Fußball. Es war zuletzt eine Qual für mich." Mit diesen, die gesamte Bundesliga bewegenden Worten trat Sebastian Deisler am 16. Januar 2007 von der Fußball-Bühne ab.

Der 27-jährige Mittelfeldspieler des FC Bayern München zog damit auf einer eigens einberufenen Pressekonferenz einen endgültigen Schlussstrich unter seine Karriere. Es war die Konsequenz aus zahlreichen Verletzungen und Erkrankungen, die eines der größten Talente, die der deutsche Fußball jemals hervorgebracht hatte, zu dieser Entscheidung trieben.

An seiner Seite wirkte Manager Uli Hoeneß, der Deisler am Abend zuvor in seinem Büro auf der Geschäftsstelle noch vergeblich von seinem Rücktritt abhalten wollte, angeschlagen wie kaum einmal zuvor in seiner langen Amtszeit. „Ich bedauere seinen Entschluss unheimlich und bin völlig fassungslos. Ich hatte immer gehofft, dass dies nur ein Albtraum ist. Auch die Mannschaft ist regelrecht geschockt." So kommentierte Hoeneß das zu diesem Zeitpunkt völlig unerwartete und überraschende Karriere-Ende von Deisler nach 135 Bundesliga-Spielen für Borussia Mönchengladbach, Hertha BSC Berlin und den FC Bayern München sowie 36 Einsätzen für die deutsche Nationalmannschaft.

Zu viele Rückschläge hatte der 2002 aus Berlin nach München gekommene Profi einstecken müssen. Nach zwei Kreuzbandrissen 1998 und 1999 wurde bei Deisler, der in fünf Bundesliga-Spielzeiten nur auf 62 Einsätze für den Rekordmeister kam, ein Knorpelschaden im rechten Knie diagnostiziert. Das Verletzungspech nahm kein Ende: Meniskusanriss, Achillessehnenverletzung, Kreuzbandanriss, Meniskusschaden, Leistenoperation, Kapselriss, Patellasehnenschaden und eine Knorpelabsprengung schlugen bei dem zurückhaltenden Berufsfußballspieler schwer auf die Psyche. So sehr, dass er erstmals im November 2003 im Max-Planck-Institut bei Professor Florian Holsboer ambulante Hilfe suchen musste. Im Oktober 2004 erlitt Deisler einen Rückschlag, er benötigte zum zweiten Mal innerhalb eines Jahres die psychologische Hilfe der Spezialisten. Wie groß die Hoffnungen und das Vertrauen von Hoeneß in Deisler waren, beweist, dass der FC Bayern seinen Vertrag vorzeitig bis 2009 verlängerte. Der Manager trat in dieser Zeit nicht nur als Club-Verantwortlicher auf, sondern unterstützte den an- und niedergeschlagenen Mittelfeldspieler mit allen ihm zur Verfügung stehenden Mitteln. Für Hoeneß war der Fall Sebastian Deisler längst zu einer schwierigen Herzensangelegenheit geworden.

Trotz des frühen Karriere-Endes, für den Mittelfeldspieler eine endgültige Entscheidung, ließ der Bayern-Manager Deisler noch ein Hintertürchen offen. „Der Vertrag von Sebastian wird nicht mit sofortiger Wirkung gekündigt oder aufgelöst. Sein Vertrag ruht, und er kann jeden Tag zu uns zurückkehren. Die Türen stehen für ihn zu jeder Zeit offen."

Viel zu oft in der Zuschauerrolle auf der Tribüne: Sebastian Deisler musste viele Verletzungen in Kauf nehmen.

Im Winter-Trainingslager des FC Bayern in Dubai war Sebastian Deisler noch mit von der Partie gewesen.

Dieter Hecking

Trainerwechsel aus privaten Gründen

Einen der wohl ungewöhnlichsten Trainer-Wechsel in der Bundesliga-Geschichte gab es nach dem 3. Spieltag. Dieter Hecking verließ Alemannia Aachen und kehrte zu Hannover 96 zurück. Ein Paukenschlag, der in der Bundesliga noch wochenlang für viel Gesprächsstoff sorgte.

Hauptgrund für den überraschenden Wechsel war die private Situation des Trainers, der am Aachener Tivoli erfolgreich gearbeitet hatte. Seine Ehefrau und die fünf Kinder wohnen in Bad Nenndorf, nur dreißig Kilometer von Hannover entfernt. Eine „persönliche Entscheidung", sagte der 42 Jahre alte Fußball-Lehrer. „Und das war leider gleichzeitig eine Entscheidung gegen die Alemannia."

Dieter Hecking hatte die Alemannia nach 36 Jahren wieder in die Bundesliga geführt. „Wir lassen einen Trainer, der noch drei Jahre Vertrag bei uns hat, nicht so einfach ziehen", erklärte Präsident und Aufsichtsrat Prof. Dr. Horst Heinrichs. „Der Trainer hat schwerwiegende private Gründe angeführt. Ohne die Schwere dieser Gründe hätten wir wegen der Vertragssituation von Herrn Hecking den Gesprächen mit Hannover überhaupt nicht zugestimmt." So aber wurden Hecking keine Steine in den Weg gelegt.

Von Schwarz-Gelb bei Alemannia Aachen (unteres Foto) zu den Roten (oben): Dieter Hecking zog es zurück zu Familie und 96.

Mit 64 Jahren engagiert wie eh und je: Nürnbergs Trainer Hans Meyer.

Hans Meyer

Ein wahrer Glücksfall für den „Club“

Eigentlich würde er heute in seinem Häuschen sitzen und in aller Ruhe seine geliebten Rosen züchten. Und die Bundesliga wohl interessiert vor dem Fernsehschirm verfolgen. Stattdessen hat Hans Meyer beim 1. FC Nürnberg wieder für sportliches Wachstum gesorgt, mit dem „Club“ eine erstaunliche Saison hingelegt und bei dem fränkischen Traditionsverein regelrecht für Euphorie gesorgt.

„Er ist ein Glücksfall für den Verein, unglaublich, was er in kürzester Zeit geleistet hat“, sagt Manager Martin Bader über den Cheftrainer und die positive Entwicklung am Valznerweiher. Im Vorjahr rettete Meyer den „Club“ nach seiner Rückkehr in die Bundesliga am 2. November 2005 vor dem drohenden Sturz in die Zweitklassigkeit. In der abgelaufenen Spielzeit verhalf er dem FCN nun zu einem ungeahnten Höhenflug.

Meyer führte die Franken nach 25 Jahren wieder in das DFB-Pokalfinale nach Berlin. Und in der Bundesliga spielte Nürnberg wieder im Konzert der Großen mit. Und weil Endspiel-Partner VfB Stuttgart schon vor dem Saisonende als Teilnehmer an der Champions League feststand, durfte rund um das easyCredit-Stadion die UEFA-Cup-Qualifikation gefeiert werden.

Der Chefcoach, sonst für seine humoristisch-trockenen Aussagen bekannt, meinte: „Es ist deswegen schön, weil dieser Verein so lange nichts mehr erlebt hat. Ich freue mich unglaublich, dass es für meinen Präsidenten Michael A. Roth nach schlechten Minuten und Stunden endlich ein Durchatmen gibt. Dass das, was man über Jahre gemacht hat, sich auch irgendwann auszahlt.“ Kein Wunder, dass der FCN sich Hans Meyers Dienste vorzeitig bis ins Jahr 2009 sicherte. Danach hat Meyer – so er möchte – immer noch genügend Zeit, um seine geliebten Rosen im Garten zu züchten.

Mohamed Zidan

MZ und Mainz: Das passt zusammen

MZ. Diese Initialen standen in der Rückrunde nicht nur für das Autokennzeichen der Stadt Mainz. MZ stand vielmehr als Sinnbild für eine Halbserie, die Mohamed Zidan in seiner bisherigen Profi-Karriere noch nie erlebt hatte. Nach einer für ihn enttäuschenden Vorrunde im Trikot von Werder Bremen – der Ägypter kam bei nur fünf Einsätzen zu einem Torerfolg, erfuhr Zidan nach seiner Rückkehr an die alte Wirkungsstätte eine wahre Leistungsexplosion.

Der 1. FSV Mainz 05, im Winter noch mit elf Punkten abgeschlagen auf dem letzten Tabellenplatz, legte eine ansehnlichen Zwischenspurt hin. Aus den ersten sechs Spielen holten die Schützlinge von Trainer Jürgen Klopp 16 Punkte. Zidan, in der Vorsaison schon auf Leihbasis von Mainz engagiert, erzielte dabei Tor um Tor. Wiederholt fand er sich auf den Schultern des Stadionsprechers wieder – die Fans feierten MZ.

„Zidan und Mainz – das passt irgendwie zusammen“, so Manager Christian Heidel. „Da ist eine kleine Euphorie entstanden. Das ging quer durch die Stadt, durch die Mannschaft und den Verein.“ Begeisterung, obwohl es am Schluss – trotz Zidan – nicht für den Klassenerhalt reichte.

Und noch ein Tor der Marke MZ: Auch gegen den Hamburger SV - hier mit Joris Mathijsen – zeigte sich Mohamed Zidan treffsicher.

Gute Freunde kann niemand trennen!
T-Home und Fußball – uns verbindet Leidenschaft.
www.grenzenlos-zuhause.de
T · · Home

Michael Kempter

Sogar jünger als sein Vorbild Markus Merk

Am 26. August 2006, es war der dritte Spieltag, trug sich Michael Kempter in die Geschichtsbücher der Bundesliga ein. Mit 23 Jahren war der gelernte Bankkaufmann der jüngste Schiedsrichter, der je ein Spiel im deutschen Fußball-„Oberhaus" leitete. „Für mich ging damit ein Traum in Erfüllung", so Kempter, seit 1995 Referee für seinen Heimatverein VfR Sauldorf, nach der Begegnung zwischen dem VfL Bochum und dem FC Energie Cottbus.

Trotz neun Gelber Karten erhielt der Neuling von den Trainern Marcel Koller und Petrik Sander ein Sonderlob. Auch Manfred Amerell, Mitglied des Schiedsrichter-Ausschusses beim DFB, schwärmte über das Schiedsrichter-Talent: „Er lag in den letzten beiden Jahren an erster Stelle bei den Bewertungen. Seit fünf Jahren pfeift er in höheren Klassen. Deshalb ist dieser Schritt jetzt nur logisch."

Kempter löste bei seinem ersten Bundesliga-Einsatz den bisherigen Rekordhalter Hermann Schröder ab, der bei seinem Einstand 25 Jahre und 307 Tage alt gewesen war. Selbst Dr. Markus Merk hatte das erst mit 26 Jahren geschafft.

Kempters Karriere begann im zarten Alter von elf Jahren. Er eiferte seinem großen Idol Dr. Merk nach, schrieb einen persönlichen Brief an DFB-Lehrwart Eugen Strigel mit der banal klingenden Frage, wie er nur Schiedsrichter werden könne. Drei Jahre später legte Kempter los. Mit 15 leitete er Spiele in der Landesliga, mit 16 in der Verbands- und ein Jahr später schon in der Oberliga. Mit 17 Jahren folgte die erste Regionalliga-Begegnung, mit 21 sein erstes Zweitliga-Spiel. Sein Rückblick: „Am schwierigsten war es bisher in der Regionalliga. Da spielen so viele Ex-Profis, die jedem Schiedsrichter das Leben schwer machen können."

Auf geradem Weg in den kleinen Kreis der Bundesliga-Schiedsrichter: Schon mit 23 Jahren erlebte Michael Kempter die Erfüllung seines Traums.

Ivan Klasnic

Vom Schicksal getroffen

Unterstützung für Ivan Klasnic: Bremens Fans mit der Werder-Nummer 17 des Kroaten.

Mit einem Transparent „Danke, dass Ihr an mich glaubt" kehrte Ivan Klasnic am Ostersonntag beim Heimspiel gegen den 1. FC Nürnberg auf das Spielfeld des Weser-Stadions zurück. Zwar nicht im Werder-Trikot und mit Fußballschuhen ausgestattet, zumindest aber gesundheitlich auf dem Wege der Besserung. Minutenlang erntete der Kroate Beifall und aufmunternde Zurufe von den Rängen.

Der Sturm-Partner von Miroslav Klose hatte schlimme Monate erlebt. Erstmals im November 2006 wurden bei Klasnic Nierenprobleme festgestellt. Im Januar 2007 musste sich der Profi erstmals einer Organ-Transplantation unterziehen. Der in Bremen vorgenommene Eingriff verlief jedoch nicht nach Wunsch. Die Nieren-Lebendspende von seiner Mutter Sima wurde vom Körper nicht angenommen. Erst eine zweite Operation in Hannover – dieses Mal war Vater Ivan der Organ-Spender – brachte im März 2007 den gewünschten Erfolg

Klasnic gab sich auch sportlich kämpferisch. „Ich habe ein gutes Gefühl, dass ich als Spieler zurückkehre." Als das Schicksal den Stürmer schwer getroffen hatte, war neben den Fans auch Werder Bremen mit dem Angebot für eine Vertragsverlängerung sofort an Klasnics Seite gewesen.

Die Comebacks der Saison

Rückkehr auf die Bundesliga-Bühne im Blitzlichtgewitter der Fotografen: Beim Derby in Nürnberg nahm Ottmar Hitzfeld erstmals wieder auf der Trainerbank des FC Bayern Platz.

Ottmar Hitzfeld Rückkehr mit überraschender Verlängerung

Er kam an jenem 1. Februar 2007 so zurück, wie er im Juni 2004 seinen alten und neuen Arbeitgeber verlassen hatte: in einem maßgefertigten, schwarzen Anzug, dazu blaue Krawatte und wie immer den letzten Knopf am Jackett geöffnet. Mit einer stoischen Ruhe, dabei die Finger knapp gespreizt am Rednerpult des Presse-Rondells der Vereinszentrale in der Säbener Straße, das Blitzlichtgewitter über sich ergehen lassend. Mit seinem unverkennbaren, leichten Lächeln. Nur eines war nicht so wie im Juni 2004. Seine Limousine – unverändert von Sponsor AUDI und wie früher direkt vor der Tür des Trainerbüros abgestellt – trug nicht mehr die Initialen M–DM, für Deutscher Meister, sondern ein Schweizer Kennzeichen. Ein Hinweis auf seine zweieinhalbjährige Auszeit.

Manager Uli Hoeneß benutzte bei der Neu-Präsentation von Ottmar Hitzfeld (58) die Formulierung, der Rückkehrer sehe aus „wie das blühende Leben". Nicht mehr so „ausgebrannt und müde" wie bei der Trennung, die im Juni 2004 nach 72-monatiger Tätigkeit seit Juli 1998 vollzogen worden war. „Die Pause hat mir sicherlich gutgetan", nahm Hitzfeld den Hoeneß-Steilpass auf, lächelte dabei so unbeschwert wie zu Beginn seiner ersten Amtszeit beim FC Bayern in die Objektive der TV-Teams und Fotografen.

Es schien fast so, als wäre Hitzfeld – an seiner Seite wieder Assistent Michael Henke – nie weg gewesen. Immer wieder tauchte der Erfolgstrainer – er führte den FC Bayern zum Weltpokal- und Champions-League-Triumph, zu vier Deutschen Meisterschaften und zwei DFB-Pokalsiegen – in München auf. Wenn auch nur als Experte für das Fernsehen. Aber nicht nur einmal fiel der Name Ottmar Hitzfeld, als zwischenzeitlich bei den Münchnern, trotz des doppelten „Doubles" mit Meisterschaft und DFB-Pokalsieg 2005 und 2006, unter Felix Magath nicht alles nach Wunsch lief. Und Hoeneß selbst gab zu, dass der einzige Kandidat, den man nach der überraschenden Trennung von Magath kontaktierte hatte, Hitzfeld gewesen sei. „Ich freue mich, unseren Ottmar Hitzfeld hier vorstellen zu dürfen. Wir sind ja auch eine Familie, und wir haben von vornherein gesagt: Wenn wir diesen Schritt machen, brauchen wir einen Trainer, der die Verhältnisse hier kennt."

Obwohl Hitzfeld zunächst immer wieder und beharrlich betonte, er werde das Traineramt nur bis zum Saisonende ausüben, reifte während eines guten Monats nach seinem Comeback ein Prozess, dessen Ergebnis er erneut mit Manager Uli Hoeneß im Presse-Rondell auf dem Gelände des FC Bayern verkündete. „In den letzten Wochen ist in mir etwas gewachsen. Ich hätte nicht gedacht, dass ich mich hier so wohlfühle", erklärte Hitzfeld und gab bekannt, dass er über den Sommer hinaus bleibe. Und Manager Uli Hoeneß meinte voller Stolz: „Die Entscheidung, den Vertrag nur für ein Jahr zu verlängern, haben wir gemeinsam getroffen. Ein Jahr heißt nicht, dass daraus nicht auch eine längere Ehe werden kann."

Weniger gefallen haben dürfte Ottmar Hitzfeld hingegen der weitere Saisonverlauf. Zwar schaltete man im Achtelfinale der UEFA Champions League Real Madrid aus, scheiterte aber in der nächsten Runde am AC Milan. Und in der Bundesliga kam der FC Bayern nach einem starken Zwischenspurt ins Straucheln, erreichte erstmals nach zwölf Jahren mit dem Rang vier nicht die Qualifikation für den europäischen Top-Wettbewerb.

Wie früher wieder an Ottmar Hitzfelds Seite: Co-Trainer Michael Henke.

Jupp Heynckes

Unglaubliches Ende bei seiner großen Liebe

Seine großartige Trainer-Karriere hatte vor 28 Jahren dort begonnen, wo sie im Februar 2007 wohl auch zu Ende gegangen ist. Bei „seinen" Fohlen. Bei „seinem" Verein Borussia Mönchengladbach. „Ich freue mich riesig. 1979 habe ich als junger Trainer, als Jungspund, hier angefangen. Jetzt wird die Borussia sehr wahrscheinlich auch meine letzte Etappe sein. Das ist wie in einem Drehbuch." So erzählte Jupp Heynckes, als er sein Comeback startete – nicht mehr am inzwischen abgerissenen Bökelberg, sondern im BORUSSIA-PARK.

Die Mönchengladbacher Erfolge verkörpert Heynckes wie nur wenige andere aus den großen Zeiten der Borussia. 1971, 1975, 1976 und 1977 stürmte Heynckes als einer der treffsichersten Angreifer zu vier Meisterschaften. Mit 195 Toren ist er heute noch Rekord-Torschütze der Borussen. 1973 war er noch am Gewinn des DFB-Pokals beteiligt, zwei Jahre später am UEFA-Cup-Sieg.

Nach seiner ersten, acht Spielzeiten andauernden Tätigkeit als Trainer in Mönchengladbach verließ er 1987 die Borussia, um anderswo zu großen Triumphen zu gelangen. Mit dem FC Bayern München wurde er 1989 und 1990 Deutscher Meister, 1998 gewann er mit Real Madrid die UEFA Champions League.

Der Auftakt verlief für den Rückkehrer verheißungsvoll. Im ausverkauften neuen Stadion feierte Heynckes einen 2:0-Heimerfolg gegen den FC Energie Cottbus, was Mönchengladbach sogar die Tabellenführung einbrachte. Es folgten drei weitere Sie-

Mit großem Engagement ging Jupp Heynckes die Aufgabe in Mönchengladbach an.

Beifall für das Bestehen im Kampf um den Klassenerhalt: Huub Stevens war mit dem Hamburger SV früher als erwartet auf der sicheren Seite.

ge vor eigenem Publikum. Nur auswärts blieben die Erfolge aus – fünf Niederlagen in Folge.

Bis zur Winterpause rutschte die Borussia in der Tabelle ab. Schon vor Weihnachten wurde über eine vorzeitige Ablösung von Heynckes spekuliert Doch das Präsidium hielt weiter an ihm fest. Schon vor dem Rückrundenbeginn erhielt der zu diesem Zeitpunkt 61-Jährige, wie er erst wesentlich später öffentlich machte, Morddrohungen. Unglaublich und erschütternd. „Diese Drohungen waren so ernst zu nehmen, dass ich in Bochum und Cottbus von mehreren Polizisten in Zivil begleitet wurde", berichtete Heynckes. „Am Wochenende hatte dies eine Dimension erhalten, die ich meiner Frau nicht länger zumuten konnte." Mönchengladbach war in Cottbus mit einer 1:3-Niederlage in den zweiten Saisonabschnitt gestartet. Und schon vor dem torlosen Unentschieden gegen den 1. FC Nürnberg stand für Heynckes der Entschluss fest, „seinem" Verein den Rücken zu kehren – nur sieben Monate nach seinem viel umjubelten Comeback bei „seiner" Borussia.

Huub Stevens

Schwierigste Bundesliga-Mission erfolgreich bewältigt

Am 2. Februar 2007 kehrte er wieder in die Bundesliga zurück. Die Aufgabe beim abstiegsgefährdeten Hamburger SV war für Huub Stevens nach seinen Engagements beim FC Schalke 04, bei Hertha BSC Berlin und beim 1. FC Köln nicht nur die vierte Station, sondern auch die schwierigste Mission in Deutschland. Der Bundesliga-Dauerbrenner war nach dem 20. Spieltag an das Tabellenende abgerutscht, wies schon vier Punkte auf einen Nichtabstiegsplatz auf.

Sein Comeback feierte Stevens ausgerechnet bei seinem Ex-Club Hertha BSC, wo er bis zum 4. Dezember 2003 tätig gewesen war. Zwar begann für Stevens die neue Amtszeit mit einer 1:2-Niederlage, doch führte der „harte Hund aus Kerkrade", wie ihn einst Schalkes früherer Manager Rudi Assauer nannte, den HSV im Schnelldurchgang aus der Abstiegszone. Bereits drei Spieltage vor Schluss feierten die Hanseaten mit einem 2:1-Erfolg beim FC Bayern München mit 39 Punkten die fast sichere Rettung. Umso erstaunlicher, weil Stevens in dieser Phase auch noch durch eine schwere Erkrankung seiner Ehefrau Toos sehr beansprucht war.

Damals wie heute Borusse: Jupp Heynckes vor seinem Porträtfoto aus Zeiten, als er für die „Fohlen" erfolgreich stürmte.

Den HSV-Spielern Selbstvertrauen einimpfen: Das war eine vorrangige Aufgabe für Huub Stevens bei seinem Comeback. Links Bastian Reinhardt.

Technisch immer wieder eine Augenweide: Auch gegen den Hamburger Nigel de Jong (rechts) behauptete Marcelinho den Ball.

Marcelinho

Engagement ohne Probleme

Nach nur einem halbjährigen Intermezzo in der türkischen Liga bei Trabzonspor kehrte Marcelinho im Januar 2007 in die Bundesliga zurück. Schon bei seiner Ankunft in Wolfsburg präsentierte sich der als exzentrisch und eigenwillig geltende Brasilianer, der in fünf Jahren bei Hertha BSC Berlin 155 Bundesliga-Spiele absolvierte hatte, ganz anders als vorausgesagt. Überaus pünktlich erschien Marcelinho zur ersten Trainingseinheit vor knapp 300 Fans, was Trainer Klaus Augenthaler zufrieden kommentierte: „Er lässt nicht den Star heraushängen."

Marcelinho, zuvor auch in Dortmund im Gespräch, meinte zur Begrüßung: „Ich freue mich riesig, wieder in Deutschland zu sein. Der erste Eindruck von Verein, Trainer und den Teamkollegen ist sehr gut." Auf dem Platz bestätigte der Offensivmann den positiven Eindruck, den auch seine zuweilen außergewöhnliche und farbenprächtige Frisur nicht verwischte: mit Technik, mannschaftsdienlichem Spiel und nicht zuletzt durch wichtige Tore.

Kevin Kuranyi

Alle Rückschläge weggesteckt

„Jetzt reift er. Heute kann man sehen, dass Kevin angekommen ist auf Schalke!" So jubelte Manager Andreas Müller, nachdem Kevin Kuranyi in der Scorer-Liste der Bundesliga Mitte April mit 13 Toren und elf Vorlagen zwischenzeitlich sogar Miroslav Klose (12/12) und Diego (11/12) überholt hatte. Es war für Müller und den Stürmer auch eine Art Genugtuung. Beide mussten sich seit der Verpflichtung des früheren Stuttgarters im Sommer 2005 einiges anhören. Und das, obwohl Kuranyi in seiner ersten Saison immerhin auf zehn Treffer gekommen war. „Sein erstes Jahr wurde nur schlecht geredet", so Müller rückblickend.

Kuranyi ist längst in die Erfolgsspur zurückgekehrt, spielt und trifft besser denn je zuvor in seiner Profi-Karriere. Trotz der Nicht-Nominierung zur WM, ein bitterer Moment, worüber er heute sagt: „Das hat mich reifer, erwachsener gemacht."

Im Februar kehrte der Schalker auch wieder in das Nationalteam zurück. Ebenso eindrucksvoll wie auf der Bundesliga-Bühne. Bei seinem Comeback gelang ihm zum 3:1-Sieg im Testspiel gegen die Schweiz ein Tor. Beim 3:1-Erfolg im EM-Qualifikationsspiel in Tschechien war Kuranyi mit zwei Treffern der herausragende Matchwinner. Und nur vier Tage später führte er beim Testspiel gegen Dänemark das DFB-Team erstmals als Kapitän auf den Rasen. Ein perfekteres Drehbuch zum Comeback von Kevin Kuranyi hätte man nicht schreiben können.

Endlich wieder eine breite Brust: Kevin Kuranyi fand immer mehr zu alter Stärke zurück.

COMEBACKS

SPEZIALIST FÜR PRINTPRODUKTE

Hätten Sie gerne ein hochwertiges Magazin zu Ihrem Sport-Event?
Wollen Sie zur Stärkung der Marke ein Buch positionieren?
Oder einen Newsletter an Ihre Sportkundschaft verschicken?

Die Sportverlag Europa Medien AG mit Sitz in Zürich ist der Spezialist von Sport-Printprodukten. Vom Konzept bis zum Druck, von der Redaktion bis zur Grafik – hier bekommen Sie alles aus einer Hand.
Die Sportverlag Europa Medien AG ist auf der einen Seite eigenständiger Verlag. So geben wir in der Schweiz das Monatsmagazin EuroSoccer und auch „important!", das People-Magazin für Sportentscheider, in eigener Regie heraus, ebenso Sportbücher zu hochwertigen Events wie der WM 2006.
Auf der anderen Seite verstehen wir uns als Dienstleister für Vereine, Verbände und Unternehmen im Sport-Business. Wir sind gross genug, in höchstem Standard und mit den besten Profis jedes Sportereignis zu handhaben, und klein genug, durch Flexibilität nationale oder internationale Kundenwünsche zu berücksichtigen.
Unsere Kernkompetenzen liegen im Bereich Fussball, Tennis und Golf. Unser Netzwerk zu internationalen Top-Journalisten befähigt uns, jede Sportart professionell in hochklassige Printprodukte umzusetzen.

Haben wir Ihr Interesse geweckt?

Gerne stehen wir Ihnen zu Verkaufsgesprächen zur Verfügung.

Sportverlag Europa Medien AG
Seestrasse 473, CH-8038 Zürich
Tel. 0041-43-3050560
Fax 0041-43-3050566
Info@sportverlageuropa.com

SPORTVERLAG EUROPA
SPORTVERLAG EUROPA MEDIEN AG

Magazine

BÜCHER

Produktionen

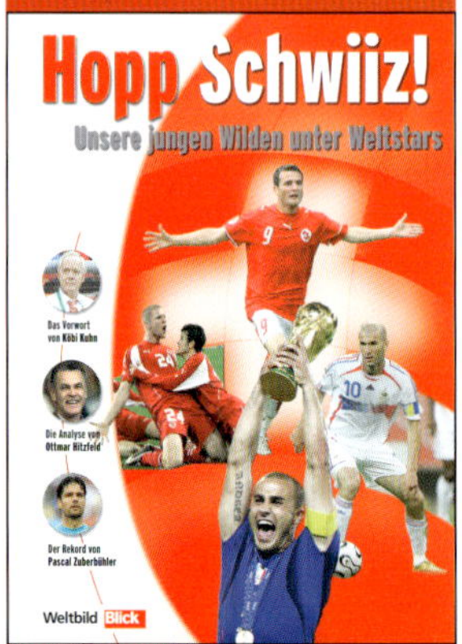

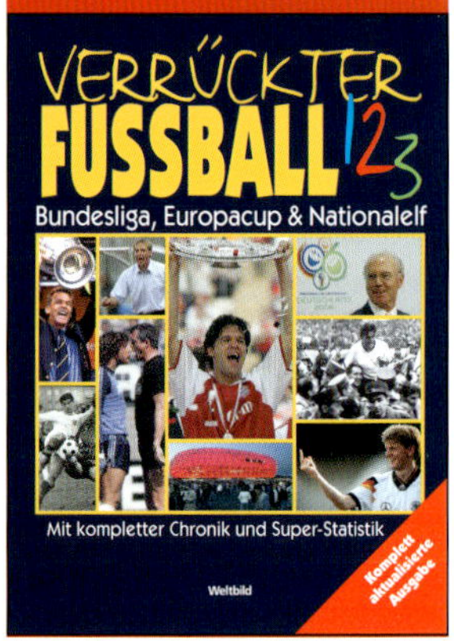

Mehmet Scholl
Abschied des Rekordmeisters

Der Ball war sein Freund: Den Fans wird Mehmet Scholl vor allem wegen seiner außergewöhnlichen technischen Fähigkeiten in Erinnerung bleiben.

Heimlich. Still. Leise. 17 Jahre nach seinem ersten Auftritt, damals noch im Trikot des Karlsruher SC, verabschiedete sich Mehmet Scholl (36) im Mai 2007 aus der Bundesliga. Wie schon in den letzten Jahren machte er auch bei seinem Abschied vom Profi-Fußball kein großes Aufsehen um seine Person. Gewährte den Medien, die unzählige Anfragen an ihn richteten, nur in Ausnahmefällen einen Einblick in seine Gefühlswelt.

„Wir werden ihm ein riesiges Abschiedsspiel widmen", verriet Manager Uli Hoeneß, der für Scholl während dessen 15-jähriger Vertragszeit beim FC Bayern zu einem väterlichen Freund geworden ist. Jetzt, 15 Jahre später, schnürt Scholl im August 2007 nochmals die Stiefel und verabschiedet sich gebührend im Rahmen des Franz-Beckenbauer-Pokals von all seinen Fans – als Rekordhalter mit acht Deutschen Meisterschaften, als einzigartiger Techniker, als schlagfertiger Gesprächspartner, als Stimmungsmacher, als Führungsspieler. Es würde noch eine Vielzahl weiterer Beschreibungen geben. „Für ihn wird die Tür beim FC Bayern immer offenstehen", versicherte Uli Hoeneß, der Scholl gerne in die Nachwuchs-Abteilung einbinden möchte.

Genug Erfahrung hat Scholl in seiner Karriere sammeln können – und Titel: Neben den Meisterschaften je fünf Mal DFB-Pokal- und Premiere-Ligapokal-Siege, Weltpokal und Champions League (2001), UEFA-Cup 1996 sowie im selben Jahr die Europameisterschaft.

Oft wurde Scholl von Verletzungen zurückgeworfen. So kam er auf „nur" 36 Länderspiele, erzielte dabei acht Tore. In seiner letzten Bundesliga-Spielzeit verpasste er es nur knapp, die Marke von 400 Spielen und 100 Toren zu knacken. Doch auch Trophäen waren ihm im reiferen Alter nicht mehr so wichtig. „Wenn dein Kind Zähne kriegt nachts um vier, was helfen dir dann acht Titel", so hat er zum Abschied im „Bundesliga-Magazin" erzählt. Und auch, dass er beim FC Bayern weiter aktiv bleiben will: In der 2. Herren der Kegler in der Bezirksliga B/2 München. Schließlich war er in dieser Sportart in der Jugend einmal deutscher Vizemeister gewesen.

Auch Markus Babbel und Dariusz Wosz beenden Laufbahn

Mit Markus Babbel (34) und Dariusz Wosz (37) verabschieden sich zwei weitere ehemalige Nationalspieler von der Fußball-Bühne. Wie Scholl gehörte auch Babbel (51 Länderspiele), zuletzt VfB Stuttgart, zum Europameister-Team von 1996, gewann mit dem FC Bayern in seiner Heimatstadt München den UEFA-Cup, drei Deutsche Meisterschaften und zwei Mal den DFB-Pokal. Er spielte zudem beim Hamburger SV sowie in England beim FC Liverpool (FA- und Supercupsieger) und bei den Blackburn Rovers.

„Darek" Wosz, geboren in Halle, absolvierte sieben Einsätze für das Auswahlteam der DDR und 17 Länderspiele im DFB-Trikot. In Bochum spielte er 13 Jahre, zwischenzeitlich bei Hertha BSC Berlin, und als erstem VfL-Profi wird ihm am 8. September 2007 ein Abschiedsspiel zuteil. Dariusz Wosz bleibt dem Fußball im Trainerstab der Bochumer U19-Junioren ebenso erhalten wie Markus Babbel bei den Stuttgarter Lizenzspielern.

Seit dem achten Titel von 2006 der Spieler mit den meisten Meisterschaften: Mehmet Scholl.

Sequenzen aus dem Trailer, von dem die gesamte Berichterstattung aus der Bundesliga im Fernsehen begleitet wird.

Saison der Innovationen

Die DFL Deutsche Fußball Liga GmbH hat in den vergangenen Monaten zahlreiche Neuerungen auf den Weg gebracht – auf den verschiedensten Feldern.

Eine eigene Produktionsgesellschaft, ein neues Erscheinungsbild, das Lizenzierungssystem weiterentwickelt und viel für den Nachwuchs getan: Für die DFL war das Fußball-Jahr 2006/07 eine besondere Spielzeit. „Wir blicken auf eine Saison der Innovationen zurück", sagt Christian Seifert, der Vorsitzende der DFL-Geschäftsführung, der zusammen mit seinen Geschäftsführer-Kollegen Holger Hieronymus (Spielbetrieb), Tom Bender (Marketing und Kommunikation) und Christian Müller (Finanzen) bedeutende Weichenstellungen vorgenommen hat.

Dafür steht stellvertretend das neue Erscheinungsbild der Bundesliga: Ein sanft überarbeitetes Logo, ein aufwändig produzierter Bundesliga-Trailer, der vor und nach jeder Berichterstattung über die Bundesliga und 2. Bundesliga läuft, und die dazu eigens komponierte Bundesliga-Hymne sind die herausragenden Merkmale eines neuen Designs. Sie bieten neben einem hohen Wiedererkennungswert auch Identifikationsfläche für die Fans.

Doch nicht nur am Erscheinungsbild der Bundesliga im Inland wurde gefeilt. Auch auf dem ausländischen Markt präsentiert sich die Bundesliga im neuen Look. Dafür wurde mit „Goal! – The Bundesliga Magazine" eigens ein

Wachstumsbranche Bundesliga: Erfreuliche und rekordverdächtige Zahlen und Fakten konnten im Report 2007 veröffentlicht werden, den die Geschäftsführung der DFL präsentierte. Von links: Tom Bender, Christian Seifert, Holger Hieronymus und Christian Müller.

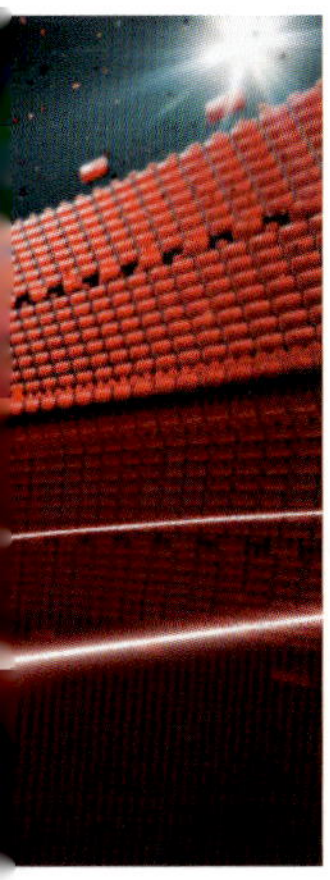

Fernseh-Format entwickelt, das den Fans in rund siebzig Ländern die Tradition und die sportliche Attraktion der Bundesliga näher bringt.

Um das Ansehen und letztlich die Umsätze der Bundesliga im Ausland zu steigern, wurden mit der US-amerikanischen Major League Soccer (MLS) und mit dem indischen Verband Übereinkommen über eine stärkere Zusammenarbeit geschlossen. Die internationale Vermarktung nimmt Fahrt auf.

Mehr Engagement im Sinne der Bundesliga bedeutete auch die Gründung einer eigenen TV-Produktionsfirma. Seit Beginn der abgelaufenen Spielzeit liefert die SPORTCAST GmbH als hundertprozentige Tochter der DFL die TV-Bilder von allen 612 Begegnungen der Bundesliga und 2. Bundesliga und stellt sie den Fernsehpartnern zur Verfügung. Für die DFL war der Einstieg in die Eigenproduktion ein logischer Schritt, kann sie doch nun noch aktiver auf die Präsentationsqualität der TV-Bilder einwirken und den nationalen und internationalen Bundesliga-Fans so die beste Sicht auf das Spiel bieten.

Obwohl die DFL großen Wert auf eine zeitgemäße Präsentation der Spiele legt, vernachlässigt sie keineswegs die Grundlagen des Profi-Fußballs. Da ist zum Beispiel die Jugendarbeit, mit der die Clubs zielgerichtet in ihre Zukunft investieren und dabei von der Liga-Zentrale unterstützt werden. Der Schlüssel dazu sind die Leistungszentren. Um diese noch effizienter zu fördern, wurde zusammen mit der Firma DEXIA foot pass ein spezieller Kriterienkatalog erstellt, auf dessen Basis künftig eine Zertifizierung der Leistungszentren erfolgen wird. Je nach Qualität der Leistungszentren, die im Übrigen Grundvoraussetzung bei der Lizenzierung sind, werden dann auch TV-Einnahmen aus dem Champions-League-Solidarpool verteilt.

Auch im Bereich Lizenzierung wurden Optimierungen vorgenommen. So wurde im Lizenzierungsverfahren für die Saison 2007/08 eine so genannte Lizenzierungsnachschau beschlossen. Dadurch wird noch mehr als bisher Vorsorge geleistet, dass kein Club während der laufenden Spielzeit aufgrund finanzieller Notlagen aus dem Spielbetrieb ausscheiden muss.

Ein deutliches Zeichen setzten auch die Zuschauer in den Bundesliga-Stadien, hier Fans des FC Schalke 04.

Für Fußball ohne Grenzen

Gegen Rassismus und Diskriminierung hat die Bundesliga mit einer breit angelegten Aktion für große Aufmerksamkeit gesorgt.

In einem Kommentar im „Bundesliga-Magazin", der offiziellen Publikation des deutschen Profi-Fußballs, hat Werner Hackmann kurz vor seinem Tod auf eine Feststellung ganz besonderes Gewicht gelegt. „Die Bundesliga insgesamt hat eine besondere Verantwortung", so der Ligapräsident, der damit das gesellschaftliche Engagement des Fußballs meinte und die Möglichkeit, seine Plattform als vielfachen Multiplikator zu nutzen.

Eine Initiative während der Saison 2006/07 war ein deutlicher Beleg, dass sich der Profi-Fußball dieser Verantwortung stellt. Am achten Spieltag im vergangenen Herbst machten alle 36 Bundesliga-Clubs mit Nachdruck auf ein wichtiges Anliegen aufmerksam: „Zeig' Rassismus die Rote Karte". Und dabei hielten nicht nur die Akteure samt der Schiedsrichter auf dem Rasen die Botschaft in die Höhe, sondern die Fans auf den Zuschauerrängen demonstrierten übereinstimmend, dass sie keine andere Meinung gelten lassen wollen, was Rassismus und Fremdenfeindlichkeit angeht.

Das besonders Erfreuliche in dieser Hinsicht: Die Aktion für Fußball ohne Grenzen mit einer außergewöhnlichen Resonanz und besonders positiven Reaktionen aus dem Ausland blieb keine Momentaufnahme in den Stadien. Quer durch die Bundesliga, durch Vereine oder Fanclubs wurde das Thema in ganz unterschiedlicher Form weiterbehandelt, wobei die Kernaussage unverändert blieb: „Zeig' Rassismus die Rote Karte."

„Organspende schenkt Leben"

Einen weiteren Schwerpunkt setzte die Bundesliga mit der Unterstützung einer Aktion unter dem Motto „Organspende schenkt Leben". Im Rahmen der Spiele und in den Club-Magazinen engagierten sich die 36 Profi-Clubs für eine vom „Verein Sportler für Organspende e.V." (VSO) entwickelte Initiative. Bundesgesundheitsministerin Ulla Schmidt stellte das Engagement als sehr wertvoll heraus: „Das Millionenpublikum, das die Fußball-Bundesliga erreicht, ist natürlich eine ideale Plattform, um auf ein Thema aufmerksam zu machen, mit dem sich viele Menschen aus verschiedenen Gründen noch nicht beschäftigt haben."

Eine klare Botschaft der Bundesliga, wie beim Spiel Werder Bremen gegen FC Bayern München, unterstützt auch von den Schiedsrichtern.

Die Liga trauert um ihren Gründungspräsidenten

Die Nachricht war ein Schock. Völlig überraschend starb Werner Hackmann am 28. Januar 2007 – nur zwei Tage, nachdem er sich beim UEFA-Kongress in Düsseldorf noch voller Tatendrang präsentiert hatte. Der Präsident des Ligaverbandes und Aufsichtsratsvorsitzende der DFL Deutsche Fußball Liga GmbH wurde 59 Jahre alt.

Über viele Jahre hatte Werner Hackmann aktiv den Profi-Fußball in Deutschland mitgestaltet. Zunächst als geschäftsführendes Vorstandsmitglied des Hamburger SV und dann ab Juli 1998 als Vorstandsvorsitzender des hanseatischen Traditionsvereins. Schon früh lag ihm die Gemeinschaft aller Profi-Clubs sehr am Herzen. Von Oktober 1998 bis Dezember 2000 war er Mitglied im Ligaausschuss des DFB. In dieser Zeit war der spätere Ligapräsident maßgeblich an der Verselbstständigung des Profi-Fußballs beteiligt. So war es nur folgerichtig, dass Werner Hackmann bei der Gründung des Ligaverbandes am 18. Dezember 2000 zum Präsidenten des Ligaverbandes gewählt wurde. Die 36 Vereine und Kapitalgesellschaften des Ligaverbandes bekräftigten das Vertrauen drei Jahre später und bestätigten Hackmann auf der Generalversammlung in Berlin für eine zweite Amtszeit.

Seine Art, als neutraler Sachwalter die unterschiedlichen Interessen der Bundesliga-Clubs miteinander zu verbinden, sorgte für höchsten Respekt auf allen Seiten. Als geschätzter Fachmann vertrat Werner Hackmann den deutschen Fußball weit über die Grenzen der Bundesliga hinaus. Seine Kompetenz bereicherte auch die Gremien von FIFA und UEFA.

Werner Hackmann †
17. April 1947 – 28. Januar 2007

www.bundesliga.de – top-aktuelle Informationen

News von allen 36 Teams, Liga-Radio, Exklusiv-Interviews, Live-Daten und Statistiken – www.bundesliga.de, die offizielle Homepage der Bundesliga, ist die zentrale Anlaufstelle der Fußball-Fans im Internet.

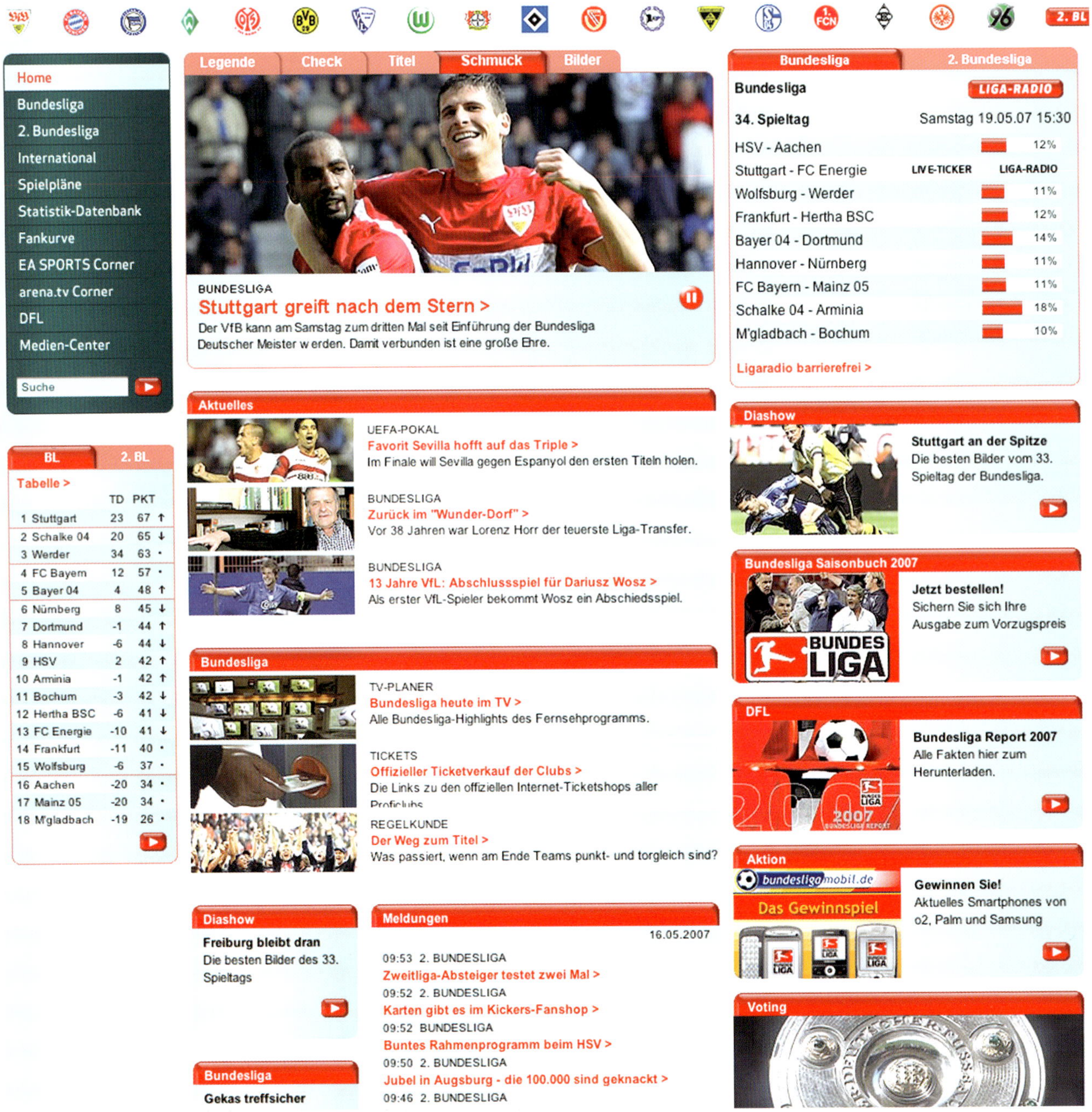

Fakten, Fakten, Fakten: Das offizielle Internet-Portal des deutschen Profi-Fußballs verfügt über ein breit gefächertes Angebot.

Nicht erst seit einem umfangreichen Relaunch im Sommer 2006 besticht die Seite durch aktuelle und exklusive Inhalte. Über www.bundesliga.de sind die Nutzer, die natürlich auch in englischer Sprache bedient werden, mittendrin im Bundesliga-Geschehen. Wie gut das Konzept aufgeht, zeigen die rasant steigenden Besucherzahlen (siehe Kasten).

Interviews mit Spielern und Trainern, Kolumnen und Experten-Analysen sind fester Bestandteil des Internet-Auftritts. Auch Entertainment bildet einen Schwerpunkt, weshalb vermehrt auf Interaktivität gesetzt wird. Ob Gewinnspiele, Dia-Shows, Voting- oder Mail-in-Aktionen zur Wahl der besten Spieler – bei www.bundesliga.de sind das Fachwissen und die aktive Teilnahme der Nutzer gefragt.

Der prominent platzierte Live-Player führt unkompliziert mitten ins Geschehen. Erstmals können über den Live-Player, der den Ticker und das exklusive Live-Radio enthält, alle 612 Spiele der Bundesliga und der 2. Bundesliga einzeln verfolgt werden.

Dabei bekommt der Nutzer interessante „Echtzeit-Daten" angeboten – jede Gelbe Karte, jede Auswechslung wird mit den offiziellen, online einlaufenden Spielberichten der Bundesliga abgeglichen. So ist beispielsweise eine prozentuale Darstellung der bestrittenen Zweikämpfe genauso abrufbar, wie alle Latten- und Pfostentreffer des Spiels oder die genaue Passverteilung. Konferenzen und Analysen fassen die Ereignisse zusammen.

Insgesamt vier Einzelspiele und vier Konferenzen präsentiert das exklusive Liga-Radio pro Spieltag. Dabei erfreuen sich vor allem die beiden Voting-Spiele der Bundesliga am Samstag und der 2. Bundesliga am Sonntag großer Beliebtheit. Kein Wunder, schließlich können die Fans per Abstimmung selbst entscheiden, welches Spiel im Internet-Radio übertragen wird.

Der umfassende Statistikteil mit allen Team- und Spielerdaten macht die offizielle Bundesliga-Homepage zum perfekten Nachschlagewerk für jeden Fan. Nirgendwo sonst gibt es derart detaillierte Fakten. Zwei offensive Außenverteidiger, Doppel-Sechs im Mittelfeld oder hängende Spitze – in der tatsächlichen Aufstellung sieht man, wo sich die Spieler während der 90 Minuten wirklich überwiegend aufgehalten haben. Oder aber man lässt sich im Club-Vergleich anzeigen, wie die historische Bilanz zweier Mannschaften in den bisherigen Aufeinandertreffen in der Bundesliga aussieht.

Beim direkten Draht zu den Fans steht der Service-Gedanke im Vordergrund: Wo kann man nach dem Stadionbesuch den Abend gemütlich ausklingen lassen? Wie kommen Fans mit Behinderungen in die Arenen? Diese und viele weitere praktische Fragen werden auf www.bundesliga.de beantwortet.

Wer mehr über die Bundesliga erfahren möchte, sollte also unbedingt auf www.bundesliga.de vorbeischauen.

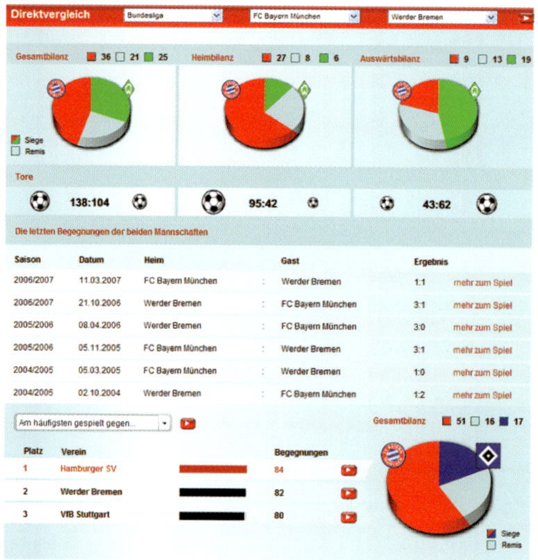

Immer auf Ballhöhe: Die vielfältigen statistischen Angaben liefern zahlreiche interessante Aufschlüsse.

Auch personenbezogene Informationen zu einzelnen Spielern – hier Bayern Münchens Nationalspieler Philipp Lahm – werden serviert.

Wie sind die Spiele zwischen Werder Bremen und Bayern München zuletzt verlaufen? Keine Frage bleibt unbeantwortet.

WWW.BUNDESLIGA.DE AUF REKORDKURS

53,5 Millionen Seitenabrufe (so genannte Page Impressions) verzeichnete www.bundesliga.de im April 2007, im Vergleich zum April 2006 eine Steigerung um rund 147 Prozent. Insgesamt 3,7 Millionen Besucher statteten der Liga-Homepage im April 2007 einen Besuch ab, gegenüber dem April 2006 ein Plus von 53 Prozent und damit bereits der dritte Besucherrekord in Folge.

BUNDES LIGA

Die Bundesliga im Blickpunkt: Fußball garantiert TV-Reichweiten in Millionenhöhe.

612 Mal live im Fernsehen

Die Bundesliga im Fernsehen – das ist nach wie vor eine große Erfolgsgeschichte. Und auch in der vergangenen Saison gab es im TV-Bereich viel Neues.

Der Start der Bundesliga-Saison 2006/07 bedeutete einen Epochenwechsel. Nach wenigen Monaten der Vorbereitung startete mit arena ein neuer TV-Partner und überzeugte die Fans mit seinem Abo-Angebot von Beginn an – und schließlich auch Ex-Bundestrainer Jürgen Klinsmann, der ab der kommenden Spielzeit als Experte sein Comeback gibt.

„Aus Liebe zum Spiel" lautet das Motto von arena. Ein Anspruch, der Programm wurde. Erstmals im deutschen Fernsehen wurden alle 612 Spiele der Bundesliga und 2. Bundesliga live gezeigt. Besonderes Highlight: Die Samstag-Konferenz aller Begegnungen des jeweiligen Spieltages, moderiert von Oliver Welke und Kollegen aus dem mobilen arena-Studio.

Als Evergreen erweist sich weiterhin die ARD-Sportschau. In gewohnter Qualität präsentierten auch in der vergangenen Saison die Moderatoren Monica Lierhaus, Reinhold Beckmann und Gerhard Delling die Zusammenfassung im Free-TV. Dabei lagen die Reichweiten regelmäßig bei über sechs Millionen Zuschauern. Auch das ein Zeichen dafür, dass die Saison 2006/07 so spannend wie selten zuvor verlief.

Als Bundesliga-Sender konnte sich darüber hinaus das Deutsche Sport-Fernsehen (DSF) weiter profilieren. Der Sparten-Kanal, der in den vergangenen Jahren wesentlich zur Positionierung der 2. Bundesliga beigetragen hat, überzeugte einmal mehr nicht nur durch seine Berichterstattung aus dem „Unterhaus". Auch die Sonntagsspiele der Bundesliga erhielten im DSF eine hervorragende Free-TV-Plattform – ebenso wie die Begegnungen vom Samstag im Aktuellen Sportstudio des ZDF. Darüber hinaus hat sich das DSF-Format „Bundesliga aktuell" als tägliche Informationsquelle rund um die Bundesliga bestens bewährt.

Live-Bilder von allen Spielen der Bundesliga und der 2. Bundesliga wurden ab dieser Saison erstmals auch im Internet gezeigt: im Rahmen des „T-Home"-Angebots der Deutschen Telekom AG, ein zukunftsweisendes Produkt, das seinen Kundenstamm zweifelsohne künftig noch stärker finden wird.

arena

ARD Das Erste

ZDF

T Home

DSF

Die Bilanzen der Saison – alle Clubs, alle Spieler

Einmal mehr zählten die Begegnungen zwischen Werder Bremen und dem FC Bayern München mit dem Aufeinandertreffen vieler Nationalspieler wie Torsten Frings (links) und Philipp Lahm auch in der Saison 2006/07 zu den Highlights. Von großer Zufriedenheit über das Erreichen des gesteckten Ziels bis hin zu bitterer Enttäuschung über verpasste Möglichkeiten oder sogar den Abstieg in die Zweitklassigkeit bewegt sich das Fazit bei den Clubs nach einer überaus turbulenten Spielzeit.

Wieder Tränen zum Finale

Wieder einmal erfüllten sich die Hoffnungen des FC Schalke 04 und seiner Fans von der ersten Meisterschaft seit 1958 nicht. Und wiederum hatte „Königsblau" nur hauchdünn das Nachsehen.

Es war selbst für langjährige Schalker eine Überraschung, dass Trainer Mirko Slomka und Manager Andreas Müller vor dem Saisonstart erstmals das forsche Ziel formulierten, bis zum 34. Spieltag um die Meisterschale mitspielen zu wollen. Zumal das junge Führungsduo zum ersten Mal für eine komplette Spielzeit in der Verantwortung stand. Dass dieses Ziel tatsächlich erreicht wurde, war kein Zufall, sondern das Resultat einer akribischen Saisonvorbereitung.

Mittels diverser Computerprogramme hatten Müller und Slomka das Schalker Spiel bis ins Detail analysiert und entsprechend auf dem Transfermarkt zugeschlagen: Die sprintstarken Angreifer Peter Løvenkrands (Glasgow Rangers) und Halil Altintop (1. FC Kaiserslautern) wurden verpflichtet, um das Schalker 4-3-3-System vor allem auf den Außenbahnen zu verbessern und das Spiel insgesamt schneller zu machen.

Um auch das Selbstvertrauen seiner Spieler entsprechend zu stärken, überraschte Slomka im Som-

Jean-Julien Beer (29) arbeitet als Redakteur beim Sportmagazin „Kicker" und ist dort auch Schalke-Experte.

Bitter enttäuscht nach dem letzten Saisonspiel gegen Arminia Bielefeld: Schalke-Kapitän Marcelo Bordon.

Das Schlüsselspiel ist vorbei: Während die Mannschaft von Borussia Dortmund im Hintergrund den 2:0-Sieg feiert, muss Trainer Mirko Slomka die Niederlage am 33. Spieltag erst einmal verdauen.

mertrainingslager mit einer speziellen Maßnahme. Er ließ den Slogan „Totale Dominanz" auf die Trainingskleidung drucken, um ein Nachdenken der Spieler über die hohe Qualität im Kader herauszufordern.

Nach einem durchwachsenen Saisonstart (1:1 gegen Frankfurt) gab es schon am dritten Spieltag ein Schlüsselerlebnis, das Slomka und seine Mannschaft im Glauben an eine Titelchance bestärkte: Schalke besiegte Werder Bremen in einem furiosen Spiel mit 2:0 – und stand erstmals nach 17 Monaten an der Tabellenspitze.

Die folgenden Wochen jedoch verliefen weniger zufriedenstellend. Sportliche Rückschläge wie das frühe Aus im UEFA-Cup gegen AS Nancy und im DFB-Pokal beim 1. FC Köln wurden flankiert von weiteren Schlagzeilen wie eine kurzzeitige Suspendierung von Nationalspieler Gerald Asamoah.

Doch die Wende zum Guten gelang in einem ebenso turbulenten Herbst: Erst wurde der russische Energie-Konzern Gazprom als neuer Hauptsponsor vorgestellt – ein wirtschaftlicher Meilenstein für den Traditionsverein. Dann wurde der sportlich unter Druck geratene Slomka durch ein spektakuläres Heimspiel gegen den FC Bayern München gestärkt. Die enttäuschten Fans hatten ihrem Team bereits die Liebe entzogen und entsprechend dem Schalker Gründungsjahr die ersten 19:04 Spielminuten geschwiegen – doch genau in dem Moment, als diese Aktion endete, wuchtete Levan Kobiashvili den Ball zum 2:0 in den Torwinkel.

Obwohl das Spiel 2:2 endete, war es ein denkwürdiger und wichtiger

Andreas Müller:
„Acht Minuten waren wir sogar vorn – mehr war leider nicht drin."

5. November: Slomka ersetzte Torhüter Frank Rost ausgerechnet gegen den FC Bayern durch den seinerzeit erst 20 Jahre alten Manuel Neuer, einen Gelsenkirchener Jungen, der seit seinem vierten Lebensjahr für Schalke spielt. Durch Rosts Reservistenrolle wurde die Hierarchie in einem bis dahin noch nicht gefestigt wirkenden Team verändert. Kapitän Marcelo Bordon übernahm das Kommando. Und mit dem sportlich überzeugenden Manuel Neuer im Tor verlor Schalke bis zur Winterpause kein Spiel mehr. Mit 36 Punkten spielte Schalke die beste Hinrunde seit 1971.

Nach der Winterpause wechselte Rost zum Hamburger SV – und Schalke stürmte wieder an die Tabellenspitze, erneut durch einen 2:0-Sieg gegen Werder, dieses Mal in Bremen. Erst nach 13 Spieltagen verlor Schalke wieder ein Spiel, am 25. Februar mit 0:1 gegen Leverkusen. Ein entscheidender Rückschlag, weil Spielmacher Lincoln nach einer Roten Karte wegen Tätlichkeit für fünf Spiele gesperrt wurde. Ohne den Brasilianer konnte Schalke gleich auch die nächste Aufgabe nicht lösen, ausgerechnet gegen Rost und den HSV (0:2).

Weil neben Lincoln nun auch andere Leistungsträger der Reihe nach verletzt ausfielen (Løvenkrands, Varela, Pander), schmolz die Souveränität der Schalker Darbietungen ebenso wie der Vorsprung an der Spitze. Jedoch wehrte sich Slomkas Mannschaft lange Zeit energisch dagegen, die Tabellenführung zu verlieren – zum Symbol des Schalker Kampfgeists wurde Abwehrspieler

Das Ende eines Traums: Nach dem knappen Ausgang im Rennen um die Meisterschaft trösten sich Spieler und Betreuer des FC Schalke 04 gegenseitig.

Mladen Krstajic, der sich gegen Leverkusen zwei Rippen brach, aber nicht pausieren wollte. Der Serbe ließ einen Brustpanzer aus Karbon anfertigen, ertrug die Schmerzen – und beendete derart angeschlagen mit seinem 1:0-Siegtor gegen den direkten Konkurrenten VfB Stuttgart eine Schwächephase von vier Spielen ohne Sieg. An jenem 26. Spieltag feierte auch Gerald Asamoah sechs Monate nach einem Beinbruch ein umjubeltes Comeback.

Doch nach Derby-Niederlagen in Bochum (1:2) und Dortmund (0:2) musste Schalke die Tabellenführung doch noch abgeben – einen Spieltag vor Saisonende, so kurz vor dem lang ersehnten Ziel, erstmals seit 49 Jahren wieder Deutscher Meister zu werden. Nur acht Minuten lang hatte S04 zum Finale durch die eigene Führung gegen Arminia Bielefeld und Stuttgarts Rückstand gegen den FC Energie Cottbus noch einmal die Hand an der Schale. In tiefer Enttäuschung richtete Slomka, mit 39 Jahren der jüngste Trainer der Liga, den Blick aber gleich wieder nach vorne: In der neuen Saison können sich die Schalker in der Champions League beweisen – und erneut einen Angriff auf den Meistertitel starten.

ALLE SPIELE

Hinrunde										Rückrunde	
1	12.08.	H	1:1	(1:0)	Eintracht Frankfurt	1:3	(0:1)	A	27.01.	18
2	19.08.	A	0:1	(0:0)	Alemannia Aachen	2:1	(1:1)	H	31.01.	19
3	25.08.	H	2:0	(1:0)	Werder Bremen	0:2	(0:1)	A	04.02.	20
4	17.09.	A	2:0	(1:0)	Hertha BSC Berlin	2:0	(0:0)	H	10.02.	21
5	23.09.	H	2:0	(0:0)	VfL Wolfsburg	2:2	(0:2)	A	17.02.	22
6	01.10.	A	3:1	(1:1)	Bayer 04 Leverkusen	0:1	(0:0)	H	25.02.	23
7	14.10.	A	1:2	(1:1)	Hamburger SV	0:2	(0:0)	H	02.03.	24
8	21.10.	H	2:1	(2:0)	Hannover 96	1:1	(1:1)	A	10.03.	25
9	29.10.	A	3:0	(1:0)	VfB Stuttgart	1:0	(0:0)	H	17.03.	26
10	05.11.	H	2:2	(2:1)	FC Bayern München	2:0	(1:0)	A	31.03.	27
11	08.11.	A	0:2	(0:2)	Borussia M'gladbach	2:0	(0:0)	H	07.04.	28
12	11.11.	H	4:0	(3:0)	1. FSV Mainz 05	0:3	(0:2)	A	14.04.	29
13	18.11.	A	2:4	(2:2)	FC Energie Cottbus	2:0	(0:0)	H	21.04.	30
14	24.11.	H	2:1	(2:0)	VfL Bochum	2:1	(2:1)	A	27.04.	31
15	03.12.	A	0:0		1. FC Nürnberg	1:0	(0:0)	H	05.05.	32
16	10.12.	H	3:1	(2:0)	Borussia Dortmund	2:0	(1:0)	A	12.05.	33
17	16.12.	A	0:1	(0:0)	DSC Arminia Bielefeld	2:1	(2:0)	H	19.05.	34

FC SCHALKE 04 AUF EINEN BLICK

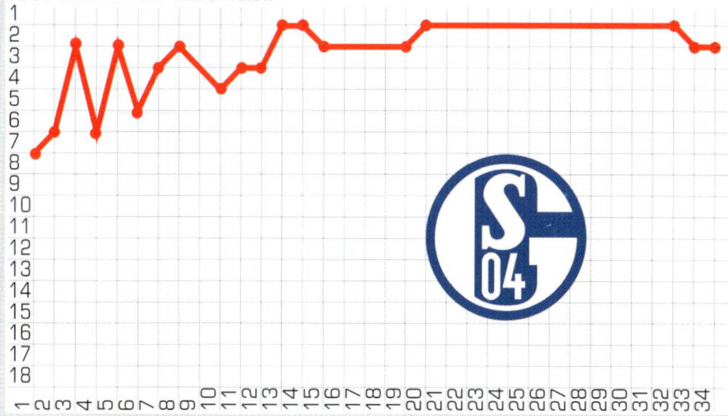

ALLE SPIELER

Name	Vorname	Geburtsdatum	Nationalität	Position	Rücken-Nr.	Einsätze	Auswechslungen	Einwechslungen	Gelbe Karten	Gelb-Rote Karten	Rote Karten	Tore	Elfmeter	Eigentore
Abel	Mathias	22.06.1981	D	A	4	1	-	1	-	-	-	-	-	-
Altintop	Halil	08.12.1982	TUR	S	19	34	17	9	3	-	-	6	-	-
Altintop	Hamit	08.12.1982	TUR	M	6	31	9	14	4	-	-	2	-	-
Amsif	Mohamed	06.02.1989	MAR	T	34	-	-	-	-	-	-	-	-	-
Asamoah	Gerald	03.10.1978	D	S	14	13	7	6	1	-	-	2	-	-
Bajramovic	Zlatan	12.08.1979	BIH	M	25	27	7	5	7	-	-	2	-	-
Baumjohann	Alexander	23.01.1987	D	M	21	1	-	1	-	-	-	-	-	-
Boenisch	Sebastian	01.02.1987	D	A	31	8	1	6	1	-	-	-	-	-
Bordon	Marcelo	07.01.1976	BRA	A	5	28	2	-	7	-	-	3	-	-
Ernst	Fabian	30.05.1979	D	M	8	26	-	2	7	-	-	-	-	-
Erwig	Christian	16.12.1983	D	S	29	1	-	1	-	-	-	-	-	-
Fährmann	Ralf	27.09.1988	D	T	32	-	-	-	-	-	-	-	-	-
Heppke	Markus	11.04.1986	D	M	28	1	-	1	-	-	-	-	-	-
Hoogland	Tim	11.06.1985	D	A	27	9	-	7	-	-	-	-	-	-
Höwedes	Benedikt	29.02.1988	D	A	23	-	-	-	-	-	-	-	-	-
Klinger	Mario	27.12.1986	D	A	34	-	-	-	-	-	-	-	-	-
Kobiashvili	Levan	10.07.1977	GEO	M	3	29	5	5	6	-	-	3	1	-
Krstajic	Mladen	04.03.1974	SER	A	20	27	1	-	3	-	1	1	-	-
Kunert	Timo	12.03.1987	D	M	15	1	-	1	-	-	-	-	-	-
Kuranyi	Kevin	02.03.1982	D	S	22	34	7	1	4	-	-	15	-	-
Lamczyk	Dennis	15.02.1987	D	T	30	-	-	-	-	-	-	-	-	-
Larsen	Søren	06.09.1981	DEN	S	9	11	-	11	1	-	-	-	-	-
Lincoln		22.01.1979	BRA	M	10	23	5	3	4	-	1	3	1	-
Løvenkrands	Peter	29.01.1980	DEN	S	11	24	11	5	1	-	-	6	-	-
Neuer	Manuel	27.03.1986	D	T	12	27	-	-	1	-	-	-	-	-
Pander	Christian	28.08.1983	D	A	24	16	4	1	-	-	-	2	-	-
Rafinha		07.09.1985	BRA	A	18	31	4	-	8	-	-	2	1	-
Rodriguez	Dario	17.09.1974	URU	A	16	26	5	2	6	-	-	1	-	-
Rost	Frank	30.06.1973	D	T	1	7	-	-	-	-	-	-	-	-
Tapalovic	Toni	10.10.1980	CRO	T	33	-	-	-	-	-	-	-	-	-
Varela	Gustavo	14.05.1978	URU	M	7	18	9	5	2	-	-	2	-	-
Özil	Mesut	15.10.1988	D	M	17	19	5	12	1	-	-	-	-	-

SCHALKE

Unerfüllte Hoffnungen auf einen weiteren Titel bei Miroslav Klose und Werder Bremen.

Vergebene Chancen

Als Herbstmeister und durch überragende Leistungen galt Werder Bremer als Meisterschaftsfavorit. Doch für die Hanseaten blieben die Titelträume unerfüllt.

Auf die Frage, welche Spiele ihn als Sportdirektor bei Werder Bremen am meisten Nerven gekostet haben, hat Klaus Allofs (50) vor einiger Zeit gesagt: „Ganz klar 2005 die Spiele gegen Basel in der Champions-League-Qualifikation." Es ist also ganz gut, dass Allofs schon ein wenig stresserprobt ist, denn auch in diesem Sommer wird sich Bremen wieder durch die ungewisse Qualifikation in Richtung der höchsten europäischen Spielklasse kämpfen müssen. Aber anders als noch 2005, als die Bremer Platz drei in der Bundesliga als großen Erfolg verbuchten, ist jetzt Ernüchterung eingekehrt über den dritten Rang. Denn die Saison 2006/07 wird als das Jahr der vergebenen Chancen in die Werder-Geschichtsbücher eingehen.

Es ist eindeutig eine geteilte Saison. Als Herbstmeister gingen die Bremer 2007 ins Titelrennen, aber in der Folgezeit lief es streckenweise nicht mehr rund, als sowohl der Einzug ins UEFA-Cup-Finale wie auch der Meistertitel realistische Ziele waren. Doch als im Mai die Titel vergeben wurden, war Werder Bremen nicht dabei.

Natürlich fällt für Trainer Thomas Schaaf das Saisonfazit grundsätzlich erst einmal positiv aus. „Niemand

Mathias Sonnenberg (38) ist Chefreporter bei „Bild am Sonntag" und seit Jahren Werder-Experte.

darf vergessen, mit welchen Zielen wir in die Saison gegangen sind", sagte er. Platz drei könne deshalb durchaus als Erfolg verbucht werden. Tatsächlich waren die Bremer mit einer gewissen Unsicherheit gestartet. Johan Micoud, der das Spiel als Regisseur über Jahre geprägt hatte, verlor Schaaf an Girondins Bordeaux. Und auch hinter den deutschen Nationalspielern Miroslav Klose, Torsten Frings, Tim Borowski und Per Mertesacker stand ein dickes Fragezeichen – wie würden sie die Weltmeisterschaft 2006 verarbeiten?

Aber dann kam der erste Spieltag, ein Auswärtssieg in Hannover – und die Erkenntnis: Werder hat wieder einen Superstar entdeckt! Diego, gerade mal 21 Jahre jung, spielte sich sofort in die Herzen der Bundesliga-Fans. Schnelle Dribblings, kluge Pässe und mit echtem Torriecher ausgestattet – dieser Brasilianer war vom ersten Spieltag an eine Bereicherung. Schaaf und Allofs hatten Diego schon seit längerem auf der Wunschliste. Doch erst als der beim FC Porto nur noch auf der Bank saß, war er bezahlbar – und wechselte im Sommer 2006 an die Weser. Ein deutlicher Beweis, wie ziel- und treffsicher Allofs und Schaaf einkaufen können.

Dieser Diego verzauberte vom ersten Spieltag an die Bundesliga. Keine Mannschaft spielte spektakulärer, keine Mannschaft erzielte mehr Tore, keine Mannschaft spielte so nachdrücklich offensiv. Die Liga mischten die Bremer locker auf. Und auch in der Champions League sorgten sie für Aufsehen, obwohl ihnen in der Vorrunde die Top-Teams FC Chelsea und FC Barcelona zugelost wurden. Den englischen Meister bezwang Werder mit 1:0, gegen die Spanier fehlten im Heimspiel nur Sekunden

Bremens Abwehrspieler Naldo ist seinem Stuttgarter Widersacher Marco Streller hier zwar deutlich überlegen, doch die Saisonstatistik weist zwei Werder-Niederlagen gegen den VfB aus.

Klaus Allofs: **„Uns hat die Konstanz gefehlt."**

zum Sieg. Doch weil Bremen das entscheidende Gruppenspiel in Barcelona 0:2 verlor, schied der Club dennoch in der Vorrunde aus. Frings bemerkte dazu: „Trotzdem wissen wir jetzt, dass wir jede Mannschaft in Europa schlagen können. Es hat am Ende wirklich nur ein Quäntchen Glück gefehlt."

Mit dieser Gewissheit und dem Titel des Weihnachts-Meisters gingen die Bremer in die Rückserie. Doch was dann kam, stellte die Bremer Verantwortlichen lange Zeit vor große Rätsel. „Uns hat die Konstanz gefehlt", sagte Klaus Allofs. „Wir hatten viele, viele Verletzte", erklärte Thomas Schaaf. Und Kapitän Frank Baumann meinte: „Uns sind Ordnung, Disziplin und Leidenschaft etwas abhanden gekommen."

In der Tat lief es bei Werder lange Zeit nicht rund. Die Duelle gegen die direkten Titelkonkurrenten Schalke und Stuttgart gingen verloren, selbst der damals stark abstiegsgefährdete

Ein echter Gewinn für Werder Bremen und eine große Bereicherung für die Bundesliga: der Brasilianer Diego.

HSV holte einen Sieg im Weser-Stadion. Doch weil auch die Konkurrenz immer wieder patzte, blieben die Bremer lange Zeit im Titelrennen. Erst die – schon fünfte – Heimniederlage gegen Frankfurt am 33. Spieltag beendete alle Hoffnungen auf die Meisterschaft. Den möglichen Sieg im UEFA-Cup hatten die Bremer zu diesem Zeitpunkt ebenfalls aus der Hand gegeben. Im Halbfinale gegen Espanyol Barcelona setzte es zwei Niederlagen (0:3 und 1:2).

Gründe gibt es einige. Innenverteidiger Mertesacker fehlte wochenlang, auch Borowski stand Schaaf aus Verletzungsgründen nur selten zur Verfügung. Und Torjäger Miroslav Klose verlor in der Rückrunde das Selbstbewusstsein, das ein Mittelstürmer haben muss. Die Bremer Bosse aber hielten an ihm fest. Allofs: „Weil wir immer wussten, was wir an ‚Miro' haben. Er hat gezeigt, wie wertvoll er für uns ist. Aber natürlich ist die Rückrunde für ihn nicht so gelaufen, wie wir uns das vorgestellt haben."

So bleibt die Saison 2006/07 ein Jahr der vergebenen Möglichkeiten. „Es kann gut sein", sagte Torsten Frings, „dass wir uns eines Tages sagen: Mensch, hätten wir damals nur in den entscheidenden Momenten etwas cleverer gespielt, dann wären vielleicht sogar zwei Titel möglich gewesen."

ALLE SPIELE

Hinrunde									Rückrunde	
1	13.08.	A	2:4	(1:1)	Hannover 96	3:0	(1:0)	H	28.01.	18
2	19.08.	H	2:1	(1:1)	Bayer 04 Leverkusen	0:2	(0:1)	A	31.01.	19
3	25.08.	A	2:0	(1:0)	FC Schalke 04	0:2	(0:1)	H	04.02.	20
4	16.09.	H	2:3	(2:1)	VfB Stuttgart	4:1	(3:1)	A	10.02.	21
5	23.09.	A	1:1	(0:0)	Hamburger SV	0:2	(0:1)	H	17.02.	22
6	30.09.	H	3:0	(3:0)	Borussia M'gladbach	2:2	(1:1)	A	25.02.	23
7	14.10.	A	0:6	(0:1)	VfL Bochum	3:0	(1:0)	H	03.03.	24
8	21.10.	H	3:1	(2:1)	FC Bayern München	1:1	(1:0)	A	11.03.	25
9	27.10.	A	1:6	(0:3)	1. FSV Mainz 05	2:0	(0:0)	H	18.03.	26
10	04.11.	H	1:1	(0:0)	FC Energie Cottbus	0:0		A	31.03.	27
11	07.11.	A	1:2	(0:1)	1. FC Nürnberg	1:0	(0:0)	H	08.04.	28
12	10.11.	H	1:3	(1:1)	Borussia Dortmund	0:2	(0:2)	A	15.04.	29
13	18.11.	A	2:2	(1:0)	Alemannia Aachen	3:1	(0:1)	H	20.04.	30
14	25.11.	H	3:0	(2:0)	DSC Arminia Bielefeld	3:2	(1:0)	A	29.04.	31
15	02.12.	H	3:1	(3:1)	Hertha BSC Berlin	1:4	(0:1)	A	06.05.	32
16	09.12.	A	2:6	(1:3)	Eintracht Frankfurt	1:2	(1:1)	H	12.05.	33
17	17.12.	H	2:1	(1:1)	VfL Wolfsburg	0:2	(0:0)	A	19.05.	34

WERDER BREMEN AUF EINEN BLICK

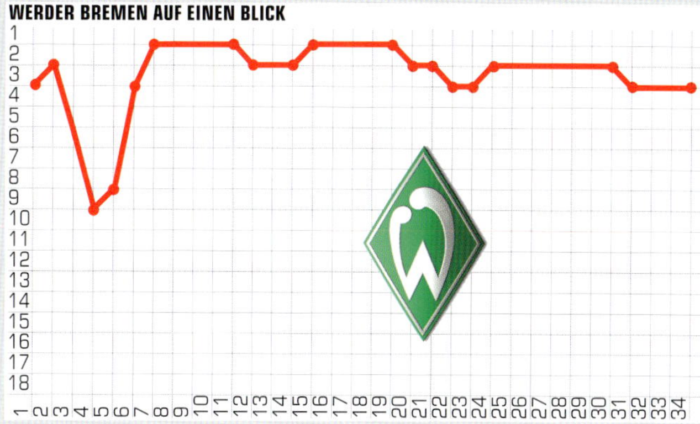

ALLE SPIELER

Name	Vorname	Geburtsdatum	Nationalität	Position	Rücken-Nr.	Einsätze	Auswechslungen	Einwechslungen	Gelbe Karten	Gelb-Rote Karten	Rote Karten	Tore	Elfmeter	Eigentore
Almeida	Hugo	23.05.1984	POR	S	23	28	7	17	6	-	-	5	-	-
Andreasen	Leon	23.04.1983	DEN	M	16	4	1	3	-	-	-	-	-	-
Artmann	Kevin	21.04.1986	D	M	31	-	-	-	-	-	-	-	-	-
Baumann	Frank	29.10.1975	D	M	6	17	10	2	1	-	-	-	-	-
Bischoff	Amaury	31.03.1987	FRA	M	38	-	-	-	-	-	-	-	-	-
Borowski	Tim	02.05.1980	D	M	24	17	8	1	3	-	-	2	1	-
Diego		28.02.1985	BRA	M	10	33	4	-	9	-	-	13	2	-
Fahrenhorst	Frank	24.09.1977	D	A	2	-	-	-	-	-	-	-	-	-
Frings	Torsten	22.11.1976	D	M	22	33	-	-	9	-	-	1	-	-
Fritz	Clemens	07.12.1980	D	A	8	32	4	-	9	-	-	1	-	-
Harnik	Martin	10.06.1987	AUT	S	34	-	-	-	-	-	-	-	-	-
Hunt	Aaron	04.09.1986	D	S	14	28	14	10	6	-	-	9	-	-
Jensen	Daniel	25.06.1979	DEN	M	20	23	6	9	3	-	-	4	-	-
Jensen	Kasper	07.10.1982	DEN	T	30	-	-	-	-	-	-	-	-	-
Klasnic	Ivan	29.01.1980	CRO	S	17	12	3	8	-	-	-	1	-	-
Klose	Miroslav	09.06.1978	D	S	11	31	7	-	-	-	-	13	1	-
Mertesacker	Per	29.09.1984	D	A	29	25	2	1	2	-	-	2	-	-
Mohr	Florian	25.08.1984	D	A	26	-	-	-	-	-	-	-	-	-
Naldo		10.09.1982	BRA	A	4	32	1	-	5	-	-	6	-	1
Niemeyer	Peter	22.11.1983	D	M	25	3	-	2	-	-	-	-	-	-
Owomoyela	Patrick	05.11.1979	D	A	15	9	2	4	1	-	-	-	-	-
Pasanen	Petri	24.09.1980	FIN	A	3	17	5	5	3	-	-	-	-	-
Polenz	Jerome	07.11.1986	D	S	19	-	-	-	-	-	-	-	-	-
Reinke	Andreas	10.01.1969	D	T	1	3	-	-	-	-	-	-	-	-
Rockenbach	Thiago	01.02.1985	BRA	M	37	-	-	-	-	-	-	-	-	-
Rosenberg	Markus	27.09.1982	SWE	S	9	14	2	10	-	-	-	8	-	-
Schindler	Kevin	21.05.1988	D	S	28	1	-	1	-	-	-	-	-	-
Schulz	Christian	01.04.1983	D	A	27	19	6	9	-	-	-	2	-	-
Vander	Christian	24.10.1980	D	T	33	-	-	-	-	-	-	-	-	-
Vranjes	Jurica	31.01.1980	CRO	M	7	25	10	10	2	-	-	4	-	-
Wiese	Tim	17.12.1981	D	T	18	31	-	-	-	-	-	-	-	-
Wome	Pierre	26.03.1979	CMR	A	5	28	4	1	6	-	-	2	-	-
Zidan	Mohamed	11.12.1981	EGY	S	9	5	-	3	-	-	-	1	-	-

Eine Saison voller Probleme

Nach einer einzigartigen Erfolgsgeschichte blieb der FC Bayern München in der Saison 2006/07 ohne Titel und erreichte als Viertplatzierter „nur“ einen UEFA-Pokal-Platz.

Es war nicht das Jahr des deutschen Rekordmeisters, keine Spielzeit für die Erweiterung der stattlichen Titelsammlung. Im Gegenteil: 2006/07 wird beim FC Bayern München und seinen vielen Millionen Fans zwar auch nachhaltig in Erinnerung bleiben, jedoch aufgrund ganz anderer Eindrücke als zuvor durch außerordentliche Erfolgsserien.

Als Gewinner des „Doubles“ aus Deutscher Meisterschaft und DFB-Pokal 2005 wie 2006 war der FC Bayern auch im vergangenen Som-

Nicht immer mit so geschlossener Mannschaftsleistung auf dem Platz: Der FC Bayern München erlebte eine wechselhafte Saison 2006/07.

mer wieder als Favorit in die Bundesliga-Saison gestartet – was auch sonst. Doch spätestens in den späten Frühlingsmonaten April und Mai 2007 machte sich nachhaltige Ernüchterung breit: Nach einer 0:2-Niederlage beim VfB Stuttgart war klar, dass der Titelverteidiger endgültig aus dem Rennen um die Schale war, die schon 20 Mal in den prall gefüllten Trophäenschrank gewandert war; und zwei Wochen Tage später stand mit dem 1:1 beim Absteiger Borussia Mönchengladbach auch definitiv fest: In der kommenden Saison werden die Münchner erstmals nach zwölfmaliger Teilnahme in Folge nicht in der UEFA Champions League vertreten sein.

Unabhängig davon, dass die Chance auf eine erneute Meisterschaft zuvor durch Ausrutscher der Teams von der Tabellenspitze noch recht lange erhalten geblieben war: Die Probleme in der Mannschaft des FC Bayern wurden offenkundig. Wo sonst auf die eigene Souveränität und Cleverness als Trumpfkarten gesetzt werden konnte, Konstanz von Leistungen und positiven Resultaten fast garantiert war, erlebte der erfolgreichste deutsche Club eine schwierige Phase, die in acht Auswärtsniederlagen vielleicht am nachdrücklichsten dokumentiert wurde und den enttäuschenden vierten Tabellenplatz in der Endabrechnung zum Ergebnis hatte. Was Präsident Franz Beckenbauer zu der Einschätzung veranlasste: „Mir fehlt die Beißermentalität."

Christian Ortlepp (35) ist freier Journalist in München und begleitet den FC Bayern schon über Jahre.

Nach seinem Wechsel vom 1. FC Köln zum FC Bayern München von den gegnerischen Abwehrspielern oft hart bedrängt: Lukas Podolski, hier gegen den Frankfurter Aleksandar Vasoski (rechts).

Dass der nach der WM 2006 zum FC Chelsea in die Premier League abgewanderte Michael Ballack als Persönlichkeit und vor allem mit seiner Torgefährlichkeit fehlte, wurde eingeräumt; auch, dass der nach Brasilien zurückgekehrte Zé Roberto nicht adäquat zu ersetzen war. Dass es langwierige Verletzungen gab (Ismael, Hargreaves, Sagnol, Schweinsteiger, Podolski) und Sebastian Deisler nach hoffnungsvollem Comeback seine Laufbahn im Winter abrupt beendete, ließen die Verantwortlichen nicht als Hauptursache für das mäßige Abschneiden gelten.

Ottmar Hitzfeld: **„Dass es so schwer wird, davon bin ich überrascht."**

Die „Macher" von der Säbener Straße zogen vielmehr die Spieler in die Verantwortung, hielten mit offener Kritik nicht mehr hinter dem Berg. Hatten sie mit dem Trainerwechsel von Felix Magath zu Rückkehrer Ottmar Hitzfeld zu einem frühen Zeitpunkt des zweiten Saisonabschnitts doch zu einer einschneidenden Personalmaßnahme gegriffen.

Zwischenzeitliche Highlights auf der internationalen Bühne wie das Ausschalten von Real Madrid in der UEFA Champions League wurden zu schnell wieder relativiert, weil prompt im Viertelfinale gegen den AC Mailand das Aus folgte. Schon lange vorher war im Dezember 2006 durch eine 2:4-Niederlage bei Alemannia Aachen in der Runde der letzten 16 Teams frühzeitig auch im DFB-Pokal Endstation.

Dass auch Schadenfreude über den seit jeher in der Fan-Gunst polarisierenden Top-Club aufkam, damit konnte man beim FCB noch leben.

Vom HSV gekommen und hier Kopfballsieger gegen Bremens Miroslav Klose: Daniel van Buyten. Vorne Bastian Schweinsteiger.

Hasan Salihamidzic (links) und Claudio Pizarro spielen in der kommenden Saison nicht mehr für den FC Bayern. Auf Mark van Bommel (rechts) warten weiter Führungsaufgaben.

Keine leichte Aufgabe fand Ottmar Hitzfeld bei seinem Bundesliga-Comeback beim FC Bayern vor. Mit den Verantwortlichen um Manager Uli Hoeneß (rechts) soll der Trainer nun eine neue Mannschaft bauen.

Hitzfeld machte jedoch selbst recht schnell nach seinem Dienstantritt deutlich, wie wenig rund das sonst so gut funktionierende Bayern-Getriebe lief: „Ich wusste, dass es schwer wird. Aber dass es so schwer wird, davon bin ich doch überrascht." Unter dem Strich hatten die Transfers von Daniel van Buyten (Hamburger SV) und Lukas Podolski (1. FC Köln) und des nach dem dritten Spieltag vom FC Barcelona geholten Holländers Marc van Bommel nicht zu der gewünschten Auffrischung beim Rekordmeister geführt.

„General" Hitzfeld wird, entgegen seinen ursprünglichen Plänen, auch weiter Cheftrainer des FC Bayern bleiben. Das war ebenso frühzeitig klar, wie die Konsequenzen, die aus dem Eindruck eines verlorenen Fußball-Jahres in München gezogen werden. „All unsere Kraft setzen wir darauf, in der neuen Saison eine Mannschaft auf den Platz zu bringen, die mit der jetzigen nichts mehr zu tun hat", kündigte Manager Uli Hoeneß in aller Deutlichkeit an.

Der FCB steht an der Schwelle zur kommenden Spielzeit vor einem gravierenden Schnitt, was die Zusammensetzung seines Kaders angeht. Die Zielsetzung liegt auf der Hand: Die Saison 2006/07 schnellstmöglich vergessen machen und – dem Anspruch des FC Bayern München entsprechend – ebenso rasch wieder an die Bundesliga-Spitze zurückzukehren.

ALLE SPIELE

Hinrunde										Rückrunde
1	11.08.	H	2:0	(1:0)	Borussia Dortmund	3:2	(1:2)	A	26.01.	18
2	20.08.	A	1:2	(0:1)	VfL Bochum	0:0		H	30.01.	19
3	26.08.	H	0:0		1. FC Nürnberg	3:0	(1:0)	A	02.02.	20
4	16.09.	A	2:1	(1:1)	DSC Arminia Bielefeld	1:0	(1:0)	H	11.02.	21
5	23.09.	H	2:1	(1:1)	Alemannia Aachen	1:0	(1:0)	A	17.02.	22
6	30.09.	A	1:0	(1: 0)	VfL Wolfsburg	2:1	(1:0)	H	24.02.	23
7	14.10.	H	4:2	(2:0)	Hertha BSC Berlin	2:3	(0:2)	A	03.03.	24
8	21.10.	A	3:1	(2:1)	Werder Bremen	1:1	(1:0)	H	11.03.	25
9	28.10.	H	2:0	(2:0)	Eintracht Frankfurt	1:0	(0:0)	A	17.03.	26
10	05.11.	A	2:2	(2:1)	FC Schalke 04	2:0	(1:0)	H	31.03.	27
11	08.11.	H	0:1	(0:1)	Hannover 96	1:2	(1:0)	A	07.04.	28
12	11.11.	A	2:3	(0:1)	Bayer 04 Leverkusen	2:1	(1:0)	H	15.04.	29
13	18.11.	H	2:1	(2:1)	VfB Stuttgart	2:0	(2:0)	A	21.04.	30
14	25.11.	A	1:2	(1:0)	Hamburger SV	1:2	(1:0)	H	28.04.	31
15	02.12.	H	1:1	(1:1)	Borussia M'gladbach	1:1	(0:1)	A	05.05.	32
16	09.12.	H	2:1	(1:0)	FC Energie Cottbus	0:3	(0:2)	A	12.05.	33
17	16.12.	A	0:4	(0:2)	1. FSV Mainz 05	5:2	(3:0)	H	19.05.	34

FC BAYERN MÜNCHEN AUF EINEN BLICK

ALLE SPIELER

Name	Vorname	Geburtsdatum	Nationalität	Position	Rücken-Nr.	Einsätze	Auswechslungen	Einwechslungen	Gelbe Karten	Gelb-Rote karten	Rote Karten	Tore	Elfmeter	Eigentore
Deisler	Sebastian	05.01.1980	D	M	26	4	-	4	-	-	-	-	-	-
Demichelis	Martin	20.12.1980	ARG	M	6	26	3	8	7	-	-	3	-	-
Dos Santos	Julio	07.05.1983	PAR	M	19	4	-	4	-	-	-	-	-	-
Dreher	Bernd	02.11.1966	D	T	29	1	-	-	-	-	-	-	-	-
Fürstner	Stephan	11.09.1987	D	M	36	1	-	1	-	-	-	-	-	-
Görlitz	Andreas	31.01.1982	D	A	18	11	4	7	1	-	-	-	-	-
Hargreaves	Owen	20.01.1981	ENG	M	23	9	2	-	1	-	-	-	-	-
Hummels	Mats	16.12.1988	D	A	32	1	-	1	-	-	-	-	-	-
Ismael	Valerien	28.09.1975	FRA	A	25	1	-	1	-	-	-	-	-	-
Kahn	Oliver	15.06.1969	D	T	1	32	-	-	4	-	-	-	-	-
Karimi	Ali	08.11.1978	IRN	M	8	13	5	6	-	-	-	1	-	-
Lahm	Philipp	11.11.1983	D	A	21	34	2	-	3	-	-	1	-	-
Lell	Christian	29.08.1984	D	A	30	12	-	4	2	-	-	-	-	-
Lucio		08.05.1978	BRA	A	3	26	2	1	1	-	-	-	-	1
Maierhofer	Stefan	16.08.1982	AUT	S	34	2	-	2	-	-	-	-	-	-
Makaay	Roy	09.03.1975	NED	S	10	33	15	2	2	-	-	16	1	-
Ngwat-Mahop	Louis Clement	16.09.1987	CMR	S	38	1	-	1	-	-	-	-	-	-
Ottl	Andreas	01.03.1985	D	M	39	24	7	1	2	-	-	1	-	-
Pizarro	Claudio	03.10.1978	PER	S	14	33	8	10	2	-	-	8	1	-
Podolski	Lukas	04.06.1985	D	S	11	22	7	11	1	-	-	4	1	-
Rensing	Michael	14.05.1984	D	T	22	1	-	-	-	-	-	-	-	-
Saba	Christian	29.12.1978	GHA	A	37	-	-	-	-	-	-	-	-	-
Sagnol	Willy	18.03.1977	FRA	A	2	23	2	-	8	-	-	1	-	-
Salihamidzic	Hasan	01.01.1977	BIH	M	20	29	10	4	5	-	-	4	-	-
Santa Cruz	Roque	16.08.1981	PAR	S	24	26	8	14	1	-	-	2	-	-
Scholl	Mehmet	16.10.1970	D	M	7	14	1	13	-	-	-	1	-	-
Schweinsteiger	Bastian	01.08.1984	D	M	31	27	11	1	6	-	-	4	-	-
van Bommel	Mark	22.04.1977	NED	M	17	29	7	-	10	-	-	6	-	-
van Buyten	Daniel	07.02.1978	BEL	A	5	31	2	-	2	-	-	3	-	-

Noch die Kurve gekriegt

Nicht immer trumpften Andrey Voronin und Bayer 04 Leverkusen so schwungvoll auf, wie es der Ukrainer in dieser Szene zeigt.

Ziemlich wechselhaft ging es in der abgelaufenen Saison bei Bayer 04 Leverkusen zu. Zuletzt beherrschte allerdings ein Hoch die sportliche Großwetterlage.

Erleichtert durchatmen und die Abschlusstabelle mit Genuss studieren: Bei Bayer 04 Leverkusen waren sich Spieler und Verantwortliche vollkommen bewusst, dass in der Saison 2006/07 die gesetzten Ziele nur knapp erreicht wurden. „Wir haben gerade noch die Kurve gekriegt", sagte Clubchef Wolfgang Holzhäuser nach dem 2:1-Sieg am letzten Spieltag gegen Borussia Dortmund. Eine Woche zuvor, mit dem 3:2 bei Hertha BSC Berlin, waren die vor Saisonbeginn formulierten Ansprüche bereits erfüllt worden: Zum zehnten Mal in den vergangenen elf Jahren qualifizierte sich Bayer 04 über Platz fünf für einen europäischen Wettbewerb – ein Happy End.

Mitte April waren selbst ausgeprägte Optimisten von heftigen Zweifeln befallen worden, ob überhaupt ein UI-Cup-Rang erkämpft werden könne. Die Leverkusener hatten zu diesem Zeitpunkt nicht damit kalkuliert, dass für ihr Startrecht im UEFA-Pokal am Ende eine so geringe Punktzahl ausreichen würde. „Es ist nichts daraus geworden, was wir uns vorgenommen hatten – nämlich 52 Punkte plus", erklärte Holzhäuser. Nur knapp im positiven Bereich beendete das Bayer-Team sein 28.

Gregor Derichs (53) arbeitet als freier Journalist und ist seit Jahren auch Berichterstatter über Bayer 04 Leverkusen.

Auch nach der WM in Top-Form: Bernd Schneider (Foto links) als überragender Spieler der Saison bei Bayer 04 Leverkusen. Darüber und vor allem über die erneute Qualifikation für den UEFA-Cup erfreut: Sportchef Rudi Völler und Trainer Michael Skibbe (Foto rechts).

Bundesliga-Jahr. Seit dem Aufstieg 1979 verlor der Verein nur in den Fast-Abstiegsjahren 1982 und 2003 öfter als in dieser Saison. Die Zahl von 13 Niederlagen (bei sechs Unentschieden und 15 Siegen) ist ein deutlicher Hinweis, dass die Spielrunde zuweilen einer rasanten Achterbahnfahrt glich.

Konstanz war wahrlich nicht die hervorstechende Tugend des Teams. Cheftrainer Michael Skibbe und Sportdirektor Rudi Völler standen immer wieder vor der Frage: Wie ist mehr Stabilität in die Mannschaft zu bringen, die von ihrem Potenzial in der Spitze mitmischen könnte? „Es waren einige Ansprachen und interne Diskussionen nötig, um einigen Spielern immer wieder deutlich zu machen, welche Leistungsverantwortung sie für den Club tragen", schilderte Holzhäuser den schwierigen Prozess, das Team auf Kurs zu bringen.

Die Startphasen der Hin- und der Rückrunde verliefen holprig. Zwei Mal wurden nach den Auftaktsiegen gegen Aachen Serien von vier sieglosen Spielen verzeichnet. Am achten Spieltag hatte Bayer nach einem 1:2 gegen Hamburg mit Platz 14 den Tiefpunkt erreicht. Die Medien entwarfen Horrorszenarien und prophezeiten, dies wäre nur der Anfang eines langsamen, aber dafür Jahre anhaltenden Niedergangs. Die Mannschaft aber schaffte die Wende. Waren es früher die wichtigen Spiele, die der Club regelmäßig in den Sand setzte, sind inzwischen die stetig auftretenden Zyklen von Ab- und Aufschwung die markanten Zeichen von Bayer 04 geworden.

„Die Mannschaft ist in der Lage, richtig geil Fußball zu spielen", freute sich Skibbe nach dem 3:1 gegen

Wolfgang Holzhäuser: **„Es waren einige Ansprachen und Diskussionen nötig."**

Stuttgart am 24. Spieltag. Schalke wurde in der Hinrunde ebenfalls mit 3:1 abgefertigt. In der Rückrunde folgte beim 1:0 in Gelsenkirchen ein weiterer Höhepunkt des durchwachsenen Jahres. Der Fußball-Sternstunde gegen Stuttgart aber schloss sich – durchaus typisch – die Trendwende nach unten an. Launisch wie eine Diva verlor Bayer 04 in der zweiten Saisonhälfte zu Hause gegen Bremen, Hannover, Bochum, Bielefeld und ließ bei den Unentschieden gegen Frankfurt in der BayArena Punkte liegen. „Nicht umsonst machte der Spruch die Runde, dass alle Mannschaften, die gegen den Abstieg Punkte benötigten, sie nur in Leverkusen abzuholen brauchten", kommentierte Holzhäuser die Tatsache, dass die denkbare Option auf die Champions-League-Qualifikation

Nach seinem Wechsel von Nürnberg nach Leverkusen Nationalspieler geworden: Stefan Kießling (links), hier im Zweikampf mit Mönchengladbachs Marvin Compper.

Wichtiger Leistungsträger für Trainer Michael Skibbe: Sergej Barbarez, zum Saisonbeginn aus Hamburg nach Leverkusen gekommen.

nicht wahrgenommen wurde. Auch in den anderen Wettbewerben wurde fehlende Konstanz zum fragwürdigen Markenzeichen: Im UEFA-Pokal war das Gesamtresultat trotz der Viertelfinal-Teilnahme mit vier Siegen, drei Unentschieden und fünf Niederlagen negativ. Im DFB-Pokal schied Bayer in der zweiten Runde in Duisburg aus.

Richtig Freude kam bei den Fans nur zeitweise auf, aber es gab die positiven Ereignisse durchaus. Bernd Schneider spielte oft wie ein junger „Fußball-Gott". Stefan Kießling, Simon Rolfes und Gonzalo Castro absolvierten erste A-Länderspiele. Mit René Adler fand Bayer einen hochtalentierten Nachfolger für Jörg Butt, der zum Saisonfinale noch einmal das Tor hüten durfte. Butt wird demnächst bei einem anderen Club spielen, wie auch Marko Babic, Juan, Andrey Voronin, Fredrik Stenman und Ahmed Madouni. Das große Sparen ist indes beendet: Mit Theofanis Gekas, Lukas Sinkiewicz, Arturo Vidal, Sascha Dum und Hans Sarpei waren beim Saisonende schon fünf neue Kräfte verpflichtet, die Personalplanung damit aber noch nicht abgeschlossen. Im Herbst beginnen Modernisierung und Ausbau der BayArena auf 30.000 Zuschauerplätze. Die Leverkusener hoffen, mittelfristig wieder den Titelkampf mitzuprägen – wenn die Achterbahnfahrt beendet ist.

ALLE SPIELE

Hinrunde									Rückrunde	
1	12.08.	H	3:0	(2:0)	Alemannia Aachen	2:3	(2:1)	A	28.01.	18
2	19.08.	A	2:1	(1:1)	Werder Bremen	0:2	(0:1)	H	31.01.	19
3	26.08.	H	1:1	(0:0)	VfL Wolfsburg	3:2	(2:1)	A	03.02.	20
4	17.09.	A	3:1	(0:0)	Eintracht Frankfurt	2:2	(1:1)	H	10.02.	21
5	23.09.	A	1:1	(0:1)	Hannover 96	0:1	(0:1)	H	17.02.	22
6	01.10.	H	3:1	(1:1)	FC Schalke 04	0:1	(0:0)	A	25.02.	23
7	14.10.	A	3:0	(1:0)	VfB Stuttgart	3:1	(2:0)	H	03.03.	24
8	22.10.	H	1:2	(1:0)	Hamburger SV	0:0		A	11.03.	25
9	28.10.	A	0:2	(0:1)	Borussia M'gladbach	1:0	(0:0)	H	18.03.	26
10	04.11.	H	1:1	(1:1)	1. FSV Mainz 05	1:3	(0:2)	A	31.03.	27
11	08.11.	A	1:3	(0:2)	VfL Bochum	1:4	(0:3)	H	08.04.	28
12	11.11.	H	2:3	(0:1)	FC Bayern München	2:1	(1:0)	A	15.04.	29
13	18.11.	A	3:2	(1:1)	1. FC Nürnberg	2:0	(1:0)	H	21.04.	30
14	26.11.	H	3:1	(1:0)	FC Energie Cottbus	2:1	(1:1)	A	29.04.	31
15	02.12.	A	0:0		DSC Arminia Bielefeld	1:2	(1:1)	H	06.05.	32
16	08.12.	H	2:1	(1:1)	Hertha BSC Berlin	2:3	(1:2)	A	12.05.	33
17	17.12.	A	1:2	(0:1)	Borussia Dortmund	2:1	(1:0)	H	19.05.	34

BAYER 04 LEVERKUSEN AUF EINEN BLICK

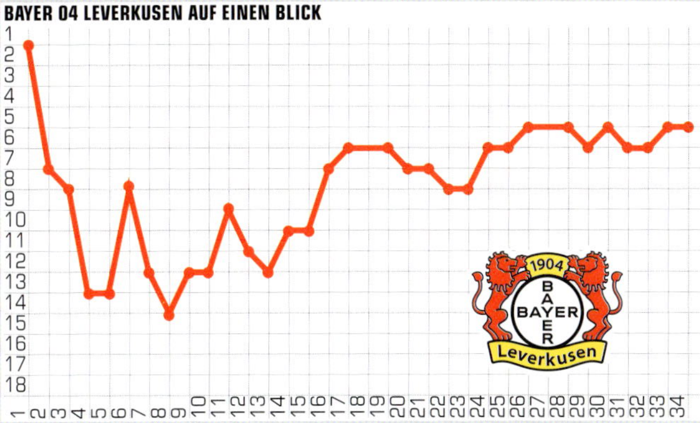

ALLE SPIELER

Name	Vorname	Geburtsdatum	Nationalität	Position	Rücken-Nr.	Einsätze	Auswechslungen	Einwechslungen	Gelbe Karten	Gelb-Rote Karten	Rote Karten	Tore	Elfmeter	Eigentore
Adler	Rene	15.01.1985	D	T	22	11	-	-	-	-	-	-	-	-
Athirson		16.01.1977	BRA	A	13	12	4	8	-	-	-	1	-	-
Babic	Marko	28.01.1981	CRO	M	19	25	2	5	4	-	1	2	-	-
Barbarez	Sergej	17.09.1971	BIH	S	9	32	3	2	8	-	-	7	-	-
Barnetta	Tranquillo	22.05.1985	SUI	M	7	30	17	4	5	-	-	1	-	-
Butt	Jörg	28.05.1974	D	T	1	22	-	-	1	-	1	-	-	-
Callsen-Bracker	Jan-Ingwer	23.09.1984	D	A	29	15	-	5	3	-	-	1	-	-
Camdali	Ali	22.02.1984	TUR	M	33	-	-	-	-	-	-	-	-	-
Castro	Gonzalo	11.06.1987	D	M	27	26	4	-	6	1	-	3	-	-
De Wit	Pierre	26.09.1987	D	M	32	4	-	4	-	-	-	-	-	-
Domaschke	Eric	11.11.1985	D	T	34	-	-	-	-	-	-	-	-	-
Fernandez	Benedikt	08.01.1985	D	T	20	2	-	1	-	-	-	-	-	-
Freier	Paul	26.07.1979	D	M	10	31	6	10	4	1	1	3	1	-
Haggui	Karim	20.01.1984	TUN	A	5	24	7	2	11	-	-	-	-	1
Hübener	Thomas	25.06.1982	D	A	44	-	-	-	-	-	-	-	-	-
Juan		01.02.1979	BRA	A	4	28	2	-	5	-	-	2	-	-
Kießling	Stefan	25.01.1984	D	S	11	32	9	13	3	-	1	8	-	-
Madouni	Ahmed	04.10.1980	FRA	A	23	15	4	2	3	-	-	2	-	1
Meyer	Alexander	19.10.1983	D	A	17	-	-	-	-	-	-	-	-	-
Papadopulos	Michal	14.04.1985	CZE	S	26	7	1	6	-	-	-	-	-	-
Ramelow	Carsten	20.03.1974	D	M	28	13	4	-	3	2	-	2	-	-
Rolfes	Simon	21.01.1982	D	M	6	34	1	1	1	-	-	3	-	-
Roque Junior		31.08.1976	BRA	A	3	1	1	1	-	-	-	-	-	-
Schneider	Bernd	17.11.1973	D	M	25	31	6	-	6	-	-	6	1	-
Schwegler	Pirmin	09.03.1987	SUI	M	16	21	2	8	2	-	-	-	-	-
Stenman	Fredrik	02.06.1983	SWE	A	2	13	5	4	1	-	-	-	-	-
Tadic	Josip	22.08.1987	CRO	S	14	-	-	-	-	-	-	-	-	-
Toure	Assimiou	01.01.1988	TOG	A	24	1	-	1	-	-	-	-	-	-
Voronin	Andrey	21.07.1979	UKR	S	12	31	9	10	7	-	-	10	-	-

LEVERKUSEN

Ein Herz und eine Seele: Dankeschön der Nürnberger Mannschaft an die „Club"-Fans beim letzten Heimspiel der Saison gegen den Hamburger SV.

Wieder Stolz des Frankenlandes

Nach vielen sportlich mäßigen Jahren fand der 1. FC Nürnberg zurück in die Erfolgsspur – bis in den UEFA-Pokal.

Spätestens am 16. Mai dürfte allen Verantwortlichen des 1. FC Nürnberg klar geworden sein, was in den nächsten Monaten auf sie zukommt. Es war der Tag, an dem der fränkische Traditionsverein seinen Dauerkarten-Vorverkauf für die neue Saison startete. Schon in aller Frühe hatten sich lange Schlangen vor den Fanshops gebildet, als gäbe es plötzlich

noch Tickets für das Pokalfinale zum halben Preis. 2.200 Tickets für das Fußball-Jahr 2007/08 gingen am ersten Tag über die Ladentische – ein Großteil der Käufer, nämlich 1.700, waren Neukunden. Nürnberg und die neue Liebe zum „Club“: Es ist die Fortsetzung des Sommermärchens, nur eben auf Fränkisch.

„Wir können stolz sein auf die erfolgreichste Saison der jüngeren Vergangenheit“, blickt Präsident Michael A. Roth mit großer Genugtuung auf die Spielzeit 2006/07 zurück, in der nahezu alle Wünsche in Erfüllung gegangen sind. Zu keinem Zeitpunkt hatte der 1. FCN irgendetwas mit dem Abstieg zu tun und landete folgerichtig auf einem einstelligen Tabellenplatz. Und mit dem Sprung ins Pokalfinale (zum ersten Mal seit 1982) gegen den VfB Stuttgart qualifizierte sich der neunfache Deutsche Meister zudem für den UEFA-Pokal – zum ersten Mal seit 19 Jahren. „So haben wir aus einer überragenden Saison eine sensationelle gemacht, denn damit

Harald Büttner (46) ist Sportchef der „Nürnberger Zeitung“ und langjähriger Berichterstatter über den „Club“.

konnte nun wirklich keiner rechnen", betont Sportdirektor Martin Bader.

Ein Höhenflug, der den leidgeprüften Anhang der „Clubberer" für so manche bittere Enttäuschung der letzten Jahre maßvoll entschädigte. Fast ein Jahrzehnt lang pendelte der Verein nach dem Bundesliga-Abstieg 1994 – dem vierten von insgesamt sechs – einem Fahrstuhl gleich zwischen den Ligen hin und her. Einmal sogar hinab ins zweite Untergeschoss, in die Regionalliga. Eine Schuldenlast drohte den Verein zu erdrücken. Doch das ist Schnee von gestern. Mittlerweile ist man nahezu schuldenfrei, und die Zusatzeinnahmen aus Pokal und UEFA-Cup eröffnen ganz neue Perspektiven.

Hans Meyer: **„Auf einem guten Weg, hier etwas richtig Großes aufzubauen."**

Schwungvoll wie Ivan Saenko hier gegen Clemens Fritz (rechts) von Werder Bremen, überzeugte der 1. FC Nürnberg über weite Strecken einer erfolgreichen Saison.

2006/07 präsentierte sich der 1. FCN über weite Strecken von seiner Schokoladenseite. Meist vor vollen Rängen übrigens; im Schnitt strömten 41.000 Zuschauer ins easyCredit-Stadion. Gleich am ersten Spieltag setzte Hans Meyers Elf mit dem überzeugenden 3:0-Sieg beim späteren Meister und Pokalfinalgegner VfB Stuttgart eine erste Duftmarke. Der „Club" schnupperte wochenlang Höhenluft, ließ bei insgesamt 15 Unentschieden aber viele Punkte liegen. Nach der Winterpause dann gleich diese beiden Paukenschläge: ein 4:1 über den VfB, zwei Wochen später ein 3:0 gegen den FC Bayern – für viele Fans war der souveräne Derby-Triumph das Highlight der Saison schlechthin.

Steht für den unerwarteten Aufschwung beim 1. FC Nürnberg und die Rückkehr zu attraktivem Fußball: Trainer-Routinier Hans Meyer.

Im letzten Drittel ging den Nürnbergern dann aber – vom glanzvollen 4:0 über Eintracht Frankfurt im Pokal-Halbfinale einmal abgesehen – die Puste aus. Nur noch drei Siege in den letzten zwölf Bundesliga-Spielen verwässerten den großartigen Gesamteindruck ein wenig, doch dafür gab es auch gute Gründe. Gerade in der Phase wütete das Verletzungspech im Neuen Zabo. Meyer musste permanent improvisieren, weil Stammspieler wie Robert Vittek, Jaouhar Mnari, Glauber, Dominik Reinhardt und Vratislav Gresko wochenlang ausfielen.

Bis zu diesem Zeitpunkt hatte der Club nicht nur relativ erfolgreich gespielt, sondern auch überaus attraktiven Fußball geboten. Reihenweise erntete man Komplimente von der Konkurrenz für das bestens organisierte Nürnberger Team um Lenker Tomas Galasek, das lange Zeit kaum Gegentore zuließ und nach vorne druckvoll und variantenreich agierte. Das ist die Handschrift von Hans Meyer, der den Verein Anfang November 2005 in schier aussichtsloser Lage übernommen und 2006 souverän zum Klassenerhalt geführt hatte. Längst genießt der Erfolgscoach Kultstatus im Frankenland, und Präsident Roth ist stolz darauf, dass er „den besten Trainer, den ich je hier erlebt habe", längerfristig an den „Club" binden konnte. Schließlich fühlt sich der 64-Jährige pudelwohl in Nürnberg: „Wir sind auf einem guten Weg, hier etwas richtig Großes aufzubauen."

Der nicht minder erfolgreiche Manager Bader weiß freilich ganz genau, dass die Arbeit nun erst richtig losgeht. „Die jetzige Situation birgt, so schön sie auch ist, Gefahren", warnt er und verweist auf die leidvollen Erfahrungen anderer Clubs, die nach dem Einzug ins internationale Geschäft postwendend abgestiegen sind beziehungsweise erst im letzten Moment wieder die Kurve gekriegt haben. Bader: „Wir haben immer gesagt, dass wir das Ziel haben, uns dauerhaft in der Bundesliga zu etablieren. Und dabei bleibt es auch."

Seit Saisonbeginn in einer Schlüsselrolle als Lenker des „Club"-Teams: der tschechische Nationalspieler Tomas Galasek.

ALLE SPIELE

Hinrunde									Rückrunde	
1	12.08.	A	0:3	(0:2)	VfB Stuttgart	4:1	(1:1)	H	27.01.	18
2	18.08.	H	1:0	(1:0)	Borussia M'gladbach	0:0		A	30.01.	19
3	26.08.	A	0:0		FC Bayern München	3:0	(1:0)	H	02.02.	20
4	16.09.	H	1:1	(1:1)	VfL Bochum	0:2	(0:0)	A	11.02.	21
5	24.09.	A	1:1	(0:1)	FC Energie Cottbus	1:0	(0:0)	H	18.02.	22
6	30.09.	H	1:1	(1:0)	1. FSV Mainz 05	2:1	(2:0)	A	24.02.	23
7	15.10.	H	1:1	(1:1)	DSC Arminia Bielefeld	3:2	(1:1)	A	03.03.	24
8	22.10.	A	2:2	(1:1)	Eintracht Frankfurt	2:2	(0:1)	H	09.03.	25
9	28.10.	H	1:1	(0:0)	Borussia Dortmund	0:0		A	17.03.	26
10	04.11.	A	2:1	(1:0)	Hertha BSC Berlin	2:1	(1:0)	H	31.03.	27
11	07.11.	H	1:2	(0:1)	Werder Bremen	1:0	(0:0)	A	08.04.	28
12	12.11.	A	1:1	(0:1)	Alemannia Aachen	1:0	(1:0)	H	14.04.	29
13	18.11.	H	3:2	(1:1)	Bayer 04 Leverkusen	2:0	(1:0)	A	21.04.	30
14	25.11.	A	1:1	(0:1)	VfL Wolfsburg	1:1	(1:1)	H	28.04.	31
15	03.12.	H	0:0		FC Schalke 04	1:0	(0:0)	A	05.05.	32
16	09.12.	A	0:0		Hamburger SV	0:2	(0:2)	H	12.05.	33
17	16.12.	H	3:1	(1:1)	Hannover 96	0:3	(0:0)	A	19.05.	34

1. FC NÜRNBERG AUF EINEN BLICK

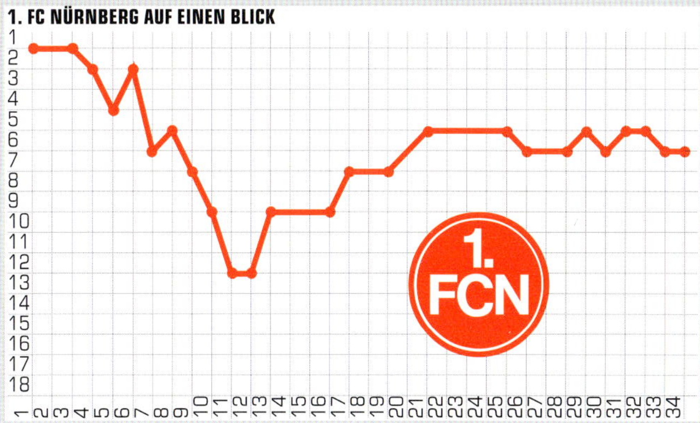

ALLE SPIELER

Name	Vorname	Geburtsdatum	Nationalität	Position	Rücken-Nr.	Einsätze	Auswechslungen	Einwechslungen	Gelbe Karten	Gelb-Rote Karten	Rote Karten	Tore	Elfmeter	Eigentore
Banovic	Ivica	02.08.1980	CRO	M	10	25	6	17	4	-	-	5	1	-
Beauchamp	Michael	08.03.1981	AUS	A	3	18	4	2	2	-	-	1	-	-
Benko	Leon	11.11.1983	CRO	S	32	7	-	7	-	-	-	-	-	-
Engelhardt	Marco	02.12.1980	D	M	22	11	5	2	3	-	-	3	-	-
Galasek	Tomas	15.01.1973	CZE	M	6	32	8	-	5	-	1	2	-	-
Glauber		05.08.1983	BRA	A	4	20	4	2	2	-	-	-	-	-
Gresko	Vratislav	24.07.1977	SVK	A	24	15	4	5	1	-	-	1	-	-
Heffernan	Dean	19.05.1980	AUS	A	16	-	-	-	-	-	-	-	-	-
Huber	Sebastian	17.05.1983	D	M	34	-	-	-	-	-	-	-	-	-
Jelic	Petar	18.10.1986	BIH	S	29	-	-	-	-	-	-	-	-	-
Kennedy	Joshua	20.08.1982	AUS	S	20	-	-	-	-	-	-	-	-	-
Klewer	Daniel	04.03.1977	D	T	18	1	-	1	1	-	-	-	-	-
Kristiansen	Jan	04.08.1981	DEN	M	19	20	7	7	1	-	-	-	-	-
Mintal	Marek	02.09.1977	SVK	M	11	13	4	5	1	-	-	1	-	-
Mnari	Jaouhar	08.11.1976	TUN	M	36	23	4	2	1	-	1	3	2	-
Nikl	Marek	20.02.1976	CZE	A	7	7	1	4	1	-	-	-	-	-
Pagenburg	Chhunly	10.11.1986	D	S	35	10	3	7	-	-	-	1	-	-
Paulus	Thomas	14.03.1982	D	A	31	5	-	5	-	-	-	-	-	1
Pinola	Javier	24.02.1983	ARG	A	25	32	6	1	9	-	-	1	-	-
Polak	Jan	14.03.1981	CZE	M	8	30	12	10	3	-	-	3	-	-
Reinhardt	Dominik	19.12.1984	D	A	28	30	1	1	3	-	-	-	-	-
Saenko	Ivan	17.10.1983	RUS	S	13	32	4	2	4	-	-	9	-	-
Schroth	Markus	25.01.1975	D	S	21	31	14	1	3	-	-	6	-	-
Schäfer	Raphael	30.01.1979	D	T	1	34	1	-	3	-	-	-	-	-
Sibon	Gerald	19.04.1974	NED	S	9	10	-	10	1	-	-	-	-	-
Spiranovic	Matthew	27.06.1988	ENG	A	23	8	1	5	1	-	-	-	-	-
Stephan	Alexander	15.09.1986	D	T	30	-	-	-	-	-	-	-	-	-
Szikal	Sebastian	17.11.1986	D	M	37	-	-	-	-	-	-	-	-	-
Vittek	Robert	01.04.1982	SVK	S	33	24	5	-	5	-	-	4	1	-
Weber	Christoph	26.08.1986	D	M	26	-	-	-	-	-	-	-	-	-
Wolf	Andreas	12.06.1982	D	A	5	32	2	-	14	-	-	1	-	-

Mit dem Hamburger SV doch noch den Umschwung geschafft: Der holländische Cheftrainer Huub Stevens, Nachfolger von Thomas Doll.

Rettung des „Dinos“

Fast sah es danach aus, als würde die Bundesliga ihren einzigen verbliebenen Dauerbrenner seit 1963 verlieren. Doch dann schaffte der Hamburger SV sogar noch die UI-Cup-Qualifikation.

„Mit dem HSV werde ich in der Sommerpause ordentlich zu tun haben. Wir haben viel Arbeit vor uns.“ Kommentar zum Saisonabschluss von Cheftrainer Huub Stevens (53). Der Retter des Bundesliga-„Dinos“ Hamburger SV. Anfang Februar heuerte der Niederländer als Nachfolger des glücklosen Thomas Doll im Norden an. Erweckte den Tabellenletzten – mit einer Rosskur – sportlich wieder zum Leben, führte den bedenklich wankenden Traditionsclub im D-Zug-Tempo aus der Abstiegszone, bewahrte den Verein mit 24 Zählern aus zwölf Spielen vor dem fast schon feststehenden Sturz in die Zweitklassigkeit.

„Ich bin kein Retter.“ Mit Nachdruck wehrte sich Stevens gegen solche Lobeshymnen seitens der Fangemeinde. „Ich allein kann doch nicht einen ganzen Verein aus dem Schlamassel geholt haben.“

Doch. Bis zum 20. Spieltag war der HSV ein Club, der von Champions-League-Triumphen geträumt hatte, um sich plötzlich in der Realität des nervenaufreibenden Existenzkampfes in der Bundesliga wiederzufinden. Nach der vorangegangenen, außerordentlich erfolgreichen und auf Tabellenplatz drei abgeschlossenen Saison hatte sich das

Babak Milani (45) ist HSV-Experte bei „Bild“. Zuvor war er als Reporter bei Premiere und der „Hamburger Morgenpost“ tätig.

Und am Schluss wurde in der AOL Arena doch wieder gefeiert: Publikumsliebling Rafael van der Vaart auf der Ehrenrunde im Kontakt mit den ebenfalls erleichterten HSV-Fans.

Der vom FC Schalke 04 nach Hamburg gekommene Frank Rost (rechts) erwies sich als der erhoffte Rückhalt. Mit dem Keeper freuen sich hier Mehdi Mahdavikia, Bastian Reinhardt, Thimothee Atouba, Boubacar Sanogo, Joris Mathijsen und Collin Benjamin (von links).

Personalkarussell rasend schnell gedreht: Nach Ailton, Sergej Barbarez, Stefan Beinlich und Naohiro Takahara waren schließlich auch noch Daniel van Buyten in Richtung FC Bayern München und Khalid Boulahrouz nach London zum FC Chelsea abgegeben worden. Als Neuzugänge kamen nach und nach: Paolo Guerrero (FC Bayern München), Vincent Kompany (RSC Anderlecht), Danijel Ljuboja (VfB Stuttgart), Joris Mathijsen (AZ Alkmaar), Boubacar Sanogo (1. FC Kaiserslautern) und Juan Pablo Sorin (FC Villareal).

Die so stark veränderte Mannschaft, zusätzlich durch eine nicht enden wollende Serie von schweren Verletzungen gehandicapt, präsentierte sich in dieser schwierigen Phase nicht als Einheit und hatte in Thomas Doll einen Trainer, der auf die Serie von nicht gewonnenen Spielen und Enttäuschungen mit Durchhalteparolen reagierte, sich dazu immer wieder vor das Team stellte, wie eine Art Schutzschild. Im Nachhinein wird Doll deshalb angekreidet, er habe Missstände und sich wiederholende Disziplinlosigkeiten nicht rechtzeitig angesprochen und erst dann auf den Tisch geschlagen, als es für ihn persönlich in seinem Trainer-Job schon zu spät war. Zu einem Zeitpunkt, als Vorstand, Fans – sie sorgten trotz des unbefriedigenden Verlaufs für einen großartigen Schnitt von mehr als 56.000 Besuchern pro Spiel in der AOL Arena – und Öffentlichkeit die Profis in die Pflicht nahmen und Leistung von ihnen anmahnten. Die Spieler dankten es Doll nicht, dass er sich immer wieder verteidigend vor sie gestellt hatte.

Als die Verantwortlichen den Glauben daran verloren hatten, dass mit Doll noch die Wende zu schaffen sei, musste ein in der Bundesliga alter

Huub Stevens:
„In der Sommerpause werde ich ordentlich zu tun haben."

Bekannter ran: Huub Stevens. Der früher bei Schalke 04, Hertha BSC und beim 1. FC Köln tätige Coach wurde vom HSV nur wenige Tage nach der Trennung von Doll von Roda Kerkrade in Holland verpflichtet. Und Stevens forderte sofort totale Disziplin und griff von Beginn an konsequent durch. Zu spüren bekam das zum Beispiel Danijel Ljuboja. Als der serbische Stürmer Behandlungstermine nicht wahrnahm, wurde er Anfang April in den Amateur-Kader versetzt und spielte von da an keine Bundesliga-Minute mehr für den HSV.

Bauen konnte Stevens hingegen vor allem auf Rafael van der Vaart, der insbesondere in der entscheidenden Phase die überragenden Leistungen zeigte, mit denen er in seinem ersten HSV-Jahr zum Publikumsliebling geworden war. Zudem erwies sich der Torwart-Routinier Frank Rost, im Winter vom FC Schalke 04 geholt, zunehmend als Rückhalt.

Der Ton war unter Stevens rauher geworden, die Konzentration bei den Spielern höher – und das Punktekonto wuchs an. Zehn Monate lang hatte der HSV in seinem schmucken WM-Stadion kein Heimspiel mehr gewonnen. Unter dem Kommando von Stevens wurde gleich im ersten Anlauf gegen Borussia Dortmund mit 3:0 der so lange herbeigesehnte „Dreier" verbucht. Vorher noch als aussichtsloses Unterfangen eingestufte Auswärtsaufgaben wurden selbst bei Top-Teams gelöst – und wie: Siege in Bremen (2:0), auf Schalke (2:0) und beim FC Bayern (2:1). Die Bundesliga staunte nicht schlecht über Trainer Stevens und den wieder erstarkten HSV. Im Schussspurt gelang dann sogar noch die Qualifikation für den UI-Cup-Wettbewerb.

Stevens selbst hatte seine erste Zeit in Hamburg trotz solcher Erfolge jedoch nicht genießen können, weil eine schwere Erkrankung seiner Ehefrau wochenlang große Sorgen bereitete.

Banger Blick: David Jarolim musste mit dem HSV lange um den Klassenerhalt bangen.

ALLE SPIELE

Hinrunde									Rückrunde	
1	12.08.	H	1:1	(0:1)	DSC Arminia Bielefeld	1:1	(0:1)	A	27.01.	18
2	19.08.	A	2:2	(0:1)	FC Energie Cottbus	1:1	(1:1)	H	31.01.	19
3	27.08.	H	1:1	(1:0)	Hertha BSC Berlin	2:1	(0:1)	A	03.02.	20
4	16.09.	A	1:0	(0:0)	Borussia Dortmund	3:0	(2:0)	H	10.02.	21
5	23.09.	H	1:1	(0:0)	Werder Bremen	0:2	(0:1)	A	17.02.	22
6	30.09.	A	2:2	(1:0)	Eintracht Frankfurt	3:1	(1:0)	H	24.02.	23
7	14.10.	H	1:2	(1:1)	FC Schalke 04	0:2	(0:0)	A	02.03.	24
8	22.10.	A	1:2	(1:0)	Bayer 04 Leverkusen	0:0		H	11.03.	25
9	28.10.	H	0:0		Hannover 96	0:0		A	17.03.	26
10	04.11.	A	1:0	(1:0)	VfL Wolfsburg	1:0	(0:0)	H	01.04.	27
11	07.11.	A	2:0	(0:0)	VfB Stuttgart	2:4	(0:3)	H	07.04.	28
12	11.11.	H	1:1	(0:0)	Borussia M'gladbach	0:1	(0:0)	A	13.04.	29
13	18.11.	A	0:0		1. FSV Mainz 05	2:2	(1:1)	H	22.04.	30
14	25.11.	H	1:2	(1:0)	FC Bayern München	1:2	(1:0)	A	28.04.	31
15	02.12.	A	2:1	(1:1)	VfL Bochum	0:3	(0:0)	H	05.05.	32
16	09.12.	H	0:0		1. FC Nürnberg	0:2	(0:2)	A	12.05.	33
17	16.12.	A	3:3	(0:1)	Alemannia Aachen	4:0	(2:0)	H	19.05.	34

HAMBURGER SV AUF EINEN BLICK

ALLE SPIELER

Name	Vorname	Geburtsdatum	Nationalität	Position	Rücken-Nr.	Einsätze	Auswechslungen	Einwechslungen	Gelbe Karten	Gelb-Rote Karten	Rote Karten	Tore	Elfmeter	Eigentore
Abel	Mathias	22.06.1981	D	A	8	7	-	3	-	-	-	-	-	-
Atouba	Thimothee	17.02.1982	CMR	A	3	21	2	1	3	1	-	-	-	-
Ben-Hatira	Änis	18.07.1988	D	M	32	5	1	3	-	-	1	-	-	-
Benjamin	Collin	03.08.1978	NAM	M	30	21	2	-	3	-	1	2	-	-
Berisha	Besart	29.07.1985	ALB	S	22	12	3	9	-	-	-	1	-	-
Boulahrouz	Khalid	28.12.1981	NED	A	21	-	-	-	-	-	-	-	-	-
Cannizzaro	Massimo	03.04.1981	ITA	S	25	-	-	-	-	-	-	-	-	-
de Jong	Nigel	30.11.1984	NED	M	28	18	5	2	6	-	-	-	-	-
Demel	Guy	13.06.1981	CIV	A	20	8	5	-	2	-	1	-	-	-
Feilhaber	Benny	19.01.1985	USA	M	33	9	-	3	-	-	-	-	-	-
Fillinger	Mario	10.10.1984	D	M	13	9	-	6	1	-	-	-	-	-
Gouhari	Sasan	30.09.1985	IRN	A	24	-	-	-	-	-	-	-	-	-
Guerrero	Paolo	01.01.1984	PER	S	9	20	6	13	4	-	-	5	-	-
Hampel	Oliver	02.03.1985	D	M	18	-	-	-	-	-	-	-	-	-
Hennings	Rouwen	28.08.1987	D	S	37	-	-	-	-	-	-	-	-	-
Hesl	Wolfgang	13.01.1986	D	T	29	-	-	-	-	-	-	-	-	-
Jarolim	David	17.05.1979	CZE	M	14	30	6	-	13	1	-	2	-	-
Karl	Markus	14.02.1986	D	M	8	2	-	2	-	-	-	-	-	-
Kirschstein	Sascha	09.06.1980	D	T	12	9	-	-	-	-	-	-	-	-
Klingbeil	Rene	02.04.1981	D	A	16	8	1	2	1	-	-	-	-	-
Kompany	Vincent	10.04.1986	BEL	A	10	6	-	-	1	-	-	-	-	-
Kucukovic	Mustafa	05.11.1986	BIH	S	19	-	-	-	-	-	-	-	-	-
Laas	Alexander	05.05.1984	D	M	27	21	7	6	3	-	-	1	-	-
Lauth	Benjamin	04.08.1981	D	S	11	6	1	4	-	-	-	-	-	-
Leschinski	Boris	07.11.1983	D	A	35	-	-	-	-	-	-	-	-	-
Ljuboja	Danijel	04.09.1978	SER	S	38	16	6	4	-	-	-	5	-	-
Lucassen	Fabian	06.04.1987	D	T	36	-	-	-	-	-	-	-	-	-
Mahdavikia	Mehdi	24.07.1977	IRN	M	7	27	5	7	4	-	1	2	-	-
Mathijsen	Joris	05.04.1980	NED	A	5	32	1	1	4	-	-	-	-	-
Olic	Ivica	14.09.1979	CRO	S	11	15	9	2	1	-	-	5	-	-
Reinhardt	Bastian	19.11.1975	D	A	4	25	2	-	2	-	-	1	-	1
Rost	Frank	30.06.1973	D	T	35	17	1	-	-	-	-	-	-	-
Sam	Sidney	31.01.1988	D	S	34	-	-	-	-	-	-	-	-	-
Sanogo	Boubacar	17.12.1982	CIV	S	17	31	4	12	4	-	-	4	1	-
Schmidt	Volker	22.09.1978	D	A	26	3	-	1	1	-	-	-	-	-
Sorin	Juan Pablo	05.05.1976	ARG	A	2	19	4	2	3	-	-	4	2	-
Trochowski	Piotr	22.03.1984	D	M	15	26	10	10	2	-	-	2	-	-
van der Vaart	Rafael	11.02.1983	NED	M	23	26	13	-	4	-	1	8	4	-
Wicky	Raphael	26.04.1977	SUI	M	6	14	4	4	3	-	-	-	-	-
Wächter	Stefan	20.04.1978	D	T	1	9	-	1	-	-	-	-	-	-

Wende im Winter

Freudentanz und Sektlaune im rewirpowerSTADION: Beim VfL Bochum gab es vor allem in der Bundesliga-Rückrunde viel mehr zu jubeln und zu feiern, als es manch einer der Aufsteiger-Mannschaft von Trainer Marcel Koller zugetraut hatte.

Viele Prognosen liefen darauf hinaus, dass Aufsteiger VfL Bochum die Klasse einmal mehr nicht würde halten können. Doch die Mannschaft von Cheftrainer Marcel Koller setzte sich durch – letztlich sogar recht eindrucksvoll.

Es sind die Bilder der letzten Wochen, die haften bleiben – die gereckte Faust von Jaroslav Drobny, der wunderbare Flickflack von Joel Epalle und natürlich der strahlende Top-Torjäger Theofanis Gekas, wie er in der Hamburger AOL Arena die Begeisterung und Zuneigung des Bochumer Anhangs auskostet. Der VfL Bochum, der über weite Strecken der vergangenen Spielzeit durch eine sportliche Talsohle gegangen war, legte einen furiosen Endspurt hin und lud zu einer mehrwöchigen Versöhnungs- und Versetzungsparty ein. Bereits zwei Wochen vor dem Saisonschluss knallten die Korken: Ziel erreicht, Klassenerhalt geschafft.

Man könnte jetzt dort beginnen, wo der Ball im August 2006 ins Rollen gekommen ist, könnte über den miserablen Start sprechen, die frustrierenden Niederlagen gegen die nominellen Konkurrenten im Ringen um den Klassenerhalt, Mainz, Cottbus und Aachen, und ganz allgemein über eine Hinrunde, in der es den Bochumern bis zum 15. Spieltag nicht mehr gelang, die Abstiegsränge zu verlassen.

Michael Eckardt (53) ist verantwortlicher Sportredakteur für die Bochumer Ausgabe der „Westdeutschen Allgemeinen Zeitung".

Freude bei Theofanis Gekas über einen der vielen Torstreiche, zu dem der Grieche von Zvjezdan Misimovic (rechts) sowie Joel Epalle und Thomas Zdebel (von links) beglückwünscht wurde.

Man kann aber auch darüber reden, dass die Bochumer rechtzeitig ihre Lehren zogen und handelten – mit Konsequenz, Kennerblick und letztlich gewiss auch der nötigen Fortune. Oft warfen Kritiker den Verantwortlichen des VfL fehlende Risikobereitschaft vor. Aber diesmal hieß es zur Winterzeit: Sekt oder Selters. Der Club startete mit den drei Neuzugängen Joel Epalle, Jaroslav Drobny und Anthar Yahia in die Rückrunde. Die Bochumer gingen ins Risiko – und hatten damit Erfolg.

Die Gefahr, sich neue Probleme ins Haus zu holen, war groß, besonders im Fall Drobny. Schließlich tummelten sich auf dem Trainingsgelände bereits drei Torhüter, deren Leistungen nicht den Vorstellungen von Cheftrainer Marcel Koller und Sportvorstand Stefan Kuntz entsprachen. Andererseits mussten die Bochumer handeln, denn eine Kontermannschaft benötigt nun einmal eine stabile Abwehr, und die beginnt bekanntlich auf der Schlüsselposition der Nummer eins.

Aber wie weit kommt diese taktisch mit nur einem echten Konterstürmer und nur einem verlässlichen Vorbereiter ausgerichtete Mannschaft? Klar strukturiert war das Spiel des Aufsteigers in der Hinrunde, sehr ausgerichtet auf den fixen und treffsicheren neuen Publikumsliebling Theofanis Gekas (künftig Bayer 04 Leverkusen) und auf Zvjezdan Misimovic (künftig 1. FC Nürnberg), den gleichermaßen genialen wie unbeständigen Bosnier. Epalle, das afrikanische Energiebündel mit griechischem Vorleben, brachte mit seiner Beweglichkeit und seinem Laufvermögen die Wende. Den Kameruner wollte Kuntz bereits im Sommer von Iraklis Saloniki loseisen, damals aber noch ohne Erfolg. Erst wirtschaftliche Schwierigkeiten

Werner Altegoer: **„Es passt mit nicht, ganz schnell mit dem Fallbeil zu kommen."**

bei Iraklis bescherten den Bochumern eine zweite Chance, die sie konsequent nutzten.

Den entscheidenden Pflock auf dem Weg zum Klassenerhalt hatte indes bereits Werner Altegoer eingerammt. Der Aufsichtsratschef stellte sich quer in den langen Wochen und Monaten der Erfolglosigkeit, als Marcel Koller in die Kritik gekommen und in Frage gestellt worden war. „Es passt mir nicht, ganz schnell mit dem Fallbeil zu kommen", begründete Altegoer seinen Widerstand gegen die im Umfeld geforderte Trennung von dem 46-Jährigen. Koller selbst sieht genau darin den Schlüssel für den späteren Erfolg:

Rückrunden-Rückhalt: Jaroslav Drobny kam in der Winterpause vom FC Fulham nach Bochum.

Mit dem Saisonverlauf zufrieden sein konnte Manager Stefan Kuntz.

VfL-Clubchef Werner Altegoer stand auch in schwierigen Zeiten zu seinem Schweizer Cheftrainer Marcel Koller.

„Dass Altegoer sich nicht beeinflussen ließ im Herbst, das war entscheidend."

Es dauerte lange, bis sich diese Hartnäckigkeit auszahlte. Denn auch die Rückrunde begann mit einem Tiefschlag in Form einer Heimniederlage gegen Mainz. Zu dieser Zeit mochte in Bochum niemand daran glauben, dass die Mannschaft wenig später in Bielefeld, Leverkusen, Frankfurt und Hamburg gewinnen und sogar die beiden großen Nachbarn in die Schranken weisen sollte. Erfolge gegen Borussia Dortmund und den FC Schalke 04 werden in Bochum traditionell ausgiebig gefeiert, doch der 2:1-Sieg im rewirpowerSTADION gegen die nach dem Titel greifenden Gelsenkirchener entfachte einen Jubel, wie man ihn nur selten an der Castroper Straße erlebt.

ALLE SPIELE

Hinrunde										Rückrunde
1	12.08.	A	2:1	(1:0)	1. FSV Mainz 05	0:1	(0:1)	H	27.01.	18
2	20.08.	H	1:2	(0:1)	FC Bayern München	0:0		A	30.01.	19
3	26.08.	H	0:1	(0:0)	FC Energie Cottbus	0:0		A	03.02.	20
4	16.09.	A	1:1	(1:1)	1. FC Nürnberg	0:2	(0:0)	H	11.02.	21
5	24.09.	H	2:1	(0:1)	DSC Arminia Bielefeld	1:3	(1:2)	A	18.02.	22
6	30.09.	A	2:1	(0:1)	Alemannia Aachen	2:2	(1:1)	H	24.02.	23
7	14.10.	H	0:6	(0:1)	Werder Bremen	3:0	(1:0)	A	03.03.	24
8	20.10.	A	1:1	(1:1)	Borussia Dortmund	2:0	(0:0)	H	10.03.	25
9	28.10.	H	0:1	(0:1)	VfL Wolfsburg	3:1	(2:0)	A	17.03.	26
10	03.11.	A	0:2	(0:1)	Hannover 96	2:0	(2:0)	H	01.04.	27
11	08.11.	H	1:3	(0:2)	Bayer 04 Leverkusen	1:4	(0:3)	A	08.04.	28
12	11.11.	A	3:3	(1:2)	Hertha BSC Berlin	1:3	(1:0)	H	14.04.	29
13	17.11.	H	4:3	(3:2)	Eintracht Frankfurt	0:3	(0:1)	A	21.04.	30
14	24.11.	A	2:1	(2:0)	FC Schalke 04	2:1	(2:1)	H	27.04.	31
15	02.12.	H	2:1	(1:1)	Hamburger SV	0:3	(0:0)	A	05.05.	32
16	09.12.	A	1:0	(0:0)	VfB Stuttgart	2:3	(2:1)	H	12.05.	33
17	15.12.	H	2:0	(1:0)	Borussia M'gladbach	0:2	(0:1)	A	19.05.	34

VFL BOCHUM AUF EINEN BLICK

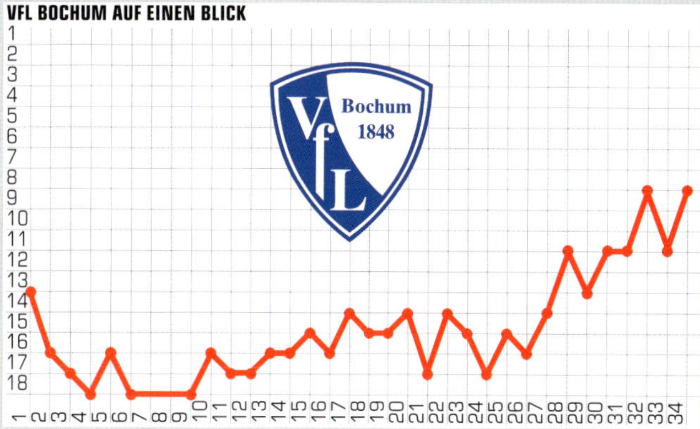

ALLE SPIELER

Name	Vorname	Geburtsdatum	Nationalität	Position	Rücken-Nr.	Einsätze	Auswechslungen	Einwechslungen	Gelbe Karten	Gelb-Rote Karten	Rote Karten	Tore	Elfmeter	Eigentore
Auer	Benjamin	11.01.1981	D	S	20	2	-	1	-	-	-	-	-	-
Bade	Alexander	25.08.1970	D	T	26	5	-	-	-	-	-	-	-	-
Bechmann	Tommy	22.12.1981	DEN	S	7	11	2	9	2	-	-	-	-	-
Butscher	Heiko	28.07.1980	D	A	17	20	1	7	2	-	1	1	-	-
Bönig	Philipp	20.03.1980	D	A	24	30	5	3	6	-	-	-	-	-
Dabrowski	Christoph	01.07.1978	D	M	5	31	8	3	7	-	-	3	-	-
Drobny	Jaroslav	18.10.1979	CZE	T	45	17	-	-	2	-	-	-	-	-
Drsek	Pavel	22.09.1976	CZE	A	15	27	1	12	2	-	-	1	-	-
Epalle	Joel	20.02.1978	CMR	M	20	17	10	-	2	-	-	4	-	-
Fabio Junior		20.11.1977	BRA	S	9	16	4	5	1	-	-	2	-	-
Gekas	Theofanis	23.05.1980	GRE	S	22	32	8	1	-	-	-	20	-	-
Grote	Dennis	09.08.1986	D	M	19	16	10	4	3	-	-	1	-	-
Hille	Sebastian	19.10.1980	D	S	29	1	-	1	-	-	-	-	-	-
Ilicevic	Ivo	14.11.1986	CRO	M	14	19	3	16	-	-	-	2	-	-
Imhof	Daniel	22.11.1977	CAN	M	6	7	2	4	-	-	-	-	-	-
Lense	Benjamin	30.11.1978	D	A	2	8	-	-	2	-	-	-	-	-
Maltritz	Marcel	02.10.1978	D	A	4	31	1	-	7	1	-	2	-	-
Meichelbeck	Martin	21.11.1976	D	A	3	9	1	6	-	-	-	-	-	-
Misimovic	Zvjezdan	05.06.1982	BIH	M	16	30	9	-	5	-	-	7	2	-
Pallas	David	07.07.1980	SUI	A	36	8	3	-	-	1	-	-	-	-
Rathgeber	Thomas	30.04.1985	D	S	25	1	-	1	-	-	-	-	-	-
Renno	Rene	19.02.1979	D	T	13	-	-	-	-	-	-	-	-	-
Schröder	Oliver	11.06.1980	D	M	18	28	4	-	2	-	-	1	-	-
Skov-Jensen	Peter	09.06.1971	DEN	T	1	12	-	-	-	-	-	-	-	-
Tekkan	Ersan	06.01.1985	D	M	23	-	-	-	-	-	-	-	-	-
Trojan	Filip	21.02.1983	CZE	M	21	26	14	5	1	-	-	-	-	-
van Hout	Joris	10.01.1977	BEL	S	11	14	-	14	-	-	-	-	-	-
Wosz	Dariusz	08.06.1969	D	M	10	1	-	1	-	-	-	1	-	-
Yahia	Anthar	21.03.1982	ALG	A	25	16	3	-	2	-	-	1	-	-
Zajas	David	01.05.1983	D	M	32	-	-	-	-	-	-	-	-	-
Zdebel	Thomas	25.05.1973	POL	M	8	32	4	-	13	-	-	1	-	-

Happy End nach holpriger Saison

Aufregende Monate mit dem Sturz in die Abstiegsregion als schwierigster Phase hat Borussia Dortmund in der vergangenen Saison hinter sich gebracht – zum guten Schluss mit Happy End.

Ende gut – fast alles wieder gut. „Ich bin froh, dass diese Saison vorbei ist", so Hans-Joachim Watzke, Borussia Dortmunds Vorsitzender der Geschäftsführung, „so etwas möchte ich nicht noch einmal durchmachen."

Ende gut – fast alles wieder gut. Der 2:0-Sieg im letzten Heimspiel gegen den Erzrivalen FC Schalke 04 hat die meisten Fans wieder versöhnt, nach einer Spielzeit, in der „einiges drunter- und drübergegangen ist", wie Abwehr-Routinier Christian Wörns bilanzierte.

Zwei Mal sah sich die Club-Führung während der Spielzeit 2006/07 gezwungen, die Reißleine zu ziehen und den Trainer zu wechseln, um die sportliche Talfahrt zu stoppen. Auf Bert van Marwijk folgte in der Winterpause der glücklose Jürgen Röber, der zwar zu seinem Einstand mit einem 3:2-Sieg gegen den FC Bayern München aufwartete, aus den folgenden sieben Spielen – bei sechs Niederlagen – jedoch nur einen Sieg holte.

Der BVB am Abgrund – nach dem 27. Spieltag standen die Westfalen, die das Fußball-„Oberhaus" schon 1972 für vier Jahre verlassen mussten, gar auf einem Abstiegsplatz. Kurz zuvor hatte die Borussia abermals den Lotsen gewechselt, der

Thomas Stein (49) ist seit 1986 Sportredakteur der „Westfälischen Rundschau" in Dortmund.

Alexander Frei – hier beim gemeinsamen Jubel mit Dede – sorgte durch seine Treffer dafür, dass Borussia Dortmund das rettende Ufer erreichte.

Durch einen 2:0-Sieg im Derby gegen den FC Schalke 04 gewannen Kapitän Christian Wörns und seine Teamkollegen bei den Fans viel Kredit zurück. Links Gerald Asamoah.

bekennende Hanseat Thomas Doll sollte das einst so stolze schwarzgelbe Flaggschiff wieder auf Erfolgskurs bringen. Was dem 41-Jährigen dann nach kleineren Anlaufschwierigkeiten auch gelang. Trainer Doll bewährte sich als Retter in der Not. „Er hat die Blockaden aufgelöst", lobte Wörns im Rückblick auf eine holprige Saison die Arbeit des Fußball-Lehrers, mit dem der Club langfristig zusammenarbeiten will.

Doll hat den Dortmundern neues Selbstvertrauen eingehaucht (Motto: „Angst ist in allen Lebenslagen ein schlechter Begleiter"), dazu vor allem die Abwehr erheblich stabilisiert. Und für die nötigen Tore sorgte in erster Linie der Schweizer Alexander Frei, der mit seinen 16 Treffern maßgeblich dazu beigetragen hat, dass die Saisonbilanz noch als durchwachsen zu bezeichnen ist.

Dennoch: „Die vergangenen Monate waren die schwerste Zeit in meinem Leben", so Watzke, dem das Horror-Szenario eines Abstiegs lange nicht aus dem Kopf gehen wollte. In der 2. Bundesliga hätte der in wirtschaftlicher Hinsicht immer noch nicht freigeschwommene Club sehr hohe Mindereinnahmen zu befürchten gehabt, und folglich hätte der Etat auch stark abgespeckt werden müssen.

Dr. Reinhard Rauball:
„Was Thomas Doll in Dortmund geschafft hat, ist doll."

Doch dieser phasenweise „gelebte Albtraum" (Sportmanager Michael Zorc) ist für die Dortmunder beendet. In den Internet-Foren wurde nach dem Prestige-Sieg gegen Schalke schon wieder frohlockt, und ein Fan behauptete dort sogar: „Dieser

Musste den BVB neu aufstellen, um Schlimmeres zu verhindern: Letztlich sicherte Thomas Doll mit seinem Team frühzeitig die Klasse.

Im Flug gerade noch den Ball erwischt: Torwart Roman Weidenfeller gehörte während des gesamten Saisonverlaufs zu den konstantesten Dortmundern.

Immer wieder ein großartiges Erlebnis: die schwarz-gelbe Wand mit den Fans von Borussia Dortmund im Signal Iduna Park.

Herz- und Magen-Sieg ist allein für 5.000 zusätzliche Dauerkarten gut." In Dortmund ist anscheinend wieder einmal nichts unmöglich.

Eine ganze Stadt hat mit dem BVB in den letzten Monaten gefiebert. Der Verein ist nach wie vor das Aushängeschild Nummer eins in einer Region, die einst von Bergbau, Stahlindustrie und Brauwirtschaft geprägt war. Geblieben ist nach einem großen Strukturwandel nur die Borussia – inzwischen einer der größten Arbeitgeber der Stadt in der freien Wirtschaft.

Und sportlich? „Was Thomas Doll in Dortmund geschafft hat, ist doll", stellt Präsident Dr. Reinhard Rauball fest. Immerhin haben die Westfalen den vier führenden Teams dieser Saison je einen Sieg abringen können, den Stuttgartern und Bremern sogar in ihrem eigenen Wohnzimmer. „Was wir uns vorzuwerfen haben, ist, nicht gegen die vermeintlich schwächeren Teams überzeugt zu haben", beklagt Alexander Frei. Und wenn dieses Manko in der neuen Saison behoben wird, können die Borussen auch sportlich wieder besseren Zeiten entgegenblicken. Die eigenen Fans sind zu einem Großteil schon wieder versöhnt. Am erneut enormen Verkauf von Jahres-Tickets den Sommer über wird es abzulesen sein. Ende gut – fast alles wieder gut in Dortmund.

ALLE SPIELE

Hinrunde										Rückrunde
1	11.08.	A	2:0	(1:0)	FC Bayern München	3:2	(1:2)	H	26.01.	18
2	19.08.	H	1:1	(0:0)	1. FSV Mainz 05	1:0	(0:0)	A	31.01.	19
3	26.08.	A	1:3	(1:2)	VfB Stuttgart	0:1	(0:0)	H	04.02.	20
4	16.09.	H	1:0	(0:0)	Hamburger SV	3:0	(2:0)	A	10.02.	21
5	22.09.	A	1:0	(1:0)	Borussia M'gladbach	1:0	(1:0)	H	17.02.	22
6	29.09.	H	2:2	(1:0)	Hannover 96	4:2	(0:0)	A	24.02.	23
7	15.10.	A	2:3	(1:1)	FC Energie Cottbus	2:3	(1:1)	H	04.03.	24
8	20.10.	H	1:1	(1:1)	VfL Bochum	2:0	(0:0)	A	10.03.	25
9	28.10.	A	1:1	(0:0)	1. FC Nürnberg	0:0		H	17.03.	26
10	04.11.	H	1:1	(0:0)	DSC Arminia Bielefeld	1:0	(0:0)	A	30.03.	27
11	07.11.	H	0:0		Alemannia Aachen	1:4	(0:1)	A	07.04.	28
12	10.11.	A	1:3	(1:1)	Werder Bremen	0:2	(0:2)	H	15.04.	29
13	18.11.	H	1:2	(1:2)	Hertha BSC Berlin	0:1	(0:0)	A	21.04.	30
14	25.11.	A	1:1	(1:0)	Eintracht Frankfurt	2:0	(1:0)	H	28.04.	31
15	02.12.	H	1:0	(0:0)	VfL Wolfsburg	0:2	(0:1)	A	05.05.	32
16	10.12.	A	3:1	(2:0)	FC Schalke 04	2:0	(1:0)	H	12.05.	33
17	17.12.	H	1:2	(0:1)	Bayer 04 Leverkusen	2:1	(1:0)	A	19.05.	34

BORUSSIA DORTMUND AUF EINEN BLICK

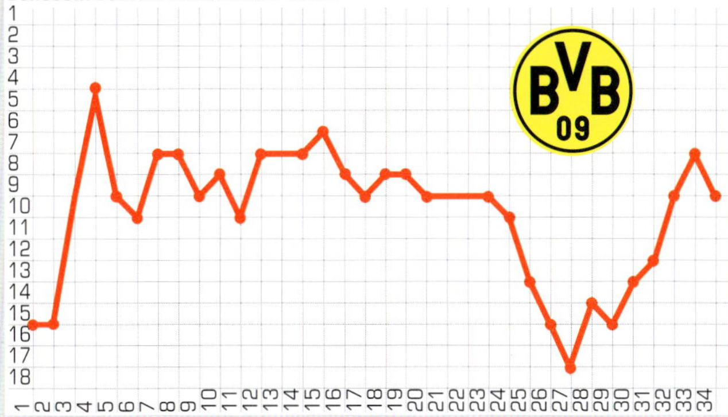

ALLE SPIELER

Name	Vorname	Geburtsdatum	Nationalität	Position	Rücken-Nr.	Einsätze	Auswechslungen	Einwechslungen	Gelbe Karten	Gelb-Rote Karten	Rote Karten	Tore	Elfmeter	Eigentore
Amachaibou	Abdenour	22.01.1987	MAR	S	36	-	-	-	-	-	-	-	-	-
Amedick	Martin	06.09.1982	D	A	2	18	-	6	-	-	-	2	-	-
Amoah	Matthew	24.10.1980	GHA	S	8	9	1	8	-	-	-	-	-	-
Brzenska	Markus	25.05.1984	D	A	3	25	2	4	8	-	-	3	-	-
Buckley	Delron	07.12.1977	RSA	S	7	-	-	-	-	-	-	-	-	-
Dede		18.04.1978	BRA	A	17	30	2	-	2	-	1	-	-	-
Degen	Philipp	15.02.1983	SUI	A	23	27	3	3	8	-	-	-	-	-
Frei	Alexander	15.07.1979	SUI	S	13	32	16	1	9	-	-	16	2	-
Gordon	Daniel	16.01.1985	D	M	43	5	-	5	-	-	-	-	-	-
Heitmeier	Marc	18.03.1985	D	A	26	-	-	-	-	-	-	-	-	-
Hillenbrand	Nico	25.05.1987	D	A	38	-	-	-	-	-	-	-	-	-
Hünemeier	Uwe	09.01.1986	D	A	27	1	-	1	-	-	-	-	-	-
Kehl	Sebastian	13.02.1980	D	M	5	6	4	2	1	-	-	-	-	-
Kohlmann	Patrick	25.02.1983	IRL	A	31	-	-	-	-	-	-	-	-	-
Kringe	Florian	18.08.1982	D	M	6	34	9	-	3	-	-	2	-	-
Kruska	Marc-Andre	29.06.1987	D	M	22	31	7	2	10	-	-	1	1	-
Meier	Bernd	11.02.1972	D	T	20	-	-	-	-	-	-	-	-	-
Metzelder	Christoph	05.11.1980	D	A	21	19	1	2	1	-	-	-	-	-
Odonkor	David	21.02.1984	D	S	11	2	-	1	-	-	-	-	-	-
Pienaar	Steven	17.03.1982	RSA	M	10	25	11	5	2	-	-	-	-	-
Pirson	Sören	27.08.1985	D	T	34	-	-.	-	-	-	-	-	-	-
Ricken	Lars	10.07.1976	D	M	18	13	1	8	1	-	-	-	-	-
Sahin	Nuri	05.09.1988	TUR	M	25	24	8	13	-	-	-	-	-	-
Saka	Kosi	04.02.1986	COD	S	16	6	-	6	-	-	-	-	-	-
Samulewicz	Sascha	21.03.1986	D	T	32	-	-	-	-	-	-	-	-	-
Senesie	Sahr	20.06.1985	D	S	39	-	-	-	-	-	-	-	-	-
Smolarek	Ebi	09.01.1981	POL	S	14	30	7	5	4	-	-	9	-	-
Tinga		13.01.1978	BRA	M	7	31	6	-	8	-	-	4	-	-
Tyrala	Sebastian	22.02.1988	D	S	28	6	-	6	-	-	-	-	-	-
Valdez	Nelson	28.11.1983	PAR	S	9	29	8	9	4	1	-	1	-	-
Vrzogic	David	10.08.1989	D	A	33	-	-	-	-	-	-	-	-	-
Weidenfeller	Roman	06.08.1980	D	T	1	34	-	-	2	-	-	-	-	-
Wörns	Christian	10.05.1972	D	A	4	24	1	-	1	-	-	2	-	-

So geschlossen wollen die Fans ihre Hertha gerne sehen. Von links: Sofian Chahed, Gilberto, Marko Pantelic, Ashkan Dejagah, Josip Simunic, Malik Fathi und Arne Friedrich.

Weit unter den Möglichkeiten

Ganz oben in der Tabelle stand Hertha BSC Berlin in der Hinrunde. Doch dann verlief die Entwicklung beim Hauptstadt-Club völlig anders als erhofft.

Zum 115. Geburtstag in diesem Juli wünschte sich die „alte Dame" Hertha eigentlich nur eins: Die Saison 2006/07 schnell abhaken und die Talsohle rasch durchschreiten. Dabei hatte die Spielzeit für den ambitionierten Hauptstadt-Club vielversprechend begonnen, erstmals seit sechs Jahren standen die Berliner sogar wieder ganz oben in der Tabelle – der Absturz nach dem Winter war umso schmerzhafter. Ein internationaler Startplatz wurde deutlich verpasst.

„Wir konnten nicht das zeigen, wozu wir eigentlich imstande sind", kommentierte Kapitän und Nationalspieler Arne Friedrich nach einer Rückrunde, die in Berlin Ratlosigkeit auslöste. Der aktuelle Hertha-Jahrgang war wie eine Wundertüte, die erst Hauptgewinne versprach, sich letztlich aber – zumindest vorläufig noch – nicht als Volltreffer erwies. „Wir wollten offensiven, leidenschaftlichen und mutigen Fußball bieten, und bis zum 20. Spieltag ist uns das auch gelungen", analysierte Manager Dieter Hoeneß den wechselhaften Saisonverlauf. „Dann gab es einfach innerbetriebliche Probleme."

Als Superstar Marcelinho vor dem Saisonstart im vierten Sommer

Jens Mende (46), Redakteur im Hauptstadtbüro der Deutschen Presse-Agentur (dpa), begleitet Hertha journalistisch seit über 15 Jahren.

Starke Hinrunde: Jubel bei Yildiray Bastürk, Marko Pantelic und Christian Gimenez (von links).

nacheinander den Trainingsauftakt verpasste, war für die Verantwortlichen das Maß voll. Hertha BSC gab den Weg frei für den exzentrischen Brasilianer zum türkischen Erstligisten Trabzonspor und versprach sich davon mehr Ruhe und Entwicklungsmöglichkeiten für die vielen eigenen Talente. Gleich 15 Akteure kamen aus den Jahrgängen 1983 oder waren sogar jünger.

Jung-Profis wie Kevin und Jerome Boateng, Ashkan Dejagah, Chinedu Ede, Patrick Ebert, Sofian Chahed oder Malik Fathi hatten alle die Berliner Schule durchlaufen – 4,5 Millionen Euro steckt Hertha BSC jedes Jahr in die Nachwuchs- und Amateur-Abteilung. Die Jugend-Akademie, 1998 von Hoeneß initiiert und ab 2000 vom späteren Chefcoach Falko Götz maßgeblich geprägt, gilt als beispielhaft in ganz Deutschland. Und spätestens mit der Beförderung von Fathi als erstem Akademie-Schüler zum Nationalspieler sah sich Hoeneß „bestätigt für diesen Weg".

Auch in der Bundesliga lief es zunächst nach Wunsch. Nach einem 2:0 gegen Schalke und einem 2:2 gegen Stuttgart stand Hertha BSC am vierten und sechsten Spieltag sogar auf dem „Platz an der Sonne" – erst zum zehnten Mal überhaupt in der Bundesliga-Geschichte. Die Jungen führten sich prächtig ein, das neue Angriffs-Duo Marko Pantelic und Christian Gimenez traf regelmäßig. „Ich möchte sehr gern lange in Berlin bleiben", sagte der von Olympique Marseille gekommene Argentinier Gimenez. In der Hinrunde produzierten die beiden Stürmer Gimenez und Pantelic 15 Treffer – und träumten schon von größeren Zielen.

Doch bereits in dieser Phase wurden auch die Probleme sichtbar, die Hertha BSC später sogar in Abstiegssorgen stürzten. In wichtigen Spielen wie beim K.o. im UEFA-Pokal gegen Odense BK (2:2, 0:1), beim 2:4 bei Bayern München oder beim Pokal-Aus in Stuttgart (0:2) blieb das junge Team unter seinen Möglichkeiten. „Vielleicht ist das ein Tribut, den wir mit der jungen Mannschaft zahlen müssen", meinte Trainer Götz. „Starke Leistungsschwankungen sind in dem Alter normal." Probleme zwischen Jung und Alt, zwischen Mannschaft und Trainer führten nach einem 1:1 im Olympiastadion gegen Bielefeld schließlich zur Trennung von Götz.

Falko Götz:
„Starke Leistungsschwankungen sind in dem Alter normal."

Die anstehende Rettungsmission wurde Karsten Heine (52) übertragen. Und mit zwei Auswärtssiegen in Bochum (3:1) und in Aachen (4:0) gelang unter dem vorherigen Amateur-Coach zumindest der Klassenverbleib, für den Verein auch in wirtschaftlicher Hinsicht von eminenter Wichtigkeit. Den Negativtrend insgesamt konnte aber auch der Götz-Nachfolger nicht stoppen. Im heimischen Stadion blieb Hertha BSC dreieinhalb Monate ohne Sieg.

Undiszipliniertheiten wie von Josip Simunic, der innerhalb von zwei Monaten gleich drei Platzverweise kassierte, die endlosen Wechselge-

Prototyp für die Jung-Profis aus der Hertha-Talentschmiede: Malik Fathi schaffte sogar den Sprung in das A-Nationalteam.

Trennung nach dem 28. Spieltag Anfang April: Cheftrainer Falko Götz (rechts) wurde abgelöst, Manager Dieter Hoeneß holte den Amateurcoach Karsten Heine.

rüchte um den lange verletzten Spielmacher Yildiray Bastürk, Diskussionen um die höhere Tauglichkeit von Torwart Christian Fiedler und fehlende Selbstkritik bei Spielern bereiteten Dieter Hoeneß große Probleme, auch was Personalentscheidungen anging. Der Hertha-„Macher" kündigte nach einer enttäuschenden Saison Konsequenzen für seine eigene Arbeit an. „Ich werde nicht mehr zu allen Themen Stellung nehmen. Ich werde mit meinem Team die nächsten drei Jahre nutzen, um Hertha BSC fit für die Zukunft zu machen."

Bilanz von Kapitän Arne Friedrich: „Wir konnten nicht zeigen, wozu wir imstande sind."

ALLE SPIELE

Hinrunde										Rückrunde
1	13.08.	A	0:0		VfL Wolfsburg	2:1	(1:1)	H	27.01.	18
2	19.08.	H	4:0	(2:0)	Hannover 96	5:0	(3:0)	A	31.01.	19
3	27.08.	A	1:1	(1:0)	Hamburger SV	2:1	(0:1)	H	03.02.	20
4	17.09.	H	2:0	(1:0)	FC Schalke 04	2:0	(0:0)	A	10.02.	21
5	23.09.	A	1:1	(0:0)	1. FSV Mainz 05	1:2	(1:0)	H	17.02.	22
6	01.10.	H	2:2	(2:1)	VfB Stuttgart	0:0		A	23.02.	23
7	14.10.	A	4:2	(2:0)	FC Bayern München	2:3	(0:2)	H	03.03.	24
8	21.10.	H	2:1	(0:0)	Borussia M'gladbach	3:1	(1:0)	A	10.03.	25
9	28.10.	A	2:0	(0:0)	FC Energie Cottbus	0:1	(0:0)	H	16.03.	26
10	04.11.	H	2:1	(1:0)	1. FC Nürnberg	2:1	(1:0)	A	31.03.	27
11	08.11.	A	2:2	(1:1)	DSC Arminia Bielefeld	1:1	(0:1)	H	07.04.	28
12	11.11.	H	3:3	(1:2)	VfL Bochum	1:3	(1:0)	A	14.04.	29
13	18.11.	A	1:2	(1:2)	Borussia Dortmund	0:1	(0:0)	H	21.04.	30
14	25.11.	H	2:1	(1:1)	Alemannia Aachen	0:4	(0:1)	A	28.04.	31
15	02.12.	A	3:1	(3:1)	Werder Bremen	1:4	(0:1)	H	06.05.	32
16	08.12.	A	2:1	(1:1)	Bayer 04 Leverkusen	2:3	(1:2)	H	12.05.	33
17	16.12.	H	1:0	(0:0)	Eintracht Frankfurt	1:2	(0:0)	A	19.05.	34

HERTHA BSC BERLIN AUF EINEN BLICK

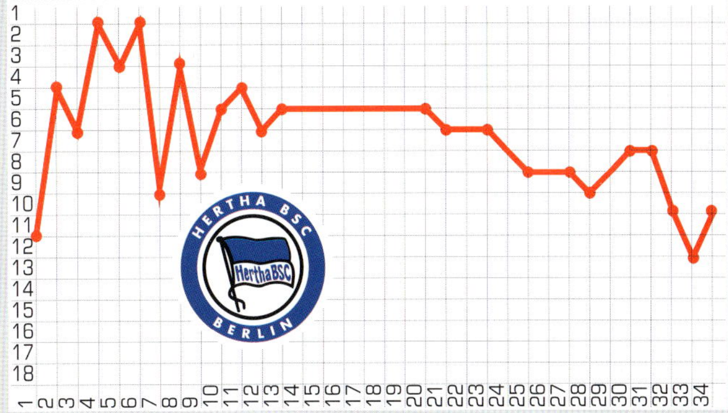

ALLE SPIELER

Name	Vorname	Geburtsdatum	Nationalität	Position	Rücken-Nr.	Einsätze	Auswechslungen	Einwechslungen	Gelbe Karten	Gelb-Rote Karten	Rote Karten	Tore	Elfmeter	Eigentore
Bastürk	Yildiray	24.12.1978	TUR	M	7	19	5	3	2	-	-	1	1	-
Boateng	Jerome	03.09.1988	D	A	41	10	3	3	3	-	-	-	-	-
Boateng	Kevin-Prince	06.03.1987	D	M	17	21	5	5	7	-	-	2	-	-
Burchert	Nico	24.06.1987	D	T	45	-	-	-	-	-	-	-	-	-
Cagara	Dennis	19.02.1985	DEN	A	23	-	-	-	-	-	-	-	-	-
Cairo	Ellery	03.08.1978	NED	S	11	11	4	6	1	-	-	-	-	-
Chahed	Sofian	18.04.1983	D	M	5	20	3	3	2	2	-	-	-	-
Covic	Ante	31.08.1975	CRO	M	31	-	-	-	-	-	-	-	-	-
Dardai	Pal	16.03.1976	HUN	M	8	28	5	-	4	-	-	3	-	-
Dejagah	Ashkan	05.07.1986	D	S	16	22	11	6	4	1	-	1	-	-
Ebert	Patrick	17.03.1987	D	M	38	19	5	8	2	-	-	2	-	-
Ede	Chinedu	05.02.1987	D	S	39	15	5	10	1	-	-	1	-	-
Fathi	Malik	29.10.1983	D	A	29	31	8	3	6	-	-	1	-	-
Fiedler	Christian	27.03.1975	D	T	12	32	-	-	-	-	-	-	-	-
Friedrich	Arne	29.05.1979	D	A	3	26	1	-	6	-	-	2	-	-
Gilberto		25.04.1976	BRA	M	6	30	3	1	5	-	-	5	-	-
Gimenez	Christian	13.11.1974	ITA	S	13	28	15	2	2	-	-	12	-	-
Lakic	Srdjan	02.10.1983	CRO	S	18	11	3	8	1	-	-	-	-	-
Marcelinho		17.05.1975	BRA	M	10	-	-	-	-	-	-	-	-	-
Mineiro		02.08.1975	BRA	M	15	10	4	1	1	-	-	1	-	-
Müller	Christian	28.02.1984	D	M	37	6	1	5	-	-	-	-	-	-
Müller	Robert	12.11.1986	D	A	32	1	-	1	-	-	-	-	-	-
Neuendorf	Andreas	09.02.1975	D	M	20	18	2	16	6	-	-	1	-	-
Okoronkwo	Solomon	02.03.1987	NGA	S	21	6	1	4	-	-	1	-	-	-
Pantelic	Marko	15.09.1978	SER	S	9	32	10	2	5	-	-	14	3	-
Pellatz	Nico	08.07.1986	D	T	40	-	-	-	-	-	-	-	-	-
Samba	Christopher	28.03.1984	FRA	A	35	8	-	8	1	-	-	-	-	-
Schmidt	Andreas	14.09.1973	D	M	19	12	2	2	-	-	-	1	-	-
Schorch	Christopher	30.01.1989	D	A	43	2	-	2	-	-	-	-	-	-
Simunic	Josip	18.02.1978	CRO	A	14	25	-	-	4	2	1	1	-	-
Stuhr-Ellegaard	Kevin	23.05.1983	DEN	T	33	2	-	-	-	-	-	-	-	-
Wallschläger	Amadeus	01.09.1985	D	M	27	1	-	1	-	-	-	-	-	-
van Burik	Dick	29.11.1973	NED	A	4	28	4	-	8	-	-	2	-	-

Mit Enke als Rückhalt nach oben geklettert

Führungspersönlichkeit mit Top-Leistungen: Robert Enke packt vor Bayern-Spieler Bastian Schweinsteiger zu. Rechts Steven Cherundolo.

Nach großen Anlaufschwierigkeiten kam Hannover 96 im Saisonverlauf immer besser auf Kurs. Mit Trainer Dieter Hecking blickten die Niedersachsen sogar in Richtung internationale Wettbewerbe.

Die turbulenteste Saison seit dem Wiederaufstieg von 2002 hat Hannover 96 durchlebt. Nach drei Spieltagen lag die Mannschaft mit drei Niederlagen auf dem letzten Tabellenplatz. Konsequenz aus dem missglückten Auftakt mit null Punkten: Am 30. August 2006 wurde das Arbeitsverhältnis mit Trainer Peter Neururer beendet. Elf Tage später präsentierte Clubchef Martin Kind mit Dieter Hecking, losgeeist bei Alemannia Aachen, einen neuen Chefcoach. „Etwas ungewöhnlich, aber für Hannover 96 die beste Lösung", so Kind.

Mit Hecking auf der Kommandobrücke kehrte der Erfolg zurück. Gleich bei seinem Einstand in Wolfsburg feierte der 42 Jahre alte Fußball-Lehrer mit 2:1 einen besonders wichtigen Sieg. „Von diesem Moment an war der Glaube an das Team wieder da", erinnert sich Martin Kind. Doch obwohl 96 drei Spiele in Folge ohne Niederlage blieb, konnte sich die Mannschaft nicht von den Abstiegsplätzen befreien, zumal es anschließend beim FC Schalke 04 (1:2) und gegen den VfL Bochum (0:2) Rückschläge gab – die Sorge

Hans-Joachim Zwingmann (67) ist ehemaliger Sportchef im Landesbüro Niedersachsen/Bremen der Deutschen Presse-Agentur (dpa) und über Jahrzehnte journalistischer Begleiter von Hannover 96.

Ein Talent auf gutem Weg: Hannovers U21-Nationalspieler Jan Rosenthal.

um den Klassenerhalt hielt in der niedersächsischen Landeshauptstadt an. Die Wende folgte mit der 1:0-Überraschung auswärts beim FC Bayern München. „Dort hatte uns niemand etwas zugetraut", erklärt Routinier Michael Tarnat (36) zu dem Coup an seiner früheren Wirkungsstätte. Und ergänzt: „Deshalb war dieser Sieg besonders wertvoll und konstruktiv."

Mit kleinen Erfolgsserien verschafften sich die „Roten" Luft im Tabellenkeller und rückten bis zum Saisonschluss in das gesicherte Mittelfeld vor. Besonders nach dem Sieg beim FC Energie Cottbus (2:0) Anfang Mai wurde in Hannover sogar ein Blick in Richtung internationaler Wettbewerb riskiert. Bei Fans und Sponsoren war zusätzliche Euphorie geweckt.

Die Mannschaft hatte sich gefunden. Spielerisch und taktisch beeindruckte das Team auf dem Platz, und innerbetrieblich gab es keinerlei Unstimmigkeiten. Cheftrainer Dieter Hecking hatte in der Winterpause im Trainingslager in Spanien zusammen mit dem zum Jahresbeginn verpflichteten Sportdirektor Christian Hochstätter die Weichen für eine erfolgreiche Rückrunde gestellt. Frank Fahrenhorst, im Zusammenhang mit Per Mertesackers Wechsel nach Bremen von Werder nach Hannover gekommen, Chavdar Yankov, Michael Tarnat, Arnold Bruggink und vor allem U21-Nationalspieler Jan Rosenthal präsentierten sich mit einem Leistungsschub und wurden zu Aktivposten.

Ein 96-Profi stand schon seit Saisonbeginn außerhalb jeder Diskussion: Robert Enke (29). Trotz vieler Gegentreffer hatte er auch während der Hinrunde gezeigt, welch herausragender Torwart er ist und wie wichtig er für seine Mannschaft ist. Der Club, die Fans und eine ganze Region standen wiederum hinter Enke und seiner Ehefrau, als sie

Michael Tarnat: **„Sieg in München besonders wertvoll und konstruktiv."**

durch den Tod ihrer zweijährigen Tochter Lara im September 2006 einen schweren Schicksalsschlag verkraften mussten. Enke setzte kein Spiel aus, lenkte sich vielmehr durch diese Einsätze ab, überzeugte weiter durch bestechende Leistungen, war Rückhalt bei 96 und wurde mit einer Einladung zur Nationalmannschaft sowie seinem Debüt gegen Dänemark belohnt. Und kurz vor Weihnachten machte Enke seinem Verein und Clubchef Kind ein besonderes Geschenk: Trotz verlockender Angebote von anderen Clubs verlängerte der Keeper seinen Vertrag bei Hannover 96 um drei Jahre und setzte damit ein Zeichen für die Zukunft im gesamten Club.

Es herrschte eine andere Situation

In der Rückrunde zwei der Spieler, die zu Leistungsträgern im 96-Team wurden: Routinier Michael Tarnat (links) und der aus Bremen gekommene Frank Fahrenhorst.

Hannover 96 auf Kurs gebracht: Trainer Dieter Hecking kam aus Aachen.

als beim Saisonbeginn, als Geschäftsführer Karl-Heinz Vehling und Manager Ilja Kaenzig den Club verlassen hatten, Martin Kind nach seinem Rückzug vom August 2005 wieder den Posten des Clubchefs übernahm. Der Hörgeräte-Unternehmer, gleichzeitig auch Geldgeber und Geschäftsführer, krempelte die Strukturen des Clubs komplett um. Sein Ziel: Die „Marke 96" stärker als bisher in der Region und auch national zu etablieren, den Haushalt zu erhöhen, um die Mannschaft zu verstärken. „Wir sind damit aber immer noch nur Mittelmaß der Liga", meinte Kind auf der Mitgliederversammlung. Und er verkündete die Vertragsverlängerung um weitere fünf Jahre mit den Allgemeinen Wirtschaftdiensten (AWD) als Namensgeber für die Arena, der Spielstätte von Hannover 96. „Eine Entscheidung, die uns für die Zukunft große Planungssicherheit gibt", sagte Kind zum erneuten Abschluss mit Carsten Maschmeyer, der den „Roten" als AWD-Chef in der Vergangenheit bei einigen Transfers zur Seite gestanden hatte.

ALLE SPIELE

Hinrunde									Rückrunde
1	13.08.	H	2:4	(1:1)	Werder Bremen	3:0	(1:0)	A	28.01. 18
2	19.08.	A	4:0	(2:0)	Hertha BSC Berlin	5:0	(3:0)	H	31.01. 19
3	26.08.	H	0:3	(0:1)	Alemannia Aachen	1:4	(1:3)	A	03.02. 20
4	15.09.	A	1:2	(0:0)	VfL Wolfsburg	2:2	(1:2)	H	09.02. 21
5	23.09.	H	1:1	(0:1)	Bayer 04 Leverkusen	0:1	(0:1)	A	17.02. 22
6	29.09.	A	2:2	(1:0)	Borussia Dortmund	4:2	(0:0)	H	24.02. 23
7	14.10.	H	1:1	(1:0)	Eintracht Frankfurt	2:0	(0:0)	A	03.03. 24
8	21.10.	A	2:1	(2:0)	FC Schalke 04	1:1	(1:1)	H	10.03. 25
9	28.10.	A	0:0		Hamburger SV	0:0		H	17.03. 26
10	03.11.	H	0:2	(0:1)	VfL Bochum	2:0	(2:0)	A	01.04. 27
11	08.11.	A	0:1	(0:1)	FC Bayern München	1:2	(1:0)	H	07.04. 28
12	12.11.	H	1:2	(1:0)	VfB Stuttgart	2:1	(1:0)	A	14.04. 29
13	19.11.	A	0:1	(0:0)	Borussia M'gladbach	1:0	(1:0)	H	22.04. 30
14	25.11.	H	1:0	(0:0)	1. FSV Mainz 05	1:2	(0:1)	A	28.04. 31
15	02.12.	A	0:1	(0:1)	FC Energie Cottbus	2:0	(1:0)	H	04.05. 32
16	09.12.	H	1:1	(0:0)	DSC Arminia Bielefeld	3:1	(2:1)	A	12.05. 33
17	16.12.	A	3:1	(1:1)	1. FC Nürnberg	0:3	(0:0)	H	19.05. 34

HANNOVER 96 AUF EINEN BLICK

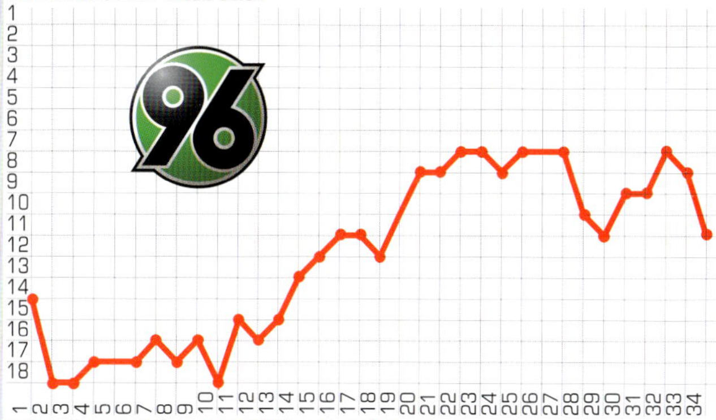

ALLE SPIELER

Name	Vorname	Geburtsdatum	Nationalität	Position	Rücken-Nr.	Einsätze	Auswechslungen	Einwechslungen	Gelbe Karten	Gelb-Rote Karten	Rote Karten	Tore	Elfmeter	Eigentore
Andersson	Christoffer	22.10.1978	SWE	A	5	7	1	4	-	-	-	-	-	-
Balitsch	Hanno	02.01.1981	D	M	14	33	6	-	9	-	-	2	-	-
Bartel	Sergej	18.03.1988	D	A	37	-	-	-	-	-	-	-	-	-
Bikmaz	Ferhat	06.07.1988	TUR	M	33	-	-	-	-	-	-	-	-	-
Brdaric	Thomas	23.01.1975	D	S	13	11	2	5	1	-	-	5	-	-
Bruggink	Arnold	24.07.1977	NED	M	10	32	10	9	2	-	-	6	-	-
Cherundolo	Steven	19.02.1979	USA	A	6	33	3	-	3	-	1	2	-	-
Dietwald	Johannes	13.04.1985	D	M	36	-	-	-	-	-	-	-	-	-
Enke	Robert	24.08.1977	D	T	1	34	-	-	1	-	-	-	-	-
Fahrenhorst	Frank	24.09.1977	D	A	22	26	-	8	6	-	1	2	-	-
Golz	Richard	05.06.1968	D	T	20	-	-	-	-	-	-	-	-	-
Hahne	Hendrik	15.04.1986	D	S	28	-	-	-	-	-	-	-	-	-
Halfar	Sören	02.01.1987	D	A	35	3	-	3	-	-	-	-	-	-
Hashemian	Vahid	21.07.1976	IRN	S	16	31	7	13	2	-	-	4	-	-
Huszti	Szabolcs	18.04.1983	HUN	M	11	31	17	-	5	-	-	4	2	-
Jendrisek	Erik	26.10.1986	SVK	S	15	9	-	9	-	-	-	-	-	-
Jensen	Morten	20.09.1987	D	T	30	-	-	-	-	-	-	-	-	-
Juric	Frank	28.10.1973	CRO	T	25	-	-	-	-	-	-	-	-	-
Lala	Altin	18.11.1975	ALB	M	8	17	2	3	5	-	-	1	-	-
Marheineke	Moritz	20.02.1985	D	A	32	-	-	-	-	-	-	-	-	-
Mertesacker	Per	29.09.1984	D	A	29	-	-	-	-	-	-	-	-	-
Montabell	Fabian	13.02.1985	D	S	31	2	-	2	-	-	-	-	-	-
Nagy	Timo	20.04.1983	D	M	19	-	-	-	-	-	-	-	-	-
Rosenthal	Jan	07.04.1986	D	M	26	29	16	4	-	-	-	6	-	-
Schiermeister	Patrick	09.08.1986	D	M	38	-	-	-	-	-	-	-	-	-
Schröter	Silvio	29.06.1979	D	M	27	21	5	16	1	-	-	-	-	-
Stachnik	Sebastian	14.06.1986	D	S	39	-	-	-	-	-	-	-	-	-
Stajner	Jiri	27.05.1976	CZE	S	24	34	8	11	3	-	-	3	-	-
Tarnat	Michael	27.10.1969	D	A	18	28	1	-	7	-	1	1	1	-
Thorvaldsson	Gunnar Heidar	01.04.1982	ISL	S	9	7	2	5	-	-	-			
Troest	Jonas	04.03.1985	DEN	A	4	1	-	1	-	-	-	-	-	-
Vinicius		31.07.1980	BRA	A	2	30	1	-	2	-	-	3	-	-
Willers	Tobias	21.04.1987	D	A	21	-	-	-	-	-	-	-	-	-
Yankov	Chavdar	29.03.1984	BUL	M	23	28	16	2	3	-	-	2	-	-
Zuraw	Dariusz	14.11.1972	POL	A	3	24	-	2	2	-	-	-	-	1

HANNOVER

In der Hinrunde war Arminia Bielefeld eine der Überraschungen, dann in einem ausgiebigen Zwischentief – und am Schluss nach der Rückkehr von „Jahrhundert-Trainer“ Ernst Middendorp doch wieder obenauf.

Die 83. Minute des letzten Hinrunden-Spieltages war es, die Reinhard Saftig schlagartig an einer sorgenfreien Zukunft des DSC Arminia Bielefeld zweifeln ließ. In eben jenem Moment hatte Zlatan Bajramovic zum 1:0-Siegtreffer für den FC Schalke 04 eingeköpft, was an sich nicht weiter bedrohlich gewesen wäre, gehörten doch Heimniederlagen gegen die Großen der Liga zum harten täglich Brot des ostwestfälischen Traditionsclubs. Doch dieses Tor beschwor – nicht nur bei Sport-Geschäftsführer Saftig – rund um die frühere „Alm“ die bösen Abstiegsgeister der Saison 2002/03 herbei. Denn wegen Bajramovic blieb Arminia bei 22 Halbzeit-Punkten hängen – exakt mit diesem, eigentlich eher beruhigende Wirkung ausstrahlenden Zählerstand hatten die Bielefelder vier Jahre zuvor den ersten Saisonpart unter dem damaligen Trainer Benno Möhlmann abgeschlossen und waren 17 Spiele später abgestiegen.

Saftigs skeptische Vorahnung hat sich nicht bestätigt, wie aus der Bundesliga-Abschlusstabelle mühelos abzulesen ist. Zwischenzeitlich allerdings schien es so, als sollte

Rainer Klusmeyer (54) ist Sportredakteur der „Neuen Westfälischen“ und langjähriger Berichterstatter über den DSC Arminia Bielefeld.

Verblüffende Wirkung

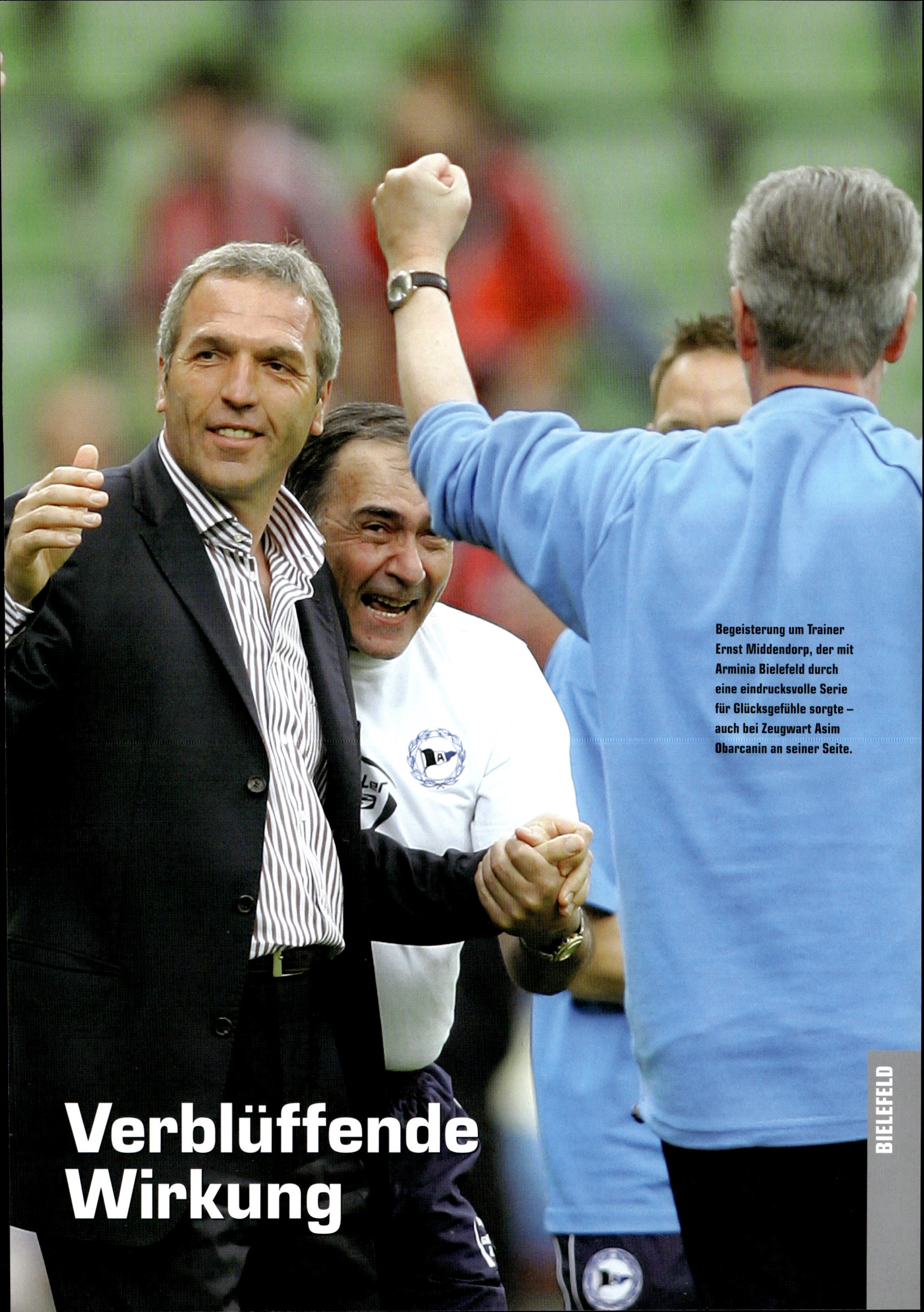

Begeisterung um Trainer Ernst Middendorp, der mit Arminia Bielefeld durch eine eindrucksvolle Serie für Glücksgefühle sorgte – auch bei Zeugwart Asim Obarcanin an seiner Seite.

Mal hin- und hergerissen, in der Schlussphase der Saison aber völlig losgelöst: So feierten die Arminia-Fans Trainer und Mannschaft.

alles noch viel schlimmer kommen als beim Abstieg von 2003. Denn so beschwingt-selbstbewusst, wie sich die Arminia vor allem in ihrem Lieblingsmonat, dem „Goldenen Oktober", auf Tore- und Punktejagd begeben hatte, so gelähmt geriet sie ab Mitte November für viele Monate auf eine rasante Talfahrt.

Beide Phänomene waren eng verbunden mit dem Namen Thomas von Heesen. Wie schon in der Saison zuvor, gelangen dem Ex-Profi, der mit Arminia als Spieler, Sportdirektor und Trainer Aufstiege gefeiert hatte, mit „Konzept-Fußball" teils spektakuläre Siege wie ein 2:1 über Bayern München oder ein 3:0 in Frankfurt, das sogar den unterlegenen Eintracht-Coach Friedhelm Funkel schwärmen ließ. Wegen der Erfolge geriet von Heesen aber auch in den Fokus anderer Clubs – und sein Kokettieren mit einem Angebot von Borussia Dortmund war so etwas wie der Anfang vom Ende der Bielefelder Herrlichkeit. Wochen- und monatelang schob von Heesen die Entscheidung über seine sportliche Zukunft vor sich her, in der Öffentlichkeit gerieten deswegen vor allem Geschäftsführung und Präsidium des DSC in die Kritik – ein Teufelskreis. „Wie wäre wohl die Reaktion ausgefallen, wenn wir uns von Thomas von Heesen schon Ende des Jahres getrennt hätten?" So fragte Saftig Monate später eher rhetorisch. Jeder wusste die Antwort: Es hätte einen Aufschrei der Empörung gegeben.

Routinier und als Kämpfer immer vorne weg: Linksfuß Jörg Böhme.

Feste Größe mit so manch wichtigem Torerfolg: der Tscheche Radim Kucera.

Nach dem 0:1 beim FC Bayern, dem mittlerweile schon neunten Spiel ohne Sieg, trat von Heesen von sich aus zurück – eine „Herzensangelegenheit", wie er dabei sagte, denn so wolle er einen besonderen Beitrag zum Klassenerhalt leisten. Als Nachfolger bestimmten die Verantwortlichen mit Frank Geideck einen langjährigen Weggefährten von Heesens, doch die erhoffte Wirkung in Form positiver Ergebnisse blieb aus. Nach weiteren Niederlagen gegen Konkurrenten im Kampf um den Klassenerhalt, Bochum, Cottbus und Mainz, musste ein Wunder her. Oder der „Jahrhundert-Trainer".

Diese Auszeichnung hatten die DSC-Fans 2005 im Jahr des 100. Club-Jubiläums bei einer Wahl Ernst Middendorp zukommen lassen. Weltenbummler Middendorp kam von einem Engagement in Südafrika bei den Kaizer Chiefs, konnte bei seiner Rückkehr auf die Bielefelder Trainerbank zunächst die 0:2-Niederlage in Aachen nicht verhindern – und siegte fortan in Serie.

Weil er – sozusagen ohne Rücksicht auf Verluste – alles umkrempelte. „Mir bleiben nur acht Wochen Zeit", begründete der neue Coach seine Maßnahmen, altbewährte Kräfte wie Fatmir Vata oder Marcio Borges auf die Tribüne zu setzen, in

Ernst Middendorp: **„Mir bleiben nur acht Wochen Zeit."**

den Trainingseinheiten auch harsche Schelte anzubringen, Kapitän und Torwart Mathias Hain öffentlich in Frage zu stellen, Stammplatzgarantien abzuschaffen, Übungseinheiten auf die frühesten Morgenstunden zu legen. Und vor allem: das Spielsystem zu ändern.

Bei der „neuen" Arminia fielen plötzlich wieder Tore, gelangen Auswärtssiege, wurden auch Rückschläge nun Minuten später mit eigenen Treffern beantwortet. Zur Verblüffung der Gegner und zur Freude der Arminia-Fans brachten sich die Bielefelder mit vier „Dreiern" in Folge frühzeitig in Sicherheit. Die Begeisterung rund um die SchücoArena, die im Sommer weiter ausgebaut wird, war selten zuvor so groß wie im April und Mai 2007.

Thorben Marx, Rüdiger Kauf, Jonas Kamper und Robert Tesche (von links) nach dem wegweisenden Erfolgserlebnis bei Bayer 04 Leverkusen.

ALLE SPIELE

Hinrunde									Rückrunde	
1	12.08.	A	1:1	(0:1)	Hamburger SV	1:1	(0:1)	H	27.01.	18
2	20.08.	H	2:3	(0:1)	VfB Stuttgart	3:2	(1:1)	A	30.01.	19
3	26.08.	A	1:0	(0:0)	Borussia M'gladbach	0:2	(0:1)	H	03.02.	20
4	16.09.	H	2:1	(1:1)	FC Bayern München	1:0	(1:0)	A	11.02.	21
5	24.09.	A	2:1	(0:1)	VfL Bochum	1:3	(1:2)	H	18.02.	22
6	30.09.	H	3:1	(0:1)	FC Energie Cottbus	2:1	(0:1)	A	24.02.	23
7	15.10.	A	1:1	(1:1)	1. FC Nürnberg	3:2	(1:1)	H	03.03.	24
8	21.10.	H	1:0	(0:0)	1. FSV Mainz 05	1:0	(0:0)	A	10.03.	25
9	29.10.	H	5:1	(2:0)	Alemannia Aachen	2:0	(0:0)	A	17.03.	26
10	04.11.	A	1:1	(0:0)	Borussia Dortmund	1:0	(0:0)	H	30.03.	27
11	08.11.	H	2:2	(1:1)	Hertha BSC Berlin	1:1	(0:1)	A	07.04.	28
12	11.11.	A	0:3	(0:1)	Eintracht Frankfurt	2:4	(1:2)	H	14.04.	29
13	19.11.	H	0:0		VfL Wolfsburg	2:3	(1:1)	A	21.04.	30
14	25.11.	A	3:0	(2:0)	Werder Bremen	3:2	(1:0)	H	29.04.	31
15	02.12.	H	0:0		Bayer 04 Leverkusen	1:2	(1:1)	A	06.05.	32
16	09.12.	A	1:1	(0:0)	Hannover 96	3:1	(2:1)	H	12.05.	33
17	16.12.	H	0:1	(0:0)	FC Schalke 04	2:1	(2:0)	A	19.05.	34

DSC ARMINIA BIELEFELD AUF EINEN BLICK

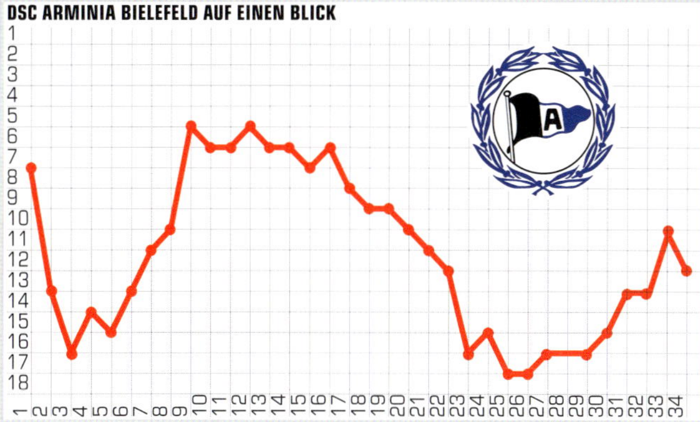

ALLE SPIELER

Name	Vorname	Geburtsdatum	Nationalität	Position	Rücken-Nr.	Einsätze	Auswechslungen	Einwechslungen	Gelbe Karten	Gelb-Rote Karten	Rote Karten	Tore	Elfmeter	Eigentore
Ahanfouf	Abdelaziz	14.01.1978	MAR	S	15	6	1	5	1	-	-	2	2	-
Bollmann	Markus	06.01.1981	D	A	6	18	1	4	4	-	-	-	-	-
Borges	Marcio	20.01.1973	BRA	A	3	6	1	1	2	-	1	1	-	-
Böhme	Jörg	22.01.1974	D	M	20	30	19	2	3	-	-	4	1	-
Danneberg	Tim	23.04.1986	D	M	13	5	2	3	-	-	-	-	-	-
Eigler	Christian	01.01.1984	D	S	9	27	8	13	2	-	-	6	-	-
Fischer	Nils	14.02.1987	D	A	30	-	-	-	-	-	-	-	-	-
Formann	Pascal	16.11.1982	D	T	28	-	-	-	-	-	-	-	-	-
Gabriel	Petr	17.05.1973	CZE	A	4	22	3	2	2	-	1	2	-	-
Hain	Mathias	31.12.1972	D	T	1	31	1	-	2	-	-	-	-	-
Kamper	Jonas	03.05.1983	DEN	S	14	29	11	11	2	-	-	6	-	-
Kauf	Rüdiger	01.03.1975	D	M	5	32	1	-	6	-	-	-	-	-
Kobylik	David	27.06.1981	CZE	M	11	15	4	9	1	-	-	-	-	-
Kocin	Umut	02.06.1988	TUR	M	17	-	-	-	-	-	-	-	-	-
Korzynietz	Bernd	08.09.1979	D	A	19	26	4	-	4	-	-	-	-	-
Kucera	Radim	01.03.1974	CZE	A	31	27	2	4	1	-	-	6	-	-
Marx	Thorben	01.06.1981	D	M	7	26	9	14	4	-	-	-	-	-
Masmanidis	Ioannis	09.03.1983	D	M	21	22	2	12	4	-	-	1	-	-
Ndjeng	Marcel	06.05.1982	D	M	24	10	2	7	-	-	-	2	-	-
Rau	Tobias	31.12.1981	D	A	8	5	1	-	-	-	-	-	-	-
Riemer	Daniel	17.02.1987	D	T	35	-	-	-	-	-	-	-	-	-
Rodenberg	Maik	29.01.1989	D	A	34	-	-	-	-	-	-	-	-	-
Schmidt	Nils-Christian	01.05.1984	D	M	27	-	-	-	-	-	-	-	-	-
Schuler	Markus	01.08.1977	D	A	2	30	1	3	6	-	-	-	-	-
Tesche	Robert	27.05.1987	D	M	32	7	3	-	-	-	-	-	-	-
Vacek	Kamil	18.05.1987	CZE	M	25	-	-	-	-	-	-	-	-	-
Vata	Fatmir	20.09.1971	ALB	M	10	9	2	6	-	-	-	1	-	-
Westermann	Heiko	14.08.1983	D	A	16	33	1	-	-	-	-	3	-	-
Wichniarek	Artur	28.02.1977	POL	S	18	32	12	3	4	-	-	10	1	-
Ziegler	Marc	13.06.1976	D	T	23	4	-	1	-	-	-	-	-	-
Zuma	Sibusiso	23.06.1975	RSA	S	22	24	11	2	3	-	-	3	-	-

Geschlossen – wie in dieser Strafraumszene gegen die Dortmunder Ebi Smolarek und Christian Wörns (rechts) – und vor allem erfolgreich trat der FC Energie Cottbus auf: hier mit Kevin McKenna, Vragel da Silva vor Torwart Tomislav Piplica (von links).

Gegen alle Prognosen gewehrt

Mit einer Mannschaft, der wenig zugetraut worden war, gelang Trainer Petrik Sander eine echte Überraschung: FC Energie Cottbus schaffte den Klassenerhalt.

Die Fahrt vom Stadion der Freundschaft zum In-Restaurant „El Mundo“ in der City dauert in Cottbus nur wenige Minuten. Hier feierte die Mannschaft des FC Energie am 29. April, als nach dem 31. Spieltag durch ein 3:1 gegen Bayer 04 Leverkusen der Klassenerhalt in trockenen Tüchern war. Für Cheftrainer Petrik Sander, der zusammen mit seiner Familie zuletzt zu der Runde in ausgelassener Stimmung stieß, auch ein Moment, um zweieinhalb verrückte Jahre Revue passieren zu lassen.

Am 23. November 2004 hatte Sander in der Lausitz den Job von Trainer-Legende Eduard Geyer übernommen. Die überraschende Inthronisierung von Geyers vorherigem Co-Trainer zum Teamchef (mit A-Schein) war seinerzeit ziemlich rustikal vonstatten gegangen. Dieter Krein, damals Präsident: „Ich habe ihm gesagt, du bist jetzt Trainer." Sanders fatalistische Antwort: „Kann ich vorher meine Frau informieren?" Krein: „Du machst es jetzt."

Was danach im ersten halben Jahr passierte, nennt Sander heute „ein persönliches Stahlbad und einen Überlebens-, einen puren Existenzkampf des Vereins“. Am Saisonende gelang dem Bundesliga-Absteiger FC

Klaus Feuerherm (54) ist freier Journalist in Berlin und begleitet den FC Energie Cottbus schon seit Jahren.

Die beiden Rumänen Sergiu Radu (links) und Vlad Munteanu erwiesen sich als Volltreffer für das Offensivspiel des FC Energie Cottbus und steuerten zum Klassenerhalt entscheidende Tore bei.

Energie in Karlsruhe dank eines Treffers mehr in der Tordifferenz der Klassenerhalt im „Unterhaus".

Nach Trainer Geyer dankte in jener Zeit auch Manager Klaus Stabach ab, dann zudem Krein. Petrik Sander blieb. Der neue starke Mann kam von der Sparkasse: Ulrich Lepsch.

Der Präsident baute als Sanierer fortan Schulden ab und Trainer Sander ein neues Team aus Nobodys auf. Ein Jahr später schaffte der FC Energie am letzten Spieltag der Saison 2005/06 die Bundesliga-Rückkehr.

Wie in einem kleinen „gallischen Dorf" im östlichen Deutschland und mit dem Mini-Etat begannen Sander und der Verein das Abenteuer Bundesliga. Der FCE firmierte als potenzieller Absteiger. Die „Gallier" aus der Lausitz widerlegten alle Expertenmeinungen.

Schon nach dem 31. Spieltag, sonntags um 18.49 Uhr, war die Cottbuser Mannschaft nach einem 2:1-Sieg über Bayer 04 Leverkusen gerettet – mit 41 Punkten. Bis dahin hatte die Vereins-Bestmarke von 2002 bei 39 Zählern gelegen. Sander erhob sich nahezu emotionslos von seinem Trainerstuhl, schaute hoch auf die Tribüne zu Frau Conny

Steffen Baumgart:
„Selbst in brenzligsten Situation behielt der Trainer die Ruhe."

und den Kindern Fabian und Susanne, und nahm dann seine eher namenlosen Hauptdarsteller auf dem Platz in die Arme. Tomislav Piplica, Kapitän Kevin McKenna, Steffen Baumgart, Timo Rost, die torhungrigen Rumänen Sergiu Radu und Vlad Munteanu. Sander herzte sie alle, vom Torwart bis zum Zeugwart. Denn Sander ist Team-Player. Sander redet nie vom Ich, stets vom Wir. Er braucht die Mannschaft. Und die Mannschaft braucht ihn.

Nur so konnte er parallel zu Aufstieg 2006 und Klassenerhalt 2007 die Fußball-Lehrer-Lizenz an der Sporthochschule in Köln mit Note 1,7 machen. Der im Jahr 2000 von der „Barmer" freigestellte Versicherungskaufmann ließ so der Gesellen- gleich noch die Meisterprüfung folgen. Jeden Vergleich mit seinem Vorgänger Eduard Geyer lehnt Sander selbst ab. „Die erfolgreiche Generation von damals ist mit der von heute nicht vergleichbar. Wir haben heute andere Stadien, eine neue Führung, eine neue Mannschaft." Im Frühjahr haben Clubchef Ulrich Lepsch und Manager Steffen Heidrich erstmals die Lizenzierungsunterlagen für die kommende Saison eingereicht, auf einer guten Grundlage. Der Klassenerhalt sanierte den Verein. Der Etat wird deutlich aufgestockt.

Die Bundesliga als Goldstaub. Für Sander Anlass genug, dem Team Mann für Mann persönlich zu danken, in der Kabine mit Rotkäppchen-Sekt anzustoßen und gemeinsam eine Zigarre zu genehmigen. Auch Grund genug, mit seinem Trainerstab (Thomas Hoßmang, Thomas Köhler, Dirk Keller, Franklin, Antonio Ananiew) vier Stunden nach dem Abpfiff im Trainerzimmer bei einem „Lübzer" über neue Ziele zu reden. Erst nach 21.30 Uhr verließ Sander an jenem denkwürdigen Tag das leere Stadion. Sein Handy quoll längst mit SMS-Glückwünschen über. Publikumsliebling Steffen Baumgart weiß warum: „Wir hatten in zweieinhalb Jahren oft Feuer unterm Dach. Aber selbst in brenzligsten Situationen behielt der Trainer die Ruhe."

Mit welcher Feinfühligkeit Sander seinen Job macht, verriet er an diesem Feier-Abend mit einer Episode: „Zur zweiten Halbserie schrieb mir ein in Köln arbeitender Cottbuser namens Müller, er würde von seinen Kollegen am Rhein ständig wegen Energie gehänselt. Als Höhepunkt hätten sie ihm einen Zeitungsausschnitt ans Spind geheftet, in dem Friedel Rausch tippte, Energie würde insgesamt nur 28 Punkte holen und absteigen." Sander heftete den zugesandten Beitrag an die Kabinentür. Von diesem Tage an holte jeder Spieler noch einige Prozent mehr aus sich raus.

Mit dem FC Energie Großes geleistet – und parallel auch noch die Fußball-Lehrer-Lizenz erworben: Trainer Petrik Sander.

ALLE SPIELE

Hinrunde										Rückrunde
1	12.08.	A	2:0	(0:0)	Borussia M'gladbach	3:1	(2:0)	H	27.01.	18
2	19.08.	H	2:2	(0:1)	Hamburger SV	1:1	(1:1)	A	31.01.	19
3	26.08.	A	0:1	(0:0)	VfL Bochum	0:0		H	03.02.	20
4	16.09.	H	2:0	(0:0)	1. FSV Mainz 05	4:1	(3:1)	A	10.02.	21
5	24.09.	H	1:1	(0:1)	1. FC Nürnberg	1:0	(0:0)	A	18.02.	22
6	30.09.	A	3:1	(0:1)	DSC Arminia Bielefeld	2:1	(0:1)	H	24.02.	23
7	15.10.	H	2:3	(1:1)	Borussia Dortmund	2:3	(1:1)	A	04.03.	24
8	21.10.	A	1:2	(1:0)	TSV Alemannia Aachen	0:2	(0:1)	H	10.03.	25
9	28.10.	H	2:0	(0:0)	Hertha BSC Berlin	0:1	(0:0)	A	16.03.	26
10	04.11.	A	1:1	(0:0)	Werder Bremen	0:0		H	31.03.	27
11	08.11.	H	0:1	(0:1)	Eintracht Frankfurt	1:3	(0:0)	A	07.04.	28
12	11.11.	A	0:0		VfL Wolfsburg	3:2	(1:0)	H	14.04.	29
13	18.11.	H	2:4	(2:2)	FC Schalke 04	2:0	(0:0)	A	21.04.	30
14	26.11.	A	3:1	(1:0)	Bayer 04 Leverkusen	2:1	(1:1)	H	29.04.	31
15	02.12.	H	0:1	(0:1)	Hannover 96	2:0	(1:0)	A	04.05.	32
16	09.12.	A	2:1	(1:0)	FC Bayern München	0:3	(0:2)	H	12.05.	33
17	16.12.	H	0:0		VfB Stuttgart	2:1	(1:1)	A	19.05.	34

FC ENERGIE COTTBUS AUF EINEN BLICK

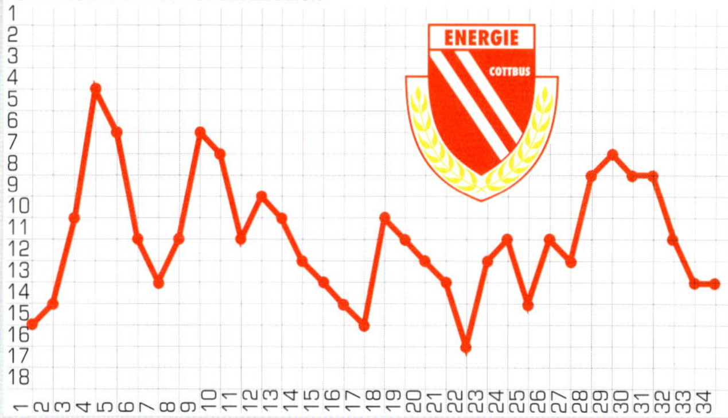

ALLE SPIELER

Name	Vorname	Geburtsdatum	Nationalität	Position	Rücken-Nr.	Einsätze	Auswechslungen	Einwechslungen	Gelbe Karten	Gelb-Rote Karten	Rote Karten	Tore	Elfmeter	Eigentore
Aidoo	Lawrence	14.01.1982	GHA	M	8	1	-	-	-	1	-	-	-	-
Bandrowski	Tomasz	18.09.1984	POL	M	21	12	1	8	1	-	-	-	-	-
Baumgart	Steffen	05.01.1972	D	S	2	33	9	21	5	-	-	2	-	-
Cvitanovic	Mario	06.05.1975	CRO	A	33	17	-	-	3	-	-	-	-	-
da Silva	Vragel	29.03.1974	BRA	A	6	25	3	4	9	-	-	2	-	-
Dworrak	Markus	23.01.1978	D	M	11	-	-	-	-	-	-	-	-	-
Feick	Arne	01.04.1988	D	A	22	2	-	1	-	1	-	-	-	-
Gunkel	Daniel	07.06.1980	D	M	27	27	9	17	5	-	-	2	-	-
Jungnickel	Lars	31.08.1981	D	S	15	1	-	1	-	-	-	-	-	-
Kanik	Lukasz	26.02.1988	POL	A	18	-	-	-	-	-	-	-	-	-
Kioyo	Francis	18.09.1979	CMR	S	9	29	12	3	2	-	-	2	-	-
Kukielka	Mariusz	07.11.1976	POL	A	5	32	2	-	7	-	-	1	-	-
Küntzel	Marco	22.01.1976	D	M	30	16	7	7	2	-	-	-	-	-
McKenna	Kevin	21.01.1980	CAN	A	4	29	-	-	6	-	-	-	-	-
Mitreski	Igor	19.02.1979	MKD	A	24	27	2	-	6	-	-	-	-	-
Munteanu	Vlad	16.01.1981	ROM	M	16	33	19	-	5	-	-	11	4	-
Neumann	Christof	02.08.1987	D	S	25	-	-	-	-	-	-	-	-	-
Piplica	Tomislav	05.04.1969	BIH	T	23	33	-	-	2	-	-	-	-	-
Radu	Sergiu	10.08.1977	ROM	S	29	34	9	-	3	-	-	14	-	-
Rivic	Stiven	09.08.1985	CRO	S	10	7	-	7	1	-	-	-	-	-
Rost	Timo	29.08.1978	D	M	7	31	11	-	10	-	-	1	-	1
Schuppan	Sebastian	18.07.1986	D	M	13	-	-	-	-	-	-	-	-	-
Schöckel	Benjamin	16.08.1980	D	A	19	1	1	-	1	-	-	-	-	-
Shao	Jiayi	10.04.1980	CHN	M	20	29	8	18	4	-	-	2	-	-
Sidney		16.10.1979	BRA	A	3	1	-	-	1	-	-	-	-	-
Skela	Ervin	17.11.1976	ALB	M	11	7	4	3	-	-	-	-	-	-
Szelesi	Zoltan	22.11.1981	HUN	A	14	22	1	3	5	-	-	-	-	-
Thoms	Andre	15.12.1981	D	T	12	-	-	-	-	-	-	-	-	-
Tremmel	Gerhard	16.11.1978	D	T	1	1	-	-	-	-	-	-	-	-
Trytko	Przemyslaw	26.08.1987	POL	S	26	-	-	-	-	-	-	-	-	-
Unversucht	Philip	17.07.1986	D	A	31	-	-	-	-	-	-	-	-	-
Ziebig	Daniel	21.01.1983	D	M	17	24	2	7	7	1	-	-	-	1

Glücksmomente und Rückschläge

Am Saisonende erreichte Eintracht Frankfurt das Klassenziel. Auf dem Weg dorthin erlebten der Club und die Fans aber manches Wechselbad der Gefühle.

Die Banktürme spuckten gewaltige Feuerwerke gen Himmel. Wie Vulkane. Es schien, als würde das vierte Frankfurter Wolkenkratzer-Festival die Rettung der Eintracht am vorletzten Bundesliga-Spieltag in schwindelnder Höhe feiern. Auch die Mannschaft und ihr Tross schwebten an jenem Samstagabend mit Lufthansa-Jet LH 351 nach Frankfurt am Main ein – mit dem Hochgefühl des überraschenden 2:1-Triumphes in Bremen.

Auf Bankturmhöhe würden die Frankfurter gerne auch den Fußballclub der Finanzmetropole in der Tabelle sehen und nicht weiter in Nähe des Tabellenkellers. In Frankfurt, wo die Türme an den Wolken kratzen, wachsen eben auch die Ansprüche im Fußball schnell in den Himmel. Derlei Erwartungen reiht Friedhelm Funkel indes eher in die Kategorie Größenwahn ein als solche Wünsche als realistisch zuzuordnen. Der Trainer denkt und handelt als bewährter Ab- und Aufstiegskämpfer nicht in hochtrabenden Sphären. Sein Credo: Nicht absteigen! Sein Fazit: „Saisonziel wieder geschafft!"

Hartmut Scherzer (68) ist als freier Journalist bundesweit tätig, seit Jahrzehnten mit Eintracht Frankfurt befasst und schreibt unter anderem für die „Frankfurter Allgemeine Zeitung".

„Die Kirche im Dorf lassen", wehrt er sich gegen überzogene Hoffnungen. Aber Frankfurt als Geld-Zentrum misst die Eintracht an der Skyline der Stadt und nicht an der Kirche im Dorf. Wenn die Eintracht des Öfteren so selbstbewusst aufgetreten wäre wie beim 4:0 gegen Alemannia Aachen am 32. Spieltag und anschließend bei Werder Bremen, dann hätte sie in der Rückrunde nicht im unteren Teil der Tabelle verweilen müssen. Ohne einige in den Schlussminuten unnötig verspielte Siege und Unentschieden wäre die Eintracht tatsächlich auf Tuchfühlung mit den Plätzen für die internationalen Wettbewerbe geblieben und nicht in der Gefahrenzone Richtung 2. Bundesliga.

Dem entgegnete Funkel auch in Bremen: „Wenn die Mannschaft immer so spielt, könnte sie Deutscher Meister werden. Sie funktioniert, aber sie besitzt nicht die Klasse für einen UEFA-Cup- oder einen noch höheren Platz." Dennoch habe sich die Mannschaft gegenüber der vorangegangenen Saison weiterentwickelt." Der 53 Jahre alte Trainer meint damit: mehr Tore (46), mehr Auswärtssiege (vier), weniger Niederlagen (zwölf), mehr Punkte (40) und in der Rückrunde nur zwei von acht Auswärtsspielen verloren. „Außerdem", sagt Funkel, „haben wir einen höheren Zuschauerschnitt." 47.700 Fans. „Ich weiß gar nicht, was Frankfurt will." Ganz einfach: Die Stadt will im Fußball wieder oben mit-

Im Fluge eroberte der vom HSV gekommene japanische Nationalstürmer Naohiro Takahara mit seinen Toren die Herzen der Fans von Eintracht Frankfurt.

Auch in kritischen Phasen immer die Ruhe bewahrt: Eintracht-Trainer Friedhelm Funkel.

Rettung in Bremen: Albert Streit, Christoph Preuß, Michael Fink und Oka Nikolov (von links) jubeln.

spielen wie zu Zeiten der Pfaffs, Grabowskis, Hölzenbeins, Nickels, Möllers, Beins, Yeboahs. Immerhin: Die UEFA-Cup-Spiele, über das DFB-Pokalfinale 2006 erreicht, weckten bis zum unglücklichen Ausscheiden in der Gruppenphase durch ein 2:2 bei Fenerbahce Istanbul ein bisschen Nostalgie.

Eher von Stillstand spricht Ioannis Amanatidis. So brach der 25-Jährige nach der Rettung keineswegs in Jubelgesänge aus. „Nicht abzusteigen war eine Selbstverständlichkeit", sagte Amanitidis lapidar. Als der Grieche vor der Saison 2005/06 nach Frankfurt zurückgekehrt war, hatte er das in der Hoffnung getan, mit dem Abstieg nichts mehr zu tun zu haben. „Schon gar nicht in dieser Saison."

Amanatidis vertritt einen Anspruch, den das breite Eintracht-Publikum teilt, nicht aber unbedingt Friedhelm Funkel. Nach einer Epoche des Paternoster-Daseins wieder eine Epoche im oberen Drittel. Auch

Friedhelm Funkel:
„Mehr Tore und Punkte, weniger Niederlagen."

Heribert Bruchhagen, Vorstandsvorsitzender und sportlicher Leiter in Personalunion, möchte nicht noch einmal eine so „nervenaufreibende Saison" durchmachen und sieht durchaus „großes Potenzial für Verbesserungen in den Heimspielen. Wir wissen um unsere Stärken und Schwächen dann, wenn wir zu Hause das Spiel machen müssen." Eine Serie von sechs Heimspielen ohne Sieg strapazierte die Geduld der Zuschauer, es gab einige bittere Niederlagen. Die besseren Spiele bot die Eintracht auswärts.

Friedhelm Funkel hält indes an seiner Trainer-Philosophie fest: „In Phasen, in denen es gut läuft, bleiben wir bescheiden. In Phasen, in denen es nicht gut läuft, bleiben wir ruhig. Das ist der Schlüssel zum Erfolg seit drei Jahren."

Vier Spieler fielen im Saisonverlauf besonders auf: Torwart Markus Pröll, der in den ersten sieben Saisonspielen alle drei gegen die Eintracht verhängten Elfmeter abwehrte – alle drei Begegnungen endeten unentschieden. Pröll stand nach der Vorrunde auf Platz eins der „Kicker"-Rangliste, fiel aber in der Rückrunde aus.

Aleksandar Vasoski, der drei Mal – einmal mit „Gelb-Rot", zwei Mal mit „Rot" – vom Platz geschickt wurde. Naohiro Takahara, der alle Tore zum 3:2 in Aachen erzielte und mit elf Treffern erfolgreichster Frankfurter Torschütze war. Und Christoph Preuß, dessen spektakulärer Fallrückzieher den FC Bayern besiegte, der die Ehrung für das „Tor des Monats" aber aufschieben musste, weil er am vorgesehenen Termin mit einer 15 Zentimeter langen Risswunde am Oberschenkel im Krankenhaus lag – erlitten im Spiel gegen Energie Cottbus bei einem Zusammenprall mit dem eigenen Torwart Oka Nikolov. Preuß personifiziert die Frankfurter Saison: Glücksmomenten folgten sofort Rückschläge.

Mit viel Schwung und Dynamik in Richtung Tor: Ioannis Amanatidis.

ALLE SPIELE

Hinrunde									Rückrunde
1	12.08.	A	1:1	(1:0)	FC Schalke 04	1:3	(0:1)	H	27.01. 18
2	19.08.	H	0:0		VfL Wolfsburg	2:2	(1:0)	A	30.01. 19
3	27.08.	A	1:1	(0:1)	1. FSV Mainz 05	0:0		H	03.02. 20
4	17.09.	H	3:1	(0:0)	Bayer 04 Leverkusen	2:2	(1:1)	A	10.02. 21
5	23.09.	A	1:1	(0:0)	VfB Stuttgart	0:4	(0:3)	H	16.02. 22
6	30.09.	H	2:2	(1:0)	Hamburger SV	3:1	(1:0)	A	24.02. 23
7	14.10.	A	1:1	(1:0)	Hannover 96	2:0	(0:0)	H	03.03. 24
8	22.10.	H	2:2	(1:1)	1. FC Nürnberg	2:2	(0:1)	A	09.03. 25
9	28.10.	A	2:0	(2:0)	FC Bayern München	1:0	(0:0)	H	17.03. 26
10	05.11.	H	1:0	(0:0)	Borussia M'gladbach	1:1	(0:1)	A	31.03. 27
11	08.11.	A	0:1	(0:1)	FC Energie Cottbus	1:3	(0:0)	H	07.04. 28
12	11.11.	H	0:3	(0:1)	DSC Arminia Bielefeld	2:4	(1:2)	A	14.04. 29
13	17.11.	A	4:3	(3:2)	VfL Bochum	0:3	(0:1)	H	21.04. 30
14	25.11.	H	1:1	(1:0)	Borussia Dortmund	2:0	(1:0)	A	28.04. 31
15	03.12.	A	2:3	(1:2)	Alemannia Aachen	4:0	(2:0)	H	05.05. 32
16	09.12.	H	2:6	(1:3)	Werder Bremen	1:2	(1:1)	A	12.05. 33
17	16.12.	A	1:0	(0:0)	Hertha BSC Berlin	1:2	(0:0)	H	19.05. 34

EINTRACHT FRANKFURT AUF EINEN BLICK

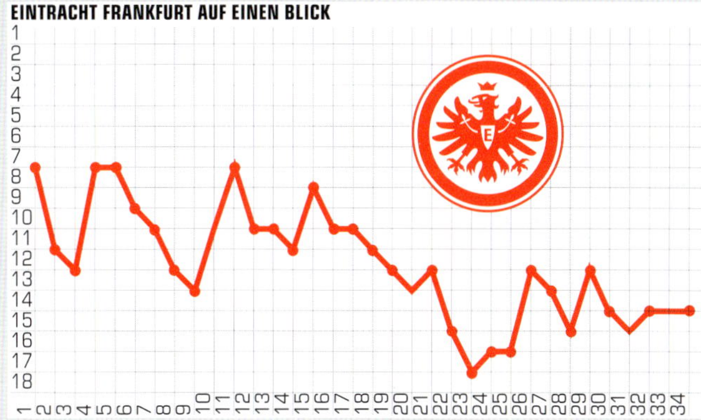

ALLE SPIELER

Name	Vorname	Geburtsdatum	Nationalität	Position	Rücken-Nr.	Einsätze	Auswechslungen	Einwechslungen	Gelbe Karten	Gelb-Rote Karten	Rote Karten	Tore	Elfmeter	Eigentore
Alvarez	Pablo	18.05.1988	ESP	T	34	-	-	-	-	-	-	-	-	-
Amanatidis	Ioannis	03.12.1981	GRE	S	18	27	8	5	1	-	-	8	2	-
Chaftar	Mounir	29.01.1986	D	A	31	2	-	-	-	-	-	-	-	-
Chris		25.08.1978	BRA	A	29	13	4	6	3	-	-	-	-	-
Cimen	Daniyel	19.01.1985	D	M	17	4	1	1	1	-	-	-	-	-
Copado	Francisco	19.07.1974	ESP	M	20	1	-	1	1	-	-	-	-	-
Fink	Michael	01.02.1982	D	M	6	23	8	-	3	-	-	-	-	-
Heller	Marcel	12.02.1986	D	S	9	11	2	8	-	-	-	1	-	-
Holzhäuser	Nils	19.07.1987	D	T	35	-	-	-	-	-	-	-	-	-
Huber	Alexander	25.02.1985	D	M	25	3	-	3	-	-	-	-	-	-
Huggel	Benjamin	07.07.1977	SUI	M	30	25	3	5	3	-	-	1	-	-
Jones	Jermaine	03.11.1981	D	M	13	4	1	-	1	-	-	-	-	1
Kyrgiakos	Sotirios	23.07.1979	GRE	A	27	27	1	2	1	1	1	5	-	-
Köhler	Benjamin	04.08.1980	D	S	7	23	4	11	-	-	-	1	-	-
Meier	Alexander	17.01.1983	D	M	14	29	5	6	4	-	-	6	-	-
Nikolov	Oka	25.05.1974	MKD	T	1	20	-	1	1	-	-	-	-	-
Ochs	Patrick	14.05.1984	D	A	2	30	2	2	9	-	-	1	-	-
Preuß	Christoph	04.07.1981	D	M	4	14	1	8	2	-	-	1	-	1
Pröll	Markus	28.08.1979	D	T	21	14	1	-	-	-	-	-	-	-
Rehmer	Marko	29.04.1972	D	A	33	12	3	2	-	-	-	-	-	-
Reinhard	Christopher	19.05.1985	D	A	22	2	-	1	-	-	-	-	-	-
Russ	Marco	04.08.1985	D	A	23	27	2	8	2	-	-	1	-	-
Spycher	Christoph	30.03.1978	SUI	A	16	30	-	2	-	1	1	-	-	1
Streit	Albert	28.03.1980	D	M	8	29	11	-	8	-	-	4	-	-
Stroh-Engel	Dominik	27.11.1985	D	S	26	-	-	-	-	-	-	-	-	-
Takahara	Naohiro	04.06.1979	JPN	S	19	30	12	2	1	-	-	11	-	-
Thurk	Michael	28.05.1976	D	S	11	24	11	9	3	-	-	3	-	-
Toski	Faton	17.02.1987	D	M	32	2	-	2	-	-	-	-	-	-
Vasoski	Aleksandar	21.11.1979	MKD	A	5	26	1	1	-	1	2	2	-	-
Weissenberger	Markus	08.03.1975	AUT	M	10	9	7	2	-	-	-	-	-	-
Zimmermann	Jan	19.04.1985	D	T	28	1	-	-	-	-	-	-	-	-

Wieder spät gerettet

Spaß mit Maskottchen „Wölfi“ und den „Wölfen“: Über ein Erfolgserlebnis freuen sich Mike Hanke, Tom van der Leegte, Kevin Hofland (im Vordergrund) und ihre Teamkollegen.

Im zehnten Jahr seiner Erstklassigkeit wollte der VfL Wolfsburg deutlich besser abschneiden als zuletzt. Doch die Jubiläums-Saison brachte wieder einen Wechsel von Licht und Schatten.

Das Zittern bis zur letzten Minute in der vorherigen Saison sollte eine Ausnahme gewesen sein, doch es kam geradezu zu einer Wiederholung: Der VfL Wolfsburg schaffte erneut erst spät, dieses Mal am vorletzten Spieltag durch das 2:2 bei Alemannia Aachen, den Klassenerhalt und verfehlte damit die eigenen Vorgaben. „Ich bin nicht zufrieden mit dem Erreichten“, gab Trainer Klaus Augenthaler zu, der sich vor Saisonbeginn noch den Worten von Manager Klaus Fuchs und den Hoffnungen auf bessere Zeiten angeschlossen hatte. „Unser Ziel heißt einstelliger Tabellenplatz“, sagte Fuchs im Sommer 2006.

Die Hoffnung auf einen ruhigeren Verlauf war jedoch schnell dahin. Der VfL startete mit zwei „Nullnummern“ gegen Hertha BSC Berlin und bei Eintracht Frankfurt sowie einem 1:1 bei Bayer 04 Leverkusen in die Serie. Nach der 1:2-Niederlage im Derby gegen Hannover 96 und dem 0:2 beim FC Schalke 04 fanden sich die „Wölfe“ zwischenzeitlich sogar auf dem letzten Tabellenplatz wieder.

Und ausgerechnet in dieser Situation hatte der VfL den FC Bayern München in Wolfsburg zu Gast. Gegen den deutschen Rekordmeister war bis dato in einer Dekade

Marc Rotermund (33) ist Redakteur der „Wolfsburger Nachrichten“ und berichtet seit zwölf Jahren über den VfL Wolfsburg.

Spektakulärer Transfer des VfL Wolfsburg in der Winterpause und zugleich ein echter Volltreffer: der Brasilianer Marcelinho.

ununterbrochener Erstliga-Zugehörigkeit nur ein einziger Sieg gelungen. Doch das Schlüsselspiel wurde vorerst zum Wendepunkt – für den VfL und für Nationalstürmer Mike Hanke. Der 23-Jährige erzielte den 1:0-Siegtreffer und schüttelte mit seinem ersten Saisontor die WM-Strapazen ab. Gleichzeitig gab er das Startsignal für die Wolfsburger Aufholjagd.

Der Angriff war dabei aufgrund zahlreicher Verletzungen bei Offensivkräften wie beispielsweise Diego Klimowicz und Isaac Boakye aber

Klaus Augenthaler:
„Das Aus im Pokal-Halbfinale war der Knackpunkt."

nicht das Prunkstück. Diese Bezeichnung durfte vielmehr die Abwehr um Kapitän Kevin Hofland und Neuzugang Alexander Madlung für sich in Anspruch nehmen. In den 17 Spielen der Hinrunde musste der VfL Wolfsburg gerade einmal 16 Tore hinnehmen – das bedeutete Bestwert in der gesamten Liga. Und vorne? Da traf Hanke nach Belieben: Dem Siegtor gegen den FC Bayern ließ er in den folgenden fünf Spielen vier Treffer folgen. Mit 19 Punkten auf dem zwölften Platz liegend, ging der VfL in die Winterpause.

Die „Baustelle" Offensive gingen die für den sportlichen Bereich Verantwortlichen in Wolfsburg dann auch zum Ende der Hinrunde an. Mit Julio dos Santos vom FC Bayern Münchner schien ein neuer Kopf des Teams gefunden, doch der Paraguayer erlitt nur einen Tag nach seiner Unterschrift eine schwere Verletzung und fiel somit bis zum Saisonende aus. Die neue Lösung: Von Trabzonspor aus der Türkei kam der frühere Hertha-Star Marcelinho zurück in die Bundesliga. Der Brasili-

Kapitän und Abwehrchef: Der Holländer Kevin Hofland (links), im Kopfballspiel dem Berliner Marko Pantelic deutlich überlegen.

Erst Freude über wichtige Tore bei Nationalspieler Mike Hanke, dann Zwangspause wegen einer schwerwiegenden Verletzung.

Augen zu und durch: Die Wolfsburger Hans Sarpei (rechts) und Diego Klimowicz gegen Matthieu Delpierre (Mitte) vom VB Stuttgart.

aner sollte dafür sorgen, dass der mit nur zwölf Toren bis zur Winterpause zweitschwächste Angriff der Liga besser eingesetzt wird.

Der spektakulärste Winter-Transfer der gesamten Bundesliga erwies sich für den VfL als Volltreffer. Mit fünf Treffern und acht Vorlagen war Marcelinho eine wesentliche Kraft im Abstiegskampf. In dieser Gefahrenzone befanden sich die „Wölfe" nach den Niederlagen beim FC Energie Cottbus und gegen Arminia Bielefeld plötzlich wieder. Zwischendurch war der Traum vom DFB-Pokalendspiel im Halbfinale gegen den VfB Stuttgart unglücklich geplatzt. „Das war der Knackpunkt", erklärte Augenthaler.

Sein Problem: In der Rückrunde erzielte der VfL zwar mehr Tore, stand aber in der Defensive nicht mehr so kompakt und kassierte mehr als doppelt so viele Gegentreffer wie im ersten Saisonteil. Das Happy End gab es dennoch am vorletzten Spieltag im „Abstiegs-Endspiel" in Aachen, als aus einem 0:2-Rückstand noch ein 2:2 gemacht wurde. Für den VfL zum zweiten Mal in Folge ein Schlussakt mit gutem Ausgang. Wobei nach dem 0:2 gegen Werder Bremen am letzten Spieltag verkündet wurde, dass die Wolfsburger und Augenthaler nach dem Saisonende getrennte Wege gehen.

Trennung nach dem Saisonfinale: Der VfL Wolfsburg und Trainer Klaus Augenthaler beendeten die Zusammenarbeit.

ALLE SPIELE

Hinrunde									Rückrunde	
1	13.08.	H	0:0		Hertha BSC Berlin	2:1	(1:1)	A	27.01.	18
2	19.08.	A	0:0		Eintracht Frankfurt	2:2	(1:0)	H	30.01.	19
3	26.08.	A	1:1	(0:0)	Bayer 04 Leverkusen	3:2	(2:1)	H	03.02.	20
4	15.09.	H	1:2	(0:0)	Hannover 96	2:2	(1:2)	A	09.02.	21
5	23.09.	A	2:0	(0:0)	FC Schalke 04	2:2	(0:2)	H	17.02.	22
6	30.09.	H	1:0	(1:0)	FC Bayern München	2:1	(1:0)	A	24.02.	23
7	14.10.	A	3:1	(2:1)	Borussia M'gladbach	1:0	(0:0)	H	03.03.	24
8	21.10.	H	1:1	(1:1)	VfB Stuttgart	0:0		A	10.03.	25
9	28.10.	A	0:1	(0:1)	VfL Bochum	3:1	(2:0)	H	17.03.	26
10	04.11.	H	1:0	(1:0)	Hamburger SV	1:0	(0:0)	A	01.04.	27
11	07.11.	A	1:2	(1:1)	1. FSV Mainz 05	3:2	(1:1)	H	07.04.	28
12	11.11.	H	0:0		FC Energie Cottbus	3:2	(1:0)	A	14.04.	29
13	19.11.	A	0:0		DSC Arminia Bielefeld	2:3	(1:1)	H	21.04.	30
14	25.11.	H	1:1	(0:1)	1. FC Nürnberg	1:1	(1:1)	A	28.04.	31
15	02.12.	A	1:0	(0:0)	Borussia Dortmund	0:2	(0:1)	H	05.05.	32
16	10.12.	H	1:2	(0:0)	Alemannia Aachen	2:2	(0:0)	A	12.05.	33
17	17.12.	A	2:1	(1:1)	Werder Bremen	0:2	(0:0)	H	19.05.	34

VFL WOLFSBURG AUF EINEN BLICK

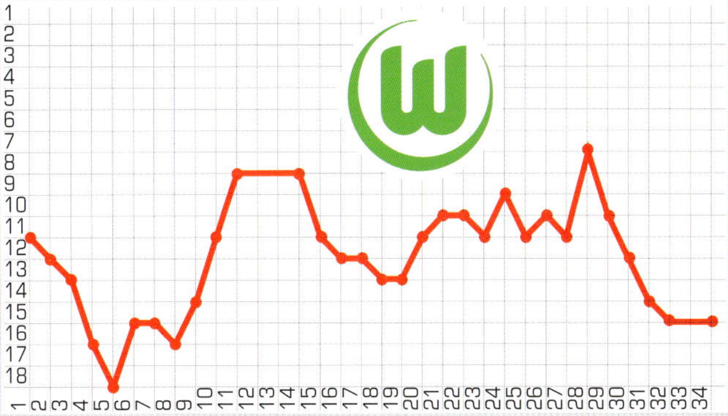

ALLE SPIELER

Name	Vorname	Geburtsdatum	Nationalität	Position	Rücken-Nr.	Einsätze	Auswechslungen	Einwechslungen	Gelbe Karten	Gelb-Rote Karten	Rote Karten	Tore	Elfmeter	Eigentore
Abuda		28.03.1986	BRA	S	32	-	-	-	-	-	-	-	-	-
Alex		06.09.1979	POR	A	22	4	1	1	-	-	-	-	-	-
Boakye	Isaac	26.11.1981	GHA	S	13	24	9	10	1	-	-	4	-	-
Dos Santos	Julio	07.05.1983	PAR	M	33	-	-	-	-	-	-	-	-	-
Evljuskin	Sergej	04.01.1988	D	M	26	-	-	-	-	-	-	-	-	-
Fischer	Karsten	27.05.1984	D	M	25	-	-	-	-	-	-	-	-	-
Hanke	Mike	05.11.1983	D	S	11	22	7	5	1	-	-	8	1	-
Hill	Kamani	28.12.1985	USA	S	28	9	-	9	-	-	-	-	-	-
Hofland	Kevin	07.06.1979	NED	A	5	30	1	-	12	-	-	-	-	-
Hoogendorp	Rick	12.01.1975	NED	S	19	8	4	3	1	-	-	-	-	-
Hristov	Marian	29.07.1973	BUL	M	8	2	-	2	1	-	-	-	-	-
Jentzsch	Simon	04.05.1976	D	T	1	34	-	-	1	-	-	-	-	-
Karhan	Miroslav	21.06.1976	SVK	M	20	12	1	8	1	-	-	-	-	-
Klimowicz	Diego	06.07.1974	ARG	S	9	21	5	-	2	-	-	6	1	-
Krzynowek	Jacek	15.05.1976	POL	M	10	32	13	-	2	-	-	3	-	-
Lamprecht	Christopher	22.04.1985	D	A	17	10	2	8	2	-	-	2	-	-
Lenz	Andre	19.11.1973	D	T	12	-	-	-	-	-	-	-	-	-
Madlung	Alexander	11.07.1982	D	A	4	29	3	1	5	-	-	4	-	-
Makiadi	Cedrick	23.02.1984	D	M	18	30	12	5	1	-	-	3	-	-
Marcelinho		17.05.1975	BRA	M	32	17	5	-	4	-	-	5	-	-
Menseguez	Juan Carlos	18.02.1984	ARG	S	7	23	9	12	1	-	-	1	-	-
Möhrle	Uwe	03.12.1979	D	A	16	22	-	2	1	-	-	-	-	-
Müller	Steve	16.05.1985	D	M	24	-	-	-	-	-	-	-	-	-
Öztürk	Emre	01.04.1986	TUR	S	31	-	-	-	-	-	-	-	-	-
Platins	Patrick	19.04.1983	D	T	21	-	-	-	-	-	-	-	-	-
Quiroga	Facundo	10.01.1978	ARG	A	2	26	1	-	6	1	-	-	-	-
Rama	Valdet	20.11.1987	SER	S	30	-	-	-	-	-	-	-	-	-
Santana	Jonathan	19.10.1981	ARG	M	14	18	3	5	1	-	-	-	-	-
Sarpei	Hans	28.06.1976	GHA	M	15	24	3	11	3	-	-	-	-	-
Stegmayer	Michael	12.01.1985	D	A	23	11	3	3	2	-	-	-	-	-
Thiam	Pablo	03.01.1974	GUI	M	27	6	1	4	2	-	-	-	-	-
Van der Heyden	Peter	16.07.1976	BEL	A	3	18	3	1	2	-	-	-	-	1
van der Leegte	Tom	27.03.1977	NED	M	6	32	4	-	12	-	-	-	-	-

Alles versucht, doch die Hypothek aus der Vorrunde wog zu schwer. Aber schon im bitteren Moment des Abstiegs blicken Trainer Jürgen Klopp und sein Team gleich wieder nach vorne.

„Wir kommen wieder – keine Frage…“

Trotz eines grandiosen Zwischenspurts im Verlauf der Rückrunde blieb dem 1. FSV Mainz 05 der Abstieg nicht erspart. Verein und Fans gingen damit offensiv um – passend zu ihrer eigenen Philosophie.

Man nennt sich selbst „Karnevalsverein“, hat in einer – rein fußballerisch gesehen – lange eher beschaulichen Stadt für unglaublich viel Euphorie gesorgt, in der Bundesliga für Furore – und jede Menge Sympathiepunkte gesammelt. Im dritten Jahr aber hat es den 1. FSV Mainz 05 erwischt: Das einstige „Urgestein“ der 2. Bundesliga muss wieder dorthin zurück.

Zwei Mal in Folge hatte die Mannschaft von Kult-Trainer Jürgen Klopp überaus respektabel abgeschnitten, am Saisonende jeweils den elften Tabellenrang belegt. Im dritten Jahr sollte es nicht mehr reichen zu einem Platz im gesicherten Mittelfeld. Zu schwer wogen die Abgänge

vom vergangenen Sommer. Mit Mohamed Zidan (war zuvor von Werder Bremen nur ausgeliehen), Benjamin Auer (VfL Bochum), Antonio da Silva (VfB Stuttgart) und letztlich auch Michael Thurk, der erst kurz vor Saisonbeginn zu Eintracht Frankfurt wechselte, war der Aderlass zu groß. Kompensieren konnten die Mainzer die von diesem Quartett in der Saison 2005/06 erzielten 33 Tore nicht. Zumal für die 05er nicht zu bekommen war, was sie zur Verstärkung des Kaders eigentlich gerne haben wollten. Zidan musste (zunächst) in Bremen bleiben, mit Andrey Voronin (Bayer 04 Leverkusen) war man sich über eine Rückkehr schon einig, bevor der Ukrainer doch noch absprang.

Der neue Anzug passte nicht mehr so richtig. Zwar legte Mainz 05 mit fünf Punkten aus den ersten drei Spielen einen passablen Saisonstart hin, doch danach ging kaum noch etwas. 16 Mal blieb das Team von Trainer Klopp sieglos, die Hinrunde wurde auf dem letzten Tabellenplatz abgeschlossen – mit gerade mal elf Zählern. Zudem sorgten die Niederlagen gegen Bremen (1:6), Schalke 04 und Bayern München (jeweils 0:4) für die schlechteste Tordifferenz und ein weiteres Handicap gegenüber den anderen gefährdeten Clubs.

Dennoch blieb Mainz 05 seinem Ruf, der etwas andere Fußballclub zu sein, auch in dieser schwierigen Phase treu. Der Trainer stand nie in Frage, die Fans wandten sich nicht ab. Im Gegenteil: Das Stadion am Bruchweg, das in absehbarer Zeit durch eine neue, moderne Spielstätte ersetzt wird, war auch in dieser Saison voller Rückschläge stets ausverkauft, Pfiffe blieben die Ausnahme.

Und Mainz 05 wäre nicht Mainz 05, wenn nicht auch aus dieser misslichen Situation noch viel Positi-

Roland Hessel (43) ist Sportredakteur der „Allgemeinen Zeitung Mainz" und journalistischer Begleiter des 1. FSV Mainz 05 seit 2004.

ves mitgenommen worden wäre. Zumal Manager Christian Heidel in der Winterpause die Möglichkeit erhielt, noch einmal auf dem Transfermarkt tätig zu werden. Für rund 2,8 Millionen Euro wurde der so lange umworbene Zidan zurück in die rheinland-pfälzische Landeshauptstadt gelotst. Ebenfalls aus Bremen

Jürgen Klopp: **„Wir werden die wildeste Aufholjagd aller Zeiten starten."**

Aus Bremen gekommen, gegen Werder im Einsatz: Der Däne Leon Andreasen, der in dieser Szene an Miroslav Klose vorbeizieht, war in der Rückrunde bei Mainz 05 eine treibende Kraft.

kam Leon Andreasen, allerdings nur auf Leihbais. Zudem verpflichtete Mainz den kolumbianischen Nationalspieler Elkin Soto und mit dem zuvor vereinslosen Marius Niculae einen Stürmer mit Einsätzen im rumänischen A-Team. Die (neue) Mannschaft initiierte die „Mission possible 15" – und Trainer Klopp versprach „die wildeste Aufholjagd aller Zeiten".

Und das schier aussichtslose Vorhaben schien tatsächlich zu funktionieren. Unglaubliche 19 Punkte holten die Mainzer in den ersten acht Spielen der Rückrunde. Damit waren die Rheinhessen nicht nur wieder mittendrin im Bundesliga-Geschehen, sondern zeitweise gar beste Rückrunden-Mannschaft. Erneut gab es jedoch einen Bruch. Keines der nächsten sieben Spiele wurde gewonnen, nur ein Punkt (beim Hamburger SV) blieb hängen. Schlüsselspiele mit Erfolgsaussichten, wie das 1:2 in Aachen nach extrem überlegen geführter erster Halbzeit oder die 2:3-Niederlage in Wolfsburg nach 2:1-Führung, endeten bitter. Auch gegen Leverkusen (1:3) und beim HSV (2:2) war mehr möglich.

„Diese Aufholjagd hat auch psychisch viel Kraft gekostet", musste Klopp erkennen. Am Ende sollte es nicht ganz reichen. Die Hypothek der schwachen Hinrunde wog zu schwer. Trotz der Tore von Mohamed Zidan, der 13 Treffer erzielte, trotz der bis zum enttäuschenden Finale enthusiastischen Fans. Mainz 05 geht zurück in Liga zwei.

Dass dort kein kompletter Neuanfang gestartet werden muss, dafür ist dank entsprechender Vertragsgestaltungen gesorgt; insbesondere aber auch dadurch, dass Trainer Klopp – als die Chancen für den Klassenerhalt auf den Nullpunkt gesunken waren – sogleich versprach, in Mainz weiterzuarbeiten.

Dazu passt, wie die Fans mit dem Abstieg umgehen. Nach dem 3:0-Sieg gegen Borussia Mönchengladbach im letzten Heimspiel feierten sie „ihre" Spieler noch gut eine Stun-

Schlechte Aussichten: Nach der 0:2-Niederlage in Stuttgart am 32. Spieltag waren die Mainzer Milorad Pekovic, Nikolce Noveski, Mohamed Zidan und Du-Ri Cha (von links) ratlos.

de nach dem Schlusspfiff. Als sich Jürgen Klopp in dieser Situation das Mikrofon schnappte, gab es kein Halten mehr. Der 39-Jährige bediente sich eines Zitats, das – irgendwie passend zum 1. FSV Mainz 05 – aus der Comic-Welt stammt und Paulchen Panther zugeschrieben wird. Und, was noch viel wichtiger war, die Gemütslage der Fans traf: „Heute ist nicht alle Tage, wir kommen wieder – keine Frage."

Mainzer Solidargemeinschaft: Fans und Verein unternahmen gemeinsam Anstrengungen, um das Ziel Klassenerhalt zu erreichen – und zeigten gegenseitigen Respekt, als der Abstieg feststand.

Wie „ganz Mainz", so hoffte auch Torwart Dimo Wache auf die Rettung, doch der Kapitän fiel im Endspurt wieder verletzt aus.

MZ wie Mainz oder wie Mohamed Zidan: Der Ägypter kehrte aus Bremen nach Mainz zurück und wurde erneut Publikumsliebling.

ALLE SPIELE

Hinrunde									Rückrunde	
1	12.08.	H	2:1	(1:0)	VfL Bochum	0:1	(0:1)	A	27.01.	18
2	19.08.	A	1:1	(0:0)	Borussia Dortmund	1:0	(0:0)	H	31.01.	19
3	27.08.	H	1:1	(0:1)	Eintracht Frankfurt	0:0		A	03.02.	20
4	16.09.	A	2:0	(0:0)	FC Energie Cottbus	4:1	(3:1)	H	10.02.	21
5	23.09.	H	1:1	(0:0)	Hertha BSC Berlin	1:2	(1:0)	A	17.02.	22
6	30.09.	A	1:1	(1:0)	1. FC Nürnberg	2:1	(2:0)	H	24.02.	23
7	13.10.	H	1:3	(1:2)	Alemannia Aachen	2:1	(0:1)	A	04.03.	24
8	21.10.	A	1:0	(0:0)	DSC Arminia Bielefeld	1:0	(0:0)	H	10.03.	25
9	27.10.	H	1:6	(0:3)	Werder Bremen	2:0	(0:0)	A	18.03.	26
10	04.11.	A	1:1	(1:1)	Bayer 04 Leverkusen	1:3	(0:2)	H	31.03.	27
11	07.11.	H	1:2	(1:1)	VfL Wolfsburg	3:2	(1:1)	A	07.04.	28
12	11.11.	A	4:0	(3:0)	FC Schalke 04	0:3	(0:2)	H	14.04.	29
13	18.11.	H	0:0		Hamburger SV	2:2	(1:1)	A	22.04.	30
14	25.11.	A	1:0	(0:0)	Hannover 96	1:2	(0:1)	H	28.04.	31
15	01.12.	H	0:0		VfB Stuttgart	2:0	(1:0)	A	05.05.	32
16	09.12.	A	1:1	(1:0)	Borussia M'gladbach	3:0	(2:0)	H	12.05.	33
17	16.12.	H	0:4	(0:2)	FC Bayern München	5:2	(3:0)	A	19.05.	34

1. FSV MAINZ 05 AUF EINEN BLICK

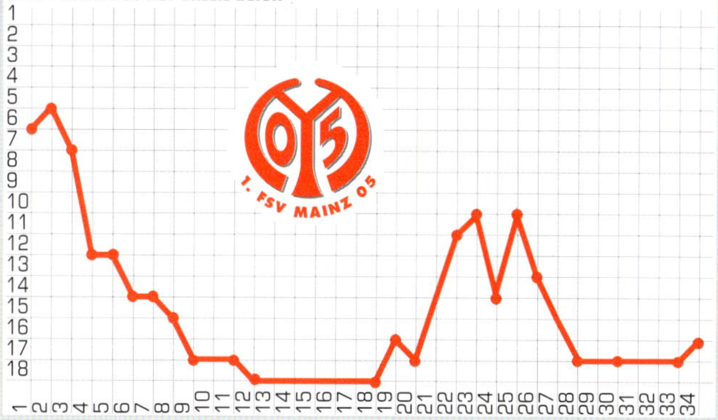

ALLE SPIELER

Name	Vorname	Geburtsdatum	Nationalität	Position	Rücken-Nr.	Einsätze	Auswechslungen	Einwechslungen	Gelbe Karten	Gelb-Rote Karten	Rote Karten	Tore	Elfmeter	Eigentore
Addo	Otto	09.06.1975	GHA	M	6	2	-	2	-	-	-	-	-	-
Amri	Chadlj	14.12.1984	FRA	S	22	15	3	7	1	-	-	1	-	-
Andreasen	Leon	23.04.1983	DEN	A	15	15	2	-	6	1	-	4	2	-
Azaouagh	Mimoun	17.11.1982	D	M	9	27	15	4	6	-	-	2	1	-
Babatz	Christof	03.09.1974	D	M	19	13	3	3	-	-	-	1	-	-
Banouas	Nassim	08.09.1986	D	A	18	-	-	-	-	-	-	-	-	-
Casey	Conor	25.07.1981	USA	S	21	2	-	2	-	-	-	-	-	-
Cha	Du-Ri	25.07.1980	KOR	A	2	12	4	4	-	-	-	-	-	-
Damm	Tobias	30.10.1983	D	S	36	8	5	3	-	-	-	1	-	-
Demirtas	Christian	25.05.1984	D	A	5	22	3	-	1	-	-	-	-	1
Diakite	Bakary	09.11.1980	D	S	15	9	5	2	1	-	-	1	-	-
Edu		30.11.1981	BRA	S	32	14	3	7	-	-	-	1	-	-
Feulner	Markus	12.02.1982	D	M	7	30	13	4	8	-	-	2	-	-
Friedrich	Manuel	13.09.1979	D	A	10	32	-	-	-	-	-	-	-	-
Gerber	Fabian	28.11.1979	D	M	8	31	6	6	4	-	-	1	-	-
Gunesch	Ralph	02.09.1983	D	A	26	9	-	1	-	-	-	-	-	-
Ischdonat	Daniel	09.06.1976	D	T	30	-	-	-	-	-	-	-	-	-
Jovanovic	Ranisav	05.11.1980	SER	S	20	26	2	22	2	-	-	2	-	-
Niculae	Marius	16.05.1981	ROM	S	18	6	2	4	-	-	-	-	-	-
Noveski	Nikolce	28.04.1979	MKD	A	4	31	-	-	4	-	-	-	-	-
Pekovic	Milorad	05.08.1977	SER	M	13	29	4	6	8	-	-	-	-	-
Pupalovic	Fatmir	10.04.1985	MKD	S	35	-	-	-	-	-	-	-	-	-
Rose	Marco	11.09.1976	D	A	17	28	2	1	7	-	1	2	-	-
Ruman	Petr	02.11.1976	CZE	S	11	17	8	6	2	-	-	1	-	-
Sela	Jonas	23.01.1984	D	T	23	-	-	-	-	-	-	-	-	-
Soto	Elkin	04.08.1980	COL	M	19	8	6	-	1	-	-	-	-	-
Subotic	Neven	10.12.1988	BIH	A	28	1	-	-	-	-	-	-	-	-
Szabics	Imre	22.03.1981	HUN	S	14	20	6	7	1	-	-	2	-	-
Vrancic	Damir	04.10.1985	BIH	M	33	6	1	4	1	-	-	-	-	-
Vrancic	Mario	23.05.1989	BIH	M	34	1	-	1	-	-	-	-	-	-
Wache	Dimo	01.11.1973	D	T	1	26	-	-	1	-	-	-	-	-
Weigelt	Benjamin	04.09.1982	D	A	24	10	1	3	-	-	-	-	-	-
Wetklo	Christian	11.01.1980	D	T	29	8	-	-	1	-	-	-	-	-
Zidan	Mohamed	11.12.1981	EGY	S	25	15	5	-	2	-	-	13	5	-

„Am Ende ging der Sprit aus“

Lange sah es danach aus, als könnte der erstmals seit 1970 erstklassige Traditionsclub in der Bundesliga bestehen. Umso größer war dann die Enttäuschung.

Lange 36 Jahre hatte es gedauert, bis die Alemannia aus Aachen wieder in die Bundesliga zurückgekehrt war. Kein Wunder, dass der Anhang der Schwarz-Gelben die Kultstätte bei den Heimspielen, den altehrwürdigen Tivoli, stürmte. 16 der 17 Begegnungen waren ausverkauft, und für alle Gäste-Teams war es ein wirkliches Erlebnis, in diesem engen, fast britischen Fußball-Kessel auflaufen zu dürfen. Mit einer nur punktuell verstärkten Aufstiegsmannschaft stürzte sich Alemannia Aachen in das Abenteuer Bundesliga, mit dem großen Ziel, den Klassenerhalt zu schaffen. Dass das am Ende nicht gelang, brachte Sportdirektor Jörg Schmadtke mit einem einzigen Satz auf den Punkt: „Uns ist am Ende einfach der Sprit ausgegangen."

Immerhin hat der Club tief aus dem Westen in der abgelaufenen Saison mehr als nur eine Duftmarke hinterlassen. „Trotz aller zu erwartenden Schwierigkeiten war es für den ganzen Verein eine tolle Erfahrung in der Bundesliga", fasste Präsident Prof. Dr. Horst Heinrichs die Saison zusammen.

Eine Saison, die mit zwei Niederlagen in Leverkusen und gegen Schalke 04 begann. Aber bereits am drit-

Enttäuschendes Ende, aber keine enttäuschende Saison: der nach dem letzten Spieltag zurückgetretene Trainer Michael Frontzeck mit Laurentiu Reghecampf (links) und Jan Schlaudraff.

Thomas Mörs (47) ist freier Journalist in Köln, u.a. für das internationale TV-Format der DFL, das DSF und die Tageszeitung „Die Welt".

ten Spieltag ließ der Neuling mit einem 3:0-Erfolg bei Hannover 96 aufhorchen – und nebenbei gab es die ersten Aachener Bundesliga-Tore seit über 36 Jahren zu bejubeln. Auch der überraschende Wechsel von Aufstiegstrainer Dieter Hecking vor dem vierten Spieltag in Richtung Hannover brachte den Club nicht in Verlegenheit. Nachfolger Michael Frontzeck fand eine stabile und eingespielte Mannschaft vor.

Nach Heimsiegen gegen Mönchengladbach und Bochum und einem souveränen 3:1-Erfolg in Mainz fand sich die Alemannia nach sieben Spielen überraschend sogar auf Platz vier der Tabelle wieder. Schlaudraff, Reghecampf, Rösler und Plaßhenrich und Co. waren in aller Munde. Schließlich spielte Aachen nicht den defensiven Sicherheitsfußball, den viele Aufsteiger bevorzugen. Der Unterhaltungswert bei den Spielen des Neulings war immer groß, auch als im Anschluss acht sieglose Spiele folgten. Doch es dauerte unendlich lange, bis am 16. Spieltag mit dem 2:1 in Wolfsburg wieder ein Erfolgserlebnis gefeiert werden konnte, bevor die Hinrunde mit einem spektakulären 3:3 (nach 1:3-Rückstand) gegen den Hamburger SV zu Ende ging. Als 14. ging Alemannia Aachen in die Rückrunde, das Ziel Klassenerhalt schien greifbarer, als viele es erwartet hatten. Aber nach vier Spielen ohne Sieg zum Jahresbeginn rückten die Abstiegsplätze immer näher. Doch ausgerechnet mit einem 1:0-Erfolg gegen den FC Bayern München, den die Alemannia kurz vor Weihnachten bereits im DFB-Pokal mit 3:2 besiegt hatte, kamen die Aachener zurück in die Erfolgsspur. Mit drei Siegen und einem Unentschieden in den nächsten Spielen preschte der Aufsteiger vor auf Platz neun und war mit 33 Punkten nach 26 Spieltagen mehr als im Soll. Zwei Siege noch in den ausstehenden acht Spielen, das schien realistisch.

Doch vor allem die eklatante Heimschwäche – die Alemannia wurde mit nur 18 Punkten am Tivoli zur schwächsten Mannschaft der Liga vor eigenem Publikum – mit hohen

Michael Frontzeck:
„Ich bedanke mich bei den Jungs und bei den tollen Fans."

Gut in Szene gesetzt: Sascha Dum (rechts), der aus Aachen nach Leverkusen zurückkehrt, gegen Roque Santa Cruz vom FC Bayern München.

Trotz der Rückkehr in die 2. Bundesliga: Für Alemannia Aachen gab es im Saisonverlauf auch Anlass zum gemeinsamen Jubel mit den Fans am Tivoli, wie hier nach dem 1:0-Erfolg gegen den FC Bayern München.

Niederlagen gegen Dortmund (1:4) und Hertha BSC (0:4) sorgte für das Abrutschen in der Tabelle. Nach dem 1:3 in Bremen am 30. Spieltag lag der Neuling erstmals seit dem zweiten Spieltag wieder auf einem Abstiegsplatz. Und nach dem unglücklichen 2:2 gegen den VfL Wolfsburg – einen 0:2-Rückstand konnten die Gäste in den Schlussminuten noch wettmachen – war der Abstieg am vorletzten Spieltag nach nur einem Jahr Bundesliga-Zugehörigkeit unabwendbar. Präsident Prof. Dr. Heinrichs schaute aber nicht nur auf ein ereignisreiches Fußball-Jahr 2006/07, sondern gleich auch voraus: „Wenn man dieses Erlebnis einmal hatte, will man selbstverständlich so schnell wie möglich zurück."

Diesen Anlauf wird die Alemannia ohne Michael Frontzeck unternehmen. Der Trainer erklärte nach dem Saisonfinale beim Hamburger SV seinen Rücktritt: „Wir sind in den vergangenen Wochen an unsere Grenzen gekommen, und ich trage die Verantwortung dafür." Er wolle einen sauberen Schnitt machen, so der frühere Nationalspieler: „Es tut mir Leid für diese tolle Mannschaft."

ALLE SPIELE

				Rückrunde				
1	12.08.	A	3:0 (2:0)	Bayer 04 Leverkusen	2:3 (2:1)	H	28.01.	18
2	19.08.	H	0:1 (0:0)	FC Schalke 04	2:1 (1:1)	A	31.01.	19
3	26.08.	A	0:3 (0:1)	Hannover 96	1:4 (1:3)	H	03.02.	20
4	16.09.	H	4:2 (2:0)	Borussia M'gladbach	0:0	A	10.02.	21
5	23.09.	A	2:1 (1:1)	FC Bayern München	1:0 (1:0)	H	17.02.	22
6	30.09.	H	2:1 (0:1)	VfL Bochum	2:2 (1:1)	A	24.02.	23
7	13.10.	A	1:3 (1:2)	1. FSV Mainz 05	2:1 (0:1)	H	04.03.	24
8	21.10.	H	1:2 (1:0)	FC Energie Cottbus	0:2 (0:1)	A	10.03.	25
9	29.10.	A	5:1 (2:0)	DSC Arminia Bielefeld	2:0 (0:0)	H	17.03.	26
10	04.11.	H	2:4 (1:2)	VfB Stuttgart	3:1 (1:0)	A	31.03.	27
11	07.11.	A	0:0	Borussia Dortmund	1:4 (0:1)	H	07.04.	28
12	12.11.	H	1:1 (0:1)	1. FC Nürnberg	1:0 (1:0)	A	14.04.	29
13	18.11.	H	2:2 (1:0)	Werder Bremen	3:1 (0:1)	A	20.04.	30
14	25.11.	A	2:1 (1:1)	Hertha BSC Berlin	0:4 (0:1)	H	28.04.	31
15	03.12.	H	2:3 (1:2)	Eintracht Frankfurt	4:0 (2:0)	A	05.05.	32
16	10.12.	A	1:2 (0:0)	Vf L Wolfsburg	2:2 (0:0)	H	12.05.	33
17	16.12.	H	3:3 (0:1)	Hamburger SV	4:0 (2:0)	A	19.05.	34

ALEMANNIA AACHEN AUF EINEN BLICK

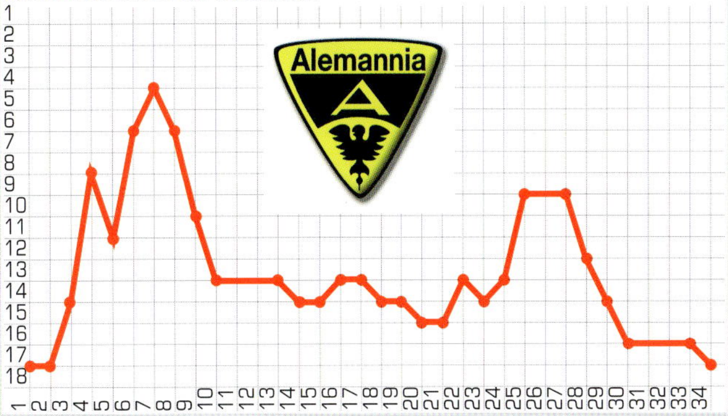

ALLE SPIELER

Name	Vorname	Geburtsdatum	Nationalität	Position	Rücken-Nr.	Einsätze	Auswechslungen	Einwechslungen	Gelbe Karten	Gelb-Rote Karten	Rote Karten	Tore	Elfmeter	Eigentore
Balaban	Yunus	24.02.1984	D	M	29	-	-	-	-	-	-	-	-	-
Casper	Mirko	01.03.1982	D	A	28	7	-	5	1	-	-	-	-	-
Dum	Sascha	03.07.1986	D	A	5	22	7	12	7	-	1	2	-	-
Ebbers	Marius	04.01.1978	D	S	16	27	6	6	2	-	-	2	-	-
Fiel	Cristian	12.03.1980	ESP	M	21	30	8	12	3	-	-	2	-	-
Heidrich	Matthias	10.12.1977	D	M	4	10	3	5	1	-	-	-	-	-
Herzig	Nico	10.12.1983	D	A	2	27	1	2	6	1	-	1	-	-
Hesse	Marcus	22.03.1984	D	T	15	2	-	-	-	-	-	-	-	-
Ibisevic	Vedad	06.08.1984	BIH	S	9	24	5	10	4	-	-	6	-	-
Junglas	Manuel	31.01.1989	D	S	25	1	-	1	-	-	-	-	-	-
Klitzpera	Alexander	19.10.1977	D	A	3	24	1	2	5	-	1	1	-	-
Koen	Erwin	07.09.1978	NED	S	14	1	-	1	1	-	-	-	-	-
Krontiris	Emmanuel	11.02.1983	D	S	13	5	-	5	1	-	-	-	-	-
Lehmann	Matthias	28.05.1983	D	M	20	30	10	4	4	-	-	3	1	-
Leiwakabessy	Jeffrey	23.02.1981	NED	A	22	34	4	-	4	-	-	-	-	-
Moosmayer	Tom	01.10.1979	BEL	M	39	-	-	-	-	-	-	-	-	-
Mutsch	Mario	03.09.1984	LUX	A	40	-	-	-	-	-	-	-	-	-
Nemeth	Szilard	08.08.1977	SVK	S	8	4	-	4	-	-	-	1	-	-
Nicht	Kristian	03.04.1982	D	T	24	18	-	1	-	-	1	-	-	-
Noll	Emil	21.11.1978	D	A	27	7	-	6	-	-	-	-	-	-
Pinto	Sergio	16.10.1980	POR	M	18	29	9	6	10	-	-	2	-	-
Plaßhenrich	Reiner	12.12.1976	D	M	7	18	5	1	1	-	-	3	-	-
Quotschalla	Marco	25.07.1988	D	S	33	2	-	2	-	-	-	-	-	-
Reghecampf	Laurentiu	19.09.1975	ROM	M	23	32	14	5	5	-	-	7	7	-
Rösler	Sascha	28.10.1977	D	S	30	30	6	1	5	1	-	5	-	-
Schell	Daniel	01.06.1984	D	T	32	-	-	-	-	-	-	-	-	-
Schlaudraff	Jan	18.07.1983	D	S	19	28	8	1	4	-	-	8	1	-
Sichone	Moses	31.05.1977	ZAM	A	12	21	3	1	5	-	-	1	-	1
Stehle	Thomas	26.10.1980	D	A	17	19	5	-	5	-	-	1	-	-
Straub	Stephan	25.01.1971	D	T	1	16	1	1	-	-	-	-	-	-
Özgen	Abdul	08.09.1986	TUR	S	38	2	-	2	-	-	-	-	-	-

AACHEN

Mit großen Ambitionen und dem Hoffnungsträger Jupp Heynckes startete Borussia Mönchengladbach in die Saison – es wurde ein Jahr voller Enttäuschungen.

Zweiter Abstieg früh besiegelt

Borussia Mönchengladbach, in den siebziger Jahren fünf Mal Deutscher Meister, ist zum zweiten Mal nach 1999 aus der Bundesliga abgestiegen. Das war am Ende keine Überraschung mehr, konnte der frühere Stammgast in den Europapokal-Wettbewerben doch weniger Tore erzielen, als die Saison Spieltage hat. So war der Klassenerhalt nicht zu schaffen.

Gewiss, es kam auch einiges an Verletzungspech zusammen. So fielen vor allem die Nationalspieler Marcell Jansen und Oliver Neuville – der Stürmer nahezu die gesamte Rückrunde – aus. Mit oder ohne Neuville blieb der Angriff vieles schuldig. Kahé (nach Beginn mit guter Trefferquote), Nando Rafael und Wesley Sonck: Insgesamt blieben sie weit hinter den Erwartungen zurück. Vaclav Sverkos wurde schon während der Saison nach Österreich an Austria Wien abgegeben.

Und weil auch der von den Boca Juniors Buenos Aires geholte Federico Insua im offensiven Mittelfeld nicht die erhofften Akzente setzen konnte, lahmte im Grunde während der gesamten Saison das Angriffsspiel der Borussia. Der Argentinier war zu ballverliebt und vor dem Tor nicht kaltschnäuzig genug. Und auf der Gegenseite konnte US-Nationalkeeper Kasey Keller trotz vieler

Rainer Kalb (53) ist freier Journalist in Frankreich, Fußball-Experte der Nachrichtenagentur Sport-Informations-Dienst (sid) und verfolgt seit Jahrzehnten Borussia Mönchengladbach.

Tiefe Depression auf dem Weg in die Zweitklassigkeit: Mönchengladbachs Sportdirektor Christian Ziege nach der Last-Minute-Niederlage gegen den HSV mit Michael Delura (am Boden), Kahé und Nando Rafael (rechts).

Vergeblich versuchten Marcell Jansen und die Borussia, auch gegen den Hamburger SV mit Besart Berisha (hinten), aus dem Tabellenkeller herauszukommen.

guter Paraden nicht verhindern, dass Mönchengladbach seit dem 22. Spieltag nicht mehr vom letzten Tabellenplatz wegkam.

Im Grunde war die Fluktuation in Mönchengladbach zu groß. Seit 2004 waren Holger Fach, Dick Advocaat, Horst Köppel, Jupp Heynckes und jetzt Jos Luhukay (Vertrag bis 2009) Trainer bei der Borussia. Jeder mit eigenen Vorstellungen, so dass der Holländer Avocaat etwa in der Winterpause 2004/05 gleich eine ganze Reihe von Spielern seiner Wahl verpflichtete.

Mit dem Mönchengladbacher Fußball-Urgestein Jupp Heynckes wollte Präsident Rolf Königs zu Saisonbeginn im vergangenen Sommer endlich wieder für Kontinuität in den sportlichen Belangen sorgen. Und der frühere Borussen-Torjäger, am inzwischen abgerissenen Bökelberg schon einmal Chefcoach, setzte sich ehrgeizig zum Ziel, in drei Jahren wieder eine Mannschaft nach dem Vorbild der einstigen „Fohlen" aufzubauen. Dieses Team sollte den Elan der großen Mönchengladbacher Zeiten in den neuen BORUSSIA-PARK transportieren. Deshalb musterte Heynckes einige erfahrene Spieler aus, setzte – vielleicht zu sehr – auf die Jugend und wechselte häufig die Formation. In der Winterpause vollzog der Fußball-Lehrer selbst seinen Abschied.

Jos Luhukay (44), noch vor dem Saisonstart in der 2. Bundesliga beim SC Paderborn 07 zurückgetreten und zuvor Assistent von Heynckes, rückte zum Cheftrainer auf. Sportdirektor Peter Pander wurde von

Jos Luhukay: **„Der Kader wird ein anderes Gesicht bekommen."**

Christian Ziege (35) abgelöst. Doch Luhukay und der 72-malige Nationalspieler konnten mit einer zumeist kaum konkurrenzfähigen Mannschaft nichts mehr bewegen.

So war eine der positiven Nachrichten für die nach wie vor riesige Fangemeinde der Borussia auf der Zielgerade dieser enttäuschenden Saison, dass sich Oliver Neuville als einer der ersten Akteure klipp und klar per Vertragsverlängerung zum Verbleib in Mönchengladbach auch in der 2. Bundesliga bekannte. Viele andere Spieler werden die Fußball-

Oliver Neuville fehlte Mönchengladbach wegen Verletzung über einen langen Zeitraum, setzte aber ein Zeichen: Der Nationalspieler bleibt auch in der 2. Bundesliga bei der Borussia.

Vermochte sein Vorhaben, den Club wieder in bessere Zeiten zu führen, nicht zu realisieren: Trainer Jupp Heynckes trat zurück.

Als Nachfolger von Jupp Heynckes konnte Jos Luhukay – hier mit Peer Kluge – nicht mehr für die Wende in Mönchengadbach sorgen.

Stadt am Niederrhein verlassen. Das Gesicht von Borussia Mönchengladbach wird in der Saison 2007/08 beim Versuch, umgehend wieder erstklassig zu werden, ein anderes sein.

ALLE SPIELE

Hinrunde										Rückrunde
1	12.08.	H	2:0	(0:0)	FC Energie Cottbus	3:1	(2:0)	A	27.01.	18
2	18.08.	A	1:0	(1:0)	1. FC Nürnberg	0:0		H	30.01.	19
3	26.08.	H	1:0	(0:0)	DSC Arminia Bielefeld	0:2	(0:1)	A	03.02.	20
4	16.09.	A	4:2	(2:0)	Alemannia Aachen	0:0		H	10.02.	21
5	22.09.	H	1:0	(1:0)	Borussia Dortmund	1:0	(1:0)	A	17.02.	22
6	30.09.	A	3:0	(3:0)	Werder Bremen	2:2	(1:1)	H	25.02.	23
7	14.10.	H	3:1	(2:1)	VfL Wolfsburg	1:0	(0:0)	A	03.03.	24
8	21.10.	A	2:1	(0:0)	Hertha BSC Berlin	3:1	(1:0)	H	10.03.	25
9	28.10.	H	0:2	(0:1)	Bayer 04 Leverkusen	1:0	(0:0)	A	18.03.	26
10	05.11.	A	1:0	(0:0)	Eintracht Frankfurt	1:1	(0:1)	H	31.03.	27
11	08.11.	H	0:2	(0:2)	FC Schalke 04	2:0	(0:0)	A	07.04.	28
12	11.11.	A	1:1	(0:0)	Hamburger SV	0:1	(0:0)	H	13.04.	29
13	19.11.	H	0:1	(0:0)	Hannover 96	1:0	(1:0)	A	22.04.	30
14	26.11.	A	1:0	(1:0)	VfB Stuttgart	0:1	(0:0)	H	28.04.	31
15	02.12.	A	1:1	(1:1)	FC Bayern München	1:1	(0:1)	H	05.05.	32
16	09.12.	H	1:1	(1:0)	1. FSV Mainz 05	3:0	(2:0)	A	12.05.	33
17	15.12.	A	2:0	(1:0)	VfL Bochum	0:2	(0:1)	H	19.05.	34

BORUSSIA MÖNCHENGLADBACH AUF EINEN BLICK

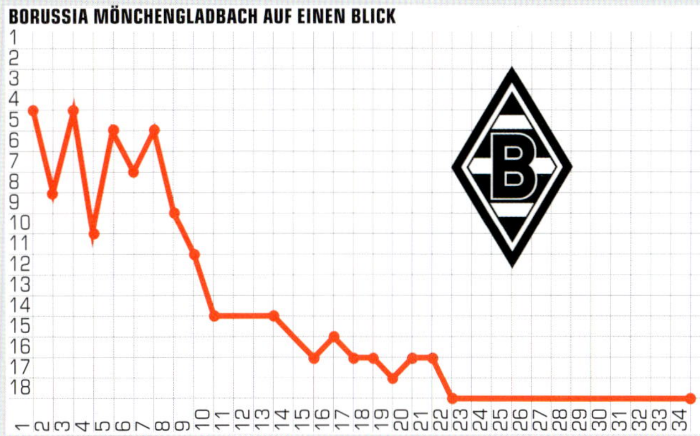

ALLE SPIELER

Name	Vorname	Geburtsdatum	Nationalität	Position	Rücken-Nr.	Einsätze	Auswechslungen	Einwechslungen	Gelbe Karten	Gelb-Rote Karten	Rote Karten	Tore	Elfmeter	Eigentore
Bauminhann	Alexander	23.01.1987	D	M	29	3	-	3	-	-	-	-	-	-
Bögelund	Kasper	08.10.1980	DEN	A	20	21	3	-	3	-	-	-	-	-
Compper	Marvin	14.06.1985	D	A	33	23	5	3	3	-	-	-	-	-
Daems	Filip	31.10.1978	BEL	A	3	-	-	-	-	-	-	-	-	-
Degen	David	15.02.1983	SUI	M	17	18	4	13	4	-	-	2	-	-
Delura	Michael	01.07.1985	D	M	26	28	10	6	3	-	-	3	-	-
El Fakiri	Hassan	18.04.1977	NOR	M	14	18	8	2	4	-	-	-	-	-
Fleßers	Robert	11.02.1987	D	M	36	6	-	4	-	-	-	-	-	-
Fukal	Milan	16.05.1975	CZE	A	18	-	-	-	-	-	-	-	-	-
Gohouri	Steve	08.02.1981	CIV	A	28	14	-	-	4	1	1	-	-	-
Heimeroth	Christofer	01.08.1981	D	T	19	7	-	1	-	-	-	-	-	-
Helveg	Thomas	24.06.1971	DEN	A	4	8	2	1	-	1	-	-	-	-
Insua	Federico	03.01.1980	ARG	M	10	32	11	2	4	-	-	2	-	-
Jansen	Marcell	04.11.1985	D	A	5	23	1	-	4	-	-	1	-	-
Kahé		28.08.1982	BRA	S	15	26	4	9	3	-	-	4	-	1
Keller	Kasey	29.11.1969	USA	T	1	28	1	-	-	-	-	-	-	-
Kirch	Oliver	21.08.1982	D	M	22	14	4	1	1	-	-	-	-	-
Kluge	Peer	22.11.1980	D	M	24	25	9	1	8	-	-	2	-	-
Lamidi	Moses	05.01.1988	NGA	S	25	5	2	3	1	-	-	-	-	-
Levels	Tobias	22.11.1986	NED	A	37	12	1	2	1	-	-	-	-	-
Löhe	Frederic	12.08.1988	D	T	38	-	-	-	-	-	-	-	-	-
Marin	Marko	13.03.1989	D	M	39	4	1	2	-	-	-	-	-	-
Melka	Michael	09.07.1978	D	T	31	-	-	-	-	-	-	-	-	-
Neuville	Oliver	01.05.1973	D	S	27	16	4	5	-	-	-	4	1	-
Oude Kamphuis	Niels	14.11.1977	NED	M	21	-	-	-	-	-	-	-	-	-
Polanski	Eugen	17.03.1986	D	M	6	22	5	5	4	-	-	-	-	-
Rafael	Nando	10.01.1984	D	S	23	19	3	5	5	-	-	3	-	-
Richter	Stefan	28.07.1983	D	T	40	-	-	-	-	-	-	-	-	-
Rubink	Tim	12.04.1988	D	A	18	1	1	-	-	-	-	-	-	-
Schnitzler	Rene	14.04.1985	D	S	41	1	-	1	-	-	-	-	-	-
Sonck	Wesley	09.08.1978	BEL	S	9	7	1	4	1	-	-	-	-	-
Strasser	Jeff	05.10.1974	LUX	A	7	-	-	-	-	-	-	-	-	-
Svensson	Bo	04.08.1979	DEN	A	2	19	4	2	4	-	-	1	-	-
Sverkos	Vaclav	01.11.1983	CZE	S	25	6	1	4	1	-	-	-	-	-
Svärd	Sebastian	15.01.1983	DEN	M	8	9	2	5	2	-	-	-	-	-
Thijs	Bernd	28.06.1978	BEL	M	16	14	2	3	-	-	-	-	-	-
Thygesen	Mikkel	22.10.1984	DEN	S	7	5	2	3	-	-	-	-	-	-
van den Bergh	Johannes	21.11.1986	D	M	21	1	-	1	-	-	-	-	-	-
Ze Antonio		14.03.1977	POR	A	13	30	-	-	3	-	-	-	-	1

EnBW

Die Chronik der Saison

Diese rasante Szene aus der Begegnung VfL Bochum gegen VfB Stuttgart mit Serdar Tasci, Matthieu Delpierre, Theofanis Gekas, Timo Hildebrand (verdeckt) und Sami Khedira (von links) steht für eine Bundesliga-Saison voller Dramatik. Das enge Rennen um die Deutsche Meisterschaft sowie der ungemein spannende Kampf um den Klassenerhalt werden Spieltag für Spieltag nachgezeichnet.

Toller Auftakt für Leverkusen und Nürnberg

Leverkusens Neuzugang Stefan Kießling in Aktion. Der Ex-Nürnberger und sein Team lassen Alemannia Aachen beim Bundesliga-Comeback – rechts Nico Herzig – keine Chance.

So feiern Markus Schroth (21) und Ivica Banovic Nürnbergs 3:0-Coup in Stuttgart.

Bayer 04 Leverkusen und 1. FC Nürnberg heißen die ersten Tabellenführer der Saison eins nach der grandiosen Weltmeisterschaft. Der 3:0-Heimerfolg gegen Alemannia Aachen bedeutet für Bayer den neunten Saisonstart in Folge ohne Niederlage. Carsten Ramelow und Gonzalo Castro stellen schon vor der Halbzeit die Weichen auf Sieg. „Wir sind nicht hingegangen, draufgegangen, wir waren übernervös", analysiert Aachens Kapitän Reiner Plaßhenrich, warum dem Aufsteiger beim Bundesliga-Comeback nach 36 Jahren das erhoffte Erfolgserlebnis versagt geblieben ist.

Dem „Club" gelingt durch ein 3:0 beim VfB Stuttgart, seinem höchsten Auswärtssieg seit dem 30. April 1999, ein Traumstart. Für Präsident Michael A. Roth ein besonders schönes Erlebnis: „An so einen Sieg kann ich mich nicht zurückerinnern."

Titelverteidiger FC Bayern München gelingt im Saison-Eröffnungsspiel durch die Treffer von Roy Makaay und Bastian Schweinsteiger ein 2:0 gegen Borussia Dortmund. Lukas Podolski drückt bis zur 88. Minute die Ersatzbank, ehe ihn Felix Magath den Fans in der Allianz Arena nach seinem Wechsel vom 1. FC Köln zum Rekordmeister präsentiert. Für Nationalspieler Sebastian Kehl endet der Saisonstart bereits in der 19. Minute. Nach einem Zusammenprall mit Hasan Salihamidzic erleidet der Dortmunder eine acht Zentimeter tiefe Fleischwunde am linken Knie und wird noch in der Nacht in München operiert.

DATEN & FAKTEN

Zuschauer gesamt	384.232
pro Spiel	42.692
Tore gesamt	23
Elfmeter	4
Eigentore	0
Gelbe Karten	35
Gelb/Rote Karten	1
Rote Karten	2

FC Bayern München – Borussia Dortmund 2:0 (1:0)

FC Bayern München: Kahn - Sagnol, Lucio, van Buyten, Lahm - Salihamidzic (90. Dos Santos), Hargreaves, Ottl, Schweinsteiger (85. Scholl) - Makaay (88. Podolski), Santa Cruz
Borussia Dortmund: Weidenfeller - P. Degen (66. Odonkor), Brzenska, Metzelder, Dede - Kruska, Kehl (19. Sahin, 78. Smolarek), Kringe - Pienaar - Valdez, Frei
Tore: 1:0 Makaay (24.), 2:0 Schweinsteiger (55.) **Ecken:** 4:4 **Schiedsrichter:** Kircher (Rottenburg) **Zuschauer:** 69.000 (ausverkauft) **Gelb:** Makaay - Kruska, Frei **Gelb-Rot:** keine **Rot:** keine

Hamburger SV – DSC Arminia Bielefeld 1:1 (0:1)

Hamburger SV: Kirschstein - Mahdavikia, B. Reinhardt, Kompany, Atouba (59. Trochowski) - de Jong (78. Berisha), Demel, Jarolim - van der Vaart - Guerrero (59. Lauth), Sanogo
DSC Arminia Bielefeld: Hain - Korzynietz, Westermann, Gabriel, Schuler - Kauf, Marx - Kamper (80. Kucera), Masmanidis - Eigler (61. Ahanfouf), Wichniarek (71. Kobylik)
Tore: 0:1 Eigler (32.), 1:1 Sanogo (67.) **Ecken:** 11:2 **Schiedsrichter:** Fleischer (Sigmertshausen) **Zuschauer:** 52.116 **Gelb:** Jarolim, van der Vaart, Kompany - Kauf, Schuler **Gelb-Rot:** keine **Rot:** keine

FC Schalke 04 – Eintracht Frankfurt 1:1 (1:0)

FC Schalke 04: F. Rost - Varela, Bordon, Rodriguez, Kobiashvili - Hamit Altintop (80. Özil), Bajramovic - Lincoln - Halil Altintop, Kuranyi, Løvenkrands (75. Asamoah)
Eintracht Frankfurt: Pröll - Vasoski, Rehmer, Spycher - Cimen (67. Ochs), Russ - Streit, A. Meier (46. Reinhard), Köhler - Amanatidis, Thurk (80. Preuß)
Tore: 1:0 Halil Altintop (30.), 1:1 Amanatidis (72.) **Besonderes Vorkommnis:** Lincoln verschießt Foulelfmeter (49.) **Ecken:** 7:5 **Schiedsrichter:** Stark (Landshut) **Zuschauer:** 61.482 (ausverkauft) **Gelb:** Hamit Altintop - Cimen, Amanatidis **Gelb-Rot:** keine **Rot:** keine

Bayer 04 Leverkusen – Alemannia Aachen 3:0 (2:0)

Bayer 04 Leverkusen: Butt - Castro, Haggui, Juan, Stenman - Ramelow, Rolfes - Schneider (73. Babic), Barnetta (66. Freier) - Kießling (77. Voronin), Barbarez
Alemannia Aachen: Nicht - Pinto, Klitzpera, Herzig (44. Casper), Leiwakabessy - Lehmann (64. Fiel), Plaßhenrich - Reghecampf, Rösler (24. Straub), Noll - Ebbers
Tore: 1:0 Ramelow (32.), 2:0 Castro (45.), 3:0 Rolfes (60.) **Ecken:** 5:1 **Schiedsrichter:** Sippel (München) **Zuschauer:** 22.500 (ausverkauft) **Gelb:** Rolfes, Kießling, Barbarez **Gelb-Rot:** keine **Rot:** Babic (80.) - Nicht (22.)

Mit einem Tor-Festival endet Werder Bremens Auftritt bei Hannover 96. Obwohl das Team von Thomas Schaaf bis zur 79. Minute mit 1:2 im Rückstand liegt, drehen Diego, Hugo Almeida, Miroslav Klose und Daniel Jensen das Spiel noch und sorgen für den 4:2-Sieg. Und der vom FC Porto gekommene Diego verzaubert die Zuschauer in der AWD-Arena. Dem 21-jährigen Brasilianer gelingen auch noch zwei Torvorlagen.

Mit einem 2:0-Heimsieg gegen Aufsteiger FC Energie Cottbus meldet sich Jupp Heynckes nach 19-jähriger Abstinenz bei Borussia Mönchengladbach zurück. Und er gesteht: „Das war für mich kein Spiel wie jedes andere. Es ist phantastisch, hier Trainer zu sein." Bo Svensson und Oliver Neuville sorgen für den Einstand nach Maß.

Jürgen Klopp gelingt mit seinem 1. FSV Mainz 05 ein 2:1-Heimsieg gegen Aufsteiger VfL Bochum. „Wir hatten schon Angst, dass wir wieder mit fünf Niederlagen in Serie starten", gesteht der Coach. Glücksbringerin ist sozusagen Klopps Mutter Elisabeth, die auf der Tribüne ihren 67. Geburtstag feiert.

Drei Geheimfavoriten starten mit Unentschieden in die neue Spielzeit. Hertha BSC Berlin kommt nicht über ein 0:0 beim VfL Wolfsburg hinaus. Der Hamburger SV verhindert mit dem 1:1 in der AOL Arena gegen DSC Arminia Bielefeld einen Fehlstart. Der FC Schalke 04 bringt sich beim 1:1 zu Hause gegen Frankfurt selbst um den Lohn. Lincoln scheitert beim Stande von 1:0 in der 49. Minute mit einem Elfmeter an Eintracht-Torhüter Markus Pröll.

Jubilar des Spieltages

Mit einem Jubiläum beginnt die Spielzeit für Oliver Kahn. Er absolviert beim 2:0 gegen Dortmund sein 500. Bundesliga-Spiel. „Eine schöne Zahl, die ich aber noch steigern möchte", freut sich die Nummer eins des FC Bayern.

Rekordhalter ist weiter Karl-Heinz Körbel (Eintracht Frankfurt) mit 602 Bundesliga-Einsätzen. „Ihn zu verdrängen, wird schwer", meint Kahn. Der zu Saisonbeginn 37-Jährige besitzt in München einen Vertrag bis 2008, könnte hochgerechnet auf 567 Spiele kommen.

Damit würde er in der Bundesliga-Rangliste auf Position drei vorstoßen. Die aktuelle Nummer zwei, Manfred Kaltz vom Hamburger SV, brachte es auf 581 Spiele, Klaus Fichtel (Schalke 04, Werder Bremen) als derzeit Drittplatzierter auf 552 Begegnungen im „Oberhaus".

Ligapräsident Werner Hackmann und Bayern-Boss Karl-Heinz Rummenigge ehren Oliver Kahn.

1. SPIELTAG

RESULTATE

Freitag, 11.08.2006	Bayern München – Bor. Dortmund	2:0	(1:0)
Samstag, 12.08.2006	Hamburger SV – Arminia Bielefeld	1:1	(0:1)
	FC Schalke 04 – Eintracht Frankfurt	1:1	(1:0)
	Bayer Leverkusen – Alemannia Aachen	3:0	(2:0)
	VfB Stuttgart – 1. FC Nürnberg	0:3	(0:2)
	Bor. M'gladbach – Energie Cottbus	2:0	(0:0)
	1. FSV Mainz 05 – VfL Bochum	2:1	(1:0)
Sonntag, 13.08.2006	Hannover 96 – Werder Bremen	2:4	(1:1)
	VfL Wolfsburg – Hertha BSC Berlin	0:0	

TORJÄGER

Carsten Ramelow	Bayer 04 Leverkusen	1
Thomas Zdebel	VfL Bochum	1
Roy Makaay	FC Bayern München	1
Oliver Neuville	Borussia Mönchengladbach	1
Markus Schroth	1. FC Nürnberg	1
Jiri Stajner	Hannover 96	1
Vahid Hashemian	Hannover 96	1
Christian Eigler	DSC Arminia Bielefeld	1
und 15 weitere Spieler mit je einem Treffer		

PERSONALIEN

Ivan Saenko schießt in der 78. Minute das 3:0 für den 1. FC Nürnberg beim VfB Stuttgart und somit den „Club" erstmals seit dem Ende der Saison 1967/68 wieder an die Tabellenspitze. Damals feierten die Franken die letzte ihrer insgesamt neun Deutschen Meisterschaften.

TABELLE

Rang	Club	Sp.	g	u	v	Tore	Diff.	Pkt.
1	Bayer 04 Leverkusen	1	1	0	0	3:0	3	3
	1. FC Nürnberg	1	1	0	0	3:0	3	3
3	Werder Bremen	1	1	0	0	4:2	2	3
4	FC Bayern München	1	1	0	0	2:0	2	3
	Borussia M'gladbach	1	1	0	0	2:0	2	3
6	1. FSV Mainz 05	1	1	0	0	2:1	1	3
7	DSC Arminia Bielefeld	1	0	1	0	1:1	0	1
	Eintracht Frankfurt	1	0	1	0	1:1	0	1
	FC Schalke 04	1	0	1	0	1:1	0	1
	Hamburger SV	1	0	1	0	1:1	0	1
11	VfL Wolfsburg	1	0	1	0	0:0	0	1
	Hertha BSC Berlin	1	0	1	0	0:0	0	1
13	VfL Bochum	1	0	0	1	1:2	-1	0
14	Hannover 96	1	0	0	1	2:4	-2	0
15	FC Energie Cottbus	1	0	0	1	0:2	-2	0
	Borussia Dortmund	1	0	0	1	0:2	-2	0
17	VfB Stuttgart	1	0	0	1	0:3	-3	0
	Alemannia Aachen	1	0	0	1	0:3	-3	0

VfB Stuttgart – 1. FC Nürnberg 0:3 (0:2)

VfB Stuttgart: Hildebrand - Osorio, Babbel, Delpierre, Hitzlsperger - Pardo - Hilbert, Farnerud, Bierofka (60. A. da Silva) - Tomasson, Gomez (60. Cacau)
1. FC Nürnberg: Schäfer - D. Reinhardt, Wolf, Glauber, Kristiansen - Galasek (78. Paulus) - Mnari, Banovic - Vittek (86. Benko), Schroth (84. Sibon), Saenko
Tore: 0:1 Vittek (37.), 0:2 Schroth (45+1.), 0:3 Saenko (78.) **Ecken:** 5:6 **Schiedsrichter:** Meyer (Burgdorf) **Zuschauer:** 39.000 **Gelb:** Hitzlsperger - Saenko, Schroth **Gelb-Rot:** keine **Rot:** keine

Borussia Mönchengladbach – FC Energie Cottbus 2:0 (0:0)

Borussia Mönchengladbach: Keller - Bögelund, Svensson, Ze Antonio, Jansen - Polanski, Kluge (70. El Fakiri) - Insua - Rafael (80. Sverkos), Neuville (87. Kirch), Delura
FC Energie Cottbus: Piplica - Küntzel (69. Baumgart), Kukielka, McKenna, Sidney - T. Rost, Szelesi - Aidoo, Shao, Munteanu (66. Rivic) - Radu (81. Gunkel)
Tore: 1:0 Svensson (51.), 2:0 Neuville (60., Foulelfmeter) **Ecken:** 3:5 **Schiedsrichter:** Gagelmann (Bremen) **Zuschauer:** 47.638 **Gelb:** Sidney, T. Rost, Shao, Szelesi **Gelb-Rot:** Aidoo (54.) **Rot:** keine

1. FSV Mainz 05 – VfL Bochum 2:1 (1:0)

1. FSV Mainz 05: Wache - Demirtas, M. Friedrich, Noveski, Rose - F. Gerber, Pekovic, Feulner - Azaouagh (82. Babatz) - Diakite (69. Jovanovic), Damm (80. Szabics)
VfL Bochum: Skov-Jensen - Lense, Maltritz, Drsek, Bönig (88. van Hout) - Schröder (58. Ilicevic), Dabrowski (79. Butscher), Zdebel - Trojan - Fabio Junior, Auer
Tore: 1:0 Damm (29.), 2:0 Azaouagh (71., Foulelfmeter), 2:1 Zdebel (86.) **Ecken:** 1:8 **Schiedsrichter:** Weiner (Giesen) **Zuschauer:** 20.000 **Gelb:** Pekovic, F. Gerber - Dabrowski, Fabio Junior, Zdebel **Gelb-Rot:** keine **Rot:** keine

Hannover 96 – Werder Bremen 2:4 (1:1)

Hannover 96: Enke - Cherundolo, Fahrenhorst, Zuraw, Tarnat - Yankov (86. Schröter), Balitsch, Huszti - Bruggink (67. Brdaric) - Stajner, Hashemian (76. Rosenthal)
Werder Bremen: Wiese - Fritz, Pasanen, Naldo, Wome - Frings, Baumann (71. Hunt), Borowski (59. D. Jensen) - Diego - Klose, Klasnic (76. Almeida)
Tore: 0:1 Diego (19.), 1:1 Stajner (41.), 2:1 Hashemian (67.), 2:2 Almeida (79.), 2:3 Klose (84.), 2:4 D. Jensen (90+2.) **Besonderes Vorkommnis:** Borowski verschießt Foulelfmeter (43.) **Ecken:** 2:11 **Schiedsrichter:** Wack (Biberbach) **Zuschauer:** 49.000 (ausverkauft) **Gelb:** Zuraw - Diego, Wome, Hunt **Gelb-Rot:** keine **Rot:** keine

VfL Wolfsburg – Hertha BSC Berlin 0:0

VfL Wolfsburg: Jentzsch - Möhrle, Madlung, Hofland, Van der Heyden (71. Stegmayer) - van der Leegte - Makiadi, Santana, Krzynowek - Hanke (75. Hoogendorp), Klimowicz
Hertha BSC Berlin: Fiedler - Chahed, A. Friedrich, van Burik, Fathi - Dardai - Cairo (64. Ebert), Bastürk, Gilberto - Pantelic (72. Gimenez), Lakic (90+1. Ede)
Tore: keine **Ecken:** 9:5 **Schiedsrichter:** Kinhöfer (Herne) **Zuschauer:** 23.496 **Gelb:** van der Leegte, Stegmayer, Hoogendorp, Hofland - van Burik **Gelb-Rot:** keine **Rot:** keine

BUNDES LIGA

Cacau „Mann des Tages" bei Stuttgarter Erfolgserlebnis

Mit seinen beiden Toren entscheidet Cacau das Spiel in Bielefeld zugunsten des VfB Stuttgart.

Der 1. FC Nürnberg ist vorerst die Mannschaft der noch jungen Saison. Das 1:0 im easyCredit-Stadion gegen Borussia Mönchengladbach bedeutet weiterhin die Tabellenführung. Routinier Markus Schroth sorgt mit seinem Treffer für den besten Bundesliga-Start in der Vereinsgeschichte. „Sechs Punkte, die uns keiner mehr nehmen kann", kommentiert „Club"-Trainer Hans Meyer in seiner bekannt trockenen Art den unerwartet guten Auftakt, der eine ganze Region schon jetzt von früheren erfolgreichen Zeiten träumen lässt.

Werder Bremen zieht nach. Zum dritten Mal in Serie startet Werder mit zwei Siegen in die neue Saison. Wie schon beim geglückten 4:2-Auftakt in Hannover, begeistert nun auch im Weser-Stadion Neuzugang Diego das Publikum. Seine beiden Vorlagen verwerten Miroslav Klose und Hugo Almeida zum 2:1-Erfolg gegen Bayer 04 Leverkusen.

Ebenfalls in der Erfolgsspur bleibt Titelverteidiger FC Bayern München. Roy Makaay und Philipp Lahm sorgen für den 2:1-Sieg beim VfL Bochum. Doch Manager Uli Hoeneß stellen die beiden Siege zum Auftakt nicht restlos zufrieden: „Mich hat gestört, dass wir das Spiel nach unseren Toren zu sehr haben laufen lassen. Wir hätten höher gewinnen können."

Damit liegen zwei von drei Aufsteigern auf den Abstiegsrängen. Alemannia Aachen verliert am Tivoli mit 0:1 gegen den FC Schalke 04 und wartet weiter auf das erste Tor. Den letzten Erstliga-Treffer hatte übrigens Herbert Gronen am 3. Mai 1970 beim 3:2 gegen den MSV Duisburg erzielt. Dem dritten Aufsteiger, dem FC Energie Cottbus, gelingt beim 2:2-Unentschieden zu Hause gegen den Hamburger SV der erste Punktgewinn.

Zwei weitere Unentschieden gibt es in Dortmund und Frankfurt. Martin Amedick (zuvor Braunschweig) kommt durch die Ausfälle von Christian Wörns und Christoph Metzelder nicht nur zu seiner Bundesliga-Premiere auf der Innenverteidiger-Position, son-

Die Fans des FC Energie Cottbus dürfen sich über ein 2:2 gegen den Hamburger SV freuen.

DATEN & FAKTEN

Zuschauer gesamt	326.889
pro Spiel	36.321
Tore gesamt	23
Elfmeter	5
Eigentore	1
Gelbe Karten	38
Gelb/Rote Karten	1
Rote Karten	5

1. FC Nürnberg – Borussia Mönchengladbach 1:0 (1:0)

■ **1. FC Nürnberg:** Schäfer - D. Reinhardt, Glauber, Wolf, Kristiansen (63. Mintal) - Polak (90+1. Paulus), Galasek (27. Pinola), Mnari - Banovic - Schroth, Saenko
■ **Borussia Mönchengladbach:** Keller - Bögelund, Svensson, Ze Antonio, Jansen - Kirch, Polanski, El Fakiri (82. Sverkos) - Insua - Neuville, Delura (46. Kahé)
Tor: 1:0 Schroth (5.) **Ecken:** 2:5
Schiedsrichter: Wagner (Hofheim)
Zuschauer: 47.000 (ausverkauft)
Gelb: Schroth, Wolf - Ze Antonio, Delura, Insua **Gelb-Rot:** keine **Rot:** keine

Werder Bremen – Bayer 04 Leverkusen 2:1 (1:1)

■ **Werder Bremen:** Wiese - Fritz, Pasanen, Andreasen (56. D. Jensen), Wome - Baumann (72. Schulz) - Frings, Diego, Borowski - Klose, Klasnic (46. Almeida)
■ **Bayer 04 Leverkusen:** Butt - Castro, Haggui (73. Callsen-Bracker), Madouni, Stenman (86. Athirson) - Ramelow, Rolfes - Freier, Barbarez, Barnetta (80. Voronin) - Kießling
Tore: 0:1 Freier (15., Foulelfmeter), 1:1 Klose (26.), 2:1 Almeida (77.)
Ecken: 8:13 **Schiedsrichter:** Stark (Landshut) **Zuschauer:** 39.600
Gelb: Pasanen, Borowski, Almeida - Haggui, Freier **Gelb-Rot:** keine **Rot:** keine

Hertha BSC Berlin – Hannover 96 4:0 (2:0)

■ **Hertha BSC Berlin:** Fiedler - A. Friedrich, van Burik, Simunic, Fathi - Dardai (79. Chahed) - Cairo (62. Ebert), Bastürk, Gilberto - Pantelic (73. Lakic), Gimenez
■ **Hannover 96:** Enke - Cherundolo, Fahrenhorst, Zuraw, Tarnat - Balitsch - Yankov (39. Brdaric), Bruggink, Huszti (60. Andersson) - Stajner (70. Lala), Hashemian
Tore: 1:0 Pantelic (20.), 2:0 Dardai (31.), 3:0 Pantelic (63.), 4:0 Ebert (76.) **Besonderes Vorkommnis:** Bastürk verschießt Foulelfmeter (87.) **Ecken:** 4:2
Schiedsrichter: Drees (Mainz)
Zuschauer: 37.166 **Gelb:** van Burik, Ebert - Huszti **Gelb-Rot:** keine
Rot: Tarnat (50.)

Borussia Dortmund – 1. FSV Mainz 05 1:1 (0:0)

■ **Borussia Dortmund:** Weidenfeller - P. Degen, Brzenska, Amedick, Dede - Odonkor, Kruska, Kringe (83. Ricken) - Pienaar - Valdez, Frei (64. Smolarek)
■ **1. FSV Mainz 05:** Wache - Cha, M. Friedrich, Noveski, Rose - Pekovic - F. Gerber, Azaouagh (90+1. Jovanovic), Feulner - Damm (54. Edu), Diakite (70. Amri)
Tore: 1:0 Amedick (76.), 1:1 Edu (77.)
Ecken: 7:3
Schiedsrichter: Brych (München)
Zuschauer: 70.100 **Gelb:** Smolarek, Valdez - Feulner **Gelb-Rot:** keine
Rot: keine

Bodenpersonal: Dortmunds Lars Ricken (links) und Milorad Pekovic (Mainz) kämpfen um den Ball.

dern er erzielt in der 76. Minute auch die BVB-Führung. Doch nur eine Minute später gelingt Edu das Mainzer Tor zum 1:1-Endstand. Torlos endet die Begegnung zwischen Eintracht Frankfurt und dem VfL Wolfsburg. Gäste-Trainer Klaus Augenthaler ist danach mit der Leistung seines Teams absolut unzufrieden, und er äußert sehr enttäuscht: „Das war nichts." Wolfsburg wartet – wie Aufsteiger Aachen – auf den ersten Saisontreffer.

Mit einem 4:0-Kantersieg gegen Hannover 96 endet das Heimspiel von Hertha BSC Berlin im Olympiastadion. Zwei Treffer gelingen Marko Pantelic, der zusammen mit Christian Gimenez ein sehr gefährliches Angriffsduo bildet. „Es ist ein schönes Gefühl, über zwei solch erfahrene Stürmer zu verfügen, die schon bewiesen haben, was sie können", freut sich Hertha-Coach Falko Götz.

Groß ist die Freude auch bei seinem Stuttgarter Kollegen Armin Veh. Nach dem 0:3-Fehlstart gegen den 1. FC Nürnberg gelingt den Schwaben bei Arminia Bielefeld mit dem 3:2 der erste „Dreier". Mann des Tages beim VfB ist dabei Stürmer Cacau mit zwei Treffern.

Schon früh in der Saison ein Leistungsträger bei Werder Bremen: der Brasilianer Diego.

Der Regisseur des Spieltages

An fünf der bisher sechs erzielten Werder-Tore war Neuzugang Diego beteiligt. Sogar ein Treffer ist dem nur 1,74 Meter großen Mittelfeldspieler schon selbst gelungen. Trotzdem gibt sich der Techniker abseits des Rasens zurückhaltend: „Es ist wichtig, dass die Mannschaft gewonnen hat. Wenn ich dazu meinen Beitrag leisten kann, bin ich natürlich sehr zufrieden."

Mit der Verpflichtung des Nachfolgers von Johan Micoud scheint Manager Klaus Allofs ein Volltreffer gelungen zu sein. Der Brasilianer saß bei seinem vorherigen Verein FC Porto zuletzt nur auf der Ersatzbank oder auf der Tribüne. Dennoch entschieden sich die Werder-Verantwortlichen für den teuersten Transfer der Vereinsgeschichte. Erste Profi-Station war übrigens der brasilianische Club FC Santos.

2. SPIELTAG

RESULTATE

Freitag, 18.08.2006	1. FC Nürnberg – Bor. M'gladbach	1:0	(1:0)
Samstag, 19.08.2006	Werder Bremen – Bayer Leverkusen	2:1	(1:1)
	Hertha BSC Berlin – Hannover 96	4:0	(2:0)
	Bor. Dortmund – 1. FSV Mainz 05	1:1	(0:0)
	Eintracht Frankfurt – VfL Wolfsburg	0:0	
	Alemannia Aachen – FC Schalke 04	0:1	(0:0)
	FC Energie Cottbus – Hamburger SV	2:2	(0:1)
Sonntag, 20.08.2006	Arminia Bielefeld – VfB Stuttgart	2:3	(0:1)
	VfL Bochum – FC Bayern München	1:2	(0:1)

TORJÄGER

Roy Makaay	FC Bayern München	2
Markus Schroth	1. FC Nürnberg	2
Marko Pantelic	Hertha BSC Berlin	2
Miroslav Klose	Werder Bremen	2
Cacau	VfB Stuttgart	2
Hugo Almeida	Werder Bremen	2
Boubacar Sanogo	Hamburger SV	2
Carsten Ramelow	Bayer 04 Leverkusen	1
und 30 weitere Spieler mit je einem Treffer		

PERSONALIEN

Manuel Neuer feiert als Keeper des FC Schalke 04 ein verheißungsvolles Debüt: Beim 1:0-Sieg bei Alemannia Aachen wehrte der 20 Jahre junge Schlussmann alle Torschüsse auf seinen Kasten ab.

Wie schon am ersten Spieltag der Saison pariert **Robert Enke** einen Elfmeter. Dennoch muss Hannovers Keeper in Berlin erneut vier Mal hinter sich greifen und verliert mit 96. Die Niedersachsen sind damit erstmals seit fast zwei Jahren wieder Tabellenletzter.

TABELLE

Rang	Club	Sp.	g	u	v	Tore	Diff.	Pkt.	
1	1. FC Nürnberg	2	2	0	0	4:0	4	6	→
2	Werder Bremen	2	2	0	0	6:3	3	6	↗
3	FC Bayern München	2	2	0	0	4:1	3	6	↗
4	Hertha BSC Berlin	2	1	1	0	4:0	4	4	↗
5	1. FSV Mainz 05	2	1	1	0	3:2	1	4	↗
6	FC Schalke 04	2	1	1	0	2:1	1	4	↗
7	Bayer 04 Leverkusen	2	1	0	1	4:2	2	3	↘
8	Borussia M'gladbach	2	1	0	1	2:1	1	3	↘
9	VfB Stuttgart	2	1	0	1	3:5	-2	3	↗
10	Hamburger SV	2	0	2	0	3:3	0	2	↘
11	Eintracht Frankfurt	2	0	2	0	1:1	0	2	↘
12	VfL Wolfsburg	2	0	2	0	0:0	0	2	↘
13	DSC Arminia Bielefeld	2	0	1	1	3:4	-1	1	↘
14	FC Energie Cottbus	2	0	1	1	2:4	-2	1	↗
15	Borussia Dortmund	2	0	1	1	1:3	-2	1	→
16	VfL Bochum	2	0	0	2	2:4	-2	0	↘
17	Alemannia Aachen	2	0	0	2	0:4	-4	0	→
18	Hannover 96	2	0	0	2	2:8	-6	0	↘

Eintracht Frankfurt – VfL Wolfsburg 0:0

Eintracht Frankfurt: Pröll - Rehmer (65. Ochs), Kyrgiakos, Vasoski, Spycher - Huggel, Russ (46. Köhler) - Streit (75. Copado), A. Meier - Amanatidis, Thurk
VfL Wolfsburg: Jentzsch - Möhrle, Madlung, Quiroga, Stegmayer - van der Leegte, Santana - Makiadi (77. Karhan), Krzynowek (57. Menseguez) - Hanke (57. Hoogendorp), Klimowicz
Tore: keine **Besonderes Vorkommnis:** Klimowicz verschießt Foulelfmeter (80.) **Ecken:** 10:1 **Schiedsrichter:** Schmidt (Stuttgart) **Zuschauer:** 40.000 **Gelb:** Russ, Streit, Copado, Ochs, Huggel - Möhrle, Quiroga **Gelb-Rot:** keine **Rot:** Kyrgiakos (88.)

Alemannia Aachen – FC Schalke 04 0:1 (0:0)

Alemannia Aachen: Straub - Pinto, Klitzpera, Sichone, Leiwakabessy - Fiel, Plaßhenrich (76. Koen), Dum (71. Reghecampf) - Rösler - Ebbers (68. Ibisevic), Schlaudraff
FC Schalke 04: Neuer - Rafinha (35. Rodriguez), Bordon, Krstajic, Kobiashvili - Ernst, Bajramovic - Lincoln - Halil Altintop, Kuranyi (46. Hamit Altintop), Løvenkrands (79. Asamoah)
Tor: 0:1 Rodriguez (53.) **Ecken:** 5:4 **Schiedsrichter:** Fandel (Kyllburg) **Zuschauer:** 21.300 (ausverkauft) **Gelb:** Dum, Pinto, Sichone, Ibisevic, Koen - Lincoln, Ernst **Gelb-Rot:** keine **Rot:** Krstajic (29.)

FC Energie Cottbus – Hamburger SV 2:2 (0:1)

FC Energie Cottbus: Piplica - V. da Silva, McKenna, Mitreski, Ziebig - T. Rost, Kukielka (82. Baumgart) - Küntzel, Shao (46. Gunkel), Munteanu - Radu
Hamburger SV: Kirschstein - Mahdavikia, B. Reinhardt, Demel, Klingbeil - Jarolim, de Jong, Trochowski (75. Wicky) - van der Vaart (90. Laas) - Sanogo, Guerrero (58. Lauth)
Tore: 0:1 Sanogo (38.), 1:1 Munteanu (56., Handelfmeter), 2:1 Radu (69.), 2:2 Ziebig (71., Eigentor) Ecken: 8:8 **Schiedsrichter:** Perl (München) **Zuschauer:** 18.300 **Gelb:** T. Rost - Jarolim, Sanogo **Gelb-Rot:** keine **Rot:** Demel (80.)

DSC Arminia Bielefeld – VfB Stuttgart 2:3 (0:1)

DSC Arminia Bielefeld: Hain - Korzynietz, Westermann, Borges, Schuler - Kamper (60. Böhme), Kauf, Marx - Masmanidis - Wichniarek (46. Ahanfouf), Eigler (74. Kobylik)
VfB Stuttgart: Hildebrand - Osorio, Meira, Delpierre, Magnin - Hilbert, Pardo, Bierofka (90+2. Streller) - A. da Silva - Cacau (89. Gentner), Tomasson (68. Tasci)
Tore: 0:1 Meira (39.), 1:1 Ahanfouf (65., Handelfmeter), 1:2 Cacau (73.), 2:2 Böhme (76.), 2:3 Cacau (82.) **Ecken:** 4:7 **Schiedsrichter:** Gräfe (Berlin) **Zuschauer:** 22.095 **Gelb:** Korzynietz - Meira **Gelb-Rot:** A. da Silva (80.) **Rot:** Osorio (64.)

VfL Bochum – FC Bayern München 1:2 (0:1)

VfL Bochum: Skov-Jensen - Lense, Maltritz, Drsek, Bönig (79. Butscher) - Zdebel, Dabrowski (76. Hille) - Ilicevic (76. van Hout), Misimovic, Trojan - Fabio Junior
FC Bayern München: Kahn - Sagnol, Lucio, van Buyten, Lahm - Demichelis, Ottl - Salihamidzic, Schweinsteiger (90+1. Dos Santos) - Makaay (78. Podolski), Santa Cruz (86. Pizarro)
Tore: 0:1 Makaay (43.), 1:1 Fabio Junior (52.), 1:2 Lahm (65.) **Ecken:** 2:4 **Schiedsrichter:** Rafati (Hannover) **Zuschauer:** 31.328 (ausverkauft) **Gelb:** Maltritz - Demichelis, Schweinsteiger **Gelb-Rot:** keine **Rot:** keine

Vor allem für Bayern-Stürmer Roy Makaay selbst ist kaum zu erklären, dass er den Ball in dieser Szene nicht im leeren Tor unterbringen kann.

Hier zieht Bremens Diego (links) zwar an seinem brasilianischen Landsmann Lincoln vorbei. Doch am Ende hat der Schalker die Nase vorn.

Tragische Figur Roy Makaay – Gala von Regisseur Lincoln

Mit einem torlosen Unentschieden im 174. Bayern-Derby erobert der 1. FC Nürnberg in der Münchner Allianz Arena die Tabellenführung zurück. „Club"-Keeper Raphael Schäfer wächst über sich hinaus, wehrt auch beste Chancen ab. Tragische Figur ist Roy Makaay, der in der 49. Minute das leere Tor nicht trifft. Die Szene erinnert an jene vor zwanzig Jahren, als Dortmunds Frank Mill im Olympiastadion gegen den FC Bayern in vergleichbarer Situation das Runde ebenfalls nicht im Eckigen unterbringen konnte. Trost gibt es für Makaay von Landsmann Mark van Bommel per SMS, in der er seinen Wechsel vom FC Barcelona nach München mitteilt.

Schärfster Verfolger der beiden bayerischen Teams an der Tabellenspitze ist der FC Schalke 04. Kevin Kuranyi und Hamit Altintop schießen die „Königsblauen" zum 2:0 gegen Werder Bremen und auf Rang drei. Eine Gala-Vorstellung liefert Lincoln ab, der im Vergleich der brasilianischen Regisseure den Bremer Diego in den Schatten stellt.

Jubel auch in Mönchengladbach. Die Borussen kehren mit einem 1:0-Heimerfolg gegen Arminia Bielefeld wieder in die Erfolgsspur zurück. Kahé sorgt in der 59. Minute für den zweiten Sieg unter Jupp Heynckes und den Sprung auf Rang vier. Weiter auf den ersten Saisonsieg müssen hingegen der VfL Bochum und Hannover 96 warten. Gegen Aufsteiger Alemannia Aachen gehen die Niedersachsen zu Hause mit 0:3 unter.

DATEN & FAKTEN

Zuschauer gesamt	364.153
pro Spiel	40.461
Tore gesamt	17
Elfmeter	0
Eigentore	2
Gelbe Karten	38
Gelb/Rote Karten	3
Rote Karten	2

FC Schalke 04 – Werder Bremen 2:0 (1:0)

FC Schalke 04: Neuer - Rafinha, Bordon, Rodriguez, Kobiashvili - Ernst, Bajramovic - Lincoln - Halil Altintop (63. Asamoah), Kuranyi (69. Hamit Altintop), Løvenkrands (83. Varela)
Werder Bremen: Wiese - Fritz, Naldo, Pasanen (56. Hunt), Wome (56. Schulz) - Frings, Baumann (71. Zidan), Borowski - Diego - Klose, Almeida
Tore: 1:0 Kuranyi (7.), 2:0 Hamit Altintop (72.) **Ecken:** 7:10 **Schiedsrichter:** Kircher (Rottenburg) **Zuschauer:** 61.482 (ausverkauft) **Gelb:** Kobiashvili, Ernst, Rafinha - Borowski, Frings, Fritz **Gelb-Rot:** keine **Rot:** keine

FC Bayern München – 1. FC Nürnberg 0:0

FC Bayern München: Kahn - Sagnol, van Buyten, Lucio, Lahm - Ottl (57. Scholl), Demichelis - Salihamidzic, Schweinsteiger - Makaay (57. Podolski), Santa Cruz (79. Pizarro)
1. FC Nürnberg: Schäfer - D. Reinhardt, Wolf, Glauber, Pinola - Mnari, Galasek, Banovic (78. Mintal) - Polak (75. Kristiansen), Saenko - Schroth
Tore: keine **Ecken:** 14:4 **Schiedsrichter:** Kinhöfer (Herne) **Zuschauer:** 69.000 (ausverkauft) **Gelb:** Sagnol, Salihamidzic - Wolf **Gelb-Rot:** keine **Rot:** keine

Bayer 04 Leverkusen – VfL Wolfsburg 1:1 (0:0)

Bayer 04 Leverkusen: Ramelow - Butt - Castro, Madouni, Juan, Stenman - Rolfes - Schneider, Barnetta (71. Freier) - Kießling, Barbarez
VfL Wolfsburg: Jentzsch - Möhrle, Madlung, Hofland, Stegmayer - Karhan, van der Leegte - Lamprecht (56. Hanke), Makiadi (77. Sarpei), Krzynowek - Klimowicz
Tore: 1:0 Juan (49.), 1:1 Madouni (70., Eigentor) **Ecken:** 8:6 **Schiedsrichter:** Fleischer (Sigmertshausen) **Zuschauer:** 22.500 (ausverkauft) **Gelb:** Stegmayer **Gelb-Rot:** Ramelow (83.) **Rot:** keine

VfB Stuttgart – Borussia Dortmund 1:3 (1:2)

VfB Stuttgart: Hildebrand - Tasci, Meira, Delpierre, Magnin (79. Nehrig) - Pardo - Hilbert, Farnerud (46. Gentner), Bierofka - Streller (55. Gomez), Cacau
Borussia Dortmund: Weidenfeller - P. Degen, Brzenska, Wörns, Dede - Tinga, Kruska, Kringe - Pienaar - Frei, Valdez (68. Smolarek)
Tore: 0:1 Magnin (20., Eigentor), 1:1 Tasci (30.), 1:2 Kringe (32.), 1:3 Frei (88.) **Ecken:** 12:6 **Schiedsrichter:** Wack (Biberbach) **Zuschauer:** 44.000 **Gelb:** Streller, Delpierre, Cacau - Kringe, Tinga **Gelb-Rot:** keine **Rot:** keine

Der Schiedsrichter des Spieltages

Michael Kempter aus Sauldorf in der Nähe des Bodensees ist der bisher jüngste Bundesliga-Schiedsrichter seit 1963. Der erst 23-Jährige löst damit Hermann Schröder (Lahnstein) ab, der 1974 bei seinem ersten Einsatz 25 Jahre alt war. Selbst Kempters großes Vorbild, Dr. Markus Merk, debütierte 1988 erst mit 26 Jahren im „Oberhaus".

Bankkaufmann Kempter überzeugte bei seiner Premiere im Spiel VfL Bochum gegen FC Energie Cottbus – wie schon bei Auftritten in der 2. Bundesliga. „Die Anspannung war etwas größer, der Ablauf ansonsten aber wie immer."

Der Aufsteiger verteilte acht Gelbe Karten, lag bei allen Entscheidungen richtig. Sogar beide Trainer, Bochums Marcel Koller und sein Kollege Petrik Sander, sparten nach der Begegnung nicht mit Lob für Kempter.

Einstand nach Maß: Für sein Debüt erhält der jüngste Bundesliga-Referee Michael Kempter sehr gute Noten.

Noch ohne Punkt, 2:11 Tore und letzter Tabellenplatz: Für Chefcoach Peter Neururer sollte es schon das letzte Bundesliga-Spiel als verantwortlicher Mann in Hannover gewesen sein. Und somit kündigt sich auch bereits der erste Trainerwechsel der noch jungen Saison an.

Ebenfalls eine Heimniederlage muss der VfL Bochum mit 0:1 gegen Mitaufsteiger FC Energie Cottbus hinnehmen. Das „Tor des Tages" erzielt fünf Minuten vor Spielschluss Vragel da Silva. Damit ist der schwächste Saisonstart des VfL seit 1982/83 perfekt. Auch hier ist der Anhang tief enttäuscht.

Im zweiten Heimspiel kassiert der VfB Stuttgart die zweite Niederlage. Wie schon beim 0:3 gegen Nürnberg müssen die Schwaben erneut drei Gegentreffer hinnehmen. 1:3 endet die Begegnung mit Borussia Dortmund. Weiter auf den ersten Saisonsieg wartet der Hamburger SV. Auch am dritten Spieltag gibt es beim 1:1 gegen Hertha BSC Berlin wieder nur einen Punkt. Saisonübergreifend sind die „Rothosen" damit schon seit fünf Spielen ohne Erfolgserlebnis. „Drei Punkte sind natürlich enttäuschend", gesteht Trainer Thomas Doll und ergänzt: „Fünf hätte ich schon gerne gehabt." Am Rande des Spiels wird bekannt, dass der HSV kurz vor einer Verpflichtung des argentinischen Nationalspielers Juan Pablo Sorin steht. Zwei weitere Spiele enden 1:1: Bayer 04 Leverkusen und der VfL Wolfsburg trennen sich mit diesem Ergebnis. Und ebenso lautet der Endstand auch im packenden Derby zwischen dem 1. FSV Mainz 05 und Eintracht Frankfurt.

3. SPIELTAG

RESULTATE

Freitag, 25.08.2006	FC Schalke 04 – Werder Bremen	2:0	(1:0)
Samstag, 26.08.2006	Bayern München – 1. FC Nürnberg	0:0	
	Bayer Leverkusen – VfL Wolfsburg	1:1	(0:0)
	VfB Stuttgart – Borussia Dortmund	1:3	(1:2)
	Bor. M'gladbach – Arminia Bielefeld	1:0	(0:0)
	Hannover 96 – Alemannia Aachen	0:3	(0:1)
	VfL Bochum – FC Energie Cottbus	0:1	(0:0)
Sonntag, 27.08.2006	Hamburger SV – Hertha BSC Berlin	1:1	(1:0)
	1. FSV Mainz 05 – Eintracht Frankfurt	1:1	(0:1)

TORJÄGER

Boubacar Sanogo	Hamburger SV	3
Roy Makaay	FC Bayern München	2
Markus Schroth	1. FC Nürnberg	2
Marko Pantelic	Hertha BSC Berlin	2
Ioannis Amanatidis	Eintracht Frankfurt	2
Miroslav Klose	Werder Bremen	2
Cacau	VfB Stuttgart	2
Hugo Almeida	Werder Bremen	2

PERSONALIEN

Nach acht Spielen ohne Treffer ist es soweit – **Kevin Kuranyi** schießt wieder ein Bundesliga-Tor und schiebt seine Enttäuschung über die Nichtnominierung für die WM beiseite. Gegen Werder Bremen erzielt der Stürmer das 1:0, für eine Berufung für das Länderspiel gegen Irland kommt der Treffer aber zu spät.

Erst zwei Tore vorbereitet, dann noch eines selbst geschossen – **Alexander Frei** beendet die Dortmunder Startschwierigkeiten beim 3:1-Sieg in Stuttgart fast im Alleingang und deutet erstmals an, warum er verpflichtet wurde. Es waren die ersten Torbeteiligungen des Schweizers in der Bundesliga.

TABELLE

Rang	Club	Sp.	g	u	v	Tore	Diff.	Pkt.	
1	1. FC Nürnberg	3	2	1	0	4:0	4	7	→
2	FC Schalke 04	3	2	1	0	4:1	3	7	↗
	FC Bayern München	3	2	1	0	4:1	3	7	↗
4	Borussia M'gladbach	3	2	0	1	3:1	2	6	↗
5	Werder Bremen	3	2	0	1	6:5	1	6	↘
6	Hertha BSC Berlin	3	1	2	0	5:1	4	5	↘
7	1. FSV Mainz 05	3	1	2	0	4:3	1	5	↘
8	Bayer 04 Leverkusen	3	1	1	1	5:3	2	4	↘
9	Borussia Dortmund	3	1	1	1	4:4	0	4	↗
10	FC Energie Cottbus	3	1	1	1	3:4	-1	4	↗
11	Hamburger SV	3	0	3	0	4:4	0	3	↘
12	Eintracht Frankfurt	3	0	3	0	2:2	0	3	↘
13	VfL Wolfsburg	3	0	3	0	1:1	0	3	↘
14	Alemannia Aachen	3	1	0	2	3:4	-1	3	↗
15	VfB Stuttgart	3	1	0	2	4:8	-4	3	↘
16	DSC Arminia Bielefeld	3	0	1	2	3:5	-2	1	↘
17	VfL Bochum	3	0	0	3	2:5	-3	0	↘
18	Hannover 96	3	0	0	3	2:11	-9	0	→

Borussia Mönchengladbach
DSC Arminia Bielefeld 1:0 (0:0)

Borussia Mönchengladbach: Keller - Bögelund, Svensson, Ze Antonio, Jansen - Kirch, Polanski (81. Thijs), El Fakiri - Insua (87. Helveg) - Kahé (81. Delura), Neuville
DSC Arminia Bielefeld: Hain - Korzynietz, Westermann, Borges, Schuler - Marx (55. Kucera), Kauf - Kamper, Masmanidis, Böhme (78. Kobylik) - Eigler (64. Ndjeng)
Tor: 1:0 Kahé (59.) **Ecken:** 5:4
Schiedsrichter: Stark (Landshut)
Zuschauer: 41.129 **Gelb:** Masmanidis
Gelb-Rot: keine **Rot:** keine

Hannover 96
Alemannia Aachen 0:3 (0:1)

Hannover 96: Enke - Cherundolo (66. Schröter), Fahrenhorst, Zuraw, Andersson - Balitsch, Lala - Bruggink (65. Thorvaldsson) - Stajner, Hashemian, Huszti
Alemannia Aachen: Straub - Pinto, Klitzpera, Sichone, Leiwakabessy - Fiel, Plaßhenrich, Dum (78. Lehmann) - Rösler (73. Reghecampf) - Ebbers, Schlaudraff (83. Ibisevic)
Tore: 0:1 Schlaudraff (15.), 0:2 Dum (47.), 0:3 Plaßhenrich (72.) **Ecken:** 13:1
Schiedsrichter: Gagelmann (Bremen)
Zuschauer: 30.087
Gelb: Lala, Fahrenhorst - Pinto, Dum
Gelb-Rot: keine **Rot:** keine

VfL Bochum
FC Energie Cottbus 0:1 (0:0)

VfL Bochum: Skov-Jensen - Pallas (72. Gekas), Maltritz, Drsek, Bönig - Dabrowski, Zdebel - Schröder (58. Ilicevic), Misimovic, Trojan (81. Grote) - Fabio Junior
FC Energie Cottbus: Piplica - V. da Silva, McKenna, Mitreski, Ziebig - T. Rost, Kukielka - Küntzel (72. Gunkel), Shao, Munteanu (69. Baumgart) - Radu (90+2. Szelesi)
Tor: 0:1 V. da Silva (85.) **Ecken:** 9:2
Schiedsrichter: Kempter (Sauldorf)
Zuschauer: 21.666 **Gelb:** Schröder, Dabrowski - Shao, V. da Silva, Mitreski, Piplica, Kukielka, Baumgart
Gelb-Rot: keine **Rot:** keine

Hamburger SV
Hertha BSC Berlin 1:1 (1:0)

Hamburger SV: Kirschstein - Mahdavikia, B. Reinhardt, Mathijsen, Benjamin - Jarolim (68. Guerrero), de Jong, Wicky (88. Berisha) - van der Vaart (54. Trochowski) - Sanogo, Lauth
Hertha BSC Berlin: Fiedler - Chahed, van Burik, Simunic, Fathi (46. K. Boateng) - Ebert, Dardai, Gilberto - Bastürk - Gimenez (82. Okoronkwo), Pantelic (86. Samba)
Tore: 1:0 Sanogo (18.), 1:1 Gimenez (64.) **Ecken:** 7:9 **Schiedsrichter:** Fandel (Kyllburg) **Zuschauer:** 53.989
Gelb: Jarolim, Wicky, de Jong - K. Boateng, Dardai, Pantelic **Gelb-Rot:** Chahed (85.) **Rot:** Benjamin (89.)

1. FSV Mainz 05
Eintracht Frankfurt 1:1 (0:1)

1. FSV Mainz 05: Wache - Cha (75. Jovanovic), M. Friedrich, Noveski, Rose - F. Gerber (46. Amri), Pekovic, Feulner - Azaouagh - Damm (59. Edu), Diakite
Eintracht Frankfurt: Pröll - Russ, Cimen, Vasoski - Ochs, Huggel, Spycher - A. Meier (85. Köhler) - Streit (67. Preuß), Amanatidis, Thurk (78. Rehmer)
Tore: 0:1 Amanatidis (25.), 1:1 Jovanovic (84.) **Ecken:** 5:5
Schiedsrichter: Meyer (Burgdorf)
Zuschauer: 20.300 (ausverkauft)
Gelb: Azaouagh, Feulner, Rose, Jovanovic
Gelb-Rot: Spycher (64.) **Rot:** Vasoski (88.)

BUNDES LIGA

Frontzecks Traum-Debüt – Hertha BSC an der Spitze

Die Gewinner des vierten Spieltags sind zwei Trainer. Dieter Hecking, am vorangegangenen Spieltag noch bei Alemannia Aachen in Hannover auf der Bank, beschert nun den 96ern als seinem neuen Verein mit dem 2:1 beim VfL Wolfsburg den ersten Saisonsieg. Thomas Brdaric trifft gleich doppelt. Die „Wölfe“ hingegen liegen jetzt sogar auf einem Abstiegsplatz.

Heckings Position in Aachen hat Michael Frontzeck eingenommen. Wie seinem Vorgänger, so gelingt auch ihm beim 4:2 gegen seinen Ex-Club Borussia Mönchengladbach ein Traum-Einstand. Jan Schlaudraff trifft zum 2:0 und 4:1 doppelt. „Dieser Tag rangiert bei allem, was ich bisher erlebt habe, ganz oben“, blickt Frontzeck auf seine ersten 90 Minuten als Cheftrainer zurück.

Mit Hertha BSC Berlin gibt es schon den dritten Tabellenführer. Christian Gimenez fügt dem FC Schalke 04 beim 2:0-Sieg quasi im Alleingang die erste Saisonniederlage zu. Mit dem besten Bundesliga-Start der Club-Geschichte gelingt den Hauptstädtern erstmals seit dem 2. Dezember 2000 wieder der Sprung an die Tabellenspitze.

Zum Auftakt des Münchner Oktoberfestes muss der FC Bayern mit 1:2 eine empfindliche Niederlage bei Arminia Bielefeld hinnehmen. Trotz dieses ersten Saison-Ausrutschers gibt es beim Rekordmeister einen Gewinner. Der vom FC Barcelona gekommene Mark van Bommel feiert einen tollen Einstand und sorgt sogar für die 1:0-Führung (6).

Ausgerechnet beim bisherigen Tabellenführer 1. FC Nürnberg gelingt dem VfL Bochum der erste Punktgewinn (1:0). Der griechische Nationalspieler Theofanis Gekas sorgt mit seiner zwischenzeitlichen Führung für diesen Zähler. Nach seinem 100. Bundesliga-Spiel als Cheftrainer zeigt sich Hans Meyer unzufrieden: „Wir haben absolut nicht zwingend gespielt, waren nicht frisch und laufbereit genug.“

Alles andere als einen optimalen Start legt der Hamburger SV hin. Beim 0:1 in Dortmund kassiert der Drittplatzierte der vergangenen Saison zwar erst die erste Niederlage, rutscht in der Tabelle mit nur drei

Der Trainerwechsel des Spieltages

Einen ungewöhnlichen Trainerwechsel hat es in der zweiwöchigen Länderspiel- und DFB-Pokal-Pause gegeben. Dieter Hecking steigt in Aachen aus – und bei Hannover 96 als Nachfolger von Peter Neururer gleich wieder ein. „Ich habe für mich persönlich und für meine Familie eine Entscheidung getroffen“, kommentiert Hecking den Schritt. Seine Ehefrau und die fünf Kinder leben nur dreißig Kilometer vom neuen Arbeitsplatz entfernt.

Auf Anhieb ist Hecking mit Hannover erfolgreich, durch das 2:1 in Wolfsburg geben die Niedersachsen die „Rote Laterne“ des Tabellenletzten ab. Kommentar des zweifachen Torschützen Thomas Brdaric: „Wir hatten alle wieder den Siegerblick. Der Trainer hat mit jedem Einzelnen Gespräche geführt und klar formuliert, was er erwartet!“

Von Alemannia Aachen zu Hannover 96: Trainer Dieter Hecking.

DATEN & FAKTEN

Zuschauer gesamt	352.029
pro Spiel	39.114
Tore gesamt	28
Elfmeter	1
Eigentore	1
Gelbe Karten	35
Gelb/Rote Karten	0
Rote Karten	0

VfL Wolfsburg – Hannover 96 1:2 (0:0)

VfL Wolfsburg: Jentzsch - Möhrle, Madlung, Hofland, Stegmayer (73. Santana) - van der Leegte - Menseguez (68. Makiadi), Karhan, Krzynowek - Klimowicz (58. Boakye), Hanke
Hannover 96: Enke - Cherundolo, Vinicius, Zuraw, Andersson - Balitsch, Lala, Huszti - Bruggink (90. Schröter) - Stajner (86. Fahrenhorst), Brdaric (90+2. Hashemian)
Tore: 0:1 Brdaric (51.), 1:1 Krzynowek (52.), 1:2 Brdaric (61.) **Ecken:** 3:3 **Schiedsrichter:** Brych (München) **Zuschauer:** 26.479 **Gelb:** Hofland, Karhan **Gelb-Rot:** keine **Rot:** keine

Werder Bremen – VfB Stuttgart 2:3 (2:1)

Werder Bremen: Wiese - Fritz, Pasanen (62. Hunt), Naldo, Wome (79. Owomoyela) - Frings, Baumann, Borowski (75. Schulz) - Diego - Zidan, Almeida
VfB Stuttgart: Hildebrand - Osorio, Tasci, Delpierre, Boka - Hilbert (72. Gentner), Pardo, Bierofka (60. Hitzlsperger) - A. da Silva - Gomez, Cacau (76. Streller)
Tore: 1:0 Hilbert (4., Eigentor), 2:0 Zidan (32.), 2:1 Hilbert (38.), 2:2 Pardo (58.), 2:3 Gomez (87.) **Ecken:** 8:5 **Schiedsrichter:** Merk (Otterbach) **Zuschauer:** 39.654 **Gelb:** Diego, Naldo - Bierofka, A. da Silva, Streller **Gelb-Rot:** keine **Rot:** keine

Borussia Dortmund – Hamburger SV 1:0 (0:0)

Borussia Dortmund: Weidenfeller - P. Degen, Brzenska, Wörns, Dede - Tinga, Kruska, Kringe - Pienaar (83. Ricken) - Frei (90+1. Hünemeier), Valdez (46. Smolarek)
Hamburger SV: Kirschstein - Mahdavikia, B. Reinhardt, Kompany, Mathijsen (84. Berisha) - Jarolim, de Jong, Wicky - Trochowski (66. Laas) - Sanogo (75. Guerrero), Ljuboja
Tor: 1:0 Wörns (82.) **Ecken:** 11:4 **Schiedsrichter:** Wagner (Hofheim) **Zuschauer:** 80.708 (ausverkauft) **Gelb:** P. Degen, Tinga - Guerrero **Gelb-Rot:** keine **Rot:** keine

1. FC Nürnberg – VfL Bochum 1:1 (1:1)

1. FC Nürnberg: Schäfer - D. Reinhardt, Wolf, Glauber (71. Nikl), Pinola - Galasek - Polak (70. Kristiansen), Mintal (80. Banovic), Mnari, Saenko - Schroth
VfL Bochum: Skov-Jensen - Pallas, Maltritz, Drsek, Bönig - Imhof (63. Ilicevic), Zdebel, Trojan (67. Butscher) - Misimovic - Gekas (87. Dabrowski), Fabio Junior
Tore: 0:1 Gekas (10.), 1:1 Polak (30.) **Ecken:** 8:2 **Schiedsrichter:** Gräfe (Berlin) **Zuschauer:** 40.240 **Gelb:** keine **Gelb-Rot:** keine **Rot:** keine

Punkten aus vier Spielen aber auf Rang 15 ab. Christian Wörns bringt den HSV mit seinem Kopfballtreffer in der 82. Minute noch mehr ins Grübeln.

Als Mannschaft mit zwei Gesichtern präsentiert sich der VfB Stuttgart. Nach zwei Heimniederlagen gelingt mit dem 3:2-Erfolg bei Werder Bremen der zweite Auswärtserfolg. Trotz eines 0:2-Rückstands nach 32 Minuten drehen die Schwaben das Spiel noch, und Trainer Armin Veh ist voller Lob: „Ich wusste, dass die Mannschaft körperlich zulegen kann. Unsere Moral ist absolut intakt."

Nur noch einen Punkt Rückstand auf den neuen Tabellenführer Hertha BSC Berlin hat der FC Energie Cottbus durch einen 2:0-Heimerfolg gegen den 1. FSV Mainz 05. Ebenfalls Tuchfühlung mit der Spitze hält – bei zwei Zählern Differenz – Eintracht Frankfurt nach dem 3:1-Sieg gegen Bayer 04 Leverkusen.

Marcio Borges vor Hasan Salihamidzic: Symbolisch für Bielefelds 2:1 gegen Bayern München.

Die Hände zum Himmel: Das Team von Hannover 96 in Wolfsburg nach dem ersten Saisonsieg.

4. SPIELTAG

RESULTATE

Freitag, 15.09.2006	VfL Wolfsburg – Hannover 96	1:2	(0:0)
Samstag, 16.09.2006	Werder Bremen – VfB Stuttgart	2:3	(2:1)
	Borussia Dortmund – Hamburger SV	1:0	(0:0)
	1. FC Nürnberg – VfL Bochum	1:1	(1:1)
	Arminia Bielefeld – Bayern München	2:1	(1:1)
	Alemannia Aachen – Bor. M'gladbach	4:2	(2:0)
	Energie Cottbus – 1. FSV Mainz 05	2:0	(0:0)
Sonntag, 17.09.2006	Hertha BSC Berlin – FC Schalke 04	2:0	(1:0)
	Eintr. Frankfurt – Bayer Leverkusen	3:1	(0:0)

TORJÄGER

Christian Gimenez	Hertha BSC Berlin	3
Jan Schlaudraff	Alemannia Aachen	3
Boubacar Sanogo	Hamburger SV	3
Kahé	Borussia Mönchengladbach	3
Thomas Brdaric	Hannover 96	2
Roy Makaay	FC Bayern München	2
Markus Schroth	1. FC Nürnberg	2
Marko Pantelic	Hertha BSC Berlin	2
und sechs weitere Spieler mit je zwei Treffern		

PERSONALIEN

Das Spiel in Bremen wird **Roberto Hilbert** nicht so schnell vergessen: Erst bringt er sein Team mit einem Eigentor in der vierten Minute in Rückstand, dann leitet er durch das 1:2, seinem ersten Bundesliga-Tor, die Aufholjagd ein. Stuttgart gewinnt noch mit 3:2.

Michael Frontzeck gewinnt sein erstes Spiel als Cheftrainer von Alemannia Aachen mit 4:2 gegen seinen langjährigen Verein Mönchengladbach. Und mit **Jan Schlaudraff** ist ein weiterer Ex-Borusse Matchwinner. Erstmals markiert er in der Bundesliga zwei Tore in einem Spiel.

TABELLE

Rang	Club	Sp.	g	u	v	Tore	Diff.	Pkt.	
1	Hertha BSC Berlin	4	2	2	0	7:1	6	8	↗
2	1. FC Nürnberg	4	2	2	0	5:1	4	8	↘
3	FC Bayern München	4	2	1	1	5:3	2	7	↘
4	Borussia Dortmund	4	2	1	1	5:4	1	7	↗
	FC Energie Cottbus	4	2	1	1	5:4	1	7	↗
6	FC Schalke 04	4	2	1	1	4:3	1	7	↘
7	Eintracht Frankfurt	4	1	3	0	5:3	2	6	↗
8	Alemannia Aachen	4	2	0	2	7:6	1	6	↗
9	Werder Bremen	4	2	0	2	8:8	0	6	↘
10	Borussia M'gladbach	4	2	0	2	5:5	0	6	↘
11	VfB Stuttgart	4	2	0	2	7:10	-3	6	↗
12	1. FSV Mainz 05	4	1	2	1	4:5	-1	5	↘
13	Bayer 04 Leverkusen	4	1	1	2	6:6	0	4	↘
14	DSC Arminia Bielefeld	4	1	1	2	5:6	-1	4	↗
15	Hamburger SV	4	0	3	1	4:5	-1	3	↘
16	VfL Wolfsburg	4	0	3	1	2:3	-1	3	↘
17	Hannover 96	4	1	0	3	4:12	-8	3	↗
18	VfL Bochum	4	0	1	3	3:6	-3	1	↘

DSC Arminia Bielefeld – FC Bayern München 2:1 (1:1)

DSC Arminia Bielefeld: Hain - Bollmann, Westermann, Borges (79. Danneberg), Schuler - Kauf, Marx (46. Kucera) - Kamper, Böhme - Eigler (64. Masmanidis), Wichniarek
FC Bayern München: Kahn - Sagnol, Lucio, van Buyten, Lahm - Hargreaves (24. Demichelis) - van Bommel, Santa Cruz, Schweinsteiger (69. Salihamidzic) - Pizarro, Podolski (77. Scholl)
Tore: 0:1 van Bommel (6.), 1:1 Wichniarek (25.), 2:1 Kamper (84.) **Ecken:** 2:12 **Schiedsrichter:** Meyer (Burgdorf) **Zuschauer:** 26.601 (ausverkauft) **Gelb:** Wichniarek, Marx, Böhme - van Bommel **Gelb-Rot:** keine **Rot:** keine

Alemannia Aachen – Borussia Mönchengladbach 4:2 (2:0)

Alemannia Aachen: Nicht - Pinto, Herzig, Sichone, Leiwakabessy - Plaßhenrich (87. Heidrich) - Reghecampf (82. Lehmann), Rösler, Dum (75. Noll) - Ebbers, Schlaudraff
Borussia Mönchengladbach: Keller - Bögelund (46. Delura), Svensson, Ze Antonio, Jansen - Polanski - Kirch, Insua (46. van den Bergh), El Fakiri (67. Sverkos) - Kahé, Neuville
Tore: 1:0 Reghecampf (7., Handelfmeter), 2:0 Schlaudraff (31.), 2:1 Kahé (50.), 3:1 Ebbers (51.), 4:1 Schlaudraff (84.), 4:2 Kahé (90+3.) **Ecken:** 3:4 **Schiedsrichter:** Weiner (Giesen) **Zuschauer:** 20.800 (ausverkauft) **Gelb:** Leiwakabessy, Schlaudraff, Pinto - Jansen, Kahé, Sverkos **Gelb-Rot:** keine **Rot:** keine

FC Energie Cottbus – 1. FSV Mainz 05 2:0 (0:0)

FC Energie Cottbus: Piplica - V. da Silva, Mitreski, McKenna, Ziebig - T. Rost (88. Baumgart), Kukielka - Küntzel (69. Bandrowski), Shao, Munteanu (80. Gunkel) - Radu
1. FSV Mainz 05: Wache - Cha, Gunesch, Noveski, Rose - Pekovic - F. Gerber, Azaouagh (78. Addo), Feulner (70. Amri) - Damm (62. Jovanovic), Edu
Tore: 1:0 Radu (49.), 2:0 Munteanu (60.) **Ecken:** 3:2 **Schiedsrichter:** Rafati (Hannover) **Zuschauer:** 13.000 **Gelb:** Kukielka, V. da Silva - Feulner **Gelb-Rot:** keine **Rot:** keine

Hertha BSC Berlin – FC Schalke 04 2:0 (1:0)

Hertha BSC Berlin: Fiedler - A. Friedrich, van Burik, Simunic, Fathi - K. Boateng, Dardai, Gilberto (74. Ebert) - Bastürk (89. Neuendorf) - Pantelic, Gimenez (79. Okoronkwo)
FC Schalke 04: F. Rost - Rafinha, Bordon, Rodriguez, Varela - Ernst, Bajramovic (59. Hamit Altintop) - Lincoln - Halil Altintop (71. Larsen), Kuranyi, Løvenkrands (59. Özil)
Tore: 1:0 Gimenez (39.), 2:0 Gimenez (52.) **Ecken:** 5:8 **Schiedsrichter:** Gagelmann (Bremen) **Zuschauer:** 60.547 **Gelb:** K. Boateng - Bajramovic, Rodriguez, Hamit Altintop, Larsen **Gelb-Rot:** keine **Rot:** keine

Eintracht Frankfurt – Bayer 04 Leverkusen 3:1 (0:0)

Eintracht Frankfurt: Pröll - Ochs (85. Huber), Rehmer (51. Cimen), Russ, Reinhard - Huggel, Fink - Streit, Thurk, Köhler (58. Preuß) - Takahara
Bayer 04 Leverkusen: Butt - Castro, Madouni, Juan, Stenman (75. Barnetta) - Schwegler (80. Athirson), Rolfes - Freier, Schneider - Barbarez, Papadopulos (61. Voronin)
Tore: 0:1 Madouni (52.), 1:1 Takahara (55.), 2:1 Thurk (70.), 3:1 Ochs (84.) **Ecken:** 4:5 **Schiedsrichter:** Fandel (Kyllburg) **Zuschauer:** 44.000 **Gelb:** Streit, Thurk, Ochs - Schwegler, Schneider, Castro, Juan **Gelb-Rot:** keine **Rot:** keine

1:1 im Nord-Derby – FC Bayern top – Kahé trifft

Ausgleichstor des HSV zum 1:1-Endstand durch Bastian Reinhardt: Tim Wiese ohne Chance.

Im 85. Nord-Derby zwischen dem Hamburger SV und Werder Bremen, denen die Experten bei ihren Prognosen beiderseits gute Titelchancen eingeräumt hatten, gibt es beim 1:1 keinen Sieger. Der HSV wartet auch nach dem fünften Spieltag auf sein erstes Erfolgserlebnis der Saison. Dennoch ein Lichtblick, hatte der Nachbar in den beiden zurückliegenden Spielzeiten doch jeweils mit 2:1 die Punkte von der Alster an die Weser mitgenommen.

Vizemeister Bremen rutscht auf Rang acht ab. Tim Borowski bringt Werder in der 58. Minute in Führung, nur zehn Minuten später gleicht Bastian Reinhardt in der AOL Arena zum Endstand aus. Sein Debüt im Trikot des HSV feiert Argentiniens Nationalmannschafts-Kapitän Juan Pablo Sorin. Negativer Höhepunkt ist der bereits dritte Platzverweis für das Team von Trainer Thomas Doll. Nach Guy Demel und Collin Benjamin trifft es nun Mehdi Mahdavikia.

Der Norden schwächelt, der Süden lacht. Da sich Hertha BSC Berlin mit einem 1:1-Unentschieden beim 1. FSV Mainz 05 begnügen muss, heißt der neue Tabellenführer FC Bayern München. Mit einem 2:1-Erfolg beim ersten Heimspiel zur Wiesn-Zeit gegen Alemannia Aachen gelingt dem Double-Gewinner von 2005 und 2006 erstmals der Sprung an die Spitze. Claudio Pizarro und Mark van Bommel, der in seinem zweiten Spiel für den Rekordmeister auch zum zweiten Mal erfolgreich ist, drehen das Spiel nach der 1:0-Führung durch Sascha Dum noch zugunsten der Münchner, die jetzt dort stehen, wo sie ohnehin erwartet worden waren: einmal mehr ganz oben. Oktoberfest-Stimmung!

Ebenso groß ist die Freude auch in Bochum. Der Aufsteiger feiert mit dem 2:1-Heimerfolg gegen Arminia Bielefeld seinen ersten Saisonsieg. Trotz eines 0:1-Rückstands lassen Fabio Junior und Ivo Ilicevic die 21.000 Fans im rewirpowerSTADION erstmals richtig jubeln.

Begeisterung herrscht auch „auf Schalke": Durch einen 2:0-Erfolg gegen den VfL Wolfsburg weist die Mannschaft von Trainer Mirko Slomka wie Spitzenreiter FC Bayern zehn Punkte auf, hat aber die um einen Treffer schlechtere Tordifferenz. Kevin Kuranyi und Lincoln sorgen für eine regelrechte Fan-Party in Blau und Weiß in der VELTINS-Arena. Weiterhin auf dem Vormarsch ist auch Borussia Mönchengladbach. Kahé – mit seinem schon vierten Saisontreffer im fünften Spiel – sichert im BORUSSIA-PARK den 1:0-Sieg gegen den Namensvetter aus Dortmund. Das süße Tor-Geheimnis des Stürmers aus Brasilien lüftet Trainer Jupp Heynckes: „Kahé wog zu Saisonbeginn 92 Kilogramm. Der hat manchmal ein ganzes Tablett mit Bienenstich verputzt."

Der VfB Stuttgart hat in dieser Startphase ganz offenbar mit einem Heimkomplex zu kämpfen, denn auch im dritten Anlauf gelingt im Gottlieb-Daimler-Stadion kein Sieg. Mit einem 1:1-Unentschieden endet die Begegnung gegen Eintracht Frankfurt. Ebenfalls 1:1 trennen sich der FC Energie Cottbus und der 1. FC Nürnberg.

DATEN & FAKTEN

Zuschauer gesamt	369.608
pro Spiel	41.068
Tore gesamt	19
Elfmeter	0
Eigentore	0
Gelbe Karten	32
Gelb/Rote Karten	0
Rote Karten	1

Borussia Mönchengladbach – Borussia Dortmund 1:0 (1:0)

Borussia Mönchengladbach: Keller - Kirch, Ze Antonio, Svensson, Jansen - Thijs - Polanski, Insua (46. Delura), El Fakiri - Neuville (73. Sverkos), Kahé
Borussia Dortmund: Weidenfeller - P. Degen, Wörns, Brzenska, Dede - Kruska - Tinga, Pienaar (81. Amedick), Kringe (74. Ricken) - Frei (73. Tyrala), Smolarek
Tor: 1:0 Kahé (39.) **Ecken:** 5:8
Schiedsrichter: Fandel (Kyllburg)
Zuschauer: 53.531 **Gelb:** Polanski, El Fakiri - Smolarek, Kringe, Dede
Gelb-Rot: keine **Rot:** keine

FC Bayern München – Alemannia Aachen 2:1 (1:1)

FC Bayern München: Kahn - Sagnol, Lucio, van Buyten, Lahm - van Bommel (90. Dos Santos), Ottl, Schweinsteiger (65. Demichelis) - Makaay, Santa Cruz (76. Karimi), Pizarro
TSV Alemannia Aachen: Nicht - Pinto, Herzig, Sichone, Leiwakabessy - Reghecampf (65. Fiel), Plaßhenrich, Dum (75. Noll) - Schlaudraff - Ebbers, Rösler (78. Ibisevic)
Tore: 0:1 Dum (38.), 1:1 Pizarro (39.), 2:1 van Bommel (55.) **Ecken:** 9:4
Schiedsrichter: Schmidt (Stuttgart)
Zuschauer: 69.000 (ausverkauft)
Gelb: Kahn, Lucio - Pinto, Schlaudraff, Reghecampf **Gelb-Rot:** keine **Rot:** keine

Hamburger SV – Werder Bremen 1:1 (0:0)

Hamburger SV: Kirschstein - Mahdavikia, B. Reinhardt, Kompany, Mathijsen - Jarolim, de Jong, Sorin - Trochowski (67. Guerrero) - Sanogo, Ljuboja (75. Wicky)
Werder Bremen: Wiese - Fritz, Pasanen, Naldo, Wome (46. Schulz) - Frings, Baumann, Borowski - Diego (76. Hunt) - Almeida (69. Klasnic), Zidan
Tore: 0:1 Borowski (58.), 1:1 B. Reinhardt (68.) **Ecken:** 3:6 **Schiedsrichter:** Stark (Landshut) **Zuschauer:** 57.000 (ausverkauft) **Gelb:** de Jong, Mathijsen - Wome, Baumann, Fritz **Gelb-Rot:** keine **Rot:** Mahdavikia (73.)

FC Schalke 04 – VfL Wolfsburg 2:0 (0:0)

FC Schalke 04: F. Rost - Rafinha (81. Abel), Bordon, Rodriguez, Kobiashvili - Ernst, Bajramovic - Lincoln - Halil Altintop (76. Asamoah), Kuranyi, Løvenkrands (46. Özil)
VfL Wolfsburg: Jentzsch - Möhrle, Madlung, Hofland (60. Stegmayer), Sarpei - Santana (71. Karhan), van der Leegte - Makiadi, Krzynowek - Hanke, Hoogendorp (46. Menseguez)
Tore: 1:0 Kuranyi (57.), 2:0 Lincoln (89.) **Ecken:** 7:4 **Schiedsrichter:** Gräfe (Berlin) **Zuschauer:** 60.404
Gelb: Bajramovic, Rodriguez, Bordon - Hofland, Hanke
Gelb-Rot: keine **Rot:** keine

Mönchengladbachs Torjäger Kahé schüttelt den Dortmunder Markus Brzenska ab.

Die Emotionen des Spieltages

Die Bundesliga trauert mit Robert Enke. Sechs Tage nach dem Tod seiner Tochter Lara, die mit nur zwei Jahren starb, steht der 29-Jährige gegen Bayer 04 Leverkusen wieder im Tor. Vor der AWD-Arena gibt es bewegende Szenen. Tausende Fans bringen Blumen und Beileidsschreiben mit, tragen sich in Kondolenzbücher ein; auch Schiedsrichter Dr. Markus Merk folgt diesem Beispiel.
Enkes Bitte an das Publikum, im Stadion selbst auf Beileidsbekundungen zu verzichten, wird von knapp 32.000 Besuchern respektiert. 96-Trainer Dieter Hecking beschreibt die Situation: „Robert hat gezeigt, was für ein Vollprofi er ist. Er hat das alles für kurze Zeit verdrängen können. Das Wichtigste ist jetzt, dass die Familie zur Ruhe kommt." Das Ergebnis von 1:1 rückt in den Hintergrund.

Einen schweren Schicksalsschlag hat Hannovers Torwart Robert Enke zu bewältigen.

5. SPIELTAG

RESULTATE

Freitag, 22.09.2006	Bor. M'gladbach – Bor. Dortmund	1:0	(1:0)
Samstag, 23.09.2006	Bayern München – Alemannia Aachen	2:1	(1:1)
	Hamburger SV – Werder Bremen	1:1	(0:0)
	FC Schalke 04 – VfL Wolfsburg	2:0	(0:0)
	VfB Stuttgart – Eintracht Frankfurt	1:1	(0:0)
	1. FSV Mainz 05 – Hertha BSC	1:1	(0:0)
	Hannover 96 – Bayer 04 Leverkusen	1:1	(0:1)
Sonntag, 24.09.2006	VfL Bochum – DSC Arminia Bielefeld	2:1	(0:1)
	Energie Cottbus – 1. FC Nürnberg	1:1	(0:1)

TORJÄGER

Kahé	Borussia Mönchengladbach	4
Thomas Brdaric	Hannover 96	3
Christian Gimenez	Hertha BSC Berlin	3
Jan Schlaudraff	Alemannia Aachen	3
Boubacar Sanogo	Hamburger SV	3
Roy Makaay	FC Bayern München	2
Markus Schroth	1. FC Nürnberg	2
Marko Pantelic	Hertha BSC Berlin	2
und elf weitere Spieler mit je zwei Treffern		

PERSONALIEN

Mehdi Mahdavikia kassiert gegen Werder Bremen eine Rote Karte und damit im fünften Saisonspiel schon den dritten Platzverweis eines Hamburger Akteurs – ein Bundesliga-Rekord. Zwischendurch hatte auch noch Torwart Sascha Kirschstein in der Champions League „Rot" gesehen.

TABELLE

Rang	Club	Sp.	g	u	v	Tore	Diff.	Pkt.	
1	FC Bayern München	5	3	1	1	7:4	3	10	↗
2	FC Schalke 04	5	3	1	1	6:3	3	10	↗
3	Hertha BSC Berlin	5	2	3	0	8:2	6	9	↘
4	1. FC Nürnberg	5	2	3	0	6:2	4	9	↘
5	Borussia M'gladbach	5	3	0	2	6:5	1	9	↗
6	FC Energie Cottbus	5	2	2	1	6:5	1	8	↘
7	Eintracht Frankfurt	5	1	4	0	6:4	2	7	→
8	Werder Bremen	5	2	1	2	9:9	0	7	↗
9	Borussia Dortmund	5	2	1	2	5:5	0	7	↘
10	VfB Stuttgart	5	2	1	2	8:11	-3	7	↗
11	Alemannia Aachen	5	2	0	3	8:8	0	6	↘
12	1. FSV Mainz 05	5	1	3	1	5:6	-1	6	→
13	Bayer 04 Leverkusen	5	1	2	2	7:7	0	5	→
14	Hamburger SV	5	0	4	1	5:6	-1	4	↗
15	DSC Arminia Bielefeld	5	1	1	3	6:8	-2	4	↘
16	VfL Bochum	5	1	1	3	5:7	-2	4	↗
17	Hannover 96	5	1	1	3	5:13	-8	4	→
18	VfL Wolfsburg	5	0	3	2	2:5	-3	3	↘

VfB Stuttgart – Eintracht Frankfurt 1:1 (0:0)

VfB Stuttgart: Hildebrand - Osorio (66. Gentner), Tasci, Delpierre, Boka - Pardo - Hilbert, A. da Silva, Bierofka (63. Hitzlsperger) - Cacau (82. Babbel), Gomez
Eintracht Frankfurt: Pröll - Rehmer, Russ (80. A. Meier), Kyrgiakos - Ochs, Fink, Spycher - Takahara, Thurk, Streit (70. Huggel) - Amanatidis (90. Preuß)
Tore: 1:0 Gomez (73.), 1:1 A. Meier (88.) **Ecken:** 8:7 **Schiedsrichter**: Rafati (Hannover) **Zuschauer:** 41.000
Gelb: Russ **Gelb-Rot:** keine **Rot:** keine

1. FSV Mainz 05 – Hertha BSC Berlin 1:1 (0:0)

1. FSV Mainz 05: Wache - Cha, Gunesch, Noveski, Rose (70. Weigelt) - Pekovic - F. Gerber, Azaouagh (79. Jovanovic), Feulner - Damm (62. Edu), Diakite
Hertha BSC Berlin: Fiedler - A. Friedrich, van Burik, Simunic, Fathi (55. Neuendorf) - Chahed, Dardai, Ebert (75. Cairo) - K. Boateng - Pantelic, Gimenez (80. Lakic)
Tore: 1:0 Diakite (49.), 1:1 K. Boateng (56.) **Ecken:** 3:3 **Schiedsrichter:** Kircher (Rottenburg) **Zuschauer:** 20.300 (ausverkauft) **Gelb:** Feulner - Fathi
Gelb-Rot: keine **Rot:** keine

Hannover 96 – Bayer 04 Leverkusen 1:1 (0:1)

Hannover 96: Enke - Cherundolo, Balitsch, Vinicius, Andersson (73. Jendrisek) - Schröter (59. Troest), Yankov, Huszti - Bruggink (59. Hashemian) - Stajner, Brdaric
Bayer 04 Leverkusen: Butt - Juan, Madouni, Haggui - Schneider, Ramelow, Barnetta (74. Schwegler) - Rolfes - Freier, Barbarez - Voronin (66. Kießling)
Tore: 0:1 Barbarez (37.), 1:1 Brdaric (74.) **Ecken:** 12:3 **Schiedsrichter:** Merk (Otterbach) **Zuschauer:** 31.155
Gelb: Stajner, Brdaric **Gelb-Rot:** keine **Rot:** keine

VfL Bochum – DSC Arminia Bielefeld 2:1 (0:1)

VfL Bochum: Skov-Jensen - Pallas, Maltritz, Drsek, Bönig - Imhof (46. Ilicevic), Zdebel (87. Dabrowski), Trojan (75. Butscher) - Misimovic - Gekas, Fabio Junior
DSC Arminia Bielefeld: Hain - Korzynietz (86. Bollmann), Westermann, Gabriel, Schuler - Kauf, Marx - Kamper, Böhme (62. Masmanidis) - Eigler (76. Kobylik), Wichniarek
Tore: 0:1 Gabriel (11.), 1:1 Fabio Junior (57.), 2:1 Ilicevic (73.) **Ecken:** 2:5 **Schiedsrichter:** Perl (München) **Zuschauer:** 20.318
Gelb: Bönig, Maltritz - Gabriel
Gelb-Rot: keine **Rot:** keine

FC Energie Cottbus – 1. FC Nürnberg 1:1 (0:1)

FC Energie Cottbus: Piplica - V. da Silva, McKenna, Mitreski, Ziebig - T. Rost (64. Bandrowski), Kukielka - Küntzel (65. Gunkel), Shao (46. Baumgart), Munteanu - Radu
1. FC Nürnberg: Schäfer - D. Reinhardt, Wolf, Glauber, Pinola - Galasek, Mnari - Polak, Mintal (86. Banovic), Vittek (83. Saenko) - Schroth (87. Beauchamp)
Tore: 0:1 Mnari (10.), 1:1 Baumgart (83.) **Ecken:** 6:5 **Schiedsrichter:** Weiner (Giesen) **Zuschauer:** 16.900
Gelb: Bandrowski, Ziebig - D. Reinhardt, Polak **Gelb-Rot:** keine **Rot:** keine

Glänzende Stimmung im Berliner Olympiastadion: Hertha BSC ist nach dem sechsten Spieltag Tabellenführer.

Quintett an der Spitze – „Dino“ HSV Schlusslicht

Verbissen: HSV-Torschütze Danijel Ljuboja (vorne) und Frankfurts Aleksandar Vasoski.

Zwar erreicht der Hamburger SV bei Eintracht Frankfurt ein respektables 2:2, wartet jedoch als einzige Mannschaft auch nach dem sechsten Spieltag weiterhin auf den erlösenden ersten Saisonsieg. Der Bundesliga-„Dino“ rutscht sogar erstmals auf einen Abstiegsplatz. Trotzdem genießt Coach Thomas Doll nicht nur bei den Fans, die ihren Liebling trotz der Negativserie mit Sprechchören feiern, höchsten Respekt.

Der Blick auf die Tabelle ergibt ein außergewöhnliches Bild. Die ersten fünf Mannschaften weisen durchweg zehn Punkte auf, sind nur durch die unterschiedliche Tordifferenz getrennt. Tabellenführer ist nun wieder Hertha BSC Berlin. Ein 2:2-Unentschieden im Olympiastadion gegen den VfB Stuttgart als auswärts stärkstes Bundesliga-Team genügt zu dieser Rückkehr an die Spitze.

Recht unsanft von Tabellenrang eins wird dagegen der FC Bayern geholt. Die Münchner kassieren schon ihre zweite Niederlage während der Oktoberfest-Zeit. Mit einem 0:1 muss sich Felix Magaths Formation beim VfL Wolfsburg geschlagen geben. Nationalspieler Mike Hanke schenkt seinem Trainer, Bayern-Urgestein Klaus Augenthaler, den Sieg.

Damit gibt der VfL gleichzeitig die „Rote Laterne“ ab, die jetzt Aufsteiger VfL Bochum innehat. Im Vergleich der Neulinge verliert die Mannschaft von Marcel Koller am Tivoli bei Alemannia Aachen mit 1:2. Eine 1:0-Führung durch Zvjezdan Misimovic drehen Jan Schlaudraff

DATEN & FAKTEN

Zuschauer gesamt	335.763
pro Spiel	37.307
Tore gesamt	29
Elfmeter	1
Eigentore	0
Gelbe Karten	36
Gelb/Rote Karten	0
Rote Karten	1

Borussia Dortmund – Hannover 96 2:2 (1:0)

Borussia Dortmund: Weidenfeller - P. Degen, Brzenska, Wörns, Dede - Kruska - Tinga, Pienaar, Kringe - Frei (65. Tyrala), Smolarek
Hannover 96: Enke - Cherundolo, Vinicius, Zuraw, Tarnat - Lala (59. Rosenthal) - Balitsch (89. Fahrenhorst), Yankov (59. Hashemian), Huszti - Stajner, Brdaric
Tore: 1:0 Smolarek (5.), 1:1 Hashemian (74.), 2:1 Smolarek (76.), 2:2 Huszti (77.) **Ecken:** 3:4 **Schiedsrichter:** Stark (Landshut) **Zuschauer:** 66.100
Gelb: Pienaar, Kruska - Huszti, Hashemian **Gelb-Rot:** keine **Rot:** keine

Werder Bremen – Borussia Mönchengladbach 3:0 (3:0)

Werder Bremen: Wiese - Fritz, Mertesacker, Naldo, Wome - Baumann (33. D. Jensen) - Frings, Diego, Schulz - Hunt (71. Zidan), Klose (67. Klasnic)
Borussia Mönchengladbach:: Keller - Kirch, Svensson (68. Levels), Ze Antonio, Jansen - Thijs - Polanski, Delura, El Fakiri (46. Kluge) - Sverkos (71. Insua), Kahé
Tore: 1:0 Hunt (33.), 2:0 Schulz (35.), 3:0 Diego (38.) **Ecken:** 5:3
Schiedsrichter: Meyer (Burgdorf)
Zuschauer: 41.179 **Gelb:** Frings - El Fakiri, Svensson, Polanski
Gelb-Rot: keine **Rot:** keine

1. FC Nürnberg – 1. FSV Mainz 05 1:1 (1:0)

1. FC Nürnberg: Schäfer - D. Reinhardt, Wolf, Glauber, Pinola (90+1. Kristiansen) - Mintal (63. Banovic), Galasek (71. Nikl), Mnari - Polak, Saenko - Vittek
1. FSV Mainz 05: Wache - Cha (78. Damm), M. Friedrich, Noveski, Rose - F. Gerber, Pekovic (62. Babatz), Azaouagh (46. Diakite) - Amri, Feulner - Edu
Tore: 1:0 Polak (24.), 1:1 Babatz (85.)
Besonderes Vorkommnis: Vittek verschießt Foulelfmeter (27.) **Ecken:** 4:3
Schiedsrichter: Seemann (Essen)
Zuschauer: 38.004 **Gelb:** Glauber, Wolf - Rose **Gelb-Rot:** keine **Rot:** Mnari (43.)

DSC Arminia Bielefeld – FC Energie Cottbus 3:1 (0:1)

DSC Arminia Bielefeld: Hain - Bollmann, Westermann, Gabriel, Schuler - Marx (46. Masmanidis), Kauf - Kamper (87. Ndjeng), Böhme - Wichniarek, Zuma (70. Kucera)
FC Energie Cottbus: Piplica - Szelesi (70. Jungnickel), McKenna, Mitreski, Ziebig - Küntzel, V. da Silva, T. Rost (70. Baumgart), Munteanu (76. Gunkel) - Radu, Kioyo
Tore: 0:1 Munteanu (22.), 1:1 Zuma (48.), 2:1 Wichniarek (62.), 3:1 Masmanidis (74.) **Ecken:** 2:4
Schiedsrichter: Drees (Mainz)
Zuschauer: 17.543 **Gelb:** Bollmann, Masmanidis - Küntzel, V. da Silva
Gelb-Rot: keine **Rot:** keine

und Sascha Rösler in der 48. Minute in nur 60 Sekunden.

Zum Spitzen-Quintett ist auch der zweite bayerische Vertreter, der 1. FC Nürnberg, zurückgekehrt – nach dem 1:1 zu Hause gegen den 1. FSV Mainz 05. Hans Meyer will von einer neuen Zielvorgabe beim „Club" allerdings nichts wissen.

Sieben Minuten gegen Borussia Mönchengladbach reichen Werder Bremen für den zweiten Heimsieg. Aaron Hunt, Christian Schulz und Diego bringen den Champions-League-Teilnehmer zwischen der 33. und 39. Minute auf Erfolgskurs. Interessant, dass Werder mit der jüngsten Mannschaft überhaupt seit 19 Jahren antritt: Durchschnittsalter 25,3 Jahre. Die Borussen bleiben als einziges Team ohne Auswärtspunkt.

Das Klima in Dortmund wird hingegen unangenehmer. Dem 2:2 zu Hause gegen Hannover 96 folgt ein klärendes Analyse-Gespräch mit Geschäftsführer Hans-Joachim Watzke, Sportdirektor Michael Zorc und Trainer Bert van Marwijk. „Offen, konstruktiv und teilweise kontrovers", fasst Watzke kurz und knapp zusammen.

Verwöhnt werden die Fans von Bielefeld und Leverkusen. Mit 3:1 besiegt die Arminia Aufsteiger FC Energie Cottbus. Die Bayer-Mannschaft von Michael Skibbe feiert mit demselben Ergebnis den zweiten Saisonerfolg und meldet sich damit im oberen Tabellendrittel zurück.

Christian Schulz – hier gegen Gladbachs Bernd Thijs (rechts) – ist für Bremen erfolgreich.

Jubel über zwei Tore und einen 3:1-Sieg gegen Schalke 04: Leverkusens Gonzalo Castro.

Der Torschütze des Spieltages

Gonzalo Castro ist der Shooting-Star im Trikot von Bayer 04 Leverkusen. Beim 3:1-Erfolg gegen den FC Schalke 04 trifft der 19-Jährige erstmals doppelt. Dem vielseitig einsetzbaren Talent – der gelernte Mittelfeldspieler schaffte den Sprung über die Rolle als Rechtsverteidiger – gelingt dabei sogar ein spektakulärer Treffer Marke „Tor des Monats". Anfang der zweiten Halbzeit erzielt er mit sehenswertem Scherenschlag aus 18 Metern die 2:1-Führung. Sein erstes Bundesliga-Tor war Castro bereits am ersten Spieltag gegen Aachen gelungen. „Gonzalo ist nicht nur ein sehr konzentrierter Abwehrspieler, sondern auch ein wirklich toller Fußballer", schwärmt Rudi Völler. Und auch Bundestrainer Joachim Löw ist schon auf ihn aufmerksam geworden.

6. SPIELTAG

RESULTATE

Freitag, 29.09.2006	Borussia Dortmund – Hannover 96	2:2	(1:0)
Samstag, 30.09.2006	Werder Bremen – Bor. M'gladbach	3:0	(3:0)
	1. FC Nürnberg – 1. FSV Mainz 05	1:1	(1:0)
	Arminia Bielefeld – Energie Cottbus	3:1	(0:1)
	Eintracht Frankfurt – Hamburger SV	2:2	(1:0)
	VfL Wolfsburg – FC Bayern München	1:0	(1:0)
	Alemannia Aachen – VfL Bochum	2:1	(0:1)
Sonntag, 01.10.2006	Bayer Leverkusen – FC Schalke 04	3:1	(1:1)
	Hertha BSC Berlin – VfB Stuttgart	2:2	(2:1)

TORJÄGER

Jan Schlaudraff	Alemannia Aachen	4
Boubacar Sanogo	Hamburger SV	4
Kahé	Borussia Mönchengladbach	4
Thomas Brdaric	Hannover 96	3
Marko Pantelic	Hertha BSC Berlin	3
Ioannis Amanatidis	Eintracht Frankfurt	3
Vlad Munteanu	FC Energie Cottbus	3
Cacau	VfB Stuttgart	3
und drei weitere Spieler mit je drei Treffern		

PERSONALIEN

Falko Götz erklimmt mit Hertha BSC Berlin nach einem 2:2 zu Hause gegen Stuttgart die Tabellenführung. Mit nur zwei Siegen und vier Unentschieden sind die Berliner damit aber – rein statistisch gesehen – der schwächste Tabellenführer in der Bundesliga-Geschichte.

TABELLE

Rang	Club	Sp.	g	u	v	Tore	Diff.	Pkt.	
1	Hertha BSC Berlin	6	2	4	0	10:4	6	10	↗
2	1. FC Nürnberg	6	2	4	0	7:3	4	10	↗
3	Werder Bremen	6	3	1	2	12:9	3	10	↗
4	FC Bayern München	6	3	1	2	7:5	2	10	↘
5	FC Schalke 04	6	3	1	2	7:6	1	10	↘
6	Alemannia Aachen	6	3	0	3	10:9	1	9	↗
7	Borussia M'gladbach	6	3	0	3	6:8	-2	9	↗
8	Bayer 04 Leverkusen	6	2	2	2	10:8	2	8	↗
9	Eintracht Frankfurt	6	1	5	0	8:6	2	8	↘
10	Borussia Dortmund	6	2	2	2	7:7	0	8	↘
11	FC Energie Cottbus	6	2	2	2	7:8	-1	8	↘
12	VfB Stuttgart	6	2	2	2	10:13	-3	8	↘
13	DSC Arminia Bielefeld	6	2	1	3	9:9	0	7	↗
14	1. FSV Mainz 05	6	1	4	1	6:7	-1	7	↘
15	VfL Wolfsburg	6	1	3	2	3:5	-2	6	↗
16	Hamburger SV	6	0	5	1	7:8	-1	5	↘
17	Hannover 96	6	1	2	3	7:15	-8	5	→
18	VfL Bochum	6	1	1	4	6:9	-3	4	↘

Eintracht Frankfurt – Hamburger SV 2:2 (1:0)

Eintracht Frankfurt: Pröll - Kyrgiakos, Cimen, Vasoski - Huggel (76. Russ), Spycher - Ochs, A. Meier, Köhler (60. Thurk) - Takahara, Amanatidis (87. Huber)
Hamburger SV: Kirschstein - de Jong (46. Fillinger), B. Reinhardt (39. Mathijsen), Kompany, Sorin - Jarolim (61. Guerrero), Wicky, Laas - Trochowski - Sanogo, Ljuboja
Tore: 1:0 A. Meier (36.), 1:1 Ljuboja (51.), 2:1 Amanatidis (58.), 2:2 Sanogo (69.) **Ecken:** 4:1 **Schiedsrichter:** Fleischer (Sigmertshausen) **Zuschauer:** 51.500 **Gelb:** Jarolim, Mathijsen, Sanogo **Gelb-Rot:** keine **Rot:** keine

VfL Wolfsburg – FC Bayern München 1:0 (1:0)

VfL Wolfsburg: Jentzsch - Möhrle, Madlung, Hofland, Stegmayer - Sarpei, Santana, van der Leegte, Krzynowek (60. Karhan) - Makiadi (83. Hoogendorp), Hanke (69. Lamprecht)
FC Bayern München: Kahn - Sagnol, Lucio, van Buyten, Lahm - van Bommel, Ottl (46. Santa Cruz) - Salihamidzic (46. Karimi), Schweinsteiger - Makaay (76. Podolski), Pizarro
Tor: 1:0 Hanke (36.) **Ecken:** 2:7
Schiedsrichter: Merk (Otterbach)
Zuschauer: 30.000 (ausverkauft)
Gelb: van der Leegte, Lamprecht - Schweinsteiger
Gelb-Rot: keine **Rot:** keine

Alemannia Aachen – VfL Bochum 2:1 (0:1)

Alemannia Aachen: Nicht - Pinto, Herzig, Sichone, Leiwakabessy - Plaßhenrich - Reghecampf (86. Noll), Rösler, Dum (73. Fiel) - Ebbers, Schlaudraff (90. Nemeth)
VfL Bochum: Skov-Jensen - Pallas, Maltritz, Drsek, Bönig - Zdebel - Dabrowski (84. Butscher), Misimovic, Trojan (71. Ilicevic) - Gekas, Fabio Junior (80. Rathgeber)
Tore: 0:1 Misimovic (36.), 1:1 Schlaudraff (48.), 2:1 Rösler (49.) **Ecken:** 2:6
Schiedsrichter: Wagner (Hofheim)
Zuschauer: 20.300 (ausverkauft)
Gelb: Sichone, Dum, Schlaudraff - Misimovic, Zdebel
Gelb-Rot: keine **Rot:** keine

Bayer 04 Leverkusen – FC Schalke 04 3:1 (1:1)

Bayer 04 Leverkusen: Butt - Haggui, Madouni (40. Kießling), Juan, Castro - Ramelow, Rolfes - Freier (68. Schwegler), Barbarez, Schneider - Voronin (90+1. Babic)
FC Schalke 04: F. Rost - Varela (63. Hamit Altintop), Bordon, Rodriguez, Krstajic - Ernst - Bajramovic (72. Özil), Lincoln, Kobiashvili (58. Løvenkrands) - Halil Altintop, Kuranyi
Tore: 0:1 Bordon (6.), 1:1 Castro (28.), 2:1 Castro (47.), 3:1 Ramelow (56.)
Ecken: 5:10
Schiedsrichter: Wack (Biberbach)
Zuschauer: 22.500 (ausverkauft)
Gelb: Madouni, Freier, Haggui, Castro - Bordon **Gelb-Rot:** keine **Rot:** keine

Hertha BSC Berlin – VfB Stuttgart 2:2 (2:1)

Hertha BSC Berlin: Fiedler - A. Friedrich, van Burik, Simunic - Chahed, Dardai - Cairo (84. Samba), Neuendorf (76. Okoronkwo), K. Boateng (60. Ebert) - Gimenez, Pantelic
VfB Stuttgart: Hildebrand - Osorio, Tasci, Delpierre, Magnin - Hilbert (70. Gentner), Pardo, Hitzlsperger - A. da Silva (90+1. Khedira) - Gomez, Cacau (81. Tomasson)
Tore: 0:1 Gomez (4.), 1:1 A. Friedrich (9.), 2:1 Pantelic (14.), 2:2 Cacau (57.) **Ecken:** 6:2
Schiedsrichter: Kinhöfer (Herne)
Zuschauer: 48.637 **Gelb:** Neuendorf, Chahed - Pardo, Tasci, Magnin
Gelb-Rot: keine **Rot:** keine

Bremer Schützenfest – Stuttgart löst Blockade

Die „großen Drei" kehren wieder an die Tabellenspitze zurück! Mit einem eindrucksvollen 6:0-Kantersieg beim Aufsteiger VfL Bochum übernimmt Werder Bremen erstmals wieder den „Platz an der Sonne". Obwohl Pott-Poet Herbert Gronemeyer mit seinen Songzeilen „Bochum, ich komm aus dir – Bochum, ich häng an dir" die Fans vor dem Match im rewirpower-Stadion live einstimmt, enden die 90 Minuten mit einem mehr als ernüchternden Ergebnis für die Mannschaft des Schweizer Trainers Marcel Koller.

Auch in der Münchner Allianz Arena fällt ein halbes Dutzend Tore. Der FC Bayern feiert einen 4:2-Sieg gegen Hertha BSC Berlin. Felix Magath geht dabei volles Risiko, bietet beim deutschen Rekordmeister erstmals mit Roy Makaay, Claudio Pizarro und Lukas Podolski von Beginn an drei Stürmer auf. Mit geradezu durchschlagendem Erfolg, denn alle drei Angreifer erzielen einen Treffer.

Zu einem etwas glücklichen 2:1-Erfolg kommt der dritte „Große" im Bunde: Der FC Schalke 04 entführt aus der AOL Arena beim Hamburger SV drei Punkte. Dabei kassieren die Hanseaten erneut eine Rote Karte und verschießen auch noch einen Elfmeter. Die „Rothosen" befinden sich in einem anhaltenden Tief. Seit insgesamt 14 Pflichtspielen warten die Schützlinge von Thomas Doll nun schon auf einen Erfolg. Der einzig noch verbliebene Bundesliga-Dauerbrenner bleibt weiter im Tabellenkeller, liegt als 17. auf einem Abstiegsrang.

Jubel hingegen im Schwabenland: Der VfB Stuttgart schafft im vierten Heimspiel endlich seinen ersten Erfolg. Mit 3:0 besiegt die Mannschaft von Armin Veh Bayer 04 Leverkusen deutlich. „Wir haben die Blockade gelöst, jetzt greifen wir auch zu Hause wieder voll an", zeigt sich der VfB-Trainer absolut zufrieden.

Einen ganz wichtigen Erfolg erringt auch Borussia Dortmund mit dem 3:2 bei Energie Cottbus. Zwei Tore

Torschütze des Spieltages

Sein erstes Bundesliga-Tor für den FC Bayern München gelingt Lukas Podolski beim 4:2-Heimsieg gegen Hertha BSC Berlin. Die Stadionuhr in der Allianz Arena zeigt exakt 17.03 Uhr an, es läuft die 78. Minute, als „Prinz Poldi" den Ball gekonnt über Gäste-Schlussmann Christian Fiedler zirkelt und seinen Premiere-Treffer erzielt. Kommentar des früheren Kölners: „Ich geb' Gas, ich hab´ Spaß. Klar, dass ich mich unheimlich freue." Wie gut gelaunt der Nationalspieler nach seinem so lange ersehnten Erfolgserlebnis ist, beweist sein Abgang aus dem Münchner WM-Stadion. Als ein Reporter Sepp Herbergers bekannten Satz „Ein Spiel dauert immer 90 Minuten" zitiert, läuft Podolski im Hintergrund vorbei und ruft: „Und am Ende gewinnen immer die Bayern!"

Tor-Premiere im Trikot des FC Bayern München: Lukas Podolski.

Ball im Visier: Schalkes Kevin Kuranyi (links) und Joris Mathijsen vom HSV.

DATEN & FAKTEN

Zuschauer gesamt	351.232
pro Spiel	39.026
Tore gesamt	35
Elfmeter	5
Eigentore	0
Gelbe Karten	35
Gelb/Rote Karten	2
Rote Karten	0

1. FSV Mainz 05 – Alemannia Aachen 1:3 (1:2)

■ **1. FSV Mainz 05: Wache** - Cha (84. Babatz), M. Friedrich, Gunesch, Rose - Pekovic (69. Jovanovic) - F. Gerber, Amri, Feulner - Diakite (59. Azaouagh), Edu
■ **Alemannia Aachen:** Nicht - Stehle (66. Fiel), Herzig, Sichone, Leiwakabessy (79. Noll) - Plaßhenrich - Reghecampf, Rösler, Dum - Ebbers, Schlaudraff (86. Lehmann)
Tore: 1:0 Rose (29.), 1:1 Stehle (33.), 1:2 Rösler (38.), 1:3 Ebbers (78.)
Ecken: 7:4 **Schiedsrichter:** Gräfe (Berlin)
Zuschauer: 20.300 (ausverkauft)
Gelb: Rose, Azaouagh - Rösler, Dum, Sichone, Herzig, Schlaudraff
Gelb-Rot: keine **Rot:** keine

FC Bayern München – Hertha BSC Berlin 4:2 (2:0)

■ **FC Bayern München:** Kahn - Sagnol, Lucio, van Buyten, Lahm - van Bommel (46. Demichelis), Ottl, Schweinsteiger - Pizarro (61. Scholl), Podolski, Makaay (85. Dos Santos)
■ **Hertha BSC Berlin:** Fiedler - A. Friedrich, van Burik, Simunic, Fathi - Chahed (85. Lakic), Dardai, Ebert (56. Cairo) - K. Boateng - Pantelic, Gimenez (46. Okoronkwo)
Tore: 1:0 Makaay (9.), 2:0 Sagnol (15.), 3:0 Pizarro (53.), 3:1 Fathi (58.), 3:2 Pantelic (73.), 4:2 Podolski (78.) **Ecken:** 4:5 **Schiedsrichter:** Rafati (Hannover) **Zuschauer:** 69.000 (ausverkauft) **Gelb:** Demichelis - K. Boateng, Ebert, Cairo **Gelb-Rot:** keine **Rot:** keine

Hamburger SV – FC Schalke 04 1:2 (1:1)

■ **Hamburger SV:** Kirschstein - Benjamin, Wicky, Mathijsen, Sorin - Laas (69. Guerrero), de Jong (46. Fillinger), Jarolim - Trochowski - Sanogo, Ljuboja (46. Feilhaber)
■ **FC Schalke 04:** F. Rost - Rafinha, Bordon, Rodriguez, Krstajic - Hamit Altintop (80. Varela), Bajramovic, Kobiashvili - Lincoln (90+1. Løvenkrands) - Halil Altintop (70. Özil), Kuranyi
Tore: 0:1 Halil Altintop (16.), 1:1 Trochowski (30.), 1:2 Bordon (53.) **Besonderes Vorkommnis:** Sanogo verschießt Foulelfmeter (48.) **Ecken:** 7:2 **Schiedsrichter:** Brych (München) **Zuschauer:** 57.000 (ausverkauft) **Gelb:** de Jong, Sorin - Kobiashvili, Rafinha
Gelb-Rot: Jarolim (43.) **Rot:** keine

VfB Stuttgart – Bayer 04 Leverkusen 3:0 (1:0)

■ **VfB Stuttgart:** Hildebrand - Tasci, Meira (35. Gentner), Delpierre, Boka - Pardo - Hilbert, A. da Silva, Khedira (72. Hitzlsperger) - Cacau, Gomez (79. Streller)
■ **Bayer 04 Leverkusen:** Butt - Schneider, Haggui, Juan, Castro (59. Babic) - Ramelow, Rolfes - Freier (80. Schwegler), Barbarez - Kießling (46. Barnetta), Voronin
Tore: 1:0 Gomez (22.), 2:0 Boka (48.), 3:0 Hitzlsperger (76.) **Besonderes Vorkommnis:** A. da Silva verschießt Handelfmeter (61.) **Ecken:** 5:3
Schiedsrichter: Gagelmann (Bremen)
Zuschauer: 35.000 **Gelb:** Hilbert - Juan
Gelb-Rot: Ramelow (61.) **Rot:** keine

Bayern - Berlin: Josip Simunic und Dick van Burik mit Claudio Pizarro und Lucio (von links).

von Markus Brzenska sorgen wieder für ein Stück mehr Ruhe beim BVB.

Zum fünften Mal in Folge ohne Sieg bleibt hingegen der 1. FC Nürnberg durch ein 1:1-Unentschieden im Heimspiel gegen DSC Arminia Bielefeld. Ebenfalls 1:1 trennen sich Hannover 96 und Eintracht Frankfurt. „Mann des Tages" ist dabei Eintracht-Schlussmann Markus Pröll, der auch den dritten Elfmeter in dieser Saison abwehren kann. Mit Pröll jubelt auch sein Teamkollege Alexander Meier, dem mit dem Ausgleichstreffer in der 56. Minute der dritte Treffer im dritten Spiel in Serie gelingt.

Eine „weiße Weste" behält Borussia Mönchengladbach vor eigenem Publikum. Im vierten Heimspiel feiert Chefcoach Jupp Heynckes mit dem 3:1 gegen den VfL Wolfsburg mit den „Fohlen" schon den vierten Sieg. Die erste Niederlage vor eigenem Publikum muss hingegen der 1. FSV Mainz 05 hinnehmen. Das Team von Trainer Jürgen Klopp verliert mit 1:3 gegen den Aufsteiger Alemannia Aachen.

7. SPIELTAG

RESULTATE

Freitag, 13.10.2006	1. FSV Mainz 05 – Alemannia Aachen	1:3	(1:2)
Samstag, 14.10.2006	FC Bayern München – Hertha BSC	4:2	(2:0)
	Hamburger SV – FC Schalke 04	1:2	(1:1)
	VfB Stuttgart – Bayer 04 Leverkusen	3:0	(1:0)
	Borussia M'gladbach – Wolfsburg	3:1	(2:1)
	Hannover 96 – Eintracht Frankfurt	1:1	(1:0)
	VfL Bochum – Werder Bremen	0:6	(0:1)
Sonntag, 15.10.2006	1. FC Nürnberg – Arminia Bielefeld	1:1	(1:1)
	FC Energie Cottbus – Bor. Dortmund	2:3	(1:1)

TORJÄGER

Marko Pantelic	Hertha BSC Berlin	4
Vlad Munteanu	FC Energie Cottbus	4
Jan Schlaudraff	Alemannia Aachen	4
Mario Gomez	VfB Stuttgart	4
Boubacar Sanogo	Hamburger SV	4
Kahé	Borussia Mönchengladbach	4
Thomas Brdaric	Hannover 96	3
Roy Makaay	FC Bayern München	3
und acht weitere Spieler mit je drei Treffern		

PERSONALIEN

Werder Bremen feiert einen 6:0-Erfolg beim VfL Bochum, Hauptverantwortlich für die Fußball-Gala ist Spielmacher **Diego**. Der Brasilianer ist an fünf der sechs Treffer direkt beteiligt. So viele Scorer-Punkte in einem Spiel sammelte zuletzt **Roy Makaay** im Februar 2005.

Michael Tarnat, Boubacar Sanogo und **Antonio da Silva** vergeben allesamt einen Elfmeter für Hannover 96, den Hamburger SV und den VfB Stuttgart. Bereits zum dritten Mal in der noch jungen Saison bewährt sich der Frankfurter **Markus Pröll** dabei und pariert den Strafstoß.

TABELLE

Rang	Club	Sp.	g	u	v	Tore	Diff.	Pkt.	
1	Werder Bremen	7	4	1	2	18:9	9	13	↗
2	FC Bayern München	7	4	1	2	11:7	4	13	↗
3	FC Schalke 04	7	4	1	2	9:7	2	13	↗
4	Alemannia Aachen	7	4	0	3	13:10	3	12	↗
5	Borussia M'gladbach	7	4	0	3	9:9	0	12	↗
6	1. FC Nürnberg	7	2	5	0	8:4	4	11	↘
7	Borussia Dortmund	7	3	2	2	10:9	1	11	↗
8	VfB Stuttgart	7	3	2	2	13:13	0	11	↗
9	Hertha BSC Berlin	7	2	4	1	12:8	4	10	↘
10	Eintracht Frankfurt	7	1	6	0	9:7	2	9	↘
11	DSC Arminia Bielefeld	7	2	2	3	10:10	0	8	↗
12	Bayer 04 Leverkusen	7	2	2	3	10:11	-1	8	↘
13	FC Energie Cottbus	7	2	2	3	9:11	-2	8	↘
14	1. FSV Mainz 05	7	1	4	2	7:10	-3	7	→
15	VfL Wolfsburg	7	1	3	3	4:8	-4	6	→
16	Hannover 96	7	1	3	3	8:16	-8	6	↗
17	Hamburger SV	7	0	5	2	8:10	-2	5	↘
18	VfL Bochum	7	1	1	5	6:15	-9	4	→

Borussia Mönchengladbach – VfL Wolfsburg 3:1 (2:1)

Borussia Mönchengladbach: Keller - Kirch, Levels, Ze Antonio, Compper - Thijs (69. Fleßers) - Delura, Insua (80. D. Degen), Kluge - Kahé, Neuville (66. Rafael)
VfL Wolfsburg: Jentzsch - Möhrle, Madlung, Hofland, Stegmayer - Santana, van der Leegte - Sarpei (69. Menseguez), Krzynowek (58. Makiadi) - Hanke, Hoogendorp (46. Boakye)
Tore: 0:1 Madlung (16.), 1:1 Kluge (34.), 2:1 Neuville (35.), 3:1 D. Degen (83.) **Ecken:** 5:3 **Schiedsrichter:** Perl (München) **Zuschauer:** 45.096 **Gelb:** Kluge - Hofland, Santana **Gelb-Rot:** keine **Rot:** keine

Hannover 96 – Eintracht Frankfurt 1:1 (1:0)

Hannover 96: Enke - Cherundolo, Vinicius, Zuraw, Tarnat - Balitsch - Stajner (64. Schröter), Bruggink, Huszti - Hashemian, Brdaric (67. Rosenthal)
Eintracht Frankfurt: Pröll - Ochs, Kyrgiakos, Vasoski, Spycher - Huggel, Fink (90+1. Russ) - Streit (84. Köhler), A. Meier, Thurk (65. Takahara) - Amanatidis
Tore: 1:0 Hashemian (21.), 1:1 A. Meier (56.) **Besonderes Vorkommnis:** Tarnat verschießt Foulelfmeter (26.) **Ecken:** 7:6 **Schiedsrichter:** Sippel (München) **Zuschauer:** 34.021 **Gelb:** Kyrgiakos **Gelb-Rot:** keine **Rot:** keine

VfL Bochum – Werder Bremen 0:6 (0:1)

VfL Bochum: Skov-Jensen - Pallas (67. Ilicevic), Maltritz, Butscher, Bönig - Dabrowski, Zdebel, Trojan - Misimovic (72. van Hout) - Fabio Junior, Gekas
Werder Bremen: Wiese - Fritz, Mertesacker, Naldo, Wome - Frings, Baumann (69. Vranjes), Schulz (78. Andreasen) - Diego - Klose, Hunt (63. Klasnic)
Tore: 0:1 Hunt (7.), 0:2 Schulz (60.), 0:3 Vranjes (76.), 0:4 Diego (77.), 0:5 Fritz (88.), 0:6 Naldo (90.) **Ecken:** 3:6 **Schiedsrichter:** Weiner (Giesen) **Zuschauer:** 31.328 (ausverkauft) **Gelb:** Misimovic, Bönig - Diego **Gelb-Rot:** keine **Rot:** keine

1. FC Nürnberg – DSC Arminia Bielefeld 1:1 (1:1)

1. FC Nürnberg: Schäfer - D. Reinhardt, Wolf, Glauber, Pinola - Galasek - Polak, Banovic (76. Gresko) - Vittek, Schroth (58. Mintal), Saenko (84. Benko)
DSC Arminia Bielefeld: Ziegler - Korzynietz, Westermann, Gabriel, Schuler - Kucera, Kauf - Kamper (59. Masmanidis), Böhme (81. Marx) - Wichniarek (71. Eigler), Zuma
Tore: 0:1 Böhme (25., Foulelfmeter), 1:1 Polak (39.) **Ecken:** 11:3 **Schiedsrichter:** Merk (Otterbach) **Zuschauer:** 39.788 **Gelb:** Schäfer, Pinola - Kauf **Gelb-Rot:** keine **Rot:** keine

FC Energie Cottbus – Borussia Dortmund 2:3 (1:1)

FC Energie Cottbus: Piplica - V. da Silva (36. Szelesi), Mitreski, McKenna, Ziebig - T. Rost (67. Gunkel), Kukielka - Küntzel (63. Baumgart), Radu, Munteanu - Kioyo
Borussia Dortmund: Weidenfeller - Kringe, Brzenska, Wörns, Dede - Kruska - Tinga, Pienaar, Ricken - Frei (89. P. Degen), Smolarek
Tore: 0:1 Brzenska (2.), 1:1 V. da Silva (3.), 1:2 Brzenska (57.), 1:3 Frei (59.), 2:3 Munteanu (89., Foulelfmeter) **Ecken:** 7:2 **Schiedsrichter:** Meyer (Burgdorf) **Zuschauer:** 19.699 **Gelb:** T. Rost, Küntzel, Mitreski, Gunkel, McKenna - Brzenska, Ricken, Kruska **Gelb-Rot:** keine **Rot:** keine

Werder-Gala beim Gipfel – Diego zaubert gegen Bayern

Beim Gipfeltreffen am 8. Spieltag behält Werder Bremen mit 3:1 klar die Oberhand gegen den amtierenden Meister FC Bayern München. 42.100 Zuschauer im ausverkauften Weser-Stadion sehen eine 90-minütige Gala-Vorstellung von Diego. Der brasilianische Mittelfeldspieler erzielt nicht nur die 1:0-Führung in der elften Minute, er verzaubert nicht nur die Fans, sondern auch den Fußball-„Kaiser": „Diego, das ist im Moment der Unterschied zwischen Bremen und dem FC Bayern", so das Urteil von Franz Beckenbauer.

Obwohl Felix Magath erneut mit drei Stürmern agiert, zeigt er sich unzufrieden: „Alle Drei sind vorne geblieben, haben das Mittelfeld nicht unterstützt." Pechvogel des Nachmittags: Bayern-Innenverteidiger Lucio, der an allen drei Werder-Toren beteiligt ist. Beim 0:1 verliert der Brasilianer das Laufduell gegen Landsmann Diego, beim 0:2 durch Pierre Wome dreht sich Lucio weg. Das dritte Tor für die Grün-Weißen erzielt der 28-Jährige selbst per Eigentor.

Philipp Lahm (rechts) und der FC Bayern haben das Nachsehen gegen Torsten Frings und Werder.

Derby-Fieber: Dortmunds Florian Kringe (links) im Zweikampf mit Bochums Filip Trojan.

Schärfster Werder-Verfolger ist der FC Schalke 04. Den „Königsblauen" gelingt gegen Hannover 96 durch Treffer von Zlatan Bajramovic und Levan Kobiashvili ein 2:1-Erfolg. 96-Trainer Dieter Hecking muss damit im fünften Spiel seine erste Niederlage hinnehmen. Zu einem Punktgewinn reicht es für den Tabellenletzten VfL Bochum beim Revier-Nachbarn Borussia Dortmund. Nachdem Theofanis Gekas die Gäste in der 30. Minute sogar in Führung bringt, währt die Freude nur fünf Minuten, ehe Smolarek den Endstand herstellt.

Auf des Gegners Platz weiter Punktelieferant bleibt Borussia Mönchengladbach. Das Team von Jupp Heynckes verliert bei Hertha BSC Berlin auch das vierte Auswärtsspiel der Saison. Mit seinem fünften Saisontor sichert Marko Pantelic den 2:1-Erfolg und Rang drei. „Fohlen"-Bilanz seit dem Wiederaufstieg 2001: Nur neun von 89 Auswärtsspielen wurden gewonnen.

Den dritten Heimsieg in Serie feiert Arminia Bielefeld mit einem 1:0 gegen den 1. FSV Mainz 05. Durch einen Treffer von Dirk Westermann in der 72. Minute klettert Thomas von Heesens Mannschaft auf Rang zehn. Mainz liegt nur noch aufgrund der

DATEN & FAKTEN

Zuschauer gesamt	355.695
pro Spiel	39.522
Tore gesamt	25
Elfmeter	1
Eigentore	1
Gelbe Karten	28
Gelb/Rote Karten	0
Rote Karten	0

Borussia Dortmund – VfL Bochum 1:1 (1:1)

Borussia Dortmund: Weidenfeller - Kringe, Wörns, Brzenska (55. Amedick), Dede - Tinga (69. P. Degen), Kruska, Ricken (60. Valdez) - Pienaar - Frei, Smolarek
VfL Bochum: Bade - Schröder, Maltritz, Butscher, Bönig - Dabrowski, Zdebel, Trojan (88. Grote) - Misimovic - Gekas, Fabio Junior (77. Ilicevic)
Tore: 0:1 Gekas (30.), 1:1 Smolarek (35.) **Ecken:** 4:1 **Schiedsrichter:** Sippel (München) **Zuschauer:** 75.100
Gelb: Brzenska - Zdebel **Gelb-Rot:** keine **Rot:** keine

Werder Bremen – FC Bayern München 3:1 (2:1)

Werder Bremen: Wiese - Fritz, Mertesacker, Naldo, Wome - Baumann - Frings, Diego (90+2. Pasanen), Vranjes (83. Andreasen) - Hunt (80. Almeida), Klose
FC Bayern München: Kahn - Sagnol, Lucio (74. Demichelis), van Buyten, Lahm - Ottl - van Bommel (67. Salihamidzic), Schweinsteiger - Pizarro, Makaay, Podolski (67. Karimi)
Tore: 1:0 Diego (11.), 2:0 Wome (34.), 2:1 Makaay (37.), 3:1 Lucio (62., Eigentor) **Ecken:** 7:4
Schiedsrichter: Fandel (Kyllburg)
Zuschauer: 42.100 (ausverkauft)
Gelb: Diego - Schweinsteiger, Sagnol
Gelb-Rot: keine **Rot:** keine

FC Schalke 04 – Hannover 96 2:1 (2:0)

FC Schalke 04: F. Rost - Rafinha, Hoogland, Rodriguez, Krstajic - Hamit Altintop (83. Varela), Bajramovic, Kobiashvili - Lincoln - Halil Altintop (90. Boenisch), Kuranyi (72. Løvenkrands)
Hannover 96: Enke - Cherundolo, Fahrenhorst, Zuraw, Tarnat (80. Jendrisek) - Balitsch (46. Yankov), Vinicius (66. Schröter) - Stajner, Rosenthal, Huszti - Hashemian
Tore: 1:0 Bajramovic (17.), 2:0 Kobiashvili (27.), 2:1 Rosenthal (52.)
Ecken: 3:2 **Schiedsrichter:** Fleischer (Sigmertshausen) **Zuschauer:** 61.031
Gelb: Bajramovic, Lincoln, Rodriguez - Balitsch, Fahrenhorst, Tarnat, Stajner
Gelb-Rot: keine **Rot:** keine

Hertha BSC Berlin – Borussia Mönchengladbach 2:1 (0:0)

Hertha BSC Berlin: Fiedler - A. Friedrich, van Burik (70. Samba), Simunic, Fathi - Dardai - Cairo (77. Chahed), Bastürk, K. Boateng - Pantelic, Okoronkwo (74. Lakic)
Borussia Mönchengladbach: Keller - Kirch (78. Fleßers), Levels, Ze Antonio, Compper - Kluge - Delura, Thijs, Insua (61. D. Degen) - Kahé (61. Rafael), Neuville
Tore: 1:0 Dardai (50.), 1:1 Neuville (63.), 2:1 Pantelic (73.) **Ecken:** 5:2
Schiedsrichter: Merk (Otterbach)
Zuschauer: 43.604 **Gelb:** Insua
Gelb-Rot: keine **Rot:** keine

besseren Tordifferenz nicht auf einem Abstiegsrang, ist zudem seit sieben Spielen ohne Sieg.

Auf dem ersten Abstiegsplatz rangiert der VfL Wolfsburg, der zu Hause über ein 1:1 gegen den VfB Stuttgart nicht hinauskommt. Die Schwaben bleiben dank Mario Gomez auch im vierten Auswärtsspiel der Saison ungeschlagen. Mit seinem fünften Tor im fünften Spiel sichert der 21-jährige Shooting-Star das Unentschieden.

Trotz eines 2:2 dürfen sich Eintracht Frankfurt und der 1. FC Nürnberg als Gewinner fühlen. Nur diese beiden Mannschaften sind in der Bundesliga weiterhin ungeschlagen.

Im Aufsteiger-Vergleich zwischen Alemannia Aachen und dem FC Energie Cottbus behält das Gäste-Team von Petrik Sander die Oberhand. Trotz eines 0:1-Rückstands zur Pause, drehen Vlad Munteanu und Timo Rost noch das Spiel.

Augen zu und durch: Nürnbergs Markus Schroth gegen Frankfurts Sotirios Kyrgiakos.

Der Torschütze des Spieltages

Paolo Guerrero erlöst den Hamburger SV nach einer unglaublichen Negativ-Serie von 15 Pflichtspielen ohne Sieg. Durch zwei Tore des Peruaners gelingt ein 2:1 bei Bayer 04 Leverkusen. Thomas Doll wechselt den Sieg im wahrsten Sinne des Wortes ein. In der 69. Minute bringt er Guerrero anstelle von Danijel Ljuboja ins Spiel, zwei Minuten später gleicht der vom FC Bayern gekommene Angreifer Leverkusens Führung durch Andrey Voronin aus. Vier Minuten vor dem Abpfiff sichert er den ersten Saisonsieg.

Guerrero total happy: „Ich bin Stürmer, will immer Tore machen. Diese beiden freuen mich doppelt, weil wir alle endlich einen Sieg feiern wollten." Der HSV verschafft sich etwas Luft im Kampf gegen den Abstieg, klettert hoch auf Rang 13.

Zwei Treffer von Paolo Guerrero (rechts) in Leverkusen: erster Saisonsieg für den HSV.

8. SPIELTAG

RESULTATE

Freitag, 20.10.2006	Borussia Dortmund – VfL Bochum	1:1	(1:1)
Samstag, 21.10.2006	Werder Bremen – Bayern München	3:1	(2:1)
	FC Schalke 04 – Hannover 96	2:1	(2:0)
	Hertha BSC Berlin – Bor. M'gladbach	2:1	(0:0)
	Arminia Bielefeld – 1. FSV Mainz 05	1:0	(0:0)
	VfL Wolfsburg – VfB Stuttgart	1:1	(1:1)
	Alemannia Aachen – Energie Cottbus	1:2	(1:0)
Sonntag, 22.10.2006	Bayer Leverkusen – Hamburger SV	1:2	(1:0)
	Eintracht Frankfurt – 1. FC Nürnberg	2:2	(1:1)

TORJÄGER

Marko Pantelic	Hertha BSC Berlin	5
Vlad Munteanu	FC Energie Cottbus	5
Mario Gomez	VfB Stuttgart	5
Roy Makaay	FC Bayern München	4
Ioannis Amanatidis	Eintracht Frankfurt	4
Jan Schlaudraff	Alemannia Aachen	4
Diego	Werder Bremen	4
Boubacar Sanogo	Hamburger SV	4
Kahé	Borussia Mönchengladbach	4

PERSONALIEN

Zur Niederlage in Bremen mit seiner „Hilfestellung" kommt für Bayern Münchens **Lucio** weiteres Pech: Der Brasilianer muss auch noch verletzt vom Platz.

Marc Ziegler bleibt als einziger Torwart an diesem Spieltag ohne Gegentor. Die Mainzer stellen ihn beim 1:0-Sieg seiner Bielefelder allerdings auch vor keine allzu schwere Aufgabe.

TABELLE

Rang	Club	Sp.	g	u	v	Tore	Diff.	Pkt.	
1	Werder Bremen	8	5	1	2	21:10	11	16	→
2	FC Schalke 04	8	5	1	2	11:8	3	16	↗
3	Hertha BSC Berlin	8	3	4	1	14:9	5	13	↗
4	FC Bayern München	8	4	1	3	12:10	2	13	↘
5	1. FC Nürnberg	8	2	6	0	10:6	4	12	↗
6	Alemannia Aachen	8	4	0	4	14:12	2	12	↘
7	Borussia Dortmund	8	3	3	2	11:10	1	12	→
8	VfB Stuttgart	8	3	3	2	14:14	0	12	→
9	Borussia M'gladbach	8	4	0	4	10:11	-1	12	↘
10	DSC Arminia Bielefeld	8	3	2	3	11:10	1	11	↗
11	FC Energie Cottbus	8	3	2	3	11:12	-1	11	↗
12	Eintracht Frankfurt	8	1	7	0	11:9	2	10	↘
13	Hamburger SV	8	1	5	2	10:11	-1	8	↗
14	Bayer 04 Leverkusen	8	2	2	4	11:13	-2	8	↘
15	1. FSV Mainz 05	8	1	4	3	7:11	-4	7	↘
16	VfL Wolfsburg	8	1	4	3	5:9	-4	7	↘
17	Hannover 96	8	1	3	4	9:18	-9	6	↘
18	VfL Bochum	8	1	2	5	7:16	-9	5	→

DSC Arminia Bielefeld – 1. FSV Mainz 05 1:0 (0:0)

DSC Arminia Bielefeld: Ziegler - Korzynietz, Westermann, Gabriel, Schuler - Kauf, Kucera - Kamper (65. Masmanidis), Böhme (86. Kobylik) - Zuma, Wichniarek (89. Marx)
1. FSV Mainz 05: Wache - Cha (81. Jovanovic), M. Friedrich, Noveski, Rose - F. Gerber, Babatz, Feulner (67. Azaouagh) - Amri - Szabics (81. Damm), Edu
Tor: 1:0 Westermann (72.) **Ecken:** 3:2 **Schiedsrichter:** Stark (Landshut) **Zuschauer:** 19.260 **Gelb:** Korzynietz, Zuma - Amri, F. Gerber, Azaouagh **Gelb-Rot:** keine **Rot:** keine

VfL Wolfsburg – VfB Stuttgart 1:1 (1:1)

VfL Wolfsburg: Jentzsch - Quiroga (71. Menseguez), Madlung, Hofland, Sarpei - van der Leegte - Alex, Makiadi, Krzynowek - Boakye (83. Karhan), Hanke
VfB Stuttgart: Hildebrand - Osorio, Tasci, Delpierre, Boka - Pardo - Hilbert (86. Bierofka), A. da Silva, Khedira (63. Hitzlsperger) - Cacau (73. Tomasson), Gomez
Tore: 1:0 Hanke (26.), 1:1 Gomez (31.) **Ecken:** 4:10 **Schiedsrichter:** Wagner (Hofheim) **Zuschauer:** 21.927 **Gelb:** van der Leegte **Gelb-Rot:** keine **Rot:** keine

Alemannia Aachen – FC Energie Cottbus 1:2 (1:0)

Alemannia Aachen: Nicht - Pinto, Herzig, Sichone, Leiwakabessy (78. Nemeth) - Plaßhenrich (82. Noll) - Reghecampf (72. Fiel), Rösler, Dum - Ebbers, Schlaudraff
FC Energie Cottbus: Piplica - Schöckel (46. Szelesi), McKenna, Mitreski, Ziebig - T. Rost, Kukielka - Radu, Gunkel (72. Shao), Munteanu (86. Baumgart) - Kioyo
Tore: 1:0 Reghecampf (16.), 1:1 Munteanu (65.), 1:2 T. Rost (75.) **Ecken:** 6:0 **Schiedsrichter:** Wack (Biberbach) **Zuschauer:** 19.873 **Gelb:** Reghecampf, Pinto - Mitreski, Schöckel **Gelb-Rot:** keine **Rot:** keine

Bayer 04 Leverkusen – Hamburger SV 1:2 (1:0)

Bayer 04 Leverkusen: Butt - Haggui, Madouni (68. Stenman), Juan - Schwegler, Rolfes - Schneider, Barbarez, Barnetta (75. Freier) - Kießling (46. Toure), Voronin
Hamburger SV: Kirschstein - Klingbeil, Kompany, Mathijsen, Atouba - Feilhaber - Trochowski (88. Karl), van der Vaart (75. Fillinger), Sorin - Ljuboja (69. Guerrero), Sanogo
Tore: 1:0 Voronin (40.), 1:1 Guerrero (71.), 1:2 Guerrero (86.) **Ecken:** 8:4 **Schiedsrichter:** Drees (Mainz) **Zuschauer:** 22.500 (ausverkauft) **Gelb:** Barbarez - van der Vaart **Gelb-Rot:** keine **Rot:** keine

Eintracht Frankfurt – 1. FC Nürnberg 2:2 (1:1)

Eintracht Frankfurt: Pröll (70. Nikolov) - Ochs, Kyrgiakos, Vasoski, Spycher - Fink, Huggel - Thurk (60. Köhler), Weissenberger (70. A. Meier), Streit - Amanatidis
1. FC Nürnberg: Schäfer - D. Reinhardt, Wolf, Glauber, Pinola - Polak (85. Gresko), Galasek, Mnari - Vittek (81. Banovic), Saenko - Schroth
Tore: 1:0 Amanatidis (4., Handelfmeter), 1:1 Saenko (5.), 1:2 Pinola (50.), 2:2 Streit (56.) **Ecken:** 5:1 **Schiedsrichter:** Kircher (Rottenburg) **Zuschauer:** 50.300 **Gelb:** Vittek, Wolf, Banovic **Gelb-Rot:** keine **Rot:** keine

BUNDESLIGA

Stuttgarter Jugendstil – Frankfurt erstmals besiegt

Mit einem 0:3 in Stuttgart muss der FC Schalke 04 seine bisher höchste Saison-Niederlage hinnehmen. VfB-Trainer Armin Veh setzt weiter auf Jugendstil, seine Mannschaft weist ein Durchschnittsalter von nur 24 Jahren auf. Die Tore erzielen sogar noch jüngere Spieler, zwei 19-jährige Talente. Sami Khedira, Deutscher mit tunesischem Vater, erzielt in der 32. und 46. Minute erstmals zwei Tore in einem Bundesliga-Spiel. Serdar Tasci, Deutscher mit türkischen Eltern, sorgt in der 75. Minute für den Endstand. „Wir haben den richtigen Weg eingeschlagen, müssen ihn weiter konsequent verfolgen", zeigt sich Veh zufrieden. Der VfB klettert auf Rang vier.

Weiter an der Spitze bleibt Werder Bremen, das einen 6:1-Kantersieg beim FSV Mainz 05 feiert. Dabei treffen Miroslav Klose und Aaron Hunt jeweils doppelt. Schärfster Verfolger bleibt der FC Bayern München. Der deutsche Rekordmeister gewinnt gegen Frankfurt mit 2:0 und fügt der Eintracht damit gleichzeitig die erste Saisonniederlage zu. In der Allianz Arena wird „Oranje" gefeiert. Die beiden Holländer im Bayern-Trikot, Roy Makaay und Mark van Bommel, sichern den Erfolg innerhalb von nur fünf Minuten (24. und 29.).

Den Nimbus, in dieser Saison immer noch ungeschlagen zu sein, behält der 1. FC Nürnberg. Der „Club" trennt sich im easyCredit-Stadion von Borussia Dortmund 1:1. Das siebte Unentschieden in Folge für Nürnberg. BVB-Coach Bert van Marwijk ist mit dem Ergebnis durchaus zufrieden: „Die Mannschaft hat das richtige Signal gegeben."

Zeitweise hektisch geht es beim Derby zwischen dem FC Energie Cottbus und Hertha BSC zu, bei dem der Aufsteiger mit 2:0 die Oberhand behält. Der Berliner Solomon Ndubisi Okoronkwo sieht nach einem Kopfstoß gegen Zoltan Szelesi in der 77. Minute die Rote Karte. Trainer Falko Götz muss nach einem Disput mit dem vierten Offiziellen Harald Sather auf die Tribüne.

Den dritten Sieg im „Goldenen Oktober" landet Arminia Bielefeld. Mit dem 5:1 gegen Alemannia Aachen gelingt Thomas von Heesens überraschend stark auftrumpfender Mannschaft der Sprung auf den fünften Tabellenplatz.

„Unser Ziel bleibt nach wie vor der Klassenerhalt", sagt der Arminen-

Sami Khedira (rechts), hier beim gemeinsamen Jubel mit Mario Gomez, leitet Stuttgarts Erfolg gegen Schalke ein.

DATEN & FAKTEN

Zuschauer gesamt	355.469
pro Spiel	39.497
Tore gesamt	25
Elfmeter	3
Eigentore	0
Gelbe Karten	25
Gelb/Rote Karten	2
Rote Karten	1

1. FSV Mainz 05 – Werder Bremen 1:6 (0:3)

■ **1. FSV Mainz 05:** Wache - Gunesch, M. Friedrich, Noveski, Rose - Babatz (46. Pekovic), F. Gerber - Edu (46. Azaouagh), Feulner (67. Casey), Amri - Szabics
■ **Werder Bremen:** Wiese - Fritz, Mertesacker, Naldo, Wome - Frings, Baumann (67. Andreasen), Vranjes - Diego - Klose (81. Klasnic), Hunt (77. Zidan)
Tore: 0:1 Klose (14.), 0:2 Hunt (20.), 0:3 Klose (21.), 1:3 Azaouagh (74.), 1:4 Hunt (75.), 1:5 Naldo (80.), 1:6 Diego (88.) **Ecken:** 4:3
Schiedsrichter: Kinhöfer (Herne)
Zuschauer: 20.300 (ausverkauft)
Gelb: Pekovic **Gelb-Rot:** keine **Rot:** keine

FC Bayern München – Eintracht Frankfurt 2:0 (2:0)

■ **FC Bayern München:** Kahn - Sagnol, Demichelis, van Buyten, Lahm (63. Salihamidzic) - Ottl - van Bommel, Schweinsteiger - Makaay, Pizarro (88. Maierhofer), Santa Cruz (74. Karimi)
■ **Eintracht Frankfurt:** Nikolov - Russ, Kyrgiakos, Vasoski - Ochs, Huggel, Fink - Streit (77. Köhler), Weissenberger (57. A. Meier), Takahara (66. Spycher) - Amanatidis
Tore: 1:0 Makaay (24.), 2:0 van Bommel (29.) **Besonderes Vorkommnis:** Pizarro verschießt Foulelfmeter (43.) **Ecken:** 5:3
Schiedsrichter: Meyer (Burgdorf)
Zuschauer: 69.000 (ausverkauft)
Gelb: keine **Gelb-Rot:** Vasoski (64.)
Rot: keine

Hamburger SV – Hannover 96 0:0

■ **Hamburger SV:** Kirschstein - Mahdavikia, Kompany, Mathijsen, Atouba (72. Fillinger) - Trochowski, Feilhaber, Sorin - van der Vaart (85. Lauth) - Sanogo, Guerrero (83. Ljuboja)
■ **Hannover 96:** Enke - Cherundolo, Vinicius, Zuraw, Tarnat - Balitsch, Yankov, Huszti - Rosenthal (78. Bruggink) - Stajner, Hashemian (68. Brdaric)
Tore: keine **Ecken:** 7:4
Schiedsrichter: Kircher (Rottenburg)
Zuschauer: 57.000 (ausverkauft)
Gelb: Guerrero **Gelb-Rot:** keine **Rot:** keine

1. FC Nürnberg – Borussia Dortmund 1:1 (0:0)

■ **1. FC Nürnberg:** Schäfer - D. Reinhardt, Wolf, Glauber, Pinola (69. Gresko) - Galasek - Polak, Mnari - Vittek (87. Kristiansen), Schroth (56. Mintal), Saenko
■ **Borussia Dortmund:** Weidenfeller - P. Degen, Amedick, Wörns, Dede - Kruska (82. Ricken) - Tinga, Kringe (69. Sahin) - Frei (88. Tyrala), Valdez, Smolarek
Tore: 1:0 Mnari (59., Foulelfmeter), 1:1 Tinga (87.) **Ecken:** 4:7
Schiedsrichter: Gagelmann (Bremen)
Zuschauer: 46.229 **Gelb:** Wolf - P. Degen **Gelb-Rot:** keine **Rot:** keine

Mark van Bommel (im Hintergrund) trifft für den FC Bayern München gegen Frankfurt zum 2:0.

Coach aber dennoch, „alles andere ist unrealistisch." In einer solchen Situation lieber gleich auf die Euphoriebremse treten, so die Einstellung des früheren Hamburger Bundesliga-Profis.

Weiterhin Schlusslicht bleibt der VfL Bochum. Das 0:1 gegen den VfL Wolfsburg bedeutet im fünften Heimspiel schon die vierte Niederlage. Nur ein Punkt aus den letzten vier Runden lässt den Rückstand zum rettenden Ufer auf vier Punkte anwachsen.

Die erste Heimniederlage kassiert Borussia Mönchengladbach. Mit 0:2 verlieren die „Fohlen" gegen Bayer 04 Leverkusen. Torlos unentschieden endet das Nord-Derby zwischen dem Hamburger SV und Hannover 96.

Gute Werder-Zusammenarbeit zwischen Miroslav Klose (links) und Aaron Hunt. Rechts Diego.

Das Sturm-Duo des Spieltages

Werder Bremen feiert einen Paradesturm: Miroslav Klose und Aaron Hunt. Mit einem frühen Treffer (14.) beendet Klose seine 797 Minuten lange Torflaute und ist wenig später zum zweiten Mal erfolgreich. In beiden Fällen leistet Hunt die Vorarbeit. „Er ist ein Superstürmer, wir ergänzen uns richtig gut", lobt Klose den Nebenmann, der sich ebenfalls doppelt in die Torschützenliste eintragen kann.

Lob gibt es für Hunt auch von Sportdirektor Klaus Allofs: „Aaron ist ein Kandidat für die Nationalmannschaft, und wir setzen große Hoffnungen in ihn." Gleich drei Bremer führen nun die Torschützenliste mit an. Diego, der zwei Minuten vor dem Ende den Treffer zum 6:1-Endstand beim 1. FSV Mainz 05 erzielt, weist fünf Treffer auf, Hunt und Klose folgen gleichauf (je 4).

9. SPIELTAG

RESULTATE

Freitag, 27.10.2006	1. FSV Mainz 05 – Werder Bremen	1:6	(0:3)
Samstag, 28.10.2006	Bayern München – Eintr. Frankfurt	2:0	(2:0)
	Hamburger SV – Hannover 96	0:0	
	1. FC Nürnberg – Borussia Dortmund	1:1	(0:0)
	Bor. M'gladbach – Bayer Leverkusen	0:2	(0:1)
	VfL Bochum – VfL Wolfsburg	0:1	(0:1)
	Energie Cottbus – Hertha BSC Berlin	2:0	(0:0)
Sonntag, 29.10.2006	VfB Stuttgart – FC Schalke 04	3:0	(1:0)
	Arminia Bielefeld – Alemannia Aachen	5:1	(2:0)

TORJÄGER

Roy Makaay	FC Bayern München	5
Marko Pantelic	Hertha BSC Berlin	5
Vlad Munteanu	FC Energie Cottbus	5
Mario Gomez	VfB Stuttgart	5
Diego	Werder Bremen	5
Ioannis Amanatidis	Eintracht Frankfurt	4
Miroslav Klose	Werder Bremen	4
Jan Schlaudraff	Alemannia Aachen	4
und drei weitere Spieler mit je vier Treffern		

PERSONALIEN

Uneinigkeit beim FC Bayern: Im Spiel gegen Frankfurt wollen **Claudio Pizarro** und **Roy Makaay** zur Ausführung eines Strafstoßes antreten. Der Peruaner setzt sich durch, tritt erstmals seit fünf Jahren wieder an – und scheitert. Makaay ist bisher in der Bundesliga ohne Fehlversuch geblieben.

Hans Meyer kann mit dem „Club" nicht mehr gewinnen: Im siebten Spiel in Folge trennt sich sein 1. FC Nürnberg unentschieden – das hatte seit 13 Jahren kein Team mehr geschafft. Dabei gab es gegen Dortmund schon zum dritten Mal in den Schlussminuten den 1:1-Ausgleich.

TABELLE

Rang	Club	Sp.	g	u	v	Tore	Diff.	Pkt.	
1	Werder Bremen	9	6	1	2	27:11	16	19	→
2	FC Bayern München	9	5	1	3	14:10	4	16	↗
3	FC Schalke 04	9	5	1	3	11:11	0	16	↘
4	VfB Stuttgart	9	4	3	2	17:14	3	15	↗
5	DSC Arminia Bielefeld	9	4	2	3	16:11	5	14	↗
6	FC Energie Cottbus	9	4	2	3	13:12	1	14	↗
7	1. FC Nürnberg	9	2	7	0	11:7	4	13	↘
8	Hertha BSC Berlin	9	3	4	2	14:11	3	13	↘
9	Borussia Dortmund	9	3	4	2	12:11	1	13	↘
10	Alemannia Aachen	9	4	0	5	15:17	-2	12	↘
11	Borussia M'gladbach	9	4	0	5	10:13	-3	12	↘
12	Bayer 04 Leverkusen	9	3	2	4	13:13	0	11	↗
13	Eintracht Frankfurt	9	1	7	1	11:11	0	10	↘
14	VfL Wolfsburg	9	2	4	3	6:9	-3	10	↗
15	Hamburger SV	9	1	6	2	10:11	-1	9	↘
16	Hannover 96	9	1	4	4	9:18	-9	7	↗
17	1. FSV Mainz 05	9	1	4	4	8:17	-9	7	↘
18	VfL Bochum	9	1	2	6	7:17	-10	5	→

Borussia Mönchengladbach – Bayer 04 Leverkusen 0:2 (0:1)

Borussia Mönchengladbach: Keller - Kirch (63. Sonck), Svensson (18. Levels), Ze Antonio, Compper - Thijs - Delura, Insua (46. D. Degen), Kluge - Kahé, Neuville
Bayer 04 Leverkusen: Butt - Haggui, Madouni, Juan, Babic - Schwegler, Rolfes - Schneider, Barnetta - Voronin (86. Freier), Barbarez (75. Kießling)
Tore: 0:1 Babic (12.), 0:2 Voronin (74.) **Ecken:** 10:7 **Schiedsrichter:** Brych (München) **Zuschauer:** 51.227 **Gelb:** Barbarez **Gelb-Rot:** keine **Rot:** keine

VfL Bochum – VfL Wolfsburg 0:1 (0:1)

VfL Bochum: Bade - Schröder, Maltritz, Butscher, Bönig - Dabrowski, Zdebel, Trojan (59. Grote) - Misimovic (69. Ilicevic) - Fabio Junior (79. van Hout), Gekas
VfL Wolfsburg: Jentzsch - Quiroga, Madlung (68. Stegmayer, 83. Thiam), Hofland, Möhrle - Menseguez (56. Karhan), Sarpei, van der Leegte, Krzynowek - Makiadi - Hanke
Tor: 0:1 Hanke (25.) **Ecken:** 12:3 **Schiedsrichter:** Fleischer (Sigmertshausen) **Zuschauer:** 18.650 **Gelb:** Dabrowski, Zdebel - Sarpei, Hofland **Gelb-Rot:** Maltritz (52.) **Rot:** keine

FC Energie Cottbus – Hertha BSC Berlin 2:0 (0:0)

FC Energie Cottbus: Piplica - Szelesi, Mitreski, McKenna, Ziebig - T. Rost (57. Shao), Kukielka - Radu (88. Küntzel), Gunkel, Munteanu (81. Baumgart) - Kioyo
Hertha BSC Berlin: Fiedler - Chahed (65. Samba), A. Friedrich, Simunic, Fathi - Cairo, Dardai (68. Gilberto), K. Boateng - Bastürk (28. Neuendorf) - Okoronkwo, Pantelic
Tore: 1:0 Gunkel (66.), 2:0 Shao (83.) **Besonderes Vorkommnis:** Munteanu verschießt Foulelfmeter (19.) **Ecken:** 6:2 **Schiedsrichter:** Wagner (Hofheim) **Zuschauer:** 17.525 **Gelb:** Piplica, Ziebig - A. Friedrich, Pantelic, Simunic, Neuendorf **Gelb-Rot:** keine **Rot:** Okoronkwo (77.)

VfB Stuttgart – FC Schalke 04 3:0 (1:0)

VfB Stuttgart: Hildebrand - Osorio, Tasci, Delpierre, Boka (80. Magnin) - Pardo - Hilbert, A. da Silva, Khedira (63. Hitzlsperger) - Cacau (76. Streller), Gomez
FC Schalke 04: F. Rost - Rafinha, Bordon, Rodriguez, Krstajic - Hamit Altintop (65. Baumjohann), Bajramovic - Varela, Boenisch (58. Kuranyi) - Halil Altintop, Løvenkrands
Tore: 1:0 Khedira (32.), 2:0 Khedira (46.), 3:0 Tasci (75.) **Ecken**: 6:7 **Schiedsrichter:** Stark (Landshut) **Zuschauer:** 52.000 **Gelb:** Khedira, Boka - Boenisch, Halil Altintop, Bordon, Varela, Bajramovic **Gelb-Rot:** keine **Rot:** keine

DSC Arminia Bielefeld – Alemannia Aachen 5:1 (2:0)

DSC Arminia Bielefeld: Hain - Korzynietz, Westermann, Gabriel, Schuler - Kucera, Kauf - Kamper, Böhme (81. Ndjeng) - Wichniarek (83. Eigler), Zuma (74. Masmanidis)
Alemannia Aachen: Nicht - Stehle, Herzig, Sichone, Leiwakabessy - Plaßhenrich (72. Lehmann) - Reghecampf (46. Ibisevic), Rösler, Fiel - Ebbers, Schlaudraff
Tore: 1:0 Kamper (11.), 2:0 Kucera (19.), 2:1 Plaßhenrich (47.), 3:1 Wichniarek (50.), 4:1 Kamper (68.), 5:1 Eigler (85.) **Ecken:** 4:3 **Schiedsrichter:** Rafati (Hannover) **Zuschauer:** 23.538 **Gelb:** Ebbers, Stehle, Rösler **Gelb-Rot:** keine **Rot:** keine

Spitzentrio ohne Sieg – VfB Stuttgart als Gewinner

Das Spitzentrio der Bundesliga bleibt ohne Sieg! Werder Bremen, der FC Schalke 04 und der FC Bayern München müssen sich jeweils mit einem Punkt zufrieden geben. Gewinner des Spieltages ist deshalb der VfB Stuttgart. Mit einem 4:2-Erfolg in Aachen rangieren die Schwaben mit nur mehr zwei Punkten Rückstand auf Spitzenreiter Bremen auf Rang zwei. Marco Streller trifft zwei Mal, Mario Gomez und Thomas Hitzlsperger erzielen die weiteren VfB-Tore. Von Meisterschaft oder Qualifikation für die Champions League will Trainer Armin Veh dennoch nichts wissen.

Das Spitzenspiel zwischen dem FC Schalke 04 und dem FC Bayern München endet mit einem 2:2-Unentschieden. Obwohl die „königsblauen" Hausherren durch Peter Løvenkrands und Levan Kobiashvili bereits nach 20 Minuten mit 2:0 führen, kommen die Gäste noch einmal zurück. Andreas Ottl schafft kurz vor der Halbzeit den Anschlusstreffer, Roy Makaay rettet für den Double-Gewinner von 2005 und 2006 mit seinem sechsten Saisontor in der 52. Minute immerhin noch einen Punkt „auf Schalke".

Tabellenfuhrer Werder Bremen kommt über ein 1:1 zu Hause gegen den FC Energie Cottbus nicht hinaus und hat dabei sogar ein wenig Glück, dass Ivan Klasnic die Gäste-Führung durch Francis Kioyo ausgleichen kann. Cottbus hat seine kleine Serie damit auf drei Spiele ohne Niederlage ausgebaut, ist mit 15 Punkten aus zehn Spielen – für manchen Experten durchaus überraschend – auch bester Aufsteiger.

Jubel auch bei einem anderen Neuling: Mit einem 2:0-Erfolg in Hannover gibt der VfL Bochum die „Rote Laterne" direkt an die Niedersachsen ab. Die Mannschaft von Dieter Hecking wartet nunmehr seit sechs Spielen auf einen Sieg. Dritter Absteiger

Dortmunds Martin Amedick drängt den Bielefelder Sibusiso Zuma in den Hintergrund.

Schalkes Halil Altintop wird von dem Münchner Martin Demichelis (am Boden) unsanft gestoppt.

Mit Leidenschaft zum überraschenden 1:1 in Bremen: Kevin McKenna holt mit Energie Cottbus gegen Werder und Miroslav Klose (vorne) einen Punkt.

DATEN & FAKTEN

Zuschauer gesamt	365.181
pro Spiel	40.576
Tore gesamt	23
Elfmeter	1
Eigentore	0
Gelbe Karten	36
Gelb/Rote Karten	1
Rote Karten	2

Hannover 96 – VfL Bochum 0:2 (0:1)

Hannover 96: Enke - Cherundolo (46. Schröter), Vinicius, Zuraw, Tarnat - Balitsch, Yankov, Huszti (46. Jendrisek) - Rosenthal (68. Bruggink) - Stajner, Hashemian
VfL Bochum: Bade - Pallas, Drsek, Butscher, Bönig (90. Meichelbeck) - Dabrowski, Zdebel - Schröder, Grote (86. Trojan) - Gekas, Fabio Junior (76. van Hout)
Tore: 0:1 Drsek (4.), 0:2 Gekas (76.) **Ecken:** 6:2 **Schiedsrichter:** Schmidt (Stuttgart) **Zuschauer:** 30.042 **Gelb:** Cherundolo, Zuraw - Butscher, Zdebel **Gelb-Rot:** keine **Rot:** keine

Werder Bremen – FC Energie Cottbus 1:1 (0:0)

Werder Bremen: Wiese - Fritz, Mertesacker, Naldo, Wome - Frings, Baumann (59. Almeida), Vranjes (68. Klasnic) - Diego - Hunt, Klose
FC Energie Cottbus: Piplica - Szelesi, McKenna, Mitreski, Ziebig - T. Rost, Kukielka - Radu, Gunkel (64. Shao), Munteanu (77. Baumgart) - Kioyo (83. V. da Silva)
Tore: 0:1 Kioyo (49.), 1:1 Klasnic (76.) **Ecken:** 9:7 **Schiedsrichter:** Rafati (Hannover) **Zuschauer:** 39.222 **Gelb:** Naldo, Fritz - Szelesi, Ziebig, Gunkel, Kioyo, Shao, McKenna **Gelb-Rot:** keine **Rot:** keine

Bayer 04 Leverkusen – 1. FSV Mainz 05 1:1 (1:1)

Bayer 04 Leverkusen: Butt - Haggui (37. Freier), Madouni, Juan (90+1. Stenman), Babic - Rolfes, Schwegler - Schneider, Barnetta - Voronin, Barbarez (77. Kießling)
1. FSV Mainz 05: Wache - Gunesch, M. Friedrich, Noveski, Rose - Pekovic - Babatz, Amri (82. Cha), Feulner (65. Diakite) - Szabics, Edu (56. Addo)
Tore: 0:1 Szabics (28.), 1:1 Barbarez (45+1.) **Ecken:** 10:2 **Schiedsrichter:** Weiner (Giesen) **Zuschauer:** 22.500 (ausverkauft) **Gelb:** Haggui, Madouni, Schneider - Szabics, Pekovic, Noveski **Gelb-Rot:** keine **Rot:** Rose (90.)

Hertha BSC Berlin – 1. FC Nürnberg 2:1 (1:0)

Hertha BSC Berlin: Fiedler - Chahed, van Burik, Simunic, Fathi - K. Boateng, A. Schmidt, Gilberto (76. Ebert) - Dejagah (85. Samba) - Pantelic, Gimenez (89. Lakic)
1. FC Nürnberg: Schäfer - D. Reinhardt, Beauchamp, Glauber, Pinola - Polak (46. Banovic), Galasek (78. Schroth), Mnari - Mintal - Vittek, Saenko (80. Benko)
Tore: 1:0 Pantelic (29.), 1:1 Banovic (47.), 2:1 Pantelic (65.) **Ecken:** 7:6 **Schiedsrichter:** Meyer (Burgdorf) **Zuschauer:** 41.162 **Gelb:** Lakic **Gelb-Rot:** keine **Rot:** keine

Plötzlich im Schalke-Tor und gleich gegen den FC Bayern München: Manuel Neuer.

Die Überraschung des Spieltages

Für Verwunderung sorgt Schalke-Trainer Mirko Slomka vor dem Spitzenspiel gegen den FC Bayern. Anstelle der Nummer eins Frank Rost steht der 20-jährige Manuel Neuer zwischen den Pfosten. „Frank ist ein unheimlicher Motivator, aber zuletzt fehlte ihm das Quäntchen Glück bei 50:50-Bällen“, so Slomka. „Mit Manuel erhoffen wir uns da einen kleinen Umschwung.“
Neuer kann allerdings nicht verhindern, dass der FC Bayern durch ein 2:2 einen Punkt mitnimmt. Die Nominierung des Keepers, der seit der Jugend immer nur für Schalke gespielt hat, bleibt nicht der einzige Aufreger in der VELTINS-Arena. Aus Enttäuschung über zuletzt gezeigte Leistungen schweigen die Fans – mit Hinweis auf das Gründungjahr – für exakt 19:04 Minuten.

neben Bochum und Hannover wäre nach aktuellem Stand der 1. FSV Mainz 05. Trotz eines 1:1-Unentschiedens bei Bayer 04 Leverkusen

bleibt der selbsternannte „Karnevals-Verein“ auf Rang 17. Präsident Harald Strutz: „Wir haben vorher gesagt, ein Punkt wäre ein Erfolg.“

Die erste Saisonniederlage muss der bisher allein noch ungeschlagene Verein, der 1. FC Nürnberg, hinnehmen. Ausgerechnet an alter Wirkungsstätte gibt es für Trainer Hans Meyer mit dem „Club“ bei Hertha BSC Berlin ein herbes 1:2. In großartiger Form präsentiert sich dabei Stürmer Marko Pantelic, der mit zwei Treffern auf Rang eins der Torschützenliste klettert.

Nationalstürmer Mike Hanke stürzt mit seinem „Goldenen Tor“ zum 1:0-Erfolg des VfL Wolfsburg den Hamburger SV noch ein Stück weiter in die Problemzone. Auch in Mönchengladbach wird die Lage immer kritischer. Das 0:1 bei Eintracht Frankfurt bedeutet für die Borussia schon die vierte Niederlage in Folge, dazu das fünfte Auswärtsspiel der Saison ohne jeden Punktgewinn. Mit einem 1:1-Unentschieden endet die Begegnung zwischen Borussia Dortmund und Arminia Bielefeld.

10. SPIELTAG

RESULTATE

Freitag, 03.11.2006	Hannover 96 – VfL Bochum	0:2	(0:1)
Samstag, 04.11.2006	Werder Bremen – Energie Cottbus	1:1	(0:0)
	Bayer Leverkusen – 1. FSV Mainz 05	1:1	(1:1)
	Hertha BSC Berlin – 1. FC Nürnberg	2:1	(1:0)
	Bor. Dortmund – Arminia Bielefeld	1:1	(0:0)
	VfL Wolfsburg – Hamburger SV	1:0	(1:0)
	Alemannia Aachen – VfB Stuttgart	2:4	(1:2)
Sonntag, 05.11.2006	FC Schalke 04 – FC Bayern München	2:2	(2:1)
	Eintracht Frankfurt – B. M'gladbach	1:0	(0:0)

TORJÄGER

Marko Pantelic	Hertha BSC Berlin	7
Roy Makaay	FC Bayern München	6
Mario Gomez	VfB Stuttgart	6
Vlad Munteanu	FC Energie Cottbus	5
Diego	Werder Bremen	5
Artur Wichniarek	DSC Arminia Bielefeld	4
Ioannis Amanatidis	Eintracht Frankfurt	4
Miroslav Klose	Werder Bremen	4
und fünf weitere Spieler mit je vier Treffern		

PERSONALIEN

Für **Marko Pantelic** ist die Welt noch in Ordnung: Mit sieben Treffern führt er die Torschützenliste an. In Berlin wird der Serbe als Nachfolger von **Michael Preetz** gefeiert.

Alexander Frei rettet Borussia Dortmund einen Punkt: In der Nachspielzeit tritt er gegen Arminia Bielefeld zum ersten Mal zu einem Elfmeter an und verwandelt nervenstark zum 1:1. Zuvor war **Petr Gabriel** nach einer „Notbremse“ gegen **Ebi Smolarek** vom Platz gestellt worden.

TABELLE

Rang	Club	Sp.	g	u	v	Tore	Diff.	Pkt.	
1	Werder Bremen	10	6	2	2	28:12	16	20	→
2	VfB Stuttgart	10	5	3	2	21:16	5	18	↗
3	FC Bayern München	10	5	2	3	16:12	4	17	↘
4	FC Schalke 04	10	5	2	3	13:13	0	17	↘
5	Hertha BSC Berlin	10	4	4	2	16:12	4	16	↗
6	DSC Arminia Bielefeld	10	4	3	3	17:12	5	15	↘
7	FC Energie Cottbus	10	4	3	3	14:13	1	15	↘
8	Borussia Dortmund	10	3	5	2	13:12	1	14	↗
9	1. FC Nürnberg	10	2	7	1	12:9	3	13	↘
10	Eintracht Frankfurt	10	2	7	1	12:11	1	13	↗
11	VfL Wolfsburg	10	3	4	3	7:9	-2	13	↗
12	Bayer 04 Leverkusen	10	3	3	4	14:14	0	12	→
13	Alemannia Aachen	10	4	0	6	17:21	-4	12	↘
14	Borussia M'gladbach	10	4	0	6	10:14	-4	12	↘
15	Hamburger SV	10	1	6	3	10:12	-2	9	→
16	VfL Bochum	10	2	2	6	9:17	-8	8	↗
17	1. FSV Mainz 05	10	1	5	4	9:18	-9	8	→
18	Hannover 96	10	1	4	5	9:20	-11	7	↘

Borussia Dortmund – DSC Arminia Bielefeld 1:1 (0:0)

Borussia Dortmund: Weidenfeller - P. Degen, Amedick, Wörns, Dede - Tinga, Kruska (79. Pienaar), Kringe (82. Sahin) - Smolarek, Frei - Valdez (81. Brzenska)
DSC Arminia Bielefeld: Hain - Korzynietz, Gabriel, Schuler - Kauf, Kucera - Kamper (58. Kobylik), Böhme (70. Danneberg) - Wichniarek, Zuma (84. Ndjeng) - Westermann
Tore: 0:1 Wichniarek (68.), 1:1 Frei (90+3., Foulelfmeter) **Ecken:** 10:3 **Schiedsrichter:** Perl (München) **Zuschauer:** 74.300 **Gelb:** P. Degen - Wichniarek, Kauf **Gelb-Rot:** keine **Rot**: Gabriel (90+2.)

VfL Wolfsburg – Hamburger SV 1:0 (1:0)

VfL Wolfsburg: Jentzsch - Alex (78. Thiam), Madlung, Quiroga, Möhrle - Sarpei, van der Leegte - Makiadi, Krzynowek - Hanke, Hoogendorp (69. Menseguez)
Hamburger SV: Wächter - Fillinger, Klingbeil, Mathijsen, Atouba - Jarolim (70. Ljuboja), Feilhaber, Sorin (54. Trochowski) - Lauth (62. Sanogo), van der Vaart - Guerrero
Tor: 1:0 Hanke (19.) **Ecken:** 5:6 **Schiedsrichter:** Merk (Otterbach) **Zuschauer:** 25.623 **Gelb:** Sarpei, Quiroga - van der Vaart **Gelb-Rot:** keine **Rot:** keine

Alemannia Aachen – VfB Stuttgart 2:4 (1:2)

Alemannia Aachen: Nicht - Pinto (64. Fiel), Herzig, Sichone (68. Klitzpera), Leiwakabessy - Lehmann - Reghecampf, Rösler, Dum - Schlaudraff, Ebbers (63. Ibisevic)
VfB Stuttgart: Hildebrand - Osorio, Tasci, Delpierre, Boka - Pardo - Hilbert, A. da Silva (65. Gentner), Hitzlsperger (58. Khedira) - Gomez, Streller (70. Bierofka)
Tore: 0:1 Gomez (24.), 0:2 Hitzlsperger (26.), 1:2 Rösler (28.), 1:3 Streller (46.), 1:4 Streller (63.), 2:4 Ibisevic (86.) **Ecken:** 3:6 **Schiedsrichter:** Brych (München) **Zuschauer:** 20.800 (ausverk.) **Gelb:** Pinto - A. da Silva, Hitzlsperger, Delpierre **Gelb-Rot:** keine **Rot:** keine

FC Schalke 04 – FC Bayern München 2:2 (2:1)

FC Schalke 04: Neuer - Rafinha, Bordon (59. Hoogland), Krstajic, Rodriguez (71. Pander) - Bajramovic - Varela (77. Hamit Altintop), Kobiashvili - Halil Altintop, Kuranyi, Løvenkrands
FC Bayern München: Kahn - Sagnol, Demichelis, van Buyten, Lahm - van Bommel (82. Karimi), Ottl, Schweinsteiger - Santa Cruz (79. Salihamidzic) - Pizarro, Makaay
Tore: 1:0 Løvenkrands (13.), 2:0 Kobiashvili (20.), 2:1 Ottl (45.), 2:2 Makaay (52.) **Ecken:** 4:3 **Schiedsrichter:** Kircher (Rottenburg) **Zuschauer:** 61.482 (ausverkauft) **Gelb:** Bordon - Ottl, van Bommel, van Buyten **Gelb-Rot:** keine **Rot:** keine

Eintracht Frankfurt – Borussia Mönchengladbach 1:0 (0:0)

Eintracht Frankfurt: Nikolov - Ochs, Kyrgiakos, Russ, Spycher - Fink, Köhler (66. Takahara) - Streit, A. Meier, Thurk (76. Weissenberger, 86. Huggel) - Amanatidis
Borussia Mönchengladbach: Keller - Helveg, Levels, Ze Antonio, Compper - Polanski, Kluge (77. D. Degen) - Delura, Insua (62. Thijs), Rafael (82. Neuville) - Kahé
Tor: 1:0 Takahara (78.) Ecken: 7:4 **Schiedsrichter:** Wack (Biberbach) **Zuschauer:** 50.050 **Gelb:** Takahara, Ochs - Ze Antonio **Gelb-Rot:** Helveg (56.) **Rot:** keine

Torwart Robert Enke und Jan Rosenthal (beide Hannover) blocken Münchens Daniel van Buyten (links) und Andreas Ottl (rechts) ab.

96-Coup bei Bayern – Werder mit Rekord

Spektakulär, aber glücklos: Boubacar Sanogo vom HSV. Links Stuttgarts Roberto Hilbert.

Für die Überraschung des 11. Spieltages sorgt Hannover 96. Nach zuvor sechs sieglosen Spielen landet der Tabellenletzte beim FC Bayern München einen 1:0-Erfolg. Das „Tor des Tages" erzielt der ungarische Nationalspieler Szabolcs Huszti in der 43. Minute. „Wenn man sich nicht bewegt, sich keine Mühe gibt, ist es schwierig", äußert Abwehrchef Daniel van Buyten. Der Titelverteidiger verliert damit weiter Boden im Kampf um die Meisterschaft, hat schon sechs Zähler Rückstand auf die Spitze. Franz Beckenbauer analysiert: „Die Situation ist im Moment nicht befriedigend. Die Leistung ist nicht so, wie man das verlangen kann."

Werder Bremen fügt dem 1. FC Nürnberg die zweite Niederlage in Folge zu. Torsten Frings und Diego sorgen mit dem 2:1 bei den Franken für den dritten Auswärtssieg in Serie. „Es zeichnet uns aus, dass jeder am Spiel teilhaben will und auch seine Chance sucht", setzt Trainer Thomas Schaaf zu einem kollektiven Lob für seine Mannschaft an, die einen neuen Bundesliga-Rekord aufstellt. In den bisherigen elf Spielen trugen sich schon 14 verschiedene Spieler in die Torschützenliste ein. Der VfB Stuttgart bleibt den Bremern dicht auf den Fersen. Der 2:0-Erfolg gegen den Hamburger SV bedeutet den dritten Sieg in Folge. Seine Treffsicherheit stellt erneut Mario Gomez eindrucksvoll unter Beweis. Sein Tor zum 1:0 in der 80. Minute ist bereits sein siebter Treffer im achten Spiel. Der HSV bleibt hingegen zum dritten Mal in Folge ohne eigenen Torerfolg, rutscht erneut auf einen Abstiegsplatz ab.

Leer gehen neben dem Bundesliga-„Dino" auch die beiden weiteren Teams aus der unmittelbaren Gefahrenzone aus. Mainz verliert zu Hause

DATEN & FAKTEN

Zuschauer gesamt	333.491
pro Spiel	37.055
Tore gesamt	20
Elfmeter	2
Eigentore	1
Gelbe Karten	29
Gelb/Rote Karten	1
Rote Karten	0

Borussia Dortmund – Alemannia Aachen 0:0

Borussia Dortmund: Weidenfeller - P. Degen (22. Sahin), Amedick, Wörns, Dede - Kruska - Tinga, Kringe - Valdez, Frei, Smolarek (72. Amoah)
Alemannia Aachen: Nicht - Stehle (61. Klitzpera), Herzig, Sichone, Leiwakabessy - Plaßhenrich, Lehmann (83. Pinto) - Fiel, Rösler, Dum (83. Noll) - Ebbers
Tore: keine **Ecken:** 16:3 **Schiedsrichter:** Stark (Landshut) **Zuschauer:** 67.500 **Gelb:** Smolarek, Frei - Fiel **Gelb-Rot:** keine **Rot:** keine

1. FC Nürnberg – Werder Bremen 1:2 (0:1)

1. FC Nürnberg: Schäfer - D. Reinhardt, Glauber, Wolf, Pinola - Galasek (79. Banovic), Mnari - Mintal - Vittek, Schroth (79. Benko), Kristiansen (70. Polak)
Werder Bremen: Wiese - Fritz, Mertesacker, Naldo, Wome - Baumann (46. Schulz) - Frings, Diego, Vranjes - Klose (86. Almeida), Hunt (80. Klasnic)
Tore: 0:1 Frings (32.), 0:2 Diego (79.), 1:2 Banovic (90+3., Foulelfmeter) **Ecken:** 7:3 **Schiedsrichter:** Gräfe (Berlin) **Zuschauer:** 37.174 **Gelb:** Mintal, Polak - Hunt, Fritz, Almeida **Gelb-Rot:** keine **Rot:** keine

VfB Stuttgart – Hamburger SV 2:0 (0:0)

VfB Stuttgart: Hildebrand - Osorio (57. Gentner), Tasci, Delpierre, Boka - Khedira (46. Hilbert), Pardo, Hitzlsperger (88. Bierofka) - A. da Silva - Streller, Gomez
Hamburger SV: Wächter - Mahdavikia (82. Berisha), Klingbeil, Mathijsen, Fillinger - Jarolim, Feilhaber, Trochowski - van der Vaart - Sanogo, Ljuboja (63. Guerrero)
Tore: 1:0 Gomez (80.), 2:0 Hitzlsperger (85.) **Ecken:** 6:4 **Schiedsrichter:** Fandel (Kyllburg) **Zuschauer:** 37.000 **Gelb:** Osorio - Mahdavikia, Fillinger **Gelb-Rot:** keine **Rot:** keine

1. FSV Mainz 05 – VfL Wolfsburg 1:2 (1:1)

1. FSV Mainz 05: Wache - Gunesch, Noveski, M. Friedrich, Weigelt - Pekovic - Babatz, Amri (85. Casey), Feulner (82. F. Gerber) - Szabics, Diakite (70. Edu)
VfL Wolfsburg: Jentzsch - Alex, Hofland, Quiroga, Möhrle - Sarpei, van der Leegte (72. Thiam) - Makiadi (46. Menseguez), Krzynowek (78. Lamprecht) - Hoogendorp, Hanke
Tore: 0:1 Hanke (4., Foulelfmeter), 1:1 Szabics (7.), 1:2 Lamprecht (84.) **Ecken:** 8:1 **Schiedsrichter:** Gagelmann (Bremen) **Zuschauer:** 19.500 **Gelb:** Noveski, Diakite - Thiam **Gelb-Rot:** keine **Rot:** keine

gegen den VfL Wolfsburg mit 1:2, bleibt Schlusslicht. „Wir müssen bis zur Winterpause noch ein paar Punkte holen, dann werden wir nachlegen", erklärt Präsident Harald Strutz. Punkt- und torgleich mit den Mainzern ist der VfL Bochum nach der 1:3-Heimniederlage gegen Bayer 04 Leverkusen im Tabellenkeller. Der Aufsteiger kassiert damit die dritte Niederlage in Folge im rewirpower-STADION. „Im Kampf gegen den Abstieg muss man sich ganz anders präsentieren", stellt Trainer Marcel Koller fest. Leverkusen setzt seinen Aufwärtstrend mit dem zweiten Sieg in Folge fort.

Die fünfte Niederlage in Folge gibt es für Borussia Mönchengladbach. Mit 0:2 verliert das Team von Jupp Heynckes vor eigenem Publikum gegen den FC Schalke 04. „Wir stecken in einer schwierigen Situation", stellt Nationalstürmer Oliver Neuville fest. Die „Fohlen" trennen nur noch drei Punkte von einem Abstiegsplatz.

Denselben Abstand weist Schalke auf die Spitze auf.

Nach vier Heimsiegen in Serie muss sich Arminia Bielefeld mit einem 2:2 gegen Hertha BSC Berlin zufriedengeben. Ebenfalls Unentschieden endet die Begegnung zwischen Borussia Dortmund und Alemannia Aachen.

Eintracht Frankfurts Garantie für Punkte: der Japaner Naohiro Takahara.

Der Torschütze des Spieltages

Seine Tore garantieren Eintracht Frankfurt Punkte. Naohiro Takahara sichert mit seinem Kopfball-Treffer (22.) nicht nur den 1:0-Auswärtssieg bei Energie Cottbus. Dem Japaner gelingt dabei auch das Kunststück, dass seine Tore automatisch Punkte bedeuten. Gegen Borussia Mönchengladbach sicherte er den 1:0-Erfolg. Beim 3:1-Sieg gegen Bayer 04 Leverkusen schaffte Takahara mit dem 1:1-Ausgleich die Wende.

„Die Tore geben mir Selbstvertrauen, ich fühle mich bei der Eintracht wohl", so „Taka", der im Sommer vom Hamburger SV gekommen war. Zwei Tore innerhalb von vier Tagen - das war ihm zuvor noch nicht gelungen. „So kann es gerne weitergehen", meint Takahara, „ich will der Eintracht noch viele Treffer schenken."

11. SPIELTAG

RESULTATE

Dienstag, 07.11.2006	Bor. Dortmund – Alemannia Aachen	0:0
	1. FC Nürnberg – Werder Bremen	1:2 (0:1)
	VfB Stuttgart – Hamburger SV	2:0 (0:0)
	1. FSV Mainz 05 – VfL Wolfsburg	1:2 (1:1)
Mittwoch, 08.11.2006	FC Bayern München – Hannover 96	0:1 (0:1)
	Bor. M'gladbach – FC Schalke 04	0:2 (0:2)
	Arminia Bielefeld – Hertha BSC	2:2 (1:1)
	VfL Bochum – Bayer 04 Leverkusen	1:3 (0:2)
	Energie Cottbus – Eintr. Frankfurt	0:1 (0:1

TORJÄGER

Marko Pantelic	Hertha BSC Berlin	7
Mario Gomez	VfB Stuttgart	7
Roy Makaay	FC Bayern München	6
Diego	Werder Bremen	6
Vlad Munteanu	FC Energie Cottbus	5
Mike Hanke	VfL Wolfsburg	5
Artur Wichniarek	DSC Arminia Bielefeld	4
Ioannis Amanatidis	Eintracht Frankfurt	4
und sechs weitere Spieler mit je vier Treffern		

PERSONALIEN

Seit August 1997 spielt **Dick van Burik** in der Bundesliga, eine Torvorlage ist dem Defensivmann in seinen 226 Einsätzen aber nie gelungen. Im 227. Spiel in Bielefeld ist es endlich soweit: Mit einem Pass auf **Christian Gimenez** gelingt dem Niederländer bei der Arminia sein erster „Assist" in der Bundesliga.

TABELLE

Rang	Club	Sp.	g	u	v	Tore	Diff.	Pkt.	
1	Werder Bremen	11	7	2	2	30:13	17	23	→
2	VfB Stuttgart	11	6	3	2	23:16	7	21	→
3	FC Schalke 04	11	6	2	3	15:13	2	20	↗
4	Hertha BSC Berlin	11	4	5	2	18:14	4	17	↗
5	FC Bayern München	11	5	2	4	16:13	3	17	↘
6	DSC Arminia Bielefeld	11	4	4	3	19:14	5	16	→
7	Eintracht Frankfurt	11	3	7	1	13:11	2	16	↗
8	VfL Wolfsburg	11	4	4	3	9:10	-1	16	↗
9	Bayer 04 Leverkusen	11	4	3	4	17:15	2	15	↗
10	Borussia Dortmund	11	3	6	2	13:12	1	15	↘
11	FC Energie Cottbus	11	4	3	4	14:14	0	15	↘
12	1. FC Nürnberg	11	2	7	2	13:11	2	13	↘
13	Alemannia Aachen	11	4	1	6	17:21	-4	13	→
14	Borussia M'gladbach	11	4	0	7	10:16	-6	12	→
15	Hannover 96	11	2	4	5	10:20	-10	10	↗
16	Hamburger SV	11	1	6	4	10:14	-4	9	↘
17	VfL Bochum	11	2	2	7	10:20	-10	8	↘
	1. FSV Mainz 05	11	1	5	5	10:20	-10	8	→

FC Bayern München – Hannover 96 0:1 (0:1)

FC Bayern München: Kahn - Salihamidzic, Demichelis, van Buyten, Lahm (81. Maierhofer) - van Bommel, Ottl, Schweinsteiger - Karimi (66. Scholl) - Pizarro, Makaay (73. Santa Cruz)
Hannover 96: Enke - Cherundolo, Vinicius, Zuraw, Tarnat - Balitsch, Yankov - Rosenthal (79. Andersson), Bruggink (75. Fahrenhorst), Huszti (86. Hashemian) - Stajner
Tor: 0:1 Huszti (43.) **Ecken:** 12:4
Schiedsrichter: Kinhöfer (Herne)
Zuschauer: 68.000
Gelb: Schweinsteiger, van Bommel
Gelb-Rot: keine **Rot:** keine

Borussia Mönchengladbach – FC Schalke 04 0:2 (0:2)

Borussia Mönchengladbach: Keller - Levels, Rubink (46. Fleßers), Ze Antonio, Compper - Thijs, Polanski - Delura (78. Sonck), Kluge (67. D. Degen) - Neuville, Sverkos
FC Schalke 04: Neuer - Rafinha, Rodriguez, Krstajic, Pander (73. Boenisch) - Varela (69. Hamit Altintop), Bajramovic (89. Hoogland), Kobiashvili - Halil Altintop, Kuranyi, Løvenkrands
Tore: 0:1 Ze Antonio (11., Eigentor), 0:2 Varela (31.) **Ecken:** 3:4
Schiedsrichter: Sippel (München)
Zuschauer: 52.018 **Gelb:** Polanski, Compper - Bajramovic, Kuranyi
Gelb-Rot: keine **Rot:** keine

DSC Arminia Bielefeld – Hertha BSC Berlin 2:2 (1:1)

DSC Arminia Bielefeld: Hain - Korzynietz (75. Marx), Bollmann, Westermann, Schuler - Kauf, Kucera - Kamper (67. Eigler), Böhme (75. Kobylik) - Wichniarek, Zuma
Hertha BSC Berlin: Fiedler - A. Friedrich, van Burik, Simunic, Fathi - K. Boateng, Chahed (84. Samba), Gilberto - Dejagah (78. Ebert) - Pantelic, Gimenez (90. Lakic)
Tore: 1:0 Zuma (27.), 1:1 Gilberto (45+1.), 1:2 Gimenez (58.), 2:2 Kucera (76.) **Ecken:** 3:6
Schiedsrichter: Kempter (Sauldorf)
Zuschauer: 21.075 **Gelb:** Korzynietz - K. Boateng, van Burik, Neuendorf, Samba
Gelb-Rot: keine **Rot:** keine

VfL Bochum – Bayer 04 Leverkusen 1:3 (0:2)

VfL Bochum: Bade - Pallas (69. van Hout), Maltritz, Drsek (30. Ilicevic), Bönig - Dabrowski, Butscher - Schröder, Grote (46. Trojan) - Gekas, Fabio Junior
Bayer 04 Leverkusen: Butt - Schwegler, Haggui, Madouni, Babic - Rolfes - Freier, Schneider, Barnetta (90. De Wit) - Voronin (78. Kießling), Barbarez
Tore: 0:1 Barbarez (7.), 0:2 Voronin (33.), 1:2 Ilicevic (48.), 1:3 Barnetta (71.) **Ecken:** 10:3
Schiedsrichter: Wagner (Hofheim)
Zuschauer: 18.469 **Gelb:** Dabrowski - Haggui **Gelb-Rot:** Freier (52.) **Rot:** keine

FC Energie Cottbus – Eintracht Frankfurt 0:1 (0:1)

FC Energie Cottbus: Piplica - V. da Silva, Szelesi, Mitreski, Ziebig - T. Rost (77. Küntzel), Kukielka - Radu (64. Baumgart), Gunkel (58. Shao), Munteanu - Kioyo
Eintracht Frankfurt: Nikolov - Ochs, Russ, Vasoski, Spycher - Fink (68. Kyrgiakos), Huggel - Takahara (83. Thurk), A. Meier, Streit (90+3. Köhler) - Amanatidis
Tor: 0:1 Takahara (22.) **Ecken:** 7:6
Schiedsrichter: Fleischer (Sigmertshausen) **Zuschauer:** 12.755
Gelb: V. da Silva, Ziebig **Gelb-Rot:** keine
Rot: keine

Stuttgart löst Werder ab – FC Bayern kontert

Der VfB Stuttgart ist nach dem 2:1-Erfolg bei Hannover 96 neuer Tabellenführer. Zuletzt standen die Schwaben im Oktober 2004 mit Matthias Sammer als Trainer an der Spitze. „Wir wissen die Situation richtig einzuschätzen und werden alles andere als abheben und feiern", tritt Armin Veh auf die Euphoriebremse. Die Tore zum Sprung auf Rang eins erzielen Thomas Hitzlsperger und Cacau. Für Hannover die Fortsetzung einer schwarzen Heimserie: 96 wartet seit dem 18. März (1:0 gegen den 1. FC Köln) auf einen Sieg in der AWD-Arena.

Stuttgart profitiert auch von einem überraschenden Rückschlag, den der bisherige Tabellenführer Werder Bremen zu Hause hinnehmen muss. Die Hanseaten unterliegen Borussia Dortmund 1:3 – die erste Niederlage seit zehn Spielen. Torsten Frings meint: „Wir waren sorglos. Die Niederlage ist die gerechte Strafe."

Einen 4:0-Kantersieg feiert Verfolger FC Schalke 04 gegen den 1. FSV Mainz 05 und schließt damit zu den Bremern auf. Die Fans in der VELTINS-Arena feiern dabei das neue Traumpaar Kevin Kuranyi und Halil Altintop, die jeweils doppelt treffen.

Ein Wechselbad der Gefühle erlebt der FC Bayern München bei Bayer 04 Leverkusen. Durch die Treffer von Martin Demichelis und Claudio Pizarro in nur vier Minuten macht der Rekordmeister aus einem 1:2-Rückstand zwischen der 80. und 86. Minute ein 3:2. „Der Druck war durch die letzten Ergebnisse natürlich sehr groß, das hat man auch gemerkt", so der Kommentar von Trainer Felix Magath in der BayArena – eine Zentnerlast fällt von den Schultern.

Ebenfalls als sicherer Sieger wähnt sich der VfL Bochum bei Hertha BSC Berlin: Bis zur 58. Minute führen die Schützlinge von Geburtstagskind Marcel Koller mit 3:1. Doch Dick van Burik und „Zecke" Neuendorf verderben dem VfL-Trainer jedoch die Feier. Durch den Punktgewinn ist Bochum zumindest nicht mehr Tabellenletzter. Zu einem ungeahnten Höhenflug setzt Arminia Bielefeld an. Der 3:0-Sieg bei Eintracht Frankfurt bedeutet nicht nur erstmals den Sprung auf einen UEFA-Cup-Rang (Platz 5), sondern mit sieben Spielen in Folge ohne Niederlage zudem einen neuen Vereinsrekord.

Trainer-Sorgen: Thomas Doll (rechts) und Jürgen Klopp.

Die Trainer-Sorgen des Spieltages

Fußball-Deutschland diskutiert über zwei Trainer-Lieblinge. Jürgen Klopp, der bei der WM mit seinen starken Analysen die TV-Zuschauer begeistert hatte, ziert mit dem 1. FSV Mainz 05 das Tabellenende. Seit zwölf Spielen ohne Sieg, zuletzt gar zwei schwere Niederlagen gegen Bremen (1:6) und Schalke (0:4). Klopp: „Es ist eine brutale Situation."

In Hamburg ist die Lage für Klopps Kollegen Thomas Doll ebenso unerfreulich. Nur einen Sieg gab es für seine Mannschaft in den letzten 19 Pflichtspielen. Vorstand und Fans stehen fest hinter dem HSV-Idol. „Bei dem einen oder anderen Spieler merkt man, dass er an der Situation zu knabbern hat und dass sie nicht spurlos an ihm vorübergeht", sagt der frühere Nationalspieler.

Das Nachsehen haben die Bremer Christian Schulz, Naldo, Tim Wiese und Wome (von links) beim Dortmunder 2:1 durch Tinga (nicht im Bild).

DATEN & FAKTEN

Zuschauer gesamt	315.241
pro Spiel	35.027
Tore gesamt	29
Elfmeter	1
Eigentore	0
Gelbe Karten	31
Gelb/Rote Karten	3
Rote Karten	0

Werder Bremen – Borussia Dortmund 1:3 (1:1)

Werder Bremen: Wiese - Fritz, Mertesacker, Naldo, Wome - Vranjes (56. Borowski), Frings, Schulz (56. Klasnic) - Diego - Klose, Hunt (70. Almeida)
Borussia Dortmund: Weidenfeller - Kringe, Amedick, Wörns, Dede - Kruska - Tinga, Sahin (60. Pienaar) - Valdez (90. Brzenska), Frei (77. Amoah), Smolarek
Tore: 0:1 Frei (7.), 1:1 Klose (29.), 1:2 Tinga (53.), 1:3 Kruska (85., Foulelfmeter) **Ecken:** 11:2
Schiedsrichter: Wack (Biberbach)
Zuschauer: 42.100 (ausverkauft) **Gelb:** Frings, Wome, Borowski - Wörns, Frei, Kruska, Tinga **Gelb-Rot:** keine **Rot:** keine

Hamburger SV – Borussia Mönchengladbach 1:1 (0:0)

Hamburger SV: Wächter - Fillinger, Klingbeil, Mathijsen, Atouba - Jarolim, Feilhaber, Trochowski (63. Mahdavikia) - van der Vaart (82. Wicky) - Sanogo (63. Berisha), Ljuboja
Borussia Mönchengladbach: Keller (32. Heimeroth) - Helveg, Levels, Ze Antonio, Compper - Polanski (66. D. Degen), Thijs, El Fakiri - Delura (75. Sonck) - Kahé, Neuville
Tore: 1:0 Ljuboja (66.), 1:1 Neuville (84.) **Ecken:** 3:1
Schiedsrichter: Meyer (Burgdorf)
Zuschauer: 56.587 **Gelb:** Sanogo - Compper, D. Degen **Gelb-Rot:** keine **Rot:** keine

FC Schalke 04 – 1. FSV Mainz 05 4:0 (3:0)

FC Schalke 04: Neuer - Rafinha, Rodriguez (46. Hoogland), Krstajic, Pander (68. Boenisch) - Hamit Altintop (75. Özil) - Varela, Kobiashvili - Halil Altintop, Kuranyi, Løvenkrands
1. FSV Mainz 05: Wache - Gunesch, M. Friedrich, Noveski, Weigelt - Babatz (46. Azaouagh), Pekovic - F. Gerber, Amri (67. Feulner) - Szabics, Diakite (67. Edu)
Tore: 1:0 Kuranyi (13.), 2:0 Halil Altintop (23.), 3:0 Kuranyi (32.), 4:0 Halil Altintop (67.) **Ecken:** 1:10
Schiedsrichter: Perl (München)
Zuschauer: 61.162 **Gelb:** keine **Gelb-Rot:** keine **Rot:** keine

Bayer 04 Leverkusen – FC Bayern München 2:3 (0:1)

Bayer 04 Leverkusen: Butt - Schwegler, Madouni, Juan, Babic - Ramelow, Rolfes (46. Kießling) - Schneider (71. Athirson), Barnetta - Voronin, Barbarez
FC Bayern München: Kahn - Sagnol, Demichelis, van Buyten, Lahm - Ottl (81. Scholl) - van Bommel, Schweinsteiger, Salihamidzic (90+1. Lell) - Pizarro, Makaay
Tore: 0:1 Salihamidzic (33.), 1:1 Kießling (48.), 2:1 Athirson (80.), 2:2 Demichelis (83.), 2:3 Pizarro (86.)
Ecken: 7:6
Schiedsrichter: Merk (Otterbach)
Zuschauer: 22.500 (ausverkauft)
Gelb: Barnetta - Salihamidzic
Gelb-Rot: keine **Rot:** keine

Oliver Kahn und Martin Demichelis (rechts) beim Bayern-Sieg in Leverkusen mit Andrey Voronin.

Auch im zehnten Spiel hintereinander wartet der 1. FC Nürnberg vergeblich auf ein Erfolgserlebnis. Mit einem 1:1 bei Aufsteiger Alemannia Aachen endet das nächste Jubiläum für Hans Meyer immerhin nicht mit einem weiteren Negativ-Erlebnis. Nach dem 1:2 bei Hertha BSC Berlin am Tag nach seinem 64. Wiegenfest und einem 1:2 gegen Werder Bremen zu seinem 250. Spiel als Bundesliga-Trainer, bewahren seine Schützlinge den FCN-Coach zu seinem „Einjährigen" in Nürnberg vor einer neuerlichen Enttäuschung. Durch das torlose Unentschieden zu Hause gegen den FC Energie Cottbus reißt die Erfolgsserie von drei Siegen in Folge des VfL Wolfsburg – der Sprung in die UEFA-Cup-Ränge wird verpasst.

12. SPIELTAG

RESULTATE

Freitag, 10.11.2006	Werder Bremen – Bor. Dortmund	1:3	(1:1)
Samstag, 11.11.2006	Hamburger SV – Bor. M'gladbach	1:1	(0:0)
	FC Schalke 04 – 1. FSV Mainz 05	4:0	(3:0)
	Bayer Leverkusen – Bayern München	2:3	(0:1)
	Hertha BSC Berlin – VfL Bochum	3:3	(1:2)
	Eintr. Frankfurt – Arminia Bielefeld	0:3	(0:1)
	VfL Wolfsburg – FC Energie Cottbus	0:0	
Sonntag, 12.11.2006	Hannover 96 – VfB Stuttgart	1:2	(1:0)
	Alemannia Aachen – 1. FC Nürnberg	1:1	(0:1)

TORJÄGER

Marko Pantelic	Hertha BSC Berlin	8
Mario Gomez	VfB Stuttgart	7
Roy Makaay	FC Bayern München	6
Diego	Werder Bremen	6
Artur Wichniarek	DSC Arminia Bielefeld	5
Vlad Munteanu	FC Energie Cottbus	5
Miroslav Klose	Werder Bremen	5
Mike Hanke	VfL Wolfsburg	5

PERSONALIEN

Armin Veh darf sich freuen: Sein VfB Stuttgart fährt als einziger Club in der „Englischen Woche" alle neun möglichen Punkte ein und wird am Ende dieser Strecke durch den Sieg in Hannover mit der Tabellenführung belohnt.

Verantwortung übernimmt **Marc-André Kruska** in den Reihen von Borussia Dortmund. Fünf Minuten vor dem Schlusspfiff tritt der erst 19-Jährige zur Ausführung eines Foulelfmeters an, nutzt die Chance und stellt somit den 3:1-Sieg der Westfalen bei Werder Bremen sicher.

TABELLE

Rang	Club	Sp.	g	u	v	Tore	Diff.	Pkt.	
1	VfB Stuttgart	12	7	3	2	25:17	8	24	↗
2	Werder Bremen	12	7	2	3	31:16	15	23	↘
3	FC Schalke 04	12	7	2	3	19:13	6	23	→
4	FC Bayern München	12	6	2	4	19:15	4	20	↗
5	DSC Arminia Bielefeld	12	5	4	3	22:14	8	19	↗
6	Hertha BSC Berlin	12	4	6	2	21:17	4	18	↘
7	Borussia Dortmund	12	4	6	2	16:13	3	18	↗
8	VfL Wolfsburg	12	4	5	3	9:10	-1	17	→
9	FC Energie Cottbus	12	4	4	4	14:14	0	16	↗
10	Eintracht Frankfurt	12	3	7	2	13:14	-1	16	↘
11	Bayer 04 Leverkusen	12	4	3	5	19:18	1	15	↘
12	1. FC Nürnberg	12	2	8	2	14:12	2	14	→
13	Alemannia Aachen	12	4	2	6	18:22	-4	14	→
14	Borussia M'gladbach	12	4	1	7	11:17	-6	13	→
15	Hamburger SV	12	1	7	4	11:15	-4	10	↗
16	Hannover 96	12	2	4	6	11:22	-11	10	↘
17	VfL Bochum	12	2	3	7	13:23	-10	9	→
18	1. FSV Mainz 05	12	1	5	6	10:24	-14	8	↘

Hertha BSC Berlin – VfL Bochum 3:3 (1:2)

Hertha BSC Berlin: Fiedler - Chahed, A. Friedrich, van Burik, Fathi (55. Cairo) - Dardai - K. Boateng, Dejagah (73. Neuendorf), Gilberto - Pantelic, Gimenez (84. Samba)
VfL Bochum: Bade - Pallas, Maltritz, Butscher, Bönig - Dabrowski, Zdebel - Schröder, Misimovic, Trojan - Gekas (76. van Hout)
Tore: 1:0 Pantelic (9.), 1:1 Gekas (39.), 1:2 Misimovic (45+1.), 1:3 Misimovic (47.), 2:3 van Burik (58.), 3:3 Neuendorf (80.) **Ecken:** 5:6
Schiedsrichter: Brych (München)
Zuschauer: 29.104
Gelb: Dardai, A. Friedrich, K. Boateng - Dabrowski, Zdebel, Maltritz **Gelb-Rot:** Pallas (87.) **Rot:** keine

Eintracht Frankfurt – DSC Arminia Bielefeld 0:3 (0:1)

Eintracht Frankfurt: Nikolov - Ochs (73. Huber), Russ, Kyrgiakos, Spycher - Fink (46. Thurk), Huggel - Takahara, A. Meier (82. Köhler), Streit - Amanatidis
DSC Arminia Bielefeld: Hain - Korzynietz, Westermann, Gabriel, Schuler - Kauf, Kucera - Kamper (58. Ndjeng), Kobylik - Wichniarek (87. Marx), Zuma (75. Eigler)
Tore: 0:1 Wichniarek (26.), 0:2 Zuma (63.), 0:3 Ndjeng (84.) **Ecken:** 5:1
Schiedsrichter: Weiner (Giesen)
Zuschauer: 35.500 **Gelb:** Huggel, A. Meier, Streit - Kamper, Korzynietz, Kobylik **Gelb-Rot:** keine **Rot:** keine

VfL Wolfsburg – FC Energie Cottbus 0:0

VfL Wolfsburg: Jentzsch - Quiroga, Madlung, Hofland, Möhrle - Sarpei (62. Thiam), van der Leegte - Makiadi (78. Menseguez), Krzynowek - Hanke, Hoogendorp (61. Boakye)
FC Energie Cottbus: Piplica - Szelesi, Mitreski, McKenna, Ziebig - T. Rost, Kukielka - Radu (82. Küntzel), Shao (89. V. da Silva), Munteanu - Kioyo (76. Baumgart)
Tore: keine **Ecken:** 10:7 **Schiedsrichter:** Seemann (Essen) **Zuschauer:** 18.641
Gelb: Thiam - Shao, Szelesi **Gelb-Rot**: keine **Rot:** keine

Hannover 96 – VfB Stuttgart 1:2 (1:0)

Hannover 96: Enke - Cherundolo, Fahrenhorst, Zuraw, Tarnat - Yankov (67. Hashemian), Balitsch (85. Montabell) - Rosenthal, Bruggink, Huszti (76. Thorvaldsson) - Stajner
VfB Stuttgart: Hildebrand - Hilbert, Tasci, Delpierre, Boka - Pardo - Gentner (82. Khedira), A. da Silva (89. Streller), Hitzlsperger - Cacau (86. Meißner), Gomez
Tore: 1:0 Rosenthal (13.), 1:1 Hitzlsperger (49.), 1:2 Cacau (54.) **Ecken:** 3:3 **Schiedsrichter:** Drees (Mainz)
Zuschauer: 28.847 **Gelb:** Delpierre
Gelb-Rot: Hitzlsperger (90.) **Rot:** keine

Alemannia Aachen – 1. FC Nürnberg 1:1 (0:1)

Alemannia Aachen: Nicht - Pinto, Herzig, Sichone, Leiwakabessy - Lehmann (69. Reghecampf), Plaßhenrich - Fiel (46. Dum), Rösler, Schlaudraff - Ebbers (69. Ibisevic)
1. FC Nürnberg: Schäfer - D. Reinhardt, Wolf, Glauber, Pinola - Galasek, Banovic (67. Mnari) - Mintal (75. Polak), Kristiansen (75. Saenko) - Vittek, Schroth
Tore: 0:1 Galasek (29.), 1:1 Plaßhenrich (90.) **Ecken:** 7:7
Schiedsrichter: Rafati (Hannover)
Zuschauer: 20.800 (ausverkauft)
Gelb: Pinto - Banovic, Wolf **Gelb-Rot:** Herzig (71.) **Rot:** keine

Bayern stürzt Stuttgart – Schalke 04 nun spitze

Fußball-Ballett zeigen der Stuttgarter Antonio da Silva (links) und Andreas Ottl vom FC Bayern.

Szene aus einem tollen Spiel: Frankfurts Albert Streit (rechts) und Bochums Heiko Butscher.

Titelverteidiger FC Bayern stürzt Tabellenführer VfB Stuttgart in der Allianz Arena. Wie schon in Leverkusen drehen die Münchner erneut das Spiel, machen aus einem Rückstand einen Sieg. Nachdem Mario Gomez die Schwaben in der achten Minute mit 1:0 in Führung bringt, sorgen Roy Makaay und Claudio Pizarro bis zur Halbzeit für die Wende. Der FC Bayern meldet sich damit im Titelrennen zurück. „Ich bin zuversichtlich, dass wir in dieser Saison in Bundesliga und Pokal kein Spiel mehr verlieren", äußert Trainer Felix Magath.

Neuer Tabellenführer ist der FC Schalke 04. Obwohl die „Königsblauen" nach 15 Minuten durch die Tore von Hamit Altintop und Kevin Kuranyi mit 2:0 führen, kann der FC Energie Cottbus durch zwei Teffer von Sergiu Radu binnen drei Minuten noch vor der Halbzeit ausgleichen. Christian Pander und Levan Kobiashvili sorgen dennoch erstmals seit dem 13. März 2005 wieder für den Sprung an die Tabellenspitze.

Zum wiederholten Mal auf einem Abstiegsplatz findet sich der Hamburger SV. Im Vergleich zweier gebeutelter Mannschaften mit dem 1. FSV Mainz 05 gibt es ein 0:0.

DATEN & FAKTEN

Zuschauer gesamt	318.234
pro Spiel	35.359
Tore gesamt	29
Elfmeter	2
Eigentore	1
Gelbe Karten	26
Gelb/Rote Karten	0
Rote Karten	1

VfL Bochum – Eintracht Frankfurt 4:3 (3:2)

VfL Bochum: Skov-Jensen - Lense, Drsek, Butscher, Bönig - Maltritz (89. Meichelbeck), Zdebel - Schröder, Misimovic, Trojan (81. Grote) - Gekas (90+1. van Hout)
Eintracht Frankfurt: Nikolov - Ochs, Russ, Vasoski, Spycher - Fink (75. Thurk), Huggel - A. Meier - Streit, Amanatidis, Takahara (33. Kyrgiakos)
Tore: 0:1 Streit (1.), 0:2 Streit (5.), 1:2 Misimovic (29., Foulelfmeter), 2:2 Maltritz (33.), 3:2 Butscher (36.), 4:2 Gekas (46.), 4:3 Amanatidis (56.) **Ecken:** 11:2 **Schiedsrichter:** Gagelmann (Bremen) **Zuschauer:** 21.260 **Gelb:** keine **Gelb-Rot:** keine **Rot:** Vasoski (28.)

FC Bayern München – VfB Stuttgart 2:1 (2:1)

FC Bayern München: Kahn - Sagnol, Demichelis, van Buyten, Lahm - van Bommel, Ottl, Salihamidzic - Schweinsteiger (72. Lell) - Pizarro (88. Santa Cruz), Makaay (90+2. Deisler)
VfB Stuttgart: Hildebrand - Hilbert, Tasci, Delpierre, Boka - Gentner (54. Meira), Pardo, Khedira (61. Bierofka) - A. da Silva (79. Streller) - Cacau, Gomez
Tore: 0:1 Gomez (8.), 1:1 Makaay (27.), 2:1 Pizarro (36.) **Ecken:** 2:2 **Schiedsrichter:** Weiner (Giesen) **Zuschauer:** 69.000 (ausverkauft) **Gelb:** van Bommel - Pardo, Cacau **Gelb-Rot:** keine **Rot:** keine

Borussia Dortmund – Hertha BSC Berlin 1:2 (1:2)

Borussia Dortmund: Weidenfeller - Kringe, Amedick, Wörns, Dede - Kruska (77. Pienaar) - Tinga, Sahin (86. Brzenska) - Valdez, Frei, Smolarek (70. Amoah)
Hertha BSC Berlin: Fiedler - A. Friedrich, van Burik, Simunic, Fathi - Chahed, A. Schmidt - Dejagah (77. Cairo), Gilberto, Ede (85. Neuendorf) - Pantelic (70. Samba)
Tore: 0:1 A. Schmidt (10.), 0:2 Gilberto (15.), 1:2 Frei (23., Foulelfmeter) **Ecken:** 10:1 **Schiedsrichter:** Kircher (Rottenburg) **Zuschauer:** 70.200 **Gelb:** Fathi **Gelb-Rot:** keine **Rot:** keine

1. FC Nürnberg – Bayer 04 Leverkusen 3:2 (1:1)

1. FC Nürnberg: Schäfer - D. Reinhardt, Wolf, Glauber (61. Paulus), Pinola - Mnari, Kristiansen - Galasek (83. Polak) - Vittek, Schroth (73. Benko), Saenko
Bayer 04 Leverkusen: Butt - Schwegler, Madouni, Juan, Castro (87. De Wit) - Ramelow (62. Rolfes) - Freier (61. Athirson), Barbarez, Barnetta - Kießling, Voronin
Tore: 0:1 Madouni (8.), 1:1 Vittek (12.), 2:1 Schroth (48.), 2:2 Paulus (69., Eigentor), 3:2 Saenko (85.) **Ecken:** 7:10 **Schiedsrichter:** Schmidt (Stuttgart) **Zuschauer:** 37.143 **Gelb:** Pinola, Glauber, D. Reinhardt - Schwegler, Ramelow, Barnetta **Gelb-Rot:** keine **Rot:** keine

Jürgen Klopp bleibt mit seinem Team seit 13 Pflichtspielen ohne Sieg, ist Tabellenletzter. Die „Rothosen" mit Thomas Doll warten bereits seit 20 Pflichtspielen auf ein Erfolgserlebnis.

Punkte im Kampf um den Klassenerhalt macht der VfL Bochum gut. Der 4:3-Erfolg gegen Eintracht Frankfurt bedeutet den zweiten Sieg im siebten Spiel im rewirpowerSTADION. Dabei sieht es schnell nach der sechsten Heimniederlage aus. Albert Streit bringt die Hessen durch zwei Blitztore (1./5.) mit 2:0 in Führung. Am Schluss darf aber VfL-Coach Marcel Koller jubeln: „Wir sind wieder ins Spiel zurückgekehrt. Darauf können wir alle stolz sein." Einen zweifelhaften Rekord stellt Frankfurts Aleksandar Vasoski auf. Der Mazedonier erhält im 13. Spiel für die Eintracht schon die dritte Rote Karte. Einmalig in der Bundesliga.

In die Erfolgsspur kehrt der 1. FC Nürnberg zurück. Nach zehn sieglosen Spielen gewinnt der „Club" zu Hause gegen Bayer 04 Leverkusen mit 3:2. Robert Vittek beendet mit seinem Ausgleichstreffer (12.) auch die 762 Minuten dauernde Torflaute der Nürnberger Stürmer. Die erste Heimniederlage muss Borussia Dortmund hinnehmen. Mit 1:2 verlieren die Schützlinge von Bert van Marwijk gegen Hertha BSC. Die Berliner beenden ihren Auswärts-„Fluch" in Dortmund. Den letzten Erfolg bei der Borussia hatte Hertha BSC am 18. März 1972 verbucht.

Werder Bremen kommt bei Alemannia Aachen über ein 2:2 nicht hinaus. Ebenfalls mit einem Unentschieden (0:0) endet die Begegnung zwischen Arminia Bielefeld und dem VfL Wolfsburg. Eine Negativ-Serie kann Borussia Mönchengladbach vorläufig nicht stoppen. Nach der dritten Heimniederlage, einem 0:1 gegen Hannover 96, wartet die Mannschaft von Jupp Heynckes schon seit sechs Spielen auf ein Erfolgserlebnis.

Das Comeback des Spieltages

Es sind die wohl emotionalsten und schönsten 19 Sekunden seiner Karriere. Beim 2:1-Sieg gegen den VfB Stuttgart wechselt Trainer Felix Magath in der Nachspielzeit Sebastian Deisler ein. Damit feiert der 26-Jährige nach einer weiteren schweren Knie-Operation im März sein Comeback im Trikot des FC Bayern. „Auch wenn es nur sehr kurz war, so waren es doch ganz besondere Momente", so Deisler, „nun werde ich weiter Gas geben und hoffe, dass ich der Mannschaft entscheidend weiterhelfen kann."

Obwohl er vorerst lediglich zwei Ballkontakte hat, gibt es in der Allianz Arena Standing Ovations für den so sehr vom Verletzungspech verfolgten Deisler. „Bald bekommt er mehr Einsatzminuten", macht ihm Magath Mut und baut auf eine Stärkung durch den Rückkehrer.

Comeback im Trikot des FC Bayern München nach schweren Monaten: Sebastian Deisler.

13. SPIELTAG

RESULTATE

Freitag, 17.11.2006	VfL Bochum – Eintracht Frankfurt	4:3	(3:2)
Samstag, 18.11.2006	FC Bayern München – VfB Stuttgart	2:1	(2:1)
	Borussia Dortmund – Hertha BSC	1:2	(1:2)
	1. FC Nürnberg – Bayer Leverkusen	3:2	(1:1)
	1. FSV Mainz 05 – Hamburger SV	0:0	
	Alemannia Aachen – Werder Bremen	2:2	(1:0)
	FC Energie Cottbus – FC Schalke 04	2:4	(2:2)
Sonntag, 19.11.2006	Borussia M'gladbach – Hannover 96	0:1	(0:0)
	Arminia Bielefeld – VfL Wolfsburg	0:0	

TORJÄGER

Marko Pantelic	Hertha BSC Berlin	8
Mario Gomez	VfB Stuttgart	8
Roy Makaay	FC Bayern München	7
Miroslav Klose	Werder Bremen	6
Diego	Werder Bremen	6
Artur Wichniarek	DSC Arminia Bielefeld	5
Ioannis Amanatidis	Eintracht Frankfurt	5
Vlad Munteanu	FC Energie Cottbus	5
und fünf weitere Spieler mit je fünf Treffern		

PERSONALIEN

Jan Schlaudraff sorgte mit einem zauberhaften Treffer dafür, dass Alemannia Aachen beim 2:2 gegen Werder Bremen einen Punkt holt. Nach einem tollen Solo und perfektem Lupfer bringt er den Aufsteiger mit 2:1 in Führung – später das „Tor des Monats".

In der Vorwoche waren **Kevin Kuranyi** vom FC Schalke 04 erstmals seit fast einem Jahr zwei Treffer in einem Spiel gelungen, in Cottbus lässt er sein erstes Auswärtstor seit fast exakt zwölf Monaten folgen. Zudem bereitet er in der Lausitz noch zwei Treffer vor.

TABELLE

Rang	Club	Sp.	g	u	v	Tore	Diff.	Pkt.	
1	FC Schalke 04	13	8	2	3	23:15	8	26	↗
2	Werder Bremen	13	7	3	3	33:18	15	24	→
3	VfB Stuttgart	13	7	3	3	26:19	7	24	↘
4	FC Bayern München	13	7	2	4	21:16	5	23	→
5	Hertha BSC Berlin	13	5	6	2	23:18	5	21	↗
6	DSC Arminia Bielefeld	13	5	5	3	22:14	8	20	↘
7	Borussia Dortmund	13	4	6	3	17:15	2	18	→
8	VfL Wolfsburg	13	4	6	3	9:10	-1	18	→
9	1. FC Nürnberg	13	3	8	2	17:14	3	17	↗
10	FC Energie Cottbus	13	4	4	5	16:18	-2	16	↘
	Eintracht Frankfurt	13	3	7	3	16:18	-2	16	→
12	Bayer 04 Leverkusen	13	4	3	6	21:21	0	15	↘
13	Alemannia Aachen	13	4	3	6	20:24	-4	15	→
14	Borussia M'gladbach	13	4	1	8	11:18	-7	13	→
15	Hannover 96	13	3	4	6	12:22	-10	13	↗
16	VfL Bochum	13	3	3	7	17:26	-9	12	↗
17	Hamburger SV	13	1	8	4	11:15	-4	11	↘
18	1. FSV Mainz 05	13	1	6	6	10:24	-14	9	→

1. FSV Mainz 05 – Hamburger SV 0:0

1. FSV Mainz 05: Wache - Demirtas, M. Friedrich, Noveski, Weigelt - Babatz, Pekovic - Azaouagh (90. F. Gerber), Feulner - Szabics (88. Amri), Edu (53. Jovanovic)
Hamburger SV: Wächter - Klingbeil (46. Fillinger), B. Reinhardt, Mathijsen, Atouba - Jarolim, Wicky, Trochowski - van der Vaart - Sanogo, Ljuboja (72. Berisha)
Tore: keine **Ecken:** 6:6 **Schiedsrichter:** Fleischer (Sigmertshausen) **Zuschauer:** 20.300 (ausverkauft) **Gelb:** Pekovic, Azaouagh - Klingbeil, Jarolim, Trochowski **Gelb-Rot:** keine **Rot:** keine

Alemannia Aachen – Werder Bremen 2:2 (1:0)

Alemannia Aachen: Nicht - Pinto, Klitzpera, Sichone, Leiwakabessy - Plaßhenrich, Lehmann - Reghecampf (72. Ebbers), Fiel, Schlaudraff - Rösler
Werder Bremen: Wiese - Fritz, Mertesacker, Naldo, Wome - Vranjes (46. D. Jensen) - Frings, Diego, Borowski (70. Almeida) - Klose, Hunt
Tore: 1:0 Rösler (33.), 1:1 Mertesacker (47.), 2:1 Schlaudraff (68.), 2:2 Klose (79.) **Ecken:** 4:9 **Schiedsrichter:** Merk (Otterbach) **Zuschauer:** 20.800 (ausverkauft) **Gelb:** Vranjes, Frings, Diego **Gelb-Rot:** keine **Rot:** keine

FC Energie Cottbus – FC Schalke 04 2:4 (2:2)

FC Energie Cottbus: Piplica - Szelesi, McKenna, Mitreski, Ziebig - T. Rost (80. V. da Silva), Kukielka - Radu, Shao (66. Baumgart), Munteanu - Kioyo (76. Gunkel)
FC Schalke 04: Neuer - Rafinha, Rodriguez, Krstajic, Pander (78. Boenisch) - Hamit Altintop, Bajramovic, Kobiashvili - Halil Altintop (55. Ernst), Kuranyi, Løvenkrands (90. Heppke)
Tore: 0:1 Hamit Altintop (4.), 0:2 Kuranyi (15.), 1:2 Radu (28.), 2:2 Radu (31.), 2:3 Pander (51.), 2:4 Kobiashvili (83.) **Ecken:** 4:5 **Schiedsrichter:** Fandel (Kyllburg) **Zuschauer:** 17.210 **Gelb:** Kukielka **Gelb-Rot:** keine **Rot:** keine

Borussia Mönchengladbach – Hannover 96 0:1 (0:0)

Borussia Mönchengladbach: Keller - Helveg (74. Insua), Svensson, Ze Antonio, Compper - Polanski, Kluge - Delura (67. D. Degen), Rafael - Neuville (46. Kahé), Sonck
Hannover 96: Enke - Cherundolo, Vinicius, Zuraw, Tarnat - Balitsch, Yankov (79. Lala) - Schröter (89. Andersson), Bruggink (86. Fahrenhorst), Huszti - Stajner
Tor: 0:1 Balitsch (50.) **Ecken:** 5:7 **Schiedsrichter:** Stark (Landshut) **Zuschauer:** 39.670 **Gelb:** Yankov, Schröter, Vinicius, Tarnat, Enke **Gelb-Rot:** keine **Rot:** keine

DSC Arminia Bielefeld – VfL Wolfsburg 0:0

DSC Arminia Bielefeld: Hain - Korzynietz, Westermann, Gabriel, Schuler - Kauf, Kucera - Kamper (46. Kobylik), Böhme (79. Ndjeng) - Wichniarek, Zuma (87. Eigler)
VfL Wolfsburg: Jentzsch - Möhrle, Quiroga, Hofland, Sarpei - Makiadi, Santana (63. Hristov), van der Leegte, Krzynowek - Boakye (71. Menseguez), Hanke (85. Lamprecht)
Tore: keine **Ecken:** 5:9 **Schiedsrichter:** Brych (München) **Zuschauer:** 22.651 **Gelb:** van der Leegte, Hristov **Gelb-Rot:** keine **Rot:** keine

Die fünf Top-Teams siegen – Bayern gewinnen beim HSV

Die fünf Top-Teams der Bundesliga gestalten ihre Spiele allesamt siegreich. Bereits zur Halbzeit steht praktisch fest, dass der FC Schalke 04 zum zweiten Mal in Folge den Platz an der Sonne verteidigen wird. Rafinha und Peter Løvenkrands bringen die „Königsblauen" im Ruhrpott-Derby gegen den VfL Bochum komfortabel in Führung, am Schluss heißt es 2:1. Manager Andreas Müller weiß nach dem Schlusspfiff: „Jetzt werden wir überall gejagt. Die Mannschaft muss lernen, den ersten Platz mit aller Macht zu verteidigen. Diese Erfahrung ist wichtig. Und ich hoffe, sie macht die Erfahrung gut."

Dem FC Bayern München gelingt zum dritten Mal in Folge das Kunststück, ein Spiel zu drehen. Nachdem der deutsche Rekordmeister bei den Siegen in Leverkusen und zu Hause gegen Stuttgart ebenfalls ins Hintertreffen geriet, sorgt nun Rafael van der Vaart zunächst für die Führung des Hamburger SV (18.). In der zweiten Halbzeit wenden die Gäste durch Roy Makaay in der 56. und Claudio Pizarro in der 78. Minute noch das Blatt. „Auf Dauer geht das nicht gut", warnt Manager Uli Hoeneß. Sebastian Deisler, in der Halbzeit eingewechselt, zeigt eine exzellente Vorstellung, bedient beim Ausgleich Roy Makaay mit einem Zauberpass. Die HSV-Sorgen halten dagegen an.

Der VfB Stuttgart sorgt mit dem 1:0-Heimerfolg für noch größere Probleme bei Borussia Mönchengladbach. Nur einen Punkt gab es aus den letzten sieben Spielen für die „Fohlen". Damit liegt das Team von Jupp Heynckes nur noch einen Punkt vor einem Abstiegsrang.

Auch dem fünften Club im Bunde an der Tabellenspitze, Hertha BSC Berlin, gelingt ein Sieg. Mit 2:1 behalten die Schützlinge von Trainer Falko Götz zu Hause gegen Alemannia Aachen die Oberhand. Marko Pantelic, der seinen neunten Saisontreffer erzielt, verteidigt damit erfolgreich seine Führung in der Torschützenliste. Hertha BSC ist seit acht Heimspielen unbesiegt. Aufsteiger Aachen dagegen wartet auch im siebten Spiel in Folge auf einen Erfolg.

Hannover 96 ist das einzige Team im Tabellenkeller, das jubeln darf. Mit dem 1:0 gegen den 1. FSV Mainz 05 beenden die Niedersachsen ihre Negativ-Serie. Vahid Hashemian sorgt mit seinem Kopfballtreffer in der 75. Minute für den ersten Heimsieg seit dem 18. März gegen den 1. FC Köln (1:0). Mainz bleibt auch im 14. Pflichtspiel in Folge ohne Sieg, wartet seit nunmehr 353 Minuten auf einen Torerfolg.

Eintracht Frankfurt reicht zum dritten Mal eine 1:0-Führung nicht zum Sieg. Das Heimspiel gegen Borussia

Flugeinlage des Bochumers Zvjezdan Misimovic, während der Schalker Rafinha im Revier-Derby den Ball behauptet.

DATEN & FAKTEN

Zuschauer gesamt	372.658
pro Spiel	41.406
Tore gesamt	22
Elfmeter	2
Eigentore	0
Gelbe Karten	36
Gelb/Rote Karten	0
Rote Karten	1

FC Schalke 04 – VfL Bochum 2:1 (2:0)

■ **FC Schalke 04:** Neuer - Rafinha, Rodriguez, Krstajic, Pander - Hamit Altintop, Bajramovic (72. Ernst), Kobiashvili - Halil Altintop (46. Lincoln), Kuranyi, Løvenkrands (88. Larsen)
■ **VfL Bochum:** Skov-Jensen - Lense, Drsek, Butscher, Bönig (85. Meichelbeck) - Maltritz, Zdebel - Schröder (77. Dabrowski), Misimovic, Trojan (72. Bechmann) - Gekas
Tore: 1:0 Rafinha (19.), 2:0 Løvenkrands (27.), 2:1 Gekas (49.) **Besonderes Vorkommnis:** Kobiashvili verschießt Foulelfmeter (66.) **Ecken:** 4:7 **Schiedsrichter:** Gräfe (Berlin) **Zuschauer:** 61.482 (ausverkauft) **Gelb:** Kobiashvili, Bajramovic - Maltritz **Gelb-Rot:** keine **Rot:** Butscher (66.)

Werder Bremen – DSC Arminia Bielefeld 3:0 (2:0)

■ **Werder Bremen:** Wiese - Fritz (79. Pasanen), Mertesacker, Naldo, Wome - D. Jensen, Frings, Schulz (84. Vranjes) - Borowski - Klose, Almeida (68. Hunt)
■ **DSC Arminia Bielefeld:** Hain - Korzynietz (59. Marx), Westermann, Gabriel, Schuler - Kauf, Kucera - Kobylik, Böhme (59. Kamper) - Eigler (77. Bollmann), Wichniarek
Tore: 1:0 Klose (29.), 2:0 Klose (45+1.), 3:0 Hunt (75.) **Ecken:** 8:3 **Schiedsrichter:** Drees (Mainz) **Zuschauer:** 40.792 **Gelb:** Naldo - Kucera, Hain **Gelb-Rot:** keine **Rot:** keine

Hamburger SV – FC Bayern München 1:2 (1:0)

■ **Hamburger SV:** Wächter - Benjamin, B. Reinhardt, Mathijsen, Atouba - Wicky (87. Berisha), van der Vaart (84. Fillinger) - Mahdavikia, Trochowski - Sanogo, Guerrero (84. Ljuboja)
■ **FC Bayern München:** Kahn - Sagnol, Demichelis (46. Lucio), van Buyten, Lahm - van Bommel, Ottl (46. Deisler), Salihamidzic - Schweinsteiger - Pizarro, Makaay (89. Santa Cruz)
Tore: 1:0 van der Vaart (18., Foulelfmeter), 1:1 Makaay (56.), 1:2 Pizarro (78.) **Ecken:** 3:2 **Schiedsrichter:** Kinhöfer (Herne) **Zuschauer:** 57.000 (ausverkauft) **Gelb:** Wicky, Atouba, Guerrero - Demichelis, Kahn, Sagnol, Lahm **Gelb-Rot:** keine **Rot:** keine

Hertha BSC Berlin – Alemannia Aachen 2:1 (1:1)

■ **Hertha BSC Berlin:** Fiedler - A. Friedrich, van Burik, Simunic, Fathi - A. Schmidt - K. Boateng, Dejagah (88. Wallschläger), Gilberto - Pantelic (90+3. R. Müller), Lakic (66. Neuendorf)
■ **Alemannia Aachen:** Nicht - Pinto, Klitzpera, Sichone, Leiwakabessy - Reghecampf (73. Dum), Plaßhenrich, Lehmann - Fiel (73. Ebbers) - Rösler (81. Ibisevic), Schlaudraff
Tore: 1:0 Pantelic (41.), 1:1 Lehmann (45.), 2:1 Dejagah (62.) **Ecken:** 7:5 **Schiedsrichter:** Perl (München) **Zuschauer:** 40.879 **Gelb:** van Burik, Gilberto, Fathi - Fiel **Gelb-Rot:** keine **Rot:** keine

Der Torschütze des Spieltages

„Das war Weltklasse!" Das Lob für Miroslav Klose kam nicht vom eigenen Trainer, sondern von Gäste-Coach Thomas von Heesen. Beim 3:0 gegen Arminia Bielefeld erzielt der Nationalstürmer nicht nur seine Saisontreffer sieben und acht, sondern bietet insgesamt eine Gala-Vorstellung. „Schöne Komplimente", reagiert Klose, der sich in WM-Form präsentiert. Klasse sein Durchsetzungsvermögen beim Führungstreffer nach Vorarbeit von Hugo Almeida. Das Prädikat besonders wertvoll verdient auch Treffer Nummer zwei. Mit einem Lupfer überwindet er mit dem Pausenpfiff Bielefelds Schlussmann Mathias Hain. Auch im zweiten Durchgang begeistert der Werder-Stürmer. Höhepunkt ist die Vorarbeit zum 3:0-Endstand durch Aaron Hunt per Hackentrick.

In Top-Form und mit zwei Toren für Werder erfolgreich: Miroslav Klose.

Rafael van der Vaart (links) trifft zum 1:0 des HSV, Hasan Salihamidzic und der FC Bayern gewinnen.

Dortmund endet mit einem 1:1. Ebenfalls mit diesem Ergebnis trennen sich der VfL Wolfsburg und der 1. FC Nürnberg. Damit sind die Franken die Unentschieden-Könige der Liga. Schon neun Mal gab es eine Punkteteilung. Mit einem 3:1-Heimsieg gegen Energie Cottbus klettert Bayer 04 Leverkusen von Rang zwölf auf Tabellenposition zehn.

14. SPIELTAG

RESULTATE

Freitag, 24.11.2006	FC Schalke 04 – VfL Bochum	2:1	(2:0)
Samstag, 25.11.2006	Werder Bremen – Arminia Bielefeld	3:0	(2:0)
	Hamburger SV – FC Bayern München	1:2	(1:0)
	Hertha BSC – Alemannia Aachen	2:1	(1:1)
	Hannover 96 – 1. FSV Mainz 05	1:0	(0:0)
	Eintracht Frankfurt – Bor. Dortmund	1:1	(1:0)
	VfL Wolfsburg – 1. FC Nürnberg	1:1	(0:1)
Sonntag, 26.11.2006	Bayer Leverkusen – Energie Cottbus	3:1	(1:0)
	VfB Stuttgart – Borussia M'gladbach	1:0	(1:0)

TORJÄGER

Marko Pantelic	Hertha BSC Berlin	9
Roy Makaay	FC Bayern München	8
Miroslav Klose	Werder Bremen	8
Mario Gomez	VfB Stuttgart	8
Vlad Munteanu	FC Energie Cottbus	6
Diego	Werder Bremen	6
Theofanis Gekas	VfL Bochum	6
Claudio Pizarro	FC Bayern München	5
und acht weitere Spieler mit je acht Treffern		

PERSONALIEN

Erstmals in dieser Saison muss Bremen auf seinen Regisseur **Diego** verzichten, der Offensivstärke von Werder tut das aber keinen Abbruch: Nur die Hanseaten und Leverkusen erzielen an diesem Spieltag drei Tore.

Ohne Folgen bleibt, dass **Levan Kobiashvili** einen Foulelfmeter nicht verwandeln kann. Schalke besiegt Bochum dennoch mit 2:1. Für den Hamburger SV trifft **Rafael van der Vaart** zwar per Foulelfmeter, doch in der AOL Arena hat am Ende der FC Bayern München mit 2:1 die Nase vorn.

TABELLE

Rang	Club	Sp.	g	u	v	Tore	Diff.	Pkt.	
1	FC Schalke 04	14	9	2	3	25:16	9	29	→
2	Werder Bremen	14	8	3	3	36:18	18	27	→
3	VfB Stuttgart	14	8	3	3	27:19	8	27	→
4	FC Bayern München	14	8	2	4	23:17	6	26	→
5	Hertha BSC Berlin	14	6	6	2	25:19	6	24	→
6	DSC Arminia Bielefeld	14	5	5	4	22:17	5	20	→
7	Borussia Dortmund	14	4	7	3	18:16	2	19	→
8	VfL Wolfsburg	14	4	7	3	10:11	-1	19	→
9	1. FC Nürnberg	14	3	9	2	18:15	3	18	→
10	Bayer 04 Leverkusen	14	5	3	6	24:22	2	18	↗
11	Eintracht Frankfurt	14	3	8	3	17:19	-2	17	↘
12	FC Energie Cottbus	14	4	4	6	17:21	-4	16	↘
13	Hannover 96	14	4	4	6	13:22	-9	16	↗
14	Alemannia Aachen	14	4	3	7	21:26	-5	15	↘
15	Borussia M'gladbach	14	4	1	9	11:19	-8	13	↘
16	VfL Bochum	14	3	3	8	18:28	-10	12	→
17	Hamburger SV	14	1	8	5	12:17	-5	11	→
18	1. FSV Mainz 05	14	1	6	7	10:25	-15	9	→

Hannover 96 – 1. FSV Mainz 05 1:0 (0:0)

Hannover 96: Enke - Cherundolo, Vinicius, Zuraw, Tarnat - Balitsch (58. Rosenthal), Yankov - Stajner, Bruggink, Huszti (89. Lala) - Hashemian (84. Fahrenhorst)
1. FSV Mainz 05: Wache - Demirtas, M. Friedrich, Noveski, Rose - Babatz, Pekovic - Azaouagh (68. F. Gerber), Feulner (80. Damm) - Szabics, Jovanovic (71. Ruman)
Tor: 1:0 Hashemian (75.) **Ecken:** 5:6 **Schiedsrichter:** Fandel (Kyllburg) **Zuschauer:** 29.108 **Gelb:** Yankov - Noveski **Gelb-Rot:** keine **Rot:** keine

Eintracht Frankfurt – Borussia Dortmund 1:1 (1:0)

Eintracht Frankfurt: Pröll - Rehmer, Russ, Kyrgiakos, Ochs - Fink (82. Köhler), Huggel - Streit, A. Meier, Takahara (82. Spycher) - Amanatidis
Borussia Dortmund: Weidenfeller - Kringe, Amedick, Wörns, Dede - Kruska (74. Pienaar) - Tinga, Sahin - Valdez (68. Amoah), Frei, Smolarek
Tore: 1:0 Kyrgiakos (38.), 1:1 Smolarek (79.) **Ecken:** 8:5 **Schiedsrichter:** Sippel (München) **Zuschauer:** 51.500 **Gelb:** Streit - Frei, Tinga **Gelb-Rot:** keine **Rot:** keine

VfL Wolfsburg – 1. FC Nürnberg 1:1 (0:1)

VfL Wolfsburg: Jentzsch - Möhrle, Quiroga, Hofland, Sarpei - Thiam (59. Hristov), van der Leegte - Santana - Menseguez, Hanke (46. Boakye), Makiadi
1. FC Nürnberg: Schäfer - D. Reinhardt, Wolf, Glauber, Pinola - Mnari, Galasek (79. Banovic) - Kristiansen - Saenko, Schroth (79. Polak), Vittek
Tore: 0:1 Saenko (7.), 1:1 Menseguez (74.) **Ecken:** 7:1 **Schiedsrichter:** Wagner (Hofheim) **Zuschauer:** 16.397 **Gelb:** Hofland, Menseguez, van der Leegte - D. Reinhardt, Galasek **Gelb-Rot:** keine **Rot:** keine

Bayer 04 Leverkusen – FC Energie Cottbus 3:1 (1:0)

Bayer 04 Leverkusen: Butt - Castro, Madouni (40. Haggui), Juan, Babic - Rolfes - Freier, Schneider, Athirson (87. Stenman) - Voronin (84. Kießling), Barbarez
FC Energie Cottbus: Piplica - Szelesi, McKenna, Mitreski, Ziebig (85. Feick) - T. Rost, Kukielka (81. V. da Silva) - Radu, Shao (70. Baumgart), Munteanu - Kioyo
Tore: 1:0 Barbarez (19.), 1:1 Munteanu (51.), 2:1 Rolfes (66.), 3:1 Voronin (79.) **Ecken:** 9:2 **Schiedsrichter:** Stark (Landshut) **Zuschauer:** 22.500 (ausverkauft) **Gelb:** Babic, Juan - T. Rost, Ziebig, McKenna **Gelb-Rot:** keine **Rot:** keine

VfB Stuttgart – Borussia Mönchengladbach 1:0 (1:0)

VfB Stuttgart: Hildebrand - Tasci, Meira, Delpierre, Boka - Pardo - Hilbert, A. da Silva (67. Bierofka), Hitzlsperger (80. Osorio) - Cacau (75. Streller), Gomez
Borussia Mönchengladbach: Heimeroth - Helveg, Svensson, Ze Antonio, Compper (70. Thijs) - Polanski (61. Delura), Levels - Kirch, Insua, Kluge - Kahé
Tor: 1:0 Cacau (6.) **Ecken:** 4:5 **Schiedsrichter:** Fleischer (Sigmertshausen) **Zuschauer:** 53.000 **Gelb:** Meira - Svensson, Delura, Kirch **Gelb-Rot:** keine **Rot:** keine

BUNDES LIGA

Werder löst Schalke ab – Drei Takahara-Tore

Frankfurts Naohiro Takahara (links) glänzt gegen Alexander Klitzpera und die Alemannia.

Im Duell der „Kellerkinder" muss der Hamburger SV mit einem 1:2 beim VfL Bochum eine empfindliche Niederlage hinnehmen. Der Rückstand zum rettenden Ufer ist damit schon auf beträchtliche vier Punkte angewachsen. Zu allem Überfluss kassiert Spielmacher Rafael van der Vaart auch noch eine Rote Karte. Der Holländer wird den Norddeutschen vorerst fehlen.

Neben dem Bundesliga-Dauerbrenner aus Hamburg liegt ein weiterer Traditionsclub auf einem Abstiegsplatz. Trotz des respektablen und unerwarteten Punktgewinns beim FC Bayern München rutscht Borussia Mönchengladbach auf Rang 16 ab. „Wir sind besser, als der Tabellenplatz aussagt, und dieses Spiel gibt uns eine Menge Selbstvertrauen", analysiert Trainer Jupp Heynckes nach dem 1:1-Unentschieden an seiner alten Wirkungsstätte in München die Situation seiner Borussia.

Ebenfalls mit einem Unentschieden muss sich der FC Schalke 04 begnügen. Mit dem 0:0 beim 1. FC Nürnberg endet nicht nur die Erfolgsserie von vier Siegen in Folge, sondern das Ergebnis hat auch den Verlust der Tabellenführung zur Folge. Der „Club" bleibt Spezialist der Liga auf einem besonderen Gebiet: Im 15. Saisonspiel gibt es bereits das zehnte Unentschieden.

Werder Bremen nutzt aus, dass die „Königsblauen" in Nürnberg nicht dreifach punkten können, und kehrt nach einem 3:1-Heimerfolg gegen Hertha BSC Berlin wieder auf Rang eins zurück. Erneut in Top-Form präsentiert sich Miroslav Klose, der wie beim letzten Heimspiel gegen Arminia Bielefeld doppelt trifft. Mit seinen Toren neun und zehn löst er Hertha-Stürmer Marko Pantelic an der Spitze der Torjägerliste ab.

Noch ein Tor mehr als dem Bremer Nationalstürmer gelingt Frankfurts Naohiro Takahara beim 3:2-Erfolg der Eintracht in Aachen. Der Japaner erzielt alle drei Tore, jubelt bei strömendem Regen in der 14., 43. und 61. Minute. Immer wenn „Taka" trifft, gewinnen die Hessen. Alle seine bisherigen sechs Saisontreffer hat er bei den vier Eintracht-Siegen erzielt.

Obwohl die Verantwortlichen von Borussia Dortmund schon im Vorfeld des Heimspiels gegen den VfL Wolfsburg die Trennung von Trainer Bert van Marwijk zum Saisonende bekannt gegeben haben, feiern die Westfalen im achten Spiel den zweiten Sieg im

Clemens Fritz (links) von Werder Bremen und der Berliner Srdjan Lakic im luftigen Vergleich.

DATEN & FAKTEN

Zuschauer gesamt	313.929
pro Spiel	34.881
Tore gesamt	16
Elfmeter	1
Eigentore	0
Gelbe Karten	33
Gelb/Rote Karten	1
Rote Karten	1

1. FSV Mainz 05 – VfB Stuttgart 0:0

1. FSV Mainz 05: Wetklo - Demirtas, M. Friedrich, Noveski, Rose - Babatz, Pekovic - Azaouagh (80. Edu), Feulner (69. Amri) - Szabics, Jovanovic (71. Ruman)
VfB Stuttgart: Hildebrand - Osorio, Meira, Delpierre, Boka - Pardo - Hilbert, A. da Silva (77. Farnerud), Hitzlsperger - Cacau, Gomez
Tore: keine **Ecken:** 8:6 **Schiedsrichter:** Rafati (Hannover) **Zuschauer:** 20.300 (ausverkauft) **Gelb:** Demirtas - Boka, Pardo, Farnerud, Gomez **Gelb-Rot:** keine **Rot:** keine

FC Bayern München – Borussia Mönchengladbach 1:1 (1:1)

FC Bayern München: Kahn - Sagnol, Lucio, van Buyten, Lahm - Demichelis (46. Deisler) - van Bommel, Schweinsteiger, Salihamidzic (69. Santa Cruz) - Makaay, Pizarro
Borussia Mönchengladbach: Keller - Helveg, Svensson, Ze Antonio, Levels (10. Compper) - Kirch (82. D. Degen), Thijs, Kluge (76. Polanski) - Insua - Delura, Kahé
Tore: 1:0 Demichelis (23.), 1:1 Delura (33.) **Ecken:** 12:5 **Schiedsrichter:** Merk (Otterbach) **Zuschauer:** 69.000 (ausverkauft) **Gelb:** van Bommel - Svensson **Gelb-Rot:** keine **Rot:** keine

Werder Bremen – Hertha BSC Berlin 3:1 (3:1)

Werder Bremen: Wiese - Fritz, Mertesacker, Naldo, Wome - D. Jensen (69. Hunt), Frings, Borowski (83. Vranjes) - Diego - Klose, Almeida (72. Klasnic)
Hertha BSC Berlin: Fiedler - A. Friedrich, van Burik (34. Chahed), Simunic, Fathi - Dardai (46. Neuendorf), A. Schmidt - K. Boateng, Dejagah, Gilberto - Lakic (63. Bastürk)
Tore: 1:0 Diego (23., Handelfmeter), 1:1 Simunic (25.), 2:1 Klose (32.), 3:1 Klose (40.) **Ecken:** 3:6 **Schiedsrichter:** Fandel (Kyllburg) **Zuschauer:** 40.168 **Gelb:** Gilberto, A. Friedrich **Gelb-Rot:** keine **Rot:** keine

Borussia Dortmund – VfL Wolfsburg 1:0 (0:0)

Borussia Dortmund: Weidenfeller - Kringe, Amedick, Wörns, Dede - Kruska - Tinga, Sahin (61. Pienaar) - Valdez, Frei (73. Amoah), Smolarek
VfL Wolfsburg: Jentzsch - Möhrle, Quiroga, Hofland, Stegmayer (82. Van der Heyden) - Thiam, Santana, Sarpei (71. Lamprecht) - Menseguez (83. Alex), Makiadi - Boakye
Tor: 1:0 Smolarek (90+1.) **Ecken:** 4:2 **Schiedsrichter:** Gagelmann (Bremen) **Zuschauer:** 62.900 **Gelb:** Kringe, Kruska - Hofland **Gelb-Rot:** keine **Rot:** keine

Signal Iduna Park. Ebi Smolarek sorgt mit seinem Kopfballtreffer in der zweiten Minute der Nachspielzeit für den „Dreier". Damit ist die Erfolgsserie der „Wölfe" gerissen. Im siebten Spiel gibt es die erste Niederlage.

Torlos unentschieden trennen sich Arminia Bielefeld und Bayer 04 Leverkusen. Mit wenigen Toren sammelt Hannover 96 viele Punkte: Der 1:0-Erfolg beim FC Energie Cottbus ist bereits der vierte Sieg mit diesem knappen Ergebnis in den letzten fünf Spielen. Entscheidend zugunsten der Niedersachsen ist dieses Mal ein Treffer des US-Nationalspielers Steven Cherundolo.

Freistoß-Kunststück des Bochumers Zvjezdan Misimovic zum 2:1-Siegtreffer gegen Hamburg.

Das Trainer-Thema des Spieltages

Drei Spieltage vor der Winterpause informiert Borussia Dortmund offiziell über die Trennung von Trainer Bert van Marwijk zum Saisonende.

Van Marwijk gewann weniger als die Hälfte aller Auftritte vor eigenem Publikum im Signal Iduna Park. Nur 19 von 42, ganze zwei von acht in dieser Spielzeit. Zudem scheiterte der Holländer, im Sommer 2004 von Feyennoord Rotterdam nach Dortmund gekommen, mit der Borussia zwei Mal im UI-Cup. Gegen den KRC Genk war ebenso schon früh Endstation wie gegen Sigma Olmütz.

Trennung vereinbart: Bert van Marwijk und Borussia Dortmund gehen getrennte Wege.

15. SPIELTAG

RESULTATE

Freitag, 01.12.2006	1. FSV Mainz 05 – VfB Stuttgart	0:0	
Samstag, 02.12.2006	Bayern München – Bor. M'gladbach	1:1	(1:1)
	Werder Bremen – Hertha BSC	3:1	(3:1)
	Borussia Dortmund – VfL Wolfsburg	1:0	(0:0)
	Arminia Bielefeld – Bayer Leverkusen	0:0	
	VfL Bochum – Hamburger SV	2:1	(1:1)
	FC Energie Cottbus – Hannover 96	0:1	(0:1)
Sonntag, 03.12.2006	1. FC Nürnberg – FC Schalke 04	0:0	
	Alemannia Aachen – Eintr. Frankfurt	2:3	(1:2)

TORJÄGER

Miroslav Klose	Werder Bremen	10
Marko Pantelic	Hertha BSC Berlin	9
Roy Makaay	FC Bayern München	8
Mario Gomez	VfB Stuttgart	8
Diego	Werder Bremen	7
Vlad Munteanu	FC Energie Cottbus	6
Naohiro Takahara	Eintracht Frankfurt	6
Jan Schlaudraff	Alemannia Aachen	6
Theofanis Gekas	VfL Bochum	6

PERSONALIEN

Mit einer Roten Karte schwächt Kapitän **Rafael van der Vaart** in Bochum seinen HSV zusätzlich. Wie schon bei seinem ersten Platzverweis (gegen den VfL Wolfsburg) kommt „Rot" erneut von Schiedsrichter **Wolfgang Stark.** Insgesamt ist dies bereits der fünfte Platzverweis des HSV in dieser Saison.

Ebi Smolarek und der VfL Wolfsburg – das ist schon eine besondere Liebesbeziehung, wenn auch einseitig. Zum vierten Mal tritt der polnische Nationalstürmer gegen die Niedersachsen an, und zum vierten Mal erzielt er einen Treffer.

TABELLE

Rang	Club	Sp.	g	u	v	Tore	Diff.	Pkt.	
1	Werder Bremen	15	9	3	3	39:19	20	30	↗
2	FC Schalke 04	15	9	3	3	25:16	9	30	↘
3	VfB Stuttgart	15	8	4	3	27:19	8	28	→
4	FC Bayern München	15	8	3	4	24:18	6	27	→
5	Hertha BSC Berlin	15	6	6	3	26:22	4	24	→
6	Borussia Dortmund	15	5	7	3	19:16	3	22	↗
7	DSC Arminia Bielefeld	15	5	6	4	22:17	5	21	↘
8	Eintracht Frankfurt	15	4	8	3	20:21	-1	20	↗
9	1. FC Nürnberg	15	3	10	2	18:15	3	19	→
10	Bayer 04 Leverkusen	15	5	4	6	24:22	2	19	→
11	VfL Wolfsburg	15	4	7	4	10:12	-2	19	↘
12	Hannover 96	15	5	4	6	14:22	-8	19	↗
13	FC Energie Cottbus	15	4	4	7	17:22	-5	16	↘
14	Alemannia Aachen	15	4	3	8	23:29	-6	15	→
15	VfL Bochum	15	4	3	8	20:29	-9	15	↗
16	Borussia M'gladbach	15	4	2	9	12:20	-8	14	↘
17	Hamburger SV	15	1	8	6	13:19	-6	11	→
18	1. FSV Mainz 05	15	1	7	7	10:25	-15	10	→

DSC Arminia Bielefeld – Bayer 04 Leverkusen 0:0

DSC Arminia Bielefeld: Hain - Korzynietz, Westermann, Gabriel (8. Bollmann), Schuler - Kucera, Kauf - Kamper (82. Eigler), Böhme (46. Masmanidis) - Wichniarek, Zuma
Bayer 04 Leverkusen: Butt - Castro, Haggui, Juan, Babic - Freier, Schneider, Rolfes, Athirson (65. De Wit) - Barbarez, Kießling (74. Voronin)
Tore: keine **Ecken:** 3:2 **Schiedsrichter:** Kircher (Rottenburg) **Zuschauer:** 20.459 **Gelb:** Zuma - Haggui, Juan, Kießling, Freier, Castro **Gelb-Rot:** keine **Rot:** keine

VfL Bochum – Hamburger SV 2:1 (1:1)

VfL Bochum: Skov-Jensen - Lense, Maltritz, Drsek, Bönig - Dabrowski, Zdebel - Schröder, Misimovic (90+1. van Hout), Trojan (67. Bechmann) - Gekas (83. Meichelbeck)
Hamburger SV: Wächter - Mahdavikia, B. Reinhardt, Mathijsen, Benjamin (57. Sorin) - Jarolim (74. Sanogo), Feilhaber, Trochowski (70. Laas) - van der Vaart - Ljuboja, Guerrero
Tore: 1:0 Dabrowski (5.), 1:1 Ljuboja (42.), 2:1 Misimovic (70.) **Ecken:** 2:3 **Schiedsrichter:** Stark (Landshut) **Zuschauer:** 25.715 **Gelb:** Bönig, Lense, Misimovic - Guerrero, Trochowski, B. Reinhardt, Jarolim **Gelb-Rot:** keine **Rot:** van der Vaart (80.)

FC Energie Cottbus – Hannover 96 0:1 (0:1)

FC Energie Cottbus: Piplica - V. da Silva, McKenna, Mitreski, Feick - Kukielka, T. Rost - Shao (60. Baumgart), Radu, Munteanu (88. Rivic) - Kioyo (70. Küntzel)
Hannover 96: Enke - Cherundolo, Vinicius, Zuraw, Tarnat - Yankov (70. Fahrenhorst), Balitsch - Rosenthal (78. Schröter), Bruggink, Huszti (90. Andersson) - Stajner
Tor: 0:1 Cherundolo (22.) **Ecken:** 3:4 **Schiedsrichter:** Gräfe (Berlin) **Zuschauer:** 11.345 **Gelb:** T. Rost - Huszti **Gelb-Rot:** Feick (90+2.) **Rot:** keine

1. FC Nürnberg – FC Schalke 04 0:0

1. FC Nürnberg: Schäfer - D. Reinhardt, Wolf, Beauchamp, Pinola - Mnari, Galasek - Kristiansen (82. Banovic) - Vittek, Schroth (77. Benko), Saenko (87. Pagenburg)
FC Schalke 04: Neuer - Rafinha, Krstajic, Bordon, Pander - Ernst - Hamit Altintop (67. Lincoln), Kobiashvili - Halil Altintop (58. Varela), Kuranyi, Løvenkrands (76. Larsen)
Tore: keine **Ecken:** 5:2 **Schiedsrichter:** Weiner (Giesen) **Zuschauer:** 43.242 **Gelb:** Vittek - Rafinha, Kuranyi, Bordon **Gelb-Rot:** keine **Rot:** keine

Alemannia Aachen – Eintracht Frankfurt 2:3 (1:2)

Alemannia Aachen: Nicht - Herzig, Klitzpera, Sichone (46. Reghecampf), Leiwakabessy - Plaßhenrich (46. Dum) - Pinto, Fiel, Lehmann (72. Krontiris) - Ebbers, Schlaudraff
Eintracht Frankfurt: Pröll - Ochs, Russ, Kyrgiakos - Rehmer, Fink (74. Huggel), Spycher - Streit, A. Meier (90+4. Chris), Köhler - Takahara
Tore: 0:1 Takahara (14.), 1:1 Schlaudraff (32.), 1:2 Takahara (43.), 1:3 Takahara (61.), 2:3 Fiel (81.) **Ecken:** 8:5 **Schiedsrichter:** Meyer (Burgdorf) **Zuschauer:** 20.800 (ausverkauft) **Gelb:** Dum, Klitzpera **Gelb-Rot:** keine **Rot:** keine

Körperbeherrschung: Dortmunds Dede (links) akrobatisch am Ball gegen Schalkes Kevin Kuranyi.

Schalkes Derby-Sieg – Bielefeld überrascht

Das Spitzen-Quartett gibt sich keinerlei Blöße! Werder Bremen, FC Schalke 04, VfB Stuttgart und FC Bayern München landen kurz vor der Saison-Halbzeit durchweg Siege – weiterhin nur drei Punkte Abstand in der obersten Tabellenregion.

Schalke 04 ist derzeit die Nummer eins im Ruhrpott: Im Derby gegen Borussia Dortmund behalten die „Königsblauen" mit 3:1 die Oberhand. Bereits zur Halbzeit ist die Begegnung quasi entschieden. Christian Pander und Kevin Kuranyi haben für die 2:0-Führung gesorgt. Schalke bleibt damit auch im zehnten Heimspiel in Serie ungeschlagen. Bitter dagegen die Bilanz für die Dortmunder mit nur einem Sieg aus den letzten 16 nachbarschaftlichen Vergleichen.

Während Tabellenführer Werder Bremen durch einen 6:2-Kantersieg bei Eintracht Frankfurt auswärts schon das dritte „halbe Dutzend" (siehe auch Kasten) gelingt, begnügt sich Rekordmeister FC Bayern in der Allianz Arena mit einem 2:1-Heimerfolg gegen Aufsteiger FC Energie Cottbus. Neuzugang Daniel van Buyten gelingt vor den Augen von Vater Francis sein erstes Bundesliga-Tor im Trikot der Münchner.

Weil Timo Hildebrand seit nunmehr 452 Minuten vor eigenem Publikum ohne Gegentreffer bleibt, sichert er dem VfB Stuttgart ein knappes 1:0 gegen den VfL Bochum. Den entscheidenden Treffer erzielt drei Minuten vor Spielschluss der Schweizer Nationalstürmer Marco Streller. Der Aufsteiger rutscht nach der neunten Saisonniederlage wieder auf einen Abstiegsplatz ab.

Diese Zone verlässt Borussia Mönchengladbach, obwohl es zu Hause gegen den 1. FSV Mainz 05 nicht zu dem erhofften Sieg reicht, sondern das Ergebnis beim Schlusspfiff 1:1 unentschieden heißt. Der Borussia verhilft das Resultat dennoch zu ein wenig mehr Ruhe. Das Team von Gäste-Coach Jürgen Klopp wiederum wartet seit 15 Spielen auf einen Erfolg. Nur ein 0:0 erreicht der Hamburger SV gegen den 1. FC Nürnberg in der AOL Arena. Die „Rothosen" sind seit acht Monaten vor eigenem Publikum ohne Sieg.

DATEN & FAKTEN

Zuschauer gesamt	405.165
pro Spiel	45.018
Tore gesamt	26
Elfmeter	0
Eigentore	1
Gelbe Karten	31
Gelb/Rote Karten	2
Rote Karten	0

Bayer 04 Leverkusen – Hertha BSC Berlin 2:1 (1:1)

Bayer 04 Leverkusen: Butt - Castro (82. Schwegler), Callsen-Bracker, Juan, Babic - Schneider, Rolfes - Freier, Barbarez, Athirson (61. Barnetta) - Kießling (61. Voronin)
Hertha BSC Berlin: Fiedler - Chahed, A. Friedrich, Simunic, Fathi - Dardai, A. Schmidt (82. Gimenez) - Dejagah (65. K. Boateng), Gilberto, Ede (74. Neuendorf) - Pantelic
Tore: 0:1 Pantelic (22.), 1:1 Freier (33.), 2:1 Babic (80.) **Ecken:** 5:3 **Schiedsrichter:** Brych (München) **Zuschauer:** 22.500 (ausverkauft) **Gelb:** Callsen-Bracker, Voronin, Barbarez - Dardai, Neuendorf **Gelb/Rot:** Chahed (88.) **Rot:** keine

FC Bayern München – FC Energie Cottbus 2:1 (1:0)

FC Bayern München: Kahn - Sagnol, Lucio, van Buyten, Lahm - Demichelis - Ottl (46. Deisler), Schweinsteiger, Salihamidzic (67. Podolski) - Makaay, Pizarro (78. Santa Cruz)
FC Energie Cottbus: Piplica - Szelesi, McKenna, Mitreski (90. Rivic), Ziebig (67. Kioyo) - V. da Silva, Kukielka, Bandrowski - Baumgart (74. Shao), Munteanu - Radu
Tore: 1:0 Schweinsteiger (42.), 1:1 Baumgart (52.), 2:1 van Buyten (54.) **Ecken:** 1:3 **Schiedsrichter:** Meyer (Burgdorf) **Zuschauer:** 69.000 (ausverkauft) **Gelb:** Sagnol - Radu, Ziebig **Gelb/Rot:** keine **Rot:** keine

Hamburger SV – 1. FC Nürnberg 0:0

Hamburger SV: Wächter - V. Schmidt, B. Reinhardt, Mathijsen, Benjamin - Laas - Mahdavikia, Trochowski (64. Sanogo), Jarolim - Berisha (72. Guerrero, 84. Lauth), Ljuboja
1. FC Nürnberg: Schäfer - D. Reinhardt, Wolf, Beauchamp, Pinola (90+2. Gresko) - Mnari, Galasek - Kristiansen (46. Banovic) - Vittek, Schroth (83. Benko), Saenko
Tore: keine **Ecken:** 8:4 **Schiedsrichter:** Fandel (Kyllburg) **Zuschauer:** 54.628 **Gelb:** V. Schmidt - Saenko, Banovic **Gelb/Rot:** keine **Rot:** keine

VfB Stuttgart – VfL Bochum 1:0 (0:0)

VfB Stuttgart: Hildebrand - Tasci, Meira, Delpierre, Boka - Pardo - Hilbert (79. Streller), A. da Silva (46. Gentner), Hitzlsperger (63. Magnin) - Cacau, Gomez
VfL Bochum: Skov-Jensen - Lense, Maltritz, Drsek, Bönig - Schröder (78. Ilicevic), Dabrowski, Zdebel, Trojan (62. Bechmann) - Misimovic - Gekas (81. van Hout)
Tor: 1:0 Streller (87.) **Ecken:** 9:5 **Schiedsrichter:** Merk (Otterbach) **Zuschauer:** 48.000 **Gelb:** Bechmann, Lense **Gelb/Rot:** keine **Rot:** keine

Den ersten „Dreier" nach zuvor acht Spielen ohne Erfolgserlebnis landet Aufsteiger Alemannia Aachen mit dem 2:1-Erfolg beim VfL Wolfsburg. „Es war unheimlich wichtig, dass wir den Negativtrend gestoppt haben", freut sich Jung-Nationalspieler Jan Schlaudraff. Mit dem 1:1-Unentschieden bei Hannover 96 bremst Arminia Bielefeld die Erfolgsserie der Niedersachsen. Die Mannschaft von Trainer Thomas von Heesen bleibt weiterhin auf Tuchfühlung mit den internationalen Rängen, hat im Vergleich zu Hertha BSC Berlin auf Tabellenplatz fünf nur mehr zwei Punkte Rückstand. Der Hauptstadt-Club muss sich bei Bayer 04 Leverkusen mit 1:2 geschlagen geben. Trotz einer 1:0-Führung durch Marko Pantellic, der seinen zehnten Saisontreffer erzielt, drehen Paul Freier und Marko Babic das Spiel noch zugunsten des Teams von Bayer-Trainer Michael Skibbe.

Getümmel vor Bochums Gehäuse und um VfL-Keeper Peter Skov-Jensen mit Stuttgarts Torschützen Marco Streller (9) und Mario Gomez.

Abwehrmann im Vorwärtsgang: Bremens Naldo trifft gleich drei Mal.

Der Torschütze des Spieltages

Werder Bremen und Naldo sorgen für Schlagzeilen. Beim 6:2 in Frankfurt erzielt der Brasilianer erstmals drei Tore – und das als Innenverteidiger! „Ich treffe, weil ich so glücklich bin", berichtet Naldo. „Ich bin so froh, dass ich der Mannschaft helfen kann. Und ich bin überglücklich, weil ich am 29. Dezember meine Freundin Carla heiraten werde." Seinen „Dreier" widmet er dem gemeinsamen Söhnchen Naldinho.

Mit Werder kann sich Naldo zudem über den dritten Auswärtssieg mit jeweils einem halben Dutzend Treffer freuen. 6:1 in Mainz, 6:0 in Bochum, 6:2 in Frankfurt: Die Bremer Torfabrik hat nach dem 16. Spieltag schon 45 Treffer produziert. Den Rekord für eine komplette Spielzeit hält der FC Bayern München mit 101 Toren in der Saison 1971/72.

16. SPIELTAG

RESULTATE

Freitag, 08.12.2006	Bayer Leverkusen – Hertha BSC	2:1	(1:1)
Samstag, 09.12.2006	Bayern München – Energie Cottbus	2:1	(1:0)
	Hamburger SV – 1. FC Nürnberg	0:0	
	VfB Stuttgart – VfL Bochum	1:0	(0:0)
	Bor. M'gladbach – 1. FSV Mainz 05	1:1	(1:0)
	Hannover 96 – Arminia Bielefeld	1:1	(0:0)
	Eintr. Frankfurt - Werder Bremen	2:6	(1:3)
Sonntag, 10.12.2006	FC Schalke 04 – Borussia Dortmund	3:1	(2:0)
	VfL Wolfsburg – Alemannia Aachen	1:2	(0:0)

TORJÄGER

Marko Pantelic	Hertha BSC Berlin	10
Miroslav Klose	Werder Bremen	10
Roy Makaay	FC Bayern München	8
Mario Gomez	VfB Stuttgart	8
Diego	Werder Bremen	8
Vlad Munteanu	FC Energie Cottbus	6
Alexander Frei	Borussia Dortmund	6
Kevin Kuranyi	FC Schalke 04	6
und drei weitere Spieler mit je sechs Treffern		

PERSONALIEN

Der VfB Stuttgart und sein Trainer **Armin Veh** gewinnen zum fünften Mal hintereinander ein Heimspiel zu Null und stellten damit den eigenen Vereinsrekord ein. Zuvor ist das den Schwaben nur in der Saison 1988/89 unter Trainer Arie Haan gelungen.

TABELLE

Rang	Club	Sp.	g	u	v	Tore	Diff.	Pkt.	
1	Werder Bremen	16	10	3	3	45:21	24	33	→
2	FC Schalke 04	16	10	3	3	28:17	11	33	→
3	VfB Stuttgart	16	9	4	3	28:19	9	31	→
4	FC Bayern München	16	9	3	4	26:19	7	30	→
5	Hertha BSC Berlin	16	6	6	4	27:24	3	24	→
6	DSC Arminia Bielefeld	16	5	7	4	23:18	5	22	↗
7	Bayer 04 Leverkusen	16	6	4	6	26:23	3	22	↗
8	Borussia Dortmund	16	5	7	4	20:19	1	22	↘
9	1. FC Nürnberg	16	3	11	2	18:15	3	20	→
10	Eintracht Frankfurt	16	4	8	4	22:27	-5	20	↘
11	Hannover 96	16	5	5	6	15:23	-8	20	↗
12	VfL Wolfsburg	16	4	7	5	11:14	-3	19	↘
13	Alemannia Aachen	16	5	3	8	25:30	-5	18	↗
14	FC Energie Cottbus	16	4	4	8	18:24	-6	16	↘
15	Borussia M'gladbach	16	4	3	9	13:21	-8	15	↗
16	VfL Bochum	16	4	3	9	20:30	-10	15	↘
17	Hamburger SV	16	1	9	6	13:19	-6	12	→
18	1. FSV Mainz 05	16	1	8	7	11:26	-15	11	→

Borussia Mönchengladbach – 1. FSV Mainz 05 1:1 (1:0)

Borussia Mönchengladbach: Keller - Helveg, Svensson, Ze Antonio, Compper (63. D. Degen) - Thijs - Kirch, Insua, Kluge - Delura (80. Polanski), Kahé
1. FSV Mainz 05: Wetklo - Demirtas, M. Friedrich, Noveski, Rose - Babatz, Pekovic (68. D. Vrancic) - Azaouagh (62. Ruman), Feulner - Szabics (75. Edu), Jovanovic
Tore: 1:0 Demirtas (17., Eigentor), 1:1 Jovanovic (89.) **Ecken:** 6:4
Schiedsrichter: Schmidt (Stuttgart)
Zuschauer: 44.157 **Gelb:** D. Degen - Pekovic, Rose **Gelb/Rot:** keine **Rot:** keine

Hannover 96 – DSC Arminia Bielefeld 1:1 (0:0)

Hannover 96: Enke - Cherundolo, Vinicius, Zuraw, Tarnat - Yankov, Balitsch - Schröter (54. Brdaric), Bruggink, Rosenthal (88. Jendrisek) - Stajner (80. Hashemian)
DSC Arminia Bielefeld: Hain - Korzynietz, Westermann, Gabriel, Schuler - Marx (74. Danneberg), Kucera - Ndjeng (81. Kobylik), Masmanidis, Böhme (74. Eigler) - Zuma
Tore: 0:1 Ndjeng (67.), 1:1 Brdaric (69.) **Ecken:** 9:5 **Schiedsrichter:** Sippel (München) **Zuschauer:** 34.107
Gelb: Cherundolo - Marx
Gelb/Rot: keine **Rot:** keine

Eintracht Frankfurt – Werder Bremen 2:6 (1:3)

Eintracht Frankfurt: Pröll - Rehmer, Russ, Kyrgiakos - Ochs, Vasoski (78. Chris), Spycher - Streit, A. Meier, Thurk (46. Köhler) - Takahara
Werder Bremen: Wiese - Fritz (81. Pasanen), Mertesacker, Naldo, Schulz - D. Jensen (75. Vranjes), Frings, Borowski (68. Wome) - Diego - Klose, Klasnic
Tore: 0:1 Naldo (3.), 1:1 Russ (4.), 1:2 D. Jensen (11.), 1:3 Naldo (31.), 1:4 Naldo (48.), 2:4 Kyrgiakos (81.), 2:5 Vranjes (86.), 2:6 Diego (90.)
Ecken: 15:5 **Schiedsrichter:** Kinhöfer (Herne) **Zuschauer:** 51.400
Gelb: Streit, Ochs - Mertesacker, Fritz
Gelb/Rot: keine **Rot:** keine

FC Schalke 04 - Borussia Dortmund 3:1 (2:0)

FC Schalke 04: Neuer - Rafinha, Rodriguez, Krstajic, Pander - Ernst - Varela (81. Lincoln), Kobiashvili - Halil Altintop (64. Hamit Altintop), Kuranyi (81. Larsen), Løvenkrands
Borussia Dortmund: Weidenfeller - P. Degen, Brzenska (58. Metzelder), Amedick, Dede - Kringe - Tinga, Sahin - Valdez (22. Amoah), Frei (83. Tyrala), Smolarek
Tore: 1:0 Pander (14.), 2:0 Kuranyi (25.), 3:0 Løvenkrands (47.), 3:1 Frei (82.) **Ecken:** 11:8
Schiedsrichter: Stark (Landshut)
Zuschauer: 61.482 (ausverkauft)
Gelb: Rodriguez - Frei, Tinga, P. Degen
Gelb/Rot: keine **Rot:** keine

VfL Wolfsburg - Alemannia Aachen 1:2 (0:0)

VfL Wolfsburg: Jentzsch - Möhrle, Quiroga, Hofland, Stegmayer - Menseguez, van der Leegte, Krzynowek (86. Santana) - Makiadi - Boakye (32. Madlung), Klimowicz (69. Hanke)
Alemannia Aachen: Straub - Stehle (68. Ibisevic), Klitzpera, Herzig, Leiwakabessy - Heidrich (69. Pinto), Lehmann (46. Krontiris) - Reghecampf, Fiel, Schlaudraff - Ebbers
Tore: 1:0 Madlung (50.), 1:1 Reghecampf (72.), 1:2 Herzig (77.)
Ecken: 4:5 **Schiedsrichter**: Kempter (Sauldorf) **Zuschauer:** 19.891
Gelb: van der Leegte - Lehmann, Leiwakabessy, Krontiris, Reghecampf
Gelb/Rot: Quiroga (28.) **Rot:** keine

Werder Herbstmeister – Aus für Bert van Marwijk

Werder Bremen geht als Herbstmeister in die Winterpause. Nach Punkten (jeweils 36) gleichauf mit dem Verfolger FC Schalke 04, sichern sich die Hanseaten den inoffiziellen Halbzeit-Titel aufgrund der besseren Tordifferenz.

Der Brasilianer Naldo sorgt vier Minuten vor dem Schlusspfiff mit seinem sechsten Saisontreffer für den 2:1-Heimerfolg im Derby gegen den VfL Wolfsburg. „Eine Anerkennung unserer Leistung", fasst Manager Klaus Allofs den ersten Saisonabschnitt zusammen, „wir haben unsere Ambitionen untermauert, den Titel erringen zu wollen." Die „Wölfe" gehen mit der Last von sechs sieglosen Spielen in Serie in die Winterpause.

Den Erfolg wechselt Schalkes Trainer Mirko Slomka mit Zlatan Bajramovic in der 79. Minute ein. Der „Joker" erzielt nur drei Minuten später das „Goldene Tor" zum 1:0-Sieg bei Armina Bielefeld. „Zwei Punkte im Schnitt nach der Vorrunde, so kommen wir in die Champions League", rechnet Manager Andreas Müller aus. Dagegen werden die Arminia-Sorgen immer größer: Fünf Spiele ist die Mannschaft von Trainer Thomas von Heesen nun schon ohne Erfolgserlebnis.

Sogar schon seit 16 Spielen wartet der Tabellenletzte 1. FSV Mainz 05 auf einen Sieg. Vor eigenem Publikum muss sich das Team von Jürgen Klopp gegen den FC Bayern München deutlich und chancenlos mit 0:4 geschlagen geben. Präsident Harald Strutz ist danach bitter enttäuscht: „Die Fans hätten uns mal richtig auspfeifen sollen, um alle zu wecken!" Der FC Bay-

Bremer Führungsrolle: Torsten Frings (rechts) und – zwischen den Wolfsburgern Diego Fernando Klimowicz (links) und Isaac Boakye – Miroslav Klose.

Der Pechvogel des Spieltages

Der Pechvogel am letzten Spieltag 2006 heißt Bastian Reinhardt. Ausgerechnet der vorbildliche Kämpfer des Hamburger SV macht mit einem sehenswerten Flugkopfball-Eigentor zum 3:3-Ausgleich bei Alemannia Aachen in der 90. Minute den zweiten Saisonsieg zunichte. „Ich kann gar nicht in Worte fassen, was in dem Moment in mir vorging", so der niedergeschlagene Reinhardt, „ich habe den Ball falsch berechnet, dachte einfach, ich stehe anders."

Der HSV beendet eine absolut enttäuschende Vorrunde dadurch mit nur einem Sieg aus 17 Spielen, liegt in der Tabelle nur noch zwei Zähler vor Schlusslicht 1. FSV Mainz 05. Reinhardt blickt fast trotzig auf 2007 voraus: „So viel Pech, wie wir es über die ganze Vorrunde hatten, das kann unmöglich über ein ganzes Jahr anhalten."

Völlig niedergeschlagen: Bastian Reinhardt vom Hamburger SV.

DATEN & FAKTEN

Zuschauer gesamt	288.443
pro Spiel	32.049
Tore gesamt	24
Elfmeter	3
Eigentore	2
Gelbe Karten	27
Gelb/Rote Karten	0
Rote Karten	1

VfL Bochum – Borussia Mönchengladbach 2:0 (1:0)

VfL Bochum: Skov-Jensen - Lense, Maltritz, Drsek, Bönig - Dabrowski, Zdebel - Schröder, Misimovic (88. Meichelbeck), Trojan (82. Bechmann) - Gekas (90. Auer)
Borussia Mönchengladbach: Keller - Helveg (85. Kahé), Levels, Ze Antonio, Bögelund - Kirch (66. D. Degen), Thijs, Polanski - Insua - Delura (56. Neuville), Sonck
Tore: 1:0 Gekas (45+1.), 2:0 Kahé (85., Eigentor) **Ecken:** 3:6
Schiedsrichter: Perl (München)
Zuschauer: 30.121 **Gelb:** Sonck
Gelb-Rot: keine **Rot:** keine

Hertha BSC Berlin – Eintracht Frankfurt 1:0 (0:0)

Hertha BSC Berlin: Fiedler - A. Friedrich, A. Schmidt, Simunic, Gilberto (83. Cairo) - Dardai - Dejagah (77. Fathi), K. Boateng, Ede (61. Neuendorf) - Pantelic, Gimenez
Eintracht Frankfurt: Zimmermann - Rehmer, Kyrgiakos, Vasoski, Chaftar - A. Meier, Huggel - Ochs, Weissenberger (81. Chris), Köhler - Takahara (62. Thurk)
Tor: 1:0 Gimenez (63.) **Ecken:** 4:3
Schiedsrichter: Seemann (Essen)
Zuschauer: 42.549 **Gelb:** Simunic, Dardai, Fathi **Gelb-Rot:** keine **Rot:** keine

1. FC Nürnberg – Hannover 96 3:1 (1:1)

1. FC Nürnberg: Schäfer (30. Klewer) - D. Reinhardt, Wolf (75. Nikl), Beauchamp, Pinola - Galasek, Mnari - Banovic (83. Paulus) - Vittek, Schroth, Saenko
Hannover 96: Enke - Cherundolo, Vinicius, Zuraw, Tarnat - Balitsch, Yankov (66. Schröter) - Bruggink (69. Hashemian) - Stajner (82. Fahrenhorst), Brdaric, Rosenthal
Tore: 0:1 Brdaric (5.), 1:1 Banovic (32.), 2:1 Schroth (56.), 3:1 Mnari (90+3., Handelfmeter) **Ecken:** 3:5
Schiedsrichter: Gagelmann (Bremen)
Zuschauer: 28.683 **Gelb:** Mnari, Nikl, Klewer - Balitsch, Tarnat, Bruggink
Gelb-Rot: keine **Rot:** Cherundolo (90+2.)

1. FSV Mainz 05 – FC Bayern München 0:4 (0:2)

1. FSV Mainz 05: Wetklo - Demirtas, M. Friedrich, Noveski, Rose - Babatz (46. Amri), D. Vrancic - Azaouagh (70. Ruman), Feulner (63. F. Gerber) - Szabics, Jovanovic
FC Bayern München: Kahn - Sagnol (74. Lell), Lucio, van Buyten, Lahm - Ottl, van Bommel, Salihamidzic - Schweinsteiger (69. Santa Cruz) - Makaay (69. Podolski), Pizarro
Tore: 0:1 Salihamidzic (31.), 0:2 Makaay (45+2.), 0:3 Pizarro (64.), 0:4 Schweinsteiger (66.) **Ecken:** 4:3
Schiedsrichter: Kircher (Rottenburg)
Zuschauer: 20.300 (ausverkauft)
Gelb: keine **Gelb-Rot:** keine **Rot:** keine

Mark van Bommel gegen den Mainzer Ranisav Jovanovic am Boden, doch Bayern siegt 4:0.

Der Dortmunder Philipp Degen überspringt beim Kopfball den Leverkusener Athirson.

ern München klettert auf Rang drei, weil der VfB Stuttgart beim FC Energie Cottbus mit einem 0:0 zufrieden sein muss. Positiv sind für die Schwaben dennoch zwei Statistikwerte: In den letzten 14 Spielen gab es nur eine Niederlage (1:2 bei Bayern München), und seit 416 Spielen ist das Team ohne Gegentreffer.

Durch eine 0:2-Niederlage beim VfL Bochum überwintert Borussia Mönchengladbach auf einem Abstiegsplatz. Die Halbzeitbilanz sorgt für Ernüchterung: zehn sieglose Spiele in Folge und nur zwei Punkten aus neun Auswärtsspielen. Der 1. FC Nürnberg schließt die Vorrunde mit einem 3:1-Heimerfolg gegen Hannover 96 ab und liegt mit vier Punkten Rückstand auf einen UEFA-Cup-Rang überraschend auf Position sieben. Dem Tabellenfünften Hertha BSC gelingt im Olympiastadion gegen Eintracht Frankfurt ein 1:0. Die Träume der Berliner gehen jedoch über die UEFA-Cup-Qualifikation hinaus. Vor allem die Fans des Hauptstadt-Clubs hoffen sogar auf einen Platz in der UEFA Champions League. Marko Pantelic führt mit zehn Treffern zusammen mit Miroslav Klose die Torschützenliste an.

Die 1:2-Heimniederlage gegen Bayer 04 Leverkusen soll für Bert van Marwijk das letzte Spiel als Trainer bei Borussia Dortmund gewesen sein. Die eigentlich erst zum Saisonende vorgesehene Trennung wird bereits bei Halbzeit vollzogen.

17. SPIELTAG

RESULTATE

Freitag, 15.12.2006	VfL Bochum – Borussia M'gladbach	2:0	(1:0)
Samstag, 16.12.2006	Hertha BSC – Eintracht Frankfurt	1:0	(0:0)
	1. FC Nürnberg – Hannover 96	3:1	(1:1)
	1. FSV Mainz 05 – Bayern München	0:4	(0:2)
	Arminia Bielefeld – FC Schalke 04	0:1	(0:0)
	Alemannia Aachen – Hamburger SV	3:3	(0:1)
	FC Energie Cottbus – VfB Stuttgart	0:0	
Sonntag, 17.12.2006	Werder Bremen – VfL Wolfsburg	2:1	(1:1)
	Bor. Dortmund – Bayer Leverkusen	1:2	(0:1)

TORJÄGER

Marko Pantelic	Hertha BSC Berlin	10
Miroslav Klose	Werder Bremen	10
Roy Makaay	FC Bayern München	9
Mario Gomez	VfB Stuttgart	8
Diego	Werder Bremen	8
Theofanis Gekas	VfL Bochum	7
Claudio Pizarro	FC Bayern München	6
Vlad Munteanu	FC Energie Cottbus	6
und fünf weitere Spieler mit je sechs Treffern		

PERSONALIEN

Bastian Schweinsteiger ist in Mainz an drei Treffern des FC Bayern München beteiligt. Und der Nationalspieler schafft erstmals in seiner Karriere das Kunststück, in zwei aufeinanderfolgenden Begegnungen zu treffen. Eine Woche zuvor hatte er gegen den FC Energie Cottbus ein Tor erzielt.

TABELLE

Rang	Club	Sp.	g	u	v	Tore	Diff.	Pkt.	
1	Werder Bremen	17	11	3	3	47:22	25	36	→
2	FC Schalke 04	17	11	3	3	29:17	12	36	→
3	FC Bayern München	17	10	3	4	30:19	11	33	↗
4	VfB Stuttgart	17	9	5	3	28:19	9	32	↘
5	Hertha BSC Berlin	17	7	6	4	28:24	4	27	→
6	Bayer 04 Leverkusen	17	7	4	6	28:24	4	25	↗
7	1. FC Nürnberg	17	4	11	2	21:16	5	23	↗
8	DSC Arminia Bielefeld	17	5	7	5	23:19	4	22	↘
9	Borussia Dortmund	17	5	7	5	21:21	0	22	↘
10	Eintracht Frankfurt	17	4	8	5	22:28	-6	20	→
11	Hannover 96	17	5	5	7	16:26	-10	20	→
12	VfL Wolfsburg	17	4	7	6	12:16	-4	19	→
13	Alemannia Aachen	17	5	4	8	28:33	-5	19	→
14	VfL Bochum	17	5	3	9	22:30	-8	18	↗
15	FC Energie Cottbus	17	4	5	8	18:24	-6	17	↘
16	Borussia M'gladbach	17	4	3	10	13:23	-10	15	↘
17	Hamburger SV	17	1	10	6	16:22	-6	13	→
18	1. FSV Mainz 05	17	1	8	8	11:30	-19	11	→

DSC Arminia Bielefeld – FC Schalke 04 0:1 (0:0)

DSC Arminia Bielefeld: Hain - Korzynietz (84. Vata), Bollmann, Westermann, Schuler (79. Gabriel) - Kauf, Kucera - Ndjeng, Böhme (72. Masmanidis) - Zuma, Wichniarek
FC Schalke 04: Neuer - Rafinha, Bordon, Krstajic, Pander - Ernst - Varela (57. Hamit Altintop), Kobiashvili (78. Bajramovic) - Halil Altintop (67. Özil), Kuranyi, Løvenkrands
Tor: 0:1 Bajramovic (82.) **Ecken:** 7:2 **Schiedsrichter:** Wagner (Hofheim) **Zuschauer:** 26.601 (ausverkauft) **Gelb:** Schuler - Kobiashvili **Gelb-Rot:** keine **Rot:** keine

Alemannia Aachen – Hamburger SV 3:3 (0:1)

Alemannia Aachen: Straub - Stehle (65. Pinto), Klitzpera, Herzig, Leiwakabessy (87. Krontiris) - Heidrich, Lehmann (64. Ibisevic) - Reghecampf, Fiel, Schlaudraff - Ebbers
Hamburger SV: Wächter - V. Schmidt, B. Reinhardt, Mathijsen, Benjamin - Mahdavikia (88. Klingbeil), Jarolim, Trochowski (83. Karl) - Laas - Berisha (68. Ljuboja), Sanogo
Tore: 0:1 Berisha (32.), 1:1 Reghecampf (62., Foulelfmeter), 1:2 Benjamin (67.), 1:3 Ljuboja (76.), 2:3 Fiel (77.), 3:3 B. Reinhardt (90., Eigentor) **Ecken:** 8:10 **Schiedsrichter:** Gräfe (Berlin) **Zuschauer:** 20.800 (ausverkauft) **Gelb:** Klitzpera, Leiwakabessy, Ibisevic - Laas, Jarolim **Gelb-Rot:** keine **Rot:** keine

FC Energie Cottbus – VfB Stuttgart 0:0

FC Energie Cottbus: Piplica - V. da Silva, Szelesi, McKenna, Mitreski, Ziebig - Kukielka, Bandrowski - Baumgart (69. Shao), Munteanu (70. Kioyo) - Radu
VfB Stuttgart: Hildebrand - Osorio, Tasci, Delpierre, Magnin - Meira, Pardo - Cacau (79. Streller), Hitzlsperger (90. Khedira), Boka (68. Hilbert) - Gomez
Tore: keine **Ecken:** 3:9 **Schiedsrichter:** Brych (München) **Zuschauer:** 13.650 **Gelb:** Kukielka - Magnin, Meira, Cacau, Gomez **Gelb-Rot:** keine **Rot:** keine

Werder Bremen – VfL Wolfsburg 2:1 (1:1)

Werder Bremen: Wiese - Pasanen (66. Owomoyela), Mertesacker, Naldo, Schulz - D. Jensen, Frings, Borowski - Diego - Klose, Klasnic (66. Almeida)
VfL Wolfsburg: Jentzsch - Möhrle, Madlung, Hofland, Van der Heyden - Santana, van der Leegte (62. Sarpei) - Makiadi (75. Lamprecht), Krzynowek (69. Menseguez) - Boakye, Klimowicz
Tore: 1:0 D. Jensen (17.), 1:1 Boakye (41.), 2:1 Naldo (86.) **Bes. Vorkommnis:** Diego verschießt Foulelfmeter (33.) **Ecken:** 9:2 **Schiedsrichter:** Stark (Landshut) **Zuschauer:** 39.584 **Gelb:** Hofland, van der Leegte, Krzynowek, Jentzsch, Sarpei **Gelb-Rot:** keine **Rot:** keine

Borussia Dortmund – Bayer 04 Leverkusen 1:2 (0:1)

Borussia Dortmund: Weidenfeller - P. Degen, Amedick, Wörns, Dede - Kruska - Sahin (46. Tyrala), Kringe - Pienaar, Smolarek, Amoah (81. Metzelder)
Bayer 04 Leverkusen: Butt - Castro, Haggui, Juan, Babic - Schneider (90. Callsen-Bracker), Rolfes - Freier, Barbarez, Athirson (57. Barnetta) - Voronin (68. Kießling)
Tore: 0:1 Voronin (24.), 0:2 Kießling (74.), 1:2 Amedick (85.) **Ecken:** 9:1 **Schiedsrichter:** Merk (Otterbach) **Zuschauer:** 66.155 **Gelb:** keine **Gelb-Rot:** keine **Rot:** keine

Hart am Mann: der Frankfurter Benjamin Huggel (rechts) gegen Kevin Kuranyi vom FC Schalke 04.

Tolle Strafraumszene zwischen BVB und FC Bayern. Vorne v.r. Hasan Salihamidzic, Daniel van Buyten, Markus Brzenska, hinten Florian Kringe, Lucio und Christoph Metzelder.

Mainz 05 feiert wieder – Der „Club" als VfB-Schreck

Dem 1. FSV Mainz 05 gelingt ein Start nach Maß in die Rückrunde. Der 1:0-Erfolg beim VfL Bochum bedeutet für die Mannschaft von Jürgen Klopp nicht nur den zweiten Saisonerfolg, sondern auch wieder Kontakt zu anderen Teams in der Gefahrenzone. Der Rückstand auf den ersten Nichtabstiegsplatz, den jetzt der VfL einnimmt, beträgt nur noch vier Zähler. „Wir haben uns wieder zurückgemeldet, jetzt müssen wir aber nachlegen", so Matchwinner Marco Rose.

Das 500. Bundesliga-Spiel als Trainer endet für Jupp Heynckes bitter. Mit 1:3 muss die Borussia beim FC Energie Cottbus die achte Niederlage im zehnten Auswärtsspiel hinnehmen. Die „Fohlen" sind unter Heynckes seit elf Spielen ohne Sieg. Ein Befreiungsschlag war der Erfolg für den Aufsteiger, der nach acht sieglosen Spielen wieder dreifach punktet.

Der bereits achte Gegentreffer in der Schluss-Viertelstunde verhindert den zweiten Saisonsieg des Hamburger SV bei Arminia Bielefeld. Eine Minute vor Ende gleicht Marcio Borges die Führung der Schützlinge von Thomas Doll aus. „In meiner ganzen Karriere habe ich noch nie so eine Drucksituation erlebt", schildert Bastian Reinhardt die Gefühlslage, „das nächste Spiel gegen Cottbus müssen wir gewinnen, um überhaupt noch eine Chance im Abstiegskampf zu haben."

An der Tabellenspitze können sich Werder Bremen und der FC Schalke 04 absetzen. Bremen gelingt ein

DATEN & FAKTEN

Zuschauer gesamt	330.594
pro Spiel	36.733
Tore gesamt	32
Elfmeter	3
Eigentore	1
Gelbe Karten	36
Gelb/Rote Karten	0
Rote Karten	1

Borussia Dortmund – FC Bayern München 3:2 (1:2)

Borussia Dortmund: Weidenfeller - P. Degen, Brzenska, Metzelder, Dede - Tinga, Kruska, Kringe - Pienaar (86. Amedick) - Smolarek (46. Valdez), Frei (73. Sahin)
FC Bayern München: Kahn - Sagnol, Lucio, van Buyten, Lahm - Salihamidzic (46. Demichelis), van Bommel (79. Scholl), Karimi (61. Podolski) - Schweinsteiger - Makaay, Pizarro
Tore: 1:0 Frei (12.), 1:1 van Buyten (25.), 1:2 Makaay (42.), 2:2 Frei (57.), 3:2 Tinga (59.) **Ecken:** 4:5 **Schiedsrichter:** Gräfe (Berlin) **Zuschauer:** 80.708 (ausverkauft) **Gelb:** Pienaar, Weidenfeller - van Bommel, Pizarro **Gelb-Rot:** keine **Rot:** keine

DSC Arminia Bielefeld – Hamburger SV 1:1 (0:1)

DSC Arminia Bielefeld: Hain - Korzynietz, Westermann, Kucera (23. Borges), Schuler - Kauf, Marx (68. Vata) - Kobylik (46. Ahanfouf), Masmanidis - Zuma, Wichniarek
Hamburger SV: F. Rost - Demel (63. V. Schmidt), B. Reinhardt, Mathijsen, Benjamin - Jarolim, de Jong, Sorin (46. Feilhaber) - Laas (67. Mahdavikia) - Sanogo, Ljuboja
Tore: 0:1 Ljuboja (10.), 1:1 Borges (89.) **Ecken:** 5:3 **Schiedsrichter:** Weiner (Giesen) **Zuschauer:** 26.601 (ausverkauft) **Gelb:** Ahanfouf, Marx, Borges, Kauf - Demel, Laas **Gelb-Rot:** keine **Rot:** keine

Eintracht Frankfurt – FC Schalke 04 1:3 (0:1)

Eintracht Frankfurt: Pröll - Ochs, Kyrgiakos, Vasoski, Spycher - Jones (76. Thurk), Huggel - Streit, A. Meier, Amanatidis (68. Heller) - Takahara
FC Schalke 04: Neuer - Rafinha, Bordon, Krstajic, Rodriguez - Ernst, Kobiashvili (70. Bajramovic) - Varela (63. Løvenkrands), Lincoln, Halil Altintop (76. Hamit Altintop) - Kuranyi
Tore: 0:1 Varela (16.), 1:1 Takahara (48.), 1:2 Kuranyi (70.), 1:3 Kuranyi (90+2.) **Ecken:** 3:10 **Schiedsrichter:** Fleischer (Sigmertshausen) **Zuschauer:** 51.500 (ausverkauft) **Gelb:** Jones - Rafinha **Gelb-Rot:** keine **Rot:** keine

1. FC Nürnberg – VfB Stuttgart 4:1 (1:1)

1. FC Nürnberg: Schäfer - D. Reinhardt, Wolf, Nikl, Pinola (82. Polak) - Galasek, Mnari (86. Banovic) - Gresko - Saenko, Schroth (84. Sibon), Vittek
VfB Stuttgart: Hildebrand - Osorio (46. Hilbert), Tasci, Delpierre, Boka - Meira, Pardo, Hitzlsperger - A. da Silva (75. Magnin) - Gomez, Cacau
Tore: 1:0 Saenko (25.), 1:1 Cacau (33.), 2:1 Gresko (50.), 3:1 Schroth (69.), 4:1 Magnin (76., Eigentor) **Ecken:** 6:2 **Schiedsrichter:** Fandel (Kyllburg) **Zuschauer:** 35.082 **Gelb:** Vittek, Wolf - Boka, Pardo **Gelb-Rot:** keine **Rot:** Tasci (58.)

überzeugender 3:0-Heimsieg gegen Hannover 96. Tim Borowski, Hugo Almeida und Per Mertesacker sorgen für den siebten Erfolg im zehnten Spiel im Weser-Stadion. Schalke 04, das wie Bremen jetzt 39 Punkte aufweist, feiert ein 3:1 bei Eintracht Frankfurt. Kevin Kuranyi stellt mit zwei Toren in der 70. und 90. Minute den erfolgreichen Rückrundenstart sicher.

Für die Verfolger FC Bayern München und VfB Stuttgart beginnt das neue Fußball-Jahr mit empfindlichen Niederlagen. Der Tabellendritte aus München verliert bei Borussia Dortmund mit 2:3. Trotz einer 2:1-Führung bis zur 57. Minute kann der FC Bayern das Spiel nicht als Sieger beenden. Alexander Frei und Tinga drehen binnen 60 Sekunden das Match zugunsten des BVB und bescheren damit dem neuen Trainer Jürgen Röber einen Traum-Einstand.

Mit 1:4 muss der Tabellenvierte VfB Stuttgart beim 1. FC Nürnberg die höchste Saisonniederlage einstecken. „Die Nürnberger waren immer einen Schritt schneller", stellt Mario Gomez fest. Damit bleibt der „Club" der Angstgegner der Schwaben. Zum Saisonauftakt hatten die Schützlinge von Hans Meyer mit 3:0 beim VfB gewonnen. Marko Pantelic erzielt beim 2:1-Heimerfolg von Hertha BSC gegen den VfL Wolfsburg seinen elften Saisontreffer. Leverkusens Bernd Schneider gelingen beim 3:2-Sieg in Aachen erstmals zwei Tore in einem Bundesliga-Spiel.

Das Comeback des Spieltages

Jürgen Röber meldet sich mit einem 3:2-Heimsieg gegen den FC Bayern München mit seinem neuen Verein Borussia Dortmund in der Bundesliga zurück. Der 53-Jährige wurde nach der Trennung von Bert van Marwijk in der Winterpause als neuer Trainer verpflichtet, mit Vertragslaufzeit jedoch nur bis zum Saisonende. „Das ist kein Problem für mich", so Röber. „Ich werde versuchen mit der Borussia das Optimale zu erreichen."
Damit glückt dem ehemaligen Hertha-Trainer ein ebenso perfekter Einstand wie schon im Januar 1994 beim VfB Stuttgart. Bei seinem damaligen Debüt gelang ihm – ebenfalls nach der Winterpause – ein 3:1-Erfolg. Der Kontrahent hieß wie im Januar 2007 FC Bayern München. „Das scheint mein Lieblingsgegner zu sein", meint Röber, der selbst eine Saison lang für den Rekordmeister spielte.

Einstand nach Maß für Dortmunds neuen Trainer Jürgen Röber: Die Borussia gewinnt gegen Bayern München mit 3:2.

18. SPIELTAG

RESULTATE

Freitag, 26.01.2007	Bor. Dortmund – Bayern München	3:2	(1:2)
Samstag, 27.01.2007	Arminia Bielefeld – Hamburger SV	1:1	(0:1)
	Eintracht Frankfurt – FC Schalke 04	1:3	(0:1)
	1. FC Nürnberg – VfB Stuttgart	4:1	(1:1)
	Energie Cottbus – Bor. M'gladbach	3:1	(2:0)
	VfL Bochum – 1. FSV Mainz 05	0:1	(0:1)
	Hertha BSC Berlin – VfL Wolfsburg	2:1	(1:1)
Sonntag, 28.01.2007	Alem. Aachen – Bayer Leverkusen	2:3	(2:1)
	Werder Bremen – Hannover 96	3:0	(1:0)

TORJÄGER

Marko Pantelic	Hertha BSC Berlin	11
Roy Makaay	FC Bayern München	10
Miroslav Klose	Werder Bremen	10
Alexander Frei	Borussia Dortmund	8
Kevin Kuranyi	FC Schalke 04	8
Mario Gomez	VfB Stuttgart	8
Diego	Werder Bremen	8
Vlad Munteanu	FC Energie Cottbus	7
und zwei weitere Spieler mit je sieben Treffern		

PERSONALIEN

Per Mertesacker sorgt gegen seinen Ex-Club Hannover 96 für das 50. Bremer Saisontor. Damit ist Werder erst das zehnte Team in der Bundesliga-Geschichte, das nach 18 Spieltagen diese Grenze erreicht. Zuletzt ist dies vor 21 Jahren – ebenfalls den Hanseaten – gelungen (53 Treffer).

Nürnberg zeigt auf Schneeboden tollen Fußball, allen voran **Robert Vittek**: Drei Tore bereitet der Slowake vor.

Obwohl Wolfsburg in Berlin unglücklich verliert: Der erste Auftritt von **Marcelinho** macht Appetit auf mehr. Der VfL-Spielmacher hat 87 Ballkontakte, kein anderer Spieler auf dem Platz mehr als 64 – dazu führte sein Freistoß zum 1:0 durch Alexander Madlung.

TABELLE

Rang	Club	Sp.	g	u	v	Tore	Diff.	Pkt.	
1	Werder Bremen	18	12	3	3	50:22	28	39	→
2	FC Schalke 04	18	12	3	3	32:18	14	39	→
3	FC Bayern München	18	10	3	5	32:22	10	33	→
4	VfB Stuttgart	18	9	5	4	29:23	6	32	→
5	Hertha BSC Berlin	18	8	6	4	30:25	5	30	→
6	Bayer 04 Leverkusen	18	8	4	6	31:26	5	28	→
7	1. FC Nürnberg	18	5	11	2	25:17	8	26	→
8	Borussia Dortmund	18	6	7	5	24:23	1	25	↗
9	DSC Arminia Bielefeld	18	5	8	5	24:20	4	23	→
10	FC Energie Cottbus	18	5	5	8	21:25	-4	20	↗
11	Eintracht Frankfurt	18	4	8	6	23:31	-8	20	↘
12	Hannover 96	18	5	5	8	16:29	-13	20	↘
13	VfL Wolfsburg	18	4	7	7	13:18	-5	19	↘
14	Alemannia Aachen	18	5	4	9	30:36	-6	19	↘
15	VfL Bochum	18	5	3	10	22:31	-9	18	↘
16	Borussia M'gladbach	18	4	3	11	14:26	-12	15	→
17	Hamburger SV	18	1	11	6	17:23	-6	14	→
18	1. FSV Mainz 05	18	2	8	8	12:30	-18	14	→

FC Energie Cottbus – Borussia Mönchengladbach 3:1 (2:0)

FC Energie Cottbus: Piplica - Szelesi, McKenna, Mitreski, Cvitanovic - Kukielka - T. Rost, Gunkel (64. Baumgart), Munteanu (90+2. Küntzel) - Radu, Kioyo (82. Shao)
Borussia Mönchengladbach: Keller - Bögelund, Gohouri, Ze Antonio, Jansen - Thijs (64. Delura) - D. Degen, Insua, Polanski - Thygesen (64. Kahé), Sonck (73. Baumjohann)
Tore: 1:0 Radu (32.), 2:0 Radu (39.), 2:1 D. Degen (79.), 3:1 Munteanu (89.) **Ecken:** 3:3 **Schiedsrichter:** Kircher (Rottenburg) **Zuschauer:** 13.044 **Gelb:** Mitreski, T. Rost, Kukielka - Polanski, Bögelund, Gohouri **Gelb-Rot:** keine **Rot:** keine

VfL Bochum – 1. FSV Mainz 05 0:1 (0:1)

VfL Bochum: Drobny - Lense, Maltritz, Butscher, Bönig (79. van Hout) - Dabrowski, Zdebel (73. Fabio Junior) - Epalle, Misimovic, Trojan - Gekas
1. FSV Mainz 05: Wache - Demirtas, M. Friedrich, Noveski, Rose (58. Weigelt) - Andreasen, Azaouagh - F. Gerber, Feulner - Zidan (81. Jovanovic), Szabics (75. Niculae)
Tor: 0:1 Rose (38.) **Ecken:** 5:3 **Schiedsrichter:** Meyer (Burgdorf) **Zuschauer:** 20.487 **Gelb:** Trojan - Andreasen, Azaouagh **Gelb-Rot:** keine **Rot:** keine

Hertha BSC Berlin – VfL Wolfsburg 2:1 (1:1)

Hertha BSC Berlin: Stuhr-Ellegaard - A. Friedrich, van Burik, Simunic, Fathi (71. Ede) - Dardai - Dejagah, Bastürk (82. Neuendorf), Gilberto - Gimenez (88. A. Schmidt), Pantelic
VfL Wolfsburg: Jentzsch - Quiroga, Madlung, Hofland, Van der Heyden - Karhan, van der Leegte (89. Boakye) - Menseguez (67. Hill), Krzynowek - Klimowicz, Marcelinho
Tore: 0:1 Madlung (18.), 1:1 Gimenez (26.), 2:1 Pantelic (86., Foulelfmeter) **Ecken:** 5:11 **Schiedsrichter:** Brych (München) **Zuschauer:** 40.272 **Gelb:** Dejagah, van Burik - Van der Heyden, Madlung, Marcelinho **Gelb-Rot:** keine **Rot:** keine

Alemannia Aachen – Bayer 04 Leverkusen 2:3 (2:1)

Alemannia Aachen: Straub - Pinto (71. Dum), Klitzpera, Sichone, Leiwakabessy - Reghecampf, Lehmann (85. Herzig), Fiel (65. Rösler) - Schlaudraff - Ebbers, Ibisevic
Bayer 04 Leverkusen: Butt - Castro, Haggui (46. Roque Junior, 68. Callsen-Bracker), Juan, Babic - Schneider, Rolfes - Freier, Barbarez, Barnetta (46. Kießling) - Voronin
Tore: 1:0 Reghecampf (9., Foulelfmeter), 2:0 Ibisevic (30.), 2:1 Schneider (44.), 2:2 Voronin (54.), 2:3 Schneider (57.) **Ecken:** 6:4 **Schiedsrichter:** Kinhöfer (Herne) **Zuschauer:** 20.800 (ausverkauft) **Gelb:** Sichone - Haggui, Butt **Gelb-Rot:** keine **Rot:** keine

Werder Bremen – Hannover 96 3:0 (1:0)

Werder Bremen: Wiese - Fritz, Mertesacker, Naldo, Wome - Frings - D. Jensen (79. Schulz), Diego (83. Rosenberg), Borowski - Klose, Hunt (60. Almeida)
Hannover 96: Enke - Balitsch, Vinicius, Zuraw, Tarnat - Yankov, Lala - Rosenthal, Bruggink (72. Hashemian), Huszti (63. Jendrisek) - Stajner (80. Fahrenhorst)
Tore: 1:0 Borowski (5.), 2:0 Almeida (67.), 3:0 Mertesacker (74.) **Besonderes Vorkommnis:** Klose verschießt Foulelfmeter (69.) **Ecken:** 6:7 **Schiedsrichter:** Merk (Otterbach) **Zuschauer:** 42.100 (ausverkauft) **Gelb:** Wome – Balitsch, Tarnat **Gelb-Rot:** keine **Rot:** keine

BUNDESLIGA

Drei Trainerwechsel: Heynckes, Magath, Doll

Der 19. Spieltag steht ganz im Zeichen von Trainerwechseln bei gleich drei Clubs. Jupp Heynckes tritt nach dem 0:0 zu Hause gegen den 1. FC Nürnberg bei Borussia Mönchengladbach zurück. „Er fühlte sich nicht mehr stark genug, ich bin tief getroffen“, kommentiert Präsident Rolf Königs. Die Borussen beklagen eine Negativserie von zwölf sieglosen Spielen. Nachfolger ist der in der Winterpause verpflichtete Co-Trainer Jos Luhukay.

Einen Tag später folgt gleich der zweite Paukenschlag. Felix Magath wird nach dem torlosen Unentschieden gegen den Tabellenfünfzehnten VfL Bochum beim FC Bayern München beurlaubt. Der Rekordmeister war nach nur einem Punkt aus den beiden Rückrundenspielen auf Rang vier mit acht Punkten Rückstand zur Tabellenspitze zurückgefallen, so dass das Führungsstrio um Karl-Heinz Rummenigge, Uli Hoeneß und Karl Hopfner handeln musste.

Mit Thomas Doll geht der dritte Trainer. Der Hamburger SV zieht nach dem 1:1 im Heimspiel gegen den FC Energie Cottbus die Konsequenzen. Der Vorstandsvorsitzende Bernd Hoffmann erklärt: „Wir bedauern diese Entscheidung. Wir waren überzeugt, die Wende mit Thomas Doll zu schaffen. Nach den Eindrücken und Ergebnissen der vergangenen beiden Spiele mussten wir jetzt aber reagieren.“

Zum Sportlichen: Werder Bremen und der FC Schalke 04 setzen ihre Erfolgsserie im Gleichschritt fort. Dem Werder-Team von Thomas Schaaf gelingt beim 2:0-Erfolg in Leverkusen der sechste Sieg in Serie. Sein Comeback im Tor feiert dabei Andreas Reinke, der den verletzten Tim Wiese glänzend vertritt. Miroslav Klose schließt mit seinem Tor zum 1:0 zum Führenden der Torschützenliste, Herthas Marko Pantelic (elf Treffer), auf. Einen 0:1-Rückstand wandeln die „Königsblauen“ in einen 2:1-Erfolg gegen Alemannia Aachen um. Nur aufgrund der schlechteren Tordifferenz liegen die Schalker weiter punktgleich mit Spitzenreiter Werder Bremen auf Rang zwei.

Trennung: Felix Magath, zwei Mal Double-Gewinner mit dem FC Bayern München.

Trennung: Thomas Doll, in der Saison zuvor mit dem Hamburger SV noch auf Platz drei gelandet.

DATEN & FAKTEN

Zuschauer gesamt	322.563
pro Spiel	35.840
Tore gesamt	22
Elfmeter	4
Eigentore	1
Gelbe Karten	30
Gelb/Rote Karten	1
Rote Karten	1

Borussia Mönchengladbach – 1. FC Nürnberg 0:0

Borussia Mönchengladbach: Keller - Bögelund, Svensson, Ze Antonio, Compper - Polanski - D. Degen (82. Delura), Insua, Jansen - Thygesen (66. Baumjohann), Kahé
1. FC Nürnberg: Schäfer - D. Reinhardt, Wolf, Nikl (90+2. Spiranovic), Pinola - Mnari, Galasek - Gresko - Saenko, Schroth (78. Polak), Vittek
Tore: keine **Ecken:** 9:3 **Schiedsrichter:** Rafati (Hannover) **Zuschauer:** 33.116
Gelb: D. Degen - Wolf, Saenko
Gelb-Rot: keine **Rot:** keine

VfB Stuttgart – DSC Arminia Bielefeld 3:2 (1:1)

VfB Stuttgart: Hildebrand - Osorio, Meira, Delpierre, Magnin - Pardo - Hilbert, A. da Silva (74. Gentner), Hitzlsperger - Gomez (80. Lauth), Cacau (80. Streller)
DSC Arminia Bielefeld: Hain - Korzynietz, Borges, Westermann, Schuler - Kauf, Marx (78. Ahanfouf) - Zuma (82. Böhme), Masmanidis - Eigler, Wichniarek (46. Kamper)
Tore: 1:0 Gomez (9.), 1:1 Eigler (26.), 2:1 Cacau (52.), 3:1 Gomez (59.), 3:2 Ahanfouf (86., Foulelfmeter) **Ecken:** 9:1
Schiedsrichter: Gagelmann (Bremen)
Zuschauer: 23.000
Gelb: Magnin, Hitzlsperger - Wichniarek, Masmanidis, Eigler **Gelb-Rot:** keine
Rot: Borges (90+2.)

VfL Wolfsburg – Eintracht Frankfurt 2:2 (1:0)

VfL Wolfsburg: Jentzsch - Quiroga, Madlung, Hofland, Van der Heyden - Karhan (68. Hanke), van der Leegte - Menseguez (73. Hill), Marcelinho, Krzynowek - Klimowicz
Eintracht Frankfurt: Pröll - Ochs, Kyrgiakos, Vasoski, Spycher - Jones, Chris (67. Amanatidis) - Thurk (76. Russ), A. Meier, Streit - Takahara (90+2. Preuß)
Tore: 1:0 Klimowicz (8.), 1:1 Thurk (63.), 1:2 A. Meier (69.), 2:2 Hanke (73.) **Ecken:** 5:3 **Schiedsrichter:** Perl (München) **Zuschauer:** 15.097
Gelb: Krzynowek - Ochs, Streit
Gelb-Rot: keine **Rot:** keine

FC Bayern München – VfL Bochum 0:0

FC Bayern München: Kahn - Ottl (72. Santa Cruz), Lucio, van Buyten, Lahm - van Bommel, Demichelis, Salihamidzic - Schweinsteiger - Makaay, Pizarro (46. Podolski)
VfL Bochum: Drobny - Schröder, Maltritz, Yahia, Bönig - Dabrowski, Zdebel - Epalle, Misimovic (90. Drsek), Trojan (77. Ilicevic) - Gekas (85. Fabio Junior)
Tore: keine **Ecken:** 7:2 **Schiedsrichter:** Drees (Mainz) **Zuschauer:** 64.000
Gelb: Ottl - Epalle, Schröder
Gelb-Rot: keine **Rot:** keine

Nach dem Ausrutscher des FC Bayern ist der VfB Stuttgart nun schärfster Verfolger des Spitzenduos. Den Schwaben gelingt mit dem 3:2 gegen Arminia Bielefeld der sechste Heimsieg in Folge. „Mit den Bayern können wir uns nicht messen, das schaffen wir noch nicht", bleibt Trainer Armin Veh zurückhaltend. In seinem 100. Bundesliga-Spiel als Coach bei Hertha BSC Berlin muss Falko Götz einen schweren Rückschlag hinnehmen. Mit dem 0:5 in Hannover kassiert seine Mannschaft die höchste Saisonniederlage. Für 96 ist der Sieg nach dem 0:3 in Bremen ein Befreiungsschlag.

Der 1. FSV Mainz 05 setzt seinen Aufwärtstrend fort. Auch das zweite Spiel 2007 gestalten die Schützlinge von Jürgen Klopp erfolgreich. Leon Andreasen gelingt dabei mit dem 1:0-Siegtor nach 414 Minuten wieder ein Treffer vor eigenem Publikum. Die Begegnung zwischen dem VfL Wolfsburg und Eintracht Frankfurt endet mit einem 2:2-Unentschieden.

Trennung: Jupp Heynckes zieht sich bei Borussia Mönchengladbach zurück.

Tor-Saisonpremiere und erstmals zwei Treffer in einem Spiel: Hannovers Vinicius.

Der Torschütze des Spieltages

Noch gar nicht konnte sich Abwehrspieler Vinicius von Hannover 96 im Verlauf dieser Saison in die Torschützenliste eintragen – bis zur Begegnung mit Hertha BSC Berlin. Schon bis zur 37. Minute hat der Brasilianer mit italienischer Staatsangehörigkeit an diesem Mittwochabend Verpasstes gleich doppelt nachgeholt. Zunächst per Fuß aus dem Strafraumgetümmel, dann nach einem Eckball mit dem Kopf: Fertig ist das 2:0 für die Niedersachsen, die noch drei weitere Treffer dazupacken und beim Schlusspfiff einen deutlichen 5:0-Sieg gegen den Club aus der Hauptstadt feiern. Für den 26 Jahre alten Vinicius, der bis zum Saisonstart fünf Tore erzielt hatte, eine Premiere: Zum ersten Mal gelingen dem 1,89 Meter langen Innenverteidiger, der Anfang 2003 nach Hannover gekommen ist, zwei Tore in einem Bundesliga-Spiel.

19. SPIELTAG

RESULTATE

Dienstag, 30.01.2007	Bor. M'gladbach – 1. FC Nürnberg	0:0	
	VfB Stuttgart – Arminia Bielefeld	3:2	(1:1)
	VfL Wolfsburg – Eintracht Frankfurt	2:2	(1:0)
	FC Bayern München – VfL Bochum	0:0	
Mittwoch, 31.01.2007	Bayer Leverkusen – Werder Bremen	0:2	(0:1)
	Hannover 96 – Hertha BSC Berlin	5:0	(3:0)
	1. FSV Mainz 05 – Bor. Dortmund	1:0	(0:0)
	FC Schalke 04 – Alemannia Aachen	2:1	(1:1)
	Hamburger SV – FC Energie Cottbus	1:1	(1:1)

TORJÄGER

Marko Pantelic	Hertha BSC Berlin	11
Miroslav Klose	Werder Bremen	11
Roy Makaay	FC Bayern München	10
Mario Gomez	VfB Stuttgart	10
Alexander Frei	Borussia Dortmund	8
Kevin Kuranyi	FC Schalke 04	8
Diego	Werder Bremen	8
Sergiu Radu	FC Energie Cottbus	7
und vier weitere Spieler mit je sieben Treffern		

PERSONALIEN

Bei keinem anderen Spiel der bisherigen Saison gab es so viele Fouls wie in der Begegnung zwischen Borussia Mönchengladbach und dem 1. FC Nürnberg. 64 Mal pfeift Schiedsrichter **Babak Rafati** (Hannover) einen Zweikampf ab. Dennoch zeigt die Spielstatistik nur drei Gelbe Karten.

Der VfL Wolfsburg wartet seit acht Spielen auf einen Sieg, die Begegnung mit Eintracht Frankfurt aber macht Hoffnung: **Diego Klimowicz** erzielt seinen ersten Saisontreffer, **Marcelinho** gelingt auch im zweiten Spiel im VfL-Trikot eine Torvorlage, und **Mike Hanke** rettet mit seinem ersten „Joker"-Tor für Wolfsburg einen Punkt.

Mario Gomez jubelt in seinem 57. Bundesliga-Spiel erstmals doppelt. Für seine beiden Treffer gegen Arminia Bielefeld reichen ihm drei Torschüsse.

TABELLE

Rang	Club	Sp.	g	u	v	Tore	Diff.	Pkt.	
1	Werder Bremen	19	13	3	3	52:22	30	42	→
2	FC Schalke 04	19	13	3	3	34:19	15	42	→
3	VfB Stuttgart	19	10	5	4	32:25	7	35	↗
4	FC Bayern München	19	10	4	5	32:22	10	34	↘
5	Hertha BSC Berlin	19	8	6	5	30:30	0	30	→
6	Bayer 04 Leverkusen	19	8	4	7	31:28	3	28	→
7	1. FC Nürnberg	19	5	12	2	25:17	8	27	→
8	Borussia Dortmund	19	6	7	6	24:24	0	25	→
9	DSC Arminia Bielefeld	19	5	8	6	26:23	3	23	→
10	Hannover 96	19	6	5	8	21:29	-8	23	↗
11	FC Energie Cottbus	19	5	6	8	22:26	-4	21	↘
12	Eintracht Frankfurt	19	4	9	6	25:33	-8	21	↘
13	VfL Wolfsburg	19	4	8	7	15:20	-5	20	→
14	Alemannia Aachen	19	5	4	10	31:38	-7	19	→
15	VfL Bochum	19	5	4	10	22:31	-9	19	→
16	1. FSV Mainz 05	19	3	8	8	13:30	-17	17	↗
17	Borussia M'gladbach	19	4	4	11	14:26	-12	16	↘
18	Hamburger SV	19	1	12	6	18:24	-6	15	↘

Bayer 04 Leverkusen – Werder Bremen 0:2 (0:1)

Bayer 04 Leverkusen: Butt - Castro, Haggui, Juan, Babic - Schneider, Rolfes - Freier, Barbarez, Barnetta (46. Kießling) - Voronin
Werder Bremen: Reinke - Fritz, Mertesacker, Naldo, Wome - Frings - D. Jensen (86. Vranjes), Diego (82. Schulz), Borowski - Klose, Hunt (46. Almeida)
Tore: 0:1 Klose (15.), 0:2 Almeida (78.) **Ecken:** 8:8 **Schiedsrichter:** Wagner (Hofheim) **Zuschauer:** 22.500 (ausverkauft) **Gelb:** Frings, Diego, Almeida **Gelb-Rot:** Castro (73.) **Rot:** keine

Hannover 96 – Hertha BSC Berlin 5:0 (3:0)

Hannover 96: Enke - Cherundolo, Vinicius, Fahrenhorst, Tarnat - Balitsch, Lala - Rosenthal (72. Stajner), Yankov (67. Bruggink), Huszti (78. Halfar) - Hashemian
Hertha BSC Berlin: Stuhr-Ellegaard - J. Boateng, A. Friedrich, A. Schmidt, Fathi - Dardai - Dejagah, Bastürk, Gilberto - Gimenez (59. Lakic), Pantelic (74. Neuendorf)
Tore: 1:0 Vinicius (16.), 2:0 Vinicius (37.), 3:0 Fahrenhorst (45.), 4:0 Rosenthal (64.), 5:0 Lala (76.) **Ecken:** 7:3 **Schiedsrichter:** Schmidt (Stuttgart) **Zuschauer:** 30.584 **Gelb:** Huszti - Dejagah, Neuendorf **Gelb-Rot:** keine **Rot:** keine

1. FSV Mainz 05 – Borussia Dortmund 1:0 (0:0)

1. FSV Mainz 05: Wache - Demirtas, M. Friedrich, Noveski, Weigelt - Andreasen, Pekovic - F. Gerber (90+2. Cha), Feulner - Szabics (58. Ruman), Niculae (58. Jovanovic)
Borussia Dortmund: Weidenfeller - P. Degen, Brzenska, Metzelder, Dede (88. Amedick) - Kruska - Tinga (79. Ricken), Pienaar (70. Sahin), Kringe - Valdez, Frei
Tor: 1:0 Andreasen (62., Foulelfmeter) **Ecken:** 7:1 **Schiedsrichter:** Fleischer (Sigmertshausen) **Zuschauer:** 20.300 (ausverkauft) **Gelb:** Andreasen, Feulner - Tinga, Kruska, Brzenska **Gelb-Rot:** keine **Rot:** keine

FC Schalke 04 – Alemannia Aachen 2:1 (1:1)

FC Schalke 04: Neuer - Rafinha, Bordon, Krstajic, Rodriguez (46. Bajramovic) - Ernst, Kobiashvili - Lincoln (77. Hamit Altintop) - Varela (62. Halil Altintop), Kuranyi, Løvenkrands
Alemannia Aachen: Straub - Pinto, Klitzpera, Sichone, Leiwakabessy - Lehmann - Reghecampf, Rösler (61. Dum), Fiel (79. Quotschalla) - Ebbers, Ibisevic
Tore: 0:1 Ibisevic (17.), 1:1 Rafinha (23., Handelfmeter), 2:1 Sichone (74., Eigentor) **Ecken:** 8:1 **Schiedsrichter:** Meyer (Burgdorf) **Zuschauer:** 61.482 (ausverkauft) **Gelb:** Rafinha - Rösler **Gelb-Rot:** keine **Rot:** keine

Hamburger SV – FC Energie Cottbus 1:1 (1:1)

Hamburger SV: F. Rost - Benjamin, B. Reinhardt, Mathijsen, Atouba - de Jong - Jarolim, Laas (82. Feilhaber), Sorin (58. Sanogo) - Ljuboja (69. Berisha), Olic
FC Energie Cottbus: Piplica - Szelesi, McKenna, Mitreski, Cvitanovic - T. Rost - Bandrowski (73. Baumgart), Gunkel (66. Ziebig), Munteanu (66. Shao) - Radu, Kioyo
Tore: 1:0 Sorin (4., Foulelfmeter), 1:1 Radu (9.) **Ecken:** 11:1 **Schiedsrichter:** Sippel (München) **Zuschauer:** 52.484 **Gelb:** de Jong, Sorin - Munteanu **Gelb-Rot:** keine **Rot:** keine

Schalke entzaubert Werder – Drei Trainer im Blickpunkt

Tanz um den Ball mit Schalkes Lincoln (links) und dem Bremer Pierre Wome.

Beide Tore zum Sieg des FC Schalke 04 in Bremen markiert der Däne Peter Løvenkrands.

Comeback oder Premiere für drei Cheftrainer in der Bundesliga! Nach zweieinhalb Jahren Pause wird Ottmar Hitzfeld der Nachfolger seines Nachfolgers beim FC Bayern München. Die Rückkehr von Hitzfeld, den nach der Saison 2003/04 Felix Magath beerbt hatte, endet ernüchternd. Mit 0:3 verliert der Rekordmeister im Bayern-Derby beim 1. FC Nürnberg. Der Double-Gewinner der Jahre 2005 und 2006 erlebt mit nur einem Punkt aus drei Spielen den schlechtesten Rückrunden-Start seit der Saison 1974/75. Ebenfalls eine Niederlage muss Huub Stevens bei seiner Rückkehr in die Bundesliga hinnehmen. Ausgerechnet bei seinem Ex-Club Hertha BSC Berlin gibt es eine 1:2-Niederlage. Dabei führte das Team des erst am Vortag verpflichteten Holländers bis zur 78. Minute noch durch den Treffer von Alexander Laas. Arne Friedrich und in der Nachspielzeit Mineiro drehen das Spiel noch zugunsten der Hertha.

Mit Jos Luhukay gelingt dem einzigen der drei neuen Trainer ein Erfolg. Mit dem 2:0 bei Arminia Bielefeld beendet Borussia Mönchengladbach seine Negativserie. Insua und Marcell Jansen sorgen nicht nur für den ersten Auswärtssieg, sondern auch für den ersten „Dreier" nach zwölf Spielen. „Ich bin kein Zauberer", so der vorherige Assistent von Jupp Heynckes, „aber die Mannschaft hat Fußball gespielt."

Damit schließt die Borussia bei gleicher Punktzahl zum ersten Nichtabstiegsplatz auf, den Alemannia Aachen nach der 1:4-Heimniederlage gegen Hannover 96 einnimmt. Dieter Hecking feiert eine triumphale Rückkehr an seine alte Wirkungsstätte.

Das Comeback des Spieltages

Comeback I: Ottmar Hitzfeld zurück in der Bundesliga und zurück beim FC Bayern.

Ottmar Hitzfeld hat die Bundesliga wieder. Die Bundesliga hat Ottmar Hitzfeld wieder. Nur präsentierte sich der „General" von einer ganz neuen Seite. Nach der 0:3-Niederlage in Nürnberg spricht der Bayern-Trainer Klartext: „Wir haben uns blamiert. Ich wusste, dass ich eine heikle Aufgabe übernehme. Und bin überrascht, dass es so schwer wird.".
Während seiner Auszeit hat der 58-jährige für Premiere die Bundesliga und die Champions League begleitet und analysiert: „In dieser Zeit habe ich mich auch weitergebildet, vieles neu überdacht." Jetzt moniert er: „Wir sind auf dem Platz kein Team. Jeder hat mit sich selbst zu tun." Hitzfeld – an seiner Seite wieder Assistent Michael Henke – sieht sich als Übergangslösung bis zum Ende dieser Saison.

DATEN & FAKTEN

Zuschauer gesamt	323.539
pro Spiel	35.949
Tore gesamt	21
Elfmeter	3
Eigentore	1
Gelbe Karten	41
Gelb/Rote Karten	0
Rote Karten	1

1. FC Nürnberg – FC Bayern München 3:0 (1:0)

1. FC Nürnberg: Schäfer - D. Reinhardt, Wolf, Spiranovic (46. Beauchamp), Pinola (19. Polak) - Mnari (84. Banovic), Galasek - Gresko - Vittek, Schroth, Saenko
FC Bayern München: Kahn - Sagnol, Lucio, van Buyten, Lahm - van Bommel, Hargreaves - Salihamidzic (46. Podolski), Schweinsteiger (80. Scholl) - Makaay, Pizarro (72. Santa Cruz)
Tore: 1:0 Saenko (13.), 2:0 Schroth (71.), 3:0 Vittek (86.) **Ecken:** 3:10 **Schiedsrichter:** Weiner (Giesen) **Zuschauer:** 47.000 (ausverkauft) **Gelb:** Pinola, Wolf, Vittek, Schroth - Lahm, Schweinsteiger, Hargreaves **Gelb-Rot:** keine **Rot:** keine

Hertha BSC Berlin – Hamburger SV 2:1 (0:1)

Hertha BSC Berlin: Fiedler - J. Boateng, A. Friedrich, van Burik, Fathi (69. Mineiro) - Dejagah (75. Ede), Dardai, Gilberto - Bastürk (86. C. Müller) - Gimenez, Pantelic
Hamburger SV: F. Rost - Benjamin, B. Reinhardt, Mathijsen, Atouba - Jarolim (74. Klingbeil), de Jong, Laas - van der Vaart (81. Sorin) - Olic (61. Berisha), Sanogo
Tore: 0:1 Laas (33.), 1:1 A. Friedrich (78.), 2:1 Mineiro (90+2.) **Besonderes Vorkommnis:** Pantelic verschießt Foulelfmeter (8.) **Ecken:** 5:4 **Schiedsrichter:** Kinhöfer (Herne) **Zuschauer:** 47.354 **Gelb:** A. Friedrich, van Burik, Gilberto - de Jong, Mathijsen, Jarolim, Sanogo **Gelb-Rot:** keine **Rot:** keine

VfL Wolfsburg – Bayer 04 Leverkusen 3:2 (2:1)

VfL Wolfsburg: Jentzsch - Quiroga, Madlung, Hofland, Van der Heyden - van der Leegte - Menseguez (46. Karhan), Marcelinho, Krzynowek - Klimowicz (90. Boakye), Hanke (85. Santana)
Bayer 04 Leverkusen: Butt - Barnetta (86. De Wit), Haggui (46. Callsen-Bracker), Juan, Babic - Freier, Rolfes, Schneider - Barbarez - Voronin, Kießling (79. Papadopulos)
Tore: 1:0 Hanke (16.), 1:1 Kießling (29.), 2:1 Hanke (37.), 2:2 Van der Heyden (70., Eigentor), 3:2 Klimowicz (72.) **Ecken:** 3:3 **Schiedsrichter:** Kircher (Rottenburg) **Zuschauer:** 16.621 **Gelb:** Marcelinho - Haggui **Gelb-Rot:** keine **Rot:** Freier (74.)

DSC Arminia Bielefeld – Borussia Mönchengladbach 0:2 (0:1)

DSC Arminia Bielefeld: Hain - Bollmann, Westermann, Gabriel, Schuler - Kauf - Ndjeng (46. Masmanidis), Zuma, Böhme (71. Vata) - Wichniarek, Ahanfouf (58. Eigler)
Borussia Mönchengladbach: Keller - Bögelund, Gohouri, Ze Antonio, Compper - Polanski, Kluge (72. El Fakiri) - Delura, Insua (90. Rafael), Jansen - Kahé
Tore: 0:1 Insua (28.), 0:2 Jansen (89.) **Ecken:** 3:4 **Schiedsrichter:** Meyer (Burgdorf) **Zuschauer:** 23.114 **Gelb:** Zuma, Hain, Schuler - Kahé, Jansen, Kluge **Gelb-Rot:** keine **Rot:** keine

Comeback II: Huub Stevens, umlagert von Kameraleuten und Fotografen, als er in Berlin zum ersten Mal als Cheftrainer des Hamburger SV auf der Bank sitzt.

Am dritten Spieltag hatte er den Tivoli verlassen und wechselte zu den Niedersachsen. Zu einem torlosen Unentschieden kommt es in Cottbus. Dem VfL Bochum gelingt, nach dem 0:0 bei Bayern München, das zweite Auswärtsspiel ohne Niederlage. Beide Vereine sind weiter in den Kampf gegen den Abstieg verstrickt. Cottbus hat drei Punkte, Bochum einen Zähler Vorsprung bis zum Strich und Platz 16. Ebenfalls torlos endet die Begegnung zwischen Eintracht Frankfurt und dem 1. FSV Mainz 05, der damit in der Rückrunde weiter ungeschlagen bleibt. Luft im Kampf um den Klassenerhalt verschafft sich der VfL Wolfsburg mit einem 3:2-Heimerfolg gegen Bayer 04 Leverkusen. Mike Hanke liefert dazu zwei Tore, nachdem er in den fünf zurückliegenden Spielen nicht zur Startformation gehörte.

Im Spitzenspiel des 20. Spieltags gelingt dem FC Schalke 04 bei Tabellenführer Werder Bremen ein 2:0-Erfolg. Peter Løvenkrands entscheidet mit seinen beiden Treffern in der 20. und 73. Minute die Top-Begegnung und sorgt für die Rückkehr der „Königsblauen" auf Rang eins. „Schalke war in allen Bereichen aggressiver", gesteht Werder-Trainer Thomas Schaaf nach dem Schlusspfiff. Tabellendritter bleibt der VfB Stuttgart, dem durch einen Treffer von Mario Gomez in der 59. Minute ein 1:0 bei Borussia Dortmund gelingt.

Premiere: Jos Luhukay feiert mit Mönchengladbach bei seinem Einstand gleich einen Sieg.

20. SPIELTAG

RESULTATE

Freitag, 02.02.2007	1. FC Nürnberg – Bayern München	3:0	(1:0)
Samstag, 03.02.2007	Hertha BSC Berlin – Hamburger SV	2:1	(0:1)
	VfL Wolfsburg – Bayer Leverkusen	3:2	(2:1)
	Arminia Bielefeld – Bor. M'gladbach	0:2	(0:1)
	Eintr. Frankfurt – 1. FSV Mainz 05	0:0	
	Alemannia Aachen – Hannover 96	1:4	(1:3)
	FC Energie Cottbus – VfL Bochum	0:0	
Sonntag, 04.02.2007	Werder Bremen – FC Schalke 04	0:2	(0:1)
	Borussia Dortmund – VfB Stuttgart	0:1	(0:0)

TORJÄGER

Marko Pantelic	Hertha BSC Berlin	11
Miroslav Klose	Werder Bremen	11
Mario Gomez	VfB Stuttgart	11
Roy Makaay	FC Bayern München	10
Alexander Frei	Borussia Dortmund	8
Kevin Kuranyi	FC Schalke 04	8
Mike Hanke	VfL Wolfsburg	8
Diego	Werder Bremen	8

PERSONALIEN

Bei Mönchengladbach zeigt der Trainerwechsel Wirkung: Die Borussia feiert als letztes Team in dieser Spielzeit den ersten Auswärtssieg und gewinnt in Bielefeld mit 2:0. **Federico Insua** leitet mit seinem ersten Saisontor den erfolgreichen Einstand für Neu-Coach **Jos Luhukay** ein.

Frank Rost hält zum vierten Mal in Folge einen Elfmeter in der Bundesliga – das gelang in der „Oberhaus"-Geschichte zuvor erst zwei Keepern: **Jörg Butt** (HSV, Bayer 04 Leverkusen) und **Thomas Zander** (Hertha BSC Berlin, TSV 1860 München). Nach den Strafstößen von Dimitar Berbatov, Thomas Brdaric und Boubacar Sanogo pariert Rost in Berlin den Versuch von Marko Pantelic.

Berlins brasilianischer Neuzugang **Mineiro** kommt in der 69. Minute gegen den HSV ins Spiel und sorgt noch für den Umschwung. Bei seinem Debüt erzielte er mit einem Sonntagsschuss in der Nachspielzeit das 2:1 – gleichzeitig das 50. „Joker"-Tor dieser Saison.

TABELLE

Rang	Club	Sp.	g	u	v	Tore	Diff.	Pkt.	
1	FC Schalke 04	20	14	3	3	36:19	17	45	↗
2	Werder Bremen	20	13	3	4	52:24	28	42	↘
3	VfB Stuttgart	20	11	5	4	33:25	8	38	→
4	FC Bayern München	20	10	4	6	32:25	7	34	→
5	Hertha BSC Berlin	20	9	6	5	32:31	1	33	→
6	1. FC Nürnberg	20	6	12	2	28:17	11	30	↗
7	Bayer 04 Leverkusen	20	8	4	8	33:31	2	28	↘
8	Hannover 96	20	7	5	8	25:30	-5	26	↗
9	Borussia Dortmund	20	6	7	7	24:25	-1	25	↘
10	DSC Arminia Bielefeld	20	5	8	7	26:25	1	23	↘
11	VfL Wolfsburg	20	5	8	7	18:22	-4	23	↗
12	FC Energie Cottbus	20	5	7	8	22:26	-4	22	↘
13	Eintracht Frankfurt	20	4	10	6	25:33	-8	22	↘
14	VfL Bochum	20	5	5	10	22:31	-9	20	↗
15	Alemannia Aachen	20	5	4	11	32:42	-10	19	↘
16	Borussia M'gladbach	20	5	4	11	16:26	-10	19	↗
17	1. FSV Mainz 05	20	3	9	8	13:30	-17	18	↘
18	Hamburger SV	20	1	12	7	19:26	-7	15	→

Eintracht Frankfurt – 1. FSV Mainz 05 0:0

Eintracht Frankfurt: Pröll - Preuß, Russ, Chris, Spycher - Jones - Streit, A. Meier, Heller - Amanatidis (46. Vasoski), Takahara
1. FSV Mainz 05: Wache - Demirtas, M. Friedrich, Noveski, Weigelt - Andreasen, Pekovic - F. Gerber, Azaouagh - Zidan (84. Szabics), Ruman (60. Jovanovic)
Tore: keine **Ecken:** 8:5 **Schiedsrichter:** Brych (München) **Zuschauer:** 51.300 **Gelb:** Chris - Pekovic **Gelb-Rot:** keine **Rot:** keine

Alemannia Aachen – Hannover 96 1:4 (1:3)

Alemannia Aachen: Straub - Pinto (46. Plaßhenrich), Klitzpera, Sichone (31. Herzig), Leiwakabessy - Reghecampf, Lehmann, Fiel (46. Schlaudraff) - Rösler - Ebbers, Ibisevic
Hannover 96: Enke - Cherundolo, Vinicius, Fahrenhorst, Tarnat - Balitsch, Lala - Rosenthal, Yankov (79. Bruggink), Huszti (73. Stajner) - Hashemian (89. Thorvaldsson)
Tore: 0:1 Yankov (5.), 0:2 Rosenthal (23.), 1:2 Reghecampf (26., Foulelfmeter), 1:3 Huszti (31., Foulelfmeter), 1:4 Stajner (90+1.) **Ecken:** 9:4 **Schiedsrichter:** Perl (München) **Zuschauer:** 20.800 (ausverkauft) **Gelb:** Sichone - Fahrenhorst, Balitsch **Gelb-Rot:** keine **Rot:** keine

FC Energie Cottbus – VfL Bochum 0:0

FC Energie Cottbus: Piplica - Szelesi, McKenna, Mitreski, Cvitanovic - Kukielka - T. Rost (83. Küntzel), Gunkel (69. Baumgart), Munteanu (69. Ziebig) - Radu, Kioyo
VfL Bochum: Drobny - Schröder, Maltritz, Yahia, Bönig - Dabrowski, Zdebel - Epalle (90. Drsek), Misimovic (69. Fabio Junior), Trojan (73. Ilicevic) - Gekas
Tore: keine **Ecken:** 9:4 Schiedsrichter: Stark (Landshut) **Zuschauer:** 11.650 **Gelb:** Yahia, Maltritz **Gelb-Rot:** keine **Rot:** keine

Werder Bremen – FC Schalke 04 0:2 (0:1)

Werder Bremen: Reinke - Fritz, Mertesacker, Naldo, Wome - Borowski (63. Vranjes), D. Jensen, Schulz (63. Hunt) - Diego - Klose, Almeida (63. Rosenberg)
FC Schalke 04: Neuer - Hoogland, Bordon, Krstajic, Rodriguez - Ernst, Bajramovic (77. Hamit Altintop) - Varela (70. Halil Altintop), Lincoln (86. Boenisch), Løvenkrands - Kuranyi
Tore: 0:1 Løvenkrands (20.), 0:2 Løvenkrands (73.) **Ecken:** 4:4 **Schiedsrichter:** Fandel (Kyllburg) **Zuschauer:** 42.100 (ausverkauft) **Gelb:** D. Jensen, Hunt, Fritz, Vranjes, Diego - Varela, Bajramovic, Neuer, Lincoln, Krstajic **Gelb-Rot:** keine **Rot:** keine

Borussia Dortmund – VfB Stuttgart 0:1 (0:0)

Borussia Dortmund: Weidenfeller - P. Degen, Brzenska, Metzelder, Dede - Kruska (58. Kehl) - Tinga (80. Amoah), Pienaar (67. Sahin), Kringe - Frei, Valdez
VfB Stuttgart: Hildebrand - Osorio, Meira, Delpierre, Magnin - Pardo - Hilbert (76. Beck), A. da Silva (82. Gentner), Hitzlsperger - Cacau (87. Streller), Gomez
Tor: 0:1 Gomez (59.) **Ecken:** 7:4 **Schiedsrichter:** Merk (Otterbach) **Zuschauer:** 63.600 **Gelb:** Brzenska - Meira **Gelb-Rot:** keine **Rot:** keine

Stuttgart 4:1 gegen Bremen Schalke enteilt – Zidan glänzt

Einen herben Rückschlag muss Werder Bremen hinnehmen. Der VfB Stuttgart gewinnt 4:1 und fügt den Hanseaten die höchste Auswärtsniederlage seit knapp vier Jahren zu. „Es wird sich zeigen, ob uns das einen Knacks gibt oder nicht", sagt Miroslav Klose nach zwei aufeinanderfolgenden Misserfolgen – vorausgegangenen war das 0:2 gegen Schalke 04 – die neue Situation. Der Rückstand zur Spitze ist auf sechs Punkte angewachsen. Die selbstbewussten Schwaben hingegen haben zu Werder auf Platz zwei bis auf einen Zähler aufgeschlossen. „Das war unser bestes Saisonspiel", meint VfB-Trainer Armin Veh. Mario Gomez erzielt seinen zwölften Saisontreffer und übernimmt die alleinige Führung in der Torschützenliste.

Die Bremer Naldo (links) und Per Mertesacker versuchen gemeinsam, Stuttgarts Mario Gomez zu stoppen.

Jubel beim FC Schalke 04 über den angewachsenen Vorsprung! Kevin Kuranyi und Peter Løvenkrands sorgen für den 2:0-Heimerfolg gegen Hertha BSC Berlin – schon der fünfte Erfolg in Serie für die „Königsblauen" vor eigenem Publikum.

Steht für den Aufschwung: Dank Mohamed Zidan darf der 1. FSV Mainz 05 wieder hoffen.

Seine Heimpremiere in der Allianz Arena in München endet für Ottmar Hitzfeld mit einem 1:0-Erfolg gegen Arminia Bielefeld. Bereits nach acht Minuten sorgt Roy Makaay mit seinem elften Saisontreffer für die Entscheidung. Ungeachtet des nur knappen Sieges feiern die Fans des FC Bayern die Rückkehr des Trainers: „Ottmar Hitzfeld, du bist der beste Mann!" Ebenfalls mit einem Sieg endet das Heimdebüt für Trainer Huub Stevens. Mit 3:0 besiegt der Hamburger SV unter der Regie des holländischen Nachfolgers von Thomas Doll die Dortmunder Borussia, gleichbedeutend mit dem ersten Erfolg in der AOL Arena seit April 2006.

Mannschaft der Stunde ist zweifellos der 1. FSV Mainz 05! Gegen den FC Energie Cottbus gelingt ein eindrucksvoller 4:1-Sieg. Damit hat das Team von Jürgen Klopp schon zehn Punkte aus den letzten vier Spielen verbucht und verlässt erstmals die Abstiegsränge. Gefeiert wird in der Karnevalshochburg vor allem Mohamed Zidan, der in der Winterpause von Herbstmeister Werder Bremen nach Mainz zurückgekehrt ist, wo er schon bis zum Sommer gespielt hatte. Mit drei Toren krönt der Ägypter seine überragende Leistung.

Weiter auf den ersten Torerfolg in der Rückrunde muss dagegen der VfL Bochum warten. Mit einem 0:2 gegen den 1. FC Nürnberg kassiert die Mannschaft des Schweizer Trai-

DATEN & FAKTEN

Zuschauer gesamt	389.441
pro Spiel	43.271
Tore gesamt	26
Elfmeter	2
Eigentore	1
Gelbe Karten	36
Gelb/Rote Karten	0
Rote Karten	3

Hannover 96 – VfL Wolfsburg 2:2 (1:2)

Hannover 96: Enke - Cherundolo, Vinicius, Fahrenhorst, Tarnat - Balitsch, Lala - Rosenthal, Bruggink (58. Stajner), Huszti (82. Schröter) - Hashemian (68. Thorvaldsson)
VfL Wolfsburg: Jentzsch - Quiroga, Madlung (46. Möhrle), Hofland, Van der Heyden - Menseguez (63. Karhan), van der Leegte, Krzynowek (78. Sarpei) - Marcelinho - Klimowicz, Hanke
Tore: 0:1 Klimowicz (3.), 1:1 Balitsch (22.), 1:2 Krzynowek (25.), 2:2 Fahrenhorst (62.) **Ecken:** 9:1 **Schiedsrichter:** Fleischer (Sigmertshausen) **Zuschauer:** 35.244 **Gelb:** Bruggink, Lala, Fahrenhorst - van der Leegte, Hofland **Gelb-Rot:** keine **Rot:** keine

VfB Stuttgart – Werder Bremen 4:1 (3:1)

VfB Stuttgart: Hildebrand - Tasci, Meira (51. Khedira), Delpierre, Magnin - Hilbert, Pardo, Hitzlsperger - A. da Silva (79. Gentner) - Cacau (74. Streller), Gomez
Werder Bremen: Wiese - Fritz (62. Rosenberg), Mertesacker, Naldo, Wome - Frings, D. Jensen (30. Vranjes), Borowski - Diego - Klose, Hunt (77. Almeida)
Tore: 1:0 Hilbert (3.), 2:0 Gomez (15.), 2:1 Diego (21.), 3:1 Magnin (33.), 4:1 Streller (86.) **Ecken:** 3:7 **Schiedsrichter:** Gräfe (Berlin) **Zuschauer:** 55.875 (ausverkauft) **Gelb:** Cacau, Tasci, Magnin - Frings, Naldo, Wome **Gelb-Rot:** keine **Rot:** keine

FC Schalke 04 – Hertha BSC Berlin 2:0 (0:0)

FC Schalke 04: Neuer - Rafinha, Bordon (86. Hoogland), Krstajic, Rodriguez - Ernst, Bajramovic - Lincoln - Varela (71. Halil Altintop), Kuranyi, Løvenkrands (82. Hamit Altintop)
Hertha BSC Berlin: Fiedler - J. Boateng, A. Friedrich, van Burik, Fathi - Dejagah (72. Ebert), Mineiro (67. Ede), Dardai, Gilberto - Gimenez (79. C. Müller), Pantelic
Tore: 1:0 Kuranyi (64.), 2:0 Løvenkrands (75.) **Ecken:** 9:2 **Schiedsrichter:** Weiner (Giesen) **Zuschauer:** 61.482 (ausverkauft) **Gelb:** Løvenkrands - Gimenez, Gilberto, Pantelic, J. Boateng **Gelb-Rot:** keine **Rot:** keine

Hamburger SV – Borussia Dortmund 3:0 (2:0)

Hamburger SV: F. Rost - Benjamin (90+1. Abel), B. Reinhardt, Mathijsen, Atouba - Mahdavikia, Jarolim, Laas, Sorin - van der Vaart (84. Trochowski) - Olic (86. Guerrero)
Borussia Dortmund: Weidenfeller - P. Degen, Brzenska, Metzelder, Dede - Kruska, Tinga, Kringe - Sahin - Valdez (56. Ricken), Frei (67. Tyrala)
Tore: 1:0 van der Vaart (11., Foulelfmeter), 2:0 Benjamin (39.), 3:0 Mahdavikia (90.) **Ecken:** 2:2 **Schiedsrichter:** Wagner (Hofheim) **Zuschauer:** 57.000 (ausverkauft) **Gelb:** Tinga **Gelb-Rot:** keine **Rot:** Dede (42.)

Kevin Kuranyis neuntes Saisontor leitet den 2:0-Erfolg des FC Schalke 04 gegen Hertha BSC ein.

ners Marcel Koller im elften Heimspiel die siebte Niederlage und rutscht wieder auf einen Abstiegsplatz ab. Beide Treffer erzielt Ivan Saenko, der für den ersten Auswärtserfolg des „Club" nach acht Spielen sorgt.

Die Premiere von Mönchengladbachs neuem Trainer Jos Luhukay im BORUSSIA-PARK endet mit einem 0:0 gegen Alemannia Aachen. Die „Fohlen" bleiben zum dritten Mal in Folge ohne Gegentreffer, weisen wie der Aufsteiger 20 Zähler auf. Zwei Spiele gehen 2:2 aus: Hannover 96 und der VfL Wolfsburg trennen sich ebenso mit diesem Ergebnis wie Bayer 04 Leverkusen und Eintracht Frankfurt.

Der Trainer-Rücktritt des Spieltages

In der Pressekonferenz nach der 0:1-Niederlage beim FC Bayern München erklärt Thomas von Heesen seinen Rücktritt als Trainer beim DSC Arminia Bielefeld. „Aufgrund der Unruhe, besonders in den letzten 14 Tagen, war das der richtige Schritt, damit die Mannschaft die elementar wichtigen Spiele in den nächsten Wochen erfolgreich bestehen kann."

Bereits vor dem Spiel hat sich von Heesen mit den Geschäftsführern Roland Kentsch und Reinhard Saftig auf eine vorzeitige Vertragsauflösung geeinigt. Nachfolger wird der bisherige Co-Trainer Frank Geideck. „Es muss nicht großartig etwas geändert werden. Wir haben mit Uwe Rapolder einen Weg eingeschlagen, den Thomas von Heesen als logische Konsequenz fortgesetzt hat. Und jetzt ist es logisch, dass ich diesen Weg fortführe."

Schlussstrich: Thomas von Heesen verlässt Arminia Bielefeld.

21. SPIELTAG

RESULTATE

Freitag, 09.02.2007	Hannover 96 – VfL Wolfsburg	2:2	(1:2)
Samstag, 10.02.2007	VfB Stuttgart – Werder Bremen	4:1	(3:1)
	FC Schalke 04 – Hertha BSC Berlin	2:0	(0:0)
	Hamburger SV – Borussia Dortmund	3:0	(2:0)
	Bayer Leverkusen – Eintr. Frankfurt	2:2	(1:1)
	Bor. M'gladbach – Alemannia Aachen	0:0	
	1. FSV Mainz 05 – Energie Cottbus	4:1	(3:1)
Sonntag, 11.02.2007	VfL Bochum – 1. FC Nürnberg	0:2	(0:0)
	Bayern München – Arminia Bielefeld	1:0	(1:0)

TORJÄGER

Mario Gomez	VfB Stuttgart	12
Roy Makaay	FC Bayern München	11
Marko Pantelic	Hertha BSC Berlin	11
Miroslav Klose	Werder Bremen	11
Kevin Kuranyi	FC Schalke 04	9
Diego	Werder Bremen	9
Sergiu Radu	FC Energie Cottbus	8
Alexander Frei	Borussia Dortmund	8
Ivan Saenko	1. FC Nürnberg	8
Mike Hanke	VfL Wolfsburg	8

PERSONALIEN

Beim 1. FSV Mainz 05 sind die Spieler des Tages in der Winterpause gekommen. **Mohamed Zidan** trifft dreifach, **Leon Andreasen** erzielt ein Tor (beide kamen aus Bremen), und **Elkin Soto** bereitet bei seiner Bundesliga-Feuertaufe zwei Tore vor.

Was für eine Woche für **Mario Gomez** ... Am vorangegangenen Mittwoch ist dem Stuttgarter bei seinem Länderspiel-Debüt in Düsseldorf gegen die Schweiz gleich ein Tor gelungen, gegen Bremen erzielt er bereits Saisontreffer Nummer zwölf.

TABELLE

Rang	Club	Sp.	g	u	v	Tore	Diff.	Pkt.	
1	FC Schalke 04	21	15	3	3	38:19	19	48	→
2	Werder Bremen	21	13	3	5	53:28	25	42	→
3	VfB Stuttgart	21	12	5	4	37:26	11	41	→
4	FC Bayern München	21	11	4	6	33:25	8	37	→
5	1. FC Nürnberg	21	7	12	2	30:17	13	33	↗
6	Hertha BSC Berlin	21	9	6	6	32:33	-1	33	↘
7	Bayer 04 Leverkusen	21	8	5	8	35:33	2	29	→
8	Hannover 96	21	7	6	8	27:32	-5	27	→
9	Borussia Dortmund	21	6	7	8	24:28	-4	25	→
10	VfL Wolfsburg	21	5	9	7	20:24	-4	24	↗
11	DSC Arminia Bielefeld	21	5	8	8	26:26	0	23	↘
12	Eintracht Frankfurt	21	4	11	6	27:35	-8	23	↗
13	FC Energie Cottbus	21	5	7	9	23:30	-7	22	↘
14	1. FSV Mainz 05	21	4	9	8	17:31	-14	21	↗
15	Alemannia Aachen	21	5	5	11	32:42	-10	20	→
16	Borussia M'gladbach	21	5	5	11	16:26	-10	20	→
17	VfL Bochum	21	5	5	11	22:33	-11	20	↘
18	Hamburger SV	21	2	12	7	22:26	-4	18	→

Bayer 04 Leverkusen – Eintracht Frankfurt 2:2 (1:1)

Bayer 04 Leverkusen: Butt - Castro, Madouni (86. Papadopulos), Callsen-Bracker, Babic - Ramelow (74. Voronin), Rolfes - Schneider, Barbarez, Barnetta (29. Fernandez) - Kießling
Eintracht Frankfurt: Nikolov - Ochs, Vasoski, Kyrgiakos, Spycher - Jones, Chris (76. Weissenberger) - Streit, A. Meier, Thurk (62. Heller) - Takahara (72. Amanatidis)
Tore: 1:0 Jones (39., Eigentor), 1:1 Kyrgiakos (42.), 1:2 A. Meier (84.), 2:2 Kießling (90+1.) **Ecken:** 4:5 **Schiedsrichter:** Kempter (Sauldorf) **Zuschauer:** 22.500 (ausverkauft) **Gelb**: Ramelow, Madouni - Streit **Gelb-Rot:** keine **Rot:** Butt (28.) - Spycher (80.)

Borussia Mönchengladbach – Alemannia Aachen 0:0

Borussia Mönchengladbach: Keller - Bögelund, Gohouri, Ze Antonio, Compper (66. Rafael) - Polanski (53. Svensson), Kluge - Delura (75. D. Degen), Insua, Jansen - Kahé
Alemannia Aachen: Straub - Stehle, Klitzpera, Herzig, Leiwakabessy - Lehmann (71. Pinto), Plaßhenrich - Reghecampf (79. Fiel), Schlaudraff - Ibisevic (82. Ebbers), Rösler
Tore: keine **Ecken:** 10:5 **Schiedsrichter:** Gagelmann (Bremen) **Zuschauer:** 50.230 **Gelb:** Jansen, Rafael - Lehmann, Ibisevic **Gelb-Rot:** keine **Rot:** keine

1. FSV Mainz 05 – FC Energie Cottbus 4:1 (3:1)

1. FSV Mainz 05: Wache - Demirtas, M. Friedrich, Noveski, Rose - Andreasen (77. Pekovic) - F. Gerber (67. Feulner), Azaouagh, Soto - Ruman (63. Jovanovic), Zidan
FC Energie Cottbus: Piplica - Szelesi, V. da Silva, Mitreski, Cvitanovic - T. Rost, Kukielka, Munteanu (59. Ziebig) - Gunkel (73. Baumgart) - Kioyo (84. Rivic), Radu
Tore: 1:0 Andreasen (7.), 1:1 Radu (20.), 2:1 Zidan (22.), 3:1 Zidan (39., Foulelfmeter), 4:1 Zidan (60.) **Ecken:** 4:4 **Schiedsrichter:** Perl (München) **Zuschauer:** 20.000 **Gelb:** Soto, Andreasen - Szelesi, Ziebig, Gunkel **Gelb-Rot:** keine **Rot:** keine

VfL Bochum – 1. FC Nürnberg 0:2 (0:0)

VfL Bochum: Drobny - Schröder, Yahia, Drsek, Bönig - Epalle (65. Trojan), Dabrowski, Zdebel, Ilicevic (65. Bechmann) - Misimovic - Gekas
1. FC Nürnberg: Schäfer - D. Reinhardt, Wolf (80. Nikl), Beauchamp, Pinola - Mnari, Galasek - Gresko (74. Banovic) - Vittek, Schroth (61. Polak), Saenko
Tore: 0:1 Saenko (88.), 0:2 Saenko (90+1.) **Ecken:** 11:2 **Schiedsrichter:** Kircher (Rottenburg) **Zuschauer:** 18.110 **Gelb:** Misimovic - Pinola, Gresko **Gelb-Rot:** keine **Rot:** keine

FC Bayern München – DSC Arminia Bielefeld 1:0 (1:0)

FC Bayern München: Kahn - Salihamidzic, Lucio, van Buyten, Lahm - van Bommel, Demichelis, Ottl (65. Görlitz) - Karimi - Makaay (60. Pizarro), Podolski (88. Santa Cruz)
DSC Arminia Bielefeld: Hain - Korzynietz, Westermann (12. Bollmann), Gabriel, Schuler - Marx (72. Vata), Kauf - Kamper, Masmanidis - Zuma, Eigler (58. Wichniarek)
Tor: 1:0 Makaay (8.) **Ecken:** 5:7 **Schiedsrichter:** Rafati (Hannover) **Zuschauer:** 69.000 (ausverkauft) **Gelb:** Salihamidzic, Demichelis - Schuler, Marx **Gelb-Rot:** keine **Rot:** keine

BUNDES LIGA

Stuttgart marschiert – Derby-Sieg für HSV

Der VfB Stuttgart überrollt förmlich die Bundesliga-Konkurrenz. Dem 4:1-Heimerfolg gegen Werder Bremen folgt mit einem 4:0-Paukenschlag bei Eintracht Frankfurt der vierte Sieg in Folge. Trainer Armin Veh ist hochzufrieden, bleibt gleichzeitig aber auch gelassen: „Wir müssen weiter auf dem Teppich bleiben, weiter konzentriert arbeiten, denn wir haben noch nichts erreicht."

Der Stuttgarter Rückstand auf den FC Schalke 04 ist auf fünf Punkte geschrumpft, da für den Tabellenführer beim VfL Wolfsburg nur ein 2:2 herausspringt. Kevin Kuranyi jubelt zum zweiten Mal in Folge über zwei Tore, mit denen er sein Team bis zur 29. Minute scheinbar deutlich in Führung bringt. In der zweiten Halbzeit verspielt Schalke jedoch den Vorsprung. Diego Klimowicz und Marcelinho sorgen für den Punktgewinn des VfL.

Werder Bremen durchläuft eine schwierige Phase. Die Mannschaft von Thomas Schaaf muss mit einem 0:2 im Nord-Derby gegen den Hamburger SV schon die dritte Niederlage in Folge hinnehmen. „Wenn wir so weiterspielen, müssen wir froh sein, wenn wir den UEFA-Cup erreichen", kommentiert Torsten Frings. Rafael van der Vaart sorgt mit seinen beiden Toren in der 42. und 87. Minute für ein weiteres Erfolgserlebnis unter Huub Stevens.

Der 1. FSV Mainz 05 setzt seine bemerkenswerte Erfolgsserie fort. Mit einem 2:1 bei Hertha BSC Berlin gelingt der vierte Sieg im fünften Rückrundenspiel. Damit hat Jürgen Klopps Team mit 13 Zählern schon mehr Punkte geholt als in der kompletten Vorrunde; da waren es nur

Per Elfmeter sorgt Rafael van der Vaart für die Hamburger Führung in Bremen.

Der Torschütze des Spieltages

Mit zwei Toren in nur acht Minuten steigen die Hoffnungen beim VfL Bochum auf den Klassenerhalt wieder um ein ordentliches Stück. Theofanis Gekas bringt den Aufsteiger bei Arminia Bielefeld früh mit 2:0 auf die Siegesstraße. Für Gekas sind es die ersten Rückrunden-Tore, nachdem der Grieche bis zur Saison-Halbzeit sieben Mal getroffen hat. „Auch wenn er nicht trifft, genießt er unser höchstes Vertrauen", so Manager Stefan Kuntz, „weil er sich Chancen herausarbeitet und eine gegnerische Abwehr verrückt machen kann." Mit dem 3:1-Erfolg bei Arminia Bielefeld verlassen die Bochumer die Abstiegsränge. Der VfL liegt auf Platz 14 – vor allem dank der Treffer von Gekas, der sagt: „Ich will mit meinen Toren für den Klassenerhalt sorgen."

Wieder zwei Tore: Theofanis Gekas trifft für Bochum auch in Bielefeld.

DATEN & FAKTEN

Zuschauer gesamt	328.956
pro Spiel	36.551
Tore gesamt	21
Elfmeter	3
Eigentore	0
Gelbe Karten	44
Gelb/Rote Karten	1
Rote Karten	0

Eintracht Frankfurt – VfB Stuttgart 0:4 (0:3)

Eintracht Frankfurt: Nikolov - Ochs, Kyrgiakos, Vasoski, Chaftar - Huggel, Chris (46. Preuß) - Thurk, A. Meier, Streit - Takahara (46. Amanatidis)
VfB Stuttgart: Hildebrand - Osorio, Tasci, Delpierre, Magnin - Pardo - Hilbert, A. da Silva (58. Farnerud), Hitzlsperger - Gomez (80. Lauth), Cacau (75. Streller)
Tore: 0:1 Hilbert (2.), 0:2 Gomez (16.), 0:3 Osorio (44.), 0:4 Hitzlsperger (78.)
Besonderes Vorkommnis: Hitzlsperger verschießt Foulelfmeter (78.) **Ecken:** 3:4
Schiedsrichter: Stark (Landshut)
Zuschauer: 46.000 **Gelb**: Preuß, A. Meier - Pardo **Gelb-Rot:** keine **Rot:** keine

Alemannia Aachen – FC Bayern München 1:0 (1:0)

Alemannia Aachen: Straub - Stehle, Klitzpera, Herzig, Leiwakabessy - Reghecampf, Plaßhenrich, Lehmann (75. Heidrich) - Schlaudraff (90+2. Fiel), Rösler - Ibisevic (56. Dum)
FC Bayern München: Kahn - Salihamidzic, Lucio, van Buyten, Lahm - Sagnol (70. Podolski), Demichelis, van Bommel (61. Scholl) - Schweinsteiger - Makaay, Santa Cruz (46. Pizarro)
Tor: 1:0 Klitzpera (10.) **Ecken:** 4:6
Schiedsrichter: Gräfe (Berlin)
Zuschauer: 20.832 (ausverkauft)
Gelb: Klitzpera, Plaßhenrich, Dum - van Buyten, Schweinsteiger, Sagnol, Salihamidzic, Demichelis
Gelb-Rot: keine **Rot:** keine

Werder Bremen – Hamburger SV 0:2 (0:1)

Werder Bremen: Wiese - Fritz (76. Niemeyer), Mertesacker, Naldo, Schulz - Frings, Vranjes (46. Hunt), D. Jensen - Diego - Klose, Rosenberg (63. Almeida)
Hamburger SV: F. Rost - Benjamin, B. Reinhardt, Mathijsen, Atouba - Jarolim, Laas (82. de Jong) - Mahdavikia, van der Vaart, Sorin - Olic (67. Sanogo)
Tore: 0:1 van der Vaart (42., Foulelfmeter), 0:2 van der Vaart (87.) **Ecken:** 3:3
Schiedsrichter: Kircher (Rottenburg)
Zuschauer: 42.100 (ausverkauft)
Gelb: D. Jensen, Diego, Mertesacker - Laas, Mahdavikia, Jarolim **Gelb-Rot:** keine
Rot: keine

VfL Wolfsburg – FC Schalke 04 2:2 (0:2)

VfL Wolfsburg: Jentzsch - Möhrle, Madlung, Quiroga, Van der Heyden - van der Leegte - Menseguez (62. Makiadi), Marcelinho, Krzynowek (79. Hill) - Klimowicz, Hanke (62. Boakye)
FC Schalke 04: Neuer - Rafinha, Bordon, Krstajic, Rodriguez (77. Hoogland) - Bajramovic, Ernst - Lincoln - Halil Altintop (87. Hamit Altintop), Kuranyi, Løvenkrands (62. Kobiashvili)
Tore: 0:1 Kuranyi (10.), 0:2 Kuranyi (29.), 1:2 Klimowicz (56.), 2:2 Marcelinho (89.)
Ecken: 5:6 **Schiedsrichter:** Drees (Mainz)
Zuschauer: 28.346 **Gelb:** Marcelinho, Madlung, Quiroga - Halil Altintop, Kobiashvili **Gelb-Rot:** keine **Rot:** keine

Stuttgarter Lauf: Cacau zwischen Frankfurts Sotirios Kyrgiakos (rechts) und Aleksandar Vasoski.

Einschwörung beim VfL Wolfsburg um Torwart Simon Jentzsch vor dem 2:2 gegen Schalke 04.

elf. Für den Sieg sorgen die beiden Winter-Transfers aus Bremen, Leon Andreasen (drei Tore) und Mohamed Zidan (vier), die somit gehörigen Anteil am Mainzer Höhenflug haben.

Neuer Tabellenletzter ist Borussia Mönchengladbach. Die 0:1-Niederlage bei Borussia Dortmund sorgt für den Sturz der Mannschaft von Trainer Jos Luhukay auf Platz 18. Wieder einmal bleibt die Borussia ohne eigenes Tor. Nur 16 erzielte Treffer nach 22 Spielen bedeuten in vierzig Jahren Mönchengladbacher Bundesliga-Geschichte einen neuen Minusrekord (zuvor 20).

Eine weitere Enttäuschung erlebt Ottmar Hitzfeld mit dem FC Bayern. Das 0:1 bei Alemannia Aachen ist nach dem 0:3 in Nürnberg die zweite Auswärtsniederlage in Folge. Ausgerechnet ein Ex-Münchner, Alexander Klitzpera, sorgt schon in der zehnten Minute für die Niederlage. Ottmar Hitzfelds Analyse: „Wir befinden uns in einer besonderen, außergewöhnlichen Situation. Wir spielen nur noch um Platz drei. Ich muss jedem Spieler klarmachen, was FC Bayern bedeutet."

Durch die 0:1-Heimniederlage gegen Hannover 96 wartet Bayer 04 Leverkusen seit vier Spielen auf ein Erfolgserlebnis. Der 1:0-Heimsieg für den 1. FC Nürnberg gegen den FC Energie Cottbus bedeutet für den „Club" das sechste Heimspiel in Folge ohne Niederlage.

22. SPIELTAG

RESULTATE

Freitag, 16.02.2007	Eintracht Frankfurt – VfB Stuttgart	0:4	(0:3)
Samstag, 17.02.2007	Alemannia Aachen – Bayern München	1:0	(1:0)
	Werder Bremen – Hamburger SV	0:2	(0:1)
	VfL Wolfsburg – FC Schalke 04	2:2	(0:2)
	Bor. Dortmund – Bor. M'gladbach	1:0	(1:0)
	Hertha BSC Berlin – 1. FSV Mainz 05	1:2	(1:0)
	Bayer 04 Leverkusen – Hannover 96	0:1	(0:1)
Sonntag, 18.02.2007	DSC Arminia Bielefeld – VfL Bochum	1:3	(1:2)
	1. FC Nürnberg – FC Energie Cottbus	1:0	(0:0)

TORJÄGER

Mario Gomez	VfB Stuttgart	13
Roy Makaay	FC Bayern München	11
Marko Pantelic	Hertha BSC Berlin	11
Miroslav Klose	Werder Bremen	11
Kevin Kuranyi	FC Schalke 04	11
Alexander Frei	Borussia Dortmund	9
Diego	Werder Bremen	9
Theofanis Gekas	VfL Bochum	9

PERSONALIEN

Der Knoten scheint geplatzt: Nach nur einem Sieg aus den ersten 20 Spielen gewinnt der HSV nun zum zweiten Mal in Folge – zum zweiten Mal zu null. Bezeichnend für ein Team von **Huub Stevens** und dessen Leitsatz: Die Null muss stehen.

Ein Mann des Spieltags ist **Alexander Klitzpera.** Der Abwehrspieler von Alemannia Aachen sorgt gegen seinen Ex-Club FC Bayern München mit seinem ersten Bundesliga-Tor für den knappen Sieg.

TABELLE

Rang	Club	Sp.	g	u	v	Tore	Diff.	Pkt.	
1	FC Schalke 04	22	15	4	3	40:21	19	49	→
2	VfB Stuttgart	22	13	5	4	41:26	15	44	↗
3	Werder Bremen	22	13	3	6	53:30	23	42	↘
4	FC Bayern München	22	11	4	7	33:26	7	37	→
5	1. FC Nürnberg	22	8	12	2	31:17	14	36	→
6	Hertha BSC Berlin	22	9	6	7	33:35	-2	33	→
7	Hannover 96	22	8	6	8	28:32	-4	30	↗
8	Bayer 04 Leverkusen	22	8	5	9	35:34	1	29	↘
9	Borussia Dortmund	22	7	7	8	25:28	-3	28	→
10	VfL Wolfsburg	22	5	10	7	22:26	-4	25	→
11	1. FSV Mainz 05	22	5	9	8	19:32	-13	24	↗
12	DSC Arminia Bielefeld	22	5	8	9	27:29	-2	23	↘
13	Alemannia Aachen	22	6	5	11	33:42	-9	23	↗
14	VfL Bochum	22	6	5	11	25:34	-9	23	↗
15	Eintracht Frankfurt	22	4	11	7	27:39	-12	23	↘
16	FC Energie Cottbus	22	5	7	10	23:31	-8	22	↘
17	Hamburger SV	22	3	12	7	24:26	-2	21	↗
18	Borussia M'gladbach	22	5	5	12	16:27	-11	20	↘

Borussia Dortmund – Borussia Mönchengladbach 1:0 (1:0)

Borussia Dortmund: Weidenfeller - P. Degen, Brzenska, Metzelder, Kringe - Kruska (43. Sahin) - Tinga, Pienaar (65. Smolarek), Ricken - Valdez (74. Amedick), Frei
Borussia Mönchengladbach: Keller - Bögelund, Gohouri, Ze Antonio, Compper - Kluge, Polanski (65. Sonck) - Delura (77. Rafael), Insua, Jansen - Kahé (65. D. Degen)
Tor: 1:0 Frei (19.) **Ecken:** 4:2
Schiedsrichter: Schmidt (Stuttgart)
Zuschauer: 73.600 **Gelb:** Kruska, Brzenska, Frei, Tinga - Bögelund
Gelb-Rot: keine **Rot:** keine

Hertha BSC Berlin – 1. FSV Mainz 05 1:2 (1:0)

Hertha BSC Berlin: Fiedler - A. Friedrich, van Burik, Simunic, Fathi (71. J. Boateng) - Mineiro (56. C. Müller), Dardai, Gilberto - Neuendorf (71. Lakic) - Pantelic, Gimenez
1. FSV Mainz 05: Wache - Demirtas, M. Friedrich, Noveski, Rose - Andreasen - F. Gerber (46. Feulner), Azaouagh (78. Pekovic), Soto (88. Cha) - Ruman, Zidan
Tore: 1:0 Dardai (22.), 1:1 Zidan (54., Foulelfmeter), 1:2 Andreasen (64.)
Ecken: 5:3 **Schiedsrichter:** Sippel (München) **Zuschauer:** 35.473
Gelb: van Burik, A. Friedrich, J. Boateng - Noveski **Gelb-Rot:** keine **Rot:** keine

Bayer 04 Leverkusen – Hannover 96 0:1 (0:1)

Bayer 04 Leverkusen: Fernandez - Castro, Callsen-Bracker, Haggui, Babic - Ramelow (46. Athirson), Rolfes - Schneider, Barnetta (72. Papadopulos) - Kießling, Barbarez (46. Voronin)
Hannover 96: Enke - Cherundolo, Vinicius, Fahrenhorst, Tarnat - Balitsch, Lala - Rosenthal, Yankov (75. Bruggink), Huszti (79. Schröter) - Hashemian (64. Stajner)
Tor: 0:1 Rosenthal (7.) **Ecken:** 5:5
Schiedsrichter: Gagelmann (Bremen)
Zuschauer: 21.000 **Gelb:** Haggui, Voronin - Fahrenhorst **Gelb-Rot:** keine
Rot: keine

DSC Arminia Bielefeld – VfL Bochum 1:3 (1:2)

DSC Arminia Bielefeld: Hain - Korzynietz, Westermann, Gabriel, Schuler - Kauf, Marx (65. Vata) - Kamper, Böhme (77. Eigler) - Zuma (65. Ahanfouf), Wichniarek
VfL Bochum: Drobny - Schröder, Maltritz, Yahia, Bönig - Dabrowski, Zdebel - Epalle (81. Meichelbeck), Misimovic, Trojan (73. Bechmann) - Gekas (87. Drsek)
Tore: 0:1 Gekas (2.), 0:2 Gekas (10.), 1:2 Wichniarek (26.), 1:3 Dabrowski (51.) **Ecken:** 10:4 **Schiedsrichter:** Brych (München) **Zuschauer:** 21.025
Gelb: Kauf - Bönig, Yahia, Drobny, Zdebel **Gelb-Rot:** keine **Rot:** keine

1. FC Nürnberg – FC Energie Cottbus 1:0 (0:0)

1. FC Nürnberg: Schäfer - D. Reinhardt, Wolf, Beauchamp, Pinola - Mnari (59. Polak), Galasek - Gresko - Vittek, Schroth (65. Sibon), Saenko
FC Energie Cottbus: Piplica - Szelesi, Mitreski (22. Ziebig), Kukielka, Cvitanovic - V. da Silva - T. Rost, Gunkel (80. Shao), Munteanu (80. Baumgart) - Radu, Kioyo
Tor: 1:0 Beauchamp (73.) **Ecken:** 1:4
Schiedsrichter: Kinhöfer (Herne)
Zuschauer: 40.580 Gelb: Galasek - T. Rost, V. da Silva, Gunkel, Kukielka
Gelb-Rot: Ziebig (72.) **Rot:** keine

Schalkes Ausrutscher – HSV klettert nach oben

Rassiges Kopfball-Duell zwischen Schalkes Zlatan Bajramovic (links) und Leverkusens Marko Babic.

Das Führungstrio zeigt in dieser Runde Nerven. Weder Tabellenführer FC Schalke 04 noch die hartnäckigsten Verfolger VfB Stuttgart und Werder Bremen können ihre Spiele siegreich gestalten.

Sogar eine bittere 0:1-Heimniederlage muss der Spitzenreiter hinnehmen. Der eingewechselte Stefan Kießling beendet mit seinem „Goldenen Tor" fünf Minuten vor Schluss die Serie von Bayer 04 Leverkusen mit zuletzt vier sieglosen Spielen und sorgt damit für riesige Enttäuschung in der VELTINS-Arena: Die „Königsblauen" haben aus den letzten zwei Begegnungen lediglich einen Punkt geholt. „Wir müssen wieder in die Erfolgsspur zurückkehren", fordert Trainer Mirko Slomka.

Nach drei Niederlagen in Serie punktet hingegen Werder Bremen wieder. Der Herbstmeister kommt beim Tabellenletzten Borussia Mönchengladbach zu einem 2:2 – und verliert dennoch zwei Zähler: Denn erst in der vierten Minute der Nachspielzeit sichert Nando Rafael den für Mönchengladbach glücklichen Ausgleich. „So etwas darf uns einfach nicht passieren", ärgert sich Werder-Trainer Thomas Schaaf über das Last-Minute-Gegentor. Bremen hat nun sechs Punkte Rückstand auf die Spitze.

Trotz eines 0:0 im Heimspiel gegen Hertha BSC Berlin tastet sich der VfB Stuttgart weiter Schritt für Schritt an Platz eins heran. Durch Schalkes unerwarteten Ausrutscher beträgt der Rückstand der Schwaben auf den Tabellenführer jetzt nur noch vier Punkte. Von Deutscher Meisterschaft und Champions-League-Qualifikation redet Trainer Armin Veh trotzdem mit keinem Wort: „Wir haben für den UI-Cup gemeldet. Und zwar nicht zum Spaß, sondern weil wir realistisch planen."

Auch der Hamburger SV bleibt weiter in der Erfolgsspur. Nach dem 3:1-Heimsieg gegen Eintracht Frankfurt verlässt das Team erstmals wieder die Abstiegsplätze. „Das war kein Spiel, um gut auszusehen, das war ein Spiel, um zu kämpfen", so die Sichtweise von Trainer Huub Stevens, der mit den Hamburgern somit den dritten Sieg in Serie feiert. Eintracht Frankfurt fällt dagegen nach diesem achten Spiel ohne das Erfolgserlebnis eines „Dreiers" erstmals auf einen Abstiegsrang zurück.

Dort rangiert auch Arminia Bielefeld. Auch im zweiten Spiel unter dem neuen Trainer Frank Geideck gibt es eine Niederlage. Beim FC Energie Cottbus müssen sich die Ostwestfalen mit 1:2 geschlagen geben. Der VfL Bochum verlässt hingegen die Abstiegsränge. Ein 2:2-Unentschieden im Heimspiel gegen

DATEN & FAKTEN

Zuschauer gesamt	378.455
pro Spiel	42.051
Tore gesamt	28
Elfmeter	2
Eigentore	0
Gelbe Karten	38
Gelb/Rote Karten	3
Rote Karten	1

VfB Stuttgart – Hertha BSC Berlin 0:0

VfB Stuttgart: Hildebrand - Osorio, Tasci, Delpierre, Magnin - Hilbert, Khedira, Hitzlsperger - Gentner (59. Streller) - Cacau (80. Boka), Gomez
Hertha BSC Berlin: Fiedler - J. Boateng (77. Schorch), van Burik, Simunic, Fathi - A. Schmidt, Dardai - Ebert (85. Neuendorf), Gilberto, Ede (63. Dejagah) - Pantelic
Tore: keine **Ecken**: 5:0 **Schiedsrichter:** Meyer (Burgdorf) **Zuschauer:** 42.600 **Gelb:** Tasci, Streller - Pantelic, Ede, Simunic **Gelb-Rot:** Dejagah (88.) **Rot:** keine

Hannover 96 – Borussia Dortmund 4:2 (0:0)

Hannover 96: Enke - Cherundolo, Vinicius, Zuraw, Tarnat - Balitsch, Lala - Rosenthal (67. Stajner), Yankov (67. Bruggink), Huszti (73. Schröter) - Hashemian
Borussia Dortmund: Weidenfeller - P. Degen, Amedick, Metzelder, Kringe - Ricken, Tinga, Sahin (81. Kruska) - Frei (71. Saka) - Smolarek, Valdez
Tore: 1:0 Huszti (56., Foulelfmeter), 2:0 Stajner (69.), 3:0 Bruggink (76.), 4:0 Bruggink (78.), 4:1 Smolarek (88.), 4:2 Kringe (90+1.) **Ecken:** 3:0 **Schiedsrichter:** Fandel (Kyllburg) **Zuschauer:** 43.852 **Gelb:** Vinicius, Balitsch - P. Degen, Frei **Gelb-Rot:** Valdez (58.) **Rot:** keine

1. FSV Mainz 05 – 1. FC Nürnberg 2:1 (2:0)

1. FSV Mainz 05: Wache - Demirtas, M. Friedrich, Noveski, Rose - Andreasen, Azaouagh - F. Gerber, Soto (40. Feulner) - Ruman (70. Jovanovic), Zidan (77. Szabics)
1. FC Nürnberg: Schäfer - D. Reinhardt, Wolf, Beauchamp (46. Sibon), Pinola - Galasek (86. Kristiansen) - Polak (86. Banovic), Gresko - Vittek, Schroth, Saenko
Tore: 1:0 Zidan (20.), 2:0 Zidan (27.), 2:1 Saenko (64.) **Ecken:** 2:6 **Schiedsrichter:** Gagelmann (Bremen) **Zuschauer:** 20.300 (ausverkauft) **Gelb:** Azaouagh - Saenko, Pinola, Wolf **Gelb-Rot:** Andreasen (85.) **Rot:** keine

FC Energie Cottbus – DSC Arminia Bielefeld 2:1 (0:1)

FC Energie Cottbus: Piplica - Szelesi, McKenna, Kukielka, Cvitanovic - T. Rost - Küntzel (46. Baumgart), Gunkel (46. Shao), Munteanu (84. Bandrowski) - Kioyo, Radu
DSC Arminia Bielefeld: Hain - Korzynietz, Bollmann, Gabriel, Schuler - Kucera, Marx (82. Masmanidis) - Kamper (67. Zuma), Böhme - Eigler (43. Vata), Wichniarek
Tore: 0:1 Gabriel (15.), 1:1 Kukielka (62.), 2:1 Radu (66.) **Ecken:** 6:5 **Schiedsrichter:** Merk (Otterbach) **Zuschauer:** 12.227 **Gelb:** Gunkel, Radu, Munteanu - Bollmann, Schuler **Gelb-Rot:** keine **Rot:** keine

Der Torschütze des Spieltages

Mohamed Zidan verzaubert den 1. FSV Mainz 05. Mit seinen beiden Toren im Heimspiel gegen den 1. FC Nürnberg sorgt er für den 2:1-Erfolg und zugleich für den fünften Sieg im sechsten Spiel seit der Winterpause. In der Rückrunden-Tabelle liegt Mainz mit 16 Punkten sogar auf Rang eins. Der Ägypter ist nach seinen Toren Nummer fünf und sechs „super glücklich". Für 05-Manager Christian Heidel kommt Zidans Entwicklung nicht wirklich überraschend: „Wir haben Mohamed immer vertraut und wussten, dass er in einem halben Jahr in Bremen das Fußballspielen nicht verlernt haben konnte." Die gesamte Mainzer Fangemeinde befindet sich in einem Freudentaumel: Der Vorsprung auf den ersten Abstiegsplatz ist auf vier Punkte angewachsen.

Schon sechs Tore für den 1. FSV Mainz 05: Die Fans feiern Mohamed Zidan.

Der Frankfurter Patrick Ochs (links) beim Tackling gegen HSV-Stürmer Boubacar Sanogo.

Alemannia Aachen sorgt für den Sprung auf Platz 15. „Da möchten wir auch nach dem 34. Spieltag stehen", so VfL-Trainer Marcel Koller.

Heimsiege feiern Hannover 96 und der FC Bayern München. Die Niedersachsen fügen durch ihren 4:2-Sieg Borussia Dortmund die vierte Niederlage im sechsten Spiel unter Jürgen Röber zu. Ottmar Hitzfeld darf einen knappen 2:1-Erfolg gegen den VfL Wolfsburg bejubeln.

23. SPIELTAG

RESULTATE

Freitag, 23.02.2007	VfB Stuttgart - Hertha BSC Berlin	0:0	
Samstag, 24.02.2007	Hannover 96 - Borussia Dortmund	4:2	(0:0)
	1. FSV Mainz 05 - 1. FC Nürnberg	2:1	(2:0)
	Energie Cottbus - Arminia Bielefeld	2:1	(0:1)
	Hamburger SV - Eintracht Frankfurt	3:1	(1:0)
	FC Bayern München - VfL Wolfsburg	2:1	(1:0)
	VfL Bochum - Alemannia Aachen	2:2	(1:1)
Sonntag, 25.02.2007	Bor. M'gladbach - Werder Bremen	2:2	(1:1)
	FC Schalke 04 - Bayer Leverkusen	0:1	(0:0)

TORJÄGER

Mario Gomez	VfB Stuttgart	13
Roy Makaay	FC Bayern München	11
Marko Pantelic	Hertha BSC Berlin	11
Miroslav Klose	Werder Bremen	11
Kevin Kuranyi	FC Schalke 04	11
Theofanis Gekas	VfL Bochum	10
Sergiu Radu	FC Energie Cottbus	9
Alexander Frei	Borussia Dortmund	9
und zwei weitere Spieler mit je neun Treffern		

PERSONALIEN

Kevin Hofland (VfL Wolfsburg) und **Andreas Wolf** (1. FC Nürnberg) sehen schon die zehnte Gelbe Karte in dieser Saison und sind damit zum zweiten Mal gesperrt.

TABELLE

Rang	Club	Sp.	g	u	v	Tore	Diff.	Pkt.	
1	FC Schalke 04	23	15	4	4	40:22	18	49	→
2	VfB Stuttgart	23	13	6	4	41:26	15	45	→
3	Werder Bremen	23	13	4	6	55:32	23	43	→
4	FC Bayern München	23	12	4	7	35:27	8	40	→
5	1. FC Nürnberg	23	8	12	3	32:19	13	36	→
6	Hertha BSC Berlin	23	9	7	7	33:35	-2	34	→
7	Hannover 96	23	9	6	8	32:34	-2	33	→
8	Bayer 04 Leverkusen	23	9	5	9	36:34	2	32	→
9	Borussia Dortmund	23	7	7	9	27:32	-5	28	→
10	1. FSV Mainz 05	23	6	9	8	21:33	-12	27	↗
11	VfL Wolfsburg	23	5	10	8	23:28	-5	25	↘
12	FC Energie Cottbus	23	6	7	10	25:32	-7	25	↗
13	Hamburger SV	23	4	12	7	27:27	0	24	↗
14	Alemannia Aachen	23	6	6	11	35:44	-9	24	↘
15	VfL Bochum	23	6	6	11	27:36	-9	24	↘
16	DSC Arminia Bielefeld	23	5	8	10	28:31	-3	23	↘
17	Eintracht Frankfurt	23	4	11	8	28:42	-14	23	↘
18	Borussia M'gladbach	23	5	6	12	18:29	-11	21	→

Hamburger SV
Eintracht Frankfurt 3:1 (1:0)

Hamburger SV: F. Rost - Abel, B. Reinhardt, Mathijsen, Atouba - Jarolim, Laas - Mahdavikia (76. Ben-Hatira), van der Vaart, Sorin (65. Trochowski) - Sanogo (62. Olic)
Eintracht Frankfurt: Nikolov - Preuß, Russ, Kyrgiakos, Ochs - Fink (86. Chris), Köhler - Streit, Weissenberger (67. A. Meier), Heller (56. Thurk) - Takahara
Tore: 1:0 van der Vaart (7.), 1:1 Takahara (59.), 2:1 Trochowski (77.), 3:1 Olic (90+3.) **Ecken:** 5:6 **Schiedsrichter:** Perl (München) **Zuschauer:** 57.000 (ausverkauft) **Gelb:** Ochs, Thurk, Fink **Gelb-Rot:** keine **Rot:** keine

FC Bayern München
VfL Wolfsburg 2:1 (1:0)

FC Bayern München: Kahn - Salihamidzic, Lucio, Lell, Lahm - van Bommel, Hargreaves - Görlitz (73. Scholl), Schweinsteiger (90+2. Ottl) - Pizarro, Podolski (73. Makaay)
VfL Wolfsburg: Jentzsch - Quiroga, Madlung (46. Möhrle), Hofland, Stegmayer - van der Leegte - Makiadi, Marcelinho (72. Santana), Krzynowek - Klimowicz (76. Boakye), Hanke
Tore: 1:0 Podolski (26., Foulelfmeter), 2:0 van Bommel (55.), 2:1 Makiadi (79.) **Ecken:** 3:2 **Schiedsrichter:** Kinhöfer (Herne) **Zuschauer:** 69.000 (ausverkauft) **Gelb:** Görlitz, van Bommel - Hofland, Madlung, Quiroga, van der Leegte **Gelb-Rot:** keine **Rot:** keine

VfL Bochum
Alemannia Aachen 2:2 (1:1)

VfL Bochum: Drobny - Schröder, Maltritz, Yahia, Bönig - Epalle (80. Ilicevic), Dabrowski (61. Bechmann), Zdebel, Trojan - Misimovic - Gekas
Alemannia Aachen: Straub - Stehle, Klitzpera, Herzig, Leiwakabessy - Reghecampf (90. Pinto), Plaßhenrich, Lehmann - Schlaudraff (46. Dum), Rösler - Ibisevic (81. Fiel)
Tore: 1:0 Gekas (25.), 1:1 Ibisevic (34.), 2:1 Epalle (52.), 2:2 Lehmann (57.) **Ecken:** 5:1 **Schiedsrichter:** Sippel (München) **Zuschauer:** 21.350 **Gelb:** Misimovic **Gelb-Rot:** keine **Rot:** keine

Borussia Mönchengladbach
Werder Bremen 2:2 (1:1)

Borussia Mönchengladbach: Keller - Bögelund (86. D. Degen), Gohouri, Ze Antonio, Jansen - Svensson (65. Svärd), El Fakiri - Delura, Kluge (79. Compper) - Rafael, Insua
Werder Bremen: Wiese - Niemeyer, Mertesacker (80. Pasanen), Naldo, Wome - Frings - D. Jensen, Diego, Borowski (49. Vranjes) - Almeida (56. Hunt), Klose
Tore: 0:1 Wome (11.), 1:1 Delura (17.), 1:2 Vranjes (84.), 2:2 Rafael (90+4.) **Ecken:** 4:8 **Schiedsrichter:** Fleischer (Sigmertshausen) **Zuschauer:** 50.644 **Gelb:** Gohouri, Kluge, Delura - Frings **Gelb-Rot:** keine **Rot:** keine

FC Schalke 04
Bayer 04 Leverkusen 0:1 (0:0)

FC Schalke 04: Neuer - Rafinha, Bordon, Krstajic (68. Hoogland), Rodriguez - Ernst, Bajramovic - Lincoln - Hamit Altintop (72. Özil), Kuranyi, Halil Altintop (87. Erwig)
Bayer 04 Leverkusen: Adler - Castro, Haggui, Juan, Babic - Ramelow, Rolfes - Freier (72. Kießling), Schneider, Barnetta (90+3. Schwegler) - Barbarez
Tor: 0:1 Kießling (85.) **Ecken:** 9:4 **Schiedsrichter:** Gräfe (Berlin) **Zuschauer:** 61.482 (ausverkauft) **Gelb:** Rafinha, Bordon - Barbarez, Schneider, Barnetta, Ramelow **Gelb-Rot:** keine **Rot:** Lincoln (90+3.)

HSV-Sieg auf Schalke – FC Bayern als Gewinner

Die Bundesliga ist in dieser Saison so spannend wie selten zuvor: Nur mehr durch sechs Punkte ist das Quartett an der Tabellenspitze am Ende dieses Spieltags getrennt. Der FC Schalke 04, Werder Bremen, der VfB Stuttgart und der FC Bayern München liefern sich ein packendes Rennen um die Deutsche Meisterschaft.

Für diese Spannung pur sorgt auch eine nicht so konstante Phase von Spitzenreiter FC Schalke 04. Mit 0:2 muss sich die Mannschaft von Trainer Mirko Slomka vor eigenem Publikum dem Hamburger SV geschlagen geben. HSV-Coach Huub Stevens ist an alter Wirkungsstätte erfolgreich. Für Schalke gab es nur einen Punkt aus den letzten drei Spielen – schon 241 Minuten ohne eigenen Torerfolg. Die Konkurrenz wittert Morgenluft!

Feiern mit den Fans: Das Team des FC Bayern München nach dem 3:2-Erfolg bei Hertha BSC Berlin.

Nach vier Siegen in Serie liegt der HSV jetzt schon auf Rang 12. Werder Bremen kehrt mit einem 3:0-Erfolg gegen den VfL Bochum wieder in die Erfolgsspur zurück. Eine empfindliche 1:3-Niederlage muss dagegen der VfB Stuttgart bei Bayer 04 Leverkusen hinnehmen. Ohne Top-Torjäger Mario Gomez (13 Treffer) läuft bei den Schwaben dieses Mal wenig. Bereits nach einer Stunde liegt der VfB mit 0:3 im Hintertreffen. Damit tauschen Bremen und Stuttgart die Plätze zwei und drei. Werder hat nur noch drei Punkte Rückstand auf Schalke 04, der Abstand des VfB Stuttgart beträgt vier Zähler.

Großer Gewinner des Spieltags ist der FC Bayern. Zwei Runden zuvor lagen die Münchner noch abgeschlagen zwölf Punkte hinter Schalke. Nach dem 3:2-Erfolg in Berlin sind es nur noch sechs Punkte. Torschütze Hasan Salihamidzic ist optimistisch: „Wir sind wieder da. Wir sind wieder voll zurück im Kampf um die Meisterschaft."

Im Tabellenkeller können zwei Clubs dieses Mal jubeln. Eintracht Frankfurt gelingt nach acht sieglosen Spielen mit dem 2:0-Heimerfolg gegen Hannover 96 ein Befreiungsschlag. Naohiro Takahara und Michael Thurk sorgen für den wichtigen Sieg. Bielefelds Trainer Frank Geideck feiert im dritten Spiel mit

„Mann des Tages" bei Bremen: Aaron Hunt gelingen alle drei Werder-Tore.

Der Torschütze des Spieltages

Aaron Hunt lässt Werder Bremen wieder jubeln. Mit drei Toren sorgt der 20-Jährige quasi im Alleingang für den wichtigen 3:0-Erfolg gegen den VfL Bochum. „Wir sind wieder zurück", sagt der talentierte Stürmer, „jetzt ist alles offen. Natürlich freut es mich, dass ich drei Tore geschossen habe. Aber viel wichtiger ist der Erfolg mit der Mannschaft."

Der U 21-Nationalspieler ist recht optimistisch, was die Bremer Titelhoffnungen angeht, weil der Rückstand des Herbstmeister nur mehr drei Punkte beträgt: „Die werden wir auch noch aufholen." Zum ersten Mal waren Hunt, dessen Mutter Engländerin ist und der Vater Deutscher, in seiner noch jungen Bundesliga-Karriere in einem Spiel gleich drei Tore gelungen.

DATEN & FAKTEN

Zuschauer gesamt	363.083
pro Spiel	40.343
Tore gesamt	30
Elfmeter	4
Eigentore	0
Gelbe Karten	31
Gelb/Rote Karten	1
Rote Karten	0

FC Schalke 04 – Hamburger SV 0:2 (0:0)

FC Schalke 04: Neuer - Rafinha, Bordon, Krstajic, Rodriguez (75. Özil) - Bajramovic - Ernst, Kobiashvili - Hamit Altintop (70. Larsen), Kuranyi, Halil Altintop (81. Boenisch)
Hamburger SV: F. Rost - Abel, B. Reinhardt, Mathijsen, Atouba - Jarolim, Laas, Trochowski (72. Sanogo) - van der Vaart (79. Wicky) - Olic - Demel (59. Mahdavikia)
Tore: 0:1 van der Vaart (71.), 0:2 Olic (80.) **Ecken:** 9:1
Schiedsrichter: Stark (Landshut)
Zuschauer: 61.482 (ausverkauft)
Gelb: Rafinha, Rodriguez, Ernst - Jarolim, Olic, B. Reinhardt
Gelb-Rot: keine **Rot:** keine

Hertha BSC Berlin – FC Bayern München 2:3 (0:2)

Hertha BSC Berlin: Fiedler - A. Friedrich, van Burik, Simunic, J. Boateng (59. Fathi) - Ebert, Dardai (81. Ede), Mineiro (86. Schorch), Gilberto - Pantelic, Gimenez
FC Bayern München: Kahn - Sagnol, Lucio, van Buyten, Lahm - Görlitz (59. Schweinsteiger), van Bommel, Hargreaves (66. Demichelis), Salihamidzic - Makaay (73. Pizarro), Podolski
Tore: 0:1 Salihamidzic (30.), 0:2 Podolski (31.), 1:2 Gimenez (58.), 1:3 Makaay (68.), 2:3 van Burik (82.) **Ecken:** 6:5
Schiedsrichter: Fandel (Kyllburg)
Zuschauer: 74.220 (ausverkauft)
Gelb: Pantelic, Fathi - Demichelis
Gelb-Rot: Simunic (90+2.) **Rot:** keine

DSC Arminia Bielefeld – 1. FC Nürnberg 3:2 (1:1)

DSC Arminia Bielefeld: Hain - Korzynietz, Bollmann, Gabriel, Westermann - Kauf, Kucera - Danneberg (74. Kamper), Böhme - Vata (64. Zuma), Wichniarek (88. Marx)
1. FC Nürnberg: Schäfer - D. Reinhardt, Nikl, Beauchamp (56. Spiranovic), Gresko - Polak (56. Sibon), Galasek, Kristiansen - Banovic (56. Engelhardt) - Vittek, Saenko
Tore: 0:1 Banovic (16.), 1:1 Kucera (44.), 2:1 Wichniarek (50., Foulelfmeter), 2:2 Engelhardt (83.), 3:2 Böhme (86.) **Ecken:** 2:4
Schiedsrichter: Seemann (Essen)
Zuschauer: 18.444
Gelb: Böhme - Schäfer, Kristiansen, Sibon **Gelb-Rot:** keine **Rot:** keine

Bayer 04 Leverkusen – VfB Stuttgart 3:1 (2:0)

Bayer 04 Leverkusen: Adler - Castro, Juan, Haggui, Babic - Rolfes, Ramelow - Freier (74. Kießling), Schneider (90+1. Schwegler), Barnetta - Voronin (87. Callsen-Bracker)
VfB Stuttgart: Hildebrand - Tasci, Meira, Delpierre, Magnin (75. Boka) - Pardo - Hilbert, Khedira, Hitzlsperger (69. Farnerud) - Streller (71. Lauth), Cacau
Tore: 1:0 Voronin (20.), 2:0 Freier (22.), 3:0 Juan (61.), 3:1 Cacau (73.)
Ecken: 7:13 **Schiedsrichter:** Brych (München) **Zuschauer:** 22.500 (ausverkauft) **Gelb:** Haggui, Babic - Delpierre
Gelb-Rot: keine **Rot:** keine

Bei der Rückkehr an seine frühere Schalker Wirkungsstätte zeigt Torwart Frank Rost eine tadellose Leistung und entführt mit dem Hamburger SV die Punkte.

3:2 gegen den 1. FC Nürnberg seinen ersten „Dreier" auf der Arminia-Bank. „Wir können den Sieg richtig einordnen", sagt Geideck, „vorher war nicht alles schlecht, jetzt ist nicht alles Schokolade."

Die Sorgen von Borussia Mönchengladbach wachsen an. Die 0:1-Niederlage beim VfL Wolfsburg ist das vierte Spiel in Folge ohne Sieg. In den letzten 17 Begegnungen gab es nur einen Erfolg zu bejubeln. Der Rückstand zum rettenden Ufer ist damit schon auf fünf Punkte angewachsen. „Es hat keinen Sinn jetzt ein Worst-Case-Szenario zu erstellen", beschwichtigt Sportdirektor Peter Pander die beunruhigten Fans der Borussia.

Alemannia Aachen stoppt die Erfolgsserie des 1. FSV Mainz 05. Der 2:1-Erfolg des Aufsteigers bedeutet für die Mannschaft von Jürgen Klopp die erste Niederlage nach sechs Spielen. Nach einem 2:3 gegen den FC Energie Cottbus ist der Sicherheitsabstand von Borussia Dortmund zu den Abstiegsrängen auf zwei Punkte geschmolzen.

Gemeinsame Freude: Leverkusens Torschützen Andrey Voronin (links) und Paul Freier.

24. SPIELTAG

RESULTATE

Freitag, 02.03.2007	FC Schalke 04 – Hamburger SV	0:2 (0:0)
Samstag, 03.03.2007	Hertha BSC – FC Bayern München	2:3 (0:2)
	Arminia Bielefeld – 1. FC Nürnberg	3:2 (1:1)
	Bayer 04 Leverkusen – VfB Stuttgart	3:1 (2:0)
	VfL Wolfsburg – Bor. M'gladbach	1:0 (0:0)
	Eintracht Frankfurt – Hannover 96	2:0 (0:0)
	Werder Bremen – VfL Bochum	3:0 (1:0)
Sonntag, 04.03.2007	Alem. Aachen – 1. FSV Mainz 05	2:1 (0:1)
	Bor. Dortmund – Energie Cottbus	2:3 (1:1)

TORJÄGER

Mario Gomez	VfB Stuttgart	13
Roy Makaay	FC Bayern München	12
Marko Pantelic	Hertha BSC Berlin	11
Miroslav Klose	Werder Bremen	11
Alexander Frei	Borussia Dortmund	11
Kevin Kuranyi	FC Schalke 04	11
Theofanis Gekas	VfL Bochum	10
Sergiu Radu	FC Energie Cottbus	9
Vlad Munteanu	FC Energie Cottbus	9
Ivan Saenko	1. FC Nürnberg	9
Naohiro Takahara	Eintracht Frankfurt	9
Diego	Werder Bremen	9

PERSONALIEN

Frank Rost schrieb die Geschichte des Spieltags: Bei seiner Rückkehr nach Schalke hält er den HSV-Kasten sauber, wehrt sechs Torschüsse ab und bereitet sogar noch den Treffer zum 1:0 von van der Vaart vor – bereits die zweite Torvorlage in der Karriere des Keepers.

150 Bundesliga-Spiele in Folge hat **Jörg Butt** (Bayer 04 Leverkusen) keine Begegnung verpasst. Nach einem Platzverweis gegen Frankfurt (21. Spieltag) und anschließender Sperre für zwei Spiele sitzt er gegen den VfB Stuttgart erst zum dritten Mal in seiner Bundesliga-Karriere auf der Bank. Zwischen den Pfosten steht René Adler.

TABELLE

Rang	Club	Sp.	g	u	v	Tore	Diff.	Pkt.	
1	FC Schalke 04	24	15	4	5	40:24	16	49	→
2	Werder Bremen	24	14	4	6	58:32	26	46	↗
3	VfB Stuttgart	24	13	6	5	42:29	13	45	↘
4	FC Bayern München	24	13	4	7	38:29	9	43	→
5	1. FC Nürnberg	24	8	12	4	34:22	12	36	→
6	Bayer 04 Leverkusen	24	10	5	9	39:35	4	35	↗
7	Hertha BSC Berlin	24	9	7	8	35:38	-3	34	↘
8	Hannover 96	24	9	6	9	32:36	-4	33	↘
9	VfL Wolfsburg	24	6	10	8	24:28	-4	28	↗
10	Borussia Dortmund	24	7	7	10	29:35	-6	28	↘
11	FC Energie Cottbus	24	7	7	10	28:34	-6	28	↗
12	Hamburger SV	24	5	12	7	29:27	2	27	↗
13	Alemannia Aachen	24	7	6	11	37:45	-8	27	↗
14	1. FSV Mainz 05	24	6	9	9	22:35	-13	27	↘
15	DSC Arminia Bielefeld	24	6	8	10	31:33	-2	26	↗
16	Eintracht Frankfurt	24	5	11	8	30:42	-12	26	↗
17	VfL Bochum	24	6	6	12	27:39	-12	24	↘
18	Borussia M'gladbach	24	5	6	13	18:30	-12	21	→

VfL Wolfsburg – Borussia Mönchengladbach 1:0 (0:0)

VfL Wolfsburg: Jentzsch - Möhrle, Quiroga, Madlung, Van der Heyden - van der Leegte - Makiadi (78. Menseguez), Marcelinho (85. Sarpei), Krzynowek - Klimowicz, Boakye (53. Santana)
Borussia Mönchengladbach: Keller - Bögelund (46. Svärd), Gohouri, Ze Antonio, Jansen - El Fakiri (82. Kahé) - D. Degen (77. Thygesen), Delura, Kluge - Rafael, Insua
Tor: 1:0 Makiadi (65.) **Ecken:** 2:6 **Schiedsrichter:** Sippel (München) **Zuschauer:** 21.343 **Gelb:** Bögelund **Gelb-Rot:** keine **Rot:** keine

Eintracht Frankfurt – Hannover 96 2:0 (0:0)

Eintracht Frankfurt: Nikolov - Ochs, Russ, Vasoski, Spycher - Streit (89. Köhler), Fink, Weissenberger (67. Preuß) - A. Meier - Takahara, Amanatidis (21. Thurk)
Hannover 96: Enke - Cherundolo, Vinicius, Fahrenhorst, Huszti - Yankov (68. Hashemian), Lala - Schröter (68. Thorvaldsson), Bruggink, Rosenthal (80. Jendrisek) - Stajner
Tore: 1:0 Takahara (58.), 2:0 Thurk (75.) **Ecken:** 7:5 **Schiedsrichter:** Merk (Otterbach) **Zuschauer:** 40.038 **Gelb:** Fahrenhorst **Gelb-Rot:** keine **Rot:** keine

Werder Bremen – VfL Bochum 3:0 (1:0)

Werder Bremen: Wiese - Fritz, Mertesacker, Naldo (85. Pasanen), Wome (65. Schulz) - Frings, Vranjes, D. Jensen - Diego - Klose, Hunt (78. Almeida)
VfL Bochum: Drobny - Schröder, Maltritz, Yahia, Bönig - Dabrowski (80. Imhof), Zdebel - Epalle (83. Drsek), Bechmann (68. van Hout), Trojan - Gekas
Tore: 1:0 Hunt (25.), 2:0 Hunt (72.), 3:0 Hunt (76.) **Ecken:** 7:2 **Schiedsrichter:** Wagner (Hofheim) **Zuschauer:** 40.156 **Gelb:** Zdebel **Gelb-Rot:** keine **Rot:** keine

Alemannia Aachen – 1. FSV Mainz 05 2:1 (0:1)

Alemannia Aachen: Straub - Stehle, Herzig, Klitzpera, Leiwakabessy - Heidrich (46. Reghecampf) - Lehmann, Dum (77. Fiel) - Schlaudraff (90+2. Casper), Ibisevic, Rösler
1. FSV Mainz 05: Wache - Demirtas, M. Friedrich, Noveski, Rose - F. Gerber (80. Jovanovic), Azaouagh (84. Niculae), Pekovic, Feulner (69. Szabics) - Ruman, Zidan
Tore: 0:1 Zidan (14.), 1:1 Schlaudraff (47.), 2:1 Ibisevic (49.) **Besondere Vorkommnisse:** Reghecampf verschießt Handelfmeter (65.), Zidan verschießt Foulelfmeter (83.) **Ecken:** 4:5 **Schiedsrichter:** Weiner (Giesen) **Zuschauer:** 20.800 (ausverkauft) **Gelb:** Lehmann, Rösler, Klitzpera, Herzig - Feulner, Zidan **Gelb-Rot:** keine **Rot:** keine

Borussia Dortmund – FC Energie Cottbus 2:3 (1:1)

Borussia Dortmund: Weidenfeller - Metzelder, Wörns (81. Saka), Brzenska, Kringe - Kehl (81. Amedick) - Ricken, Tinga, Sahin - Frei, Smolarek
FC Energie Cottbus: Piplica - Szelesi, McKenna, Kukielka, Cvitanovic - V. da Silva, T. Rost - Baumgart (90. Bandrowski), Munteanu (90. Ziebig) - Kioyo (61. Shao), Radu
Tore: 0:1 Munteanu (6.), 1:1 Frei (42.), 1:2 Munteanu (56., Foulelfmeter), 1:3 Shao (65.), 2:3 Frei (86.) **Ecken:** 14:0 **Schiedsrichter:** Rafati (Hannover) **Zuschauer:** 64.100 **Gelb:** Kehl, Frei - Munteanu, Cvitanovic, Szelesi, V. da Silva **Gelb-Rot:** keine **Rot:** keine

1:1 im Münchner Topspiel – Jubel in Mönchengladbach

Schalke, Bremen, Stuttgart und der FC Bayern bleiben ohne Sieg. Im Spitzenspiel trennen sich Titelverteidiger München und Herbstmeister Werder 1:1 unentschieden. Lukas Podolski bringt die Gastgeber in einer hochklassigen Begegnung früh in Führung. Den Ausgleich wechselt Bremens Trainer Thomas Schaaf ein. Nur fünf Minuten ist Markus Rosenberg auf dem Feld, als er im fünften Einsatz seinen ersten Bundesliga-Treffer markiert. Der Stürmer war erst in der Winterpause von Ajax Amsterdam nach Bremen gewechselt.

Der FC Schalke 04 muss bei Hannover 96 auf insgesamt sechs verletzte und gesperrte Stammspieler verzichten, erreicht dennoch ein 1:1. Der VfB Stuttgart steckt weiter in einem Ergebnis-Tief. Das 0:0 zu Hause gegen den VfL Wolfsburg ist bereits das dritte Spiel in Folge ohne Sieg – lediglich zwei Punkte für die Schwaben aus den letzten drei Begegnungen.

Viel schlimmer wiegt für Trainer Armin Veh die schwere Verletzung von Toptorjäger Mario Gomez, der einen Innenbandriss im Knie und einen Handbruch erleidet.

Jubel dagegen beim Tabellenletzten in Mönchengladbach. Die Borussia stoppt ihre unerfreuliche Entwicklung und landet nach zuletzt vier sieglosen Spielen einen eminent wichtigen 3:1-Heimerfolg gegen Hertha BSC Berlin.

Viel umjubelter Matchwinner im BORUSSIA-PARK ist mit Nando Rafael ausgerechnet ein Ex-Berliner, der durch zwei Tore die drei Punkte sichert. Damit glückt auch dem neuen Sportdirektor Christian Ziege, der unter der Woche Peter Pander abgelöst hat, ein erfolgreicher Start. Das Ziel Klassenerhalt ist mit nur mehr drei Punkten Rückstand zum rettenden Ufer wieder zum Greifen nahe.

Arminia Bielefeld muss sich bei der besten Rückrunden-Mannschaft, dem 1. FSV Mainz 05, mit einem 0:1 geschlagen geben und liegt weiter auf Rang 17. Durch den Treffer von Leon Andreasen feiert Mainz im achten Spiel des Jahres 2007 den sechsten Sieg. Für Frank Geideck bedeutet die Niederlage das schnelle „Aus" als Cheftrainer bei der Arminia.

Aufatmen auch in Bochum: Theofanis Gekas sichert mit seinen beiden Toren gegen den Nachbarn aus Dortmund den siebten Saisonsieg, lässt den VfL von den Abstiegsrängen auf

Bayern-Torschütze Lukas Podolski prüft Bremens Keeper Tim Wiese. Links Clemens Fritz.

Ausgerechnet Nando Rafael: Der frühere Berliner erzielt gegen Hertha BSC zwei der drei Mönchengladbacher Tore.

DATEN & FAKTEN

Zuschauer gesamt	368.588
pro Spiel	40.954
Tore gesamt	17
Elfmeter	3
Eigentore	1
Gelbe Karten	32
Gelb/Rote Karten	0
Rote Karten	1

1. FC Nürnberg – Eintracht Frankfurt 2:2 (0:1)

■ **1. FC Nürnberg:** Schäfer - D. Reinhardt, Wolf, Beauchamp, Pinola - Galasek, Gresko (65. Sibon) - Banovic (46. Engelhardt) - Polak (78. Pagenburg), Vittek, Saenko
■ **Eintracht Frankfurt:** Nikolov - Ochs, Russ, Kyrgiakos, Spycher - Fink - Preuß, A. Meier, Streit (68. Huggel) - Thurk (88. Chris), Takahara
Tore: 0:1 Kyrgiakos (26.), 0:2 Takahara (69.), 1:2 Spycher (81., Eigentor), 2:2 Vittek (87.) **Ecken:** 6:3 **Schiedsrichter:** Meyer (Burgdorf) **Zuschauer:** 44.055
Gelb: Polak - Ochs, Streit, A. Meier
Gelb-Rot: keine **Rot:** keine

Hannover 96 – FC Schalke 04 1:1 (1:1)

■ **Hannover 96:** Enke - Cherundolo, Fahrenhorst, Vinicius, Tarnat - Balitsch, Lala - Rosenthal (90. Bruggink), Yankov (46. Schröter), Huszti - Thorvaldsson (72. Stajner)
■ **FC Schalke 04:** Neuer - Rafinha, Bordon, Krstajic, Boenisch - Bajramovic (75. Hamit Altintop), Ernst, Kobiashvili - Halil Altintop, Kuranyi (81. Larsen), Özil
Tore: 0:1 Halil Altintop (2.), 1:1 Tarnat (4.) **Ecken:** 6:6 **Schiedsrichter:** Kircher (Rottenburg) **Zuschauer:** 49.000 (ausverkauft) **Gelb:** Lala - Ernst, Kuranyi
Gelb-Rot: keine **Rot:** keine

Borussia Mönchengladbach – Hertha BSC Berlin 3:1 (1:0)

■ **Borussia Mönchengladbach:** Keller - Bögelund, Gohouri, Ze Antonio, Jansen (79. Compper) - El Fakiri - D. Degen (63. Svärd), Delura, Kluge - Rafael, Insua (79. Svensson)
■ **Hertha BSC Berlin:** Fiedler - J. Boateng, A. Friedrich, van Burik, Gilberto - Dardai, Mineiro (85. A. Schmidt) - Ebert (63. Bastürk), Dejagah, Ede (74. K. Boateng) - Gimenez
Tore: 1:0 Rafael (32.), 1:1 Gimenez (56.), 2:1 Rafael (69.), 3:1 Delura (86.) **Ecken:** 4:4 **Schiedsrichter:** Perl (München) **Zuschauer:** 40.518
Gelb: D. Degen, Svensson, Kluge - J. Boateng **Gelb-Rot:** keine **Rot:** keine

VfL Bochum – Borussia Dortmund 2:0 (0:0)

■ **VfL Bochum:** Drobny - Schröder, Maltritz, Yahia, Meichelbeck - Zdebel - Bechmann (64. Fabio Junior), Misimovic, Grote (76. Drsek) - Epalle (67. Ilicevic), Gekas
■ **Borussia Dortmund:** Weidenfeller - P. Degen, Metzelder, Wörns, Kringe (75. Frei) - Amedick, Tinga, Kehl (65. Saka) - Smolarek, Dede - Valdez
Tore: 1:0 Gekas (48.), 2:0 Gekas (83.)
Ecken: 4:1 **Schiedsrichter:** Gräfe (Berlin)
Zuschauer: 31.278
Gelb: Zdebel, Bechmann, Drobny - P. Degen, Valdez, Metzelder
Gelb-Rot: keine **Rot:** keine

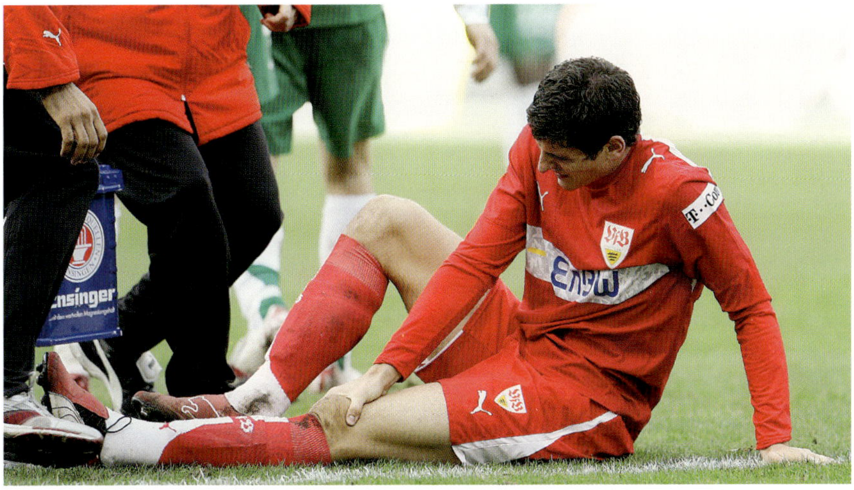

Bitter: Stuttgarts Torjäger Mario Gomez muss in den nächsten Wochen verletzt pausieren.

Platz 15 klettern – danach trennen sich die Wege von Jürgen Röber und BVB.

Die Erfolgsserie von Trainer Huub Stevens mit dem Hamburger SV wird durch das 0:0 zu Hause gegen Bayer 04 Leverkusen nach vier Siegen in Serie unterbrochen. Die Hanseaten haben nach ihrem Zwischenspurt aber die Abstiegsränge verlassen, liegen mit einem Punkt Vorsprung zum ominösen „Strich" nun auf Platz 14.

Trotz eines 2:2 beim 1. FC Nürnberg verbleibt Frankfurt auf einem Abstiegsplatz. Wie schon in Leverkusen, gibt die Eintracht in der Schlussviertelstunde den Sieg aus der Hand. Robert Vittek erzielt drei Minuten vor Ende den „Club"-Ausgleich. Für den FC Energie Cottbus wird es nach der 0:2-Heimniederlage gegen Alemannia Aachen wieder eng im Kampf um den Klassenerhalt.

Kein Glück in Dortmund: Die Borussia trennt sich von Trainer Jürgen Röber.

Der Trainerwechsel des Spieltages

Sein Bundesliga-Comeback ist nur von sehr kurzer Dauer. Für Jürgen Röber, der Borussia Dortmund erst in der Winterpause von Bert van Marwijk übernommen hatte, ertönt nach dem 0:2 beim VfL Bochum der Schlusspfiff. Sechs Niederlagen in acht Spielen lassen die BVB-Verantwortlichen handeln. Folge ist die erneute Trennung vom Cheftrainer.

Mit Thomas Doll kehrt ein alter Bekannter schnell auf die Bundesliga-Bühne zurück. Beim Hamburger SV war der Ex-Nationalspieler nach dem 19. Spieltag beurlaubt worden. „Der Verein musste keine große Überzeugungsarbeit leisten", sagt Doll zu seinem neuen Engagement. „Für einen jungen Trainer wie mich ist es eine Ehre, von solch einem großen Club kontaktiert zu werden."

25. SPIELTAG

RESULTATE

Freitag, 09.03.2007	1. FC Nürnberg – Eintracht Frankfurt	2:2	(0:1)
Samstag, 10.03.2007	Hannover 96 – FC Schalke 04	1:1	(1:1)
	Borussia M'gladbach – Hertha BSC	3:1	(1:0)
	VfL Bochum – Borussia Dortmund	2:0	(0:0)
	1. FSV Mainz 05 – Arminia Bielefeld	1:0	(0:0)
	VfB Stuttgart – VfL Wolfsburg	0:0	
	Energie Cottbus – Alemannia Aachen	0:2	(0:1)
Sonntag, 11.03.2007	Bayern München – Werder Bremen	1:1	(1:0)
	Hamburger SV – Bayer Leverkusen	0:0	

TORJÄGER

Mario Gomez	VfB Stuttgart	13
Roy Makaay	FC Bayern München	12
Theofanis Gekas	VfL Bochum	12
Marko Pantelic	Hertha BSC Berlin	11
Miroslav Klose	Werder Bremen	11
Alexander Frei	Borussia Dortmund	11
Kevin Kuranyi	FC Schalke 04	11
Naohiro Takahara	Eintracht Frankfurt	10

PERSONALIEN

Wechselbäder für **Jan Schlaudraff:** Mit zwei tollen Pässen bereitet er die beiden Aachener Tore in Cottbus vor, dazwischen tritt er erstmals zu einem Elfmeter an und scheitert an Torhüter **Tomislav Piplica.** Das 1:0 von **Sascha Rösler** ist übrigens das 600. Saison-Tor in der Bundesliga.

Mohamed Zidan geht nach sieben Toren in den letzten vier Spielen gegen Bielefeld leer aus und bleibt im gesamten Spiel sogar ohne Torschuss. Dennoch feiert Mainz im achten Spiel des Jahres 2007 den sechsten Sieg und baut seine Stellung als bestes Rückrunden-Team weiter aus.

TABELLE

Rang	Club	Sp.	g	u	v	Tore	Diff.	Pkt.	
1	FC Schalke 04	25	15	5	5	41:25	16	50	→
2	Werder Bremen	25	14	5	6	59:33	26	47	→
3	VfB Stuttgart	25	13	7	5	42:29	13	46	→
4	FC Bayern München	25	13	5	7	39:30	9	44	→
5	1. FC Nürnberg	25	8	13	4	36:24	12	37	→
6	Bayer 04 Leverkusen	25	10	6	9	39:35	4	36	→
7	Hannover 96	25	9	7	9	33:37	-4	34	↗
8	Hertha BSC Berlin	25	9	7	9	36:41	-5	34	↘
9	Alemannia Aachen	25	8	6	11	39:45	-6	30	↗
10	1. FSV Mainz 05	25	7	9	9	23:35	-12	30	↗
11	VfL Wolfsburg	25	6	11	8	24:28	-4	29	↘
12	Hamburger SV	25	5	13	7	29:27	2	28	→
13	Borussia Dortmund	25	7	7	11	29:37	-8	28	↘
14	FC Energie Cottbus	25	7	7	11	28:36	-8	28	↘
15	VfL Bochum	25	7	6	12	29:39	-10	27	↗
16	Eintracht Frankfurt	25	5	12	8	32:44	-12	27	→
17	DSC Arminia Bielefeld	25	6	8	11	31:34	-3	26	↘
18	Borussia M'gladbach	25	6	6	13	21:31	-10	24	→

1. FSV Mainz 05 – DSC Arminia Bielefeld 1:0 (0:0)

1. FSV Mainz 05: Wache - Demirtas, M. Friedrich, Noveski, Rose - F. Gerber, Azaouagh, Andreasen, Feulner (77. Pekovic) - Ruman (80. Jovanovic), Zidan (84. Niculae)
DSC Arminia Bielefeld: Ziegler - Korzynietz, Bollmann, Gabriel (24. Schuler), Westermann - Kauf, Kucera (65. Ndjeng) - Danneberg (54. Kamper), Böhme - Vata, Wichniarek
Tor: 1:0 Andreasen (51., Foulelfmeter) **Ecken:** 2:2 **Schiedsrichter:** Fleischer (Sigmertshausen) **Zuschauer:** 20.200 **Gelb:** Rose, F. Gerber **Gelb-Rot:** keine **Rot:** keine

VfB Stuttgart – VfL Wolfsburg 0:0

VfB Stuttgart: Langer - Osorio, Tasci (77. Boka), Delpierre, Magnin - Pardo - Hilbert, Khedira (62. Bierofka), Hitzlsperger - Gomez (45. Lauth), Cacau
VfL Wolfsburg: Jentzsch - Quiroga, Madlung, Hofland, Van der Heyden - Santana (56. Sarpei), van der Leegte - Makiadi (82. Menseguez), Marcelinho (90+1. Boakye), Krzynowek - Klimowicz
Tore: keine **Ecken:** 7:1 **Schiedsrichter:** Stark (Landshut) **Zuschauer:** 44.000 **Gelb:** Lauth, Bierofka - Klimowicz **Gelb-Rot:** keine **Rot:** keine

FC Energie Cottbus – Alemannia Aachen 0:2 (0:1)

FC Energie Cottbus: Piplica - V. da Silva (58. Rivic), McKenna, Kukielka, Cvitanovic - Baumgart, T. Rost (80. Skela), Munteanu - Shao (80. Gunkel) - Kioyo, Radu
Alemannia Aachen: Straub - Stehle, Klitzpera, Herzig, Leiwakabessy - Reghecampf (78. Casper), Lehmann, Fiel (12. Dum) - Rösler - Schlaudraff, Ibisevic (62. Pinto)
Tore: 0:1 Rösler (28.), 0:2 Pinto (90+1.) **Bes. Vorkommnis:** Schlaudraff verschießt Foulelfmeter (36.) **Ecken:** 4:4 **Schiedsrichter:** Gagelmann (Bremen) **Zuschauer:** 15.200 **Gelb:** McKenna, Rivic - Reghecampf, Herzig, Klitzpera **Gelb-Rot:** keine **Rot:** Dum (38.)

FC Bayern München – Werder Bremen 1:1 (1:0)

FC Bayern München: Kahn - Sagnol, Lucio, van Buyten (73. Demichelis), Lahm - van Bommel, Hargreaves - Salihamidzic, Schweinsteiger (82. Santa Cruz) - Pizarro (46. Makaay), Podolski
Werder Bremen: Wiese - Fritz, Mertesacker, Naldo, Wome - Vranjes (61. Rosenberg), Frings, D. Jensen (46. Schulz) - Diego - Almeida (79. Owomoyela), Hunt
Tore: 1:0 Podolski (7.), 1:1 Rosenberg (66.) **Ecken:** 8:2 **Schiedsrichter:** Merk (Otterbach) **Zuschauer:** 69.000 (ausverkauft) **Gelb:** Sagnol - Fritz, Wome **Gelb-Rot:** keine **Rot:** keine

Hamburger SV – Bayer 04 Leverkusen 0:0

Hamburger SV: F. Rost - Benjamin, B. Reinhardt, Mathijsen, Atouba - Wicky, de Jong - Mahdavikia (80. Trochowski), Laas (75. Sanogo) - Olic (83. Ben-Hatira), van der Vaart
Bayer 04 Leverkusen: Adler - Castro, Haggui, Juan, Babic - Rolfes, Schneider - Freier (72. Voronin), Barbarez, Barnetta (88. Schwegler) - Kießling
Tore: keine **Besonderes Vorkommnis:** van der Vaart verschießt Handelfmeter (70.) **Ecken:** 12:10 **Schiedsrichter:** Fandel (Kyllburg) **Zuschauer:** 55.337 **Gelb:** Schneider, Castro **Gelb-Rot:** keine **Rot:** keine

Jubelpose: Mladen Krstajic entscheidet das Spitzenspiel gegen den VfB Stuttgart zugunsten des FC Schalke 04. Mit dem Torschützen freut sich der junge Mesut Özil.

Unfreundliche Bedingungen: Bremens Daniel Jensen (links) und Mimoun Azaouagh (Mainz).

Schalke und Werder enteilen – Enttäuschung für neue Trainer

Der FC Schalke 04 und Herbstmeister Werder Bremen setzen sich acht Spieltage vor Saisonende an der Tabellenspitze ab. Tabellenführer Schalke gelingt im Top-Spiel gegen den auf Platz drei liegenden VfB Stuttgart ein 1:0-Heimsieg. Mladen Krstajic sorgt in der 76. Minute für den ersten Erfolg nach vier Begegnungen ohne Sieg. „Wir sind wieder da", jubelt Trainer Mirko Slomka, der kurz vor dem Gipfeltreffen seinen Vertrag bei den „Königsblauen" bis 2009 verlängert hat. Bremen bleibt den Schalkern weiter auf den Fersen. Der Rückstand nach dem 2:0-Heimsieg gegen den 1. FSV Mainz 05 beträgt weiter drei Punkte.

Eine Enttäuschung erleben die beiden neuen Cheftrainer von Borussia Dortmund und Arminia Bielefeld. Thomas Doll kommt bei seiner Premiere im Signal Iduna Park über ein torloses Remis gegen den 1. FC Nürnberg nicht hinaus. „Ein kleiner Anfang, auf dem wir aufbauen können", so Doll. „Wir werden das zusammen packen, da unten rauszukommen." Dortmund belegt Platz 15, hat nur noch zwei Punkte Vorsprung auf den ersten Abstiegsplatz.

Sogar eine Niederlage bei seiner Rückkehr in die Bundesliga und auf die Bielefelder Trainerbank muss Ernst Middendorp hinnehmen. Durch das 0:2 bei Alemannia Aachen bleibt die Arminia in der Rückrunde auswärts weiter ohne Punktgewinn. Wie Doll ist aber auch Middendorp überzeugt: „Wir werden das schaffen. Wir werden gemeinsam den Klassenerhalt schaffen." Drei Zähler beträgt der Rückstand zum rettenden Ufer.

DATEN & FAKTEN

Zuschauer gesamt	392.406
pro Spiel	43.601
Tore gesamt	12
Elfmeter	1
Eigentore	0
Gelbe Karten	45
Gelb/Rote Karten	0
Rote Karten	0

Hertha BSC Berlin – FC Energie Cottbus 0:1 (0:0)

Hertha BSC Berlin: Fiedler - J. Boateng (77. Dejagah), van Burik, Simunic, Fathi (63. Bastürk) - Ebert, Dardai, Gilberto - K. Boateng (90. Neuendorf) - Pantelic, Gimenez
FC Energie Cottbus: Tremmel - Szelesi, McKenna, Kukielka, Cvitanovic - V. da Silva (63. Gunkel), T. Rost - Baumgart (74. Shao), Munteanu - Radu (84. Rivic), Kioyo
Tor: 0:1 Radu (47.) **Ecken:** 7:4
Schiedsrichter: Drees (Mainz)
Zuschauer: 51.831 **Gelb:** Fathi, Simunic - Baumgart, Cvitanovic, Kukielka, Radu
Gelb-Rot: keine **Rot:** keine

Eintracht Frankfurt – FC Bayern München 1:0 (0:0)

Eintracht Frankfurt: Nikolov - Kyrgiakos, Chris (64. Russ), Vasoski - Ochs, Fink, Spycher - Preuß, Köhler - Thurk (72. Amanatidis), Takahara
FC Bayern München: Kahn - Sagnol, Lucio, van Buyten, Lahm - Hargreaves, van Bommel - Salihamidzic (72. Görlitz), Schweinsteiger (83. Scholl) - Makaay, Podolski (68. Pizarro)
Tor: 1:0 Preuß (78.) **Ecken:** 3:3
Schiedsrichter: Weiner (Giesen)
Zuschauer: 51.500 (ausverkauft)
Gelb: Thurk - van Bommel, Sagnol, Pizarro **Gelb-Rot:** keine **Rot:** keine

Hannover 96 – Hamburger SV 0:0

Hannover 96: Enke - Cherundolo, Zuraw, Fahrenhorst, Vinicius - Balitsch, Lala - Stajner (84. Hashemian), Rosenthal (88. Bruggink), Huszti - Thorvaldsson (58. Schröter)
Hamburger SV: F. Rost - Benjamin, B. Reinhardt, Mathijsen, Atouba - Mahdavikia, Wicky (74. de Jong), Jarolim, Laas (70. Trochowski) - van der Vaart, Olic (82. Sanogo)
Tore: keine **Ecken:** 5:2 **Schiedsrichter:** Sippel (München) **Zuschauer:** 49.000 (ausverkauft) **Gelb:** Lala - Wicky, Atouba, Jarolim, Benjamin, de Jong
Gelb-Rot: keine **Rot:** keine

Borussia Dortmund – 1. FC Nürnberg 0:0

Borussia Dortmund: Weidenfeller - P. Degen, Metzelder (11. Brzenska), Wörns, Dede - Tinga, Kehl (54. Kruska) - Pienaar (70. Valdez), Kringe - Smolarek, Frei
1. FC Nürnberg: Schäfer - D. Reinhardt, Wolf, Beauchamp (77. Gresko), Pinola - Galasek - Polak, Engelhardt - Vittek, Schroth (70. Pagenburg), Saenko
Tore: keine **Ecken:** 3:2
Schiedsrichter: Kircher (Rottenburg)
Zuschauer: 80.100 **Gelb:** Kruska, Brzenska - Pinola, Vittek, Wolf
Gelb-Rot: keine **Rot:** keine

Weiter Tabellenletzter bleibt Borussia Mönchengladbach. Das 0:1 bei Bayer 04 Leverkusen bedeutet die zehnte Niederlage im 13. Auswärtsspiel.

Einen schweren Rückschlag in punkto Titelverteidigung muss der FC Bayern einstecken. Die Münchner kassieren im vierten Auswärtsspiel unter Ottmar Hitzfeld bereits die dritte Niederlage. Bei Eintracht Frankfurt gibt es ein 0:1. „Ich habe den unbedingten Willen, die absolute Leidenschaft auf einen Sieg vermisst", zeigte sich Hitzfeld enttäuscht. Dennoch gab es Positives aus Münchner Sicht zu vermelden. Der „General" bleibt über das Saisonende hinaus Cheftrainer des Rekordmeisters und verlängert seinen Vertrag bis 2008.

Der VfL Bochum muss sich beim VfL Wolfsburg mit 1:3 geschlagen geben, kann nicht von anderen Ergebnissen – zum Beispiel dem Dortmunder Unentschieden – profitieren und bleibt weiter mit zwei Punkten hinter der Borussia auf Rang 16. der Tabelle. Den „Wölfen" gelingen im 26. Saisonspiel endlich erstmals mehr als zwei Treffer in einem Spiel. Durch den 1:0-Erfolg bei Hertha BSC Berlin kann sich der FC Energie Cottbus von den Abstiegsrängen absetzen. Der Vorsprung auf Platz 16 beträgt nun schon vier Punkte. Torlos unentschieden endet die Begegnung zwischen Hannover 96 und dem Hamburger SV. Für die Niedersachsen bleibt die UEFA-Cup-Qualifikation in Reichweite, der HSV bangt unverändert um den Klassenerhalt.

Kein perfekter Einstand: Bei Thomas Dolls Premiere spielt Dortmund 0:0 gegen Nürnberg.

Das Comeback des Spieltages

Er jubelt so ausgelassen, als wäre Schalke schon Meister. Gerald Asamoah feiert beim 1:0-Heimerfolg im Spitzenspiel gegen den VfB Stuttgart sein lang ersehntes Comeback. „Asa" hatte im September 2006 beim UEFA-Cup-Spiel im französischen Nancy einen Schien- und Wadenbeinbruch erlitten. Als er in der 76. Minute eingewechselt wird, steht die VELTINS-Arena Kopf. Standing ovations für den Publikumsliebling. „Ich bin einfach nur froh, wieder dabei zu sein", so Asamoah.

Trainer Mirko Slomka lobt den Rückkehrer: „Schon in der kurzen Zeit hat er gezeigt, wie wichtig er für uns ist." Der 28 Jahre alte Nationalspieler selbst sorgt schließlich noch für einen kuriosen Kommentar: „Wir haben zu Hause gewonnen und sind trotzdem noch Tabellenführer."

Endlich zurück: Gerald Asamoah feiert sein Comeback .

26. SPIELTAG

RESULTATE

Freitag, 16.03.2007	Hertha BSC - FC Energie Cottbus	0:1	(0:0)
Samstag, 17.03.2007	Eintr. Frankfurt - Bayern München	1:0	(0:0)
	Hannover 96 - Hamburger SV	0:0	
	Bor. Dortmund - 1. FC Nürnberg	0:0	
	FC Schalke 04 - VfB Stuttgart	1:0	(0:0)
	Alemannia Aachen - Arminia Bielefeld	2:0	(0:0)
	VfL Wolfsburg - VfL Bochum	3:1	(2:0)
Sonntag, 18.03.2007	Bayer Leverkusen - Bor. M'gladbach	1:0	(0:0)
	Werder Bremen - 1. FSV Mainz 05	2:0	(0:0)

TORJÄGER

Mario Gomez	VfB Stuttgart	13
Theofanis Gekas	VfL Bochum	13
Roy Makaay	FC Bayern München	12
Marko Pantelic	Hertha BSC Berlin	11
Miroslav Klose	Werder Bremen	11
Alexander Frei	Borussia Dortmund	11
Kevin Kuranyi	FC Schalke 04	11
Sergiu Radu	FC Energie Cottbus	10

und zwei weitere Spieler mit je zehn Treffern

PERSONALIEN

Christoph Preuß schießt Eintracht Frankfurt mit einem schönen Fallrückzieher zum 1:0-Erfolg gegen den FC Bayern München und damit von den Abstiegsplätzen. Es war sein erstes Saisontor – auch seinen letzten Treffer erzielte er gegen den FC Bayern, am 23. Spieltag der vergangenen Saison.

Diego stellte im Spiel gegen den 1. FSV Mainz 05 einen neuen Saisonrekord auf. Der Brasilianer im Trikot von Werder Bremen ist an 15 Torschüssen beteiligt und belohnt sich in der Nachspielzeit selbst: Mit seinem letzten Versuch trifft er zum 2:0-Endstand.

TABELLE

Rang	Club	Sp.	g	u	v	Tore	Diff.	Pkt.	
1	FC Schalke 04	26	16	5	5	42:25	17	53	→
2	Werder Bremen	26	15	5	6	61:33	28	50	→
3	VfB Stuttgart	26	13	7	6	42:30	12	46	→
4	FC Bayern München	26	13	5	8	39:31	8	44	→
5	Bayer 04 Leverkusen	26	11	6	9	40:35	5	39	↗
6	1. FC Nürnberg	26	8	14	4	36:24	12	38	↘
7	Hannover 96	26	9	8	9	33:37	-4	35	→
8	Hertha BSC Berlin	26	9	7	10	36:42	-6	34	→
9	Alemannia Aachen	26	9	6	11	41:45	-4	33	→
10	VfL Wolfsburg	26	7	11	8	27:29	-2	32	↗
11	FC Energie Cottbus	26	8	7	11	29:36	-7	31	↗
12	Eintracht Frankfurt	26	6	12	8	33:44	-11	30	↗
13	1. FSV Mainz 05	26	7	9	10	23:37	-14	30	↘
14	Hamburger SV	26	5	14	7	29:27	2	29	↘
15	Borussia Dortmund	26	7	8	11	29:37	-8	29	↘
16	VfL Bochum	26	7	6	13	30:42	-12	27	↘
17	DSC Arminia Bielefeld	26	6	8	12	31:36	-5	26	→
18	Borussia M'gladbach	26	6	6	14	21:32	-11	24	→

FC Schalke 04 – VfB Stuttgart 1:0 (0:0)

FC Schalke 04: Neuer - Rafinha, Bordon, Krstajic, Pander - Ernst - Bajramovic, Kobiashvili (71. Larsen) - Halil Altintop (76. Asamoah), Kuranyi (90+2. Rodriguez), Özil
VfB Stuttgart: Hildebrand - Osorio (81. Lauth), Meira, Delpierre, Magnin - Pardo - Hilbert, Farnerud (68. A. da Silva), Hitzlsperger (83. Khedira) - Cacau, Streller
Tor: 1:0 Krstajic (76.) **Ecken:** 5:9
Schiedsrichter: Fleischer (Sigmertshausen) **Zuschauer:** 61.482 (ausverkauft)
Gelb: Kobiashvili - Hitzlsperger, Pardo
Gelb-Rot: keine **Rot:** keine

Alemannia Aachen – DSC Arminia Bielefeld 2:0 (0:0)

Alemannia Aachen: Straub - Stehle, Herzig, Sichone, Leiwakabessy - Lehmann - Pinto (79. Casper), Rösler, Reghecampf (87. Heidrich) - Schlaudraff (90. Junglas), Ibisevic
DSC Arminia Bielefeld: Hain - Korzynietz, Bollmann, Borges, Schuler - Kauf (76. Marx), Westermann - Kamper, Böhme (64. Masmanidis) - Zuma (64. Eigler), Wichniarek
Tore: 1:0 Schlaudraff (71.), 2:0 Reghecampf (76., Foulelfmeter) **Ecken:** 6:3
Schiedsrichter: Fandel (Kyllburg)
Zuschauer: 20.800 (ausverkauft)
Gelb: Pinto - Böhme, Schuler, Borges, Bollmann **Gelb-Rot:** keine **Rot:** keine

VfL Wolfsburg – VfL Bochum 3:1 (2:0)

VfL Wolfsburg: Jentzsch - Quiroga, Madlung, Hofland, Van der Heyden - Makiadi (87. Hill), van der Leegte, Krzynowek - Marcelinho - Boakye (70. Sarpei), Klimowicz
VfL Bochum: Drobny - Schröder, Yahia, Drsek, Meichelbeck - Ilicevic (68. van Hout), Zdebel, Grote (46. Trojan) - Misimovic (82. Fabio Junior) - Epalle, Gekas
Tore: 1:0 Boakye (21.), 2:0 Madlung (26.), 2:1 Gekas (66.), 3:1 Marcelinho (83.) **Ecken:** 4:9 **Schiedsrichter:** Merk (Otterbach) **Zuschauer:** 15.743 **Gelb:** Marcelinho, Quiroga - Epalle, Drsek
Gelb-Rot: keine **Rot:** keine

Bayer 04 Leverkusen – Borussia Mönchengladbach 1:0 (0:0)

Bayer 04 Leverkusen: Adler - Castro, Haggui, Juan, Babic - Schneider, Rolfes - Kießling, Barbarez, Barnetta (68. Freier) - Voronin
Borussia Mönchengladbach: Keller - Bögelund, Gohouri, Ze Antonio, Jansen - Kluge (90. Kahé), El Fakiri - D. Degen (79. Thygesen), Delura (46. Svärd), Insua - Rafael
Tor: 1:0 Voronin (90+2.) **Ecken:** 3:10
Schiedsrichter: Stark (Landshut)
Zuschauer: 22.500 (ausverkauft)
Gelb: Barbarez, Castro, Babic, Haggui, Voronin - Insua **Gelb-Rot:** keine **Rot:** keine

Werder Bremen – 1. FSV Mainz 05 2:0 (0:0)

Werder Bremen: Wiese - Fritz, Mertesacker, Naldo, Wome - Frings - Vranjes, Diego, D. Jensen - Klose, Almeida (60. Rosenberg)
1. FSV Mainz 05: Wache - Demirtas (84. Szabics), M. Friedrich, Noveski, Weigelt - F. Gerber, Azaouagh, Andreasen, Feulner (71. Niculae) - Ruman (71. Jovanovic), Zidan
Tore: 1:0 Vranjes (60.), 2:0 Diego (90+3.) **Ecken:** 2:9
Schiedsrichter: Kinhöfer (Herne)
Zuschauer: 39.450 **Gelb:** Diego, Fritz - Andreasen, Ruman, Feulner, Jovanovic
Gelb-Rot: keine **Rot:** keine

BUNDESLIGA

FC Bayern stoppt Schalke 04 – HSV nutzt einen „Satzball"

Rasante Szene aus dem Spitzenspiel in München: Die Schalker Levan Kobiashvili (links) sowie Christian Pander und Zlatan Bajramovic (von rechts) gegen Lukas Podolski (Mitte) und Hasan Salihamidzic.

Abstiegskampf für ein Dutzend Teams: Noch zwölf Vereine zittern um den Klassenerhalt. Der Abstand zwischen Hannover 96 auf Rang sieben und Borussia Dortmund auf Platz 17 beträgt nur sechs Punkte. Weitere vier Punkte dahinter liegt Borussia Mönchengladbach nach dem 1:1 gegen Eintracht Frankfurt weiter am Tabellenende. Dabei haben die „Fohlen" sogar noch Glück, als Federico Insua mit seinem Kopfballtreffer in der 89. Minute wenigstens einen Punkt rettet. „Die Mannschaft hat Charakter gezeigt, unsere Hoffnung auf den Klassenerhalt lebt weiter", urteilt Sportdirektor Christian Ziege.

Dortmund rutscht nach der 0:1-Niederlage bei Arminia Bielefeld auf den 17. Platz ab. Im Gegensatz zu seinem Borussen-Kollegen Thomas Doll feiert Ernst Middendorp im zweiten Spiel einen Sieg. Der gerade eingewechselte Däne Jonas Kamper sorgt mit seinem Tor für Bielefelder Glücksgefühle.

Durch einen 2:0-Sieg gegen Hannover 96 verlässt der VfL Bochum die Abstiegsränge. Theofanis Gekas lässt den VfL Sirtaki tanzen. Das 1:0 des Griechen in der 35. Minute war bereits sein 14. Saisontor. Die Niedersachsen warten seit vier Spielen auf ein Erfolgserlebnis. In Hamburg scheint das Thema Abstieg nach fünf Siegen und zwei Unentschieden unter Trainer Huub Stevens fast zu einem Fremdwort geworden zu sein. Mit 1:0 behält der HSV im Nord-Derby gegen den VfL Wolfsburg die Oberhand. Als einen „Satzball im Kampf um den Klassenerhalt", stuft Sportchef Dietmar Beiersdorfer den Heimsieg ein.

Um Rang fünf und die UEFA-Cup-Qualifikation hat sich ein Zweikampf entwickelt. Bayer 04 Leverkusen und der 1. FC Nürnberg gewinnen ihre

Zurück in der Bundesliga: Marco Engelhardt erzielt Nürnbergs 2:0 gegen Berlin.

Der Torschütze des Spieltages

Mit dem zweiten Nürnberger Tor gegen Hertha BSC Berlin macht Marco Engelhardt den 2:1-Sieg möglich. Lange hatte der dreimalige Nationalspieler auf einen solchen Glücksmoment vor heimischem Publikum warten müssen. Durch einen Kreuzbandriss aus dem letzten Bundesliga-Spiel für den 1. FC Kaiserslautern in Wolfsburg war der Mittelfeldakteur für die komplette Vorrunde ausgefallen. Schon bei seinem Comeback in Bielefeld hatte Engelhardt nach seiner Einwechslung getroffen, doch der „Club" unterlag mit 2:3. Jetzt kann sich der gebürtige Thüringer richtig freuen: über sein Tor und über das Ende seiner „Leidenszeit", wie er den von Rückschlägen begleiteten neun Monate dauernden Kampf um die Rückkehr auf den Platz bezeichnet.

DATEN & FAKTEN

Zuschauer gesamt	358.248
pro Spiel	39.805
Tore gesamt	19
Elfmeter	0
Eigentore	0
Gelbe Karten	39
Gelb/Rote Karten	1
Rote Karten	0

DSC Arminia Bielefeld – Borussia Dortmund 1:0 (0:0)

DSC Arminia Bielefeld: Hain - Korzynietz, Westermann, Kucera, Schuler - Tesche (66. Marx), Kauf, Böhme - Zuma (67. Eigler), Kobylik (78. Kamper) - Wichniarek
Borussia Dortmund: Weidenfeller - P. Degen, Wörns, Metzelder, Dede - Tinga, Kruska (74. Ricken), Kringe (87. Saka) - Sahin (84. Amoah) - Valdez, Frei
Tor: 1:0 Kamper (79.) **Ecken:** 2:2 **Schiedsrichter:** Gagelmann (Bremen) **Zuschauer:** 26.601 (ausverkauft) **Gelb:** keine **Gelb/Rot:** keine **Rot:** keine

FC Energie Cottbus – Werder Bremen 0:0

FC Energie Cottbus: Piplica - V. da Silva, McKenna, Mitreski, Cvitanovic - T. Rost, Kukielka - Baumgart (82. Bandrowski), Munteanu - Radu (64. Gunkel), Kioyo (63. Shao)
Werder Bremen: Wiese - Fritz, Mertesacker, Naldo, Wome - Vranjes (73. Almeida), Frings, D. Jensen - Diego - Klose (80. Rosenberg), Hunt
Tore: keine **Ecken:** 0:4 **Schiedsrichter:** Kircher (Rottenburg) **Zuschauer:** 20.344 **Gelb:** T. Rost, Mitreski, McKenna, V. da Silva - Fritz **Gelb/Rot:** keine **Rot:** keine

FC Bayern München – FC Schalke 04 2:0 (1:0)

FC Bayern München: Kahn - Sagnol, Lucio (84. Demichelis), van Buyten, Lahm - Ottl - Salihamidzic, van Bommel, Schweinsteiger (87. Lell) - Makaay (71. Pizarro), Podolski
FC Schalke 04: Neuer - Rafinha, Bordon, Krstajic, Pander - Ernst - Bajramovic (65. Özil), Kobiashvili - Halil Altintop (74. Asamoah), Kuranyi, Løvenkrands (36. Larsen)
Tore: 1:0 Makaay (3.), 2:0 Salihamidzic (78.) **Ecken:** 7:7 **Schiedsrichter:** Fandel (Kyllburg) **Zuschauer:** 69.000 (ausverkauft) **Gelb:** Sagnol, Kahn - Krstajic, Ernst, Rafinha **Gelb/Rot:** keine **Rot:** keine

1. FSV Mainz 05 – Bayer 04 Leverkusen 1:3 (0:2)

1. FSV Mainz 05: Wache - Demirtas, M. Friedrich, Noveski, Rose - Andreasen, Azaouagh (57. Szabics) - F. Gerber (70. Pekovic), Feulner - Zidan, Ruman (31. Jovanovic)
Bayer 04 Leverkusen: Adler - Schwegler, Juan, Callsen-Bracker, Babic - Rolfes, Schneider (90. Madouni) - Freier, Barbarez, Barnetta - Kießling (81. Voronin)
Tore: 0:1 Barbarez (41.), 0:2 Barbarez (44.), 0:3 Schneider (52.), 1:3 Zidan (75.) **Ecken:** 6:1 **Schiedsrichter:** Sippel (München) **Zuschauer:** 20.300 (ausverkauft) **Gelb:** Wache, F. Gerber - Barbarez, Babic **Gelb/Rot:** keine **Rot:** keine

Dem Hamburger SV gelingt ein ganz wichtiger Sieg. Hier versucht sich Änis Ben-Hatira (links) gegen den Wolfsburger Peter Van der Heyden durchzusetzen. Rechts als Zuschauer Kevin Hofland.

Spiele und bleiben unverändert nur durch einen Punkt getrennt. Leverkusen gelingt beim 1. FSV Mainz 05 ein 3:1-Erfolg. Die Nürnberger sorgen mit ihrem 2:1-Heimsieg gegen Hertha BSC für die vierte Berliner Niederlage in Folge. Bereits seit sieben Spielen wartet das Team von Falko Götz auf ein Erfolgserlebnis. „Wir sind höllisch unter Druck", hält der Hertha-Cheftrainer fest.

Im Spitzenspiel besiegt der FC Bayern München den FC Schalke 04 mit 2:0. Roy Makaay und Hasan Salihamidzic wahren die Chancen auf eine erfolgreiche Titelverteidigung. Der Rekordmeister hat nur noch sechs Punkte Rückstand auf den Tabellenführer. Für Diskussionen sorgt eine Aktion von Oliver Kahn gegen Sören Larsen. Werder Bremen verpasst es durch ein torloses Unentschieden beim FC Energie Cottbus, zu Schalke aufzuschließen. Thomas Schaafs Team bleibt mit zwei Punkten Rückstand in Lauerstellung. Durch einen 3:1-Heimerfolg gegen Alemannia Aachen hält sich auch der VfB Stuttgart alle Chancen offen. Dabei gelingt Benjamin Lauth erstmals seit dem 6. Mai 2006 wieder ein Tor. Der Ex-Nationalspieler trifft in der 75. Minute zum zwischenzeitlichen 2:1.

27. SPIELTAG

RESULTATE

Freitag, 30.03.2007	Arminia Bielefeld - Bor. Dortmund	1:0	(0:0)
Samstag, 31.03.2007	Energie Cottbus - Werder Bremen	0:0	
	FC Bayern München - FC Schalke 04	2:0	(1:0)
	1. FSV Mainz 05 - Bayer Leverkusen	1:3	(0:2)
	1. FC Nürnberg - Hertha BSC Berlin	2:1	(1:0)
	Bor. M'gladbach - Eintracht Frankfurt	1:1	(0:1)
	VfB Stuttgart - Alemannia Aachen	3:1	(1:0)
Sonntag, 01.04.2007	VfL Bochum - Hannover 96	2:0	(2:0)
	Hamburger SV - VfL Wolfsburg	1:0	(0:0)

TORJÄGER

Theofanis Gekas	VfL Bochum	14
Roy Makaay	FC Bayern München	13
Mario Gomez	VfB Stuttgart	13
Marko Pantelic	Hertha BSC Berlin	11
Miroslav Klose	Werder Bremen	11
Alexander Frei	Borussia Dortmund	11
Kevin Kuranyi	FC Schalke 04	11
Sergiu Radu	FC Energie Cottbus	10
und zwei weitere Spieler mit je zehn Treffern		

PERSONALIEN

In seinem 174. Pflichtspiel für den FC Bayern markiert **Roy Makaay** sein 100. Tor – sein 75. in der Bundesliga. Er trifft im Spitzenspiel gegen den FC Schalke 04 zum 1:0.

Seit **René Adler** das Tor von Bayer 04 Leverkusen hütet, gab es keine Niederlage. Auch in Mainz bietet der 22-Jährige wieder eine famose Leistung und verhindert mehrfach einen Rückstand.

Die Gelb-Rote Karte gegen **Sotirios Kyrgiakos** von Eintracht Frankfurt ist der einzige Platzverweis an diesem Spieltag, zugleich der 50. dieser Saison.

TABELLE

Rang	Club	Sp.	g	u	v	Tore	Diff.	Pkt.	
1	FC Schalke 04	27	16	5	6	42:27	15	53	→
2	Werder Bremen	27	15	6	6	61:33	28	51	→
3	VfB Stuttgart	27	14	7	6	45:31	14	49	→
4	FC Bayern München	27	14	5	8	41:31	10	47	→
5	Bayer 04 Leverkusen	27	12	6	9	43:36	7	42	→
6	1. FC Nürnberg	27	9	14	4	38:25	13	41	→
7	Hannover 96	27	9	8	10	33:39	-6	35	→
8	Hertha BSC Berlin	27	9	7	11	37:44	-7	34	→
9	Alemannia Aachen	27	9	6	12	42:48	-6	33	→
10	Hamburger SV	27	6	14	7	30:27	3	32	↗
11	VfL Wolfsburg	27	7	11	9	27:30	-3	32	↘
12	FC Energie Cottbus	27	8	8	11	29:36	-7	32	↘
13	Eintracht Frankfurt	27	6	13	8	34:45	-11	31	↘
14	VfL Bochum	27	8	6	13	32:42	-10	30	↗
15	1. FSV Mainz 05	27	7	9	11	24:40	-16	30	↘
16	DSC Arminia Bielefeld	27	7	8	12	32:36	-4	29	↗
17	Borussia Dortmund	27	7	8	12	29:38	-9	29	↘
18	Borussia M'gladbach	27	6	7	14	22:33	-11	25	→

1. FC Nürnberg – Hertha BSC Berlin 2:1 (1:0)

1. FC Nürnberg: Schäfer - D. Reinhardt (27. Spiranovic), Beauchamp, Wolf, Pinola - Galasek, Gresko (82. Pagenburg) - Polak (76. Kristiansen), Engelhardt - Schroth, Saenko
Hertha BSC Berlin: Fiedler - Chahed, van Burik, Simunic, Gilberto - Ebert, Dardai, K. Boateng (67. Dejagah) - Bastürk - Pantelic (58. Ede), Gimenez
Tore: 1:0 Galasek (4.), 2:0 Engelhardt (60.), 2:1 Gimenez (69.) **Ecken:** 4:8
Schiedsrichter: Rafati (Hannover)
Zuschauer: 45.649 **Gelb:** Galasek, Spiranovic, Pinola, Wolf - van Burik
Gelb/Rot: keine **Rot:** keine

Borussia Mönchengladbach – Eintracht Frankfurt 1:1 (0:1)

Borussia Mönchengladbach: Keller - Kirch, Gohouri, Ze Antonio, Jansen - El Fakiri (84. Kahé) - Kluge, Insua, Compper (63. Marin) - Lamidi (68. Neuville), Rafael
Eintracht Frankfurt: Nikolov - Ochs, Vasoski, Kyrgiakos, Spycher - Chris, Fink - Preuß, Streit (86. Russ) - Takahara (89. Rehmer), Thurk (61. Heller)
Tore: 0:1 Kyrgiakos (11.), 1:1 Insua (89.) **Ecken:** 11:6
Schiedsrichter: Kinhöfer (Herne)
Zuschauer: 52.177
Gelb: Kluge, Ze Antonio, El Fakiri, Rafael, Kahé - Chris, Nikolov, Fink
Gelb/Rot: Kyrgiakos (86.) **Rot:** keine

VfB Stuttgart – Alemannia Aachen 3:1 (1:0)

VfB Stuttgart: Hildebrand - Osorio, Meira, Magnin, Boka (86. Beck) - Pardo - Hilbert (70. Farnerud), Khedira, Hitzlsperger - Cacau, Streller (70. Lauth)
Alemannia Aachen: Straub - Stehle, Klitzpera, Sichone, Leiwakabessy - Lehmann (88. Heidrich) - Pinto (74. Dum), Rösler, Reghecampf (88. Özgen) - Ibisevic, Schlaudraff
Tore: 1:0 Streller (29.), 1:1 Sichone (59.), 2:1 Lauth (75.), 3:1 Cacau (84.)
Ecken: 8:2
Schiedsrichter: Merk (Otterbach)
Zuschauer: 43.000 **Gelb:** Boka - Ibisevic
Gelb/Rot: keine **Rot:** keine

VfL Bochum – Hannover 96 2:0 (2:0)

VfL Bochum: Drobny - Schröder, Maltritz, Yahia (77. Butscher), Meichelbeck (27. Bönig) - Dabrowski, Zdebel (60. Drsek) - Misimovic, Grote - Epalle, Gekas
Hannover 96: Enke - Cherundolo, Vinicius, Fahrenhorst, Tarnat - Balitsch, Lala - Schröter (68. Jendrisek), Rosenthal (63. Bruggink), Huszti (46. Hashemian) - Stajner
Tore: 1:0 Gekas (35.), 2:0 Epalle (42.)
Ecken: 2:6 **Schiedsrichter:** Fleischer (Sigmertshausen) **Zuschauer:** 24.177
Gelb: Zdebel, Grote, Maltritz, Drsek - Tarnat **Gelb/Rot:** keine **Rot:** keine

Hamburger SV – VfL Wolfsburg 1:0 (0:0)

Hamburger SV: F. Rost - Benjamin, B. Reinhardt, Mathijsen, Atouba - Jarolim (90+3. Abel), de Jong - Mahdavikia, Ben-Hatira (81. Laas) - van der Vaart (77. Trochowski), Sanogo
VfL Wolfsburg: Jentzsch - Sarpei, Madlung, Hofland, Van der Heyden - Santana, van der Leegte - Makiadi (46. Boakye), Krzynowek (63. Menseguez) - Marcelinho, Klimowicz
Tor: 1:0 Mahdavikia (60.) **Ecken:** 6:6
Schiedsrichter: Perl (München)
Zuschauer: 57.000 (ausverkauft)
Gelb: Mahdavikia, Jarolim - Madlung, Hofland, van der Leegte **Gelb/Rot:** keine
Rot: keine

„Kaiser“ findet Bundesliga „spannend wie lange nicht“

Unvermindert packend geht es in der Bundesliga zu. Die ersten vier Mannschaften sind nur durch sechs Punkte getrennt. Und ab Rang sieben beginnt im Grunde schon das große Feld der Mannschaften, die sich Sorgen um den Klassenerhalt machen müssen. „So spannend war es schon lange nicht mehr“, sagt Franz Beckenbauer. „Wobei vielen Verantwortlichen natürlich weniger Zittern lieber wäre.“

Für Falko Götz folgt nach dem 28. Spieltag die Ablösung als Trainer von Hertha BSC Berlin. Nach dem 1:1 gegen Arminia Bielefeld, dem achten Spiel in Folge ohne Sieg, handeln die Verantwortlichen. Berlin hat die schwächste Rückrundenbilanz, weist sieben Punkte Rückstand auf einen UEFA-Cup-Rang auf und hat nur mehr fünf Zähler Vorsprung zu den Abstiegsplätzen. Götz-Nachfolger ist Amateur-Trainer Karsten Heine, der in der Vergangenheit schon zwei Mal als Hertha-Interimstrainer eingesprungen war.

S04-Torschützen Kevin Kuranyi (hinten) und Gerald Asamoah gegen Kasey Keller und Zé Antonio.

Keine Blöße gibt sich das Führungsquartett der Liga. Tabellenführer FC Schalke 04 lässt die Hoffnungen auf den Klassenerhalt von Borussia Mönchengladbach weiter schwinden. Gerald Asamoah und Kevin Kuranyi sorgen für den 2:0-Erfolg. Thomas Schaaf wechselt beim 1:0 gegen den 1. FC Nürnberg den Sieg mit dem Schweden Markus Rosenberg ein. Der Neuzugang von Ajax Amsterdam kommt für Jurica Vranjes und erzielt fünf Minuten später den entscheidenden Treffer. Pech: Als Miroslav Klose in der Nachspielzeit alleine auf das „Club“-Gehäuse zusteuert, beendet Schiedsrichter Michael Weiner die Begegnung. Klose hätte seine Torlosigkeit von 1.122 Minuten beenden können.

Das Team des FC Bayern München feiert gemeinsam mit den Fans das 2:1 bei Hannover 96.

Der VfB Stuttgart fügt Trainer Huub Stevens im achten Spiel als HSV-Trainer die erste Niederlage zu. Mit 4:2 landen die Schwaben in der AOL Arena einen ungefährdeten Sieg. Schon früh ist das Spiel entschieden, durch Treffer von Cacau,

DATEN & FAKTEN

Zuschauer gesamt	358.479
pro Spiel	39.831
Tore gesamt	33
Elfmeter	1
Eigentore	2
Gelbe Karten	27
Gelb/Rote Karten	1
Rote Karten	4

Hannover 96 – FC Bayern München 1:2 (1:0)

Hannover 96: Enke - Cherundolo, Fahrenhorst, Zuraw, Vinicius - Lala (73. Hashemian), Balitsch - Rosenthal, Bruggink (53. Yankov), Huszti - Stajner
FC Bayern München: Kahn - Lell, Demichelis, van Buyten, Lahm - van Bommel, Ottl - Görlitz (46. Santa Cruz), Schweinsteiger - Makaay (62. Podolski), Pizarro
Tore: 1:0 Bruggink (44.), 1:1 Demichelis (53.), 1:2 Schweinsteiger (71.) **Ecken:** 7:3
Schiedsrichter: Gräfe (Berlin)
Zuschauer: 49.000 (ausverkauft)
Gelb: Balitsch, Lala - Lahm, Lell
Gelb-Rot: keine **Rot:** Fahrenhorst (79.)

Alemannia Aachen – Borussia Dortmund 1:4 (0:1)

Alemannia Aachen: Straub (10. Nicht) - Stehle, Klitzpera, Herzig, Leiwakabessy - Pinto (62. Fiel), Lehmann, Reghecampf - Rösler - Ibisevic, Schlaudraff
Borussia Dortmund: Weidenfeller - P. Degen (82. Sahin), Brzenska, Wörns, Dede - Kringe, Kruska, Tinga - Pienaar (88. Saka) - Smolarek (76. Valdez), Frei
Tore: 0:1 Wörns (14.), 0:2 Frei (54.), 0:3 Frei (58.), 0:4 Tinga (61.), 1:4 Ibisevic (63.) **Ecken:** 1:7
Schiedsrichter: Stark (Landshut)
Zuschauer: 20.800 (ausverkauft)
Gelb: Fiel - P. Degen **Gelb-Rot:** keine
Rot: keine

Hamburger SV – VfB Stuttgart 2:4 (0:3)

Hamburger SV: F. Rost - Benjamin, B. Reinhardt, Mathijsen, Atouba - Jarolim, de Jong (46. Laas) - Mahdavikia (46. Trochowski), Ben-Hatira - van der Vaart, Sanogo (63. Olic)
VfB Stuttgart: Hildebrand - Osorio, Meira, Delpierre, Magnin - Pardo - Khedira, Hitzlsperger - Hilbert (90+1. Farnerud), Cacau (67. A. da Silva), Lauth (75. Streller)
Tore: 0:1 Cacau (10.), 0:2 Khedira (13.), 0:3 Hilbert (27.), 0:4 Meira (51.), 1:4 Jarolim (66.), 2:4 Olic (75.)
Ecken: 10:4 **Schiedsrichter:** Wagner (Hofheim) **Zuschauer:** 57.000 (ausverkauft) **Gelb:** van der Vaart - Magnin
Gelb-Rot: keine **Rot:** Ben-Hatira (34.) - Hitzlsperger (43.)

FC Schalke 04 – Borussia Mönchengladbach 2:0 (0:0)

FC Schalke 04: Neuer - Rafinha, Bordon, Krstajic, Pander - Bajramovic - Hamit Altintop (90. Hoogland), Kobiashvili - Asamoah (65. Halil Altintop), Kuranyi, Özil (90. Kunert)
Borussia Mönchengladbach: Keller - Bögelund, Gohouri, Ze Antonio, Jansen - Svärd (35. Polanski), El Fakiri - Lamidi (68. Neuville), Insua, Compper (46. Thygesen) - Rafael
Tore: 1:0 Asamoah (57.), 2:0 Kuranyi (71.) **Ecken:** 6:6 **Schiedsrichter:** Meyer (Burgdorf) **Zuschauer:** 61.482 (ausverkauft) **Gelb:** Svärd, Gohouri
Gelb-Rot: keine **Rot:** keine

Sami Khedira und Roberto Hilbert führt der VfB nach 27 Minuten mit 3:0. Der FC Bayern läuft bis zur 53. Minute bei Hannover 96 einem 0:1 hinterher. Martin Demichelis und Bastian Schweinsteiger sorgen noch für den 2:1-Erfolg.

Den ersten Sieg im dritten Spiel als Trainer von Borussia Dortmund feiert Thomas Doll. Mit dem 4:1 bei Alemannia Aachen verlässt der BVB die Abstiegsränge. „Die Mannschaft hat Reaktion gezeigt, so müssen wir weiter hart arbeiten", zeigt sich Doll zufrieden. Ebenfalls mit 4:1 gelingt dem VfL Bochum bei Bayer 04 Leverkusen ein überraschender Sieg. Erneut zwei Treffer, seine Saisontore 15 und 16, gelingen Theofanis Gekas. Der Grieche steht damit unangefochten an der Spitze der Torschützenliste. Der 1. FSV Mainz 05 muss die dritte Niederlage in Folge hinnehmen. Mit 2:3 verliert die Mannschaft beim VfL Wolfsburg. Der FC Energie Cottbus sichert sich mit dem 3:1-Erfolg bei Eintracht Frankfurt drei wertvolle Punkte im Kampf um den Klassenerhalt.

Rafael van der Vaart (rechts) enttäuscht, Fernando Meira bejubelt sein Tor für Stuttgart.

28. SPIELTAG

RESULTATE

Samstag, 07.04.2007	Hannover 96 – FC Bayern München	1:2	(1:0)
	Alemannia Aachen – Bor. Dortmund	1:4	(0:1)
	Hamburger SV – VfB Stuttgart	2:4	(0:3)
	FC Schalke 04 – Bor. M'gladbach	2:0	(0:0)
	VfL Wolfsburg – 1. FSV Mainz 05	3:2	(1:1)
	Hertha BSC – Arminia Bielefeld	1:1	(0:1)
	Eintracht Frankfurt – FC Energie	1:3	(0:0)
Sonntag, 08.04.2007	Werder Bremen – 1. FC Nürnberg	1:0	(0:0)
	Bayer 04 Leverkusen – VfL Bochum	1:4	(0:3)

TORJÄGER

Theofanis Gekas	VfL Bochum	16
Roy Makaay	FC Bayern München	13
Alexander Frei	Borussia Dortmund	13
Mario Gomez	VfB Stuttgart	13
Kevin Kuranyi	FC Schalke 04	12
Marko Pantelic	Hertha BSC Berlin	11
Sergiu Radu	FC Energie Cottbus	11
Miroslav Klose	Werder Bremen	11
Mohamed Zidan	Werder Bremen/1. FSV Mainz 05	11

PERSONALIEN

Stuttgart schafft im 100. Bundesliga-Spiel von **Armin Veh** als Trainer vier Kopfballtore. In einem Spiel einer Mannschaft hat es das in der Bundesliga zuletzt am 5. Oktober 2002 gegeben – damals durch den FC Bayern München gegen den VfL Bochum.

Der 800. Bundesliga-Sieg des FC Bayern München ist gleichzeitig der 291. für **Oliver Kahn** in seinem 527. Bundesliga-Spiel – damit stellt er den Rekord an Erfolgen von **Manfred Kaltz** (Hamburger SV) ein.

Der Pechvogel des Spieltages

Ein unglücklicher Zusammenprall mit schweren Folgen schockt die Bundesliga. In der 76. Minute kollidieren Frankfurts Torwart Oka Nikolov und sein Teamkollege Christoph Preuß im Spiel gegen den FC Energie Cottbus beim Versuch, den Ball aus der Gefahrenzone zu befördern. Mit den Stollen trifft der Keeper Preuß am linken Oberschenkel und fügt ihm eine 15 Zentimeter lange Verletzung zu. Erinnerungen werden wach an eine ähnliche Verletzung bei Ewald Lienen im Jahr 1981. „Im ersten Moment dachte ich noch, es sei ein Pferdekuss", kommentiert Preuß später, „dann habe ich das Blut gesehen." Noch am Abend wird die Wunde im Krankenhaus mit fünfzig Stichen genäht. Zu allem Unglück hatte Preuß in der Aktion auch noch ein Eigentor erzielt.

Dreifacher Hilferuf: Die Verletzung bei Christoph Preuß (links) erfordert medizinische Versorgung. Auch Torwart Oka Nikolov und Marco Russ (rechts) geben Zeichen.

TABELLE

Rang	Club	Sp.	g.	u.	v.	Tore	Diff.	Pkt.	
1	FC Schalke 04	28	17	5	6	44:27	17	56	→
2	Werder Bremen	28	16	6	6	62:33	29	54	→
3	VfB Stuttgart	28	15	7	6	49:33	16	52	→
4	FC Bayern München	28	15	5	8	43:32	11	50	→
5	Bayer 04 Leverkusen	28	12	6	10	44:40	4	42	→
6	1. FC Nürnberg	28	9	14	5	38:26	12	41	→
7	VfL Wolfsburg	28	8	11	9	30:32	-2	35	↗
8	FC Energie Cottbus	28	9	8	11	32:37	-5	35	↗
9	Hertha BSC Berlin	28	9	8	11	38:45	-7	35	↘
10	Hannover 96	28	9	8	11	34:41	-7	35	↘
11	VfL Bochum	28	9	6	13	36:43	-7	33	↗
12	Alemannia Aachen	28	9	6	13	43:52	-9	33	↘
13	Hamburger SV	28	6	14	8	32:31	1	32	↘
14	Borussia Dortmund	28	8	8	12	33:39	-6	32	↗
15	Eintracht Frankfurt	28	6	13	9	35:48	-13	31	↘
16	DSC Arminia Bielefeld	28	7	9	12	33:37	-4	30	→
17	1. FSV Mainz 05	28	7	9	12	26:43	-17	30	↘
18	Borussia M'gladbach	28	6	7	15	22:35	-13	25	→

VfL Wolfsburg – 1. FSV Mainz 05 3:2 (1:1)

■ **VfL Wolfsburg:** Jentzsch - Quiroga, Madlung, Hofland, Van der Heyden (76. Sarpei) - Menseguez (44. Makiadi), Santana, Krzynowek - Marcelinho - Klimowicz (74. Hanke), Boakye
■ **1. FSV Mainz 05:** Wache - Demirtas (90. Gunesch), M. Friedrich, Noveski, Rose - Andreasen, Pekovic - F. Gerber, Feulner (90. D. Vrancic) - Zidan, Szabics (63. Jovanovic)
Tore: 0:1 Zidan (21., Foulelfmeter), 1:1 Klimowicz (41.), 1:2 Zidan (79.), 2:2 Marcelinho (80.), 3:2 Marcelinho (87.)
Ecken: 5:3 **Schiedsrichter:** Kempter (Sauldorf) **Zuschauer:** 19.011
Gelb: Madlung - Zidan, Feulner
Gelb-Rot: keine **Rot:** keine

Hertha BSC Berlin – DSC Arminia Bielefeld 1:1 (0:1)

■ **Hertha BSC Berlin:** Fiedler - Chahed, van Burik, Simunic, Gilberto - Dardai - Ebert, Bastürk, K. Boateng (58. Dejagah) - Pantelic (58. Ede), Gimenez (76. Fathi)
■ **DSC Arminia Bielefeld:** Hain - Korzynietz, Westermann, Kucera, Schuler - Kauf - Zuma (62. Kamper), Tesche (72. Marx), Böhme, Kobylik (86. Eigler) - Wichniarek
Tore: 0:1 Kucera (19.), 1:1 Ebert (71.)
Ecken: 10:7
Schiedsrichter: Brych (München)
Zuschauer: 41.512
Gelb: K. Boateng, Bastürk
Gelb-Rot: Simunic (72.) **Rot:** keine

Eintracht Frankfurt – FC Energie Cottbus 1:3 (0:0)

■ **Eintracht Frankfurt:** Nikolov - Ochs, Vasoski, Russ, Spycher - Preuß (77. Huggel), Fink (61. Amanatidis) - Streit, A. Meier, Heller (75. Köhler) - Takahara
■ **FC Energie Cottbus:** Piplica - V. da Silva, Kukielka, Cvitanovic, Ziebig - Baumgart, T. Rost, Skela (67. Gunkel), Munteanu (90+3. Bandrowski) - Kioyo, Radu (89. Shao)
Tore: 0:1 Radu (58.), 1:1 A. Meier (64.), 1:2 Preuß (76., Eigentor), 1:3 Munteanu (90+1.) **Ecken:** 13:3
Schiedsrichter: Sippel (München)
Zuschauer: 45.074
Gelb: Preuß, A. Meier, Ochs - V. da Silva
Gelb-Rot: keine **Rot:** keine

Werder Bremen – 1. FC Nürnberg 1:0 (0:0)

■ **Werder Bremen:** Wiese - Fritz, Mertesacker (89. Owomoyela), Naldo, Pasanen - Frings - Vranjes (70. Rosenberg), Diego, Hunt (85. Baumann) - Klose, Almeida
■ **1. FC Nürnberg:** Schäfer - Gresko (21. Glauber), Wolf, Beauchamp, Pinola - Galasek - Polak, Engelhardt (79. Sibon) - Vittek (73. Pagenburg), Schroth, Saenko
Tor: 1:0 Rosenberg (75.) **Ecken:** 10:5
Schiedsrichter: Weiner (Giesen)
Zuschauer: 42.100 (ausverkauft)
Gelb: Frings, Almeida - Beauchamp, Pinola, Wolf **Gelb-Rot:** keine **Rot:** keine

Bayer 04 Leverkusen – VfL Bochum 1:4 (0:3)

■ **Bayer 04 Leverkusen:** Adler - Castro (67. Schwegler), Haggui (24. Voronin), Juan, Babic (46. Athirson) - Schneider, Rolfes - Freier, Barbarez, Barnetta - Kießling
■ **VfL Bochum:** Drobny - Schröder, Maltritz, Yahia (53. Butscher), Bönig - Dabrowski, Imhof - Misimovic, Grote (79. Drsek) - Epalle (70. Bechmann), Gekas
Tore: 0:1 Haggui (8., Eigentor), 0:2 Yahia (16.), 0:3 Gekas (22.), 1:3 Kießling (62.), 1:4 Gekas (89.) **Ecken:** 5:5
Schiedsrichter: Gagelmann (Bremen)
Zuschauer: 22.500 (ausverkauft)
Gelb: Schneider - Dabrowski, Butscher
Gelb-Rot: keine **Rot:** Kießling (80.)

Guerreros Last-Minute-Tor – Spitzen-Teams ohne Blöße

HSV-„Joker" Paolo Guerrero (rechts) trifft in Mönchengladbach gegen Torwart Kasey Keller.

Unverändertes Bild in der oberen Tabellenregion. Die vier an der Spitze liegenden Mannschaften gewinnen allesamt. Fast schon aussichtslos ist dagegen die Lage für Borussia Mönchengladbach. Die 0:1-Heimniederlage gegen den Hamburger SV lässt den Rückstand zum rettenden Ufer auf bereits sieben Punkte anwachsen. Umjubelter HSV-„Joker" ist Paolo Guerrero. Nur 123 Sekunden nach seiner Einwechslung erzielt der Peruaner im allerletzten Moment den Siegtreffer.

Im Tabellenkeller gibt es keine Veränderungen, da die letzten sechs Teams durchweg verlieren. Der VfL Bochum muss sich Hertha BSC Berlin, erstmals von Karsten Heine betreut, mit 1:3 geschlagen geben. Das kann auch der 17. Saisontreffer von Theofanis Gekas nicht verhindern. Alemannia Aachen kassiert beim 1. FC Nürnberg ein knappes 0:1, liegt weiter auf Rang 14. Borussia Dortmund verliert zu Hause gegen Werder Bremen mit 0:2, Arminia Bielefeld gegen Eintracht Frankfurt mit 2:4. Und auch der 1. FSV Mainz 05 muss sich im eigenen Stadion geschlagen geben: 0:3 gegen den FC Schalke 04. Damit trennt den Tabellenvorletzten Mainz von Bochum auf Platz 13 gerade einmal ein Sieg. Und der Rückstand der 05er zum HSV auf Position neun beträgt auch nur fünf Zähler.

Im Kampf um die UEFA-Cup-Qualifikation tauschen der 1. FC Nürnberg und Bayer 04 Leverkusen die Plätze. Chhunly Pagenburg erzielt bei seinem ersten Einsatz von Beginn an in der 12. Minute den 1:0-Siegtreffer für den „Club". Konkurrent Leverkusen verliert beim FC Bayern München mit 1:2. Der letzte Bayer-Erfolg liegt hier nun schon 18 Jahre zurück. „München scheint nicht unser Pflaster zu sein", so Sportchef Rudi Völler nach dem Spiel in der Allianz Arena.

An der Tabellenspitze liefern sich der FC Schalke 04, der VfB Stuttgart, Werder Bremen und der FC Bayern einen großen Vierkampf um die Deutsche Meisterschaft und die Champions-League-Plätze. Schalke feiert mit dem 3:0 in Mainz einen klaren Sieg. Kevin Kuranyi, Gerald Asamoah und Lincoln lassen den Tabellenführer an jener Stätte jubeln, an der 2005 mit der 1:2-Niederlage quasi die Meisterschaft

Miroslav Klose (rechts) – hier gegen Christoph Metzelder – gewinnt mit Bremen in Dortmund.

DATEN & FAKTEN

Zuschauer gesamt	389.196
pro Spiel	43.244
Tore gesamt	28
Elfmeter	2
Eigentore	1
Gelbe Karten	29
Gelb/Rote Karten	1
Rote Karten	1

Borussia Mönchengladbach – Hamburger SV 0:1 (0:0)

Borussia Mönchengladbach: Keller - Bögelund, Svensson (82. Kahe), Gohouri, Jansen - Kluge, El Fakiri, Svärd (76. Polanski) - Delura - Rafael, Insua (64. Neuville)
Hamburger SV: F. Rost - Benjamin, B. Reinhardt (47. Abel), Mathijsen, Sorin - Jarolim, Wicky - Berisha (81. Mahdavikia), van der Vaart, Laas - Olic (89. Guerrero)
Tor: 0:1 Guerrero (90.) **Ecken:** 8:5 **Schiedsrichter:** Merk (Otterbach) **Zuschauer:** 54.067 (ausverkauft) **Gelb:** Rafael **Gelb-Rot:** keine **Rot:** keine

1. FSV Mainz 05 – FC Schalke 04 0:3 (0:2)

1. FSV Mainz 05: Wache - Demirtas, M. Friedrich, Noveski, Rose - Andreasen (78. Pekovic), Azaouagh - F. Gerber, Feulner (59. D. Vrancic) - Zidan, Ruman (46. Jovanovic)
FC Schalke 04: Neuer - Rafinha, Bordon, Krstajic, Pander - Hamit Altintop, Ernst - Lincoln (80. Bajramovic) - Asamoah (59. Halil Altintop), Kuranyi, Özil (66. Kobiashvili)
Tore: 0:1 Kuranyi (10.), 0:2 Asamoah (34.), 0:3 Lincoln (71.) **Ecken:** 5:0 **Schiedsrichter:** Weiner (Giesen) **Zuschauer:** 20.300 (ausverkauft) **Gelb:** Rose - Ernst **Gelb-Rot:** keine **Rot:** keine

VfL Bochum – Hertha BSC Berlin 1:3 (1:0)

VfL Bochum: Drobny - Schröder, Maltritz, Yahia, Bönig - Dabrowski, Zdebel (76. van Hout) - Misimovic, Grote (64. Bechmann) - Epalle (70. Trojan), Gekas
Hertha BSC Berlin: Fiedler - Chahed, van Burik, Fathi - Dardai, Mineiro - Ebert (46. Dejagah), Bastürk, Gilberto - Pantelic (73. Ede), Gimenez (90+1. K. Boateng)
Tore: 1:0 Gekas (1.), 1:1 Gimenez (57.), 1:2 Gilberto (65.), 1:3 Ede (90+1.) **Besonderes Vorkommnis:** Pantelic verschießt Foulelfmeter (33.) **Ecken:** 3:7 **Schiedsrichter:** Perl (München) **Zuschauer:** 27.181 **Gelb:** Bönig - Chahed **Gelb-Rot:** keine **Rot:** keine

VfB Stuttgart – Hannover 96 2:1 (1:0)

VfB Stuttgart: Hildebrand - Osorio, Meira, Delpierre (48. Tasci), Boka - Pardo - Hilbert, Khedira, A. da Silva (63. Bierofka), Farnerud (46. Streller) - Cacau
Hannover 96: Enke - Cherundolo, Vinicius, Zuraw, Tarnat - Balitsch (79. Schröter), Yankov - Rosenthal (46. Stajner), Bruggink, Huszti (86. Montabell) - Hashemian
Tore: 1:0 Hilbert (2.), 1:1 Cherundolo (61.), 2:1 Zuraw (74., Eigentor) **Ecken:** 3:10 **Schiedsrichter:** Seemann (Essen) **Zuschauer:** 53.000 **Gelb:** Yankov, Tarnat **Gelb-Rot:** keine **Rot:** Boka (84.)

Das Trainer-Debüt des Spieltages

Karsten Heine feiert einen Traum-Einstand als Cheftrainer bei Hertha BSC Berlin. Der 3:1-Erfolg beim VfL Bochum bedeutet den ersten Sieg nach zuvor acht erfolglosen Spielen in Serie unter Heines Vorgänger Falko Götz. Obwohl Theofanis Gekas die Bochumer mit seinem 17. Saisontreffer schon nach 47 Sekunden in Führung bringt, drehen die Herthaner das Spiel in der zweiten Halbzeit. Gimenez, Gilberto und Ede lassen die Berliner endlich wieder jubeln. „Wir sind sehr zufrieden, was der Trainer in wenigen Tagen bewirkt hat", so Manager Dieter Hoeneß. Für Heine, bis zur Beförderung bei der zweiten Mannschaft tätig, ist es die dritte Amtszeit als Profi-Coach des Hauptstadt-Clubs. Schon 1991 sprang er für drei Spiele ein, ebenso 1994/95 in der 2. Bundesliga.

Mit dem neuen Trainer Karsten Heine gewinnt Hertha BSC Berlin in Bochum 3:1.

Schalke feiert: Torschütze Lincoln mit Manuel Neuer (dahinter) und Marcelo Bordon (rechts).

verspielt wurde. Ein tolles Comeback feiert der zuletzt gesperrte Lincoln. Der Brasilianer erzielt mit einem herrlichen Lupfer aus 20 Metern in der 71. Minute gegen den chancenlosen Mainer Keeper Dimo Wache einen Treffer der Marke „Tor des Monats".

Aber auch Verfolger Werder Bremen behält im Endspurt die Nerven und gewinnt bei Borussia Dortmund durch die Treffer von Miroslav Klose und Diego verdient mit 2:0. Nationalspieler Klose beendet nach vorangegangenen Treffern im UEFA-Cup gegen AZ Alkmaar auch seine 813-minütige Bundesliga-Torflaute seit dem 31. Januar. Auch der VfB Stuttgart gibt sich keine Blöße. Der 2:1-Heimerfolg gegen Hannover 96 ist für die Schwaben bereits der dritte Sieg in Serie.

29. SPIELTAG

RESULTATE

Freitag, 13.04.2007	Borussia M'gladbach – Hamburger	0:1	(0:0)
Samstag, 14.04.2007	1. FSV Mainz 05 – FC Schalke 04	0:3	(0:2)
	VfL Bochum – Hertha BSC Berlin	1:3	(1:0)
	VfB Stuttgart – Hannover 96	2:1	(1:0)
	Arminia Bielefeld – Eintr. Frankfurt	2:4	(1:2)
	FC Energie Cottbus – VfL Wolfsburg	3:2	(1:0)
	1. FC Nürnberg – Alemannia Aachen	1:0	(1:0)
Sonntag, 15.04.2007	Bor. Dortmund – Werder Bremen	0:2	(0:2)
	Bayern München – Bayer Leverkusen	2:1	(1:0)

TORJÄGER

Theofanis Gekas	VfL Bochum	17
Roy Makaay	FC Bayern München	14
Alexander Frei	Borussia Dortmund	13
Kevin Kuranyi	FC Schalke 04	13
Mario Gomez	VfB Stuttgart	13
Sergiu Radu	FC Energie Cottbus	12
Miroslav Klose	Werder Bremen	12
Marko Pantelic	Hertha BSC Berlin	11
und drei weitere Spieler mit je elf Treffern		

PERSONALIEN

Patrick Owomoyela, erstmals als Linksverteidiger aufgeboten, leitet in Dortmund zum ersten Mal in der Bundesliga ein Tor mit einer Flanke ein – als Rechtsverteidiger ist ihm dies in der Vergangenheit nie gelungen.

TABELLE

Rang	Club	Sp.	g	u	v	Tore	Diff.	Pkt.	
1	FC Schalke 04	29	18	5	6	47:27	20	59	→
2	Werder Bremen	29	17	6	6	64:33	31	57	→
3	VfB Stuttgart	29	16	7	6	51:34	17	55	→
4	FC Bayern München	29	16	5	8	45:33	12	53	→
5	1. FC Nürnberg	29	10	14	5	39:26	13	44	↗
6	Bayer 04 Leverkusen	29	12	6	11	45:42	3	42	↘
7	FC Energie Cottbus	29	10	8	11	35:39	-4	38	↗
8	Hertha BSC Berlin	29	10	8	11	41:46	-5	38	↗
9	Hamburger SV	29	7	14	8	33:31	2	35	↗
10	VfL Wolfsburg	29	8	11	10	32:35	-3	35	↘
11	Hannover 96	29	9	8	12	35:43	-8	35	↘
12	Eintracht Frankfurt	29	7	13	9	39:50	-11	34	↗
13	VfL Bochum	29	9	6	14	37:46	-9	33	↘
14	Alemannia Aachen	29	9	6	14	43:53	-10	33	↘
15	Borussia Dortmund	29	8	8	13	33:41	-8	32	↘
16	DSC Arminia Bielefeld	29	7	9	13	35:41	-6	30	→
17	1. FSV Mainz 05	29	7	9	13	26:46	-20	30	→
18	Borussia M'gladbach	29	6	7	16	22:36	-14	25	→

DSC Arminia Bielefeld – Eintracht Frankfurt 2:4 (1:2)

DSC Arminia Bielefeld: Hain - Korzynietz, Westermann, Gabriel (60. Kamper), Schuler - Kauf - Zuma, Kucera, Kobylik (69. Masmanidis), Böhme - Wichniarek (71. Eigler)
Eintracht Frankfurt: Nikolov - Rehmer, Vasoski, Russ, Spycher - Fink, Huggel - A. Meier (84. Chris), Köhler - Takahara, Amanatidis (69. Heller)
Tore: 0:1 Amanatidis (10.), 1:1 Kucera (28.), 1:2 Vasoski (33.), 1:3 Amanatidis (47., Foulelfmeter), 2:3 Eigler (81.), 2:4 Heller (90+2.) **Ecken:** 10:5
Schiedsrichter: Fleischer (Sigmertshausen) **Zuschauer:** 24.349
Gelb: Wichniarek, Gabriel, Eigler
Gelb-Rot: keine **Rot:** keine

FC Energie Cottbus – VfL Wolfsburg 3:2 (1:0)

FC Energie Cottbus: Piplica - V. da Silva, McKenna, Kukielka, Cvitanovic - T. Rost - Baumgart (64. Shao), Skela (69. Bandrowski), Munteanu - Kioyo (88. Küntzel), Radu
VfL Wolfsburg: Jentzsch - Quiroga, Möhrle, Hofland, Van der Heyden - van der Leegte, Santana - Makiadi, Marcelinho (62. Hanke), Krzynowek (72. Hill) - Boakye
Tore: 1:0 Radu (20.), 2:0 Munteanu (56.), 3:0 Kioyo (57.), 3:1 Boakye (65.), 3:2 Makiadi (90+1.) **Ecken:** 3:3
Schiedsrichter: Fandel (Kyllburg)
Zuschauer: 16.293
Gelb: Baumgart - van der Leegte, Quiroga
Gelb-Rot: keine **Rot:** keine

1. FC Nürnberg – Alemannia Aachen 1:0 (1:0)

1. FC Nürnberg: Schäfer - Kristiansen (85. Paulus), Wolf, Beauchamp, Pinola - Galasek - Polak (68. Glauber), Engelhardt - Pagenburg (78. Banovic), Schroth, Saenko
Alemannia Aachen: Nicht - Stehle, Klitzpera, Herzig, Leiwakabessy - Fiel (83. Dum), Lehmann - Pinto (46. Ibisevic), Rösler, Reghecampf - Schlaudraff (61. Ebbers)
Tor: 1:0 Pagenburg (12.) Ecken: 5:2
Schiedsrichter: Kinhöfer (Herne)
Zuschauer: 44.298 **Gelb:** Galasek, Engelhardt, Banovic, Schäfer - Pinto, Reghecampf, Herzig, Ebbers, Stehle
Gelb-Rot: Rösler (90+3.) **Rot:** keine

Borussia Dortmund – Werder Bremen 0:2 (0:2)

Borussia Dortmund: Weidenfeller - P. Degen, Metzelder, Wörns, Dede (43. Sahin) - Kruska - Kringe, Pienaar (61. Valdez), Tinga - Smolarek (72. Saka), Frei
Werder Bremen: Wiese - Fritz, Pasanen, Naldo, Owomoyela - Frings - Borowski (51. Baumann), Diego, Vranjes - Klose (88. Niemeyer), Hunt (68. Rosenberg)
Tore: 0:1 Klose (28.), 0:2 Diego (39.)
Ecken: 6:4 **Schiedsrichter:** Meyer (Burgdorf) **Zuschauer:** 80.708 (ausverkauft)
Gelb: Frei, P. Degen, Valdez
Gelb-Rot: keine **Rot:** keine

FC Bayern München – Bayer 04 Leverkusen 2:1 (1:0)

FC Bayern München: Kahn - Lell, Lucio, van Buyten, Lahm - Hargreaves - Salihamidzic, van Bommel (89. Ismael), Santa Cruz (80. Görlitz) - Makaay, Podolski (74. Pizarro)
Bayer 04 Leverkusen: Adler - Castro, Callsen-Bracker, Haggui (64. Madouni), Stenman (84. Papadopulos) - Schwegler (78. Athirson), Rolfes - Freier, Barbarez - Voronin - Barnetta
Tore: 1:0 van Bommel (30.), 2:0 Makaay (47.), 2:1 Voronin (60.) **Ecken:** 9:7
Schiedsrichter: Kircher (Rottenburg)
Zuschauer: 69.000 (ausverkauft) **Gelb:** Makaay - Voronin, Barbarez, Barnetta
Gelb-Rot: keine **Rot:** keine

Der zweite Streich durch Stuttgarts Cacau (links), der Bayern-Keeper Oliver Kahn keine Chance lässt.

Dreikampf um den Titel – Bayern aus dem Rennen

Aus dem Vierkampf um die Meisterschaft scheint ein Dreikampf geworden zu sein. Im Spitzenspiel besiegt der VfB Stuttgart den FC Bayern München mit 2:0. Cacau schießt den Titelverteidiger binnen zwei Minuten quasi im Alleingang aus dem Rennen um Platz eins. Für den FC Bayern schon die achte Niederlage im 15. Auswärtsspiel. Auf die wenig überzeugende Leistung des FC Bayern reagieren die Verantwortlichen – von Präsident Franz Beckenbauer bis Cheftrainer Ottmar Hitzfeld – mit deutlichen Worten.

Der Rückstand auf den Qualifikationsplatz zur Champions League ist auf fünf Punkte angewachsen. Stuttgart dagegen stehen alle Möglichkeiten offen. Torschütze Cacau meint selbstbewusst: „Wenn Schalke und Bremen den Titel nicht wollen, greifen wir gerne zu."

Aber auch Spitzenreiter FC Schalke 04 und Verfolger Werder Bremen stocken das Saisonkonto um drei weitere Zähler auf. Die „Königsblauen" verteidigen mit einem 2:0-Heimsieg gegen den FC Energie Cottbus weiterhin den Zwei-Punkte-Vorsprung. Den Bremern gelingt ein 3:1-Erfolg gegen Alemannia Aachen, Werder muss dabei aber ab der 2. bis zur 50. Minute einem schnellen 0:1-Rückstand hinterherlaufen.

Den direkten Vergleich im Kampf um UEFA-Cup-Platz fünf entscheidet Bayer 04 Leverkusen gegen den 1. FC Nürnberg leicht mit 2:0 für sich. „Mann des Tages" in der BayArena ist dabei Bernd Schneider mit zwei Toren. „Ich hoffe, wir spielen auch im nächsten Jahr international", sagt der Nationalspieler. „Das war jedenfalls ein ganz großer Schritt in diese Richtung."

Immer prekärer wird die Situation für Borussia Mönchengladbach. Nach der 0:1-Niederlage bei Hannover 96 beträgt der Rückstand auf einen Nicht-Abstiegsrang vier Spieltage vor Schluss schon acht Punkte. Sportdirektor Christian Ziege ist völlig ent-

DATEN & FAKTEN

Zuschauer gesamt	411.927
pro Spiel	45.770
Tore gesamt	24
Elfmeter	1
Eigentore	1
Gelbe Karten	35
Gelb/Rote Karten	0
Rote Karten	0

Werder Bremen – Alemannia Aachen 3:1 (0:1)

Werder Bremen: Wiese - Fritz, Pasanen, Naldo, Owomoyela - Frings, Baumann (46. D. Jensen), Vranjes (46. Rosenberg) - Diego - Klose, Hunt (90+2. Almeida)
Alemannia Aachen: Nicht - Stehle (90. Quotschalla), Klitzpera, Herzig, Leiwakabessy - Heidrich (62. Dum), Lehmann, Fiel - Pinto - Schlaudraff, Ebbers (81. Casper)
Tore: 0:1 Pinto (2.), 1:1 D. Jensen (50.), 2:1 Rosenberg (55.), 3:1 Diego (90+3.) **Ecken:** 11:4 **Schiedsrichter:** Fleischer (Sigmertshausen) **Zuschauer:** 40.300 **Gelb:** Frings, Hunt - Stehle, Lehmann **Gelb-Rot:** keine **Rot:** keine

VfB Stuttgart – FC Bayern München 2:0 (2:0)

VfB Stuttgart: Hildebrand - Osorio, Meira, Delpierre, Magnin - Pardo - Hilbert (77. Beck), Khedira, Hitzlsperger - Cacau (86. Streller), Lauth (61. A. da Silva)
FC Bayern München: Kahn - Lell, Lucio, van Buyten, Lahm - Hargreaves - Salihamidzic (83. Karimi), van Bommel, Santa Cruz (73. Görlitz) - Makaay, Podolski (46. Pizarro)
Tore: 1:0 Cacau (23.), 2:0 Cacau (25.) **Ecken:** 5:4 **Schiedsrichter:** Merk (Otterbach) **Zuschauer:** 55.000 (ausverkauft) **Gelb:** Kahn, Podolski, van Bommel **Gelb-Rot:** keine **Rot:** keine

Hertha BSC Berlin – Borussia Dortmund 0:1 (0:0)

Hertha BSC Berlin: Fiedler - Simunic, van Burik (73. J. Boateng), Fathi - Mineiro, Dardai - Dejagah (73. Ede), Bastürk, Gilberto - Gimenez, Pantelic (46. Ebert)
Borussia Dortmund: Weidenfeller - P. Degen, Brzenska, Wörns, Metzelder - Kringe, Kruska, Tinga (89. Gordon) - Pienaar (85. Sahin) - Smolarek, Frei (90+1. Valdez)
Tor: 0:1 Brzenska (49.) **Ecken:** 4:9 **Schiedsrichter:** Sippel (München) **Zuschauer:** 64.382 **Gelb:** Mineiro - Kruska **Gelb-Rot:** keine **Rot:** keine

Bayer 04 Leverkusen – 1. FC Nürnberg 2:0 (1:0)

Bayer 04 Leverkusen: Adler - Castro, Callsen-Bracker, Juan, Stenman - Schwegler, Rolfes - Kießling (61. Freier), Schneider (85. Barbarez), Barnetta - Voronin
1. FC Nürnberg: Schäfer - Beauchamp, Wolf, Glauber (58. Spiranovic), Pinola - Galasek - Polak, Engelhardt (57. Banovic) - Pagenburg (63. Sibon), Schroth, Saenko
Tore: 1:0 Schneider (19.), 2:0 Schneider (59.) **Ecken:** 3:2 **Schiedsrichter:** Drees (Mainz) **Zuschauer:** 22.500 (ausverkauft) **Gelb:** Kießling, Voronin - Wolf, Galasek **Gelb-Rot:** keine **Rot:** keine

Schalke 04 nimmt die Hürde Energie Cottbus: Lincoln gegen „Untermann" Timo Rost.

Das Tor des Spieltages

Vor Bremens Mittelfeld-Zauberer Diego verneigt sich sogar der große Pelé, der ihn einst zum FC Santos geholt hatte. Brasiliens Fußball-Idol schwärmt über seinen Landsmann: „Er ist ein Techniker wie Ronaldinho. Diego hat sich in kurzer Zeit stark verbessert."

Grund für den Ritterschlag ist Diegos zwölfter Saisontreffer, der Schluss- und Höhepunkt beim 3:1-Sieg gegen Aachen. Als die Alemannia in der Nachspielzeit sogar mit Keeper Kristian Nicht stürmt, trifft der 22-Jährige aus der eigenen Häfte – aus exakt 63,14 Metern – in das leere Gäste-Gehäuse. „Dieses Tor war das beste meiner Karriere", so der Kunstschütze. Trainer Thomas Schaaf begeistert: „Ein Tor aus solch einer Entfernung habe ich noch nie gesehen."

Kaum zu glauben, aber wahr: Diego trifft aus der eigenen Spielhälfte ins Aachener Tor.

täuscht: „Ich muss mich bei den mitgereisten Fans entschuldigen. Der Trainer tut mir Leid, weil seine Anweisungen nicht umgesetzt werden. Mit fünf Mann können wir gegen elf nicht gewinnen."

Die elf Mannschaften zwischen Platz sieben und 17 sind nur durch sieben Punkte getrennt. Weiter auf einem Abstiegsplatz bleibt der 1. FSV Mainz 05. Beim 2:2 in Hamburg muss die Mannschaft von Jürgen Klopp den Ausgleichstreffer durch Paolo Guerrero, der erneut als „Joker" sticht, erst sieben Minuten vor dem Schlusspfiff hinnehmen. Punktgleich – und nur aufgrund der schlechteren Tordifferenz im Vergleich zu Arminia Bielefeld – nimmt Aufsteiger Alemannia Aachen nach dem 1:3 in Bremen den dritten Abstiegsplatz ein. Bielefeld schafft mit dem 3:2-Erfolg beim VfL Wolfsburg einen immens wichtigen „Dreier" und verlässt dadurch die Abstiegsränge.

Jubel auch in Bochum. Dem VfL gelingt bei Eintracht Frankfurt ein 3:0-Sieg. Fast selbstverständlich erzielt Theofanis Gekas dabei das Führungstor, seinen 18. Saisontreffer. Freude auch bei Dortmunds Trainer Thomas Doll: Die Borussia feiert bei Hertha BSC Berlin mit dem 1:0-Erfolg den zweiten Auswärtssieg in Folge.

30. SPIELTAG

RESULTATE

Freitag, 20.04.2007	Werder Bremen – Alemannia Aachen	3:1	(0:1)
Samstag, 21.04.2007	VfB Stuttgart – FC Bayern München	2:0	(2:0)
	Hertha BSC Berlin – Bor. Dortmund	0:1	(0:0)
	Bayer Leverkusen – 1. FC Nürnberg	2:0	(1:0)
	VfL Wolfsburg – Arminia Bielefeld	2:3	(1:1)
	Eintracht Frankfurt – VfL Bochum	0:3	(0:1)
	FC Schalke 04 – FC Energie Cottbus	2:0	(0:0)
Sonntag, 22.04.2007	Hannover 96 – Borussia M'gladbach	1:0	(1:0)
	Hamburger SV – 1. FSV Mainz 05	2:2	(1:1)

TORJÄGER

Theofanis Gekas	VfL Bochum	18
Roy Makaay	FC Bayern München	14
Alexander Frei	Borussia Dortmund	13
Kevin Kuranyi	FC Schalke 04	13
Mario Gomez	VfB Stuttgart	13
Sergiu Radu	FC Energie Cottbus	12
Miroslav Klose	Werder Bremen	12
Cacau	VfB Stuttgart	12
Diego	Werder Bremen	12
Mohamed Zidan	Werder Bremen/1. FSV Mainz 05	12

PERSONALIEN

Vragel da Silva sieht im Spiel beim FC Schalke 04 die 1000. Gelbe Karte der Saison.

Mit **Cacau, Joel Epalle** und **Bernd Schneider** gelingen gleich drei Akteuren an diesem Spieltag je zwei Tore. Vor allem der Leverkusener Schneider (33) wird auf seine „alten Tage" noch zum Torjäger: In der Rückrunde hat er schon fünf Mal getroffen, im Jahr 2007 die ersten beiden doppelten Torerfolge seiner Karriere in einem Spiel seit seinem Bundesliga-Debüt bei Eintracht Frankfurt in der Saison 1998/99 markiert.

TABELLE

Rang	Club	Sp.	g	u	v	Tore	Diff.	Pkt.	
1	FC Schalke 04	30	19	5	6	49:27	22	62	→
2	Werder Bremen	30	18	6	6	67:34	33	60	→
3	VfB Stuttgart	30	17	7	6	53:34	19	58	→
4	FC Bayern München	30	16	5	9	45:35	10	53	→
5	Bayer 04 Leverkusen	30	13	6	11	47:42	5	45	↗
6	1. FC Nürnberg	30	10	14	6	39:28	11	44	↘
7	Hertha BSC Berlin	30	10	8	12	41:47	-6	38	↗
8	FC Energie Cottbus	30	10	8	12	35:41	-6	38	↘
9	Hannover 96	30	10	8	12	36:43	-7	38	↗
10	Hamburger SV	30	7	15	8	35:33	2	36	↘
11	VfL Bochum	30	10	6	14	40:46	-6	36	↗
12	VfL Wolfsburg	30	8	11	11	34:38	-4	35	↘
13	Borussia Dortmund	30	9	8	13	34:41	-7	35	↗
14	Eintracht Frankfurt	30	7	13	10	39:53	-14	34	↘
15	DSC Arminia Bielefeld	30	8	9	13	38:43	-5	33	↗
16	Alemannia Aachen	30	9	6	15	44:56	-12	33	↘
17	1. FSV Mainz 05	30	7	10	13	28:48	-20	31	→
18	Borussia M'gladbach	30	6	7	17	22:37	-15	25	→

VfL Wolfsburg – DSC Arminia Bielefeld 2:3 (1:1)

VfL Wolfsburg: Jentzsch - Quiroga, Madlung, Hofland, Van der Heyden - van der Leegte - Sarpei, Marcelinho (72. Karhan), Krzynowek - Makiadi, Boakye
DSC Arminia Bielefeld: Hain (46. Ziegler) - Bollmann, Westermann, Kucera, Rau - Tesche, Kauf - Zuma, Masmanidis (72. Wichniarek), Böhme (56. Marx) - Eigler
Tore: 0:1 Westermann (8.), 1:1 Marcelinho (16.), 2:1 Boakye (53.), 2:2 Eigler (71.), 2:3 Wichniarek (86.)
Ecken: 6:6
Schiedsrichter: Kircher (Rottenburg)
Zuschauer: 20.941
Gelb: van der Leegte, Makiadi, Hofland - Masmanidis **Gelb-Rot:** keine **Rot:** keine

Eintracht Frankfurt – VfL Bochum 0:3 (0:1)

Eintracht Frankfurt: Nikolov - Rehmer (67. Russ), Kyrgiakos, Vasoski, Spycher - Fink, Huggel (46. Heller), Weissenberger - A. Meier - Takahara, Amanatidis (23. Thurk)
VfL Bochum: Drobny - Schröder, Maltritz, Yahia, Butscher - Dabrowski (87. Drsek), Zdebel - Misimovic (87. Imhof), Grote - Epalle, Gekas
Tore: 0:1 Gekas (32.), 0:2 Epalle (58.), 0:3 Epalle (69.) **Ecken:** 7:4
Schiedsrichter: Rafati (Hannover)
Zuschauer: 47.962 **Gelb:** Huggel - Grote
Gelb-Rot: keine **Rot:** keine

FC Schalke 04 – FC Energie Cottbus 2:0 (0:0)

FC Schalke 04: Neuer - Rafinha, Bordon, Rodriguez, Pander (87. Bajramovic) - Hamit Altintop, Ernst - Lincoln - Asamoah (66. Halil Altintop), Kuranyi, Özil (74. Kobiashvili)
FC Energie Cottbus: Piplica - V. da Silva, McKenna, Mitreski, Cvitanovic - T. Rost, Kukielka - Baumgart (73. Gunkel), Munteanu - Kioyo (69. Skela), Radu (69. Shao)
Tore: 1:0 T. Rost (59., Eigentor), 2:0 Bordon (64.) **Ecken:** 5:3
Schiedsrichter: Gräfe (Berlin)
Zuschauer: 61.058 **Gelb:** Lincoln, Özil - Baumgart, Kioyo, V. da Silva, Munteanu
Gelb-Rot: keine **Rot:** keine

Hannover 96 – Borussia Mönchengladbach 1:0 (1:0)

Hannover 96: Enke - Cherundolo, Vinicius, Zuraw, Tarnat - Balitsch, Yankov (74. Schröter) - Rosenthal, Bruggink, Huszti (90+3. Jendrisek) - Hashemian (81. Stajner)
Borussia Mönchengladbach: Heimeroth - Bögelund, Svensson, Gohouri, Compper - El Fakiri (68. Lamidi), Kluge - Delura (46. Svärd), Insua, Jansen - Rafael
Tor: 1:0 Bruggink (31.) **Ecken:** 1:2
Schiedsrichter: Brych (München)
Zuschauer: 42.784 **Gelb:** Hashemian, Balitsch - El Fakiri, Compper, Jansen, Gohouri **Gelb-Rot:** keine **Rot:** keine

Hamburger SV – 1. FSV Mainz 05 2:2 (1:1)

Hamburger SV: F. Rost - Benjamin, Abel, Mathijsen, Sorin - Jarolim, Wicky (71. Atouba) - Mahdavikia, van der Vaart, Trochowski (67. Guerrero) - Olic (82. Sanogo)
1. FSV Mainz 05: Wetklo - Demirtas, M. Friedrich, Gunesch, Rose - Pekovic - F. Gerber, Andreasen, D. Vrancic (73. Jovanovic), Soto - Zidan
Tore: 0:1 Zidan (12.), 1:1 Sorin (23., Foulelfmeter), 1:2 F. Gerber (59.), 2:2 Guerrero (83.) **Ecken:** 9:1
Schiedsrichter: Fandel (Kyllburg)
Zuschauer: 57.000 (ausverkauft)
Gelb: Benjamin, Mahdavikia - D. Vrancic, Andreasen
Gelb-Rot: keine **Rot:** keine

Stuttgart rückt vor – Mönchengladbach steigt ab

Drei Mal Mönchengladbacher Depression: Peer Kluge (links) ist nach der Niederlage gegen Stuttgart ebenso enttäuscht wie Nationalspieler Marcell Jansen (unten) und Trainer Jos Luhukay.

Spannung pur im Schlussspurt um die Deutsche Meisterschaft! Weil sich der FC Schalke 04 und Werder Bremen Niederlagen leisten, wird der VfB Stuttgart zum Gewinner der Runde.

Trotz einer schnellen 1:0-Führung kann Schalke 04 nicht verhindern, dass das Derby beim VfL Bochum mit 1:2 doch noch verlorengeht. Die Chance, den Spitzenreiter zu überflügeln und selbst Platz eins zu übernehmen, lässt Werder ungenutzt verstreichen. Bei Arminia Bielefeld gibt es für Bremen eine 2:3-Niederlage. Dadurch kann der VfB Stuttgart an den Grün-Weißen vorbeiziehen und auf Rang zwei klettern: In Mönchengladbach gewinnen die Schwaben mit 1:0.

Mit Mönchengladbach steht drei Spieltage vor Saisonschluss der erste Absteiger fest. Die Borussia besitzt nun auch rechnerisch keine Chance mehr auf den Klassenerhalt. „Wir können die Situation schon richtig einstufen", findet sich Trainer Jos Luhukay mit der bitteren Situation schon ab, die nach den Sonntagsspielen konkret wird.

Der Aufsteiger FC Energie Cottbus kann hingegen den Klassenerhalt feiern. Der 2:1-Heimsieg gegen Bayer 04 Leverkusen bedeutet die endgültige Rettung. „Wir haben im letzten Jahr mit dem Aufstieg schon ein Wunder vollbracht", jubelt Trainer Petrik Sander. „Jetzt haben wir ein noch größeres geschafft." Ebenfalls auf der sicheren Seite sind Hertha BSC Berlin und Hannover 96 – mit 41 Punkten nicht mehr einzuholen.

Einen großen Schritt in diese Richtung bewältigt auch der Hamburger SV. Der 2:1-Sieg beim FC Bayern München sichert zumindest schon einmal „die gefühlte Rettung", wie

Der Torschütze des Spieltages

In diesen Tagen ist gerade bekannt geworden, dass sich Alexander Frei nach dem Saisonende einer Hüftoperation unterziehen muss. Schon seit geraumer Zeit plagen den Kapitän der Schweizer Nationalmannschaft diese Verletzungsprobleme. Das hält den 27-Jährigen allerdings nicht davon ab, seiner Hauptbeschäftigung als Stürmer nachzugehen: dem Toreschießen. Im bedeutsamen Heimspiel gegen Eintracht Frankfurt markiert Frei seine Treffer 14 und 15 in der ersten Bundesliga-Saison seit dem Wechsel von Stade Rennes. In Frankreich war er 2005 mit 20 Toren bester Schütze der Ligue 1 geworden. Seinen neuen Arbeitsplatz hatte Frei schon bei der WM kennengelernt, als die Eidgenossen in Dortmund gegen Togo spielten. Vielleicht ist nun auch die neue Partnerschaft seines Vereins zusätzliche Motivation für Frei: Der BVB hat eine Kooperation mit Schweiz Tourismus vereinbart.

Trotz Verletzung auf Erfolgskurs: Alex Frei sorgt für Dortmunds Sieg gegen Frankfurt.

DATEN & FAKTEN

Zuschauer gesamt	361.855
pro Spiel	40.206
Tore gesamt	26
Elfmeter	1
Eigentore	0
Gelbe Karten	35
Gelb/Rote Karten	2
Rote Karten	0

VfL Bochum – FC Schalke 04 2:1 (2:1)

VfL Bochum: Drobny - Schröder, Maltritz, Yahia, Butscher - Zdebel, Dabrowski - Misimovic, Grote (69. Imhof) - Epalle (90+1. Drsek), Gekas
FC Schalke 04: Neuer - Rafinha (62. Kobiashvili), Bordon, Rodriguez, Pander - Hamit Altintop, Ernst - Lincoln - Asamoah (62. Halil Altintop), Kuranyi, Özil (81. Larsen)
Tore: 0:1 Kuranyi (8.), 1:1 Misimovic (33.), 2:1 Gekas (41.) **Ecken:** 3:4
Schiedsrichter: Kircher (Rottenburg)
Zuschauer: 31.328 (ausverkauft)
Gelb: Dabrowski, Grote, Maltritz, Zdebel - Kuranyi, Asamoah, Hamit Altintop, Rodriguez
Gelb-Rot: keine **Rot:** keine

FC Bayern München – Hamburger SV 1:2 (1:0)

FC Bayern München: Kahn - Lell, Lucio, Demichelis, Lahm - Ottl - Salihamidzic, van Bommel, Karimi (67. Görlitz) - Makaay, Pizarro (89. Santa Cruz)
Hamburger SV: F. Rost - Benjamin, Abel, Mathijsen, Atouba - Jarolim, de Jong (69. Guerrero) - Demel (56. Mahdavikia), van der Vaart (82. Laas), Sorin - Olic
Tore: 1:0 Pizarro (35.), 1:1 van der Vaart (71.), 1:2 Guerrero (76.) **Ecken:** 3:8 **Schiedsrichter:** Kinhöfer (Herne)
Zuschauer: 69.000 (ausverkauft)
Gelb: van Bommel, Salihamidzic
Gelb-Rot: Atouba (90.) **Rot:** keine

Alemannia Aachen – Hertha BSC Berlin 0:4 (0:1)

Alemannia Aachen: Nicht - Stehle, Klitzpera (51. Dum), Herzig, Leiwakabessy - Reghecampf (66. Ebbers), Lehmann, Pinto - Rösler - Ibisevic, Schlaudraff
Hertha BSC Berlin: Fiedler - Chahed, A. Friedrich, Simunic, Fathi - Dardai, Mineiro - Dejagah (86. C. Müller), Bastürk (83. Neuendorf), Gilberto - Gimenez (73. Pantelic)
Tore: 0:1 Gilberto (6.), 0:2 Gimenez (48.), 0:3 Pantelic (77.), 0:4 Bastürk (80.) **Besonderes Vorkommnis:** Reghecampf verschießt Foulelfmeter 15.)
Ecken: 6:8
Schiedsrichter: Merk (Otterbach)
Zuschauer: 20.800 (ausverkauft)
Gelb: Dum - A. Friedrich, Dejagah
Gelb-Rot: keine **Rot:** keine

Borussia Mönchengladbach – VfB Stuttgart 0:1 (0:0)

Borussia Mönchengladbach: Heimeroth - Bögelund, Svensson, Gohouri, Compper - El Fakiri (78. Kahé), Svärd - Kluge, Jansen - Rafael, Insua
VfB Stuttgart: Hildebrand - Osorio, Tasci, Delpierre, Magnin - Pardo - Khedira, Hitzlsperger - Hilbert (88. Beck), Cacau (85. Streller), Lauth (46. A. da Silva)
Tor: 0:1 Hilbert (53.) **Ecken:** 7:5
Schiedsrichter: Fandel (Kyllburg)
Zuschauer: 48.014
Gelb: Rafael, Kluge - Hilbert **Gelb-Rot:** Gohouri (90.) **Rot:** keine

In letzter Sekunde hat Frank Rost den Hamburger Sieg beim FC Bayern mit einer tollen Reaktion festgehalten. Nach dem Schlusspfiff feiern Ivica Olic und David Jarolim ihren Torhüter.

der Vorstandsvorsitzende Bernd Hoffmann feststellt. Der HSV weist wie der VfL Bochum 39 Punkte auf und hat auf den ersten Abstiegsrang sechs Punkte Vorsprung. Beim FC Bayern macht Manager Uli Hoeneß nach der zehnten Saisonniederlage klar: „Diese Mannschaft wird es in der kommenden Saison so nicht mehr geben." Er kündigt einen ganz großen Umbruch an.

Ebenfalls in Richtung Klassenerhalt marschiert Borussia Dortmund. Beim 2:0 gegen Eintracht Frankfurt feiert Thomas Doll nicht nur seinen ersten Heimsieg auf der Trainerbank in dieser Saison, sondern auch seinen Stürmer Alexander Frei. In der 39. und 66. Minute erzielt der Schweizer Nationalmannschaftskapitän seine Saisontreffer 14 und 15. Hingegen wird die Luft für Eintracht Frankfurt immer dünner. Der Vorsprung nach zwei Heimniederlagen und der Niederlage in Dortmund ist auf den ersten Abstiegsrang auf nur mehr einen Zähler geschrumpft.

Auf Rang 16 liegt weiter Alemannia Aachen. Die 0:4-Ernüchterung gegen Hertha BSC Berlin bedeutet die höchste Saisonniederlage sowie die fünfte Niederlage in Serie. Noch schlechter ist die Ausgangsposition für den 1. FSV Mainz 05 auf Tabellenplatz 17. Nach der 1:2-Niederlage gegen Hannover 96 beträgt der Rückstand zum rettenden Ufer drei Punkte. Aufgeben gilt jedoch nicht für Trainer Jürgen Klopp: „Wir sind noch im Rennen. Wir kämpfen mit allem, was uns zur Verfügung steht."

Ioannis Masmanidis (links) im Sprint gegen Bremens Ex-Arminen Patrick Owomoyela. Am Schluss hat Bielefeld die Nase mit 3:2 vorn.

31. SPIELTAG

RESULTATE

Freitag, 27.04.2007	VfL Bochum – FC Schalke 04	2:1	(2:1)
Samstag, 28.04.2007	FC Bayern München – Hamburger SV	1:2	(1:0)
	Alemannia Aachen – Hertha BSC	0:4	(0:1)
	Borussia M'gladbach – VfB Stuttgart	0:1	(0:0)
	1. FSV Mainz 05 – Hannover 96	1:2	(0:1)
	Bor. Dortmund – Eintracht Frankfurt	2:0	(1:0)
	1. FC Nürnberg – VfL Wolfsburg	1:1	(1:1)
Sonntag, 29.04.2007	Arminia Bielefeld – Werder Bremen	3:2	(1:0)
	Energie Cottbus – Bayer Leverkusen	2:1	(1:1)

TORJÄGER

Theofanis Gekas	VfL Bochum	19
Alexander Frei	Borussia Dortmund	15
Roy Makaay	FC Bayern München	14
Kevin Kuranyi	FC Schalke 04	14
Sergiu Radu	FC Energie Cottbus	13
Miroslav Klose	Werder Bremen	13
Mario Gomez	VfB Stuttgart	13
Mohamed Zidan	Werder Bremen/1. FSV Mainz 05	13

PERSONALIEN

Paolo Guerrero trifft im dritten Spiel in Folge als Einwechselspieler und stellt damit die Weichen für den Klassenerhalt des HSV: Ohne die fünf Punkte, die diese drei Tore des Peruaners wert sind, lägen die Hamburger gerade mal einen Zähler vor einem Abstiegsplatz.

Claudio Pizarro erzielt gegen den HSV das 100. Tor seiner Bundesliga-Karriere – nach Ailton, Stéphane Chapuisat und Giovane Elber ist der Peruaner erst der vierte ausländische Profi, der diese Marke erreicht.

856 Minuten ist **Marko Pantelic** torlos, ehe er gegen Aachen als Einwechselspieler sein erstes Tor seit dem 27. Januar 2007 erzielt.

TABELLE

Rang	Club	Sp.	g	u	v	Tore	Diff.	Pkt.	
1	FC Schalke 04	31	19	5	7	50:29	21	62	→
2	VfB Stuttgart	31	18	7	6	54:34	20	61	↗
3	Werder Bremen	31	18	6	7	69:37	32	60	↘
4	FC Bayern München	31	16	5	10	46:37	9	53	→
5	1. FC Nürnberg	31	10	15	6	40:29	11	45	↗
6	Bayer 04 Leverkusen	31	13	6	12	48:44	4	45	↘
7	Hertha BSC Berlin	31	11	8	12	45:47	-2	41	→
8	FC Energie Cottbus	31	11	8	12	37:42	-5	41	→
9	Hannover 96	31	11	8	12	38:44	-6	41	→
10	Hamburger SV	31	8	15	8	37:34	3	39	→
11	VfL Bochum	31	11	6	14	42:47	-5	39	→
12	Borussia Dortmund	31	10	8	13	36:41	-5	38	↗
13	DSC Arminia Bielefeld	31	9	9	13	41:45	-4	36	↗
14	VfL Wolfsburg	31	8	12	11	35:39	-4	36	↘
15	Eintracht Frankfurt	31	7	13	11	39:55	-16	34	↘
16	Alemannia Aachen	31	9	6	16	44:60	-16	33	→
17	1. FSV Mainz 05	31	7	10	14	29:50	-21	31	→
18	Borussia M'gladbach	31	6	7	18	22:38	-16	25	→

1. FSV Mainz 05 – Hannover 96 1:2 (0:1)

1. FSV Mainz 05: Wetklo - Demirtas (56. Weigelt), M. Friedrich, Noveski, Rose - Pekovic - F. Gerber, Azaouagh (66. D. Vrancic), Soto (56. Jovanovic) - Ruman, Zidan
Hannover 96: Enke - Cherundolo, Vinicius, Fahrenhorst, Tarnat - Yankov (81. Zuraw), Balitsch - Rosenthal (84. Stajner), Bruggink, Huszti (90+2. Halfar) - Hashemian
Tore: 0:1 Bruggink (26.), 0:2 Yankov (50.), 1:2 Zidan (81.) **Ecken:** 5:1
Schiedsrichter: Perl (München)
Zuschauer: 20.300 (ausverkauft)
Gelb: Balitsch **Gelb-Rot:** keine **Rot:** keine

Borussia Dortmund – Eintracht Frankfurt 2:0 (1:0)

Borussia Dortmund: Weidenfeller - Metzelder, Brzenska, Wörns, Dede - Kruska - Tinga, Pienaar, Kringe (66. Gordon) - Smolarek (77. Valdez), Frei (86. Sahin)
Eintracht Frankfurt: Nikolov - Kyrgiakos, Chris, Vasoski - Fink, Huggel, Spycher - Weissenberger (24. A. Meier) - Streit, Amanatidis (81. Heller), Takahara
Tore: 1:0 Frei (39.), 2:0 Frei (66.)
Ecken: 6:3
Schiedsrichter: Brych (München)
Zuschauer: 80.708 (ausverkauft)
Gelb: Brzenska, Valdez - Fink, Chris
Gelb-Rot: keine **Rot:** keine

1. FC Nürnberg – VfL Wolfsburg 1:1 (1:1)

1. FC Nürnberg: Schäfer - Beauchamp (56. Kristiansen), Wolf, Glauber, Pinola - Spiranovic - Polak, Engelhardt (76. Sibon) - Pagenburg (56. Banovic), Schroth, Saenko
VfL Wolfsburg: Jentzsch - Quiroga, Madlung, Hofland, Van der Heyden - Makiadi (81. Lamprecht), van der Leegte, Krzynowek (79. Sarpei) - Marcelinho - Klimowicz, Boakye (70. Hill)
Tore: 0:1 Krzynowek (18.), 1:1 Wolf (23.) **Ecken:** 3:4
Schiedsrichter: Wagner (Hofheim)
Zuschauer: 46.200 **Gelb:** Engelhardt
Gelb-Rot: keine **Rot:** keine

DSC Arminia Bielefeld – Werder Bremen 3:2 (1:0)

DSC Arminia Bielefeld: Hain - Bollmann (84. Marx), Westermann, Kucera, Rau (63. Gabriel) - Kauf - Tesche, Masmanidis, Böhme - Wichniarek (55. Kamper), Eigler
Werder Bremen: Reinke - Fritz, Pasanen (69. Almeida), Naldo, Owomoyela - Frings, Baumann (46. Hunt), Vranjes (46. D. Jensen) - Diego - Klose, Rosenberg
Tore: 1:0 Westermann (30.), 1:1 Klose (59.), 2:1 Kamper (61.), 2:2 Almeida (74.), 3:2 Eigler (79.) **Ecken:** 3:4
Schiedsrichter: Weiner (Giesen)
Zuschauer: 26.601 (ausverkauft)
Gelb: Kauf - D. Jensen, Naldo, Hunt, Pasanen, Almeida
Gelb-Rot: keine **Rot:** keine

FC Energie Cottbus – Bayer 04 Leverkusen 2:1 (1:1)

FC Energie Cottbus: Piplica - V. da Silva, McKenna, Mitreski, Cvitanovic - T. Rost (79. Gunkel), Kukielka - Baumgart (81. Bandrowski), Munteanu (87. Ziebig) - Kioyo, Radu
Bayer 04 Leverkusen: Adler - Castro, Callsen-Bracker, Juan (46. Haggui), Stenman (87. Papadopulos) - Schwegler, Rolfes - Schneider, Barbarez, Barnetta (84. Freier) - Kießling
Tore: 1:0 Radu (7.), 1:1 Kießling (44.), 2:1 Gunkel (84.) **Ecken:** 4:2
Schiedsrichter: Meyer (Burgdorf)
Zuschauer: 18.904
Gelb: T. Rost, Munteanu, Mitreski - Juan, Callsen-Bracker, Barnetta, Schneider **Gelb-Rot:** keine **Rot:** keine

BUNDES LIGA

Synchron-Fußball zeigen Pavel Pardo (rechts) vom VfB Stuttgart und der Mainzer Elkin Soto.

Spitzentrio im Gleichschritt – Frankfurt gewinnt „Endspiel“

Die Bundesliga hält ein ganzes Land in Atem. Und die Fans selbst sorgen für einen neuen Rekord seit Gründung 1963. Zu den neun Spielen kommen 450.278 Zuschauer – so viele wie noch nie. Acht der neun Stadien sind ausverkauft. In Hannover sind 43.509 Besucher in der AWD-Arena – Auslastung 89 Prozent. Durchschnittlich kommen an diesem Wochenende 50.031 Fans. Die unglaubliche Resonanz kann letztlich nicht verwundern, ist die Meisterschaftsentscheidung doch ebenso noch offen wie der Ausgang im Kampf um den Klassenerhalt.

Das Titelrennen machen Schalke, Stuttgart und Bremen unter sich aus. Es gibt keinen Ausrutscher, das Trio ist weiter jeweils nur durch einen Punkt getrennt. Tabellenführer FC Schalke 04 bleibt dank des 1:0-Sieges gegen den 1. FC Nürnberg an der Spitze. Kevin Kuranyi erzielt in der 64. Minute sein 15. Saisontor, erneut per Kopf. Seine zehn Kopfball-Tore stehen laut Datenbank für 25 Punkte. Vier Mal markierte der Nationalstürmer bei Siegen so den wichtigen Führungstreffer.

Weiterhin mit nur einem Punkt Rückstand bleibt der VfB Stuttgart nach dem 2:0-Heimsieg gegen den 1. FSV Mainz 05 - was den sechsten Erfolg in Serie bedeutet - den „Königsblauen“ dicht auf den Fersen. Ebenso wie Werder Bremen mit einem souveränen 4:1-Erfolg bei Hertha BSC Berlin, den Markus Rosenberg mit drei Treffern quasi im Alleingang sicherstellt.

Im Kampf gegen den Abstieg sind weitere Entscheidungen gefallen. Mit einem 2:1-Erfolg bei Bayer 04 Leverkusen ist Arminia Bielefeld so gut wie gerettet. Zwei Spieltage vor Schluss haben die Ostwestfalen sechs Punkte Vorsprung auf Alemannia Aachen auf Platz 16. Und zudem weisen sie mit plus 17 Treffern die weitaus bessere Tordifferenz auf. Den dritten Sieg in Folge macht Jonas Kamper mit seinem dritten „Joker“-Tor unter Trainer Ernst Middendorp perfekt.

Nach der 0:2-Niederlage beim VfB Stuttgart liegt Mainz schon deutliche fünf Punkte entfernt vom rettenden Ufer. „Es gibt noch eine höchst theoretische Chance, aber wir stellen uns darauf ein, in die 2. Bundesliga zu gehen, denn das ist ein gefühlter Abstieg“, so Präsident Harald Strutz nach dem siebten sieglosen Spiel in Folge.

DATEN & FAKTEN

Zuschauer gesamt	450.278
pro Spiel	50.031
Tore gesamt	24
Elfmeter	1
Eigentore	0
Gelbe Karten	23
Gelb/Rote Karten	0
Rote Karten	3

Hannover 96
FC Energie Cottbus 2:0 (1:0)

Hannover 96: Enke - Cherundolo, Fahrenhorst, Vinicius, Tarnat - Balitsch (85. Zuraw), Yankov - Rosenthal (73. Stajner), Bruggink, Huszti (85. Halfar) - Hashemian
FC Energie Cottbus: Piplica - V. da Silva, McKenna, Mitreski, Cvitanovic - T. Rost, Kukielka - Baumgart (60. Shao), Skela (60. Ziebig) - Kioyo (60. Gunkel), Radu
Tore: 1:0 Vinicius (37.), 2:0 Bruggink (83.) **Ecken:** 8:3
Schiedsrichter: Kinhöfer (Herne)
Zuschauer: 43.509 **Gelb:** keine
Gelb-Rot: keine **Rot:** keine

Borussia Mönchengladbach
FC Bayern München 1:1 (0:1)

Borussia Mönchengladbach: Heimeroth - Bögelund, Svensson, Ze Antonio, Compper - Svärd, El Fakiri (46. Marin), Kluge (89. Fleßers), Jansen - Insua, Rafael (79. Lamidi)
FC Bayern München: Rensing - Lell, Lucio, van Buyten, Lahm - Görlitz (64. Scholl), Ottl, Demichelis, Karimi (87. Fürstner) - Pizarro, Makaay (74. Santa Cruz)
Tore: 0:1 Makaay (12.), 1:1 Kluge (52.)
Ecken: 9:8
Schiedsrichter: Weiner (Giesen)
Zuschauer: 54.067 (ausverkauft)
Gelb: Svärd - Demichelis, Lell
Gelb-Rot: keine **Rot:** keine

VfL Wolfsburg -
Borussia Dortmund 0:2 (0:1)

VfL Wolfsburg: Jentzsch - Quiroga, Madlung, Hofland, Van der Heyden (81. Lamprecht) - van der Leegte - Makiadi, Marcelinho, Krzynowek (71. Sarpei) - Boakye (63. Hill), Klimowicz
Borussia Dortmund: Weidenfeller - P. Degen, Brzenska, Metzelder, Dede - Kruska - Kringe (65. Gordon), Pienaar, Tinga - Smolarek (89. Kehl), Frei (78. Valdez)
Tore: 0:1 Smolarek (12.), 0:2 Valdez (90+1.) **Ecken:** 7:1
Schiedsrichter: Merk (Otterbach)
Zuschauer: 30.000 (ausverkauft)
Gelb: keine **Gelb-Rot:** keine **Rot:** keine

FC Schalke 04
1. FC Nürnberg 1:0 (0:0)

FC Schalke 04: Neuer - Rafinha, Bordon, Rodriguez, Pander - Hamit Altintop, Ernst - Lincoln (88. Varela) - Asamoah (67. Halil Altintop), Kuranyi, Kobiashvili (46. Özil)
FC Nürnberg: Schäfer - Beauchamp, Wolf, Pinola (53. D. Reinhardt) Spiranovic, Galasek - Polak (70. Mintal), Kristiansen (67. Pagenburg), Engelhardt, Saenko - Schroth
Tor: 1:0 Kuranyi (64.) **Ecken**: 7:1
Schiedsrichter: Meyer (Burgdorf)
Zuschauer: 61.482 (ausverkauft)
Gelb: Bordon - Pinola, Beauchamp
Gelb/Rot: keine **Rot:** Galasek (81.)

Bielefelds Trainer Ernst Middendorp freut sich mit Torschütze Jonas Kamper.

Frankfurt, Wolfsburg und Aachen werden den wohl letzten Absteiger unter sich ausmachen. Die besten Karten besitzt die Eintracht. Nach dem 4:0-Heimsieg gegen den direkten Konkurrenten Aachen haben die Hessen 37 Punkte auf ihrem Konto.

Wieder trifft Kevin Kuranyi per Kopfball für Schalke. Links Nürnbergs Tomas Galasek.

Der Torschütze des Spieltages

Markus Rosenberg sorgt für neuen Schwung bei Werder Bremen. Der Schwede, Teilnehmer mit den Skandinaviern an der WM 2006 in Deutschland, erzielt beim Sonntagsspiel in Berlin drei der vier Treffer des Vizemeisters. „Das ist mir in einem Spiel noch nie gelungen", sagt der 24-Jährige, „in Bremen fühle ich mich sehr wohl. Hier kann ich voll und ganz meine Leistung abrufen." Insgesamt stehen jetzt sechs Tore auf seinem Konto.
In der Winterpause hatten Werders sportliche Macher, Thomas Schaaf und Klaus Allofs, Rosenberg von Ajax Amsterdam geholt. Nun äußert die zusätzliche Offensivkraft: „Ich will mit meinen Toren das mir entgegengebrachte Vertrauen bestätigen. Vielleicht springt am Ende der Saison noch etwas ganz Großes dabei heraus."

Glücksgefühle: Dem Schweden Markus Rosenberg gelingen bei Hertha BSC Berlin gleich drei Tore für Bremen.

Bei vier Zählern Vorsprung auf den Aufsteiger zudem das bessere (plus acht) Torverhältnis. Der VfL Wolfsburg hingegen kann durch eine 0:2-Heimniederlage gegen Borussia Dortmund keinen Boden gutmachen. Die Mannschaft von Trainer Klaus Augenthaler hat nur noch drei Punkte Vorsprung auf die Alemannia, muss am kommenden Spieltag zu einem weiteren nervenaufreibenden „Endspiel" zum Tivoli.

32. SPIELTAG

RESULTATE

Freitag, 04.05.2007	Hannover 96 – FC Energie Cottbus	2:0	(1:0)
Samstag, 05.05.2007	Bor. M'gladbach – Bayern München	1:1	(0:1)
	VfL Wolfsburg – Borussia Dortmund	0:2	(0:1)
	FC Schalke 04 – 1. FC Nürnberg	1:0	(0:0)
	VfB Stuttgart – 1. FSV Mainz 05	2:0	(1:0)
	Hamburger SV – VfL Bochum	0:3	(0:0)
	Eintracht Frankfurt – Alem. Aachen	4:0	(2:0)
Sonntag, 06.05.2007	Hertha BSC Berlin – Werder Bremen	1:4	(0:1)
	Bayer Leverkusen – Arminia Bielefeld	1:2	(1:1)

TORJÄGER

Theofanis Gekas	VfL Bochum	20
Roy Makaay	FC Bayern München	15
Alexander Frei	Borussia Dortmund	15
Kevin Kuranyi	FC Schalke 04	15
Sergiu Radu	FC Energie Cottbus	13
Miroslav Klose	Werder Bremen	13
Mario Gomez	VfB Stuttgart	13
Diego	Werder Bremen	13
Mohamed Zidan	Werder Bremen/1. FSV Mainz 05	13

PERSONALIEN

Nach 30 Spielen ohne Treffer schafft **Nelson Valdez** mit seinem 58. Torschuss im Trikot von Borussia Dortmund endlich das so lange erhoffte Erfolgserlebnis. Mit dem 2:0 in Wolfsburg gelingt dem Stürmer aus Paraguay der erste Treffer seit über einem Jahr. Auch damals hatte er gegen Simon Jentzsch in Wolfsburg getroffen, da spielte er noch bei Werder Bremen.

Josip Simunic von Hertha BSC Berlin wird für eine Attacke gegen den Bremer **Christian Schulz** zum dritten Mal in dieser Saison vom Platz gestellt. Der Kroate erlebt die Ausschlüsse innerhalb von fünf Heimspielen.

TABELLE

Rang	Club	Sp.	g	u	v	Tore	Diff.	Pkt.	
1	FC Schalke 04	32	20	5	7	51:29	22	65	→
2	VfB Stuttgart	32	19	7	6	56:34	22	64	→
3	Werder Bremen	32	19	6	7	73:38	35	63	→
4	FC Bayern München	32	16	6	10	47:38	9	54	→
5	1. FC Nürnberg	32	10	15	7	40:30	10	45	→
6	Bayer 04 Leverkusen	32	13	6	13	49:46	3	45	→
7	Hannover 96	32	12	8	12	40:44	-4	44	↗
8	VfL Bochum	32	12	6	14	45:47	-2	42	↗
9	Borussia Dortmund	32	11	8	13	38:41	-3	41	↗
10	Hertha BSC Berlin	32	11	8	13	46:51	-5	41	↘
11	FC Energie Cottbus	32	11	8	13	37:44	-7	41	↘
12	Hamburger SV	32	8	15	9	37:37	0	39	↘
13	DSC Arminia Bielefeld	32	10	9	13	43:46	-3	39	→
14	Eintracht Frankfurt	32	8	13	11	43:55	-12	37	↗
15	VfL Wolfsburg	32	8	12	12	35:41	-6	36	↘
16	Alemannia Aachen	32	9	6	17	44:64	-20	33	→
17	1. FSV Mainz 05	32	7	10	15	29:52	-23	31	→
18	Borussia M'gladbach	32	6	8	18	23:39	-16	26	→

VfB Stuttgart – 1. FSV Mainz 05 2:0 (1:0)

VfB Stuttgart: Hildebrand - Osorio, Meira, Delpierre (86. Tasci), Magnin - Pardo - Khedira, Hitzlsperger - Hilbert, Cacau (82. Streller), Lauth (58. A. da Silva)
1. FSV Mainz 05: Wetklo - Cha, M. Friedrich, Noveski, Weigelt (34. Rose) - Azaouagh (54. Ruman), Pekovic - F. Gerber, Andreasen, Soto (70. Jovanovic) - Zidan
Tore: 1:0 Meira (26.), 2:0 Hilbert (64.)
Ecken: 3:6 **Schiedsrichter:** Gräfe (Berlin)
Zuschauer: 56.000 (ausverkauft)
Gelb: Meira, Magnin - Pekovic, Andreasen, Wetklo **Gelb/Rot:** keine
Rot: keine

Hamburger SV – VfL Bochum 0:3 (0:0)

Hamburger SV: F. Rost - Benjamin, Demel, Mathijsen, Sorin - Mahdavikia, Jarolim, Laas (66. Ben-Hatira) - van der Vaart (72. Trochowski) - Guerrero (66. Sanogo), Olic
VfL Bochum: Drobny - Schröder, Maltritz, Yahia, Butscher - Zdebel, Dabrowski (64. Imhof) - Misimovic, Grote (78. Bönig) - Epalle (82. Drsek), Gekas
Tore: 0:1 Gekas (61.), 0:2 Grote (66.), 0:3 Misimovic (80., Handelfmeter)
Ecken: 3:1
Schiedsrichter: Brych (München)
Zuschauer: 57.000 (ausverkauft)
Gelb: Mathijsen, Benjamin - Zdebel
Gelb/Rot: keine **Rot:** keine

Eintracht Frankfurt – Alemannia Aachen 4:0 (2:0)

Eintracht Frankfurt: Nikolov - Ochs, Kyrgiakos (85. Russ), Vasoski, Spycher - Fink, Huggel - Streit (75. A. Meier), Köhler - Amanatidis, Takahara (70. Heller)
Alemannia Aachen: Nicht - Stehle, Klitzpera, Herzig, Leiwakabessy - Heidrich, Lehmann - Pinto (46. Ebbers), Rösler (71. Fiel), Reghecampf (46. Sichone) - Ibisevic
Tore: 1:0 Huggel (3.), 2:0 Vasoski (30.), 3:0 Takahara (57.), 4:0 Köhler (80.)
Ecken: 7:3
Schiedsrichter: Kircher (Rottenburg)
Zuschauer: 51.500 (ausverkauft)
Gelb: Herzig, Heidrich **Gelb/Rot:** keine
Rot: Klitzpera (56.)

Hertha BSC Berlin – Werder Bremen 1:4 (0:1)

Hertha BSC Berlin: Fiedler - A. Friedrich (46. J. Boateng), van Burik, Simunic, Fathi - Dardai (75. Ede), Mineiro - Dejagah, Bastürk, Gilberto - Gimenez (55. Pantelic)
Werder Bremen: Wiese - Fritz, Baumann, Pasanen, Wome - Frings - Owomoyela (67. Vranjes), Diego, Schulz (38. D. Jensen) - Klose (85. Schindler), Rosenberg
Tore: 0:1 Rosenberg (19.), 0:2 Rosenberg (50.), 0:3 Diego (60.), 1:3 Gilberto (61.), 1:4 Rosenberg (82.) **Ecken:** 4:5
Schiedsrichter: Fandel (Kyllburg)
Zuschauer: 74.220 (ausverkauft)
Gelb: Bastürk - Owomoyela, Pasanen
Gelb/Rot: keine **Rot:** Simunic (36.)

Bayer 04 Leverkusen – DSC Arminia Bielefeld 1:2 (1:1)

Bayer 04 Leverkusen: Adler - Castro, Callsen-Bracker, Haggui (84. Papadopulos), Babic (76. Stenman) - Ramelow (67. Kießling), Rolfes - Freier, Schneider - Barbarez, Voronin
DSC Arminia Bielefeld: Hain - Bollmann, Westermann, Kucera, Rau - Tesche, Kauf, Böhme (84. Schuler) - Masmanidis (57. Marx) - Wichniarek (68. Kamper), Eigler
Tore: 0:1 Wichniarek (19.), 1:1 Barbarez (30.), 1:2 Kamper (83.) **Ecken:** 8:5
Schiedsrichter: Sippel (München)
Zuschauer: 22.500 (ausverkauft)
Gelb: Haggui, Freier, Voronin - Bollmann
Gelb/Rot: keine **Rot:** keine

BUNDES LIGA

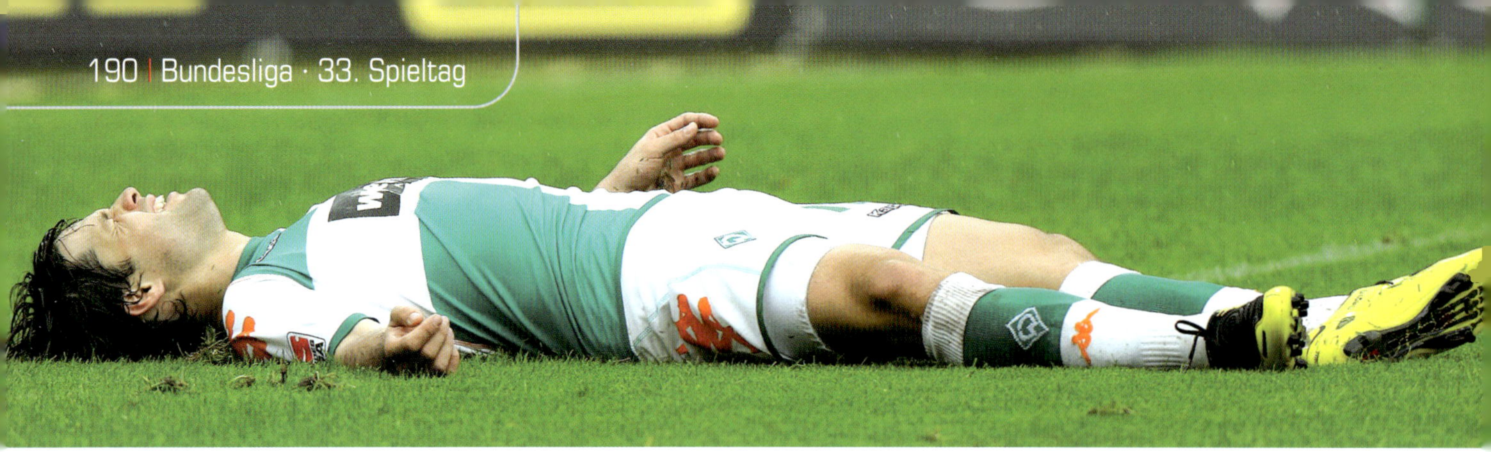

Werder am Boden zerstört: Durch die Niederlage gegen Frankfurt sind die Meisterschaftsträume von Bremen und Diego (Foto) geplatzt.

Alle Chancen bei Stuttgart – Schalke 04 und Bremen patzen

Knisternde Hochspannung in der Bundesliga: Ein wahrer Thriller im Kampf um die Deutsche Meisterschaft und gegen den Abstieg. Der Fußball-Krimi trägt die Handschrift von Alfred Hitchcock. Die Dramaturgie der letzten Szenen bringt überraschende Wendungen. Urplötzlich hat der VfB Stuttgart die allerbesten Aussichten auf den fünften Titel. Die Schwaben besitzen auf Verfolger FC Schalke 04 zwei Punkte Vorsprung. Werder Bremen ist mit vier Punkten Rückstand endgültig aus dem Rennen um die Schale.

Stuttgarts Fans hatten es vorausgeahnt: Timo Hildebrand (Foto) und der VfB übernehmen Tabellenplatz eins.

Der Spielfilm des 33. Spieltages verläuft turbulent. Im Revier-Derby in Dortmund muss Tabellenführer FC Schalke 04 eine bittere 0:2-Niederlage hinnehmen. Alex Frei und Ebi Smolarek stürzen den „Pott"-Rivalen damit von der Spitze und sorgen bei vielen Fans in Blau-Weiß für Tränen. Auch Trainer Mirko Slomka ist bitter enttäuscht: „Es tut mir Leid für diese Super-Truppe." Schalke droht damit erneut das Schicksal wie 2001 und 2005, als der Titel ebenfalls auf der Zielgeraden verloren ging.

Auch Werder Bremen patzt, fast schon sensationell. Gegen das Team von Eintracht Frankfurt, das den Klassenerhalt perfekt macht, kassieren die Hanseaten mit 1:2 bereits die fünfte Heimniederlage. Ein Eigentor von Naldo in der 69. Minute bedeutete das Ende der Werder Träume. Torsten Frings sucht keine Ausreden: „Wir haben alles selbst verspielt."

Die Gunst der Stunde, die Patzer der Konkurrenten, nutzt der VfB Stuttgart eiskalt aus. Dabei liegt das Team von Trainer Armin Veh beim VfL Bochum bis zur 61. Minute selbst mit 1:2 im Hintertreffen, ehe der eingewechselte Mario Gomez bei seinem Comeback nach achtwöchiger Verletzungspause den Ausgleich

DATEN & FAKTEN

Zuschauer gesamt	346.107
pro Spiel	38.456
Tore gesamt	31
Elfmeter	4
Eigentore	1
Gelbe Karten	41
Gelb/Rote Karten	0
Rote Karten	1

FC Energie Cottbus – FC Bayern München 0:3 (0:2)

FC Energie Cottbus: Piplica - Baumgart, McKenna, Mitreski, Cvitanovic - Kukielka - Bandrowski, T. Rost (68. Skela), Munteanu (68. Gunkel) - Radu, Kioyo (64. Shao)
FC Bayern München: Kahn - Lell, Demichelis, van Buyten (46. Görlitz), Lahm - van Bommel, Ottl - Santa Cruz, Karimi (88. Ngwat-Mahop) - Makaay (65. Scholl), Pizarro
Tore: 0:1 Makaay (33., Foulelfmeter), 0:2 van Buyten (35.), 0:3 Santa Cruz (61.) **Ecken:** 2:10
Schiedsrichter: Gagelmann (Bremen)
Zuschauer: 22.450 (ausverkauft)
Gelb: T. Rost, Cvitanovic, McKenna, Baumgart **Gelb-Rot:** keine **Rot:** keine

1. FC Nürnberg – Hamburger SV 0:2 (0:2)

1. FC Nürnberg: Schäfer - D. Reinhardt, Wolf, Glauber, Pinola - Engelhardt (60. Sibon) - Mintal, Kristiansen - Polak (65. Mnari), Schroth, Saenko (46. Pagenburg)
Hamburger SV: F. Rost - Benjamin, B. Reinhardt, Mathijsen, Atouba - Jarolim, de Jong - Demel (75. Mahdavikia), Sorin - van der Vaart (90+2. Guerrero), Olic (80. Sanogo)
Tore: 0:1 van der Vaart (39.), 0:2 Jarolim (41.) **Ecken:** 4:2
Schiedsrichter: Kircher (Rottenburg)
Zuschauer: 47.000 (ausverkauft)
Gelb: Demel, Sorin, Atouba
Gelb-Rot: keine **Rot:** keine

Borussia Dortmund – FC Schalke 04 2:0 (1:0)

Borussia Dortmund: Weidenfeller - Metzelder, Brzenska, Wörns, Dede - Kringe, Kruska, Tinga (71. Sahin) - Pienaar (71. Gordon) - Frei (83. Valdez), Smolarek
FC Schalke 04: Neuer - Rafinha (73. Larsen), Bordon, Krstajic, Pander - Hamit Altintop, Ernst - Lincoln - Asamoah (63. Halil Altintop), Kuranyi, Özil (79. Kobiashvili)
Tore: 1:0 Frei (44.), 2:0 Smolarek (85.)
Ecken: 4:5
Schiedsrichter: Fandel (Kyllburg)
Zuschauer: 80.708 (ausverkauft)
Gelb: Brzenska, Dede, Weidenfeller, Smolarek - Ernst, Hamit Altintop, Krstajic, Halil Altintop
Gelb-Rot: keine **Rot:** keine

Hertha BSC Berlin – Bayer 04 Leverkusen 2:3 (1:2)

Hertha BSC Berlin: Fiedler - A. Friedrich, van Burik (46. K. Boateng), Fathi (72. Neuendorf) - Chahed, A. Schmidt - C. Müller (53. Dejagah), Bastürk, Gilberto - Gimenez, Pantelic
Bayer 04 Leverkusen: Adler - Castro, Callsen-Bracker, Juan, Stenman - Schwegler, Rolfes - Schneider, Barnetta (85. Babic) - Kießling (77. Freier), Voronin (90+1. Barbarez)
Tore: 0:1 Callsen-Bracker (13.), 1:1 Pantelic (32.), 1:2 Voronin (34.), 2:2 Gimenez (51.), 2:3 Schneider (65., Foulelfmeter) **Ecken:** 5:7
Schiedsrichter: Stark (Landshut)
Zuschauer: 54.820 **Gelb:** K. Boateng, Neuendorf, Gimenez, Dejagah - Stenman, Voronin, Castro
Gelb-Rot: keine **Rot:** keine

erzielt und Cacau für den 3:2-Siegtreffer sorgt. Nach dem siebten Sieg in Serie träumt der VfB nach 15 Jahren wieder von der Meisterschaft. Bei aller Freude weiß auch Nationalspieler Thomas Hitzlsperger, dass das Happyend noch nicht perfekt ist: „Wir haben es jetzt selbst in der Hand, aber das hatten auch die Schalker. Und wir dürfen deren Fehler nicht machen und zu sicher sein."

Entschieden ist der Kampf um den letzten UEFA-Cup-Platz. Bayer 04 Leverkusen sichert sich die Qualifikation durch einen 3:2-Erfolg bei Hertha BSC Berlin, während der 1. FC Nürnberg im heimischen easyCredit-Stadion dem Hamburger SV mit 0:2 unterliegt, aufgrund seiner Teilnahme am DFB-Pokalfinale aber ebenfalls in der kommenden Saison international spielen darf.

Entschieden scheint auch der Kampf um den Klassenerhalt – hier ebenfalls mit dramatischen Zügen. Weil der VfL Wolfsburg in Aachen einen 0:2-Rückstand in wenigen Minuten in ein 2:2 dreht, hat die Alemannia ebenso kaum noch Chancen auf Rettung wie der 1. FSV Mainz 05 trotz eines klaren 3:0-Sieges gegen Borussia Mönchengladbach. Wolfsburg weist gegenüber Aachen und Mainz einen Vorsprung von drei Punkten und die deutlich bessere Tordifferenz auf.

Der Torschütze des Spieltages

Alles schien schon darauf hinauszulaufen, dass dem VfL Wolfsburg zum Saisonschluss erneut ein echtes Endspiel ins Haus stehen würde – so wie 2006, als erst Runde 34 gegen den 1. FC Kaiserslautern den Klassenerhalt brachte. 0:2 im Rückstand beim unmittelbaren Konkurrenten Alemannia Aachen, und das zehn Minuten vor Schluss. Dann aber das Anschlusstor durch Christopher Lamprecht, dessen Zuspiel wenig später für Diego Fernando Klimowicz die Chance eröffnet, den drohenden Abstieg abzuwenden. Der Argentinier, seit 2001 in Wolfsburg unter Vertrag und in den vergangenen Wochen mit Borussia Dortmund in Verbindung gebracht, nutzt die Gelegenheit gegen den Torwart-Debütanten Marcus Hesse mit einem wuchtigen Schuss aus spitzem Winkel ins kurze Eck.

Diego Fernando Klimowicz erlöst den VfL Wolfsburg mit seinem 2:2.

Mit seinem 16. Saisontor bringt Alex Frei Dortmund in Führung: Ein bitterer Moment für Marcello Bordon (links) und Schalke 04.

33. SPIELTAG

RESULTATE

Samstag, 12.05.2007	Energie Cottbus – Bayern München	0:3	(0:2)
	1. FC Nürnberg – Hamburger SV	0:2	(0:2)
	Borussia Dortmund – FC Schalke 04	2:0	(1:0)
	Hertha BSC – Bayer 04 Leverkusen	2:3	(1:2)
	VfL Bochum – VfB Stuttgart	2:3	(2:1)
	1. FSV Mainz 05 – Bor. M'gladbach	3:0	(2:0)
	Arminia Bielefeld – Hannover 96	3:1	(2:1)
	Werder Bremen – Eintr. Frankfurt	1:2	(1:1)
	Alemannia Aachen – VfL Wolfsburg	2:2	(0:0)

TORJÄGER

Theofanis Gekas	VfL Bochum	20
Roy Makaay	FC Bayern München	16
Alexander Frei	Borussia Dortmund	16
Kevin Kuranyi	FC Schalke 04	15
Mario Gomez	VfB Stuttgart	14
Mohamed Zidan	Werder Bremen/1. FSV Mainz 05	14
Marko Pantelic	Hertha BSC Berlin	13
Sergiu Radu	FC Energie Cottbus	13
Miroslav Klose	Werder Bremen	13
Cacau	VfB Stuttgart	13
Diego	Werder Bremen	13

PERSONALIEN

Karsten Heine verliert mit 2:3 gegen Bayer 04 Leverkusen auch sein drittes Heimspiel dieser Saison als Trainer von Hertha BSC. Die Berliner haben damit in den letzten sieben Begegnungen im Olympiastadion nur einen Punkt sammeln können.

TABELLE

Rang	Club	Sp.	g	u	v	Tore	Diff.	Pkt.	
1	VfB Stuttgart	33	20	7	6	59:36	23	67	↗
2	FC Schalke 04	33	20	5	8	51:31	20	65	↘
3	Werder Bremen	33	19	6	8	74:40	34	63	→
4	FC Bayern München	33	17	6	10	50:38	12	57	→
5	Bayer 04 Leverkusen	33	14	6	13	52:48	4	48	↗
6	1. FC Nürnberg	33	10	15	8	40:32	8	45	↘
7	Borussia Dortmund	33	12	8	13	40:41	-1	44	↗
8	Hannover 96	33	12	8	13	41:47	-6	44	↘
9	Hamburger SV	33	9	15	9	39:37	2	42	↗
10	DSC Arminia Bielefeld	33	11	9	13	46:47	-1	42	↗
11	VfL Bochum	33	12	6	15	47:50	-3	42	↘
12	Hertha BSC Berlin	33	11	8	14	48:54	-6	41	↘
13	FC Energie Cottbus	33	11	8	14	37:47	-10	41	↘
14	Eintracht Frankfurt	33	9	13	11	45:56	-11	40	→
15	VfL Wolfsburg	33	8	13	12	37:43	-6	37	→
16	Alemannia Aachen	33	9	7	17	46:66	-20	34	→
17	1. FSV Mainz 05	33	8	10	15	32:52	-20	34	→
18	Borussia M'gladbach	33	6	8	19	23:42	-19	26	→

VfL Bochum – VfB Stuttgart 2:3 (2:1)

VfL Bochum: Drobny - Schröder, Maltritz, Yahia (46. Drsek), Butscher (78. Ilicevic) - Dabrowski, Zdebel - Misimovic, Grote (65. Bönig) - Epalle, Gekas
VfB Stuttgart: Hildebrand - Osorio (55. A. da Silva), Tasci, Delpierre, Magnin - Pardo - Khedira, Hitzlsperger - Hilbert, Cacau (88. Streller), Lauth (55. Gomez)
Tore: 1:0 Schröder (4.), 1:1 Hitzlsperger (24.), 2:1 Maltritz (42.), 2:2 Gomez (61.), 2:3 Cacau (72.) **Ecken:** 4:9
Schiedsrichter: Meyer (Burgdorf)
Zuschauer: 31.328 (ausverkauft)
Gelb: keine **Gelb-Rot:** keine **Rot:** keine

1. FSV Mainz 05 – Borussia Mönchengladbach 3:0 (2:0)

1. FSV Mainz 05: Wetklo - Demirtas, M. Friedrich, Noveski, Rose - Andreasen, Pekovic - Feulner, Soto (83. F. Gerber) - Ruman (75. Amri), Zidan (84. Szabics)
Borussia Mönchengladbach: Heimeroth - Bögelund, Levels, Gohouri, Compper - Fleßers - Kluge, Marin, Jansen - Rafael, Insua (46. Lamidi)
Tore: 1:0 Zidan (32., Foulelfmeter), 2:0 Ruman (45.), 3:0 Feulner (72.) **Ecken:** 2:6
Schiedsrichter: Kinhöfer (Herne)
Zuschauer: 20.300 (ausverkauft)
Gelb: Rose, Ruman - Lamidi, Kluge, Rafael **Gelb-Rot:** keine **Rot:** Gohouri (87.)

DSC Arminia Bielefeld – Hannover 96 3:1 (2:1)

DSC Arminia Bielefeld: Hain - Bollmann, Westermann, Kucera, Rau - Kauf - Tesche, Vata (74. Schuler), Böhme (65. Marx) - Wichniarek (62. Kamper), Eigler
Hannover 96: Enke - Cherundolo (73. Schröter), Vinicius, Fahrenhorst, Tarnat - Balitsch, Yankov (46. Stajner) - Rosenthal (72. Brdaric), Bruggink, Huszti - Hashemian
Tore: 1:0 Wichniarek (22.), 1:1 Rosenthal (30.), 2:1 Böhme (32.), 3:1 Vata (65.) **Ecken:** 1:10
Schiedsrichter: Kempter (Sauldorf)
Zuschauer: 26.601 (ausverkauft)
Gelb: Kamper - Huszti, Stajner
Gelb-Rot: keine **Rot:** keine

Werder Bremen – Eintracht Frankfurt 1:2 (1:1)

Werder Bremen: Wiese - Fritz, Pasanen (56. D. Jensen), Naldo, Wome - Frings, Baumann, Hunt (73. Mertesacker) - Diego - Klose, Rosenberg (62. Almeida)
Eintracht Frankfurt: Nikolov - Ochs, Kyrgiakos, Vasoski, Spycher - Fink, Huggel (75. Preuß) - Streit (78. Russ), Köhler - Amanatidis, Takahara (85. Toski)
Tore: 0:1 Amanatidis (13.), 1:1 Hunt (34.), 1:2 Naldo (69., Eigentor) **Ecken:** 10:5 **Schiedsrichter:** Merk (Otterbach)
Zuschauer: 42.100 (ausverkauft)
Gelb: Hunt, Almeida - Ochs
Gelb-Rot: keine **Rot:** keine

Alemannia Aachen – VfL Wolfsburg 2:2 (0:0)

Alemannia Aachen: Hesse - Casper, Stehle, Sichone, Leiwakabessy (88. Özgen) - Lehmann - Reghecampf, Fiel, Pinto (77. Krontiris) - Rösler, Ebbers (62. Nemeth)
VfL Wolfsburg: Jentzsch - Quiroga, Madlung, Hofland, Van der Heyden - van der Leegte - Makiadi (76. Lamprecht), Marcelinho, Krzynowek (90. Sarpei) - Klimowicz, Boakye (76. Hill)
Tore: 1:0 Lehmann (65., Handelfmeter), 2:0 Nemeth (68.), 2:1 Lamprecht (81.), 2:2 Klimowicz (85.) **Ecken:** 2:6
Schiedsrichter: Gräfe (Berlin)
Zuschauer: 20.800 (ausverkauft)
Gelb: Casper, Pinto, Leiwakabessy, Stehle - Boakye, Van der Heyden, Klimowicz, Lamprecht
Gelb-Rot: keine **Rot:** keine

BUNDES LIGA

HSV noch im UI-Cup – Zwei Trainer gehen

Abschiedsrunde: Mehmet Scholl auf den Schultern von Bayern-Teamkollege Roy Makaay.

Der VfB Stuttgart sichert sich mit dem 2:1-Heimsieg gegen den FC Energie Cottbus die Deutsche Meisterschaft. Gemeinsam mit den DFL-Geschäftsführern Christian Seifert und Tom Bender überreicht VfB-Legende Guido Buchwald um 17.29 Uhr die Schale an Kapitän Fernando Meira. Grenzenloser Jubel im „Ländle", und Trainer Armin Veh stimmt ein: „Es ist ein unglaublich gutes Gefühl, Deutscher Meister zu sein. Ich freue mich besonders für die Mannschaft. Sie hat die ganze Saison konstant gut und mit viel Leidenschaft gespielt. Jetzt wird erst mal gefeiert."

Seine Spieler sind nach dem Schlusspfiff außer Rand und Band. Es gibt Champagner- und Bier-Duschen. „Das ist der Wahnsinn, das ist der Wahnsinn", schreit Timo Hildebrand völlig losgelöst seine Freude heraus. Mario Gomez bringt immer nur ein Wort heraus: „Jaaa!"

Die Schwaben müssen am letzten Spieltag noch einmal Schwerstarbeit leisten – und sogar um den Titel bangen. Radu bringt Cottbus in der 19. Minute in Führung. Doch nur acht Minuten später erzielt Nationalspieler Thomas Hitzlsperger mit einem 22-Meter-Schuss der Marke „Tor des Jahres" den Ausgleich. In der 63. Minute schwappt die Stimmung im Gottlieb-Daimler-Stadion regelrecht über. Sami Khedira köpft zum 2:1 ein – das ist die fünfte Deutsche Meisterschaft für den VfB!

Für exakt acht Minuten darf der FC Schalke 04 noch einmal auf den Titel hoffen. Nachdem den „Königsblauen" mit den Toren von Lincoln (11.) und Halil Altintop (16.) ein Blitzstart gelingt – der VfB parallel gegen Cottbus zurückliegt – jubelt Schalke zwischen der 19. und 27. Minute.

Stuttgart und Schalke sind direkt für die Champions League qualifiziert, Werder Bremen muss jedoch als Dritter der Abschlusstabelle durch die Qualifikation, obwohl die Hanseaten ihr letztes Spiel beim VfL Wolfsburg mit 2:0 durch zwei Tore von Markus Rosenberg gewinnen. Die „Wölfe" geben nach dem Spiel die Trennung von Cheftrainer Klaus Augenthaler bekannt.

Neben dem FC Bayern München und dem 1. FC Nürnberg als DFB-Pokalfinalisten wird Bayer 04 Leverkusen – mit 2:1 gegen Borussia Dortmund erfolgreich – die Bundesliga im UEFA-Cup vertreten. Dank der besseren Tordifferenz nach dem 4:0-Heimsieg gegen Alemannia Aachen kann der Hamburger SV über den UI-Cup noch auf die europäische Bühne gelangen.

Ein Fußball-„Wunder" im Kampf gegen den Abstieg blieb aus. Neben Aachen – hier erklärt Trainer Michael Frontzeck seinen Rücktritt – verliert auch der 1. FSV Mainz 05: Beim FC Bayern, wo Mehmet Scholl zum Ende seiner Karriere noch ein Tor erzielt und groß verabschiedet wird, gibt es ein 2:5. Neben Mainz verabschiedet sich auch Aufsteiger Aachen wieder in die zweite Liga. Mainz und Aachen begleiten somit Borussia Mönchengladbach in die Zweitklassigkeit. Jubeln darf Theofanis Gekas. Obwohl der Grieche beim Bochumer 2:0-Erfolg in Mönchengladbach selbst leer ausgeht, wird er mit 20 Treffern Torschützenkönig der Bundesliga-Saison 2006/07. Mit dem 2:0 des VfL beschließt Dariusz Wosz seine Laufbahn.

DATEN & FAKTEN

Zuschauer gesamt	445.483
pro Spiel	49.498
Tore gesamt	30
Elfmeter	0
Eigentore	0
Gelbe Karten	18
Gelb/Rote Karten	0
Rote Karten	0

VfL Wolfsburg – Werder Bremen 0:2 (0:0)

VfL Wolfsburg: Jentzsch - Möhrle, Madlung, Hofland, Quiroga - Lamprecht (58. Makiadi), van der Leegte (68. Sarpei), Krzynowek - Marcelinho - Boakye (75. Hill), Klimowicz
Werder Bremen: Wiese - Fritz, Naldo, Mertesacker, Wome - Owomoyela (46. D. Jensen), Frings, Schulz (79. Vranjes) - Diego - Klose (46. Rosenberg), Almeida
Tore: 0:1 Rosenberg (54.), 0:2 Rosenberg (87.) **Ecken:** 7:7
Schiedsrichter: Sippel (München)
Zuschauer: 30.000 (ausverkauft)
Gelb: keine **Gelb-Rot:** keine **Rot:** keine

Eintracht Frankfurt – Hertha BSC Berlin 1:2 (0:0)

Eintracht Frankfurt: Nikolov - Ochs, Kyrgiakos, Vasoski, Spycher - Fink, Huggel - Streit, Köhler (16. Toski) - Amanatidis, Takahara (78. Heller)
Hertha BSC Berlin: Fiedler - Chahed, A. Friedrich, Fathi - Mineiro, A. Schmidt (71. C. Müller) - Ebert, K. Boateng (58. Neuendorf), Gilberto - Gimenez (72. Cairo), Pantelic
Tore: 0:1 K. Boateng (48.), 1:1 Streit (60.), 1:2 Pantelic (87.) **Ecken:** 8:4
Schiedsrichter: Perl (München)
Zuschauer: 50.500
Gelb: Gilberto **Gelb-Rot:** keine **Rot:** keine

Bayer 04 Leverkusen – Borussia Dortmund 2:1 (1:0)

Bayer 04 Leverkusen: Butt - Castro, Callsen-Bracker, Juan, Stenman (46. Babic) - Schwegler, Rolfes - Schneider, Barnetta (72. Athirson) - Kießling, Voronin (90. Freier)
Borussia Dortmund: Weidenfeller - Metzelder, Brzenska, Wörns, Dede - Kringe (56. P. Degen), Kruska, Tinga (67. Ricken) - Sahin (56. Gordon) - Valdez, Smolarek
Tore: 1:0 Kießling (45+1.), 2:0 Rolfes (54.), 2:1 Smolarek (79.) **Ecken:** 8:6
Schiedsrichter: Gagelmann (Bremen)
Zuschauer: 22.500 (ausverkauft)
Gelb: Callsen-Bracker - Kruska
Gelb-Rot: keine **Rot:** keine

Hannover 96 – 1. FC Nürnberg 0:3 (0:0)

Hannover 96: Enke - Cherundolo, Vinicius, Fahrenhorst, Tarnat - Balitsch, Yankov - Stajner (68. Jendrisek), Bruggink, Rosenthal (56. Hashemian) - Brdaric
1. FC Nürnberg: Schäfer - D. Reinhardt, Wolf, Glauber (81. Spiranovic), Pinola - Mnari (55. Polak), Galasek - Kristiansen, Mintal, Engelhardt (70. Banovic) - Schroth
Tore: 0:1 Mintal (54.), 0:2 Engelhardt (62.), 0:3 Banovic (90+2.) **Ecken:** 12:6
Schiedsrichter: Drees (Mainz)
Zuschauer: 49.000 (ausverkauft)
Gelb: Tarnat, Balitsch, Cherundolo - Engelhardt **Gelb-Rot:** keine **Rot:** keine

Versöhnlicher Abschluss für den HSV und Guy Demel gegen Alemannia Aachen mit Cristian Fiel.

Der Torschütze des Spieltages

Es war das Tor zur Deutschen Meisterschaft. Es war das Tor der Erlösung. Es war das Tor, das im Stuttgarter Gottlieb-Daimler-Stadion einen grenzenlosen Jubel auslöste. Als Sami Khedira in der 63. Minute mit einem Kopfball-Treffer die 2:1-Führung gegen Energie Cottbus erzielt, brechen in Stuttgart alle Dämme. Nach einem frühen 0:1-Rückstand war der Titel vorher sogar noch einmal in Gefahr geraten.

„Es war ein unglaublich wichtiges Tor, mein wohl wichtigstes in dieser Saison", so Khedira im Stuttgarter Jubel. Vom TV Oeffingen war er 1995 zum VfB gekommen, wurde Junioren-Nationalspieler und hatte schon Deutsche Meisterschaften mit der U-17 (2004) sowie mit der U-19 (2005) gewonnen. Und jetzt die Krönung mit seinem entscheidenden Tor!

Das Tor zum Meisterschafts-Glück: Sami Khedira (2. von rechts) köpft zum 2:1 ein.

34. SPIELTAG

RESULTATE

Samstag, 19.05.2007	VfL Wolfsburg – Werder Bremen	0:2	(0:0)
	Eintracht Frankfurt – Hertha BSC	1:2	(0:0)
	Bayer Leverkusen – Bor. Dortmund	2:1	(1:0)
	Hannover 96 – 1. FC Nürnberg	0:3	(0:0)
	Bayern München – 1. FSV Mainz 05	5:2	(3:0)
	FC Schalke 04 – Arminia Bielefeld	2:1	(2:0)
	Borussia M'gladbach – VfL Bochum	0:2	(0:1)
	Hamburger SV – Alemannia Aachen	4:0	(2:0)
	VfB Stuttgart – FC Energie Cottbus	2:1	(1:1)

TORJÄGER

Theofanis Gekas	VfL Bochum	20
Roy Makaay	FC Bayern München	16
Alexander Frei	Borussia Dortmund	16
Kevin Kuranyi	FC Schalke 04	15
Marko Pantelic	Hertha BSC Berlin	14
Sergiu Radu	FC Energie Cottbus	14
Mario Gomez	VfB Stuttgart	14
Mohamed Zidan	Werder Bremen,/1. FSV Mainz 05	14

PERSONALIEN

Zum Saisonausklang verabschieden sich nicht nur Mehmet Scholl und Dariusz Wosz als langjährige Bundesliga-Spieler. Mit 40 Jahren kommt gegen den 1. FSV Mainz 05 im Tor des FC Bayern München **Bernd Dreher** noch einmal zum Einsatz.

TABELLE

Rang	Club	Sp.	g	u	v	Tore	Diff.	Pkt.	
1	VfB Stuttgart	34	21	7	6	61:37	24	70	→
2	FC Schalke 04	34	21	5	8	53:32	21	68	→
3	Werder Bremen	34	20	6	8	76:40	36	66	→
4	FC Bayern München	34	18	6	10	55:40	15	60	→
5	Bayer 04 Leverkusen	34	15	6	13	54:49	5	51	→
6	1. FC Nürnberg	34	11	15	8	43:32	11	48	→
7	Hamburger SV	34	10	15	9	43:37	6	45	↗
8	VfL Bochum	34	13	6	15	49:50	-1	45	↗
9	Borussia Dortmund	34	12	8	14	41:43	-2	44	↘
10	Hertha BSC Berlin	34	12	8	14	50:55	-5	44	↗
11	Hannover 96	34	12	8	14	41:50	-9	44	↘
12	DSC Arminia Bielefeld	34	11	9	14	47:49	-2	42	↘
13	FC Energie Cottbus	34	11	8	15	38:49	-11	41	→
14	Eintracht Frankfurt	34	9	13	12	46:58	-12	40	→
15	VfL Wolfsburg	34	8	13	13	37:45	-8	37	→
16	1. FSV Mainz 05	34	8	10	16	34:57	-23	34	↗
17	Alemannia Aachen	34	9	7	18	46:70	-24	34	↘
18	Borussia M'gladbach	34	6	8	20	23:44	-21	26	→

FC Bayern München – 1. FSV Mainz 05 5:2 (3:0)

FC Bayern München: Dreher - Salihamidzic (87. Görlitz), Demichelis (52. Hummels), Lell, Lahm - van Bommel, Ottl - Santa Cruz, Scholl (57. Pizarro), Karimi - Makaay
1. FSV Mainz 05: Wetklo - Demirtas, M. Friedrich, Subotic, Rose - Andreasen, Pekovic (55. M. Vrancic) - Feulner, Soto (70. F. Gerber) - Niculae (55. Cha), Amri
Tore: 1:0 Santa Cruz (30.), 2:0 Scholl (33.), 3:0 van Bommel (38.), 3:1 Amri (55.), 4:1 Karimi (63.), 5:1 Pizarro (74.), 5:2 Feulner (75.) **Ecken:** 3:1
Schiedsrichter: Rafati (Hannover)
Zuschauer: 69.000 (ausverkauft)
Gelb: Santa Cruz - Pekovic
Gelb-Rot: keine **Rot:** keine

FC Schalke 04 – DSC Arminia Bielefeld 2:1 (2:0)

FC Schalke 04: Neuer - Rafinha, Bordon, Krstajic, Kobiashvili - Hamit Altintop, Ernst - Lincoln - Asamoah (46. Özil), Kuranyi (84. Larsen), Halil Altintop (78. Løvenkrands)
DSC Arminia Bielefeld: Hain - Bollmann, Kucera, Gabriel, Westermann - Kauf, Böhme (70. Wichniarek) - Tesche (46. Kamper), Rau - Eigler, Zuma (46. Marx)
Tore: 1:0 Lincoln (11.), 2:0 Halil Altintop (16.), 2:1 Kucera (90+1.)
Ecken: 11:5
Schiedsrichter: Brych (München)
Zuschauer: 61.482 (ausverkauft)
Gelb: keine **Gelb-Rot:** keine **Rot:** keine

Borussia Mönchengladbach – VfL Bochum 0:2 (0:1)

Borussia Mönchengladbach: Heimeroth - Bögelund, Levels, Ze Antonio, Compper - Kluge (86. Polanski), Fleßers - Marin (79. Baumjohann), Jansen - Kahé (57. Schnitzler), Insua
VfL Bochum: Drobny - Schröder, Maltritz, Yahia, Bönig - Dabrowski (75. Drsek), Zdebel - Misimovic (70. Wosz), Grote (62. Ilicevic) - Epalle, Gekas
Tore: 0:1 Dabrowski (24.), 0:2 Wosz (82.) **Ecken:** 9:5
Schiedsrichter: Merk (Otterbach)
Zuschauer: 50.001
Gelb: Kluge, Insua, Levels - Bönig, Zdebel
Gelb-Rot: keine **Rot:** keine

Hamburger SV – Alemannia Aachen 4:0 (2:0)

Hamburger SV: F. Rost (79. Wächter) - Benjamin, B. Reinhardt, Mathijsen, Atouba - Jarolim, de Jong - Demel (60. Mahdavikia), Sorin - van der Vaart, Olic (69. Sanogo)
Alemannia Aachen: Hesse - Casper, Stehle, Herzig, Leiwakabessy - Reghecampf, Lehmann, Fiel (67. Heidrich) - Rösler - Ibisevic (55. Krontiris), Ebbers (55. Nemeth)
Tore: 1:0 Olic (15.), 2:0 Olic (27.), 3:0 Sorin (54.), 4:0 Sorin (86.) **Ecken:** 7:2
Schiedsrichter: Seemann (Essen)
Zuschauer: 57.000 (ausverkauft)
Gelb: Jarolim - Rösler, Herzig, Stehle
Gelb-Rot: keine **Rot:** keine

VfB Stuttgart – FC Energie Cottbus 2:1 (1:1)

VfB Stuttgart: Hildebrand - Osorio (46. A. da Silva), Meira, Delpierre, Magnin - Pardo - Hilbert, Khedira, Hitzlsperger (87. Tasci) - Streller (53. Gomez), Cacau
FC Energie Cottbus: Piplica - Szelesi, Mitreski, Cvitanovic, Ziebig - Kukielka - Küntzel (66. Rivic), Skela (66. Gunkel), Munteanu - Shao (71. Kioyo), Radu
Tore: 0:1 Radu (19.), 1:1 Hitzlsperger (27.), 2:1 Khedira (63.) **Ecken:** 10:5
Schiedsrichter: Stark (Landshut)
Zuschauer: 56.000 (ausverkauft)
Gelb: keine **Gelb-Rot:** keine **Rot:** keine

Neun Jahre nach dem Abstieg feiern die Fans den Aufstieg des Karlsruher SC in die Bundesliga.

KSC – eine Klasse für sich

2. Bundesliga in Zahlen

ABSCHLUSSTABELLE

Rang	Club	Sp.	g	u	v	Tore	Diff.	Pkt.
1	Karlsruher SC	34	21	7	6	69:41	28	70
2	FC Hansa Rostock	34	16	14	4	49:30	19	62
3	MSV Duisburg	34	16	12	6	66:40	26	60
4	SC Freiburg	34	17	9	8	55:39	16	60
5	SpVgg Greuther Fürth	34	16	6	12	53:40	13	54
6	1. FC Kaiserslautern	34	13	14	7	48:34	14	53
7	FC Augsburg	34	14	10	10	43:32	11	52
8	TSV 1860 München	34	14	6	14	47:49	-2	48
9	1. FC Köln	34	12	10	12	49:50	-1	46
10	FC Erzgebirge Aue	34	13	6	15	46:48	-2	45
11	SC Paderborn 07	34	11	9	14	32:41	-9	42
12	TuS Koblenz	34	11	8	15	36:45	-9	41
13	FC Carl Zeiss Jena	34	9	11	14	40:56	-16	38
14	Kickers Offenbach	34	9	9	16	42:59	-17	36
15	Rot-Weiss Essen	34	8	11	15	34:40	-6	35
16	SpVgg Unterhaching	34	9	8	17	33:49	-16	35
17	Wacker Burghausen	34	7	11	16	42:63	-21	32
18	Eintr. Braunschweig	34	4	11	19	20:48	-28	23

DIE BESTEN TORSCHÜTZEN

Name	Club	Tore	11er
Federico	Karlsruher SC	19	3
Kapllani	Karlsruher SC	17	0
Lawaree	FC Augsburg	15	4
Helmes	1. FC Köln	14	2
Türker	Kickers Offenbach	14	0
Kern	FC Hansa Rostock	12	3
Lavric	MSV Duisburg	12	0
Mokhtari	MSV Duisburg	12	4
Timm	SpVgg Greuther Fürth	12	0
Antar	SC Freiburg	10	0
Bogavac	Wacker Burghausen	10	0
Göktan	TSV 1860 München	10	0
Iashvili	SC Freiburg	10	5
Novakovic	1. FC Köln	10	0
Dzaka	TuS Koblenz	9	1
Kleine	SpVgg Greuther Fürth	9	0
Klinka	FC Erzgebirge Aue	9	0
Lechleiter	SpVgg Unterhaching	9	0
Mohamad	SC Freiburg	9	0
Scherz	1. FC Köln	9	2
Vucicevic	TSV 1860 München	9	0

ZUSCHAUER

Club	gesamt	Schnitt
1. FC Köln	712.300	41.900
TSV 1860 München	611.400	35.965
1. FC Kaiserslautern	538.423	31.672
Karlsruher SC	420.490	24.735
FC Hansa Rostock	331.400	19.494
MSV Duisburg	306.482	18.028
FC Augsburg	286.453	16.850
SC Freiburg	277.000	16.294
Eintracht Braunschweig	264.200	15.541
Rot-Weiss Essen	231.558	13.621
FC Erzgebirge Aue	196.650	11.568
Kickers Offenbach	189.934	11.173
TuS Koblenz	178.157	10.480
FC Carl Zeiss Jena	147.090	8.652
SpVgg Greuther Fürth	134.450	7.909
SC Paderborn 07	104.346	6.138
Wacker Burghausen	97.572	5.740
SpVgg Unterhaching	86.700	5.100

Hochspannung bis zum letzten Spieltag auch in der 2. Bundesliga. Beeindruckend vor allem der Karlsruher SC als souveräner Meister, den der FC Hansa Rostock und der MSV Duisburg als Aufsteiger zurück in die Bundesliga begleiten.

Sturm und Drang, ehrliche Arbeit auf dem Fundament erstklassiger Nachwuchsarbeit und eine vorzügliche Personalpolitik: So schaffte der Karlsruher SC neun Jahre nach seinem Abstieg die Rückkehr in die Bundesliga. Vergessen das Waterloo, das den KSC bis in die Regionalliga hatte abstürzen lassen.

Der KSC hat die Jahre der Depression überstanden und große wirtschaftliche Schwierigkeiten gemeistert. Die Fans strömen wieder ins Stadion. Der Erfolg macht Hunger, die Badener bieten Erlebnis-Fußball mit den passenden Ergebnissen. Vereinspräsident Hubert H. Raase verfügt mit Rolf Dohmen über einen Manager, der sehr gut mit Trainer Edmund Becker harmoniert, den alle Welt nur „Ede" nennt. Becker ist ein ganz besonderer Trainer. Einer mit Stallge-

Vor lauter Aufstiegsfreude tragen KSC-Fans ein abgebautes Tor über den Platz.

Christian Seifert, Vorsitzender der DFL-Geschäftsführung, gratuliert Mario Eggimann, dem Schweizer Kapitän des Karlsruher SC, zum Aufstieg.

ruch. Einer mit Augenmaß und früher Profi beim KSC. „Anfangs eine kleine Wurst, dann habe ich mich hochgearbeitet, verletzte mich jedoch. Und mit 26 war schon alles vorbei …"

Becker war Jugend- und Amateurtrainer beim KSC, ein geschätzter Talentschmied, einer, der loyal als Co-Trainer diente, aber nie Ambitionen verfolgte, selbst Chefcoach zu werden. Nein, er sah Winfried Schäfer und Lorenz-Günther Köstner leiden.

Und das mochte Becker sich nicht antun. Doch dann folgte der Januar 2005: Der KSC im Abstiegskampf ohne Trainer – eine heikle Situation. Das spürte „Ede" Becker und sah sich in der Pflicht. So ließ er sich nach Rücksprache mit seiner Frau am 13. Januar 2005 dazu überreden, den Nothelfer zu spielen. Er schaffte den Klassenerhalt, führte den KSC 2006 in den Sog der Aufstiegsränge – und nun zu Meisterschaft und Aufstieg. „Wir hatten ein glückliches Händchen mit unseren Einkäufen", sagt er mit Blick auf Giovanni Federico (1. FC Köln) und Godfried Aduobe (FC Hansa Rostock), die 2005 geholt wurden, sowie Massimilian Porcello (DSC Arminia Bielefeld) und Maik Franz (VfL Wolfsburg), die beide 2006 kamen. „Franz polarisiert, er bringt aber auch die nötige Aggressivität mit, er will jedes Spiel unbedingt gewinnen", lobt Becker die Siegermentalität des Ex-Wolfsburgers – ein Rustikaler mit Herz.

„Wir hatten einen guten Start", so der erfolgreiche Trainer in seiner Saisonbilanz. „Ganz wichtig war das 4:0 in Burghausen, denn im Jahr zuvor hatten wir gerade auswärts große Probleme. Dann hatten wir auch das nötige Glück, denn Kaiserslautern war in der ersten Halbzeit klar besser, aber wir gewannen 2:0. Da haben wir gleich im zweiten Spiel ein Zeichen gesetzt."

Horst Konzok (50) ist seit 1994 Ressortleiter Sport der Tageszeitung „Die Rheinpfalz" und ein profunder Kenner des deutschen Profi-Fußballs.

Trainer Edmund Becker ist der Baumeister des Karlsruher Aufstiegs.

KSC-Stürmer Giovanni Federico – hier im Zweikampf mit Marius Johnson vom 1. FC Köln – wurde mit 19 Treffern Torschützenkönig der 2. Bundesliga. Er wechselt zu Borussia Dortmund.

Nur zwei Jahre nach dem Abstieg feiern die Spieler des FC Hansa Rostock den Aufstieg in die höchste Spielklasse.

Beckers Mannschaft bot eine überragende Hinrunde und legte mit 38 Punkten den Grundstein für den Aufstieg. „Wir spielten über die ganze Runde sehr konstant und verloren nie zwei Spiele hintereinander. In der Rückrunde waren wir nicht mehr so dominant, spielerisch nicht mehr so stark, aber doch souverän."

Becker, der Peter Gadinger als Torwarttrainer und Ralf Becker als Assistent in seinem Stab hat, weiß, dass seine Mannschaft nach dem Aufstieg einen Stilwandel vollziehen muss, um in der Bundesliga bestehen zu können. „Wir erzielten zwar viele Tore, aber wir ließen im Schnitt auch mit die meisten Torchancen zu", bemerkt der Coach, der sich mit Markus Miller auf den wohl besten Torwart der 2. Bundesliga stützen konnte.

Mit dem künftigen Dortmunder Federico verliert der KSC den Torschützenkönig der 2. Bundesliga (19

Treffer) und seinen besten Passgeber (17 Torvorlagen). An seiner Seite gab es bei Edmond Kapllani (17 Tore) eine Leistungsexplosion, sein enormes Talent bewies Sebastian Freis.

Auch nach dem Aufstieg kann sich der KSC keine Stars und teuren Einkäufe leisten. So werden Talente gesichtet, Spieler, die sich im „Unterhaus" profiliert haben oder – wie vorher Federico, Franz oder Porcello – auf dem ersten „Bildungsweg" den Durchbruch noch nicht ganz schafften. Bis zum Saisonfinale standen als Neuverpflichtungen fest: Christian Timm (SpVgg Greuther Fürth), der Federico ersetzen soll, Christopher Reinhard (Eintracht Frankfurt) als Verstärkung für die linke Seite und Allrounder Stefan Buck (SpVgg Unterhaching). „Wir können es schaffen, spielerisch mitzuhalten", sagt Trainer Becker. „Wenn wir so abschneiden würden, wie dieses Mal Energie Cottbus, dann wäre ich sehr zufrieden." Er setzt auf das Potenzial im Kader: „Spieler wie unser Kapitän Mario Eggimann sind noch steigerungsfähig."

Edmund Becker:
„Ich freue auf die Stadien und die tolle Atmosphäre in der Bundesliga. Und auf eine Pressekonferenz mit Ottmar Hitzfeld. "

Becker lässt sich von der Aufstiegseuphorie nicht blenden, er weiß, wie schnell mancher Fan wieder unzufrieden ist. Mit Ruhe und Besonnenheit macht sich Becker an die Arbeit und nennt Werder Bremen mit dem Kollegen Thomas Schaaf als Vorbild. „Und das nicht nur wegen der gleichen Frisur", scherzt der KSC-Trainer, dem die Einkaufspolitik der Hanseaten imponiert und die Unaufgeregtheit von Schaaf einfach gefällt. Becker kennt das Geschäft – und auch die Schattenseiten. 2000 wur-

WECHSEL PERFEKT!
LUKAS PODOLSKI
wieder beim
1.FC Köln
VERTRAUEN SIE
NICHT JEDER ENTE!
BUNDESLIGA
AKTUELL
Montag - Freitag 18:30
D:SF
www.sport1.de
mittendrin statt nur dabei

Frank Pagelsdorf, Trainer des FC Hansa Rostock, gratuliert Stefan Beinlich, seinem verlängerten Arm auf dem Spielfeld.

de er beim KSC trotz eines laufenden Drei-Jahres-Vertrags als Trainer der Amateur-Mannschaft beurlaubt. „Ich saß 14 Monate daheim. Und das mit 44 Jahren ..." Becker hat bis heute nicht vergessen, wer damals seine Freunde waren und es blieben. „Mit denen und meinen vier Geschwistern machte ich eine interne Aufstiegsfeier", erzählt der Coach, der seinen Beruf nicht als Traumjob empfindet. Wenn es irgendwann einmal nicht mehr laufen sollte, will er zum Manager gehen, klar Schiff machen. Denn Becker kann zurück ins zweite Glied.

Aber erst einmal will der Trainer, der am 18. Juli 51 Jahre alt wird, das Abenteuer Bundesliga erleben. Mit Elan, Fleiß und voller Spannung. „Ich freue mich darauf. Auf all die Stadien, auf die tolle Atmosphäre. Ich war ja noch nie in der VELTINS-Arena in Gelsenkirchen. Und auf eine Pressekonferenz mit Ottmar Hitzfeld freue ich mich ehrlich gesagt auch."

Stefan Beinlich: **„Ein Traum, noch einmal in der Bundesliga zu spielen."**

So souverän der KSC durchmarschierte, so spannend war das Rennen um die beiden weiteren Aufstiegsplätze. Lange war auch der FC Erzgebirge Aue noch im Rennen, das Team von Trainer Gerd Schädlich entpuppte sich als echte Überraschung. Am vorletzten Spieltag erst waren die Hoffnungen für die SpVgg Greuther

Trainer-Neuverpflichtung Rudi Bommer schaffte mit dem MSV Duisburg den direkten Wiederaufstieg.

Das 2:0 gegen die TuS Koblenz am letzten Spieltag reichte nicht: Weil auch der FC Hansa Rostock und der MSV Duisburg ihre Heimspiele gewannen, bleibt der SC Freiburg wegen der schlechteren Tordifferenz auf Platz 4 und wird auch in der kommenden Saison in der 2. Bundesliga spielen. Trainer Volker Finke, der nach 16 Jahren den Verein verlässt, wurde mit Blumen geehrt und verabschiedete sich nach dem Spiel per Mikrofon von den Fans.

Rudi Bommer: **„Wer die Ruhe behält, schafft es."**

Fürth und Trainer Benno Möhlmann nahezu erloschen – und für den 1. FC Kaiserslautern vollkommen geschwunden. Dort war am 11. April die Trennung von Trainer Wolfgang Wolf erfolgt, den Interimscoach Wolfgang Funkel bis zum Saisonende ersetzte.

Während der TSV 1860 München, bei dem Marco Kurz den Österreicher Walter Schachner ablöste, ein wenig länger durchaus zum Kreis der Aufstiegskandidaten gerechnet werden durfte, war früh klar, dass der 1. FC Köln diese Rolle nicht würde spielen können, obwohl Christoph Daum dem Schweizer Hanspeter Latour folgte. In Köln, Kaiserslautern und bei den

„Löwen“ wird es in der kommenden Saison heißen: neuer Anlauf. Das gilt auch für die Absteiger in die Regionalliga, Rot-Weiss Essen, SpVgg Unterhaching, Wacker Burghausen und Eintracht Braunschweig.

Der letzte Spieltag – ein Krimi!

Schauplatz Rostock: Zwei Jahre nach dem Abstieg ist der FC Hansa wieder erstklassig. Trainer Frank Pagelsdorf (49) führte den Verein von der Ostsee zum zweiten Mal in die Bundesliga. Nach einer konstant guten Hinrunde kam die Hansa-Kogge häufiger vom Kurs ab und ins Schlingern. Am Ende machten die Rostocker aber den Aufstieg mit einem 3:1 gegen die SpVgg Unterhaching perfekt. Schlüsselfiguren bei der letztlich doch erfolgreichen Fahrt nach oben: Torwart und Kapitän Mathias Schober, der nach sechs Jahren zum FC Schalke 04 zurückkehrt, Abwehrspieler Gledson, der zum Deutschen Meister VfB Stuttgart wechselt, „Heimkehrer“ Stefan Beinlich und Torjäger Enrico Kern. „Ein Traum, mit Hansa zum Ende meiner Laufbahn noch einmal in der Bundesliga spielen zu dürfen“, sagt der 35 Jahre alte „Paule“ Beinlich, der verlängerte Arm des Trainers auf dem Spielfeld.

Schauplatz Duisburg: Mit dem neu verpflichteten Trainer Rudi Bommer (49) schaffte der MSV Duisburg den direkten Wiederaufstieg – durch ein abschließendes 3:0 gegen Rot-Weiss Essen und dank der besseren Tordifferenz gegenüber dem SC Freiburg. „Wer die Ruhe behält, der schafft es“, sagte Bommer bei Durststrecken immer wieder. In den Reihen der „Zebras“ stehen gleich mehrere torgefährliche Stützen: Markus Daun, Mohamadou Idrissou, Markus Kurth, Klemen Lavric und Youssef Mokhtari.

Schauplatz Freiburg: Fußball-Tragik. Der SC Freiburg startete nach verkorkster Hinrunde eine grandiose Aufholjagd – und wurde doch nur Vierter, punktgleich mit Duisburg, aber um zehn Tore schlechter. Die Hoffnung auf einen traumhaften Abschied aus dem Breisgau erfüllten sich nicht. Trainer Volker Finke, am längsten im deutschen Profi-Fußball bei einem Verein tätig gewesen, verlässt den Club nach 16 Jahren.

Die Spieler des MSV Duisburg (hier Markus Kurth, Ivica Grlic, Tobias Willi, Nils-Ole Book und Iulian Filipescu) feiern den Aufstieg in die Bundesliga.

Toller Rahmen für das Finale mit 42.500 Fans im Leipziger Zentralstadion.

Beide Tore zum Bremer Endspiel-Erfolg erzielt Ivan Klasnic, der sich in dieser Szene mit einem Solo gegen die Münchner Lucio (rechts) und Owen Hargreaves versucht.

Titel erstmals an Werder Bremen

Deutschland träumte noch vom „Sommermärchen" der WM 2006, schon rückte der Premiere-Ligapokal als Auftakt zum neuen Fußball-Jahr in das Blickfeld. Nicht einmal einen Monat nach dem WM-Finale ging es traditionell – und schon zum zehnten Mal – um den ersten Titel der Saison. Im Mittelpunkt ein begehrtes Schmuckstück: die Sieger-Trophäe, um die in fünf Begegnungen gespielt wird. Ein Sechseck, angelehnt an die klassische Unterteilung eines Fußballs. Sechs Bergkristalle symbolisieren die sechs Teams, mit denen der Wettbewerb ausgespielt wird.

Mit einem 2:0-Sieg im Endspiel im Leipziger Zentralstadion gegen den FC Bayern München – zwei Mal hintereinander Gewinner des „Doubles" von Deutscher Meisterschaft und DFB-Pokal – holte Werder Bremen bei seiner dritten Finalteilnahme zum ersten Mal den Premiere-Ligapokal an die Weser. Der FC Bayern musste sich bei seinem sechsten Endspiel in diesem Wettbewerb zum ersten Mal überhaupt geschlagen geben, weil Ivan Klasnic mit seinen beiden Treffern vor 42.500 Zuschauern in der fast ausverkauften WM-Arena für die Entscheidung zugunsten des Vizemeisters sorgte.

Ein Gesamtpreisgeld von 5,2 Millionen Euro belegte die kontinuierliche Weiterentwicklung des Wettbewerbs auch in wirtschaftlicher Hinsicht. Und das sportliche Resümee fiel nach „reizvollen Begegnungen", von denen DFL-Geschäftsführer Holger Hieronymus sprach, sehr positiv aus. Besonders attraktiv war wieder die Vorstellung der zahlreichen spektakulären Neuzugänge: Diego bei Werder, Lukas Podolski beim FC Bayern, Peter Løvenkrands beim FC Schalke 04, um nur diese drei Beispiele zu nennen.

Eröffnet wurde der Premiere-Ligapokal 2006 – wie schon im Jahr zuvor – in der Düsseldorfer LTU arena mit der Wiederholung des in Deutschland einmaligen Doubleheaders mit zwei Top-Paarungen im Rahmen einer Veranstaltung. In dieser Vorrunde siegte der Hamburger SV mit 1:0 gegen Hertha BSC, während der FC Schalke 04 im Elfmeterschießen gegen Bayer 04 Leverkusen mit 10:9 erfolgreich war, nachdem es nach 90 Minuten 1:1 gestanden hatte. Im Halbfinale behaupteten sich die gesetzten Clubs im eigenen Stadion: Werder Bremen mit 2:1 gegen den Hamburger SV, der FC Bayern gegen die Schalker im Elfmeterschießen mit 4:1. Und im Finale hieß es: Drei Mal ist Bremer Recht!

DIE FINAL-STATISTIK

Werder Bremen: Wiese - Owomoyela, Naldo, Fahrenhorst, Wome - Jensen (77. Andreasen), Frings, Schulz (81. Vranjes) - Diego - Klose (59. Hunt), Klasnic
FC Bayern München: Kahn - Sagnol, van Buyten, Lucio, Lahm (46. Ottl) - Karimi, Hargreaves, Schweinsteiger (46. dos Santos) - Santa Cruz - Makaay, Podolski (46. Salihamidzic)
Zuschauer: 42.500
Tore: 1:0 Klasnic (29.), 2:0 Klasnic (66.)
Schiedsrichter: Gräfe (Berlin)
Gelbe Karten: Diego – Karimi, Sagnol

DIE BISHERIGEN GEWINNER

1997 **FC Bayern München** (2:0 im Finale gegen VfB Stuttgart)
1998 **FC Bayern München** (4:0 im Finale gegen VfB Stuttgart)
1999 **FC Bayern München** (2:1 im Finale gegen Werder Bremen)
2000 **FC Bayern München** (5:1 im Finale gegen Hertha BSC Berlin)
2001 **Hertha BSC Berlin** (4:1 im Finale gegen FC Schalke 04)
2002 **Hertha BSC Berlin** (4:1 im Finale gegen FC Schalke 04)
2003 **Hamburger SV** (4:2 im Finale gegen Borussia Dortmund)
2004 **FC Bayern München** (3:2 im Finale gegen Werder Bremen)
2005 **FC Schalke 04** (1:0 im Finale gegen VfB Stuttgart)
2006 **Werder Bremen** (2:0 im Finale gegen FC Bayern München)

Gleich ein Titel mit Werder: Neuzugang Diego (vorne), im Zweikampf mit Owen Hargreaves.

Jubel beim Werder-Team um Torsten Frings (vorne): Erstmals geht der erste Titel der Saison nach Bremen.

BWIN

Als Offizieller Hauptsponsor begleitet bwin seit 2005 beim Premiere-Ligapokal die Teams zum ersten Titel der Saison. Gekrönt wurde die Partnerschaft 2006 vom Sieger Werder Bremen, als die Spieler von der Weser das bwin-Logo auf den grün-weißen Trikots trugen und am Ende den Pokal zum Himmel reckten.
Auch in diesem Jahr wird bwin vertreten sein, wenn die besten sechs Mannschaften beim Premiere-Ligapokal 2007 wieder ihre Kräfte messen.
Aber auch der nicht professionelle Sport liegt dem privaten Wettanbieter am Herzen. So wurden in den vergangenen zwei Jahren im Rahmen der Aktion „Trikots für Deutschland" über 20.000 Amateurmannschaften aus verschiedenen Sportarten mit Trikots ausgestattet. bwin - Partner des Sports.

bwin.com

Baustein 1: Hinführung zum Drama (S. 23–41 im Modell)

1.1	Erstbegegnung	Gesamter Text	Assoziatives Verfahren, Recherche- und Bastelaufträge, Arbeitsblätter 1–2
1.2	Lektürephase	Gesamter Text	Arbeitsblatt 3
1.3	Reflexion des Leseprozesses	Gesamter Text	Schreibaufträge, Arbeitsblätter 4–8
1.4	Der erste Akt als Exposition	1. Akt	Textarbeit, Tafelbild

Baustein 2: Frau Johns tragischer Mutterkonflikt (S. 42–64 im Modell)

2.1	Der thematische Einstieg	Gesamter Text	Arbeitsblätter 9a – c, 10
2.2	Die Vorbereitung des Kindshandels	1. Akt	Tafelbild, kreatives Schreiben
2.3	Frau Johns Legitimationsversuche ihrer Mutterschaft	2. Akt	Tafelbild
2.4	Die Anfechtung der Mutterschaft	2. Akt	Arbeitsblätter 11–13a–d, Rollenspiel, produktives Verfahren
2.5	Der tragische Verlust des Kindes	3. – 5. Akt	Tafelbilder, Arbeitsblatt 14, Zusatzmaterial 1–2

Baustein 3: Die Demaskierung des Bürgertums (S. 65–78 im Modell)

3.1	Thematische Hinführung	Gesamter Text	Arbeitsblatt 15
3.2	Hassenreuters gesellschaftliches Rollenrepertoire	Gesamter Text	Textarbeit, Szenisches Spiel
3.3	Hassenreuter als Repräsentant des patriarchalischen Prinzips	Gesamter Text	Arbeitsblätter 16–18, Textarbeit
3.4	Der Generationenkonflikt in der bürgerlichen Familie	2. – 5. Akt	Arbeitsblatt 19, perspektivisches Schreiben

Baustein 4: Gattung und Epoche (S. 79–98 im Modell)

4.1	Die Gattungsbestimmung	Gesamter Text	Arbeitsblätter 20–22, Tafelbilder
4.2	Die literaturgeschichtliche Einordnung	Gesamter Text	Arbeitsblätter 23–27, Zusatzmaterial, Textarbeit

Baustein 5: Rezeption und Interpretation (S. 99–108 im Modell)

5.1	Das Stück in der Kritik	Gesamter Text	Arbeitsblätter 28–30
5.2	Die Erstellung einer Rezension	Gesamter Text	Arbeitsblatt 31

Schöningh

W0221377

EinFach Deutsch

Unterrichtsmodell

Gerhart Hauptmann

Die Ratten

Erarbeitet von
Claudia Müller-Völkl
Michael Völkl

Herausgegeben von
Johannes Diekhans

Bildnachweis

S. 9: © Gerhart Hauptmann: Die Ratten © 2008 Ullstein Buchverlage GmbH, Berlin – **S. 31:** © ullstein bild-Imagno – **S. 73:** © picture-alliance/akg-images – **S. 93:** Verlagsarchiv Schöningh – **S. 94:** © ullstein bild-AKG Pressebild; AKG/Erich Lessing

www.schoeningh-schulbuch.de
Schöningh Verlag, Jühenplatz 1–3, 33098 Paderborn

Druck 5 4 3 2 1 / Jahr 2012 11 10 09 08
Die letzte Zahl bezeichnet das Jahr dieses Druckes.

Umschlaggestaltung: Jennifer Kirchhof
Druck und Bindung: AZ Druck und Datentechnik GmbH/Kempten (Allgäu)

ISBN 978-3-14-022427-7

enttäuscht sind: Walburga wirft Hassenreuter seine außereheliche Affäre mit Rütterbusch vor, Spitta kann seinem Vater, einem Landpastor, nicht verzeihen, dass dieser einst seine Schwester verstoßen und damit in den Selbstmord getrieben hat.
Die beiden verlassen die Wohnung, als die Piperkarcka erscheint. Diese will nach ihrem Kind sehen und das von der John erhaltene Geld zurückgeben. Die John leugnet jedoch die Mutterschaft der Piperkarcka und wird ihr gegenüber sogar gewalttätig. Im weiteren Verlauf der Konfrontation teilt die Piperkarcka der John mit, dass sie die Geburt ihres Kindes offiziell angemeldet und die John beim Standesamt als Pflegemutter angegeben habe. Außerdem sei für den nächsten Tag ein Kontrollbesuch eines Pflegers angekündigt. Diese Neuigkeiten wirken auf die John wie ein Schock.

Der **dritte Akt** findet wieder im Dachgeschoss der Mietskaserne statt. Hausmeister Quaquaro erhält von Hassenreuter den Auftrag, den Diebstahl mehrerer Kleiderkisten zu untersuchen, und steigt zu diesem Zweck auf den Dachboden. Hassenreuter unterrichtet inzwischen seine Schauspielschüler am Beispiel des Dramas „Die Braut von Messina" von Friedrich Schiller. Dabei kommt es zu einer kunsttheoretischen Auseinandersetzung zwischen Hassenreuter, der dem klassizistischen Kunstideal verpflichtet ist, und Spitta, der ein naturalistisches Kunstverständnis offenbart.
Unterdessen kommen der Hausmeister Quaquaro sowie Frau John wieder vom Speicher herab. Quaquaro hat bei seinen Nachforschungen eine Decke und ein Fläschchen Milch, also deutliche Hinweise auf den tatsächlichen Geburtsort Albertchens, gefunden. Frau John erklärt, dass es sich bei der Milchflasche um die ihre handele, und entfernt sich mit der Ankündigung, dass sie sich mit ihrem Sohn zu ihrer Schwägerin in die Sommerfrische begeben wolle. Nachdem auch der Hausmeister gegangen ist, läutet es an der Tür. Hassenreuter rechnet mit einem Besuch Frau Rütterbuschs und schickt deshalb seine Schüler in die Nebenräume.
Stattdessen taucht jedoch überraschend Landpastor Spitta auf, der sich unglücklich über die Karriereentscheidung seines Sohnes zeigt und Hassenreuter bedrängt, seinem Sohn in Zukunft keinen Schauspielunterricht mehr zu erteilen. In diesem Zusammenhang macht er in erster Linie die Verführungen der Großstadt für dessen Entscheidung verantwortlich. Besonders bringt ihn ein Bild einer jungen Frau auf, das er in der Wohnung seines Sohns gefunden hat. Hassenreuter identifiziert die Frau als seine Tochter Walburga. Zwar bewahrt er darüber Stillschweigen, aber er beendet gereizt das Gespräch. Nach dem Abgang von Spitta schickt Hassenreuter ihm seinen Sohn hinterher, damit dieser sich um seinen Vater kümmert. Anschließend macht er seiner Tochter Vorwürfe und verbietet ihr den Umgang mit Spitta. Diese kontert jedoch damit, über seine Beziehung zur Rütterbusch Bescheid zu wissen. Von diesem Umstand erschüttert, bleibt Hassenreuter nichts anderes mehr, als seine Schüler wieder zu sich zu rufen, um den Unterricht fortzusetzen.
Unterdessen tritt die Piperkarcka auf. Diese wird von Spitta und Frau Kielbacke, die ein kleines Kind mit sich trägt, begleitet. Die beiden Frauen haben das unterernährte Kind in der Wohnung der John gefunden. Dabei ist ihnen nicht klar, dass es sich um den Nachwuchs der Knobbe handelt, sondern sie halten es für das leibliche Kind der Piperkarcka. Aus diesem Grund suchen sie nach der John, um sie wegen der offensichtlichen Vernachlässigung des Kindes zur Rede zu stellen. Hassenreuter verteidigt dagegen seine Angestellte, da er den guten Zustand Albertchens aus eigener Anschauung kennt. Inzwischen erscheinen Sidonie Knobbe und der Polizist Schierke. Sie fordern die sofortige Herausgabe des Kindes. Dieses ist jedoch unterdessen in den Armen der Kielbacke verstorben, ohne dass es die Anwesenden rechtzeitig bemerkt haben.

Der **vierte Akt** ereignet sich in Frau Johns Wohnung.
Der am frühen Morgen aus Hamburg heimgekehrte John wird vom Hausmeister Quaquaro über die jüngsten Entwicklungen im Haus in Kenntnis gesetzt. John erfährt sowohl vom Tod

des Kindes der Knobbe als auch vom spurlosen Verschwinden der Piperkarcka und dem damit zusammenhängenden Verdacht gegen Mechelke, den Schwager Johns. Beunruhigt von der Aussage der Piperkarcka, dass das Albertchen ihr leibliches Kind sei und es sich bei seiner Ehefrau lediglich um die Pflegemutter handle, ruft John Selma Knobbe herbei und befragt sie nach den Vorfällen.
In der Zwischenzeit erscheint der nach seinem Zerwürfnis mit dem Vater Armut leidende Spitta, der auf einen kleinen Kredit von Frau John hofft. Nach einem kurzen Dialog, in dem John den realen Wert geistiger Arbeit anzweifelt, entfernt dieser sich, weil er Selma zu ihrer Mutter bringen will.
Der sich nunmehr allein in der Wohnung aufhaltende Spitta wird von Walburga aufgesucht. Beide besprechen ihre familiäre Situation, die jeweils geprägt ist von den Konflikten mit den Vätern. Dann erscheinen nacheinander zunächst die aus der vorgeblichen Sommerfrische zurückgekehrte John zusammen mit Albertchen und daraufhin ihr Mann. Dieser fasst seinen Kenntnisstand über die Vorfälle im Haus zusammen, was bei seiner Frau zu einer erheblichen Verunsicherung führt. Als auch noch Bruno Mechelke hinzukommt, geraten die beiden Männer in einen heftigen Streit, in dessen Verlauf John sogar eine Pistole auf seinen Schwager richtet. Wieder zur Besinnung gekommen, droht er damit, die Polizei zu verständigen, und verlässt das Haus. In dieser Situation deutet Bruno seiner Schwester an, dass mit der Piperkarcka ein Unglück geschehen sei und er fliehen müsse. Frau John fällt ihn Ohnmacht, während Bruno geht.

Der **fünfte Akt** spielt wiederum in der Wohnung der Familie John.
Die John schläft auf dem Sofa, Walburga und Spitta betreten die Wohnung. Im ganzen Gebäude findet eine Polizeirazzia statt, da man Mechelke als mutmaßlichen Mörder der inzwischen tot aufgefundenen Piperkarcka sucht. Frau Hassenreuter, aufgerührt durch einen Brief ihrer Tochter, in dem diese ihren Selbstmord andeutet, kommt hinzu, erleichtert darüber, dass Walburga wohlauf ist. Außerdem bringt sie gute Nachrichten: Ihr Mann wurde wieder zum Theaterdirektor in Straßburg ernannt und ist deshalb den beiden jungen Leuten gegenüber freundlicher gestimmt.
Die von wirren Angstträumen gepeinigte John erwacht. Gleich danach erscheint Hassenreuter, dessen Ernennung sein Selbstbewusstsein deutlich gesteigert hat. Als er berichtet, dass gerade das Kind der Knobbe zu Grabe getragen wird, löst dies bei der verwirrten Frau John die Angst aus, es handle sich bei dem toten Kind um Albertchen. Als ihr Mann hinzukommt, führt der Streit um die Beschuldigungen gegenüber Mechelke zur Entzweiung des Ehepaars. Außerdem weiß John inzwischen, dass seine Frau nicht bei ihrer Schwester in der Sommerfrische war, sondern offenbar in fremden Gartenlauben übernachtet hat. Deshalb will er seiner Frau das Kind wegnehmen und es zu seiner Schwester bringen. Man ruft Selma Knobbe, mit deren Aussagen der Betrug der Frau John schließlich aufgedeckt wird. Als der Polizist Schierke in Begleitung des Hausmeisters Quaquaro erscheint, um das Kind in staatliche Obhut zu bringen, flieht die John, muss aber das Kind zurücklassen. Nach kurzer Zeit bringt Selma die Nachricht vom Tod der John, die sich auf die Straße gestürzt hat.

Systematische Übersicht über den Handlungsverlauf

Die folgende Übersicht über den Verlauf der Handlung und über die jeweils auf der Bühne agierenden Figuren soll der Lehrkraft die schnelle Orientierung im Dramentext erleichtern.

Akt/Seite	Personen	Inhalt
1. Akt		
S. 7–10	Henriette John, Pauline Piperkarcka	Henriette John will Pauline Piperkarcka überreden, ihr nach der Geburt ihr Kind zu überlassen.
S. 10–14	Henriette John, Pauline Piperkarcka, Bruno Mechelke	Die John bietet der Piperkarcka Geld als Gegenleistung für das Kind an. Mechelkes Anwesenheit schüchtert die Piperkarcka ein.
S. 14–16	Henriette John, Bruno Mechelke	Henriette John macht ihrem Bruder Vorwürfe wegen seines kriminellen Lebenswandels.
S. 16–19	Henriette John, Walburga Hassenreuter	Walburga, die eigentlich zu einem Rendezvous mit Erich Spitta erscheint, verheimlicht Frau John den wahren Grund für ihren Besuch.
S. 19–22	Harro Hassenreuter, Nathanael Jettel	Das Ansinnen des Hofschauspielers Jettel, ein Kostüm auszuleihen, endet im Streit mit Harro Hassenreuter.
S. 22–27	Harro Hassenreuter, Alice Rütterbusch	Hassenreuter und Rütterbusch sehen sich nach langer Zeit wieder.
S. 27–31	Harro Hassenreuter, Erich Spitta	Spitta, der eigentlich hofft, Walburga zu sehen, eröffnet Hassenreuter, Schauspieler werden zu wollen.
S. 31–32	Henriette John, Walburga Hassenreuter	Die John und Walburga verlassen heimlich den Kostümfundus.
S. 32–33	Harro Hassenreuter	Hassenreuter freut sich auf das Zusammensein mit der Rütterbusch.
2. Akt		
S. 34–37	Henriette John, Paul John	Frau John macht ihrem Mann Vorwürfe wegen seines ungeschickten Auftretens beim Standesamt.
S. 37–38	Henriette John, Paul John, Selma Knobbe	Die John wirft Selma und ihr krankes Brüderchen aus der Wohnung, weil sie Angst vor einer Ansteckung ihres eigenen Nachwuchses hat.
S. 38–39	Henriette John, Paul John	John lehnt den von seiner Frau für das Kind gewählten Vornamen ab.
S. 39–41	Henriette John, Paul John, Walburga Hassenreuter, Frau Hassenreuter	Frau Hassenreuter und ihre Tochter gratulieren der John zur Geburt.
S. 41–44	Henriette John, Paul John, Harro Hassenreuter, Walburga Hassenreuter, Frau Hassenreuter	Harro Hassenreuter schließt sich der Gruppe der Gratulanten an.
S. 44–47	Henriette John, Paul John, Harro Hassenreuter, Walburga Hassenreuter, Frau Hassenreuter, Käferstein, Dr. Kegel	Die Schüler Hassenreuters gratulieren ebenfalls.

Akt/Seite	Personen	Inhalt
S. 47–49	Henriette John, Paul John, Erich Spitta, Harro Hassenreuter, Walburga Hassenreuter, Frau Hassenreuter, Käferstein, Dr. Kegel	Spitta berichtet vom Schwächeanfall der Knobbe.
S. 49–52	Erich Spitta, Walburga Hassenreuter	Erich und Walburga tauschen sich über ihre jeweiligen Konflikte mit ihren Vätern aus.
S. 52–53	Henriette John, Pauline Piperkarcka, Erich Spitta, Walburga Hassenreuter	Die Piperkarcka erkundigt sich bei der John nach dem Befinden ihres leiblichen Kindes.
S. 53–60	Henriette John, Pauline Piperkarcka	Die John und die Piperkarcka geraten in heftigen Streit, weil die Piperkarcka ihr Kind wieder zurückhaben will und bereits die Behörden eingeschaltet hat.
S. 60–61	Henriette John	Die John ist von der Eröffnung der Piperkarcka sichtlich getroffen.
S. 61	Henriette John, Selma Knobbe	Die John kann in Gegenwart der Nachbarstochter nur schwer die Fassung bewahren.
3. Akt		
S. 62–66	Harro Hassenreuter, Erich Spitta, Käferstein, Dr. Kegel, Walburga Hassenreuter, Quaquaro	Hassenreuter übt mit seinen Schülern das Deklamieren. Hausmeister Quaquaro soll unterdessen einen Kostümdiebstahl aufklären.
S. 66–70	Harro Hassenreuter, Erich Spitta, Käferstein, Dr. Kegel, Walburga Hassenreuter	Hassenreuter und Spitta diskutieren ihre unterschiedlichen theatertheoretischen Vorstellungen.
S. 70–71	Harro Hassenreuter, Henriette John, Erich Spitta, Käferstein, Dr. Kegel, Walburga Hassenreuter, Quaquaro	Die John erklärt den Fund einer Milchflasche auf dem Dachspeicher durch den Hausmeister damit, diese Flasche selbst vergessen zu haben.
S. 71–72	Harro Hassenreuter, Erich Spitta, Käferstein, Dr. Kegel, Walburga Hassenreuter, Quaquaro	Hassenreuter und Quaquaro machen sich Gedanken über mögliche Verdächtige im Hause.
S. 72–73	Harro Hassenreuter, Erich Spitta, Käferstein, Dr. Kegel, Walburga Hassenreuter	In Erwartung der Rütterbusch schickt Hassenreuter die Anwesenden in Nebenräume.
S. 73–79	Harro Hassenreuter, Pastor Spitta	Hassenreuter diskutiert mit dem unerwartet erschienenen Pastor Spitta über die Entscheidung Erichs, Schauspieler zu werden. Dabei erfährt er von der Beziehung seiner Tochter zu Erich.
S. 79–80	Harro Hassenreuter, Erich Spitta, Walburga Hassenreuter	Hassenreuter stellt das junge Paar zur Rede.
S. 80–81	Harro Hassenreuter, Walburga Hassenreuter	Walburga setzt sich mit einem Hinweis auf die Affäre ihres Vaters mit der Rütterbusch zur Wehr.
S. 81–85	Harro Hassenreuter, Walburga Hassenreuter, Pauline Piperkarcka, Frau Kielbacke, Käferstein, Dr. Kegel	Die Piperkarcka und Frau Kielbacke erheben schwere Vorwürfe gegen Frau John. Mit sich tragen sie aber nicht das Kind der Piperkarcka, sondern das der Knobbe. Hassenreuter will die Vorwürfe gegen die John nicht glauben.

Akt/Seite	Personen	Inhalt
S. 85–87	Harro Hassenreuter, Walburga Hassenreuter, Pauline Piperkarcka, Frau Kielbacke, Schutzmann Schierke, Käferstein, Dr. Kegel	Schutzmann Schierke versucht, Licht in die Angelegenheit zu bringen.
S. 87–91	Harro Hassenreuter, Schutzmann Schierke, Sidonie Knobbe, Walburga Hassenreuter, Käferstein, Dr. Kegel	Die Knobbe fordert ihr Kind zurück.
S. 91–93	Harro Hassenreuter, Schutzmann Schierke, Sidonie Knobbe, Pauline Piperkarcka, Frau Kielbacke, Walburga Hassenreuter, Käferstein, Dr. Kegel	Es stellt sich heraus, dass das Kind unterdessen verstorben ist.
4. Akt		
S. 94–98	Paul John, Quaquaro	Quaquaro informiert John darüber, dass die inzwischen verschwundene Piperkarcka behauptet, die leibliche Mutter seines Sohnes zu sein.
S. 98–102	Paul John, Erich Spitta, Selma Knobbe	John befragt Selma zu den Vorgängen. Spitta bittet um eine finanzielle Unterstützung.
S. 102–106	Erich Spitta, Walburga Hassenreuter	Erich und Walburga erörtern den Stand ihrer Beziehung zu ihren beiden Vätern.
S. 106–107	Henriette John, Erich Spitta, Walburga Hassenreuter	Die John präsentiert sich in sichtlich verwirrtem Zustand.
S. 107–112	Henriette John, Paul John	John erwähnt seiner Frau gegenüber den Mordverdacht gegen ihren Bruder. Die nervlich erschöpfte Frau John sinniert über einen gemeinsamen Neubeginn in Amerika.
S. 112–114	Henriette John, Paul John, Bruno Mechelke	John duldet Mechelke wegen des Verdachts gegen ihn nicht in seiner Wohnung. Beide geraten in einen heftigen Streit.
S. 114–118	Henriette John, Bruno Mechelke	Mechelke gesteht seiner Schwester den Mord an der Piperkarcka.
5. Akt		
S. 118–120	Erich Spitta, Walburga Hassenreuter, Henriette John	Walburga zeigt sich verunsichert wegen der Polizeirazzia im Hause.
S. 120–123	Erich Spitta, Walburga Hassenreuter, Frau Hassenreuter, Henriette John	Frau Hassenreuter, in Unruhe versetzt wegen einer Selbstmorddrohung ihrer Tochter, findet ihre Tochter unversehrt und ist erleichtert.
S. 123–126	Erich Spitta, Harro Hassenreuter, Walburga Hassenreuter, Frau Hassenreuter, Henriette John	Hassenreuter zeigt sich den beiden jungen Leuten gegenüber versöhnlich. Außerdem berichtet er von dem Begräbnis des Kindes der Knobbe.
S. 126–131	Erich Spitta, Harro Hassenreuter, Henriette John, Paul John, Walburga Hassenreuter, Frau Hassenreuter	John sucht voller Wut nach Mechelke, der inzwischen offiziell als Mörder gesucht wird, weil man die Leiche der Piperkarcka gefunden hat. Frau John verwickelt sich immer stärker in Widersprüche.

Akt/Seite	Personen	Inhalt
S. 131–137	Erich Spitta, Harro Hassenreuter, Henriette John, Paul John, Selma Knobbe, Walburga Hassenreuter, Frau Hassenreuter	Selma Knobbe klärt den Betrug mit dem verkauften Kind auf. Die Eheleute John sagen sich voneinander los.
S. 137–138	Erich Spitta, Harro Hassenreuter, Henriette John, Paul John, Schutzmann Schierke, Quaquaro, Selma Knobbe, Walburga Hassenreuter, Frau Hassenreuter	Die John versucht zusammen mit dem Kind zu fliehen, muss dieses aber zurücklassen.
S. 138–140	Erich Spitta, Harro Hassenreuter, Quaquaro, Walburga Hassenreuter, Frau Hassenreuter	Die Anwesenden diskutieren das Vorgefallene und die Zukunft des Kindes.
S. 140	Erich Spitta, Harro Hassenreuter, Selma Knobbe, Quaquaro, Walburga Hassenreuter, Frau Hassenreuter	Selma Knobbe berichtet vom Selbstmord der John.

Vorüberlegungen zum Einsatz des Dramas im Unterricht

Das dramatische Werk Gerhart Hauptmanns (1862–1946) ist auch in den Theaterspielplänen des beginnenden 21. Jahrhunderts noch bestens vertreten. So wurden die Stücke des aus Niederschlesien stammenden Schriftstellers allein im Zeitraum von 2001–2008 annähernd siebzigmal auf deutschsprachigen Bühnen inszeniert. Davon entfielen 17 Aufführungen auf die zwischen 1909 und 1910 entstandene Tragikomödie „Die Ratten". Diese Aktualität Hauptmanns stellt zumindest auf den ersten Blick ein durchaus überraschendes Phänomen dar, assoziiert man den Autor doch eigentlich mit einer längst vergangenen Epoche: Die meisten seiner heute noch bekannten Bühnenwerke entstanden zur Zeit des Deutschen Kaiserreichs, und auch der Nobelpreis wurde ihm schon im Jahr 1912 und damit zu einem Zeitpunkt verliehen, als das alte Europa des 19. Jahrhunderts noch existierte, bevor es in den Wirren des Ersten Weltkriegs endgültig zugrunde ging.
Dennoch ist die Bedeutung Hauptmanns für die heutige Zeit unbestreitbar. Sein Einfluss auf das gegenwärtige Theaterleben erklärt sich in erster Linie aus der sozialen Modernität, die viele seiner Theaterstücke prägt. Bereits die frühen, ganz im naturalistischen Geist geschriebenen Stücke „Vor Sonnenaufgang" und „Die Weber" zielten auf eine radikal formulierte soziale Anklage ab, deren schonungsloser Realitätsbezug das zeitgenössische Bürgertum verstörte und Hauptmann zeitweise in den Ruch eines Skandalautors brachte. Diese Grundintention griff der mittlerweile zu großem nationalen und internationalen Ansehen gelangte Hauptmann gute zwanzig Jahre später wieder auf. Die eigentümliche Tragik der „Ratten" entwickelt er aus einem dichotomen Gesellschaftsbild, das die gebildeten und großbürgerlichen Schichten, denen die gesellschaftliche Partizipation möglich ist, der Kleinbürger- und Unterschicht gegenüberstellt, deren individuelle Handlungs- und Entwicklungsoptionen den beschränkenden Zwängen materieller und existenzieller Not unterworfen sind beziehungsweise deren schmale gesellschaftliche Besitzstände stets von Verlustgefahr bedroht sind. Dies spiegelt sich auch im Dramentyp wider: In der Tragikomödie findet Hauptmann die geeignete Form, mit der er die Tragik der Frau John durch die komische Dimension der Hassenreuter-Handlung zu kontrastieren vermag.
Die soziale Aktualität des Stücks realisiert sich in diesem Zusammenhang vor allem im Bereich der dargebotenen Familienbilder. So ist das Umfeld Henriette Johns von der Brüchigkeit und vom Verfall gesellschaftlicher Strukturen geprägt: Ihr Bruder Bruno Mechelke steht als Krimineller außerhalb der bürgerlichen Werteordnung, während die drogensüchtige Nachbarin Knobbe ihre Familie verwahrlosen lässt. Sie selbst will sich mit allen Mitteln den Traum einer Familie erfüllen: Der Versuch, der ebenfalls im gesellschaftlichen Abseits stehenden Pauline Piperkarcka das Neugeborene abzukaufen und dieses als das eigene Kind auszugeben, führt schließlich in die Katastrophe. Zugleich entlarvt Hauptmann in seinem Drama auch die Ideale des Bürgertums: Der auf sein Ansehen stolze Harro Hassenreuter betrachtet zwar die Beziehung seiner Tochter Walburga mit dem Studenten Erich Spitta als unehrenhaft, betrügt aber ohne Skrupel seine Frau, und der engstirnige Landpfarrer Spitta hat aufgrund seiner Unduldsamkeit sogar seine eigene Tochter in den Selbstmord getrieben. Die am Schluss des Stücks stattfindende oberflächliche Aussöhnung des jungen Paars mit Harro Hassenreuter lässt den Zuschauer schließlich auch an der Glaubwürdigkeit ihres jugendlichen Idealismus zweifeln.
Die komplexen sozialen Bezüge lassen den Text als sehr geeignet für eine vertiefte Behandlung im Deutschunterricht erscheinen, da sie vielfältige Ansätze bietet, um die gesellschaftlichen Bedingtheiten des modernen Menschen zu reflektieren. Darüber hinaus können mit dem Drama noch andere wesentliche Einsichten vermittelt werden. So findet innerhalb des

Stücks eine dramentheoretische Diskussion statt, auf deren Basis der Begriff des „Naturalismus" sowie konkurrierende Literaturkonzepte genauso erarbeitet werden können wie die Grundelemente der historischen Theatertheorie. Zudem erhalten die Jugendlichen mittels einer Analyse unterschiedlicher „Ratten"-Inszenierungen aus verschiedenen Jahrzehnten Einblicke in das Wesen der bühnenpraktischen Realisierung von Theatertexten und entwickeln am Ende der Sequenz eine eigene, persönliche Beurteilung des Stücks.

Das Unterrichtsmodell ist primär für den Einsatz in der Oberstufe konzipiert. Neben der Erarbeitung des Stückes selbst decken die dargebotenen Materialien zum Teil auch weiter gefasste Lerninhalte ab, die die allgemeine Vorbereitung auf die Abiturprüfung unterstützen können. Dabei setzen die einzelnen Bausteine Interpretationsschwerpunkte, mit denen jedoch nicht der Anspruch verbunden ist, sämtliche inhaltlichen beziehungsweise formalen Aspekte des Werks abzudecken.

Hinsichtlich der methodischen Gestaltung bietet die analytische Textarbeit einen wichtigen Schwerpunkt, allerdings werden auch viele handlungs- und produktionsorientierte Verfahren eingebaut, um eine gleichbleibende Motivation der Schülerinnen und Schüler während der Behandlung der Lektüre zu gewährleisten. Dem gleichen Zweck dient die Abwechslung im Bereich der Sozialformen.

Als Textgrundlage wurde die 36. Auflage der Ullstein-Taschenbuchausgabe von 2007 genutzt.

Die dem Modell zugrundeliegende Fachliteratur ist dem Literaturverzeichnis zu entnehmen. Besonders sei verwiesen auf den Titel „Erläuterungen und Dokumente" von Werner Bellmann, dem nicht nur zahlreiche Worterklärungen zu entnehmen sind, sondern das auch eine große Auswahl an Dokumenten zur Entstehungs- und Wirkungsgeschichte des Dramas enthält.

Für eine vertiefte Vorbereitung auf die Unterrichtssequenz kann die Lehrkraft außerdem auf folgende Internetseiten zurückgreifen:

http://www.felix-bloch-erben.de/index.php5/aid/50/cid/1/letter/H/autor/Gerhart%2B-Hauptmann/Action/showAuthor/fbe/3c715a673c0e9964b8425f736726ebcb/
[Stand: 01.08.2008]
(Mithilfe dieser Seite lässt sich unter anderem eine pdf-Broschüre generieren, die eine Biografie Hauptmanns ebenso umfasst wie Inhaltsangaben und Kritiken zu seinen wichtigsten Werken sowie ein Premierenverzeichnis.)

http://www.meinebibliothek.de/Texte6/index.html [Stand: 01.08.2008]
(Auf dieser Seite findet man eine sehr ausführliche Biografie Hauptmanns.)

http://www.dhm.de/lemo/html/biografien/HauptmannGerhart/index.html
[Stand: 01.08.2008]
(Diese Seite des Deutschen historischen Museums bietet einen tabellarischen Lebenslauf Hauptmanns.)

http://www.gerhart-hauptmann.org/ [Stand: 01.08.2008]
(Die Homepage des Museumsverbunds „Gerhart Hauptmann" repräsentiert vier Hauptmann-Museen in Deutschland und Polen: das Gerhart Hauptmann-Haus in Kloster auf Hiddensee, das Gerhart Hauptmann-Museum in Erkner, das Gerhart Hauptmann-Haus in Agnetendorf, heute Jelenia Góra, und das Carl und Gerhart Hauptmann-Haus in Schreiberhau, heute Szklarska Poręba.)

http://www.ub.fu-berlin.de/internetquellen/fachinformation/germanistik/autoren/multi_fgh/hauptm.html [Stand: 01.08.2008]
(Diese Seite der Freien Universität Berlin bietet eine umfangreiche Linksammlung zu Hauptmann und seinen Werken.)

http://www.hamburger-bildungsserver.de/welcome.phtml?unten=/faecher/deutsch/autoren/hauptmann/index.htm [Stand: 01.08.2008]
(Der Hamburger Bildungsserver stellt eine Übersicht über didaktisch verwertbare Links zu Autor und wichtigen Werken vor.)

Vorschläge für Klausurthemen

1. Der erste Auftritt Bruno Mechelkes (erster Akt, S. 10–16):
   Charakterisieren Sie Bruno Mechelke und erläutern Sie, inwieweit dieser als typische Figur eines naturalistischen Dramas gelten kann.
2. Das letzte Aufeinandertreffen von Henriette John und Bruno Mechelke (vierter Akt, S. 112–118):
   Analysieren Sie den Gesprächsverlauf und zeigen Sie die in der Szene dargestellte existenzielle Tragik der beiden Figuren auf.
3. Der Dialog Harro Hassenreuter – Pastor Spitta (dritter Akt, S. 73–79):
   Betten Sie die Szene in den Handlungsverlauf ein und vergleichen Sie die deutlich werdenden Einstellungen der beiden Figuren.
4. Regieanweisung zum 2. Akt (S. 34–35):
   Unternehmen Sie auf der Grundlage der Regieanweisung eine literaturgeschichtliche Einordnung des Dramas und stellen Sie inhaltliche Bezüge zur Tragödie der Frau John her.
5. Eine Aufgabenstellung zum Vergleich verschiedener Versionen des Dramenschlusses findet sich im Zusatzmaterial 2, S. 110.

Vorschläge für Facharbeits- beziehungsweise Seminararbeitsthemen

1. Der Kindsmord bei Goethe, Hebbel und Hauptmann: Ein Motivvergleich
2. Der Spielraum als symbolischer Bedeutungsträger: Eine Untersuchung der Regieanweisungen im Drama „Die Ratten"
3. Die Aktualität der Gesellschaftskritik in dem Drama „Die Ratten": Eine Analyse der Familienbilder aus heutiger psychologischer Sicht
4. Der Stellenwert des Dramas „Die Ratten" im gegenwärtigen Theater: Eine Auswertung aktueller Aufführungskritiken
   (Die entsprechenden Texte können mittels einer zielgerichteten Internetrecherche zusammengestellt werden.)
5. Das Drama „Die Ratten" im Spiegel seiner Verfilmungen: Ein Rezeptionsvergleich
   (Neben mehreren Fernsehfassungen sind vor allem zwei Kinoadaptionen zu untersuchen: Ein 1921 unter Regie von Hanns Kobe entstandener Stummfilm sowie die von Robert Siodmak inszenierte preisgekrönte Bearbeitung aus dem Jahr 1955, an der unter anderem Curd Jürgens und Maria Schell mitwirkten.)
6. „Die Ratten" auf der Schulbühne: Konzeption einer Fassung für die schuleigene Theatergruppe

Die Konzeption des Unterrichtsmodells

Baustein 1 stellt zunächst methodische Gestaltungsmöglichkeiten für die Erstbegegnung mit der Lektüre zur Verfügung. Dabei stehen sowohl assoziative Verfahren als auch informationsorientierte Rechercheaufträge zur Auswahl. Diese erste Annäherung bildet die Grundlage für die häusliche Lektüre. Die sich anschließende Reflexionsphase bietet den Schülerinnen und Schülern Gelegenheit, sich über ihre bislang individuell vollzogenen Leseerfahrungen auszutauschen. Durch eine Analyse der Exposition werden die Schülerinnen und Schüler in die Thematik des Stücks eingeführt.

Baustein 2 beschäftigt sich mit der Mutterschaft Henriette Johns. Als Einstieg werden die von Hauptmann für sein Werk herangezogenen Quellen ausgewertet. Es folgt eine chronologisch strukturierte Untersuchung des Handlungsverlaufs. Den Beginn bildet die Vorbereitung des Kindshandels. Im Anschluss werden zum einen der Versuch Henriette Johns, ihre Mutterschaft sozial und juristisch zu legitimieren, und zum anderen die Anfechtung ihrer Mutterschaft vonseiten der biologischen Mutter Pauline Piperkarcka in den Blick genommen. In diesem Zusammenhang bietet sich Gelegenheit, das von Hauptmann variierte Motiv des „Salomonischen Urteils" mit anderen literarischen Verarbeitungen zu vergleichen. Die Folgen des am Ende des Stücks offenkundig werdenden Scheiterns der John werden als eine sich in systematischer Weise vollziehende gesellschaftliche und familiäre Isolierung gewertet, deren letzte tragische Konsequenz im Selbstmord der Protagonistin besteht.

Baustein 3 problematisiert das Selbstbild der Vertreter des Bürgertums. Die Auftritte Harro Hassenreuters werden als substanzlose und ausschließlich an der jeweiligen Situation orientierte Selbstinszenierungen interpretiert. Der auffällige Widerspruch zwischen Anspruch und Wirklichkeit lässt Hassenreuter als komische Figur erscheinen, deren soziale Position sich primär auf die patriarchalischen Sozialstrukturen der damaligen Gesellschaft stützt. Allerdings bleibt die dominierende Position des Vaters in der Familie nicht unwidersprochen: In den Familien Hassenreuter und Spitta werden Generationenkonflikte ausgefochten, deren teils tragische Hintergründe zusammen mit dem verstockten Verhalten der Väter die soziale Hierarchie delegitimieren.

Baustein 4 reflektiert die Struktur des Stücks anhand der typologischen Unterscheidung zwischen dem offenen und dem geschlossenen Drama und erörtert den von Hauptmann für sein Stück gewählten Begriff der Tragikomödie. Zudem werden die wichtigsten Kennzeichen der naturalistischen Literaturästhetik am Dramentext überprüft.

Baustein 5 behandelt den Rezeptionsaspekt. Die Schülerinnen und Schüler analysieren und bewerten verschiedene Kritiken zum Stück und werden dadurch zu einem eigenen subjektiven Urteil angeregt.

Die thematischen Bausteine des Unterrichtsmodells

Baustein 1

Hinführung zum Drama

Dieser Baustein dient dazu, das persönliche Leseinteresse der Schülerinnen und Schüler anzuregen und sie gleichzeitig auf die Kernthemen des Dramas einzustimmen. Die im Folgenden angebotenen Verfahren zur Gestaltung der Einstiegsphase ermöglichen ein mehrschrittiges Vorgehen: Zunächst findet eine Erstbegegnung mit dem Drama und seinem Autor im Rahmen des Unterrichts statt. Dadurch wird die häusliche Lektüre des Textes vorbereitet. Die sich im individuellen Leseprozess konstituierenden subjektiven Texterfahrungen der Schülerinnen und Schüler werden dann im Rahmen einer gemeinsamen Reflexionsphase zusammengeführt. Die im Anschluss vorzunehmende Analyse der expositorischen Funktion des ersten Akts schafft die thematischen Grundlagen für die Behandlung der weiteren Bausteine.

1.1 Erstbegegnung

Das Ziel dieser Phase besteht darin, bei den Schülerinnen und Schülern eine intellektuelle Neugier auf die Auseinandersetzung mit dem Text und seinen Autor zu wecken.
Sinnvollerweise erfolgt diese Erstbegegnung zeitgleich mit der Ausgabe der Lektüretexte in der Klasse.

Annäherung an die Textausgabe

Die Erstbegegnung mit der Textausgabe erfolgt über die Titelseite, deren Mittelpunkt neben der Nennung von Titel und Autor eine gezeichnete Abbildung zweier Ratten bildet. Die Schülerinnen und Schüler werden aufgefordert, freie Assoziationen zum Begriff „Ratten" zu äußern.

- *Die Titelseite eines Buches dient sozusagen als Visitenkarte, da sie dem Leser eine erste Vorstellung vom Inhalt vermitteln soll. Beschreiben Sie, welche gedanklichen und emotionalen Assoziationen der Titel des Dramas und das Bild der beiden Ratten bei Ihnen persönlich weckt.*

Dabei ist zu erwarten, dass die Schüleräußerungen grundsätzlich in zwei Richtungen gehen werden: Zunächst einmal lösen Ratten negative Assoziationen aus. Sie stehen gemeinhin im Ruf, dreckig zu sein und Krankheiten zu übertragen. Das Vorkommen von Ratten deutet in

der Regel auf unhygienische Lebensbedingungen hin. Auf menschliche Charaktereigenschaften bezogen stehen sie für Hinterlist und Destruktivität. Auf der anderen Seite dürften auch positive Aspekte genannt werden. Ratten stehen auch für Lebenskraft, da sie sich unter widrigen und unwirtlichen äußeren Umständen zu vermehren vermögen. Außerdem setzen sich Ratten in unserer Gesellschaft inzwischen auch als Haustiere durch. Ausschlaggebend für diesen Wandel dürfte sein, dass die Tiere verstärkt als intelligente Wesen mit einem durchaus sympathischen Äußeren angesehen werden. Auch das Titelbild, das möglicherweise aus einem zoologischen Fachwerk stammt, präsentiert die Ratten nicht etwa unter dem Aspekt des Ekels und der Hässlichkeit, sondern betrachtet sie ganz im Gegenteil als Gegenstand objektiven Betrachterinteresses.
Die Lehrkraft hält die Assoziationen der Schüler zunächst stichwortartig fest. Im nächsten Schritt soll die Klasse auf der Basis der gesammelten Ergebnisse Erwartungen an das Theaterstück formulieren.

- *Sie haben sich die unterschiedlichen Bedeutungsebenen des Begriffs „Ratte" vergegenwärtigt. Formulieren Sie auf dieser Grundlage Ihre ganz persönlichen Erwartungen an das Theaterstück.*

Diese Erwartungen sollen von jedem Schüler schriftlich fixiert und am Ende der Lektürephase überprüft werden. So könnte beispielsweise in einer kurzen Feedback-Runde eruiert werden, welche Erwartungen vom Stück erfüllt und welche Vorstellungen dagegen nicht eingelöst wurden.

Annäherung an den Autor

Um die wichtigsten biografischen Zusammenhänge im Leben des Autors zu sichern, bietet sich die problembezogene Auswertung eines Sachtexts oder die Durchführung von Schülerreferaten an. Alternativ kann das Leben des Autors auch über eine Internetrecherche erschlossen werden.

Auswertung eines Sachtexts
Den Schülern wird mit dem **Arbeitsblatt 1**, S. 31 eine aussagekräftige Kurzbiografie ausgehändigt, die mithilfe von Leitfragen auszuwerten ist. Diese sind ebenfalls auf dem Arbeitsblatt enthalten. Dieser Arbeitsschritt kann sowohl in Einzel- wie auch in Partnerarbeit erfolgen. Unter Umständen provoziert der Text auf Seiten der Schülerinnen und Schüler weitergehende Fragen zu Hauptmann (vgl. Teilaufgabe 4 auf dem Arbeitsblatt). Diese Fragen können im Rahmen der gemeinsamen Besprechung von der Lehrkraft beantwortet werden oder auch eine Ausgangsbasis für vertiefte Rechercheaufgaben bilden. Zu deren Beantwortung werden „Experten" aus dem Kreis der Klasse ernannt, die diese Spezialaufgaben mithilfe des Internets bearbeiten und ihre Ergebnisse dem Plenum in geeigneter Form, vielleicht sogar als Kurzreferat, vorstellen.

Schülerreferate
Erfolgt die Annäherung an die Künstlerbiografie Hauptmanns über Referate, so ist zu beachten, dass die Bearbeitung der Themen vonseiten der Schüler eines gewissen zeitlichen Vorlaufs bedarf. Außerdem sollten deskriptive Themenformulierungen, beispielsweise „Gerhart Hauptmann – Leben und Werk", grundsätzlich vermieden werden, da sie rein faktenorientierte Zusammenfassungen begünstigen, die für die Klasse kaum einen nachhaltigen Lernfortschritt ermöglichen. Vielmehr sollten die Aufgabenstellungen einen schülergerechten Problematisierungsgrad beinhalten. Denkbar sind unter anderem folgende Themen:
„Gerhart Hauptmann – ein würdiger Nobelpreisträger?"
Dieses Thema beleuchtet den literarischen Werdegang Hauptmanns bis zur Verleihung des Nobelpreises 1912 sowie sein zeitgenössisches Renommee als Autor.

„Gerhart Hauptmann – ein Autorenleben vor dem Hintergrund der deutschen Geschichte"
Das Thema zielt darauf ab, die Zusammenhänge zwischen der individuellen Künstlerbiografie Hauptmanns und den jeweiligen zeitgeschichtlichen Bedingungen aufzuzeigen. Die zahlreichen Aspekte dieses Themas lassen auch eine Verteilung auf mehrere Schülerinnen und Schüler zu:

- Die Werke Hauptmanns als Spiegel der sozialen Realität im Kaiserreich
- Gerhart Hauptmanns Haltung zum Ersten Weltkrieg und zur Weimarer Republik
- Hauptmann und der Nationalsozialismus (unter Berücksichtigung der politischen Verwicklungen um die Bestattung des Autors, der 1946 im inzwischen Polen angegliederten Breslau verstarb)

Internetrecherche
Für internetgestützte Recherchen zum Leben Hauptmanns bietet sich die Auswertung diverser Online-Enzyklopädien an. Informative Artikel zu „Gerhart Hauptmann" finden sich zum Beispiel unter:

www.encarta.msn.de
www.wikipedia.de
www.whoswho.de

Der Arbeitsauftrag für eine Gruppenarbeit könnte lauten:

■ *Informieren Sie sich mithilfe eines Ihnen geeignet erscheinenden Online-Lexikons über das Leben Gerhart Hauptmanns und fassen Sie die Informationen, die Sie für besonders wichtig halten, in Form von drei bis fünf aussagekräftigen Thesen zusammen.*

Die Thesen jeder Gruppe lassen sich jeweils auf einer Overheadfolie festhalten. Anschließend werden die Ergebnisse der einzelnen Teams im Plenum diskutiert und überarbeitet. Der inhaltliche Ertrag der Diskussion könnte darin bestehen, sich auf eine gemeinsame Formulierung von ungefähr fünf konsensfähigen Thesen zu einigen, die beispielsweise in Form eines Plakats gesichert werden können.
Eine vertiefende Weiterführung der Online-Recherche könnte folgendes Ziel haben: Durch einen exemplarischen Vergleich des von einem namentlich genannten Fachmann verfassten Artikels in „Microsoft-Encarta" mit dem entsprechenden Eintrag in der „freien" Enzyklopädie „wikipedia" setzen sich die Schülerinnen und Schüler nicht nur mit den jeweiligen inhaltlichen Darstellungen zu Hauptmann auseinander, sondern erlernen zugleich einen kritischen Blick auf die vielfältigen Wissensangebote im „World Wide Web". Dies ist vor allem für die Nutzung von „wikipedia" von Bedeutung: Das Lexikon stellt zum Teil sehr umfangreiche, wissenschaftlich belegte Einträge zur Verfügung, deren Verlinkung auf andere Webseiten eine hohe Praxistauglichkeit sicherstellt. Fachlich falsche oder von der inhaltlichen Tendenz her manipulativ gestaltete Artikel sollen entsprechend der Gründeridee durch die ständige kritische Aufsicht der weltweiten „wikipedia-community" korrigiert werden. Eine im Rahmen der Unterrichtssequenz durchgeführte Diskussion über Chancen und Grenzen dieses Ideals einer sich selbst kontrollierenden internationalen „User-Gemeinschaft" trägt ohne Zweifel erheblich zur Sensibilisierung der Schülerinnen und Schüler hinsichtlich des Informationswerts moderner Medien bei.
Konkret analysieren die Jugendlichen in Partner- oder Gruppenarbeit die jeweiligen Einträge zu Gerhart Hauptmann in den beiden genannten Enzyklopädien und vergleichen Sie anhand eines zuvor im Rahmen eines Unterrichtsgesprächs festgelegten Kriterienkatalogs. Die Aufgabenstellung lautet:

- *Untersuchen Sie die Qualität und die Benutzerfreundlichkeit der beiden Online-Enzyklopädien www.encarta.msn.de und www.wikipedia.de, indem Sie die beiden Artikel zu „Gerhart Hauptmann" anhand der im Unterricht erarbeiteten Kriterien vergleichen.*

Alternativ kann zur Bearbeitung auch das **Arbeitsblatt 2**, S. 33, herangezogen werden, auf dem die Vergleichskriterien bereits vorgegeben sind.
Die Auswertung der Online-Enzyklopädien lässt sich fakultativ auch in Gestalt eines produktiven Arbeitsauftrags weiterführen. Die Schülerinnen und Schüler sollen im Rahmen einer zusätzlichen Internetrecherche besonders aussagekräftiges Foto- und Bildmaterial für die wichtigsten Ereignisse im Leben des Autors finden und als illustrierte Bildcollage anordnen. Als Sozialform bietet sich die Gruppenarbeit an.

- *Sammeln Sie für wichtige Lebensstationen Hauptmanns aussagekräftiges Bildmaterial und ordnen Sie dieses in einer Bildercollage an. Achten Sie dabei auf die richtige zeitliche Abfolge und versehen Sie jedes Einzelbild mit einem kurzen erläuternden Text.*

Die Ergebnisse werden der Klasse von den jeweiligen Gruppensprechern vorgestellt.
Anschließend soll eine gemeinsame Diskussion die Stärken der einzelnen Collagen herausstellen und Verbesserungsvorschläge für die weniger gelungenen Elemente hervorbringen.
Von großem interdisziplinärem Interesse wäre es, die wikipedia-Einträge zu Hauptmann aus anderen Ländern mit der deutschen Fassung zu vergleichen, z. B. den englischsprachigen oder den französischen Artikel. Hierzu könnten entsprechende Schülerreferate vergeben werden. Eventuell nötig werdende Hilfestellungen könnten vom jeweiligen Fachlehrer erbeten werden. Ein solcher Perspektivenwechsel böte die Chance, den deutschen Blickwinkel auf den Autor durch die Sichtweisen anderer Nationen zu ergänzen. Eine mögliche Aufgabenstellung könnte lauten:

- *Untersuchen Sie den Eintrag zu „Gerhart Hauptmann" in der englischsprachigen (französischsprachigen, spanischsprachigen, italienischsprachigen, ...) „wikipedia" und vergleichen Sie ihn mit der Fassung für den deutschsprachigen Raum. Welche inhaltlichen Gemeinsamkeiten und Unterschiede lassen sich feststellen? Können eventuell sogar Rückschlüsse auf das Hauptmann-Bild der einzelnen Nationen gezogen werden?*

1.2 Lektürephase

Der Dramentext sollte von den Schülerinnen und Schülern vor Beginn der Unterrichtssequenz selbstständig gelesen werden. Sinnvoll erscheint ein Zeitraum von ein bis zwei Wochen. Um die Textkenntnis zu sichern, werden Lesetagebücher geführt, in denen der Inhalt der einzelnen Kapitel zusammengefasst werden soll (siehe hierzu **Arbeitsblatt 3**, S. 34–35). Damit verschaffen sich die Schüler einen Überblick über die stellenweise etwas unübersichtliche Handlungsstruktur sowie über die jeweilige Personenkonstellation. Das vollständig ausgefüllte Lesetagebuch kann dann bei der gemeinsamen Besprechung der Lektüre als Orientierungshilfe im Drama dienen.

1.3 Reflexion des Leseprozesses

Lektüretest und Kurzcharakterisierungen

Ein Fragebogen zu wichtigen Fakten und Zusammenhängen im Stück (s. hierzu **Arbeitsblatt 4**, S. 36) ermöglicht es den Schülerinnen und Schülern, ihren individuellen Leseerfolg, besonders im Hinblick auf die Textkenntnis, zu überprüfen. Der Lehrkraft bieten sich im Rahmen der gemeinsamen Verbesserung des Fragebogens erste Gesprächsanlässe über das Drama. Einen ähnlichen Zweck verfolgt die Aufgabe, die wichtigsten Figuren des Dramas mit wenigen Stichworten zu charakterisieren (**Arbeitsblatt 5**, S. 37). Bei der Besprechung der Ergebnisse ist zu beachten, dass die Schülerinnen und Schüler im Rahmen der Bearbeitung der Aufgabe nicht nur objektivierbare Fakten erinnern, sondern zugleich auch auf subjektive Leseeindrücke zurückgreifen. Dadurch erweitert sich der Spielraum angemessener Lösungsvorschläge erheblich.

- *Charakterisieren Sie das innere Wesen von jeder der aufgeführten Figuren mit möglichst treffenden Adjektiven.*

Literarisches Alphabet

Die Idee hinter der Aufgabenstellung besteht darin, den Titel des Theaterstücks als Akronym anzusehen. Jeder Buchstabe lässt sich zu einem vollständigen Gedanken ergänzen, der einen thematischen Aspekt, eine Leseassoziation oder Ähnliches widerspiegelt (siehe **Arbeitsblatt 6**, S. 38). Die Bearbeitung kann in Einzel- oder Partnerarbeit erfolgen.

- *Füllen Sie das Arbeitsblatt aus. Jeder Buchstabe ist als Wortanfang zu betrachten, der einen persönlichen Gedanken zum Drama einleitet.*

Feedback-Formular

Durch diese Methode machen sich die Schülerinnen und Schüler ihre Leseeindrücke bewusst. Außerdem erhält die Lehrkraft wichtige Rückmeldungen über die Einschätzung des Dramas vonseiten der Klasse.
Zunächst verbalisieren die Schüler mithilfe des **Arbeitsblattes 7**, S. 39 ihre persönlichen Leseeindrücke. Dabei besteht selbstverständlich keine Verpflichtung, jede der angegebenen Zeilen auszufüllen. Anschließend stellt jeder Schüler sein Formular vor. Sämtliche Ergebnisse werden gesammelt, zum Beispiel auf einem Plakat, das im Klassenzimmer ausgehängt werden kann.

Die „zwei Welten" im Stück

Die Struktur des Dramas ist in mehrfacher Hinsicht kontrastiver Natur: So treffen unter dem Dach der alten Kavalleriekaserne Repräsentanten des Bürgertums (Familie Hassenreuter) auf Vertreter der Kleinbürger (Familie John) beziehungsweise der Unterschicht (Pauline Piperkarcka, Bruno Mechelke, Sidonie Knobbe), werden Verfechter der öffentlichen Ordnung (Hassenreuter, Schierke) mit Straftätern (Bruno Mechelke) und Drogensüchtigen (Sidonie Knobbe) konfrontiert, erfahren Väter (Hassenreuter, Pastor Spitta) den Generationenkonflikt mit ihren Kindern (Walburga, Erich), wehren sich Anhänger einer klassischen Kunstauffassung (Hassenreuter) gegen naturalistische Neuerer (Erich Spitta). Auch in den Spielräumen des Stücks wird ein Gegensatz realisiert: Der fensterlose, unaufgeräumte Dachboden (vgl. die Regieanweisungen S. 7–8) stellt mit seinem „ungewissen Licht" (S. 7) gewissermaßen die obskure Gegenwelt zur sauberen, gepflegten und freundlichen Wohnung des Ehepaars John dar (vgl. hierzu die Regieanweisungen S. 34–35). Überdies bedingt auch die Gattungs-

zuordnung „Tragikomödie" eine entsprechende Ambivalenz: Während das Geschehen um die Mutterschaft Henriette Johns ausschließlich tragischen Charakter trägt, steuert die Hassenreuter-Handlung das komische Element bei.
Die gemeinsame Erörterung der „zwei Welten" des Dramas im Rahmen eines Unterrichtsgesprächs vertieft das Textverständnis der Schülerinnen und Schüler und kann mit folgendem Auftrag angestoßen werden:

- *„Die Idee des Dramas bestand aus dem Gegensatz zweier Welten und hatte diese beiden Welten zum Ausgangsgrund."[1] Versuchen Sie eine möglichst differenzierte Erläuterung dieser Aussage Hauptmanns zu seinem Stück.*

Der sozialhistorische Hintergrund

Die Figurenkonstellation des Dramas „Die Ratten" bezieht sich auf die Gesellschaftsstruktur im Deutschen Kaiserreich im auslaufenden 19. Jahrhundert. Der Einbezug der historischen Zusammenhänge erscheint ratsam, um den Schülerinnen und Schülern die Möglichkeit zu geben, ihre Geschichtskenntnisse aufzufrischen und dieses Wissen als notwendige Voraussetzung für ein angemessenes Textverständnis zu sichern.
Zunächst erarbeitet sich die Klasse mithilfe eines Sachtexts (**Arbeitsblatt 8**, S. 40) die wesentlichen Aspekte der Gesellschaftsstruktur im Kaiserreich. Anschließend sollen sämtliche Personen des Dramas einer sozialen Schicht zugeordnet werden.

- *Informieren Sie sich mithilfe des Arbeitsblatts 8 über den Aufbau der Gesellschaft im Kaiserreich. Ordnen Sie anschließend jede der im Personenverzeichnis des Dramas (S. 6) aufgeführten Figuren einer Schicht zu und begründen Sie Ihre Entscheidung.*

1.4 Der erste Akt als Exposition

Dem ersten Akt des Dramas kommt in mehrfacher Hinsicht eine expositorische Funktion zu. Zunächst einmal wird in den Regieanweisungen die Handlung räumlich und zeitlich verortet: Das Drama spielt in „einer ehemaligen Kavalleriekaserne zu Berlin" (S. 7) eines „Sonntags Ende Mai" (S. 8). Des Weiteren haben die meisten der Hauptfiguren ihren ersten Auftritt, mit Ausnahme von Paul John, Sidonie Knobbe und Pastor Spitta. Dadurch wird gleichzeitig ein soziales Panorama entfaltet, das für das gesamte Drama konstitutiv ist: Während Pauline Piperkarcka und Bruno Mechelke die gesellschaftliche Unterschicht repräsentieren, steht die John für einfache bürgerliche Verhältnisse. Die Mitglieder der Familie Hassenreuter sind dem Großbürgertum zuzuordnen, Spitta dem Bildungsbürgertum.
Außerdem führt der erste Akt in die wesentlichen Charakterzüge, Interessen und Konflikte der Figuren ein, durch welche die Stränge der dramatischen Handlung motiviert und die folgenden Entwicklungen angedeutet werden:

- der starke Kinderwunsch Henriette Johns, aufgrund dessen sie im Weiteren den Neugeborenen Pauline Piperkarckas als ihren eigenen Sohn ausgibt,
- die verzweifelte Situation der Piperkarcka, die zunächst zum Kindesverzicht führt,
- die dumpfe Gewaltbereitschaft Bruno Mechelkes,
- der Kontrast zwischen Hassenreuters beruflicher Situation einerseits und seiner beruflichen Vergangenheit und seinen Ambitionen andererseits,
- die Doppelmoral Hassenreuters, der sich als besorgter Familienvater gibt, aber gleichzeitig mit der Schauspielerin Rütterbusch fremdgeht,

[1] Zit. nach: G. Hauptmann: Sämtliche Werke. Frankfurt/M., Berlin 1962. Band IX, S. 809

- die heimliche Beziehung Spittas zu Walburga Hassenreuter,
- Spittas Wunsch, das Theologiestudium abzubrechen und stattdessen Schauspieler zu werden.

Um die genannten Aspekte im Unterricht zu erarbeiten, wird folgendes Vorgehen vorgeschlagen: Zunächst wird dem Kurs an der Tafel oder auf Folie das folgende Zitat des amerikanischen Literaturwissenschaftlers Walter A. Reichart präsentiert, der die große Meisterschaft Hauptmanns beim Konzipieren seiner dramatischen Exposition hervorhebt:

> **„In vielen Fällen ist es die Exposition, die meisterhaft wirkt und in überzeugender Weise eine dramatische Handlung entwickelt."**
>
> Aus: Reichart, Grundbegriffe im dramatischen Schaffen Gerhart Hauptmanns, S. 145

Dabei sollen die Schülerinnen und Schüler den Begriff der Exposition anhand ihres Vorwissens erklären. Anschließend wird die Aussage Reicharts anhand des ersten Aktes der „Ratten" überprüft. Zu diesem Zweck erfolgt zunächst eine genauere Klärung des Begriffs „Exposition" und anschließend die Übertragung auf den Dramentext. Für den Arbeitsauftrag bietet sich Einzelarbeit ebenso an wie Partner- oder Gruppenarbeit.
Die Aufgabenstellung könnte folgendermaßen formuliert sein:

- *Informieren Sie sich mithilfe eines Fachlexikons beziehungsweise einer Online-Recherche über den dramentheoretischen Begriff der „Exposition" und überprüfen Sie, inwieweit dieser Begriff auf den ersten Akt der „Ratten" anwendbar ist.*

Die Ergebnisse werden gemeinsam besprochen und auf einer Overheadfolie zusammengefasst:

Der erste Akt — eine Exposition?

Bedeutung des Begriffs „Exposition":
Einführung in eine räumliche und zeitliche Situation, Vorstellung der Hauptfiguren sowie der handlungsbestimmenden Interessen und Konflikte.

Anwendbarkeit auf den ersten Akt der „Ratten":
Ort und Zeit: Mietskaserne in Berlin, Ende Mai

Figurenkonstellation:
<u>Oberschicht</u>: Großbürgertum: Familie Hassenreuter
Bildungsbürgertum: Spitta
<u>Einfache bürgerliche Schicht</u>: Frau John
<u>Unterschicht</u>: Piperkarcka, Bruno Mechelke

Handlungsmotive:
- Kinderwunsch Henriette Johns
- soziale Zwangslage der Piperkarcka
- Kriminelle Energie Bruno Mechelkes
- Kontrast zwischen Hassenreuters Situation und seinen beruflichen Ambitionen
- Hassenreuters Doppelmoral
- heimliche Beziehung Spitta – Walburga Hassenreuter
- Spittas Drang zur Schauspielerei

➡ **Dem ersten Akt des Dramas kommt in jeder Hinsicht expositorische Funktion zu**

Bereits im Zusammenhang mit der Analyse des ersten Aktes bietet sich eine gute Gelegenheit, das Augenmerk der Schülerinnen und Schüler auf die dem naturalistischen Dramenverständnis entsprechend sehr umfangreich gestalteten Regieanweisungen Hauptmanns zu lenken. Mit folgender Gestaltungsaufgabe kann man die Klasse dafür sensibilisieren, das Drama nicht nur als Lesetext wahrzunehmen, sondern beim Lesen zugleich auch die aufführungspraktische Dimension mitzureflektieren.

- *Analysieren Sie die Regieanweisung zu Beginn des ersten Aktes (S. 7–8) und entwerfen Sie eine den Vorgaben des Autors möglichst genau entsprechende Skizze für die Gestaltung der Bühne.*

Dieser Arbeitsauftrag eignet sich im Übrigen gut als Hausaufgabe. Nach erfolgter Fertigstellung bietet es sich an, dass sich die Schüler die von ihnen produzierten Skizzen gegenseitig vorstellen und die Werke vielleicht sogar im Klassenzimmer aufhängen. Auf diese Weise ist während der gesamten Unterrichtssequenz ein visueller Bezug zur Theaterbühne und damit zur eigentlichen Bestimmung des Dramentexts gewährleistet.

Notizen

Kurzbiografie Gerhart Hauptmanns

1862 in Schlesien geboren, zählt Gerhart Hauptmann zu den bedeutendsten Vertretern des Naturalismus. Sein umfangreiches Schaffen ausschließlich darauf zu beziehen, wäre indessen den Intentionen des Autors ebenso wenig gerecht wie der stilistischen Vielfalt seiner Dramen. Die Verbundenheit mit seiner schlesischen Heimat und die in seiner Jugend erfahrene wirtschaftliche Not bestimmen immer wieder seine Themen, Motive und Charaktere. Nachdem er mit 16 Jahren die Realschule verlassen hat, beschäftigt er sich mit vielen unterschiedlichen Studien, ohne sich für die eine oder andere Richtung entscheiden zu können. So versucht er, sich in Rom eine Existenz als Bildhauer aufzubauen. Das Vorhaben scheiterte aber ebenso wie verschiedene Ansätze zum Beginn eines Hochschulstudiums, die Hauptmann jeweils nach kurzer Zeit wieder abbrach.

Die Heirat mit der Großkaufmannstochter Marie Thienemann enthebt ihn materieller Sorgen und sichert die Existenz eines freien Schriftstellers. 1889 führt die Uraufführung des sozialen Dramas „Vor Sonnenaufgang" am Berliner Lessing-Theater zu einem handfesten Theaterskandal, da der naturalistische Ansatz und die dadurch zum Ausdruck gebrachte Gesellschaftskritik Widerstand beim bürgerlichen Theaterpublikum provozierte.

Hauptmanns Schaffenskraft leidet darunter nicht. Im Gegenteil: 1893 werden die Dramen „Die Weber", „Der Biberpelz" und „Hanneles Himmelfahrt" innerhalb von zehn Monaten an drei Berliner Bühnen uraufgeführt. Bald zählt der „Revolutionär" zu den Etablierten, wird als Volksdichter gefeiert und erhält 1912 den Literatur-Nobelpreis, während ihm im Kaiserreich von „Allerhöchster Stelle" der Schiller-Preis verweigert wurde, da seine Stücke als Aufruf zu Revolution und Klassenkampf gewertet wurden.

Die Weimarer Republik hingegen feiert in Hauptmann den repräsentativen, weltoffenen Patrioten. Die Nationalsozialisten missbrauchen Namen und Werk zu Propagandazwecken. Hauptmann bleibt in Deutschland, wendet sich aber in der Auseinandersetzung mit der griechischen Mythologie neuen Stoffen zu. In hohem Alter stirbt er am 6. Juni 1946 in Agnetendorf im Riesengebirge, kurz nachdem er von den russischen Besatzungsbehörden aufgefordert worden war, sein Haus und seine Heimat zu verlassen.

Gerhart Hauptmanns Werk ist noch nach mehr als hundert Jahren auf den Theatern lebendig geblieben, und seine Figuren sind so lebendig wie ehedem. Es sind Überlebenskämpfer in einer sich überschlagenden Zeit, Menschen, die ihre Ängste und Hoffnungen, ihre Überforderung, ihre unerfüllten Träume mit sich herumschleppen, die laut die Schuld am eigenen Missglücken dem Anderen aufbürden, die lieber austeilen als einstecken – Menschen der modernen Zeit.

Quelle: www.felix-bloch-erben.de

Aufgaben zum Sachtext:

1. Welche biografischen Erfahrungen liegen dem literarischen Schaffen des Autors zugrunde?

2. Inwieweit verändert sich die öffentliche Wertschätzung des Autors im Lauf seines Lebens?

3. Worin besteht die Aktualität des Hauptmannschen Werkes für unsere Zeit?

4. Welche weiterführenden Fragen ergeben sich für Sie nach der Auswertung dieser Kurzbiografie?

Vergleich zweier Online-Biografien zu Gerhart Hauptmann

Vergleichskriterien	www.encarta.msn.de	www.wikipedia.de
Aufbau des Artikels: (Gliederung, Bildmaterial, weiterführende Links etc.)		
Informationsgehalt: (fachliches Niveau, inhaltliche Schwerpunkte, fehlende Aspekte)		
Qualitätssicherung: (Herkunft, Überprüfbarkeit der Informationen)		

- *Vergleichen Sie Qualität und Benutzerfreundlichkeit der beiden Online-Enzyklopädien www.encarta.msn.de und www.wikipedia.de anhand des Artikels zu „Gerhart Hauptmann".*

Lesetagebuch

Akt	Ort	Zusammenfassung der Handlungsschritte
I	Dachgeschoss der Kavalleriekaserne	Henriette John will die schwangere Piperkarcka überreden, ihr das Kind nach der Geburt zu überlassen.
II		

Akt	Ort	Zusammenfassung der Handlungsschritte
III		
IV		
V		

Lektüretest

1. Worin besteht das Ziel Henriette Johns in ihrem Gespräch mit Pauline Piperkarcka zu Beginn des Stücks?

2. Wen hofft Walburga Hassenreuter im ersten Akt im Kostümfundus ihres Vaters zu treffen?

3. Durch welchen Entschluss bringt Erich Spitta seinen Vater gegen sich auf?

4. Welchen Vorwurf erhebt Walburga Hassenreuter gegen ihren Vater?

5. Mit welchem Problem sieht sich Paul John auf dem Berliner Standesamt konfrontiert?

6. Welches Theaterstück behandelt Harro Hassenreuter in seinem Schauspielunterricht?

7. Welchen Beruf übt Quaquaro aus?

8. Welche schwere Straftat begeht Bruno Mechelke?

9. Welche Abhängigkeit prägt das Leben der Sidonie Knobbe?

10. Welches Ende nimmt Henriette John?

Charakterisierung der Hauptfiguren

Henriette John:

Paul John:

Bruno Mechelke:

Pauline Piperkarcka:

Harro Hassenreuter:

Walburga Hassenreuter:

Erich Spitta:

Pastor Spitta:

■ *Charakterisieren Sie das Wesen von jeder der aufgeführten Figuren mit möglichst treffenden Adjektiven.*

Literarisches Alphabet

D ______________________________

I ______________________________

E ______________________________

R ______________________________

A ______________________________

T ______________________________

T ______________________________

E ______________________________

N ______________________________

Feedback-Formular zur Lektüre

Die Lektüre des Dramas empfand ich als

Besonders gefallen hat mir

Weniger gefallen hat mir

Am meisten beschäftigt hat mich

Unklar blieb für mich

Im Unterricht sollte unbedingt eingegangen werden auf

Die Gesellschaftsstruktur im Deutschen Kaiserreich

Die politische Situation

Als der 21-jährige Gerhart Hauptmann im Herbst 1884 zum Studium nach Berlin kam, war Otto von **Bismarck** Reichskanzler. Dieser betrieb eine konservative Politik, die sich auf Adel, Militär und Beamte stützte und von einer überzogenen Sorge gegenüber partikularen und revolutionären Interessen geprägt war. Aus diesem Grund bekämpfte er die katholische Kirche und die Sozialisten. Mit dem „Kanzelparagraphen" (1871) begannen die Maßnahmen gegen den Katholizismus, der **„Kulturkampf"**; das **Sozialistengesetz** (1878), das sozialistische Vereine, Versammlungen und Druckschriften verbot, leitete die Verfolgung der Sozialdemokratie ein.

Beide Sanktionen hatten keinen Erfolg. Die katholisch orientierte Zentrumspartei, auf die Bismarck angewiesen war, gewann an Anhängern, sodass nach 1878 die meisten Maßnahmen zurückgenommen werden mussten und es zu einer Aussöhnung mit den Katholiken kam. Auch die Sozialdemokratie konnte ihre Wählerzahlen enorm steigern. Anfang 1890 wurde eine Verlängerung des Sozialistengesetzes durch den Reichstag abgelehnt.

1888 bestieg Kaiser **Wilhelm II.** den Thron. Politische Gegensätze zwischen ihm und dem Reichskanzler führten zur Entlassung Bismarcks (1890). Es begann die Wilhelminische Ära, die geprägt war von Unstetigkeit und mangelnder Sachkenntnis des jungen Kaisers sowie einem antidemokratischen, militaristischen und national-imperialistischen Geist, der sich innerhalb der Gesellschaft ausbreitete.

Das gesellschaftliche Gefüge

Durch den **Übergang vom Agrar- zum Industriestaat** war es im 19. Jahrhundert zu nachhaltigen Umbrüchen in der Gesellschaft gekommen. Die **Einwohnerzahl** stieg zwischen 1816 und 1871 von 24 Millionen auf 41 Millionen und von 1871 bis 1914 weiter auf 65 Millionen.

Dabei sank der Anteil der ländlichen Siedlungen und kleineren Städte, während gleichzeitig die Zahl der Mittel- und Großstädte zunahm. So wuchs zwischen 1880 und 1890 die Zahl der Städte mit über 100000 Einwohnern von 14 auf 26, bis 1900 auf 33. Die Ursachen dieser **Verstädterung** lagen – neben Geburtenüberschuss und Eingemeindungen – vor allem in der Zuwanderung von Arbeitssuchenden. 1830 lebten vier Fünftel der Bevölkerung auf dem Land, 1882 zwei Fünftel und 1895 nur noch etwas mehr als eines.

Unter den Großstädten nahm **Berlin** die erste Stelle ein. Die Hauptstadt entwickelte sich nach der Reichsgründung schnell zur Weltstadt. Ihre Einwohnerzahl stieg zwischen 1871 und 1890 von 826000 auf 1,57 Millionen; rechnet man die umliegenden Orte hinzu, zählte Groß-Berlin um 1900 2,4 Millionen, 1912 über 3 Millionen Einwohner. Der starke Zuzug heizte Bodenspekulation und Wohnungsnot besonders an.

Die **Industrielle Revolution** hatte Auswirkungen auf die **gesellschaftliche Struktur**: Der **Adel** wollte den sich anbahnenden sozialen Wandel nicht wahrhaben. Mit seiner konservativ-rückwärtsgewandten Einstellung lebte er in einer allmählich in Etikette und Repräsentation erstarrenden Welt. Doch nach wie vor bekleidete er die führenden Positionen in Politik, Verwaltung und Militär und stellte den größten Teil der Großgrundbesitzer. Allerdings konnte nicht jeder den auf äußere Wirkung bedachten, aufwändigen Lebensstil finanziell durchhalten. So kam es auch in dieser privilegierten Schicht zu Abstürzen.

Viele junge Adelige übernahmen hohe Offiziersstellen beim **Militär**. Hier herrschte enges Kastendenken. Das Sozialprestige der Armee gewährte den gesuchten Abstand zur übrigen Bevölkerung.

Im Verlauf des 19. Jahrhunderts überrundeten die Erträge des gewerblich-industriellen Sektors bald die des agrarischen. Einkommen und Ansehen des wohlhabenden Bürgertums stiegen, sodass sich eine Schicht von Großunternehmern und Großindustriellen mit einem wachsenden Standesbewusstsein herausbilden konnte. Diese neue wirtschaftliche Führungsschicht, das **Besitzbürgertum**, das sich als neuer Geldadel am konservativ ausgerichteten Geburtsadel orientierte und dessen luxuriöse Lebensweise kopierte, hoffte auf Ausweitung seiner politischen Kompetenzen und grenzte sich vom übrigen Bürgertum ab. Oft versuchten seine Vertreter mit skrupellosen Methoden, ihren Besitz und damit ihr Ansehen zu vergrößern.

Die Mitglieder des akademischen **Bildungsbürgertums**, wie hohe Beamte und Professoren, genossen zwar soziales Ansehen, blieben aber in der Regel durch mangelndes Kapital von den machttragenden Schichten getrennt. Ihre politische Loyalität und ihr Pflichtbewusstsein fungierten zwar als stabilisierende Elemente in einer sich verändernden Gesellschaft, doch litt ihre Weltsicht oft unter Realitätsferne, aufgesetztem, leerem Pathos, doppelter Moral und Gleichgültigkeit gegenüber dem sozialen Elend der unteren Schichten.

Die ursprünglich liberalen Ideen, die das Besitzbürgertum inzwischen abgestreift hatte, blieben bei Teilen des Bildungsbürgertums allerdings bewahrt.

Mit der Industrialisierung gewannen die **Angestellten** an Bedeutung. Deren Zahl schnellte von 100 000 im Jahre 1882 auf 700 000 im Jahre 1907 nach oben. Sie besaßen weitgehend sichere Arbeitsstellen, verdienten relativ gut und grenzten sich gegen die Industriearbeiter ab.

Dagegen hatten es die Vertreter des **gewerblichen Mittelstands** und der **freien Berufe** schwerer. Viele Handwerker mussten um ihre Existenz bangen, wie etwa Max Kretzers „sozialer Roman" *Meister Timpe* (Berlin 1888) zeigt. Billigere Industrieproduktion machte sie konkurrenzunfähig. Wer seinen Betrieb aufgeben und als Facharbeiter seinen Lohn in der Fabrik verdienen musste, empfand dies als sozialen Abstieg.

Die **Kleinbürger**, zu denen untere und mittlere Beamte, Angestellte und Facharbeiter gehörten, lebten in bescheidenen Verhältnissen, besaßen aber einen weitgehend sicheren Arbeitsplatz. Als erstrebenswerte Tugenden galten Ordnung, Fleiß und Ehrlichkeit.

Die **Industriearbeiterschaft** bildete keine homogene Schicht. Während Facharbeiter gesucht waren, litten unqualifizierte Arbeiter, meist verarmte Bauern, Tagelöhner und Handlanger, unter der hemmungslosen Ausbeutung durch die Fabrikanten. Armut, Hunger, körperliche Erschöpfung, häufiger Wechsel der Arbeitsstelle und soziale Entwurzelung kennzeichneten diese Schicht. Nach dem Börsenkrach von 1873 kam es zu Lohnkürzungen und Entlassungen. Von den anderen Bevölkerungsteilen in ihrer trostlosen Lage verachtet und durch das Sozialistengesetz unterdrückt, entwickelte sich bei ihnen das Bewusstsein, einer eigenständigen Schicht anzugehören. Erst im Verlauf der Achtzigerjahre verbesserten sich allmählich die Arbeitsbedingungen und Wohnverhältnisse.

Die unterste soziale Schicht bildeten **Arbeitslose, Bettler, Nicht-Sesshafte**.

Insgesamt kam es innerhalb der Gesellschaft zu einer verstärkten Polarisierung zwischen Besitzenden und Nichtbesitzenden. Dazwischen aber gab es viele Menschen, die sich nicht eindeutig einer sozialen Gruppierung zuordnen ließen, weil ihre Position permanent gefährdet war, sie ihren sozialen Abstieg nicht akzeptierten oder ihr Aufstieg nicht von Dauer schien.

Aus: Interpretationshilfe Deutsch, Gerhart Hauptmann: Die Ratten. Interpretiert von Werner Winkler. www.stark-verlag.de

■ *Informieren Sie sich mithilfe des Textes über den Aufbau der Gesellschaft im Kaiserreich. Ordnen Sie anschließend jede der im Personenverzeichnis des Dramas (S. 6) aufgeführten Figuren einer Schicht zu und begründen Sie Ihre Entscheidung.*

Baustein 2

Frau Johns tragischer Mutterkonflikt

Die tragische Mutterschaft Henriette Johns bildet den zentralen Handlungsstrang des Stückes. Der dramatische Konflikt ergibt sich dabei aus dem existenziellen Mutterwunsch der Protagonistin und dem dadurch motivierten Kindshandel, durch dessen Aufdeckung die John gesellschaftlich isoliert und in den Selbstmord getrieben wird.
Dieser Baustein dient in erster Linie dazu, die dramatische Entfaltung der Thematik zu analysieren. Konkret können vier unterschiedliche Phasen unterschieden werden: Dabei handelt es sich um die Vorbereitung des Kinderkaufs durch Frau John, den Versuch der behördlichen und gesellschaftlichen Legitimierung ihrer Mutterschaft, die Gefährdung ihres Familienglücks aufgrund des Sinneswandels der Piperkarcka und schließlich die durch den Verlust des Kindes ausgelöste Katastrophe. Außerdem werden im Folgenden die außerliterarischen Quellen, die Hauptmann für sein Stück verwendete, sowie motivverwandte Textbeispiele aus der Weltliteratur berücksichtigt.

2.1 Der thematische Einstieg

Um die Schülerinnen und Schüler auf die inhaltliche Dimension des Bausteins vorzubereiten, bietet sich eine Untersuchung zweier Texte an, die einen Einblick in die Entstehungsgeschichte des Dramas zulassen. Dabei handelt es sich zum einen um eine Zeitungsmeldung, in der über zwei Fälle von Kindsunterschiebung berichtet wird, zum anderen um Tagebuchnotizen, in denen Hauptmann den Verlust seines eigenen Neugeborenen verarbeitete. Die beiden Quellen können im Unterricht entweder gemeinsam oder alternativ eingesetzt werden.

Der Prozessbericht

Ein wesentliches Dokument zur Rekonstruktion der Entstehungsgeschichte der „Ratten" stellt ein am 13. Februar 1907 im „Berliner Lokal-Anzeiger" unter der Rubrik „Aus den Gerichtssälen" erschienener Bericht dar, in dem zwei Verhandlungen vor einer Strafkammer des Berliner Landgerichts geschildert werden. Die beiden Fälle weisen in vielerlei Hinsicht bereits auf die endgültige Fassung des dramatischen Textes voraus. Mittels eines systematischen Vergleichs zwischen Vorlage und schriftstellerischer Umsetzung wird den Schülerinnen und Schülern der Stellenwert außerliterarischer Anregungen im Prozess künstlerischen Schaffens demonstriert (s. **Arbeitsblatt 9a**, S. 54). Gleichzeitig können auf diese Weise auch die wesentlichen Elemente der John-Handlung rekapituliert werden. Die folgende Aufgabenstellung, die mit dem **Arbeitsblatt 9b**, S. 55 zu bearbeiten ist, eignet sich für Einzel- und für Partnerarbeit.

- *Vergleichen Sie die Gerichtsreportage mit der Handlung im Drama und stellen Sie Gemeinsamkeiten und Unterschiede fest. Überlegen Sie, welche Rolle dem Zeitungsbericht im Rahmen der Entstehungsgeschichte der „Ratten" zukommt.*

Einen Lösungsvorschlag bietet das **Arbeitsblatt 9c**, S. 56.

Die persönlichen Erinnerungen

Im Jahr 1910, als die Entwurfsarbeit an den „Ratten" schon weit vorangeschritten ist, widerfährt der Familie Hauptmann ein schwerer Schicksalsschlag. Margarete und Gerhart verlieren zwei Tage nach der Niederkunft ihren fünften Sohn Erasmus. Dieses Ereignis findet einen entsprechenden Widerhall in den Tagebuchaufzeichnungen Hauptmanns und beeinflusst auch die endgültige Fassung des Theaterstücks. Während in den vorangegangenen Versionen Frau John ihr Pflegekind verliert, ist es nunmehr der Tod ihres eigenen, leiblichen Kindes, der ihrem übersteigerten Kinderwunsch zugrunde liegt. Auf diese Weise wird die dramatische Wirkung erhöht, da beim Zuschauer eine intensivere Form des Mitleids mit der Hauptfigur geweckt wird.
Die Tagebucheintragungen Hauptmanns (siehe **Arbeitsblatt 10**, S. 57) sind für die Interpretation des Dramas insofern von Relevanz, da sie aufschlussreiche Einblicke in seine private Auffassung zum Phänomen der Mutterliebe gestatten. Hierzu könnte folgende Aufgabe für Einzel- oder Partnerarbeit gestellt werden:

- *Untersuchen Sie, inwieweit sich Parallelen zwischen den Tagebucheinträgen Hauptmanns und dem Drama „Die Ratten" feststellen lassen.*

Bei der Besprechung der Lösungen im Plenum sollte deutlich gemacht werden, dass Hauptmann die Mutterschaft als existenziell erfüllenden Zustand begreift. Ohne Kinder dagegen bleibt seiner Ansicht nach das Leben einer Frau zutiefst unerfüllt. Das Muttergefühl stellt deshalb eine in seinen möglicherweise radikalen Konsequenzen kaum zu unterschätzende Handlungsmotivation dar, wie sich im Kampf Frau Johns um ein fremdes Kind zeigt. Eine weitere Gemeinsamkeit zwischen biografischer Erfahrung und Literatur lässt sich in den Träumen Margaretes ausmachen, in denen sie die traumatische Erfahrung des Kindsverlusts verarbeitet. Auch diese Fantasien begegnen dem Leser im Drama, und zwar im Zusammenhang mit dem immer deutlicher werdenden Realitätsverlust von Frau John. So spricht die John ebenso wie Margarete Hauptmann von einem toten Kind im Kinderwagen, das in der Sonne wieder lebendig wird (S. 107).

2.2 Die Vorbereitung des Kindshandels

Das Drama der Henriette John wird gleich zu Beginn des ersten Aktes auf der Bühne präsentiert. Im Gespräch mit Pauline Piperkarcka wird deutlich, dass sie schwer an dem Verlust ihres einzigen Sohnes „Adelbertchen" (S. 10) leidet, der drei Jahre zuvor eine Woche nach seiner Geburt (S. 40) an der „Bräune" (S. 10), also an der Diphtherie, verstorben ist. Deshalb sehnt sie sich nach einem Kind, ebenso wie ihr Mann Paul, der „sterbensjerne een Kindeken will" (S. 10).
Dagegen zeigt die hochschwangere Piperkarcka keinerlei Muttergefühle. Ihre Situation ist geprägt von ökonomischen und privaten Problemen: Der Kindsvater mit Namen Alois Theophil Brunner (S. 10) hat sie im Stich gelassen, den Kontakt zu ihren Eltern vermeidet sie, da sie negative Reaktionen auf die Schwangerschaft zu erwarten hat (S. 9). Zudem hindert sie ihr Zustand an der Ausübung ihres Berufs als Zimmermädchen (S. 10). Deshalb verfügt sie auch über keinerlei nennenswerte finanzielle Rücklagen (S. 9) und hat überdies ihre Schlafstelle verloren (S. 13). Auf diese Reaktionen des Ausgestoßenseins reagiert sie mit verschiedenen aggressiven Ausbrüchen: Sie äußert Selbstmordabsichten (S. 9, S. 10), plant einen Säureanschlag auf das Gesicht ihres ehemaligen Liebhabers (S. 12) und droht mit der Tötung des Neugeborenen (S. 13). Diese Vorhaben zielen letztlich alle darauf ab, sich an Brunner für die erlittene Demütigung zu rächen.

Im Gespräch mit der Piperkarcka gibt sich Henriette John äußerst besorgt und verständnisvoll. Ihre Hintergedanken werden jedoch deutlich, als sie ihrer Gesprächspartnerin vorschlägt, ihr das Kind nach der Geburt zu überlassen (S. 9–10). Dabei argumentiert sie zum einen mit dem Kindswohl, zum anderen mit der Möglichkeit für die Piperkarcka, ohne Kind in ihr früheres Leben zurückzufinden. Diese geht aber nicht darauf ein, offenbar weil sie sich dadurch die Möglichkeit nehmen würde, ihre Rachegefühle zu befriedigen (S. 10). Außerdem empört sie sich über die Vorstellung, das Kind gegen Geld herzugeben (S. 13).
Allerdings hat die John zur Erreichung ihres Zieles noch ein weiteres Manipulationsmittel vorgesehen: Das scheinbar zufällige Erscheinen ihres brutal wirkenden Bruders Bruno Mechelke im Kostümfundus dient in Wirklichkeit dazu, die Piperkarcka zusätzlich einzuschüchtern (S. 16). Die Situation bleibt im ersten Akt unentschieden. Mit Beginn des zweiten Aktes wird dem Zuschauer jedoch klar, dass der Kinderhandel tatsächlich stattgefunden hat.
Die Analyse des Gesprächs zwischen den Frauen sollte die jeweilige Disposition der beiden Personen ebenso berücksichtigen wie die Überredungsstrategie der John. Der entsprechende Arbeitsauftrag könnte folgendermaßen formuliert werden:

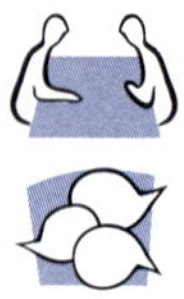

- *Untersuchung des Gesprächs Henriette John – Pauline Piperkarcka (S. 8–14): Klären Sie die emotionale Ausgangssituation, die die Gesprächsführung beider Frauen bestimmt, und definieren Sie in diesem Zusammenhang die Strategie, die Frau John gegenüber der Piperkarcka verfolgt.*

Die Ergebnisse lassen sich in einem Tafelbild zusammenstellen:

Der Ausgangspunkt des Dramas: Ein unmoralisches Angebot!

Henriette John:
Verlust des eigenen Kindes im Wochenbett, Mann sehnt sich nach Kind → intensiver Kinderwunsch

Angebot des Kindshandels →

Pauline Piperkarcka:
Schwangerschaft → soziale Isolation, finanzielle Sorgen
→ Rachegelüste an ihrem ehemaligen Freund statt Vorfreude auf Mutterschaft

↓

Überredungsstrategien der John:
- rationale Argumente (Kindswohl, bessere persönliche Zukunft für Piperkarcka)
- Einschüchterung durch Bruno Mechelke

➡ Die John verfolgt systematisch das Ziel, das Kind der Piperkarcka an sich zu bringen.

Der Arbeitsschritt kann durch eine kreative Schreibaufgabe abgerundet werden, die sich auch gut als Hausaufgabe eignet. Dadurch werden die Schülerinnen und Schüler dazu angeregt, sich in die Entscheidungssituation der Piperkarcka nach dem Gespräch mit Henriette John hineinzuversetzen. Dabei sind zwei Varianten denkbar: In der ersten Alternative wird die Entscheidung der Piperkarcka zum Verkauf ihres Neugeborenen als gegeben angenommen. In der zweiten Alternative trifft der Schüler selbst die Entscheidung, ob das Kind verkauft wird oder nicht.

Alternative I:

- *Nach dem Gespräch mit Henriette John entschließt sich die Piperkarcka dazu, ihr Kind nach der Geburt zu verkaufen. Stellen Sie in einem Tagebucheintrag die inneren Beweggründe der jungen Mutter dar, die letztlich den Ausschlag für die Entscheidung gegeben haben dürften.*

Alternative II:

- *Nach dem Gespräch mit Henriette John überlegt die Piperkarcka, zu welchem Vorgehen sie sich entschließen soll. Stellen Sie in Form eines Tagebucheintrags das Ringen Piperkarckas um die richtige Entscheidung dar. Bei der von Ihnen zu treffenden Entscheidung sind Sie nicht an den tatsächlichen Handlungsfortgang im Drama gebunden.*

2.3 Frau Johns Legitimationsversuche ihrer Mutterschaft

Nach dem Vollzug des Kindeshandels strebt Henriette John nach juristischer und gesellschaftlicher Anerkennung ihrer Mutterschaft. Beide Ebenen werden im zweiten Akt thematisiert. Zunächst kritisiert die John ihren Ehemann, weil er bei der behördlichen Anmeldung nur unzuverlässige Angaben zur Geburt ihres Sohnes machen konnte (S. 35–37). Insgeheim fürchtet sie, dass eine staatliche Stelle Verdacht schöpfen und ihre Mutterschaft hinterfragen könnte.
Als Selma Knobbe mit ihrem kranken Brüderchen die Wohnung betritt, stellt sie ihren mütterlichen Beschützerinstinkt unter Beweis, indem sie die Nachbarin angesichts der Ansteckungsgefahr der Wohnung verweist (S. 37–38). Willkommen sind jedoch die Repräsentanten der bürgerlichen Gesellschaft, die zur Geburt gratulieren wollen: Familie Hassenreuter, Erich Spitta und die beiden Schauspielschüler Käferstein und Dr. Kegel. Der Ablauf trägt einen auch mit der heutigen Zeit noch vergleichbaren ritualisierten Charakter. Man schenkt der jungen Mutter nützliche Gegenstände, hier einen Milchsterilisator (S. 41), man erkundigt sich nach dem Geburtsgewicht (S. 42) sowie nach der Taufe und den Taufnamen des Kindes (S. 43). Außerdem wird das Ereignis durch eine gemeinsame Schnapsrunde der Männer feierlich begangen (S. 46). Eine gewisse ironische Brechung erfährt das Gratulationsritual, als Käferstein und Kegel ihren Auftritt mit der Mission der Heiligen Drei Könige, die „das Kindelein grüßen" (S. 45) wollen, vergleichen.
In engem Zusammenhang mit der gesellschaftlichen Legitimation ihrer Mutterschaft steht die Artikulation des familiären Selbstbildes der John. Als Reaktion auf die Vorwürfe ihres Mannes verharmlost sie den kriminellen Hintergrund ihres Bruders (S. 43–44). Dagegen distanziert sie sich in aggressiver Weise von Sidonie Knobbe, der sie die öffentliche Bloßstellung und Bestrafung wünscht (S. 48). Dies ist ohne Zweifel darin begründet, dass sie die Prostituierte und drogenabhängige Knobbe als Negation der bürgerlichen und familiären Werte ansieht, die sie demonstrativ für sich proklamiert.
Eine Erarbeitung dieser Aspekte im Unterricht könnte über folgenden Auftrag erfolgen:

- *Zeigen Sie anhand des zweiten Aktes, inwieweit die Mutterschaft Henriette Johns juristische und gesellschaftliche Legitimation erfährt.*

Die Besprechung der Ergebnisse führt in etwa zu diesem Tafelbild:

Frau Johns Legitimation ihrer Mutterschaft

Frau John

Anmeldung des Kindes beim Standesamt	Beweis mütterlicher Fürsorge durch Schutz vor krankem Nachbarskind	bürgerliche Gratulationsrituale	Aufwertung der eigenen Familie, Distanzierung von sozial gescheiterter Knobbe

Legitimation der Mutterschaft auf juristischer und sozialer Ebene

2.4 Die Anfechtung der Mutterschaft

Im Kontext des Dramas um Henriette John zeigt der zweite Akt nicht nur die Legitimationsversuche ihrer Mutterschaft, sondern auch die grundsätzliche Bedrohung dieser Beziehung durch die leibliche Mutter Pauline Piperkarcka. Diese sucht die Wohnung der Familie John auf, um ihren Sohn zu sehen. Daraus ergibt sich eine intensive persönliche Konfrontation der beiden Frauen (S. 52–60), die ihr jeweiliges Ziel mit allen Mitteln zu erreichen versuchen: Die Piperkarcka will den Kindshandel rückgängig machen, die John beharrt auf ihrer käuflich erworbenen Mutterschaft. Der psychologisch aufschlussreich gestaltete Gesprächsverlauf ist gezeichnet von markanten Umschwüngen und wird von offen gezeigten Emotionen ebenso geprägt wie von geschickter rhetorischer Taktik. Die Bedeutung für den Handlungsfortgang besteht darin, dass das Recht der John auf Ausübung ihrer Mutterrolle durch die Ansprüche der natürlichen Mutter in grundsätzlicher Weise infrage gestellt wird. Die drohende Wiederholung der traumatischen Erfahrung des Kindsverlusts bewirkt bei Henriette John eine existenzielle Erschütterung, die sich in den folgenden Akten in Form von Realitätsverlust und Angstzuständen äußert.

Eine thematische Heranführung an die Erarbeitung des Konflikts kann über ein kurzes Rollenspiel geschehen. Der Klasse ist der Verlauf des Gesprächs aus der Lektürephase in etwa bekannt. Interessant ist dabei, welche Aussagen, Verhaltensweisen und Gesprächstaktiken der beiden Figuren von den Schülerinnen und Schülern besonders häufig erinnert und im Spiel umgesetzt werden. Zur Durchführung wird die Klasse in Gruppen von je ca. vier bis fünf Schülern aufgeteilt. Zwei Gruppenmitglieder übernehmen die Rollen der John und der Piperkarcka und versuchen ein an der dramatischen Situation und den Charakteristika der beiden Figuren orientiertes Spiel, die übrigen beobachten den Dialog der beiden und halten die wesentlichen Gesprächsinhalte fest. (Die Arbeitsaufträge finden sich auf dem **Arbeitsblatt 11**, S. 58.) Anschließend vergleichen die einzelnen Gruppen ihre Ergebnisse mit dem tatsächlichen Gesprächsverlauf im Drama und berichten im Plenum von Gemeinsamkeiten und Unterschieden zwischen Spiel und Text.

Die eigentliche Textanalyse kann in Partnerarbeit erfolgen. Zur Erarbeitung der Dialogstruktur erscheint folgender Arbeitsauftrag sinnvoll:

- *Analysieren Sie die dichotomische Struktur des Konflikts zwischen Henriette John und Pauline Piperkarcka (S. 52–60).*

Die Ergebnissicherung kann in folgendem Strukturbild dargestellt werden, das aufgrund seines Umfangs wohl am zweckmäßigsten auf dem Overheadprojektor erstellt wird. Alternativ lässt sich auch das **Arbeitsblatt 12**, S. 59 ausfüllen. Dieses eignet sich auch als Grundlage für eine entsprechende Hausaufgabe.

Zwei Frauen, ein Kind – Der Streit um die Mutterschaft (S. 52–60)

Ausgangssituation: Pauline Piperkarcka sucht die Wohnung der Familie John auf

Henriette John	**Pauline Piperkarcka**
Entfernt mögliche Zeugen des Gesprächs	
	Erklärt Absicht, das Kind sehen zu wollen
Stellt sich unwissend	
	Untermauert Anspruch auf das Kind
Reagiert mit roher Gewalt	
	Will öffentliches Aufsehen erregen
Gibt sich versöhnlich	
	Geht auf Versöhnungsgesten ein
Geht zu Formen eines Höflichkeitsbesuchs über	
	Will Kindshandel rückgängig machen
Setzt unbeirrt Kaffeeritual fort	
	Ergreift neue Initiative, um Kind zu sehen
Macht der Piperkarcka hasserfüllte Vorwürfe, die Mutterschaft nicht verdient zu haben und postuliert moralisches Recht auf das Kind	
	Droht mit Anzeige
Erneuert die Vorwürfe gegen Piperkarcka	
	Beharrt auf Forderung
Notlüge, Kind in Pflege gegeben zu haben	
	Geht nicht auf Lüge ein, will sich Zugang zu Kind verschaffen
Gesten der Gewalt und Einschüchterung	
	Selbstbehauptung
Versuch, die völlige Eskalation zu vermeiden	
	Eröffnung, die eigene Mutterschaft beim Standesamt angezeigt zu haben

Konflikt ist entschieden: Die Legitimität der Mutterschaft Henriette Johns ist nachhaltig erschüttert

Auf der Grundlage dieser Ergebnisse sollte sich eine vertiefte inhaltliche Erschließung der Konfrontation zwischen den beiden Kontrahentinnen anschließen. Für die dramatische Wirkung dieser Szene ist in erster Linie der mehrfache Wechsel in der Gesprächstaktik ausschlaggebend, der sich in teils abrupten Rollenwechseln äußert, die beide Figuren dazu einsetzen, um ihr jeweiliges Gesprächsziel zu erreichen.
Eine diesem Gesichtspunkt gewidmete nochmalige Untersuchung der Textpassage S. 52–60 sollte arbeitsteilig und in Still- oder Partnerarbeit erfolgen, wobei sich ein Teil der Klasse mit Henriette John, der andere mit Pauline Piperkarcka beschäftigt. Der jeweilige Arbeitsauftrag kann folgendermaßen formuliert sein:

Gruppe A:

- *Erstellen Sie eine Übersicht über die verschiedenen Rollen, in denen Henriette John auf den Seiten 52–60 agiert, und führen Sie dazu markante Textstellen an. Entscheiden Sie außerdem bei jeder der Rollen, ob sie lediglich taktischer Natur ist oder authentische innere Zustände sichtbar macht.*

Gruppe B:

- *Erstellen Sie eine Übersicht über die verschiedenen Rollen, in denen Pauline Piperkarcka auf den Seiten 52–60 agiert, und führen Sie dazu markante Textstellen an. Entscheiden Sie außerdem bei jeder der Rollen, ob sie lediglich taktischer Natur ist oder authentische innere Zustände sichtbar macht.*

Die Ergebnissicherung kann beispielsweise durch das gemeinsame Ausfüllen der **Arbeitsblätter 13a und b**, S. 60 und 62 auf dem Overheadprojektor erfolgen. Die Lösungen finden sich auf den Seiten 61 und 63.
Als denkbare Abrundung der Analyse des Streits beider Frauen um das Vorrecht der Mutterschaft bietet sich ein produktionsorientiertes Verfahren an, nämlich die Erstellung mehrerer kleiner Fotoserien.
Vorgehen: Die Klasse wird zunächst in Gruppen aufgeteilt. Dabei übernimmt in jeder Gruppe je eine Schülerin den Part einer der beiden Frauen. Gemeinsam mit den Mitschülern wird versucht, die verschiedenen Rollen der beiden Figuren und die damit verbundenen Emotionen durch aussagekräftige mimische Darstellungen zu interpretieren. Der jeweilige Gesichtsausdruck wird in einem Foto festgehalten. Die auf diese Weise entstehenden Bildserien werden im Klassenraum ausgestellt und besprochen. Durch eine solche Übung wird den Schülerinnen und Schülern bewusst, welchen großen Spielraum der Dramentext für die konkrete Umsetzung auf der Theaterbühne lässt und welche enormen Anforderungen die Szene an die mimische Wandlungsfähigkeit der beiden Schauspielerinnen stellt.
Die Gefährdung der lang ersehnten Mutterschaft löst bei Henriette John erhebliche Abwehrreaktionen gegen das nunmehr als feindlich wahrgenommene soziale Umfeld aus. Dies lässt sich sehr gut mithilfe des vierten Akts des Dramas aufzeigen, in dem sich Henriette John, zurückgekehrt von ihrem angeblichen Aufenthalt in der Sommerfrische, in verschiedener Hinsicht psychisch äußerst auffällig verhält. Bereits die Art ihres Erscheinens deutet auf eine erhebliche Angst vor ihrer Umwelt hin, sie wirkt „erschrocken, misstrauisch, halblaut" (S. 106). Dieser Zustand wird in den Regieanweisungen immer wieder aktualisiert: So hat die Schauspielerin „befremdet, ängstlich" (S. 108) oder auch „scheu, gespannt" (ebenda) zu agieren.
Im Aufeinandertreffen mit Walburga und Erich wird offenkundig, dass sie ihren Bezug zur Realität zu verlieren beginnt. Mit immer lauter werdender Stimme beharrt sie darauf, dass die Wärme der Sonne verstorbene Kleinkinder wieder zum Leben erwecken könne (S. 107). Nach diesem Tagtraum scheint die John geradezu aus einem entrückten Zustand aufzuwachen (ebenda). Auch in anderen Phasen ihres Auftritts wird ihr Verhalten als „geistesabwe-

send" (S. 109) charakterisiert. Überdies tritt in dieser Szene auch ihre zunehmende Unfähigkeit zur sozialen Kommunikation zutage. Hauptmann formuliert als Regieanweisung: „Sie geht in eigentümlicher Weise im Kreis herum, ohne scheinbar mehr etwas von der Gegenwart der beiden jungen Leute zu wissen." (ebenda) Auf Walburga wirkt dieser Auftritt „unheimlich" (S. 107).
Zudem zeigt sich, dass Henriette John ihr bisheriges Leben nicht mehr akzeptiert: Die Empfindung ihrer existenziellen Eingeengtheit beschreibt sie mit dem Wort „Käfije" (S. 112). Als einziger gangbarer Ausweg erscheint ihr die Flucht, weshalb sie ihrem Mann einen totalen Neuanfang in Amerika vorschlägt (S. 111). Als er darauf nicht eingeht und stattdessen lediglich Unverständnis zeigt, erleidet sie einen emotionalen Zusammenbruch, in dessen Zuge sie sich gegen Paul wendet und ihm Vorwürfe macht, sie „zujrunde jerichtet" zu haben (S. 112). Nach diesem Wendepunkt im Verhältnis zu ihrem Mann empfindet sie nur noch zu ihrem Blutsverwandten, ihrem kriminellen Bruder, eine emotionale Verbindung: Sie unterstützt seine Flucht mit Geld (S. 117) und heißt sogar das von ihm begangene Verbrechen gut, nämlich den Mord an ihrer Konkurrentin Pauline Piperkarcka (S. 118). Auch dieser Akt der gewissenlosen Amoralität ist als Reaktion der Henriette John auf ihre gefährdete Mutterschaft zu begreifen.
Für die Erarbeitung dieser Zusammenhänge könnte folgender Arbeitsauftrag an die Schüler ergehen:

- *Zeigen Sie anhand des vierten Akts, welche Reaktionen Henriette John auf den drohenden Verlust ihrer Mutterschaft zeigt. (Textgrundlage: S. 106–118)*

Die Resultate werden an der Tafel zusammengefasst:

In die die Enge getrieben: Frau Johns Reaktionen auf den drohenden Kindsverlust

Psychische Situation der John, geprägt von Angst vor Verlust des Kindes

→ Verstörtheit, Misstrauen gegenüber der als Bedrohung empfundenen Umwelt

→ Gefühl des existenziellen Eingeengtseins, Fluchtgedanken

→ Wendung gegen Ehemann

→ Solidarität mit verbrecherischem Bruder, Einverständnis mit Ermordung ihrer Rivalin Piperkarcka

→ Realitätsverweigerung, Geistesabwesenheit

Henriette John reagiert mit extremen Verhaltensweisen, die Züge von Asozialität und Geisteskrankheit tragen

Vertiefend kann für diesen Lernschritt auch ein kreativer Schreibauftrag formuliert werden:

- *Versetzen Sie sich in die Situation Henriette Johns am Ende des vierten Akts: In einem offenen Brief will sie ihrem Mann ihre Empfindungen näherbringen und ihr Verhalten erklären. Verfassen Sie einen solchen Brief, indem Sie als Grundlage die Ergebnisse der Textarbeit nutzen.*

2.5 Der tragische Verlust des Kindes

Das Drama der Mutterschaft findet mit dem fünften Akt ein tragisches Ende, da der Betrug Henriette Johns aufgedeckt wird und sie somit vor den Augen sowohl ihres Mannes als auch der Gesellschaft das Recht auf das Kind verwirkt.
Eine erste Andeutung dieses Finales erleben die Zuschauer bereits im dritten Akt (S. 81–93), in dem der Konflikt zwischen der Piperkarcka und der Knobbe um ein kleines Kind mit dessen Tod endet. Im Rahmen der fakultativ durchzuführenden Interpretation der Szene bietet sich ein Motivvergleich mit dem biblischen Urteil des Königs Salomo (1 Kön 3, 16–28) an, auf das Hauptmann in seinem Stück zweimal anspielt (S. 93, 139). Der Text findet sich auf dem **Arbeitsblatt 14**, S. 64. Das Herausarbeiten der Unterschiede gibt den Schülerinnen und Schülern zunächst einmal ganz allgemein ein konkretes Beispiel für die eminente Bedeutung der Bibel als Bezugspunkt der modernen Literatur. Noch wichtiger allerdings sind die modernen Umformungen des Motivs, mit deren Hilfe die Aussageintentionen Hauptmanns veranschaulicht werden können. So zeigt sich, dass Hassenreuter und der Polizist Schierke zwar das gesellschaftlich mächtige Bürgertum beziehungsweise die Staatsgewalt verkörpern, dabei aber, anders als König Salomo, keine neutrale, von Gott legitimierte Gerechtigkeit mehr garantieren können. Auch die beiden Kontrahentinnen zeigen keine mütterliche Selbstaufopferung, um das Kind zu retten. Vielmehr bilden Egoismus und pathetische Selbstdarstellung die wesentlichen Handlungsmotive. Im Tod des Kindes erkennt Hassenreuter dann auch ein auf seine Art sehr salomonisches Urteil (S. 93), da sich keine der beiden Frauen der Mutterschaft würdig erwiesen hat.
Die Erarbeitung im Unterricht sollte mit einer gemeinsamen Lektüre des Bibeltextes beginnen. Dabei bietet sich auch Gelegenheit zu einem Kurzreferat, in dem die kulturgeschichtliche Rezeption des salomonischen Urteils dargestellt werden kann. Eine entsprechende Themenstellung findet sich am Ende des Bausteins. Anschließend erhalten die Schülerinnen und Schüler Gelegenheit, sich nochmals die Vergleichsstelle im Drama zu vergegenwärtigen. Nachdem die Inhaltskenntnis beider Texte gesichert ist, erhalten die Schüler folgenden Arbeitsauftrag, der in Partnerarbeit auszuführen ist:

- *Vergleichen Sie den Konflikt zwischen Piperkarcka und Knobbe (S. 81–93) mit der Erzählung vom Urteil Salomos (1 Kön 3, 16–28), indem Sie die wesentlichen Unterschiede einander gegenüberstellen.*

Die Ergebnissicherung kann im Rahmen eines Tafelbilds erfolgen:

Wer ist die wahre Mutter? Das salomonische Urteil im Alten Testament und in den „Ratten"

Wesentliche Unterschiede:

Buch der Könige	**„Die Ratten"**
König Salomon fungiert als Vertreter der göttlichen Weisheit und Gerechtigkeit	Hassenreuter und Schierke repräsentieren zwar gesellschaftliche und staatliche Macht, agieren aber weder neutral noch können sie ein weises Urteil fällen
Echte Mutter gibt aus Liebe zu ihrem Kind nach	Beide Frauen zeigen keine Mutterliebe, sondern werden von Egoismus und dem Bedürfnis nach Selbstinszenierung getrieben
Das Urteil des Salomo vermag die wahre Mutter zu identifizieren	Der Tod des Kindes deutet darauf hin, dass sich keine der beiden Frauen als der Mutterschaft würdig erwiesen hat

➡ Hauptmann zeichnet ein Gesellschaftsbild, in dem der Egoismus der beiden Frauen keine uneigennützige Mutterrolle zulässt.

Ergänzend oder alternativ kann zu Vergleichszwecken auch die Urteilsszene aus dem Drama „Der Kaukasische Kreidekreis" (siehe **Zusatzmaterial 1**, S. 109) herangezogen werden. Brecht entscheidet den Konflikt zwischen beiden Frauen nicht nach der biologischen Mutterschaft; vielmehr soll diejenige das Kind zugesprochen bekommen, die sich mehr darum kümmert. Der Einbezug des Brecht-Stückes kann übrigens auch in Form eines Kurzreferats geschehen. Eine Themenstellung wird am Ende des Kapitels vorgeschlagen. Denkbar wäre überdies auch ein Kurzreferat zur Verarbeitung des Stoffs in Klabunds „Kreidekreis". Diese Nachdichtung aus dem Chinesischen gab der Brecht'schen Version entscheidende Anregungen.
Die eigentliche Katastrophe ereignet sich im fünften Akt, dessen dramatischer Gehalt sich treffend als Kontrapunkt zum zweiten Akt erschließt. Strebt dort Henriette John nach der gesellschaftlichen und rechtlichen Legitimation ihrer Mutterschaft, sind am Ende des Stücks sämtliche dieser Versuche zum Scheitern verurteilt: Sie muss die Destruktion ihrer familiären und sozialen Bindungen erleben, sie verliert ihr Kind und kommt schließlich zu Tode.
In der weite Teile des Aktes prägenden Auseinandersetzung mit ihrem Mann bildet zunächst der flüchtige Bruder den eigentlichen Auslöser des Streits. Paul John betrachtet die Verwandtschaft seiner Frau mit Bruno als Makel, den diese nicht loszuwerden vermag (S. 128). In den Augen Hassenreuters bedingt dieser Umstand freilich noch keine Infragestellung der Ehe (S. 129). Als jedoch schrittweise die Geschichte um Henriettes Mutterschaft aufgeklärt wird, führt dies zur endgültigen Entzweiung der Eheleute, die vonseiten Frau Johns mit den Worten „Du bist nich mein Mann!" (S. 137) besiegelt wird. Gleichzeitig führt die Aufdeckung der Zusammenhänge zur Verurteilung durch Hassenreuter, der gewissermaßen die Meinung der Gesellschaft repräsentiert: „Wie konnten Sie sich nur auf einen solchen Weg des Irrtums und des Betruges drängen lassen, Frau John! Sie haben sich ja verstrickt auf das allerfurchtbarste!" (S. 137). Diese umfassende familiäre und soziale Isolierung provoziert Frau Johns Muttertrieb zur Flucht (S. 138), wobei sie das Kind mit sich zu nehmen versucht, was allerdings an der Geistesgegenwart Spittas scheitert, der das Kind zu retten vermag (ebenda). Der Selbstmord auf der Straße (S. 140) ist von finaler Symbolik: Frau John stirbt außerhalb des Hauses, in dem sie in familiärer und sozialer Wohlanständigkeit gelebt hat.

Als Impuls für die Analyse des fünften Akts kann folgendes Zitat aus dem Munde Spittas als stummer Impuls herangezogen werden:
„Mir sagt ein ganz bestimmtes Gefühl: erst jetzt hat das Kind seine Mutter verloren." (S. 139)
Die Schülerinnen und Schüler werden aufgefordert, diesen Satz aus ihrer bisherigen Textkenntnis heraus zu erläutern. Im Rahmen des Unterrichtsgesprächs werden nochmals die bisher erarbeiteten Etappen des Dramas um die Mutterschaft Henriette Johns wiederholt. Anschließend erfolgt die Neuerschließung mit folgendem Auftrag:

- *Zeigen Sie, in welchen dramatischen Schritten sich der Weg Henriette Johns in den Selbstmord vollzieht. (Textgrundlage: S. 126–140)*

„... erst jetzt hat das Kind seine Mutter verloren" – Der Abstieg Henriette Johns im fünften Akt

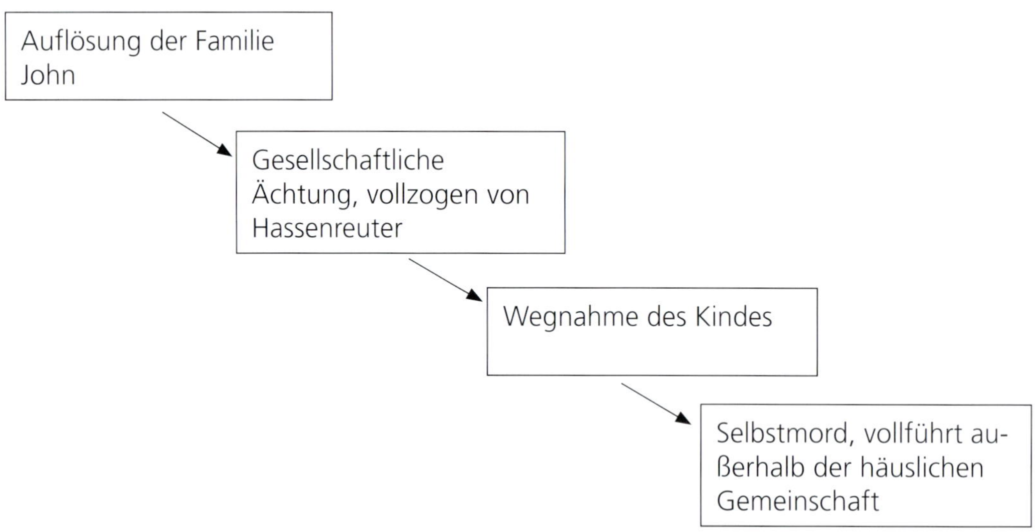

Nach erfolgter Textanalyse kann der Baustein mit einer produktiven Arbeitsphase abgeschlossen werden. So provoziert die Tragödie der Piperkarcka erfahrungsgemäß viele Schülerinnen und Schüler zu eigenen Stellungnahmen und Bewertungen. Diese Ausgangsmotivation lässt sich beispielsweise in Form eines Streitgesprächs umsetzen, das an den unterschiedlichen Beurteilungen der moralischen Dimension des Falls durch die Zeugen der Katastrophe festgemacht werden kann. Hierfür scheint als besonders geeignet der Gegensatz zwischen Hassenreuter und seiner Frau. Während er deutlich macht, dass ihm das Schicksal der fliehenden John egal ist und nur die Zukunft des Kindes zählt (S. 138), wirbt Frau Hassenreuter um Verständnis für die an ihrer Mutterliebe „närrisch bis zum Wahnsinn" gewordene John (S. 139).
Als Sozialform wird eine Diskussion in Gruppen von ca. vier Schülerinnen und Schülern vorgeschlagen. Zwei Gruppenmitglieder argumentieren im Sinne der Position Hassenreuters beziehungsweise ihrer Frau, die anderen Gruppenmitglieder protokollieren die ausgetauschten Standpunkte. Anschließend werden die Ergebnisse der Gruppendiskussionen im Plenum vorgestellt.

Der Arbeitsauftrag für die Gruppen könnte folgendermaßen gestaltet sein:

- *Machen Sie sich zunächst die unterschiedlichen Reaktionen klar, die Herr und Frau Hassenreuter angesichts der Flucht Henriette Johns zeigen (S. 138–139). Verteilen Sie im Anschluss die Rollen der beiden Figuren auf zwei Teammitglieder. Diese führen ein Streitgespräch darüber, wie hoch die moralische Schuld der Henriette John zu gewichten ist. Die anderen Gruppenmitglieder halten die wesentlichen Argumente beider Seiten in Kurzform fest.*

Sollte die Thematik des Bausteins Gegenstand einer Klausur sein, so bietet das **Zusatzmaterial 2**, S. 110, einen entsprechenden Themenvorschlag, in dem zwei verschiedene Versionen des Dramenschlusses verglichen und interpretiert werden.

Mögliche Themen für Kurzreferate:

1. Der Stoff vom Urteil Salomos als Wanderlegende
2. Die Probe auf die Mutterschaft in Klabunds „Kreidekreis" (1925)
3. Das Motiv der „Probe im Kreidekreis" in Brechts „Der kaukasische Kreidekreis"

Notizen

Der Prozessbericht

„Zwei Fälle von Kindesunterschiebung beschäftigten gestern die 1. Strafkammer des Landgerichts I und die 4. Strafkammer des Landgerichts III. In dem ersten Falle war wegen Kindesunterschiebung und Urkundenfälschung die 32-jährige Frau Marie G. angeklagt. Sie ist die Ehefrau des jetzt 56-jährigen Kohlenhändlers G. Die Ehe, die im Jahre 1903 geschlossen wurde, blieb, trotz der beiderseitigen Wünsche des Ehepaares, kinderlos. Hierüber war insbesondere der Ehemann G. sehr unglücklich. [...] Das Gericht erkannte diesem Antrage gemäß auf *einen Tag Gefängnis.* – Unter erheblich schwereren Umständen hatte die Frau Elisabeth M. eine Kindesunterschiebung begangen, welche sie vor die Strafkammer des Landgerichts III führte. Außerdem musste sich Frau M. noch wegen Kindesentführung verantworten. Die Angeklagte ist die Frau des Garderobiers M. in [Berlin-]Rummelsburg. Die 1903 geschlossene Ehe blieb ebenfalls kinderlos. Als M. eines Abends aus seinem Dienst kam, fand er neben dem Bett seiner Frau in einem Korbe ein schreiendes Baby, welches sich als der sehnlichst erwartete Familienzuwachs herausstellte. In Wirklichkeit hatte es die Angeklagte schon monatelang vorher verstanden, einen gewissen Zustand vorzutäuschen, und hatte dann das Kind eines Dienstmädchens B. als ihr eigenes ausgegeben, ohne zu wissen, dass dieses schon in der Person des Lehrers Mudra in Rummelsburg einen Vormund erhalten hatte. Dieser zog Erkundigungen über den Verbleib des Kindes ein und erschien eines Tages in der Wohnung der Angeklagten. Diese schwebte von nun an in ständiger Furcht, dass die Sache entdeckt würde, und fasste einen abenteuerlichen Plan. Sie näherte sich einer Frau Engel, die ein etwa gleichaltriges kleines Kind besaß, und machte sich mit ihr näher bekannt. Die Absicht der Angeklagten ging dahin, das Kind der E. zu *rauben* und dieses dann dem Vormund als das Kind des Dienstmädchens B. zu überbringen. Während Frau E. eines Tages ihrem Mann Essen nach seiner Arbeitsstätte trug, erschien die Angeklagte in deren Wohnung. Unter einem Vorwande schickte sie die beiden ältesten Söhne fort, die das kleine Kind beaufsichtigten, und eignete es sich an. Als Frau E. später nach Hause kam, vermisste sie sofort ihr Kind und schlug Lärm. Die Nachricht von dem Kindesraub verbreitete sich schnell in Rummelsburg, und bald belagerte eine Menschenmenge das Haus der Engel, die in ihrer Aufregung über den Verlust des Kindes völlig kopflos geworden war. Die Angeklagte hatte inzwischen das geraubte Kind in der Wohnung des Lehrers abgegeben, nachdem sie ihm einen Zettel um den Hals gehängt hatte, auf dem angegeben war, es wäre dies das Kind des Dienstmädchens. Als Frau E. die Angeklagte beschuldigte, diese hätte ihr das Kind geraubt, zeigte diese ihr das wirkliche Kind des Dienstmädchens und erklärte, sie habe an ihrem eigenen genug. Die verwickelte Angelegenheit wurde noch an demselben Tage von der Berliner Kriminalpolizei aufgeklärt, die den doppelten Kindesaustausch vornahm. Das erstunterschobene Kind der B. wurde später den M.'schen Eheleuten wieder überlassen, die mit großer Liebe an ihm hängen. Vor Gericht war die Angeklagte geständig und beteuerte unter einem nicht endenwollenden Tränenstrom, sie habe nichts Schlechtes gewollt. Der Staatsanwalt hielt die Angeschuldigte der Kindesunterschiebung, der intellektuellen Urkundenfälschung und des Kindesraubes für überführt und beantragte mit Rücksicht darauf, dass sie durch dieses letztere Vergehen eine Mutter in große Verzweiflung gebracht habe, eine Gefängnisstrafe von sechs Wochen. Das Gericht erkannte an, dass die Angeklagte anfänglich nicht aus unedlen Motiven gehandelt habe und erst später aus Furcht vor Entdeckung zu der Entführung des Kindes der Frau E. gekommen sei. Das Urteil lautete auf *eine Woche Gefängnis."*

Berliner Lokal-Anzeiger. Nr. 79. Morgenausgabe. 13. Februar 1907

■ *Vergleichen Sie die Gerichtsreportage mit der Handlung im Drama und stellen Sie Gemeinsamkeiten und Unterschiede fest. Überlegen Sie, welche Rolle dem Zeitungsbericht im Rahmen der Entstehungsgeschichte der „Ratten" zukommt.*

Der Prozessbericht

Alles nur erfunden? – Das Drama um Frau John

Realer Gehalt der Gerichtsprozesse	Parallelen und Unterschiede zur dramatischen Handlung
Fall der „Marie G.“:	
Fall der „Elisabeth M.“:	

Fazit: ______________________________

____

____

Alles nur erfunden? – Das Drama um Frau John (Lösungsvorschlag)

Realer Gehalt der Gerichtsprozesse	Parallelen und Unterschiede zur dramatischen Handlung
Fall der „Marie G.":	
• Kinderwunsch beider Partner	• Ebenfalls gemeinsamer Kinderwunsch
• Verurteilung wegen Kindsunterschiebung und Urkundenfälschung	• beide Punkte treffen auch auf Frau John zu: Sie gibt Kind der Piperkarcka als ihr eigenes aus und macht falsche urkundliche Angaben beim Standesamt.
Fall der „Elisabeth M.":	
• M. spielt Schwangerschaft vor.	• für Stück nicht nötig, da Ehemann der John kaum zu Hause
• Sie gibt das Kind einer Haushälterin als ihr eigenes aus.	• Parallele: Frau John erklärt Kind des Hausmädchens Piperkarcka zu ihrem eigenen
• Der bereits eingesetzte Vormund des Kindes forscht über dessen Verbleib.	• Die Piperkarcka meldet das Kind standesamtlich an und benennt die John als Pflegemutter, was einen behördlichen Hausbesuch auslöst.
• M. stiehlt anderes Kind und gibt dieses als Kind der Haushälterin aus.	• Frau John entführt das Kind der Knobbe. Piperkarcka und Kielbacke halten dieses für das gesuchte Kind.
• Mutter des geraubten Kindes mobilisiert die Öffentlichkeit.	• Die Knobbe inszeniert sich als leidende Mutter.
• Die Polizei klärt den Vorfall auf.	• Die Ereignisse werden im Beisein der Polizei geklärt.
• Gericht verurteilt M., erkennt aber nicht ausschließlich auf unehrenhafte Beweggründe.	• Die Hausgemeinschaft zeigt teilweise Verständnis für die Handlungen der Frau John.

Fazit: Hauptmann nimmt deutliche Anleihen bei authentischen Gerichtsprozessen, verändert aber den Stoff entsprechend seinen literarischen Bedürfnissen.

Die persönlichen Erinnerungen

10. Mai 1910

„Die Seele selbst der vollkommen glücklich liebenden Frau wird auf die Dauer nicht erfüllt durch den Mann. Auch nicht durch das erwachsene Kind. Ganz erfüllt, ganz reich, wird sie nur durch neue Mutterschaft und durch den Säugling, der zum Baby heranwächst und so fort. Das erst macht ihre Seele voll lebensfähig: sonst ist sie gewissermaßen verarmt. Es kann sein, dass sie selbst nicht weiß, wie verarmt sie ist. Sie fühlt es im neuen Wochenbett, wie verarmt sie war. Sie behält das Bewusstsein davon lange, wenn Missgeschick ihr den Säugling wieder entreißt. In manchen Frauen schläft die Mutter. Sie müsste in allen erwacht sein. Die Mutteraufgabe ist furchtbar, ist gefahrvoll und reich! Die Mutter ist mit Seele und Leib immer um den Quellpunkt des Lebens beschäftigt. Um ein Eingangstor und ein Ausgangstor."

14. Juli 1910

„Grete weint. Sie erfährt von mir gestriges Begräbnis. Sie wünschte Härchen des Kleinen. Sie sagt: er fehlt mir überall. [...] Grete sagt, mit Bezug auf das Kind: Man sucht es immer. Man will ihm irgendetwas abbitten. [...] Ich hänge noch so zusammen mit dem Wesen, sagt Grete. [...] Grete träumt. Kinder treiben Unfug um das kleine Grab, werfen Schollen danach, Steine. Es ist, als wollten sie ihr das Eigentum wegnehmen, austilgen, selbst aus der Erinnerung. [...] Gretens Träume. Sie ist immer tief beschäftigt. Sie geht in den Garten. Sieht Kinderwagen stehen. Nanu, sagt sie, ich denke, das Kind ist tot. Wir haben es in die Sonne gestellt, sagt Frau Luchte [?] und Schwester Emmy (die noch da ist). In der Sonne hat es wieder zu atmen angefangen, ist wieder lebendig geworden."

Zit. nach Peter Sprengel: Die Wirklichkeit der Mythen. Untersuchungen zum Werk Gerhart Hauptmanns aufgrund des handschriftlichen Nachlasses. Berlin: Erich Schmidt 1982, S. 300f.

- *Untersuchen Sie, inwieweit sich Parallelen zwischen den Tagebucheinträgen Hauptmanns und dem Drama „Die Ratten" feststellen lassen.*

Ein Rollenspiel

Arbeitsauftrag für „Henriette John":

Versetzen Sie sich in die Rolle der Henriette John. Gerade hat Pauline Piperkarcka an Ihre Tür geklopft. Sie will Ihr Kind sehen! Rufen Sie sich die Ihnen aus der Dramenlektüre bekannte Gesprächssituation sowie die Wesensmerkmale von Frau John ins Gedächtnis und setzen Sie anschließend die Konfrontation in einem kurzen Rollenspiel um.

Arbeitsauftrag für „Pauline Piperkarcka":

Versetzen Sie sich in die Rolle der Pauline Piperkarcka. Gerade haben Sie an die Türe der Henriette John geklopft. Sie wollen Ihr Kind sehen! Rufen Sie sich die Ihnen aus der Dramenlektüre bekannte Gesprächssituation sowie die Wesensmerkmale von Frau Piperkarcka ins Gedächtnis und setzen Sie anschließend die Konfrontation in einem kurzen Rollenspiel um.

Arbeitsauftrag für die Beobachtergruppe:

Ihre Aufgabe besteht darin, das Verhalten und die Gesprächstaktik Ihrer beiden Mitschüler im Streitgespräch zu beobachten und Ihre Beobachtungen zu protokollieren. Dabei konzentriert sich ein Teil von Ihnen auf Henriette John, der andere auf Pauline Piperkarcka.

Das Gespräch Frau John – Pauline Piperkarcka (II. Akt)

Zwei Frauen, ein Kind – Der Streit um die Mutterschaft (S. 52–60)

Ausgangssituation: Pauline Piperkarcka sucht die Wohnung der Familie John auf.

Henriette John ⟷ **Pauline Piperkarcka**

Konflikt ist entschieden: Die Legitimität der Mutterschaft Henriette Johns ist nachhaltig erschüttert.

Der Rollenwechsel Henriette Johns im Gespräch

Henriette John spielt die Rolle der ...	Authentizität der Rolle, tatsächliche Motive

Zwei Frauen spielen Theater – Henriette John (Lösungsvorschlag)

Henriette John spielt die Rolle der ...	Authentizität der Rolle, tatsächliche Motive
... Ahnungslosen • *„Wat denn? Wat soll denn stehn, Pauline?" (S. 53)*	eindeutig taktisches Mittel, das dem Abstreiten des Kindshandels dient
... Gewalttätigen • *„Det sache noch mal, un denn kriste so lange den Schuh um de Ohren, bis et dir vorkommt, det du 'ne Mutter von Drillinge bist." (S. 53)* • *Jloobst du, det mit eene, die aussieht wie ich... det mit mir noch zu spaßen is? " (S. 58)*	Aggressivität der John entspringt dem mütterlichen Impuls, „ihr" Kind sowie „ihre" Mutterschaft gegen Angriffe von außen zu verteidigen, und ist somit authentisch
... Einsichtigen • *„Ick weeß nich, wat in mir jefahren hat!" (S. 54)*	aufgesetzt; Beschreibung in Regieanweisung als „fast kriechende Freundlichkeiten" (S. 56)
... guten Gastgeberin • *„Komm Se, Pauline, setzen sich." (S. 54)*	Taktik; zielt auf Beschwichtigung beziehungsweise Ablenkung ab (z. B. S. 55)
... Retterin der Piperkarcka • *„Ick habe dir aus 'n Rinnstein jelesen!" (S. 56)* • *„Ick habe dir keene Ruhe jelassen, ick ha dir jemartert, bis det de nicht sollst mit dein Kind unterm Herzen in't Wasser jehn." (S. 57)*	verfälschende Darstellung: Wohltaten gegenüber der Piperkarcka nicht durch Selbstlosigkeit motiviert, sondern Mittel zur Erlangung des Kindes
... besseren Mutter • *„Wat wollen Se sich mit det Kindchen behängen, wo jetzt mein Kindeken und in beste Hände jeborjen is?" (S. 58)*	entspricht der subjektiven Selbstwahrnehmung von Frau John und ihrer Überzeugung, rechtmäßige Mutter zu sein

Der Rollenwechsel Pauline Piperkarckas im Gespräch

Pauline Piperkarcka spielt die Rolle der ...	Authentizität der Rolle, tatsächliche Motive

Zwei Frauen spielen Theater – Pauline Piperkarcka (Lösungsvorschlag)

Pauline Piperkarcka spielt die Rolle der ...	Authentizität der Rolle, tatsächliche Motive
... Ehrbaren • *„Wenn ick nur sagen, was wahr is, Frau John." (S. 53)* • *„Hier is det Jeld […] Er hat mir jebrannt. Et war mich wie Schlange unter Kopfkissen …" (S. 55)* • *„Det muss man melden!" (S. 59)*	eindeutig taktische Manöver; die beschriebenen Skrupel spielten bei der vorangegangenen Zustimmung zum Kindshandel offenbar keine Rolle
... Opferfigur • *„Hat mir misshandelt Frau John!" (S. 53)* • *„Warum sin denn auf einmal so niederträchtig und jrob zu mich armes Mädchen, Frau John?" (S. 54)* • *„Nu haben mir aber jenug gequält und bis auf't Blut jemartert, Frau John." (S. 56)* • *„Hat jesacht arme jeschundene Kreatur zu mich […]." (S. 59)*	Als taktisches Gesprächsmanöver motiviert; Piperkarcka zeigt sich im weiteren Verlauf des Gesprächs durchaus streitbar und durchsetzungswillig (S. 58)
... Standhaften • *„[…] eh nich weiß, wo Kind is, eh nich haben mit Augen jesehn, bringen mich keiner und niemand von Stelle fort." (S. 57)* • *„Denn jeben acht, was geschehen, Frau John!" (S. 58)*	Ausdruck des inneren Willens der Piperkarcka, sich gegen ihre Kontrahentin durchzusetzen
... Berechnenden • *„Nu muss er mir heiraten!" (S. 58)*	Einblick in das wahre Handlungsmotiv der Piperkarcka

Das Urteil Salomos, 1 Kön 3, 16–28

Das salomonische Urteil: 3, 16–28
[16]Damals kamen zwei Dirnen und traten vor den König. [17]Die eine sagte: Bitte, Herr, ich und diese Frau wohnen im gleichen Haus, und ich habe dort in ihrem Beisein geboren. [18]Am dritten Tag nach meiner Niederkunft gebar auch diese Frau. Wir waren beisammen; kein Fremder war bei uns im Haus, nur wir beide waren dort. [19]Nun starb der Sohn dieser Frau während der Nacht; denn sie hatte ihn im Schlaf erdrückt. [20]Sie stand mitten in der Nacht auf, nahm mir mein Kind weg, während deine Magd schlief, und legte es an ihre Seite. Ihr totes Kind aber legte sie an meine Seite. [21]Als ich am Morgen aufstand, um mein Kind zu stillen, war es tot. Als ich es aber am Morgen genau ansah, war es nicht mein Kind, das ich geboren hatte. [22]Da rief die andere Frau: Nein, mein Kind lebt, und dein Kind ist tot. Doch die erste entgegnete: Nein, dein Kind ist tot, und mein Kind lebt. So stritten sie vor dem König. [23]Da begann der König: Diese sagt: Mein Kind lebt, und dein Kind ist tot! und jene sagt: Nein, dein Kind ist tot, und mein Kind lebt. [24]Und der König fuhr fort: Holt mir ein Schwert! Man brachte es vor den König. [25]Nun entschied er: Schneidet das lebende Kind entzwei, und gebt eine Hälfte der einen und eine Hälfte der anderen! [26]Doch nun bat die Mutter des lebenden Kindes den König – es regte sich nämlich in ihr die mütterliche Liebe zu ihrem Kind: Bitte, Herr, gebt ihr das lebende Kind, und tötet es nicht! Doch die andere rief: Es soll weder mir noch dir gehören. Zerteilt es! [27]Da befahl der König: Gebt jener das lebende Kind, und tötet es nicht; denn sie ist seine Mutter. [28]Ganz Israel hörte von dem Urteil, das der König gefällt hatte, und sie schauten mit Ehrfurcht zu ihm auf; denn sie erkannten, dass die Weisheit Gottes in ihm war, wenn er Recht sprach.

■ *Vergleichen Sie den Konflikt zwischen Piperkarcka und Knobbe (S. 81–93) mit der Erzählung vom Urteil Salomos (1 Kön 3, 16–28), indem Sie die wesentlichen Unterschiede einander gegenüberstellen.*

Baustein 3

Die Demaskierung des Bürgertums

Im Drama „Die Ratten" liegen die inhaltlichen Akzente nicht ausschließlich auf der Tragödie der Frau John. Gleichzeitig geht es Hauptmann auch um eine kritische Auseinandersetzung mit den Normen und Werten der deutschen Gesellschaft im späten 19. Jahrhundert. Im Mittelpunkt stehen dabei die inneren Widersprüche und Konflikte innerhalb des Bürgertums, die in besonderem Maße in der Figur Harro Hassenreuters verkörpert sind.
Die im Folgenden durchgeführte exemplarische Analyse der Figur Harro Hassenreuter erschließt zum einen den eklatanten Kontrast zwischen seinem Selbstbild einerseits und seiner tatsächlichen Existenz andererseits, zum anderen wird sein innerer Wesenskern herausgearbeitet: Sein Charakter ist dem eines Schauspielers vergleichbar, da sein gesamtes Denken und Handeln von wechselnden gesellschaftlichen Rollen bestimmt wird.
Als ebenfalls sehr aussagekräftig in Bezug auf die bestehenden sozialen Verhältnisse erweist sich die Untersuchung der auf der Bühne dargestellten bürgerlichen Familienkonstellationen. Hauptmanns Ziel besteht dabei in erster Linie in der Entlarvung der patriarchalischen Grundstruktur, die Männern wie Hassenreuter eine dominierende soziale Position ermöglicht, die aber wiederum vonseiten der jungen Generation nicht unwidersprochen bleibt.

3.1 Thematische Hinführung

Eine Annäherung an die gesellschaftskritische Dimension des Stücks kann im Unterricht über einen Textimpuls erfolgen. Den Schülerinnen und Schülern wird folgendes Zitat aus dem Munde Paul Johns als Tafelanschrieb oder auf Folie vorgelegt:

> **„Horchen Se ma, wie det knackt, wie Putz hinter der Tapete runterjeschoddert kommt! Allens is hier morsch! Allens faules Holz! Allens unterminiert, von Unjeziefer, von Ratten und Mäuse zerfressen. [...] Allens schwankt! Allens kann jeden Oochenblick bis in Keller durchbrechen."(S. 129–130)**

Anschließend wird die Klasse aufgefordert, diese Aussage in einen thematischen Zusammenhang mit dem Stück zu stellen. Die gedankliche Verbindung zwischen der Baufälligkeit des Hauses und der Brüchigkeit des Gesellschaftsgebäudes wird in der Regel ohne zusätzliche Hilfestellungen hergestellt. In einer weiterführenden Betrachtung sollen hierfür vonseiten der Schülerinnen und Schüler konkrete inhaltliche Bezugspunkte gesammelt werden. Dabei sollte zur Sprache kommen, dass Hauptmann auf der Bühne den maroden inneren Zustand verschiedener gesellschaftlicher Schichten aufdeckt. Sein Interesse an sozialen Zuständen und Strukturen erstreckt sich vom gehobenen Bürgertum (Familien Hassenreuter, Spitta) über das Kleinbürgertum (Ehepaar John) bis hin zu gesellschaftlichen Randgruppen (Pauline Piperkarcka, Bruno Mechelke, Sidonie Knobbe).
Der Fokus der folgenden Unterrichtseinheiten liegt auf der Analyse der Situation des gehobenen Bürgertums, an dessen Beispiel die gesellschaftskritische Perspektive des Autors herausgearbeitet werden soll. Flankierend können auch Schülerreferate berücksichtigt werden, die sich mit dem Begriff der Gesellschaftskritik beziehungsweise mit wichtigen Vertretern

gesellschaftskritischer Literatur beschäftigen. Themenvorschläge hierzu finden sich am Ende des Bausteins.

3.2 Hassenreuters gesellschaftliches Rollenrepertoire

Die Identität Harro Hassenreuters verkörpert in unterschiedlicher Hinsicht den Widerspruch zwischen gesellschaftlichem Schein und Sein. So hat er zwar den sozialen Abstieg vom gutdotierten Theaterdirektor in Straßburg zum Betreiber eines Kostümverleihs auf einem staubigen Dachboden erlebt, dennoch inszeniert er mit innerer Überzeugung seine Zugehörigkeit zum höheren Bürgertum. Seine Rolle als pflichtbewusster Familienvater wiederum konterkariert er durch seine Affäre mit Alice Rütterbusch, und im Schauspielunterricht begegnet der sich fortschrittlich gebende Theatermann seinen Studenten als unzugänglicher Verteidiger eines überholten klassizistischen Kunstideals. Diese Kluft zwischen Anspruch und Wirklichkeit entfaltet auf der Bühne eine komische Dimension, die im Gegensatz zum Leben der Henriette John keine schicksalhafte Trübung aufweist – schließlich kommt Hassenreuter am Schluss des Stücks durch seine erneute Berufung zum Theaterdirektor wieder zu Amt und Würden und erlangt damit den von ihm beanspruchten sozialen Status als angesehener Mann der Kunst zurück. Und so ergibt sich letztlich keine innere Verbindung zwischen dem tragischen und dem komischen Handlungsstrang: Die Distanz Hassenreuters zum Schicksal Frau Johns wird im Stück nicht aufgehoben.
Eine erste Einschätzung der Person Hassenreuters und ihrer Lebensumstände ermöglicht die einleitende Regieanweisung zum ersten Akt (S. 7–8), in der eine eingehende Beschreibung des Kostümfundus enthalten ist, mit der der „Extheaterdirektor" (S. 7) seinen Lebensunterhalt bestreitet. Der Theaterverleih bildet eine „malerische Unordnung" (S. 8) verschiedenster Relikte vergangener Inszenierungen, die auch vom einstigen Ruhm ihres Besitzers zeugen. Die den viele historische Epochen repräsentierenden Gegenständen innewohnende theatralische Würde wird nicht nur durch die willkürliche Zusammenstellung, sondern auch durch die räumlichen Bedingungen entzaubert: Ein lichtloser Dachboden einer ehemaligen Kavalleriekaserne (S. 7), in dem sichtlich eine große Enge herrscht.
Eine problemorientierte Analyse der Regieanweisungen macht den Schülerinnen und Schülern die interpretatorische Bedeutung inszenatorischer Vorgaben durch den Dramenautor deutlich und erleichtert es ihnen, das Theaterstück nicht nur als Lesetext zu begreifen, sondern in ihren inneren Vorstellungen auch die Umsetzung des Gelesenen auf der Bühne zu berücksichtigen. Zunächst wird der Text im Unterricht vorgetragen. Anschließend schildern die Schüler ihre spontanen Eindrücke von der beschriebenen Örtlichkeit und beschreiben deren Widersprüchlichkeiten.

- *Artikulieren Sie Ihre Eindrücke von der Räumlichkeit und benennen Sie die in der Raumbeschreibung deutlich werdenden Kontraste und Widersprüche.*

Im Rahmen des Unterrichtsgesprächs könnten unter anderem folgende Aspekte zur Sprache kommen:

- Einerseits handelt es sich um einen Ort der Kultur (Theaterrequisiten, „Bibliothek"), dieser ist aber in einem lichtlosen Dachgeschoss einer ehemaligen Kaserne mit einfachster Ausstattung („primitive Schelle" als Türglocke) untergebracht.
- Viele Gegenstände erinnern an den einstigen Ruhm Hassenreuters, sind aber grotesk arrangiert (Erinnerungsfotos in einem beengten, improvisierten Büro, ein Dankeslorbeerkranz für Hassenreuter auf Puppen mit Theaterkostümen).
- Die Requisiten spiegeln die ausladende Bandbreite einer jahrhundertelangen Tradition des Theaterschaffens wider, sind aber durcheinander auf engstem Raum gelagert.

- In der Atmosphäre weihevoller Kunst besprechen Henriette John und Pauline Piperkarcka, letztere „dienstmädchenhaft aufgedonnert“ (S. 8), einen Kindshandel.

Alternativ beziehungsweise ergänzend können die Schülerinnen und Schüler auch beauftragt werden, ein den Regieanweisungen entsprechendes Bühnenbild zu zeichnen. Diese Aufgabe eignet sich besonders gut als Hausaufgabe.

- *Entwerfen Sie gemäß den Vorgaben in der Regieanweisung (S. 7–8) ein Bühnenbild für den ersten Akt.*

Die Ergebnisse können im Klassenzimmer ausgehängt und miteinander verglichen werden.
Als weiterer Unterrichtsschritt wird die Selbstinszenierung Harro Hassenreuters auf der Bühne analysiert. Ein erster bezeichnender Auftritt bietet sich im ersten Akt. Vor der Szenerie seines Kostümfundus erscheint Hassenreuter in Begleitung eines geschäftlichen Besuches, nämlich des Hofschauspielers Nathanael Jettel (S. 19–22). Bereits aus seinem ersten Auftritt lassen sich wichtige Erkenntnisse über wesentliche Charaktermerkmale des ehemaligen Theaterdirektors ableiten. So ist er offensichtlich mit großem Selbstvertrauen ausgestattet (er macht „große Schritte“, er zeigt „lebhaftes Temperament“ und tritt „laut“ auf; S. 19). Gerade von einer Audienz bei Hofe zurückgekehrt, unterstreicht auch sein Äußeres sein Wissen um seine eigene Bedeutung: Er wirkt gepflegt, er trägt Frackanzug und Zylinder sowie mehrere Ordenssterne (ebenda). Lateinische Zitate betonen sein Selbstverständnis als Angehöriger der gebildeten Schicht. Zudem sieht er sich selbst ganz offensichtlich in der Rolle des verantwortungsvollen, respektierten Familienoberhaupts (S. 21). Entsprechend selbstbewusst tritt er auch gegenüber Jettel auf, dem er durch grobe beziehungsweise herablassende Bemerkungen seine Überlegenheit zu demonstrieren sucht (z. B.: „Nur vergessen Sie nicht, wer vor Ihnen steht!“, S. 20, „Mein Junge ... “, S. 21). Das zur Schau gestellte Selbstmitleid („Jetzt können Sie mein Motten-, Ratten- und Flohparadies bei Lichte besehen“, S. 20) ist offenbar Bestandteil einer pathetischen Selbstinszenierung als tief gestürzte Berühmtheit („Hier hab' ich nun alles, [...] was von meiner ganzen Theaterherrlichkeit übriggeblieben ist“, ebenda). Wie sich im weiteren Verlauf des Dramas herausstellt, wurde ihm jedoch bei dem vorangegangenen Besuch bei Hofe bereits eine neue Direktorenstelle in Straßburg in Aussicht gestellt, worauf auch sein Lied von Straßburg (S. 22) hindeutet.
Die Schülerinnen und Schüler könnten auf der Grundlage der Jettel-Szene beispielsweise eine kurze Charakterisierung Hassenreuters verfassen.

- *Verfassen Sie eine Charakterisierung Hassenreuters. Suchen Sie dazu auf den Seiten 19–22 möglichst viele aussagekräftige Textbelege und formulieren Sie auf dieser Grundlage einen kurzen zusammenhängenden Text, der das Wesen der Figur möglichst treffend beschreibt.*

Alternativ bietet sich auch ein kleiner „Charakterisierungs-Wettbewerb“ an. Die Klasse wird zunächst in Gruppen aufgeteilt. Diese erhalten folgende Aufgabe:

- *Finden Sie möglichst viele Adjektive, mit denen das Wesen Hassenreuters so präzise wie möglich beschrieben werden kann, und sammeln Sie entsprechende Textbelege. Der Gruppensprecher stellt die Ergebnisse der Klasse vor.*

Die Gruppen stellen ihre Lösungsvorschläge auf Overheadfolien zusammen und präsentieren ihre Resultate. Anschließend wird über das beste Gruppenergebnis abgestimmt.
Ebenso ist es denkbar, die Szene Hassenreuter-Jettel von zwei Schülern in Form eines freien Spiels umsetzen zu lassen.

Eine weitere Vertiefung und Problematisierung der Hassenreuter-Figur erfolgt dadurch, dass man Hassenreuter als einen Menschen begreift, der die Berufe des Theaterdirektors und Schauspielers völlig in seine Identität integriert hat. Tatsächlich agiert Hassenreuter stets als Schauspieler: Im Verlauf des Stücks spielt er mehrere Rollen, hinter denen sich wohl nur sehr begrenzt eine wirkliche innere Überzeugung verbergen dürfte, wie die zahlreichen Widersprüchlichkeiten nahelegen. So gibt Hassenreuter beispielsweise zum einen den sorgenden Familienvater (S. 123), der den Wert familiärer Idylle zu schätzen weiß (S. 47: „Unser Familienleben ist eine Sache, die man uns mit Geld und guten Worten nicht abkaufen kann."), zum anderen spielt er den erotischen Abenteurer, der in den Frauen lediglich „Dinger" (S. 22) sieht. Seine Bekenntnisse zur nationalistischen Rhetorik des deutschen Kaiserreichs (S. 42), zu dessen Schöpfer Bismarck (S. 44) sowie zur staatstragenden Religion (S. 42) zeigen Hassenreuter wiederum als Verfechter eines großbürgerlichen Wertekanons. Allerdings nutzt er die dadurch behauptete Nähe zur Oberschicht vor allem für die eigene Karriere. Aus einer Audienz bei Hofe (S. 27) ergibt sich schließlich die Wiedereinsetzung als Straßburger Theaterdirektor (S. 121). Auch sonst legt er auf eine konsequente innere Haltung keinen besonderen Wert, da er seine Aussagen beliebig widerruft: Verteidigt er im dritten Akt noch die theatertheoretische Ständeklausel gegen die Einwendungen Spittas (S. 68), will er diese am Ende des Stücks stets abgelehnt haben (S. 140). Dem Wesen des unverbindlichen Rollenspiels entspricht der Umstand, dass Hassenreuter zwar großes Interesse am Schicksal Henriette Johns zeigt (z. B. S. 42), er aber in der dramatischen Endphase letztlich zu keiner inneren Anteilnahme fähig oder bereit ist (S. 138).
Der folgende Arbeitsauftrag kann in Einzelarbeit in Form eines zusammenhängenden Aufsatzes erfolgen:

- *Mit den Worten des Literaturwissenschaftlers Karl S. Guthke[1] besteht Hassenreuters Wesen darin, „lediglich die Summe seiner ‚Rollen', seiner Masken zu sein, ohne einen eigenen substanziellen Wesenskern zu besitzen". Erläutern Sie diese These anhand geeigneter Szenen aus dem Theaterstück.*

Für leistungsschwächere Klassen beziehungsweise Kurse dürfte es sinnvoll sein, zu Anfang eine Vorbesprechung der Aufgabenstellung im Plenum durchzuführen. Bei der Beurteilung der Schülerergebnisse ist nicht so sehr auf die Vollständigkeit der Beispiele, sondern vor allem darauf zu achten, dass die Widersprüchlichkeiten in der Selbstinszenierung Hassenreuters aufgedeckt und dem Sinn der Aufgabenstellung entsprechend interpretiert werden.
Die zum überzogenen Pathos und zur Selbstgefälligkeit neigenden und dadurch tendenziell lächerlich wirkenden Auftritte Hassenreuters eignen sich natürlich außerordentlich gut für kurze Spielszenen im Klassenzimmer. Dadurch erschließen sich die Schülerinnen und Schüler die komische Bühnenwirkung der Rolle.

3.3 Hassenreuter als Repräsentant des patriarchalischen Prinzips

Hassenreuters Verortung innerhalb seines sozialen Umfelds spiegelt die patriarchalische Gesetzlichkeit der wilhelminischen Gesellschaft wider: Er dominiert seine nächste Umgebung, die sich bezeichnenderweise vor allem aus Frauen zusammensetzt. Dabei hat es seine Ehefrau gelernt, Machtkämpfe zu vermeiden, indem sie ihm das Gefühl gibt, bewundert zu werden (S. 40–41), und nachsichtig mit ihm umgeht (S. 124) beziehungsweise ihn sanft

[1] Karl S. Guthke: Gerhart Hauptmann und die Kunstform der Tragikomödie, o. J., S. 360

beeinflusst (S. 139). Hassenreuter allerdings unterschätzt die Anlagen seiner Frau und nimmt lediglich wahr, dass sie „von Tag zu Tag dicker wird" (S. 25). Alice Rütterbusch wiederum (S. 22–27) personifiziert das männliche Vorrecht auf unverbindliche außereheliche Abenteuer. Das Ansinnen der Rütterbusch, in ein mögliches neues Ensemble Hassenreuters zu wechseln, quittiert dieser jedoch nur mit einem abwiegelnden Lachen (S. 24). Zu Frau John unterhält Hassenreuter im Grunde vor allem eine ökonomische Beziehung, da sie gegen Entgelt seinen Fundus versorgt. An ihrem Schicksal nimmt er aber nur oberflächlich Anteil. Die Gratulation zu ihrem Nachwuchs nutzt er allenfalls als Bühne für die eigene Selbstinszenierung (S. 41–44). Als die Tragik Henriette Johns offenbart wird, wendet er sich jedoch ohne jede Form der Empathie von ihr ab (S. 138). Männliche Konkurrenz vertreibt Hassenreuter entweder aus seinem Revier, zum Beispiel Pastor Spitta (S. 73–79), oder er verweist sie auf eine unterlegene Juniorposition, zum Beispiel seinen Schüler Erich Spitta.

Als Einstieg in die Bearbeitung der Thematik wird von der Lehrkraft ein historisches Bilddokument präsentiert, das das Porträt einer bürgerlichen Familie zeigt (**Arbeitsblatt 15**, S. 73). Die Anordnung der Personen gibt zugleich Auskunft über das soziale Gefüge in der Familie, in deren Zentrum sich ohne Zweifel der Mann befindet. Die Schülerinnen und Schüler werden aufgefordert, das Bild zu betrachten und Gemeinsamkeiten zur Familie Hassenreuter zu suchen. Die Zuordnung der einzelnen familiären Rollen dürfte dabei nicht schwerfallen.

Den Kern der folgenden Textarbeit bildet der zeitgenössische Familienbegriff. Zur Klärung der historischen Tatsachen bietet sich unter anderem der Einsatz eines Informationstextes zur Rolle der Familie im späten 19. Jahrhundert an (vgl. **Arbeitsblatt 16**, S. 74), mit dessen Hilfe die Schülerinnen und Schüler ihr für die folgende Interpretation unerlässliches sozialgeschichtliches Grundwissen rekapitulieren sowie die von Hauptmann dargestellten sozialen Verhältnisse auf ihren Realitätsgehalt überprüfen können. Der Arbeitsauftrag könnte folgendermaßen formuliert sein:

- *Fassen Sie die Hauptaussagen des Textes zusammen und zeigen Sie Entsprechungen zu den im Drama dargestellten sozialen Verhältnissen auf.*

Erfahrungsgemäß werden die Bearbeiter zahlreiche Parallelen herausarbeiten, mit denen der hohe Grad an Authentizität der sozialen Konfiguration im Drama belegt wird.

Alternativ kann der Stoff auch durch Schülerreferate erschlossen und präsentiert werden. Formulierungsvorschläge finden sich am Ende des Bausteins.

Im Anschluss wird folgender Arbeitsauftrag erteilt, der für eine Gruppenarbeit geeignet ist. Da das zu analysierende Material vergleichsweise umfangreich ist, sollten sich die einzelnen Teams einer sinnvollen gruppeninternen Arbeitsteilung bedienen.

- *Machen Sie sich zunächst mithilfe einer internen Arbeitsteilung die Beziehungen zwischen Hassenreuter und seinem sozialen Umfeld klar. Zu berücksichtigen sind folgende Personen: Frau Hassenreuter, Walburga, Alice Rütterbusch, Henriette John sowie Vater und Sohn Spitta. Führen Sie anschließend Ihre Ergebnisse in Form einer Textgrafik zusammen, die Sie auf eine Folie übertragen.*

In der Besprechungsphase stellen die Gruppen Ihre Ergebnisse vor. Die Resultate dienen zur Erarbeitung einer gemeinsamen Lösung, die im Rahmen eines Tafelbilds erstellt wird. (s. S. 70)

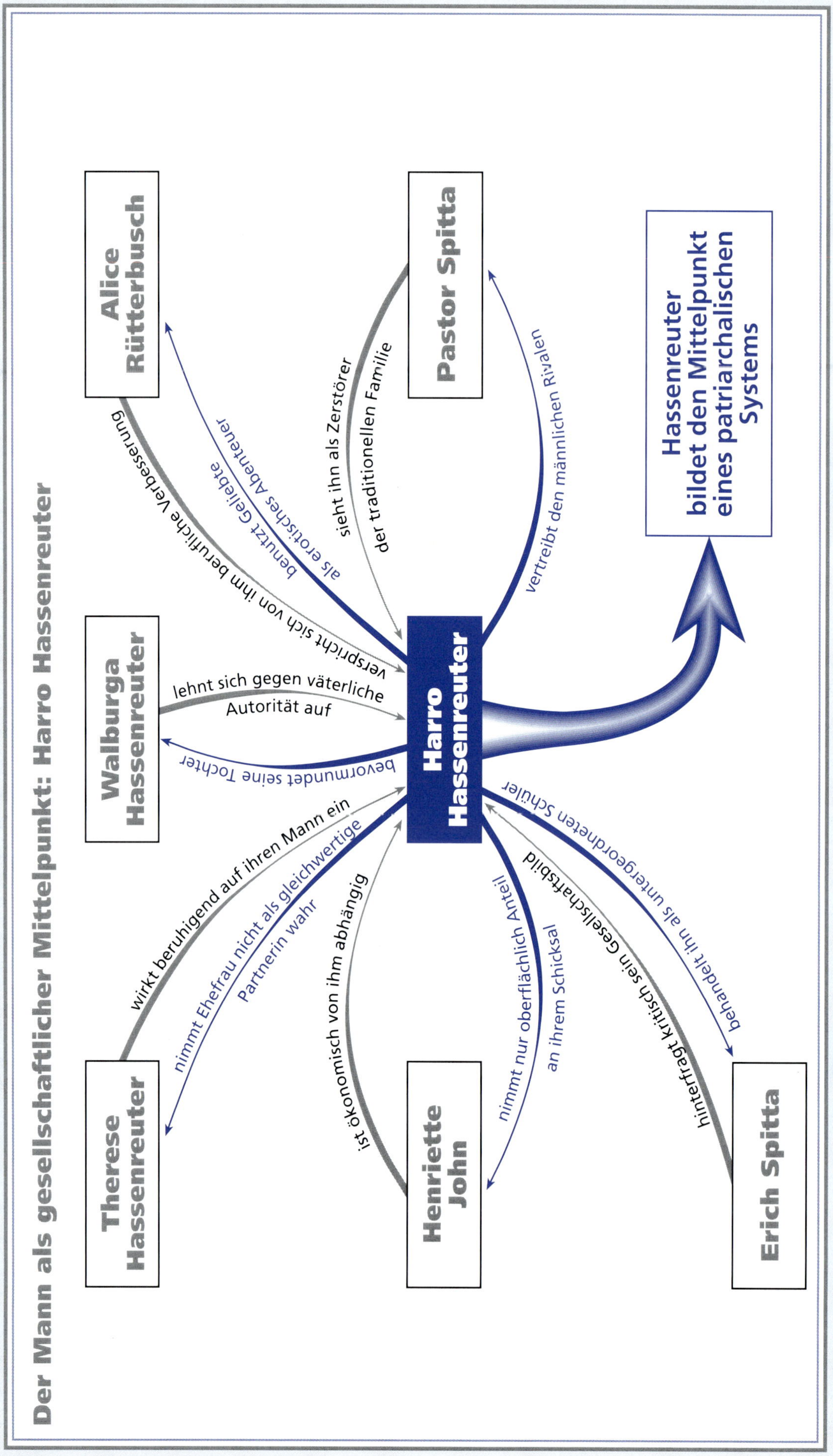
Der Mann als gesellschaftlicher Mittelpunkt: Harro Hassenreuter
Harro Hassenreuter
Alice Rütterbusch
verspricht sich von ihm berufliche Verbesserung
benutzt Geliebte als erotisches Abenteuer
Pastor Spitta
sieht ihn als Zerstörer der traditionellen Familie
vertreibt den männlichen Rivalen
Walburga Hassenreuter
lehnt sich gegen väterliche Autorität auf
bevormundet seine Tochter
Therese Hassenreuter
wirkt beruhigend auf ihren Mann ein
nimmt Ehefrau nicht als gleichwertige Partnerin wahr
Henriette John
ist ökonomisch von ihm abhängig
nimmt nur oberflächlich Anteil an ihrem Schicksal
Erich Spitta
hinterfragt kritisch sein Gesellschaftsbild
behandelt ihn als untergeordneten Schüler
Hassenreuter bildet den Mittelpunkt eines patriarchalischen Systems

Zur Verkürzung der Arbeitsphase kann den Schülern auch ein bereits vorgefertigtes Arbeitsblatt (**Arbeitsblatt 17**, S. 76) ausgehändigt werden, das in Partnerarbeit auszufüllen ist. Die Ergebnisse lassen sich im Übrigen noch durch die Gestaltung von sogenannten Standbildern vertiefen. Dieses produktionsorientierte Reflexionsverfahren ermöglicht den Schülerinnen und Schülern eine anschauliche Umsetzung der durch die Textarbeit gewonnenen Einsichten. Der Kurs wird in Gruppen zu ca. 8–12 Personen eingeteilt, die das Verhältnis Hassenreuters zu seinem Umfeld in je einem Standbild umsetzen. Eine konkrete Beschreibung der Methode sowie die genaue Aufgabenstellung wird den Schülern als Arbeitsblatt ausgehändigt (vgl. **Arbeitsblatt 18**, S. 77). Das im Team gestaltete Standbild ist anschließend den anderen Gruppen vorzuführen und zu erläutern. Das fotografische Festhalten der einzelnen Figurengruppen ermöglicht einen abschließenden Vergleich im Plenum, bei dem die gelungenen Elemente der einzelnen Standbilder nochmals hervorgehoben werden.

3.4 Der Generationenkonflikt in der bürgerlichen Familie

In den verknöcherten patriarchalischen Familienstrukturen manifestieren sich Prinzipien des Zusammenlebens, die von der jüngeren Generation nicht mehr ohne Widerstand hingenommen werden. Ist es in der Familie Hassenreuter Walburga, deren emanzipatorische Versuche im Bereich der Partnerwahl auf den Widerstand des Vaters stoßen (S. 80), so begehrt Erich gegen die Ablehnung seiner Berufswahl durch seinen Vater, Pastor Spitta, auf (S. 52). Hinter diesen Konfrontationen stehen jedoch viel tiefer gehende Konflikte: Walburga weiß um den Ehebruch ihres Vaters (S. 81), wodurch in ihren Augen das gesamte von ihm repräsentierte Wertesystem widerlegt ist, und Erich ist sich bewusst, dass die familiäre Dominanz seines Vaters letztlich den Grund für den Selbstmord seiner Schwester gebildet hat (S. 52). Als Gegengewicht zu diesen negativen Erfahrungen behaupten die beiden jungen Menschen einen schwärmerisch anmutenden Idealismus, dessen Kern ein naiver Zukunftsglaube bildet (S. 104–105). Die Väter reagieren auf den Widerstand ihrer Kinder, indem sie ihre Autorität mit brutalen Methoden durchsetzen wollen: Hassenreuter schlägt seine Tochter (S. 103), Spitta verstößt seinen Sohn aus der Familie (ebenda). Während jedoch der Bruch in der Familie Spitta nicht geheilt wird, kommt es vonseiten Harro Hassenreuters zu einem „Waffenstillstand", als sich die soziale Lage durch die erneute Beförderung zum Theaterdirektor deutlich bessert und er sich deshalb in einer generösen Rolle gefällt (S. 121). Trotz aller grundsätzlichen Rebellion zeigt das Einverständnis mit dem Versöhnungsangebot letztlich einen Mangel an Konsequenz bei den beiden jungen Menschen: Eine entschiedene Absage an die Generation der Väter wird trotz der entschlossen wirkenden moralischen Rhetorik nicht gewagt.
Der Charakter des Generationenkonflikts kann durch folgenden Arbeitsauftrag in Partnerarbeit erschlossen werden:

- *Untersuchen Sie den Konflikt zwischen der jungen Generation (Walburga, Erich) und der Vätergeneration (Hassenreuter, Spitta): Gehen Sie dabei auf die Grundeinstellungen der beiden Gruppen sowie auf die konkreten Ursachen des Konflikts ein. Geeignete Textstellen: S. 50–52, 80–81, S. 102–106*

Bei der Besprechung sollte im Wesentlichen darauf geachtet werden, dass die weiter oben dargelegten Erkenntnisse berücksichtigt werden.
Alternativ bietet sich die Methode des perspektivischen Schreibens an: Die Schülerinnen und Schüler entscheiden sich für eine der vier den Generationenkonflikt austragenden Personen und verfassen eine Beurteilung der Zusammenhänge aus der subjektiven Sicht der gewählten Figur heraus.

- *Entscheiden Sie sich zunächst für eine der folgenden Personen: Walburga bzw. Harro Hassenreuter, Erich bzw. Pastor Spitta. Verfassen Sie sodann eine Schilderung des zwischen den Beteiligten herrschenden Generationenkonflikts aus der subjektiven Sicht Ihrer Figur. Geeignete Textstellen: S. 50–52, 80–81, S. 102–106*

Um dem Arbeitsprozess eine systematische und vergleichstaugliche Form zu geben, steht fakultativ das **Arbeitsblatt 19**, S. 78 zur Verfügung, das in Stillarbeit auszufüllen ist.
Die Ergebnisse können in der Klasse besprochen werden oder möglicherweise als Grundlage für ein fingiertes Streitgespräch zwischen den Personen dienen.
Der Aspekt des Generationenkonflikts sollte in jedem Fall durch ein weiterführendes Gespräch abgerundet werden, in dem die unterschiedlichen Positionen der Exponenten des Konflikts einer kritischen Bewertung unterzogen werden. Als Impuls könnte folgende Aufgabenformulierung dienen:

- *Beurteilen Sie aus Ihrer persönlichen Sicht Einstellung und Verhalten der beiden Parteien, wie sie im Generationenkonflikt deutlich werden.*

Ohne Zweifel dürften insbesondere die Standpunkte der Vätergeneration von den Schülerinnen und Schülern negativ gesehen werden. Aber auch die Haltung des jungen Paares bleibt nicht unbelastet: So fällt die schwärmerische, überidealisierte Haltung Erichs ebenso auf wie das schnelle Einlenken der beiden angesichts des Friedensangebots Harro Hassenreuters.

Anregungen für Schülerreferate:

- Zeigen Sie anhand eines weiteren dramatischen Werks den sozialkritischen Ansatz Gerhart Hauptmanns auf.
  Vorschläge:
  Rose Bernd
  Die Weber
  Vor Sonnenaufgang

- Stellen Sie Formen und Themen der Gesellschaftskritik in der modernen Literatur an einem selbst gewählten Beispiel dar.
  Vorschläge:
  Henrik Ibsen: Die Stützen der Gesellschaft
  Jakob Michael Lenz: Der Hofmeister
  Georg Büchner: Woyzeck
  George Orwell: 1984
  Heinrich Böll: Die verlorene Ehre der Katharina Blum
  Michael Ende: Momo

- Erörtern Sie anhand eines geeigneten Beispiels die Bedeutung des Generationenkonflikts als Motiv in der deutschen Literatur.

  Möglichkeiten:
  Friedrich Schiller: Kabale und Liebe
  Franz Wedekind: Frühlings Erwachen
  Thomas Mann: Buddenbrooks
  Franz Kafka: Brief an den Vater
  Hermann Hesse: Kinderseele
  Siegfried Lenz: Deutschstunde
  Heinrich Böll: Billard um halb zehn
  Arno Geiger: Es geht uns gut

Bildvorlage

Die Ehe im Kaiserreich

Die Familie [...] steht unbestritten in höchster Geltung. Sie ist Keimzelle des Staates wie der Gesellschaft, ist Kernbestand und Ursprung aller Moral, die ja jenseits der natürlichen Egoismen anhebt, ja die Familie ist religiös geweiht, sakrosankt, ist ein „heiliges Naturverhältnis“ (Meyers Lexikon 1867).

[...]

Alle Parteien, alle religiösen Richtungen, alle Klassen teilen diesen Glauben an die Familie: Protestanten, Katholiken und Agnostiker, Konservative, Liberale und auch Sozialdemokraten, wenn man von ein paar intellektuellen Randexistenzen und ihren utopischen Vorstellungen von einer „anderen Familie“ absieht.

[...]

Aus der emphatischen Geltung der Familie entwickelt sich so etwas wie eine Familienreligion. Mit dem Schwinden der religiösen Substanz und der außerweltlichen Antworten auf die Fragen nach dem Lebenssinn dringt die Familie (wie die Arbeit und manchmal, bei den Bürgern, auch die Kunst) in den Rang von etwas Letztem, Sinnstiftendem vor. Unternehmer rechtfertigen ihre Tätigkeit damit, dass sie für die sie selbst überdauernde Familie arbeiten. Und die gewaltigen Anstrengungen für die Aufstiegsmobilität zwischen den Generationen zehren davon, dass Eltern Sinn und Ziel ihres Lebens darin sehen, dass die Kinder es einmal „besser haben“ sollen.

[...]

Die Familie [...] ist modern, insofern sie individualistisch strukturiert ist – sie beruht auf persönlichen Entscheidungen, jedes Glied hat individuelle Rechte; den alten Vorrang des Familieninteresses über das des einzelnen gibt es *so* jedenfalls nicht mehr. Zum Begriff der modernen Familie gehört die große Errungenschaft der bürgerlichen Welt, die Trennung des Öffentlichen vom Privaten. Der Bürger ist Staats- und Gemeindebürger, nicht Familienvater. Familie ist Privatraum, Privatsache, „privatistisch“. Das gilt als gut.

Nur am Rand der Gesellschaft entstehen Probleme. Bei Verwahrlosung von Kindern und Jugendlichen, da wo Eltern oder alleinerziehende Mütter ihren Aufgaben und Pflichten nicht gerecht werden, greift das staatliche Fürsorgerecht ein, im BGB (1900) deutlich fixiert. Die Anordnung der Erziehung in Heimen wird möglich, freilich, diese Heime sind mehr disziplinäre Straf- und „Besserungs“- als moderne Erziehungsanstalten. Und im Unehelichenrecht entsteht die Amts- und Berufsvormundschaft gegenüber den Müttern wie den Pflegemüttern. Unter modernen Verhältnissen erweist sich die Professionalisierung solcher Ämter und der Eingriff der Verwaltung als wirkungsvoller als vornehmlich private Regelungen.

Die innere Ordnung der Familie war patriarchalisch, das gehörte zu ihrer sozialen Geltung. Patriarchalisch heißt: Aufgabe und Lebensprojekt der Geschlechter waren verschieden, die wesentlichen und letzten Entscheidungen lagen – nach Recht wie nach Sitte – beim Mann, er dominierte eindeutig. Das war zum Teil die Fortdauer einer weit zurückreichenden Tradition, teils eine neue bürgerliche Ideologie, die auf die Umstrukturierung des bürgerlichen Haushalts antwortete.

[...]

Wer die Familie angriff, stellte sich außerhalb der Gesellschaft und provozierte die stärksten Emotionen. Als die Kritik sozialistischer Intellektueller an Ehe und Familie zunahm – es blieb oft unklar, was denn die Überwindung der „bürgerlichen“ Familie im Zukunftsstaat für die Familie überhaupt bedeuten sollte –, als auch die der avantgardistischen Literaten und gar der radikalen Feministinnen stärker wurde und schließlich die Bohème kündbare und darum „freiere“ Geschlechterverhältnisse zur Debatte stellte, intensivierten sich die Defensiv- und Rechtfertigungspositionen; der Glaube, dass die Sozialdemokraten die Familie und damit Ordnung und Humanität unterminieren wollten, spielte eine beträchtliche Rolle.

Merkwürdigerweise tritt im Zeitalter der unbedingten Geltung der Familie und ihrer patriarchalischen Struktur dennoch eine neue Reflexionsstufe auf. Familie wird zum Gegenstand von Wissenschaften: der Ethnologie, der Ur- und Frühgeschichte, der Soziologie, der Psychologie, wird als ein sozialkulturell bedingtes Phänomen in vielfältigen Formen erkannt, wird relativ. Aber das änderte, erstaunlicherweise, zunächst nichts an den Vorstellungen vom zeitlos gültigen Familienideal; die „Relativität“ der Wissenschaft erschütterte noch nicht die Verbindlichkeit, wurde noch nicht als Leiden erlebt. Die Wissenschaft war kein Motor der Normveränderung. Das wurde dann erst, etwa seit 1890, die Literatur. Drama und Roman machen die Problematik der Familie zum Thema, sie ist Ort der Konflikte, des Schicksals, des Leidens. Und sie stellen, seitdem Ibsen das Stadttheater erobert hat, die herkömmliche Rolle der Frau zur Diskussion. Die familialen Ordnungen werden fraglich. Das Individuum und seine Rechte gewinnen gegenüber dem Sozialverband Familie an Gewicht, Frauen- und Jugendbewegung dringen in die Diskussion der bürgerlichen Familie ein.

Die Geltung der Familie und vor allem ihre patriarchalische Struktur waren in der Rechtsordnung festgeschrieben, im Familienrecht. Während das bürgerliche Recht ja eigentlich vom Individualismus, der Vertragsfreiheit und der Gleichheit aller Rechtsgenossen ausging, galt im Familienrecht nicht nur wie selbstverständlich der Vorrang der elterlichen, der väterlichen Autorität gegenüber Kindern und Jugendlichen (und politisch die Abneigung gegen die sozialpflegerischen Eingriffsanmaßungen in das Eltern-Kind-Verhältnis), sondern vor allem war die Frau als Tochter wie als Ehefrau der Autorität des Vaters und Ehemanns unterstellt; sie unterstand einer Art Vormundschaft. Bürgerliches Individuum und (vor allem) verheiratete Frau waren scharf unterschieden. Zwar war die Frau natürlich Vermögens- und erbfähig, aber sie war kaum eigentlich „geschäftsfähig"; in dem Normalverhältnis der ehelichen Gütergemeinschaft war sie auch gegenüber ihrem eigenen „eingebrachten Gut" nicht verfügungsberechtigt. Der Mann handelte für sie.

[…]

Thomas Nipperdey: Die Ehe im Kaiserreich. Aus: ders.: Deutsche Geschichte 1866–1918. Band 1: Arbeitswelt und Bürgergeist. München: C. H. Beck

■ *Fassen Sie die Hauptaussagen des Textes zusammen und zeigen Sie Entsprechungen zu den im Drama dargestellten sozialen Verhältnissen auf.*

Hassenreuter als Vertreter des Patriarchats

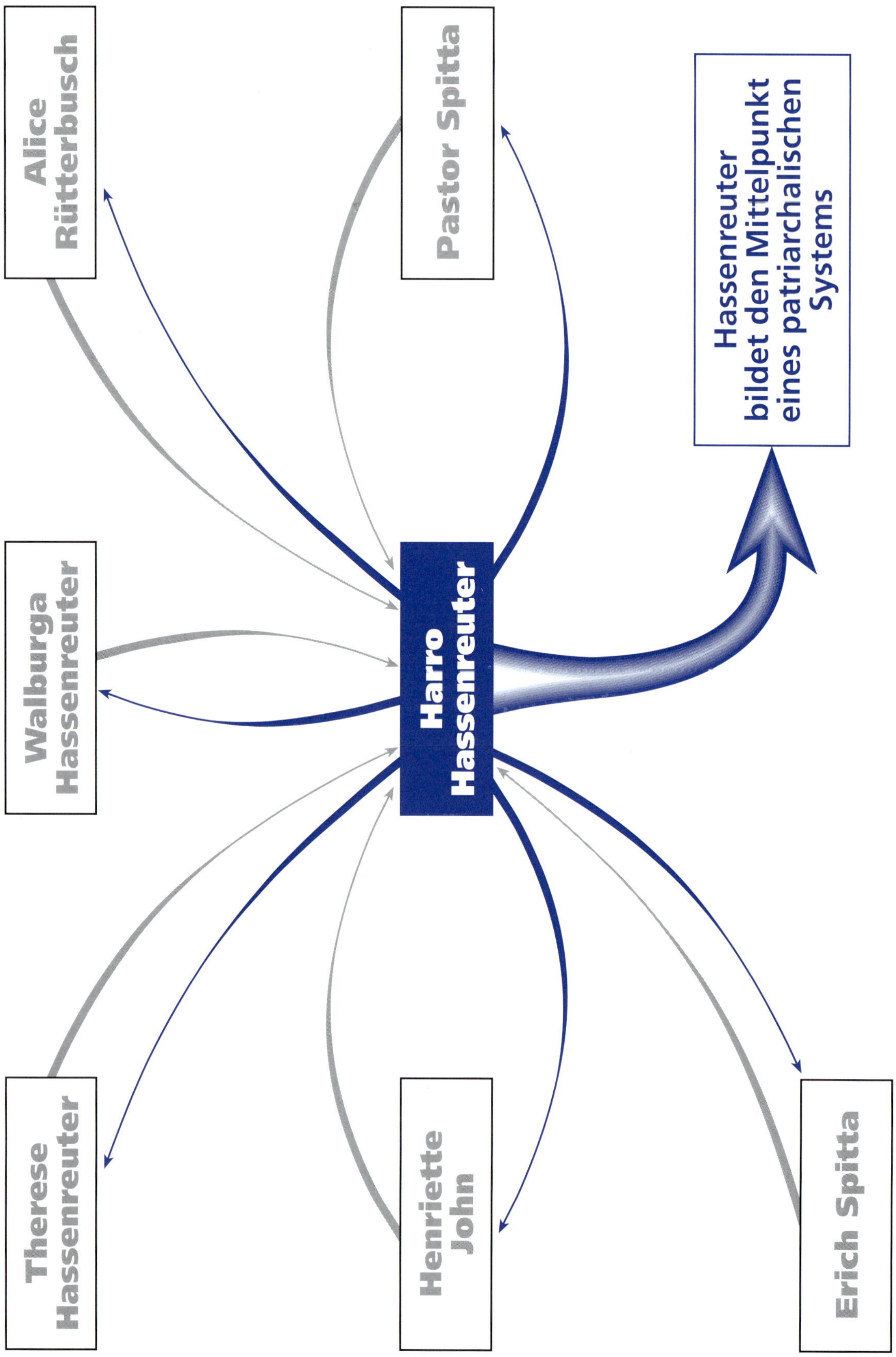

■ *Charakterisieren Sie das Verhältnis zwischen Hassenreuter und seinem Umfeld, indem Sie die Pfeile entsprechend beschriften.*

Ein Standbild bauen

Mitglieder des Teams: ______________________________

Aufgabe:

Stellen Sie das im Unterricht erarbeitete Verhältnis zwischen Hassenreuter und seinem Umfeld im Rahmen eines aussagekräftigen Standbilds dar.

Informationen zum Thema „Standbilder"

- *Definition*

Ein Standbild ist einem Monument vergleichbar, das durch eine bewegungslos verharrende Person oder Personengruppe gebildet wird. Ihre im Standbild dargestellte Körpersprache dient der nonverbalen Interpretation einer bestimmten Thematik.

- *Vorgehensweise*

Wiederholen Sie die im Unterricht erarbeiteten Textbefunde und einigen Sie sich auf die wesentlichen Inhalte des Standbilds. Jede der zu berücksichtigenden Dramenfiguren wird von je einem Schüler dargestellt. Die übrigen Gruppenmitglieder fungieren als „Bildhauer", die mithilfe der Darsteller das Standbild modellieren. Im Rahmen der Präsentationsphase stellen sich die Gruppen gegenseitig ihre Standbilder vor, wobei jeweils ein Gruppenmitglied als Sprecher agiert.

- *Zeitliche Organisation*

Der Zeitplan stellt sich folgendermaßen dar:
10 Minuten Wiederholung der Unterrichtsergebnisse
10 Minuten Aussprache über Standbild
10 Minuten Aufbau
15 Minuten Präsentation und Diskussion

- *Erlaubte Hilfsmittel*

Neben den Möglichkeiten der Körpersprache (Haltung, Mimik, Gestik) können alle Requisiten benutzt werden, die sich im Klassenzimmer finden lassen (Tafel, Kleidungsstücke, Papier,...).

Der Generationenkonflikt im Drama

Ich erlebe den Generationenkonflikt aus Sicht von ______________________________ .

Mein Hauptgegner im Konflikt heißt ______________________________ .

Als den wichtigsten Auslöser für den zwischen den beiden Vätern und den beiden Kindern bestehenden Konflikt betrachte ich

____

____

____

____

______________________________ .

Der eigentliche Kern des Konflikts besteht für mich in

____

____

____

____

______________________________ .

Als Lösungsmöglichkeit schlage ich vor,

____

____

____

____

______________________________ .

Gattung und Epoche

Dieser Baustein beinhaltet die gattungstypologische Definition des Dramas sowie seine kunsttheoretische beziehungsweise literaturhistorische Einordnung. Im Zusammenhang mit der Gattung ist zu klären, welchen strukturellen Mustern die Form des Dramas folgt. Zudem wird der von Hauptmann für sein Drama ausdrücklich verwendete Begriff der „Tragikomödie" problematisiert. Was die Epochenzuordnung anbelangt, erfolgt zunächst eine Charakterisierung der vom Autor umgesetzten naturalistischen Kunstanschauung. Im Anschluss werden wesentliche Aspekte naturalistischer Dramentheorie und -praxis in Bezug zu den „Ratten" gesetzt. Die Schülerinnen und Schüler können sich auf Grundlage dieses Bausteins wesentliche Elemente der modernen Literaturterminologie aneignen beziehungsweise abiturprüfungsrelevante Inhalte wiederholen und vertiefen.

4.1 Die Gattungsbestimmung

Ein Theaterstück orientiert sich grundsätzlich entweder an der aristotelischen Tradition oder negiert diese. In der von dem Germanisten Volker Klotz in den 60er-Jahren entwickelten und bis heute prägenden Dramentypologie finden sich diese beiden Grundmuster in der Unterscheidung von geschlossener und offener Form wieder. Die geschlossene Form wahrt die Einheit von Ort, Zeit und Handlung und zeigt überindividuell angelegte Protagonisten, die mit ihren Gegenspielern Konflikte mit tragischer Dimension austragen. Dabei wird die Gültigkeit eines Normen- und Wertesystems vorausgesetzt, das als solches nicht infrage gestellt wird. Bezeichnend ist die rhetorische Stilisierung. In der offenen Form dagegen zerfasern Handlungsstruktur und die Zeit- und Raumkonstellation. Die allenfalls noch formal als „Held" auftretende Hauptfigur ist mit keinem direkten Gegenspieler mehr konfrontiert, sondern wird als Opfer herrschender psychischer, physischer oder gesellschaftlicher Zwänge inmitten des Auf und Abs der Handlung hin- und hergeworfen. Ein einheitliches Weltbild, aus dem sich eine allgemeinverbindliche Ethik ableiten ließe, existiert nicht mehr.
Die Klotz'sche Differenzierung stellt aufgrund ihrer polarisierenden Prägnanz einen geeigneten Bezugspunkt dar, um im Rahmen des Unterrichts Aufbau und Struktur der „Ratten" zu erschließen.
Zunächst erarbeiten die Schülerinnen und Schüler im Rahmen einer Partner- oder Gruppenarbeit mithilfe eines Sachtextes (**Arbeitsblatt 20**, S. 88) den Kern der Klotz'schen Theorie und erstellen einen Kriterienkatalog, der die wesentlichen Unterscheidungselemente enthalten soll. Die Frage nach dem in den beiden Grundtypen implizierten Menschenbild wird in dieser Phase zunächst ausgeklammert und erst im Zusammenhang mit der Weltsicht des Naturalismus behandelt.

- *Erstellen Sie eine aufs Wesentliche reduzierte Übersicht über die wichtigsten Unterschiede zwischen offenem und geschlossenem Dramentyp.*

Im Rahmen der Vorbesprechung der Aufgabe dürfte es sinnvoll sein, mit dem Kurs die wichtigsten Elemente der aristotelischen Dramentheorie, soweit aus dem Unterricht bereits

bekannt, zu wiederholen. Bei leistungsschwächeren Lerngruppen sollte die Lehrkraft auf jeden Fall als Hilfestellung die wichtigsten Oberkriterien (Komposition, Handlung, Zeit, Ort, Personen, Sprache) vorgeben, um eine sachgerechte Auswertung des Informationstextes sicherzustellen.
Die Ergebnisse werden im Plenum besprochen und als Grundlage für die Zusammenstellung eines gemeinsamen Kriterienkatalogs genutzt. Will man den Arbeitsschritt verkürzen, so kann man nach der gemeinsamen Lektüre des Informationstextes den Schülerinnen und Schülern eine bereits vorbereitete Übersicht vorlegen (s. **Arbeitsblatt 21**, S. 91). Alternativ kann diese Arbeitsphase selbstverständlich auch durch ein Schülerreferat gestaltet werden.
Anschließend werden die konkreten Vergleichspunkte auf das Drama angewendet. Das Ziel der Aufgabe besteht darin, zu entscheiden, welchem Dramentyp das Schauspiel „Die Ratten" entspricht.

- *Entscheiden Sie auf der Basis der von Ihnen festgelegten Kriterien, welchem der beiden Grundmuster das Drama „Die Ratten" zuzuordnen ist.*

Die Ergebnisse werden gemeinsam besprochen und in einem Tafelbild festgehalten.

„Die Ratten" – ein offenes oder geschlossenes Drama?

Komposition: Zwar Fünfaktigkeit, aber kein Höhepunkt im dritten Akt; Akte bestehen aus ineinander übergehenden Einzelszenen ohne klare Abgrenzung

Handlung: zweisträngig, mit Nebenhandlungen, keine streng lineare Anordnung der Szenen

Zeit, Ort: Handlung über mehrere Tage verteilt; mehrere Handlungsorte innerhalb des Mietshauses

Personen: Vielzahl ohne Berücksichtigung der Ständeklausel, teilweise Nebenfiguren ohne besondere Funktion; Henriette John trägt Konflikt nicht nur mit einem bestimmten Gegenspieler, sondern auch mit sich selbst und mit der Gesellschaft aus

Sprache: verschiedene Sprachebenen, die durch die sozialen Rollen der Figuren bestimmt werden

➡ **„Die Ratten" → eindeutig Drama des offenen Typs**

Wurde das **Arbeitsblatt 21**, S. 91, ausgegeben, so kann die Ergebnissicherung dort erfolgen.
Mit der John- und der Hassenreuter-Handlung besteht das Drama aus zwei grundsätzlich autonom ablaufenden, sich allenfalls tangierenden Haupthandlungen, die jeweils einen unterschiedlichen dramatischen Effekt anstreben. Aus diesem Grund führt das Stück auch den erklärungsbedürftigen Untertitel „Eine Tragikömodie".
Zur Erarbeitung des Begriffs eignet sich ein Artikel aus einem literaturwissenschaftlichen Lexikon (**Arbeitsblatt 22**, S. 92). Die auf diesem Wege gewonnenen Informationen dienen als Grundlage für das folgende Unterrichtsgespräch.

- *Machen Sie sich anhand des Lexikonartikels den Inhalt des Begriffs „Tragikomödie" klar und überlegen Sie, inwieweit diese Gattungszuordnung auf das Drama „Die Ratten" zutrifft.*

Im Unterrichtsgespräch sollten an konkreten Beispielen tragische und komische Handlungselemente aufgeführt werden, die sich zum Teil direkt vermischen.

Die Aufzählung kann in Gestalt eines Tafelbildes gesichert werden.

„Die Ratten" – eine Tragikomödie

Beispiele für ...

... tragische Elemente

- Schicksal der Frau John
- Mordtat Bruno Mechelkes an Pauline Piperkarcka
- Situation von Frau Knobbe und ihrer Familie
- Selbstmord der Schwester von Erich Spitta
- ...

... komische Elemente

- lächerliche Selbstinszenierung von Harro Hassenreuter
- groteske Ortssymbolik: verstaubter Dachboden als Ort des Theaters
- komödiantisches Versteckspiel im 1. Akt
- Erichs Spittas pathetische Stilisierung persönlicher Entscheidungen
- ...

Das Drama „Die Ratten" vereint gleichermaßen tragische und komische Elemente.

Für die Behandlung der Thematik eignet sich natürlich ebenso die Berücksichtigung eines Schülerreferats.

4.2 Die literaturgeschichtliche Einordnung

Bei Gerhart Hauptmann handelt es sich um eine der prägendsten Autorenfiguren des deutschen Naturalismus. Diese Feststellung steht keineswegs im Widerspruch zur bekannten Tatsache, dass viele seiner Werke, wie beispielsweise die Novelle „Bahnwärter Thiel" oder auch das Theaterstück „Und Pippa tanzt!", den naturalistischen Ansatz teilweise hinter sich lassen und Elemente anderer, in Abgrenzung zum Naturalismus entstandener Kunstrichtungen integrieren, beispielsweise Motive der Neuromantik, Stilphänomene des Impressionismus und sogar Vorwegnahmen expressionistischen Gestaltungswillens. Seinen Durchbruch als junger Bühnendichter verdankt Hauptmann jedenfalls den ganz im naturalistischen Geist verfassten Dramen „Vor Sonnenaufgang", „Die Weber" und „Der Biberpelz", mit denen er dieser gerade in den ersten Jahren äußerst umstrittenen ästhetischen Bewegung zu breiter Bühnenpräsenz und damit zu einer derartigen Resonanz verhalf, dass der Naturalismus der deutschsprachigen Literatur vor der Jahrhundertwende maßgeblich seinen Stempel aufzudrücken vermochte.
Als das Drama „Die Ratten" im Jahr 1911 in Berlin uraufgeführt wurde, war der Höhepunkt der naturalistischen Welle schon seit einem Jahrzehnt abgeebbt. Trotzdem stellt das Stück ohne Zweifel einen, wenn auch späten, so doch markanten Repräsentanten des naturalistischen Theaterschaffens dar. Sowohl hinsichtlich seiner Intention beziehungsweise seiner Thematik als auch unter Berücksichtigung der Darstellungsform beziehungsweise der dramatischen Umsetzung des Stoffs ist das Drama „Die Ratten" eindeutig der naturalistischen Kunsttheorie verpflichtet.
Als erster Impuls für die Behandlung der Epochenzuordnung im Unterricht dient die zeitgenössische Zeichnung „Freie Bühne" des Karikaturisten Ernst Retemeyer, die 1890 im „Kladderadatsch" erschien (**Arbeitsblatt 23**, S. 93). Die Satire versinnbildlicht die negative Sicht des bürgerlichen Theaterpublikums auf das naturalistische Theaterschaffen.
Der Arbeitsauftrag für das Unterrichtsgespräch könnte folgendermaßen formuliert sein:

- *Beschreiben Sie möglichst präzise den Bildinhalt und erklären Sie, welche Kennzeichen des Naturalismus der Karikaturist deutlich machen will.*

Unter anderem sollten folgende Elemente zur Sprache kommen beziehungsweise von Lehrerseite ergänzt werden:

- Bei der „Freien Bühne" handelt es sich um einen Theaterverein der Berliner Naturalisten, der nicht öffentliche Inszenierungen durchführte, um nicht die in Preußen vorgeschriebene polizeiliche Genehmigung einholen zu müssen, die von staatlicher Seite als Mittel indirekter Zensur eingesetzt wurde. Den wichtigsten Erfolg des Vereins stellte die 1890 erfolgte und von der Arbeiterbewegung getragene Gründung der „Freien Volksbühne Berlin" dar.
- Der Vertreter des Großbürgertums im Bildvordergrund ist sichtlich bemüht, nicht mit dem offenbar als äußerst anrüchig empfundenen naturalistischen Theatertreiben in Kontakt zu kommen.
- Die Zusammenstellung des Theaterrepertoires wird mit dem Sammeln von abgenagten Knochen und anderen Müllresten auf dem verdreckten Dachboden des Theaters verglichen.
- Programmatische Schwerpunkte des Naturalismus, wie die Frauenemanzipation, die soziale Verelendung sowie die deterministische Vererbungslehre, werden in Gestalt der Fassadenfiguren grotesk überspitzt dargestellt.
- Das von den Naturalisten verfolgte Ziel einer Darstellung beziehungsweise Aufdeckung gesellschaftlicher Missstände wird visualisiert, indem das Theatergebäude von einer hauseigenen Schnapsbrennerei und einem Misthaufen eingefasst wird.
- Zwei auf dem hinteren Fassendenbereich des Gebäudes angebrachte eingedrückte Zylinder symbolisieren eine antibürgerliche Grundhaltung.
- Exemplarisch für das mutmaßliche Publikum der „Freien Bühne" stehen ein torkelnder Betrunkener sowie ein psychisch sichtlich verzweifelter Mann.

Als nächster Schritt werden in Gruppenarbeit die Epochenmerkmale des Naturalismus nochmals in einer Definition zusammengetragen. Dabei stützen sich die Schülerinnen und Schüler auf die Erkenntnisse aus der Karikatur sowie auf ihr Vorwissen.

- *Tragen Sie das in Ihrer Gruppe bereits vorhandene Wissen über den Naturalismus zusammen und versuchen Sie, eine möglichst differenzierte Definition zu formulieren.*

Fehlen in der Klasse Vorkenntnisse zum Naturalismus, ist es zweckmäßig, die Kennzeichen der naturalistischen Epoche systematisch zu erarbeiten. Zu diesem Zweck erhalten die Schüler einen Informationstext zum Naturalismus (**Arbeitsblatt 24**, S. 94), der in Einzelarbeit zusammengefasst werden soll.

- *Informieren Sie sich über die wesentlichen Merkmale des Naturalismus und fassen Sie diese in Form einer Definition zusammen, die circa 7–10 Sätze umfassen sollte.*

Alternativ kann dieser Arbeitsschritt auch durch ein Schülerreferat abgehandelt werden.
Im Rahmen der Besprechung der Definitionsversuche sollte gleichzeitig eine Überprüfung der Kriterien am Dramentext erfolgen.

- *Stellen Sie Gesichtspunkte zusammen, die für eine Einordnung des Schauspiels „Die Ratten" als Drama des Naturalismus sprechen.*

Die Zusammenstellung der folgenden Aspekte bezieht sich auf die im **Arbeitsblatt 24**, S. 94 genannten Kriterien:

„Die Ratten" als naturalistisches Drama

Intention: Wirklichkeitsgetreue Darstellung gesellschaftlicher Missstände

Themen, Motive:

- Figurenkreis umfasst gesellschaftliche Randgruppen, deren Situation von Ohnmacht und Perspektivlosigkeit geprägt ist (krimineller Mechelke, drogensüchtige Knobbe, ...)
- Denken und Handeln der Individuen werden determiniert von psychischen (Frau John), ökonomischen (z. B. Pauline Piperkarcka) und gesellschaftlichen (z. B. Ehrbegriff von Paul John und Pastor Spitta) Zwängen; gesellschaftliches Rollenspiel hervorstechendster Charakterzug Hassenreuters
- Kritik am Obrigkeitsstaat deutschnationaler Prägung (Entlarvung des patriarchalisch und national eingestellten Hassenreuter als komische Figur)
- Brüchigkeit familiärer Bindungen (z. B. Zerbrechen der Ehe der Johns, Bindungsunfähigkeit der Unterschichten)
- Mietskaserne in einer modernen Großstadt als Ort des Geschehens

Darstellungsformen:

- Sprachebene entspricht dem sozialen Status der jeweiligen Figur
- Naturgetreue Darstellung in Form detaillierter Regieanweisungen zu Orten und Personen
- Länge der Dramenszene entspricht der Länge in Wirklichkeit

Auch im Stück selbst findet eine kunsttheoretische Reflexion statt. Im dritten Akt streiten Hassenreuter und Erich Spitta im Rahmen des Schauspielunterrichts um die „richtige" Literaturauffassung (S. 62–70).
Hassenreuter verteidigt die klassizistische Tradition, die einem handlungsorientierten Drama verpflichtet ist (S. 67) und eine Weltordnung proklamiert, in der „poetische Gerechtigkeit, Schuld und Sühne" (ebenda) möglich ist. Unter Berufung auf Goethes „Regeln für Schauspieler", für Hassenreuter das „A und O" seiner „künstlerischen Überzeugung" (S. 69), sieht er das schauspielerische Ideal in einer „statuarische[n] Haltung" (S. 64), in der sich die „Würde einer tragischen Person" (ebenda) ausdrückt. Zu den verbindlichen Theaterautoritäten für die Haltung Hassenreuters zählen neben dem klassischen Goethe außerdem Aristoteles (S. 69), Schiller (S. 67) sowie der Dramentheoretiker Gustav Freytag (S. 68).
Der Naturalist Spitta wiederum hält die äußere dramatische Handlung für „ein wertloses Akzidens, eine Sache für Gründlinge" (S. 67). Wesentlich wichtiger sind ihm somit die inneren Konflikte der Protagonisten. Gleichzeitig spricht er sich gegen „alles Gestelzte, alles Rhetorische" (S. 67) aus, wie es sich vor allem im französischen Klassizismus findet (S. 68). Goethes Vorgaben an die Schauspieler sind aufgrund ihrer Unnatürlichkeit in seinen Augen „mumifizierter Unsinn" (ebenda). Zudem streitet er die Legitimation der althergebrachten Ständeklausel ab: „Vor der Kunst wie vor dem Gesetz sind alle Menschen gleich" (S. 68). Auch soziale Randgruppen können ihm zufolge also den Mittelpunkt einer Tragödie bilden. Seine Ideale findet Spitta in der Dramaturgie Gotthold Ephraim Lessings (ebenda) sowie im Sturm und Drang (ebenda).

Hauptmann ergreift in dieser poetologischen Kontroverse eindeutig die Partei der Naturalisten, indem er die Position Hassenreuters ins Lächerliche zieht: Die Schauspielübungen zu pathetischen Chorszenen aus Schillers klassischem Werk „Die Braut von Messina" geraten zu rein mechanischen Übungen, denen jede Natürlichkeit fehlt. Nicht nur die Art der Deklamation, auch die körperlichen Bewegungen der Schauspieler haben sich in einen lebensfernen Schematismus einzufügen (vgl. S. 62). Mit dem verächtlich gemeinten Satz „Da kommt Ihre tragische Muse, Spitta" (S. 70) entlarvt sich Hassenreuter endgültig: Der Verfechter eines hohen Tragödienideals erkennt nicht, dass es sich bei der Kleinbürgerin Frau John ebenfalls um die Protagonistin einer Tragödie handelt, die sich allerdings nicht auf der Bühne, sondern in seiner direkten Nachbarschaft abspielt.
Im Unterricht kann die Gegenüberstellung der beiden Kunstideale mit folgender Aufgabenstellung erarbeitet werden:

- *Stellen Sie die gegensätzlichen Dramenauffassungen von Hassenreuter und Spitta in Form einer aussagekräftigen Tabelle gegenüber und versehen Sie die beiden Positionen mit einem möglichst treffenden Epochenbegriff.*

Das Tafelbild könnte so aussehen:

Der Streit um die Kunst[1]

	Hassenreuter	**Spitta**
Dramenkonzept	Handlungsorientierung; auf moralischer Gerechtigkeit basierendes Weltbild; Ständeklausel	Bedeutung innerer Konflikte; Tragödienwürdigkeit aller sozialen Stände
Schauspielpraxis	Klassisches Pathos	Natürlichkeit
Poetologische Vorbilder	Aristoteles, Goethe und Schiller in ihrer klassischen Phase, Gustav Freytag	Lessing, die Stürmer und Dränger
	↓ **Klassizismus**	↓ **Naturalismus**

Der Arbeitsschritt kann durch eine gemeinsame Diskussion abgerundet werden:

- *Zeigen Sie, an welchen Stellen im Text die Haltung Hauptmanns in der Kontroverse deutlich wird.*

Als fakultative Vertiefung, besonders geeignet im Hinblick auf die Abiturprüfungsvorbereitung, bietet sich die Analyse einiger der zwischen Hassenreuter und Spitta angesprochenen Dramentheorien an. Im Zusatzmaterial finden sich folgende Texte:

- Lessing, Auszug aus der Hamburgischen Dramaturgie (**Zusatzmaterial 3**, S. 112):
  Der programmatische Text zum bürgerlichen Trauerspiel fordert die Aufhebung der Ständeklausel im Drama, weil die Nähe der tragischen Helden zum Zuschauer die Wirkung auf denselben nachhaltig erhöht.

[1] Tafelbild folgt einer Idee aus: Pasche, Wolfgang: Gerhart Hauptmann: „Die Ratten", S. 48.

- Goethes Rede „Zum Shakespeare-Tag" (**Zusatzmaterial 4**, S. 113):
  Der junge Goethe lehnt das französische Regelkunstwerk ab und fordert eine Orientierung an der Natur.
- Goethes „Regeln für den Schauspieler" (**Zusatzmaterial 5**, S. 114):
  Der klassische Goethe legt praktische Regeln für ein pathetisch überhöhtes Auftreten fest.
- Schiller, „Über den Gebrauch des Chors in der Tragödie" (**Zusatzmaterial 6**, S. 116):
  Schillers Ansicht nach muss sich das Theater, um Ideale zeigen zu können, vom „Naturalism" frei machen.
- Gustav Freytag, „Theorie des Dramas" (**Zusatzmaterial 7**, S. 117):
  Freytag lehnt niedere Motive der Figuren sowie die Darstellung sozialer Alltagsprobleme als nicht dramenwürdig ab.

Diese Texte werden auf Gruppen aufgeteilt. Jede Gruppe erhält einen gleichlautenden Arbeitsauftrag:

> ■ *Fassen Sie die wichtigsten Aussagen des Textes zusammen und stellen Sie Zusammenhänge mit der poetologischen Kontroverse zwischen Hassenreuter und Spitta her.*

Anschließend werden die von den Gruppen zusammengetragenen Ergebnisse im Plenum besprochen und miteinander verglichen. Auf der Grundlage der Besprechung verbessern die Gruppen ihre Lösungen und schreiben sie in einer angemessenen Form zusammen. Für die Ergebnissicherung bietet es sich an, die Gruppenergebnisse für alle Schülerinnen und Schüler der Klasse zu kopieren.
Die radikal neuen Ansätze des naturalistischen Dramas zeigen sich in besonderem Maße in der sprachlichen Gestaltung. Statt der stilisierten Künstlichkeit der Klassiker soll auf der Bühne das reale Kommunikationsverhalten zum Ausdruck kommen. An die Stelle einer von allen Figuren grundsätzlich einheitlich gebrauchten Standardsprache tritt ein verbales und nonverbales Sprachgebaren, das die momentane psychische Verfassung des Protagonisten (Erregung, Furcht, ...) beziehungsweise Aspekte seines inneren Charakters (Naivität, Brutalität, ...) ebenso widerspiegelt wie seine soziale Zugehörigkeit (schichtspezifische Sprachformen, z. B. Dialekt oder restringierter Code). Nicht selten münden dabei Kommunikationsversuche in den Zustand innerer oder äußerer Sprachlosigkeit, wodurch sie ihrerseits zu vielsagenden Indikatoren gesellschaftlicher Zustände werden.
Als Impuls für ein hinführendes Unterrichtsgespräch werden die Schülerinnen und Schüler mit zwei konträren Aussagen aus der Kunstdebatte zwischen Hassenreuter und Spitta konfrontiert (**Arbeitsblatt 25**, S. 95) und aufgefordert, den Gegensatz der beiden Positionen am Stück selbst zu erläutern.

> ■ *Erörtern Sie den Gegensatz zwischen beiden Aussagen anhand der sprachlichen Gestaltung des Dramas „Die Ratten".*

Zum Zwecke einer vertieften Problematisierung sollte an dieser Stelle die Behandlung eines theoretischen Textes zur Sprache im Naturalismus erfolgen (**Arbeitsblatt 26**, S. 96). Die Schülerinnen und Schüler fassen zunächst paarweise die Hauptthesen des Textes zusammen:

> ■ *Fassen Sie die Hauptaussagen des Textes zur Dramensprache des Naturalismus in ca. 7–10 aussagekräftigen Thesen zusammen.*

In der gemeinsamen Besprechung wird dann aus den Beiträgen der Klasse eine Musterlösung an der Tafel erstellt.

Anschließend werden die gewonnenen Erkenntnisse an der Sprache sowie an nonverbalen Ausdrucksformen der im Stück auftretenden Protagonisten überprüft. Da für die folgende Aufgabe die Beherrschung der Fachterminologie unerlässlich ist, können im Falle von Wissenslücken mithilfe des **Zusatzmaterials 7**, S. 117 zunächst einmal die wesentlichen Satz- beziehungsweise rhetorischen Figuren wiederholt werden.
Im Anschluss wird eine exemplarische Kommunikationsanalyse vorgenommen.

- *Beschreiben und interpretieren Sie sowohl das verbale als auch das nonverbale Kommunikationsverhalten Bruno Mechelkes. (Textgrundlage: S. 10–11, 13–16)*

Die Ergebnissicherung kann in Form einer Tabelle auf Folie ausgeführt werden:

Das Kommunikationsverhalten Bruno Mechelkes

Kommunikationsebene	Textbeispiele	Interpretationen
Nonverbale Kommunikation	tritt „... langsam forschend aus der Tür" (S. 10), „... langsam an den Tisch" (S. 11)	Verhalten einer diskreten Randfigur
	seine Körperhaltung ist „vornübergebeugt" (S. 10) bzw. „geduckt" (S. 11), „er zieht sich folgsam [...] zurück" (ebenda)	Passivität des Außenseiters als gesellschaftlich erlernte Grundhaltung
	„pfeift seiner Schwester wie einem Hunde" (S. 10)	Fehlender zwischenmenschlicher Respekt
Allgemeine Sprachebene, Syntax	„Ick denke, ick soll hier Fallen uffstellen." (S. 10), „Det mach ick allens!" (S. 14)	Berliner Dialekt
	„Hab dir man nich. Ick jeh' ja schonn." (S. 11)	Teils einfachster parataktischer Satzbau
	„Ick frage ja man, weil det de vor det Mädchen so ängstlich 'ne Wand machen dust." (S. 14)	Teils umständliche, nur schwer verständliche Satzkonstruktionen
Wort- und Satzfiguren	„Pinke" (S. 11), „Lampen!" (S. 13), „ick mache mir dinne." (S. 16)	Wortschatz der Gaunersprache
	„Schuberle buberle" (S. 11)	Volkstümliche Redewendungen
	„Theatafritze", „Tülle", „elejante Trittlinge" (S. 14)	Pejorative Wortwahl zur Abwertung der bürgerlichen Gesellschaft
	„Wat regste dir denn uff? Wo stoß' ick dir denn? Wat wiste?" (S. 15)	Fragenhäufung, dient der Abwehr von Vorwürfen
	„Du olles vatrocknentes Kirchenspinde, denn schaff da man bessare Lauscha an." (S. 14)	Derb-aggressive Ausdrucksweise

Fazit: In der Sprache Bruno Mechelkes zeigt sich sowohl seine Situation am Rande der Gesellschaft wie auch seine kriminelle Seite.

Der Aspekt kann vertieft werden, indem in Gruppenarbeit das Kommunikationsverhalten weiterer Figuren behandelt wird. Eine Auswahl entsprechender Aufgabenstellungen ist dem **Arbeitsblatt 27**, S. 98 zu entnehmen. Die Lösungen dürften sich an folgenden grundlegenden Einsichten orientieren:

- **Henriette John:** Berliner Dialekt; gegenüber Piperkarcka engagiert-appellative Formulierungen von großer Eindringlichkeit; gegenüber ihrem Bruder autoritäres Kommunikationsverhalten, geprägt von Ausrufen und Imperativen
- **Pauline Piperkarcka:** Grammatikalisch fehlerhafter (keine Einheimische!) Berliner Dialekt; einfache Satzstrukturen mit vielen Wiederholungen; stark emotionalisierte Sprache
- **Harro Hassenreuter:** Grundsätzlich gehobene Sprachebene ohne Dialektanteil; Eindruck des Chamäleonhaften durch Einbau zahlreicher Zitate sowie durch den häufigen, an die jeweilige Situation angepassten Wechsel der Stilebenen
- **Erich Spitta:** Hochsprache, präzise Ausdrucksebene; aber auch immer wieder metaphernreiches Pathos, das an seine Theologenausbildung erinnert
- **Sidonie Knobbe:** Affektierte Körpersprache und gehobenes, geradezu stilisiert wirkendes Ausdrucksniveau; aber Widerspruch zwischen angestrebter Damenhaftigkeit und tatsächlichem, vom Verfall bestimmten Erscheinungsbild

Mögliche Themen für Kurzreferate:

1. Stellen Sie Volker Klotz' Unterscheidung zwischen offenem und geschlossenem Dramentyp vor.
2. Geben Sie einen kurzen Überblick über die Geschichte der Gattung „Tragikomödie".
3. Grenzen Sie am Beispiel der Dramen „Maria Magdalene" (Hebbel) sowie „Die Ratten" den Naturalismus vom poetischen Realismus ab.

Notizen

H. Geiger/H. Haarmann: Formtypen des Dramas (geschlossene und offene Form)

Klotz untersucht die beiden dramatischen Stiltypen im Hinblick auf ihre unterschiedliche Gestaltung der Handlung, der Zeit, des Raumes, der Personen, der Komposition und der Sprache. Er gelangt dabei zu folgenden Ergebnissen:

Das *geschlossene Drama* besitzt stets eine eindeutige Haupthandlung (Einsträngigkeit, evtl. Nebenhandlungen ohne Eigengewicht), die linear und kontinuierlich durchgeführt wird und in sich kausal verknüpft ist: Eine Szene geht folgerichtig aus der anderen hervor. Die enge Verzahnung des dramatischen Geschehens wird erreicht durch das Prinzip der Personenkette (mindestens eine Person bleibt bei Szenenwechsel innerhalb des Aktes auf der Bühne). Die Einheit und Ganzheit der Handlung resultiert vor allem aus der Beschränkung des dramatischen Vorgangs auf eine knappe Raum-, Zeit- und Geschehnisspanne. Wiedergegeben wird nur ein Ausschnitt aus einem größeren Ereignisganzen, nämlich Endphase und Höhepunkt einer schon lange vor Beginn des Dramas sich anbahnenden Entwicklung. Dieser Ausschnitt wird jedoch als Ganzes, d. h. als vorgangsmäßig eng verfugtes Kontinuum dargeboten. Die Handlungskontinuität erfordert zwangsläufig die zeitliche Kontinuität, d. h. den Ablauf des Geschehens in einer knappen, nahezu ununterbrochenen Zeiterstreckung (weitgehende Kongruenz von Spielzeit und gespielter Zeit). Die Einheit der Zeit wird ihrerseits erst durch die Einheit des Raumes ermöglicht, da im Drama mit jedem Ortswechsel in der Regel ein Zeitsprung (Ausnahme: die Veranschaulichung eines Simultanvorgangs), zumindest jedoch eine Unterbrechung der Handlungs- und Zeitkontinuität verbunden ist.

Doch selbst bei einem Schauplatzwechsel, wie etwa in Goethes *Tasso*, bleibt im *geschlossenen Drama* der Eindruck von Ortsgleichheit erhalten: die Orte (Garten, Saal, Zimmer) sind hier nur geringfügige Abwandlungen des gleichen höfisch-arkadischen Raumes: Der Raum besitzt somit im geschlossenen Drama vorwiegend ideellen Charakter (vgl. die stilisierte Landschaft in *Iphigenie*: Hain vor Dianens Tempel) und bildet nur den neutralen Rahmen eines weitgehend entstofflichten Geschehens, das sich primär im Bewusstsein der Personen abspielt.

Die Tendenz des *geschlossenen Dramas* zur Konzentration, die sich in der Einheit von Handlung, Raum und Zeit zeigt, äußert sich auch in der zahlenmäßigen und ständischen Beschränkung des Personenkreises: geringe Anzahl von Personen, keine Massenszenen, wenige Nebenfiguren, die – im Gegensatz zum *offenen Drama* – von Anfang bis zum Ende im Stück vorkommen bzw. mehrfach auftreten. Es handelt sich dabei vorwiegend um „Vertraute" der Hauptfiguren (Diener, Amme, Freunde etc.). Die Nebenpersonen bzw. Vertrauten sind weit mehr Abspaltungen der Hauptfiguren als selbstständige Personen (so sind die Dialoge zwischen Held und Vertrautem im Grunde nur dialogisch aufgeteilte Monologe mit sich selbst). Dies bedingt im klassizistischen Drama die einheitliche Sprache von Haupt- und Nebenperson (hoher Stil, Pathos, Vers, Sentenzenreichtum). Der Dialog besteht vor allem aus Rededuellen [...] und geschlossenen und wohlgefügten Redegebäuden (hypotaktische Syntax[1]).

Die regelhafte Ordnung und die Gesetze der Proportion und Symmetrie, die die Personengruppierung (ausbalancierte Zweipoligkeit und Antithetik von Spiel und Gegenspiel, von Protagonist und Antagonist, von Hauptfigur und Vertrautem) und die Dialoggestaltung (Hypotaxe, Rededuell) bestimmen, kennzeichnen auch den Handlungsaufbau (pyramidale Struktur, fünf Akte mit Mittelachse im dritten Akt). Die Handlung präsentiert sich als architektonisches Gefüge mit starker Betonung des Aktes und geringem Eigengewicht der (meist zum Auftritt eingeschränkten) Szenen. Der symmetrischen Komposition entsprechend korrespondieren dabei nach Umfang und Inhalt häufig Akt 1 und V sowie Akt II und IV.

Vielheit und Dispersion[2] kennzeichnen die Handlung im *offenen Drama*. „Mehrere Handlungsstränge laufen gleichberechtigt nebeneinander her, die auch in sich mehr oder minder stark der Kontinuität entbehren." [Klotz] Im Extremfall besteht die Handlung aus einer Abfolge von völlig selbstständigen, räumlich und zeitlich voneinander getrennten Einzelbegebenheiten (Stationentechnik). Trotz der daraus resultierenden Diskontinuität in der Szenenfolge handelt es sich jedoch nicht um eine willkürliche Summierung von Einzelszenen. Die Koordination der zerstreuten Handlungsteile übernehmen folgende Kompositionsmittel:

1. die Technik der *„komplementären[3] Stränge"*: Ein *Kollektivstrang*, der das Thema bzw. den Sachverhalt des Stückes enthält, und ein *Privatstrang*, in dem jener an einem Einzelfall aktualisiert wird (vgl. Lenz, *Die Soldaten*), „bedingen, ergänzen und erklären einander" [Klotz].

---

1 Unterordnung von Sätzen, Satzteilen unter andere, Bsp.: Hauptsatz, Nebensatz

2 feine Verteilung, Streuung

3 ergänzend

2. die *„metaphorische Verklammerung“*: „Einzelne Metaphern, die sich durch das ganze Stück hindurchziehen (z. B. in Büchners *Woyzeck*: Messer, Blut, rot) stiften ein enges, latentes Bezugssystem.“

3. das *„zentrale Ich“*: Die besonders im Stationendrama in allen Szenen auftretende und im Mittelpunkt stehende Hauptfigur übernimmt hier die Koordination der dispergierenden Handlung (Einheit der Figur statt Einheit der Handlung), so z. B. in Strindbergs *Nach Damaskus* oder in Brechts *Baal* oder Strauß' *Groß und Klein*). Die weite Zeiterstreckung der Handlung im *offenen Drama* (häufig mehrere Jahre) ermöglicht nicht mehr, das Geschehene als vorgangsmäßiges und zeitliches Kontinuum darzubieten. Gleichzeitig ist damit auch die räumliche Kontinuität aufgegeben. (Zwischen Zeit und Raum besteht generell im Drama eine enge Wechselbeziehung. Räumliche Veränderung hat gewöhnlich eine zeitliche Veränderung zur Folge, wie andererseits Zeitsprünge, d. h. das Aussparen von Geschehnisphasen zwischen den einzelnen Szenen meist durch Wechsel des Schauplatzes verdeutlicht werden. Der Ortswechsel erhält mithin die Funktion, den Zeitablauf bewusst zu machen und die Handlung zu gliedern.) Im Extremfall entspricht im *offenen Drama* die Anzahl der Orte der Anzahl der Szenen. Mit dem Ortswechsel ist vielfach ein (häufig alternierender[1]) Wechsel zwischen engem und weitem Raum (Zimmer, unbegrenzte Natur) verbunden. Der Raum wird somit nie zum neutralen allgemeinen Rahmen des Geschehens wie im *geschlossenen Drama*, sondern ist jeweils ein spezieller und charakteristischer Raum, der aktiv am Geschehen teilnimmt, das Verhalten der Personen charakterisiert und bestimmt. Diese selbst sind im *offenen Drama* keiner zahlen- und standesmäßigen Beschränkung unterworfen. Am deutlichsten zeigt sich dies in der Vielzahl von Nebenfiguren, die im Gegensatz zu denen des *geschlossenen Dramas* meist jedoch nur in einer Szene, d. h. ein einziges Mal, auftreten. Fast in jeder neuen Szene stehen so der Hauptfigur, die weder einen Vertrauten noch einen indirekten Gegenspieler mehr hat, andere Personen als in der vorausgehenden gegenüber. In vielen Fällen werden niedrige Personen zur Hauptfigur des dramatischen Geschehens. Der zahlen- und standesmäßigen Erweiterung der dramatis personae entspricht im *offenen Drama* die Pluralität heterogener[2] Sprachhandlungen (verschiedene Berufs- und Standessprachen).

Ihr Sprechen ist nicht mehr primär von Reflexionen bestimmt, sondern eher augenblicks- und situationsverhaftet. Zum Motor ihrer Äußerungen wird anstelle der logischen Folgerung, die im *geschlossenen Drama* sich in Rededuellen und geschlossenen Redegebäuden manifestiert, die Assoziation. Die daraus folgende Sprunghaftigkeit des Gedankenfortschritts findet sichtbaren Ausdruck in der Satzkonstruktion und Satzfolge. Im Unterschied zum hypotaktischen Satzgefüge im *geschlossenen Drama* ist das Verhältnis der Satzglieder wie auch das der Sätze untereinander überwiegend parataktisch[3]. Syndetische[4] oder asyndetische Reihung sowie Anakoluth[5], Ellipse[6] und Satzabbruch, die typischen Stilmerkmale spontanen Sprechens, kennzeichnen die Gesprächsführung.

[...]

Die *offene Form* des atektonischen Dramentyps dokumentiert sich am sichtbarsten im Geschehnisfortschritt (Wiedergabe von Ausschnitten) und im äußeren Handlungsaufbau. Das vorgeführte Geschehen ist nach vorn und hinten offen, es setzt dementsprechend unvermittelt ein und bricht ebenso unvermittelt ab. Das gilt für das Stück als Ganzes wie auch für dessen einzelne Szenen bzw. „Bilder“. Die Handlung wird weder am Stückanfang ausführlich exponiert, noch findet sie am Stückende zu einem eindeutigen Abschluss (Fortsetzbarkeit der Handlung). Analog dazu beginnen die einzelnen Szenen oft mitten im Satz oder in einem Vorgang und enden ebenso häufig mit Vorgangs- und Satzabbrüchen. Durch diese „Rissränder“ (die den Ausschnittcharakter des Dargestellten betonen) sowie durch die räumlichen und zeitlichen Intervalle von den Nachbarszenen getrennt, gewinnt die einzelne Szene weitgehende Autonomie (Selbstständigkeit der Teile). Die Stückkomposition des *offenen Dramas* erfolgt mithin vom Einzelteil, der Szene, aus und nicht mehr vom Ganzen (Hierarchie der Teile) wie im *geschlossenen Drama*. Dementsprechend kommt der Szene hier größere Bedeutung zu als dem Akt. Wo dennoch im *offenen Drama* die Akteinteilung beibehalten wird, hat diese eine andere Funktion als im *geschlossenen Drama*. Die Akte sind hier nicht mehr Gliederungseinheiten bzw. in sich geschlossene Abschnitte eines auf das Ende hin gestuften Handlungsganzen, sondern dienen lediglich zur Zusammenfassung von einer Anzahl thematisch eng zusammengehörender Szenen (so etwa in *Die Soldaten* von Lenz oder in Wedekinds *Frühlingserwachen*). Vielfach wird jedoch – vor allem in Dramen, in denen das „zentrale Ich“ als Kompositionsprinzip vorherrscht – die Akteinteilung ganz aufgegeben (vgl. *Woyzeck*, *Baal*). Bei aller Autonomie der Szenen besteht das *offene Drama* jedoch nicht aus einer willkürlichen Addition von unbezogenen Einzelszenen. Leitende

---

1 wechselnd, abwechselnd
2 unterschiedlich, ungleich
3 Nebeneinander von Satzteilen, Sätzen, Bsp.: HS, HS
4 durch Konjunktion verbunden, Ggs.: asyndetisch
5 Stilmittel, bei dem die Elemente unverbunden nebeneinander stehen
6 Auslassung von leicht ergänzbaren Wörtern, Satzteilen

Kompositionsprinzipien sind neben der erwähnten Handlungskoordination mithilfe von „zentralem Ich", „metaphorischer Verklammerung" und „komplementären Strängen" das Moment der Variation, der Wiederholung und des Kontrasts. (Etwa in der alternierenden[1] Folge von groß- und kleinräumigen Szenen.)

Es gilt jedoch nochmals zu betonen, dass die von Klotz unterschiedenen Formtypen des *geschlossenen* und *offenen Dramas* als *Idealtypen* zu verstehen sind, also als Konstruktionen, denen primär heuristischer Wert für die Dramenanalyse zukommt. *Geschlossene* oder *offene Form* werden im konkreten Einzelfall kaum idealtypisch verwirklicht sein, bei vielen Dramen wird es sich eher um Mischtypen handeln.

Aus: Heinz Geiger/Hermann Haarmann: Aspekte des Dramas. Eine Einführung in die Theatergeschichte und Dramenanalyse. Opladen: Westdeutscher Verlag. 4., überarbeitete und erw. Auflage 1996, S. 127–134

[1] wechselnd, abwechselnd

■ *Erstellen Sie eine aufs Wesentliche reduzierte Übersicht über die wichtigsten Unterschiede zwischen offenem und geschlossenem Dramentyp.*

„Die Ratten" – ein offenes und oder ein geschlossenes Drama?

Kriterium	Geschlossenes Drama	Offenes Drama	Umsetzung in dem Drama „Die Ratten"
Komposition	Fünf Akte, pyramidale Struktur mit Höhepunkt im 3. Akt (Z. 71–73)	Szenen als selbstständige Einzelelemente (Z. 176–181), Akte dienen unter Umständen nur noch als thematische Klammer (Z. 188–194)	
Handlung	Haupthandlung, die kausal entwickelt wird (Z. 6–11)	Mehrsträngigkeit der Handlung (Z. 81–84)	
Ort, Zeit	Einheit von Ort und Zeit wird nach Möglichkeit gewahrt (Z. 15–18, 28–33)	Ortwechsel, Zeitsprünge (Z. 115–120)	
Personen	Eher geringe Anzahl, Ausgewogenheit von Spiel und Gegenspiel (Z. 45–52)	Viele Nebenfiguren, keine Standesbeschränkung (Z. 127–137), Konflikt der Hauptfigur nicht nur mit einem Gegenspieler (Z. 137–140)	
Sprache	Einheitliche Sprache aller Personen (Z. 58–64), reflexive Sprachhaltung (Z. 147–148)	Gesellschaftlich bedingte Vielheit von Sprachebenen (Z. 142–146), vom Augenblick bestimmt (Z. 148–149)	

■ *Entscheiden Sie, inwieweit die angeführten Kriterien der beiden dramentheoretischen Grundmuster auf das Drama „Die Ratten" zutreffen.*

Die Tragikomödie

Tragikomödie entspringt einer zwiespältigen Welterfahrung, die im Komischen einen tragischen Zug und im tragischen Geschehen ein grotesk-humoristisches Moment erfasst. Die T. bewegt sich am Rand des Tragischen, doch bleibt meist die Katastrophe aus. Komik und Tragik steigern sich im wechselseitigen Kontrast. Ältere Definitionen bestimmen die T. vom Stoff her, als Nebeneinander hoher und niedriger Personen, wie auch Lessing sie noch als „eine wichtige Handlung unter vornehmen Personen" versteht, die „einen vergnügten Ausgang hat". Doch bahnt Lessing ein tieferes Verständnis an, wenn er ihr ein Geschehen zugrunde legt, in dem „der Ernst das Lachen, die Traurigkeit die Freude oder umgekehrt so unmittelbar erzeugt, dass uns die Abstraktion des einen oder anderen unmöglich fällt." („Hamburg. Dramaturgie", 55. Stück) In der „Minna von Barnhelm" gelingt ihm das seltene Beispiel einer gelungenen T. In der dt. Lit. wären noch zu nennen: Kleists „Amphitryon", wo die innere Gefühlssicherheit und Unversehrtheit Alkmene vor dem tragischen Untergang bewahren, Büchners „Leonce und Lena", G. Hauptmann, der „Die Ratten" eine T. nennt, in der echte Tragik (Frau John) neben Komödienhaftem steht.

Aus: Die Tragikomödie von Otto Bantel aus: Otto Bantel/Dieter Schaefer: Grundbegriffe der Literatur, 17. Auflage © 2006, Cornelsen Verlag Berlin, BN 500010

- *Machen Sie sich anhand des Lexikonartikels den Inhalt des Begriffs „Tragikomödie" klar und überlegen Sie, inwieweit diese Gattungszuordnung auf das Drama „Die Ratten" zutrifft.*

Karikatur aus dem Kladderadatsch 1890

■ *Beschreiben Sie möglichst präzise den Bildinhalt und erklären Sie, welche Kennzeichen des Naturalismus der Karikaturist deutlich machen will.*

Die Epoche des Naturalismus

Europa erlebt gegen Ende des 19. Jahrhunderts einen Epochenumbruch, der viele menschliche Lebensbereiche berührt. Es vollziehen sich in rasendem Tempo technologische und naturwissenschaftliche Veränderungen. Sigmund Freuds Theorien eröffnen eine neue Sicht auf das menschliche Seelenleben. Die Großstädte werden zu Metropolen mit neuen Medien (Film, Rundfunk), neuer Massenkultur (z. B. Boulevardpresse) und Informationsmitteln (Telefon, Schreibmaschine).

Die Wende vom 19. zum 20. Jahrhundert markiert auch einen kulturellen Epochenumbruch. Überkommene künstlerische Vorstellungen werden in Zweifel gezogen. Die Künstler – Dichter, Musiker, Maler, Bildhauer – suchen in dieser Sinnkrise nach neuen Wegen des sprachlichen und künstlerischen Ausdrucks.

Der **Beginn der literarischen Moderne** ist durch eine Vielfalt unterschiedlicher, zum Teil widersprüchlicher Stile, Tendenzen, Bewegungen und Gegenbewegungen gekennzeichnet. Es gibt ambivalente Erfahrungen und Reaktionen: so zum Beispiel Aufbruchstimmung einerseits, Rückzug in subjektive Bezüge von Traum und Unbewusstem andererseits. Unter den literarischen Strömungen der Moderne unterscheidet man u. a.: Naturalismus, Impressionismus, Fin de siècle, Jugendstil, Symbolismus, Neuromantik, Expressionismus. Diese literarischen Strömungen und Bewegungen setzen sowohl „fortschrittliche" als auch „rückschrittliche" Akzente, sie kennzeichnen bis in die heutige Zeit die **Vielgestaltigkeit und Widersprüchlichkeit der modernen Literatur.**
Die Schriftsteller des **Naturalismus** (etwa 1880–1900), der geistesgeschichtlich aus dem Realismus hervorgeht, rücken vor allem den von der Gesellschaft ausgestoßenen Menschen der unteren Klassen ins Zentrum ihrer Werke […]. Der Mensch wird im Bedingungsgefüge von Psyche, Trieb, Sozialstruktur, Arbeitswelt und Verstädterung gesehen; dadurch werden seine Verhaltensweisen und seine Entscheidungen determiniert. Neue Darstellungsmittel wie Dialekt und Umgangssprache finden Eingang in die Dichtung. Angriffspunkte der literarischen Kritik sind vor allem: der deutsch-nationale Überschwang nach 1870/71, der Obrigkeitsstaat, die Bevormundung durch die Kirche, die soziale Problematik.
Der deutsche Naturalismus wird deutlich beeinflusst durch den Franzosen *Émile Zola,* die norwegischen Dramatiker *Henrik Ibsen* und *August Strindberg* und die Russen *Feodor M. Dostojewski* und *Leo Tolstoi.*
Die Formel **„Kunst = Natur – x"** geht auf den bedeutendsten Theoretiker der naturalistischen Kunst, *Arno Holz,* zurück. Die Größe x soll dabei möglichst klein sein, das heißt, ein Kunstwerk gilt als umso vollkommener, je mehr es mit der Natur übereinstimmt. Die Natur meint hier nicht die Schöpfung Gottes oder Wachstumsgesetze, sondern die tatsächlichen Verhältnisse. Die Revolution der Kunst müsse gleichzeitig eine Revolution der künstlerischen Mittel sein (z. B. beim Drama ein wirklichkeitsgetreues Bühnenbild und „natürliche" Dialoge durch Dialekt und Alltagssprache; bei der Lyrik Verzicht auf Strophen und Endreime).
Zum Gegenstand der Literatur werden Themen, die im bürgerlichen Realismus noch verpönt sind, nämlich das Armenmilieu, Elendsquartiere und Mietskasernen, die soziale Not der Fabrikarbeiter, Kneipenatmosphäre, soziale Probleme innerhalb der Familie.
Im Naturalismus wird erstmals eine Technik realisiert, die man *Sekundenstil* nennt; dabei geht es um eine Deckungsgleichheit von *Erzählzeit* und *erzählter Zeit.* Äußere und innere Wirklichkeit werden dabei als gleichgewichtig angesehen, vergleichbar mit der filmischen Darstellung ohne irgendeine zeitliche Raffung oder Dehnung.
Akribisch genau werden der Zeitablauf einer Handlung, Vorgänge (Tropfen eines Wasserhahns, Knirschen einer Holzbohle) oder Verhalten und Eigenart von Personen (Dialekt, Stottern, Gähnen) dargestellt. Eine Dramenszene oder ein Prosaabschnitt sollen genauso lang sein wie in der Wirklichkeit.

Aus: Peter Kohrs u. a.: Deutsch in der Oberstufe. Paderborn: Schöningh 2007, S. 234f.

Émile Zola (1840–1902)

Henrik Ibsen (1828–1906)

■ *Informieren Sie sich über die wesentlichen Merkmale des Naturalismus und fassen Sie diese in Form einer Definition zusammen, die circa 7–10 Sätze umfassen sollte.*

Zitatvorlage

Spitta		Hassenreuter
„Ja, alles Gestelzte, alles Rhetorische liegt mir nicht.“	←——→	„Sie leugnen die Kunst des Sprechens, das Organ, und wollen die Kunst des organlosen Quäkens dafür einsetzen!“

- *Erörtern Sie den Gegensatz zwischen beiden Aussagen anhand der sprachlichen Gestaltung des Dramas „Die Ratten“.*

Sprache des Naturalismus

Der erste Eindruck naturalistischer Sprache ist für den Zuschauer Schwerverständlichkeit, für den Leser optische Verwirrung: der Stil von Pünktchen, Gedankenstrichen, Ausrufezeichen und eingeschobenen Autorenanweisungen macht ein kontinuierliches Nachvollziehen unmöglich, zwingt den Leser (und auf der Bühne den Schauspieler) zum Entziffern des auktorial Vorgegebenen, zu einem zähen Prozess, der oft durch Dialektverwendung noch erschwert wird. Um nur ein bekanntes Beispiel zu erwähnen: Hauptmanns „Waber" sind für den Nicht-Schlesier schlichtweg unlesbar, und selbst die dem Hochdeutschen angenäherte „Weber"-Fassung bringt noch genügend Schwierigkeiten des Verstehens mit.

Hinzu kommt die häufige Herkunft des Spielpersonals aus der Unterschicht, deren Sprechweise der naturalistische Autor dem Objektivitätspostulat entsprechend mit allen Verstößen gegen eine ‚normale' Redeform abbildet. [...]

Die mimetische Reproduktion der Alltagssprache, welche die Naturalisten als Novum in die deutsche Literatur einführen, stellt einen radikalen Bruch mit der bisherigen Dichtungssprache dar: angestrebt ist eine Form der Redeweise, die sich alles Poetischen, alles Fiktionalen im herkömmlichen Sinn enthält – so sehr, dass man geradezu von einer *Expositorik* der naturalistischen Literatursprache reden könnte. – Wenn eine heute geläufige Grobeinteilung der Textsorten in fiktionale und expositorische auch nur mit gewissen Einschränkungen Unterscheidungsmerkmale zwischen ‚dichterischem' und ‚normal-alltäglichem' Ausdruck erbringt, so hilft diese Differenzierung doch zu trennen, was einmal als – ‚poetisch' – gefilterte Aussage und zum andern als unverstellte Weise des Gesprächs oder der (beispielsweise politischen) Rede erscheint.

Die so verstandene Expositorik naturalistischer Diktion erstreckt sich – ganz abgesehen vom Gebrauch des Dialekts und Soziolekts – bis in Bereiche des Jargons, des Slangs und sogar der Fäkalsprache, dann etwa, wenn Säufer oder Dirnen zu Wort kommen: auch hier zeigt sich, wie schon im Stofflichen, ein gewolltes und zuweilen sehr forciertes Aufbrechen von Tabus, und ebenso wiederholen sich die affektgeladenen Abwehrreaktionen, welche die Kritiker der Jüngstdeutschen bereits bei den ‚krassen' Stoffen gezeigt hatten: ‚so eine' Sprache der ‚Gosse', so eine ‚Bordelldiktion' war bisher undenkbar gewesen und sollte nach Meinung der Naturalismus-Gegner auch künftig obsolet bleiben. [...]

Bei der Analyse der „konsequent naturalistischen" Sprache sind die bisher immer wieder herangezogenen Begriffe des Dialekts und Soziolekts, also lokale und schichten- oder klassenspezifische Ausprägungen der Sprechakte, nur grobe Raster, die erheblicher Differenzierung bedürfen. Sie sind allzu pauschale Beschreibungsinstrumente, als dass nicht situative und emotionale Kriterien im sprachlichen Vollzug mitbeachtet werden und begrifflich enger eingegrenzt werden müssten. Zunächst einmal sollte – ausgehend von einer genauen Untersuchung der kleinbürgerlichen und proletarischen Bewusstseinssyndrome (Existenzangst aufgrund materieller Not; meist nicht in Aktion transponierbares, weil Autoritäten-Rache fürchtendes oder vom Herr-und-Knecht-Schema als unumstößlicher Dauereinrichtung überzeugtes oder von vornherein resigniert-dumpfes Bewusstsein; selbstmisstrauender Fatalismus[1] und Defätismus[2] u.s.f.) – diese Sprache als spezifische Ausformung der Unterschichtsprache in einer historisch ganz präzisen (also nicht schematisch-überzeitlichen) Synchronie der späten Bismarckzeit und des beginnenden Wilhelminismus beschrieben werden: die sprachlichen „Restriktionen"[3] also als psychisch internalisierende[4] und internalisierte Vermittlungsinstanzen ökonomischer, soziologischer, hierarchischer, familiärer und Milieu-Bedingungen. Sodann aber muss ein Schritt darüber hinaus folgen, welcher darauf abhebt, dass im Sprechakt eines jeden Menschen – sofern er nicht durch metrische Korsettage[5] abgestützt oder durch Autorenharmonisierungen gereinigt erscheint – „Mimik der Rede" auftaucht: dass sich im Sprechakt eines jeden Menschen jeweils situativ widerspiegelt, wie es um seinen derzeitigen Affekthaushalt bestellt ist.

Ich möchte für die Beschreibung solcher ‚gestörter' Sprechakte – wie sie im Naturalismus (auch schon in der Prosa) häufig verwandt werden – einen neuen Terminus vorschlagen, der über den Bereich des Naturalismus hinaus für jede Art zu schreiben oder zu sprechen tragfähig sein dürfte, die sich der Stilisierung enthält: den Begriff des Psycholekts. [...]

Unter *Psycholekt* verstehe ich – neben dem mundartbezogenen Dialekt und dem ‚ständische' Herkunft abbildenden Soziolekt – ein Sprachverhalten, welches, und zwar über-‚ständisch', das emotionale Gleichgewicht, das gestörte oder mangelnde und gar fehlende Gleichgewicht des Sprechers in seinen Äußerungen reproduziert. Es entspricht einer Binsen-

1 Schicksalsgläubigkeit
2 Resignation
3 Einschränkung
4 verinnerlichende
5 einschränkende Stützvorrichtung

weisheit, dass jeder Mensch in seinem Sprachduktus Schwankungen der Phonzahl, der Worthäufigkeit und der geregelten Syntax unterliegt, dass also im Zustand ruhigen Geplauders ein anderes Sprechverhalten zutage tritt als im Zustand der (hochgradigen) Erregung; anders, dass der mehr oder weniger harmonische Affekthaushalt[6] ein mehr oder weniger ruhiges oder unruhiges Sprechen bedingt. In der Situation der Affekthaushaltstörung aber spricht auch der Kerr'sche „Oberlehrer" abgehackt, katachretisch, anaphorisch, stammelnd, kurzum „erregt", wie es im normalen Sprachgebrauch treffend bezeichnet wird – im Gegensatz zu einer „angeregten" Unterhaltung; spricht also selbst der sonst so syntaxmeisternde „Oberlehrer" in Richtung dessen, was Naturalismus-Kritiker bissig als „Tierlautkomödie" registrierten. [...]

Konventionelles Schiller-Pathos – wie es noch der stellungslose Theaterdirektor Hassenreuther in Hauptmanns „Ratten" seinen Schülern als ewig gültiges Gesetz der hohen Deklamierschule einzutrichtern versucht – ist nicht mehr möglich: anstelle monoton gewichtiger, bedeutungsträchtiger Fanfarenstöße ist die differenzierte wie diffizile Feinabstimmung eines stimmlich-mimetischen Klangkörpers gerückt, anstelle der „Oberlehrer"-Diktion der oft – dialektisch, elliptisch, bloß-interjektional – restringierte Code[7], den neben „Arbeitsmännern" und „armen Näherinnen" auch Oberlehrer sprechen, wenn sie nicht gerade vom Katheder[8] herab dozieren. Auf eine – kaum zu pauschale – Formel gebracht: sprachen die Bühnengestalten des Blankverstheaters allesamt die poetische Sprache ihres Autors, so verteilt nun der Autor aufgrund genau beobachteter Individualsprachen, Dialekte und Soziolekte samt deren jeweils mutierenden Tonlagen die Sprach-Rollen; statt eines durchgängigen metrischen Schemas, dem der Kronprätendent ebenso entspricht wie der reitende Bote, die Mätresse wie die Kammerzofe, wird nun Durchgängigkeit, Konsistenz nur noch für die einzelne Person sprachlich realisiert, etwa mit redensartlichen Stereotypen wie dem „nu ja" des ollen Kopelke in Holz/Schlafs „Familie Selicke", dem „hähähä" des alten Schniermann in Rosenows „Die im Schatten leben" oder dem „ja – ja" der Sophie in Hartlebens „Hanna Jagert", mit syntaktisch charakteristischen Mustern wie Inversion oder Ellipse.

Szenen hochgradiger Erregung oder Episoden von Affektstaus mit deutlicher Explosionslatenz hatte auch das konventionelle Drama zur Genüge gekannt – doch waren auch in solchen Situationen die Blankverse oder andere Metren nicht verlassen worden, waren sie weitergesprudelt und allenfalls in der Wortwahl bombastischer, pathetischer geworden: sprachliches Zögern oder gar Versagen war zumeist obsolet; wo die real gedachten Bühnenfiguren von ihrer Zunge im Stich gelassen worden wären, half der Autor mit Eloquenz und metrischer Sicherheit nach. Dem Naturalismus schien solche Nivellierung (die sich ja auch über alle soziale Schichten erstreckte, sodass der Diener die gesattelten Pferde mit gleichem Pondus zu vermelden hatte wie der Feldherr seine Soldaten instruierte) als unwahr, verlogen, wirklichkeitsfremd. Er ersetzte das Über-alles-hinweg-reden-Können durch ein differenziertes Instrumentarium der weitgehenden Sprachverlassenheit oder der vollkommenen Sprechunmöglichkeit: durch Mimik, Pantomimik und Gestik. [...]

Sprachliche Mittel – samt Dialekt, Soziolekt und Psycholekt – wie außersprachliche Mittel dienen dem naturalistischen Autor zu einem nicht mehr überbietbaren Verismus[9] in der Abbildung verbalen und nichtverbalen Alltagsverhaltens. Er lässt seine Gestalten in der Tat ihre eigene Sprache reden oder in Sprachnot kommen, ohne harmonisierend und nivellierend einzugreifen; er referiert lediglich, was zuvor genau beobachtet und der Wirklichkeit entnommen wurde: Menschen mit sprachlichen Nachlässigkeiten, Eigenheiten, Schwierigkeiten. Wie die vorangeschickten Szenenanweisungen den Bühnenraum bis ins letzte ‚programmieren', so konzentriert die Sprache der Gestalten ihren ökonomischen und mentalen Standard: sie ‚verrät' vor allen inhaltlichen Aussagen ihren jeweiligen Träger. In Verbindung mit dem „Sekundenstil" räumt sie alle herkömmlichen Vorstellungen von Dichtungssprache beiseite und wiederholt in der Diktion, was bei der naturalistischen Stoffwahl bereits als Bruch mit Tabus und als Einsatz des Hässlichen gezeigt wurde.

Aus: Günther Mahal: Naturalismus. München: Fink Verlag 1975, S. 95–106

6 Gefühlshaushalt
7 Code: hier: sozial bedingte Sprachebene
8 Lehrerpult
9 wirklichkeitsgetreue Darstellung

■ *Fassen Sie die Hauptaussagen des Textes zur Dramensprache des Naturalismus in ca. 7–10 aussagekräftigen Thesen zusammen.*

Gruppenarbeit zur Figurensprache im Drama

Aufgabe Gruppe I:

- *Beschreiben und interpretieren Sie sowohl das verbale als auch das nonverbale Kommunikationsverhalten Henriette Johns. (Textgrundlage: S. 8–16)*

✂ -

Aufgabe Gruppe II:

- *Beschreiben und interpretieren Sie sowohl das verbale als auch das nonverbale Kommunikationsverhalten Harro Hassenreuters. (Textgrundlage: S. 21–27)*

✂ -

Aufgabe Gruppe III:

- *Beschreiben und interpretieren Sie sowohl das verbale als auch das nonverbale Kommunikationsverhalten Pauline Piperkarckas. (Textgrundlage: S. 8–14)*

✂ -

Aufgabe Gruppe IV:

- *Beschreiben und interpretieren Sie sowohl das verbale als auch das nonverbale Kommunikationsverhalten Erich Spittas. (Textgrundlage: S. 47–53)*

✂ -

Aufgabe Gruppe V:

- *Beschreiben und interpretieren Sie sowohl das verbale als auch das nonverbale Kommunikationsverhalten Sidonie Knobbes. (Textgrundlage: S. 87–93)*

Baustein 5

Rezeption und Interpretation

Die mit diesem Baustein verbundene Zielsetzung besteht darin, die Schülerinnen und Schüler zu einer eigenständigen Gesamtbewertung des Dramas anzuregen. Zu diesem Zweck setzen sie sich zunächst kritisch mit unterschiedlichen Deutungsmöglichkeiten des Stücks auseinander, wie sie ihnen beispielsweise in Kritiken von Bühneninszenierungen aus verschiedenen Jahrzehnten oder auch in aktuellen Rezensionen begegnen. Am Ende des Bausteins sollen persönliche Stellungnahmen entwickelt werden, in denen auf der Basis der vorangegangenen Lese- und Interpretationsvorgänge ein wertendes Resümee gezogen und seinerseits in der Klasse zur Diskussion gestellt wird.

5.1 Das Stück in der Kritik

Eine Annäherung an die theaterpraktische Seite des Stücks kann durch die Beschäftigung mit den Zuschauerreaktionen auf die Uraufführung der „Ratten" erfolgen. Auf diese Weise wird den Schülerinnen und Schülern deutlich gemacht, dass die erste Intention eines Dramas in seiner Realisierung auf der Theaterbühne besteht. Dabei ergibt sich die Qualität der konkreten Aufführung nicht nur aus der Interpretation des Texts durch den Regisseur sowie aus dessen dramaturgischer Konzeption. Hinzu kommen situative Faktoren, wie beispielsweise die künstlerischen Leistungen der beteiligten Schauspieler, die Aufführungsatmosphäre oder auch die Erwartungen beziehungsweise Haltungen des anwesenden Publikums. Nachvollziehbar wird dieses Bedingungsfeld durch die Analyse einschlägiger Kritiken.
Die Lehrkraft präsentiert zwei unterschiedliche Einschätzungen der Berliner „Ratten"-Inszenierung von 1911 (siehe **Arbeitsblatt 28**, S. 103) und lässt diese mithilfe des folgenden Arbeitsauftrags vergleichen:

- *Beschreiben Sie die in den zwei Texten dokumentierten Zuschauerreaktionen auf die Uraufführung des Dramas „Die Ratten". Welche Erklärungen bieten die beiden Kritiker an?*

In beiden Quellen wird deutlich, dass die Zuschauer im Saal offenbar mehrheitlich zur Gruppe der Hauptmann-Verehrer gehörten. Entsprechend positiv fiel auch der Schlussapplaus für den Autor aus, auch wenn die Gegner in den Augen Jellineks den Beifall „etwas niederzuzischen" (Z. 9) versuchten. In diesem Zusammenhang räumt der Kritiker der „Augsburger Postzeitung" zwar „teilweise zerflatternde[n] Szenen" (Z. 12) ein, sieht den Beifall aber als gerechtfertigt an: Er lobt den zweiten und den dritten Akt als gelungen und betont, dass es Hauptmann gelungen sei, „mit den Schicksalen unbedeutender Menschen sozial Glücklichere zu fesseln und zu packen" (Z. 15ff.). Der Autor der „Neuen Freie Presse" dagegen hebt darauf ab, dass der Applaus zwischen den Akten recht „schwach" (Z. 15) gewesen sei. Dies erklärt er mit der Konzeption des Stücks, die er als „langweilig und verworren" (Z. 7f.) bewertet, woran auch das Engagement der Schauspieler nichts habe ändern können (vgl. Z. 11ff.).
Wie bereits dieser Einstieg in die Thematik der Bühnenpraxis zeigt, erlaubt der Vergleich von Kritiken aufschlussreiche Erkenntnisse über wesentliche Aspekte der Rezeptionsgeschichte

der „Ratten", die seit der Uraufführung des Stücks 1911 immer wieder durch substanzielle Aktualisierungen weitergeschrieben wird.

Eine exemplarische Analyse wird im Folgenden durch einen Vergleich zwischen zwei ausführlicheren Besprechungen des Stückes unternommen, die beide zeitnah zur Uraufführung erschienen, jedoch zu unterschiedlichen Schlussfolgerungen kommen. Es handelt sich um eine Aufführungskritik von Maximilian Harden sowie um eine Textrezension von Oskar Maurus Fontana (**Arbeitsblatt 29a/b**, S. 104–105).

Harden kritisiert in erster Linie die seiner Ansicht nach künstlich konstruierte Handlungsstruktur des Dramas sowie die in seinen Augen kaum schlüssigen Handlungsmotivationen der Figuren. Gelobt wird allenfalls die naturalistische Gestaltung der Figurenrede, auch wenn der Verfasser die Authentizität des Berlinerischen in Zweifel zieht. Neben dem Stück selbst sieht er den gesellschaftskritischen Ansatz durch die tatsächliche soziale Zusammensetzung des Theaterpublikums infrage gestellt.

Oskar Maurus Fontana dagegen preist das Stück als Tragödie der Volksschicht der „Unterirdischen". Die seinem Urteil zufolge sehr einfühlsam gestaltete Beschreibung der Sehnsüchte der sozialen Randgruppen führt er auf das Mitleid des Autors mit den in seinen Figuren porträtierten Menschen zurück. Zudem lobt er die exakte Darstellung der sozialen Realität im Brennspiegel des Mietshauses beziehungsweise der Großstadt und hebt die gelungene Menschenzeichnung über das Medium der Sprache hervor.

Um die eigenständige Auseinandersetzung mit diesen Texten zu fördern, erhalten die Schülerinnen und Schüler nicht nur den Auftrag, die Kritikpunkte zusammenzufassen. Sie sollen die durch die Texterschließung gewonnenen Punkte auch durch eigene Stellungnahmen reflektieren. Für den Arbeitsprozess empfiehlt sich folgendes Vorgehen: Je ein Banknachbar bearbeitet einen der beiden Texte. Anschließend stellt jeder seine Ergebnisse dem Nachbarn vor und diskutiert diese mit ihm.

Die jeweilige Aufgabenstellung lautet:

- *Stellen Sie positive und negative Kritikpunkte zusammen, die über das Drama geäußert werden, und formulieren Sie eigene Gedanken hinsichtlich ihrer jeweiligen Berechtigung.*

Sodann werden die Kritikpunkte nochmals im Unterrichtsgespräch auf einer Folie zusammengestellt (Vorlage: **Arbeitsblatt 30a/b**, S. 106–107). In der Spalte „Anmerkungen" sollen sinnvolle und interessante Ideen und Meinungen aus der Klasse aufgegriffen werden, die jedoch keineswegs die Mehrheit der Klassenmeinung widerspiegeln müssen. Deshalb ist es wichtig, in der Arbeitsphase immer wieder den glossarischen beziehungsweise subjektiven Charakter dieser Anmerkungen zu betonen. Die Folie kann nach der Fertigstellung für alle Mitglieder der Klasse vervielfältigt werden.

Ebenfalls als aufschlussreich erweist sich die Gegenüberstellung verschiedener Kritiken zu unterschiedlichen Aufführungen. Im **Zusatzmaterial 8**, S. 118–121 finden sich folgende Besprechungen, die im Unterricht entweder einzeln oder in beliebiger Kombination eingesetzt werden können:

Zusatzmaterial 8a, S. 118

Die Besprechung durch Elisabeth Brock-Sulzer beschäftigt sich mit der Inszenierung durch Leopold Lindtberg (Zürich 1965). Der Schwerpunkt liegt auf der Interpretation der Figuren durch den Regisseur.

Zusatzmaterial 8b, S. 119

Amine Hasse setzt sich mit der Interpretation durch Hansjörg Utzerath (Düsseldorf 1976) auseinander, der die Kommunikationsfähigkeit der jeweiligen Figuren in den Mittelpunkt stellt.

Zusatzmaterial 8c, S. 120

Reinhard Wengierek bespricht die Thalmeier-Inszenierung am Deutschen Theater Berlin (2007). Dabei geht er vor allem auf das innovative Bühnenbild sowie auf die schauspielerische Leistung ein.

Ein möglicher Arbeitsauftrag für eine beispielsweise in Gruppenarbeit organisierbare Texterschließung könnte folgendermaßen formuliert sein:

- *Stellen Sie die in der Kritik deutlich werdenden positiven und negativen Beurteilungsaspekte in übersichtlicher Form zusammen.*

Ebenso möglich wäre es, vor der Textanalyse gemeinsame Untersuchungskriterien aufzustellen, beispielsweise:

- Interpretationsschwerpunkte des Regisseurs sowie deren Beurteilung durch den Kritiker
- Beurteilung der Schauspielerleistung
- Reflexionen über das Publikum sowie über dessen Reaktionen
- ...

Die Gruppen stellen ihre Ergebnisse der Klasse vor. Anschließend könnte unter anderem ein gemeinsam durchzuführender Vergleich dieser Resultate erfolgen. Auf diesem Wege wird den Schülerinnen und Schülern bewusst, dass sich ein Dramentext auf dem Theater immer wieder neuen Sichtweisen und Interpretationen stellen muss.

5.2 Die Erstellung einer Rezension

Mit Besprechungen literarischer Werke haben die meisten Schülerinnen und Schüler bereits Erfahrungen gemacht. Dabei ist es zunächst einmal egal, ob ihnen diese Rezensionen in Tageszeitungen beziehungsweise Zeitschriften, in Literatursendungen oder auf Buchplattformen im Internet begegnet sind. Diesem breiten Angebot entspricht allerdings auch eine Vielfalt an unterschiedlichen Rezensionsformen. Aus diesem Grund erscheint es zunächst nötig, sich auf einheitliche Kriterien für die Erstellung einer eigenen Rezension zu einigen.
Definition und die Merkmale einer Rezension werden im Unterrichtsgespräch zusammengetragen und in einem Tafelbild gesammelt.

Wie verfasst man eine Rezension?

Definition:
- Ziel: Vorstellung von Neuerscheinungen in den Bereichen Buch, Musik, Film;
- Charakter: persönlich gehaltene kritische Besprechung/differenzierte Bewertung;
- Adressaten: potenzielle Interessenten;
- Fundorte: Zeitungen, Fachzeitschriften, Internet, Radio, Fernsehen;

↓

Anforderungen:
- klares Beschreiben des rezensierten Gegenstands;
- kurzes Andeuten des Inhalts, aber keine komplette Inhaltsangabe;
- nachvollziehbarer, argumentativ schlüssiger Aufbau;
- Bezug auf Horizont der Leser;
- zum Schluss Kaufempfehlung bzw. Abraten vom Kauf;

Anschließend können die Schülerinnen und Schüler im Rahmen einer Internetrecherche nach aktuellen Leserrezensionen des Dramas „Die Ratten" suchen und überprüfen, ob diese den gemeinsam zusammengestellten Kriterien genügen. Denkbare Fundstellen wären unter anderem die Seiten großer Online-Buchhandlungen, aber auch private Literatur-Homepages und Ähnliches.

Im Rahmen einer abschließenden Reflexionsphase am Ende der gesamten Unterrichtssequenz zum Drama „Die Ratten" sollte es den Schülerinnen und Schülern ermöglicht werden, selbst eine Besprechung des Dramas zu verfassen, in der sie ihre subjektive Leseerfahrung zum Ausdruck bringen können. Diese Aufgabe eignet sich auch als Hausaufgabe.

- *Erstellen Sie eine eigene Besprechung zum Drama „Die Ratten", in der Ihre Leseerfahrungen sowie Ihre subjektive Bewertung zum Ausdruck kommen. Achten Sie bitte darauf, dass unter Ihrem Text noch ausreichend Platz für weitere Ergänzungen freigehalten wird.*

Die Rezensionen werden auf einem DIN-A4-Blatt oder auf einem vorgefertigten Arbeitsblatt (siehe **Arbeitsblatt 31**, S. 108) angefertigt und anschließend an einer Wand im Klassenzimmer, in einer sogenannten „Kritiker-Ecke", aufgehängt. Der auf den Textblättern freigehaltene Raum ist als Einladung an die Mitschüler zu verstehen, im Laufe einer festgesetzten Frist (die Arbeiten sollten mindestens eine Woche im Klassenzimmer ausgehängt bleiben) die Besprechungen wiederum von ihrer persönlichen Warte aus zu kommentieren. Die Schüler stellen sich also wiederum der Kritik und den Anregungen durch andere Mitschüler. Wird das Angebot angenommen, entstehen unter Umständen auf einzelnen Blättern regelrechte kleine intellektuelle Diskurse über das gelesene Drama. Nach Ablauf der vorher vereinbarten Frist sollte dann eine gemeinsame Nachbesprechung der Unterrichtssequenz auf der Grundlage der entstandenen Kritiken erfolgen.

Notizen

Kritiken zur Uraufführung der „Ratten"

Telegramm der „Neuen Freien Presse", datiert „Berlin, 13. Januar":

„Warum diese Berliner Tragikomödie ‚Die Ratten' heißt, hat wohl niemand ergründet, der der heutigen Premiere beiwohnte. Das neue Werk Hauptmanns bildet leider nur eine neue Bestätigung für den Niedergang von seinem Talente. Es ist langweilig und verworren, nur hie und da erinnert eine Szene daran, dass Gerhart Hauptmann einst eine der Hoffnungen des deutschen Dramas war.

Die besten Schauspieler des Lessing-Theaters setzten für Hauptmanns neues Werk all ihre Kräfte ein. Else Lehmann spielte die Frau John, Emanuel Reicher den Theaterdirektor. Der Beifall nach den Aktschlüssen war schwach, und man darf von einem Erfolge wohl nicht sprechen, wenn auch nach Schluss des Stückes die Anhänger Hauptmanns im Hause blieben und dem Autor die bei jeder seiner Premieren in Berlin üblichen Ovationen brachten. Hauptmann erschien mehrmals vor dem Vorhang und verbeugte sich mit zufriedenem Lächeln vor seiner jubelnden Gemeinde."

Neue Freie Presse (Wien). Nr. 16666, Morgenblatt. 14. Januar 1911.

Joseph Jellinek:

„Ein Theaterdirektor, der so künstlerisch arbeitet, wie Dr. Otto Brahm, lässt seine Darsteller nach den Aktschlüssen nicht vor den Vorhang: auch der Autor darf erst nach Schluss des Stückes erscheinen. Gerhart Hauptmann wurde unzählige Male gerufen. Freilich gab es auch Anhänger der literarischen Anschauung des ehemaligen Theaterdirektors Hassenreuter: sie versuchten den Applaus etwas niederzuzischen. Aber die Anhänger der Meinung des Schülers waren doch in der Mehrzahl. Sie erkannten in Gerhart Hauptmann trotz der teilweise zerflatternden Szenen den wirklichen Dichter, der einen ganz wundervollen zweiten und einen stillen und feinen dritten Akt schrieb und es wiederum vermochte, mit den Schicksalen unbedeutender Menschen sozial Glücklichere zu fesseln und zu packen. Wir haben immer auf eine wahrhaftige Tragikomödie gewartet: jetzt haben wir sie!"

Augsburger Postzeitung. Nr. 15, 19. Januar 1911

- *Beschreiben Sie die in den zwei Texten dokumentierten Zuschauerreaktionen auf die Uraufführung des Dramas „Die Ratten". Welche Erklärungen bieten die beiden Kritiker an?*

Kritik zur Uraufführung der „Ratten" von Maximilian Harden

„Ein Dutzendmelodrama[1], dem ein Philisterschwänkchen[2] angeklebt ist. Das Ganze (wenn mans so nennen will) ohne innere Logik; die Handlung nicht von der besonderen Wesenheit deutlich erkennbarer Menschen determinirt; nirgends zu spüren, wie diese Menschen wurden, warum just so werden mussten. Die umständliche Hassenreuterei hat mit dem Kindsdrama nichts zu tun; und die erkünstelte Ortseinheit kann die beiden Welten kaum für einer Abendstunde Dauer in einander schachteln. Sollte gezeigt werden, dass Pfarrer (Spitta) und Komödiant (Hassenreuter) das Menschliche in dem Kind verkennen und drum leicht hassen, das dem Proletarier Glück (Paul und Jette), Lebensinhalt (Polin) oder Erwerbsmittel (Knobbe) ist? Dann mußte, was sichtbar und fühlbar werden sollte, gestaltet, nicht nur beredet werden. Wo man das Notgebild packt, zerflattert's in stinkenden Dunst. [...] Auf Schritt und Tritt wird das Unwahrscheinlichste Ereignis. Die Effektsucht einer Gattung, die einst als ‚Volksstück mit Gesang' auf den Kundenfang ging [...]. Wer das nächste Gespräch nicht hören darf, wird weggeschickt, wers belauschen soll, an die Dachluke gesetzt; Lücken der Handlung oder Charakteristik werden durch ‚Episoden' ausgefüllt; gehts gar nicht weiter, so erzählt eine Kolportageheldin[3] ihres Lebens und Liebens Geschichte. Das Stück könnte in seinen stillen Teilen von dem kraftlos betriebsamen Herrn Georg Hirschfeld[4], in seinen lauten von dem Weltanschauer Sudermann[5] sein. An den fein fühlenden Poeten Hauptmann erinnert nur die Sprache. [...] Ob in Berlin, gar von strebsamen Bauaufsehern, jemals so gesprochen wurde? Doch richtig oder falsch: nur an die Sprache ist ernste Sorgfalt gewandt worden; nur die Sprache täuscht manchmal da noch Naturlaute vor, wo die Empfindung schlechten Schmökern der Spätromantik entlehnt sein könnte.

[...] Vor der Bühne die Berliner Westfinanz und Großhändlerschaft in Smoking und Putzrobe; prächtig aufgeschirrte Mütter haben ihre jungen Töchter mitgebracht. Preis eines guten Platzes: dreizehn Mark und eine halbe. Auf der Bühne die John und die Knobbe; ein Zuhälter und eine Engelmacherin; ein von Kindsnot geschütteltes Dienstmädchen und ein im Schmutz sterbender Säugling. Hinter der Bühne ein Dichter, dem der für seine schmalen Schläfen viel zu breit geflochtene Kranz vom Haupt in den Nacken gerutscht ist und wie ein Henkersstrick nun den Hals umdroht; den Mancher heute gern über das Weh fruchtloser Jahre hinwegtrösten möchte; den jeder Redliche aber warnen müßte, je wieder sich in so (nicht nur stofflich) Gemeines zu erniedern, mit kunstgewissenloser Lüdrianshast nach dem spröd fliehenden Glück zu haschen. Keinem gefällt das Stück, das ein in der Hauptstadt nie heimisch gewordener, längst ihr völlig entfremdeter Enkel schlesischer Weber für Luxusberliner schrieb und in dem Mutterleidenschaft um das Lager des einer leichtsinnigen Sklavenmagd abgelisteten Kindes verprasselt. Wohlfeiler Schmierenwitz hilft über öde Strecken und aus der Langeweile peitscht Ekel die fast schon Gelähmten auf. Doch (wer weiß?) morgen erfährt man vielleicht, daß einem Genius wieder ein Meisterwerk entbunden ward: und hat das Patengeklatsch als tauber Tor verpasst."

Die Zukunft (Berlin). Jg. 19. Nr. 18. 28. Januar 1911, S. 167f. und 170

---

1 hier: abwertend für ein übertrieben pathetisches Schauspiel
2 Philister: hier: Spießbürger
3 Kolportage: auf billige Unterhaltung abzielend
4 Dramatiker, der sich zeitweise an Hauptmann orientierte; erfolgreich mit seinen naturalistischen Stücken „Die Mütter" (1895) und „Agnes Jordan" (1898).
5 Hermann Sudermann, als Verfasser bühnenwirksamer sozial- und gesellschaftskritischer Dramen („Die Ehre", 1889; „Sodoms Ende", 1891; „Heimat", 1893) ein Erfolgsautor.

■ *Stellen Sie positive und negative Kritikpunkte zusammen, die über das Drama geäußert werden, und formulieren Sie eigene Gedanken hinsichtlich ihrer jeweiligen Berechtigung.*

Kritik zur Uraufführung der „Ratten" von Oskar Maurus Fontana

„Diese Berliner Tragikomödie ist eines seiner in der Erde verwurzelten Werke, aber ihre Seele haftet nicht, sondern fliegt zu den Sternen. Nicht weil der Titel ‚Die Ratten' symbolisch zu verstehen ist, wie ein Wegweiser von unten nach oben zeigt! Denn man könnte den Titel Ratten sehr leicht ersetzen und es änderte sich nichts an dem Werk, an seiner von aller menschlichen Sehnsucht und von allem menschlichen Glücksbegehren erfüllten Seele. Man müsste sogar den Titel ersetzen, denn er ist unklar und hat bei der Uraufführung viele, wenn nicht alle dazu verleitet, hinter diesen Pluraltitel ein Singularschicksal zu schieben. Man erinnerte an die Rose Bernd und fragte, wozu der ganze Aufwand von Nebenpersonen, Nebenschicksalen. Man übersah eben die Pluralität des Titels. Die Weber – das ist ein klarer, schöner und einfacher Titel, man weiß, dass hier die Gesamtheit Held ist. Die Ratten – auch hier ist eine Gesamtheit Held, auch hier ist die Tragödie eines Volkes, besser einer Volksschichte zu sehen. Was sind aber die Ratten? Für Hauptmann sind sie die Unterirdischen – und dies wäre der schönste Titel der Tragikomödie – jene Kräfte und Menschen, die in den bereits dunkeln Winkeln einer Großstadt daheim sind. *Les misérables*[1]– das sind die Unterirdischen, die Ratten. Und wenn einmal einer sagt: ‚In uns liegen die Keime. Der Boden lockert sich schon! Wir sind, wenn auch noch unterirdisch, die künftige Ernte! Wir sind die Zukunft! Die Zeit muss kommen, da wird die ganze weite schöne Welt unser sein!', so ist dies ein Ton, der ganz an das dumpfdunkle ‚Nur Zeit' in Dehmels Arbeiterlied[2] erinnert.

Der Held dieses Dramas ist eine jener Mietskasernen, wie sie in den ärmeren Arbeiterbezirken jeder Großstadt unheimlich groß zu finden sind, und ihre Menschen. Der Berliner Straßenlärm, das Kindergeschrei auf den Hausfluren, die Leierkastenmusik vom Hof – das sind keine Regiebemerkungen eines bloß sorgsamen Dichters, sondern diese Dinge spielen mit, geben förmlich die Musik zu den Schicksalen dieser Menschen.

Es ist wunderbar und genial, wie Hauptmann das Wesen dieser Unterirdischen in seinem tiefsten Punkte trifft und gestaltet. Die Frau John spricht: ‚Manch liebet Mal hab' ich hier jesessen und jefracht, warum det ick immer rackern du? Warum det mir abdarbe, Jroschens mühsam zusammenscharre, den Verdienst jut anleche und wie ick jede Art wat zuzuverdien mir abjrübeln du. Warum denn? Det soll allens for fremde Leite sind?' Um dies herum will das Tun dieser Menschen kreisen: um das Kind, um die Nachkommenschaft, mit dem Bewusstsein und mit der Sehnsucht, dass es die Kinder besser haben werden, dass sie bereits oberirdisch leben können. [...]

Diese Frau ist die Protagonistin, aber nicht die Heldin des Dramas. Der Held sind sie alle – die Ratten, die Unterirdischen, die Parias. Was Hauptmann immer zum Drama drängt – da er ja weniger Dramatiker als Bühnendichter ist: Das Gestalten von Menschen durch ihre Sprache und Worte, das feiert wieder einmal einen Triumph. Meisterhaft sind die Kasten, die Kategorien dieser Unterirdischen abgestuft: Der Maurerpolier John und seine Frau, in auskömmlichen Verhältnissen lebend, der Bruder der Frau John, ‚unter Polizeiaufsicht', die Morphinistin, deren Gesicht die Stigmata[3] der Straße trägt, aber von nicht schlechter Abkunft zeugt, das Dienstmädchen, das Mutter wird, die Engelmacherin, der herumspionierende Hausmeister, mit einem Fuß im Gefängnis, mit dem andern Liebkind beim Bezirkskommissär, der Sehnsuchtskrüppel und schließlich als Durchgänger ein ehemaliger Theaterdirektor, eine jener Erscheinungen, die in diesen Vierteln nie fehlen, der Patrizier dieses Grundes, der heute unten ist und morgen wieder oben sitzt. Das sind die Ratten, die um das bisschen Sonnenschein, um das bisschen Glücksschimmer in dieser Tragikomödie kämpfen. Mit ihnen schwingt das Gefühl Hauptmanns, sein Mitleid."

Die Wage (Wien). Jg. 14. Nr. 3, 21. Januar 1911, S. 60–62

[1] Titel eines 1862 erschienenen Romans des französischen Schriftstellers Victor Hugo (1802–1885).

[2] Gemeint ist Richard Dehmels Gedicht „Der Arbeitsmann", 1896 im ersten Jahrgang der Zeitschrift „Simplicissimus" im Rahmen eines Preisausschreibens als „das beste sangbare Lied aus dem deutschen Volksleben" preisgekrönt und veröffentlicht.

[3] Wundmale

■ *Stellen Sie positive und negative Kritikpunkte zusammen, die über das Drama geäußert werden, und formulieren Sie eigene Gedanken hinsichtlich ihrer jeweiligen Berechtigung.*

Eine Auseinandersetzung mit der Kritik Hardens

Kritikpunkte	Anmerkungen

■ *Stellen Sie positive und negative Kritikpunkte zusammen, die über das Drama geäußert werden, und formulieren Sie eigene Gedanken hinsichtlich ihrer jeweiligen Berechtigung.*

Eine Auseinandersetzung mit der Kritik Fontanas

Kritikpunkte	Anmerkungen

■ *Stellen Sie positive und negative Kritikpunkte zusammen, die über das Drama geäußert werden, und formulieren Sie eigene Gedanken hinsichtlich ihrer jeweiligen Berechtigung.*

Eigene Rezension

Name:

Mein Urteil zum Drama „Die Ratten"

☺ Besonders gelungen finde ich ...

☹ Weniger gefällt mir ...

Hier ist Platz für eure Stellungnahmen zu meiner Besprechung:

Name:

Name:

Name:

Bertolt Brecht: Der kaukasische Kreidekreis (Auszug)

Der Dorfschreiber muss entscheiden, ob der kleine Michel bei seiner Pflegemutter, der Magd Grusche, oder bei seiner leiblichen Mutter, der Frau des ehemaligen Gouverneurs, bleibt.

AZDAK Klägerin und Angeklagte! Der Gerichtshof hat euren Fall angehört und hat keine Klarheit gewonnen, wer die wirkliche Mutter dieses Kindes ist. Ich als Richter hab die Verpflichtung, daß ich für das Kind eine Mutter aussuch. Ich werd eine Probe machen. Schauwa, nimm ein Stück Kreide. Zieh einen Kreis auf den Boden. *Schauwa zieht einen Kreis mit Kreide auf den Boden.* Stell das Kind hinein! *Schauwa stellt Michel, der Grusche zulächelt, in den Kreis.* Klägerin und Angeklagte, stellt euch neben den Kreis, beide! *Die Gouverneursfrau und Grusche treten neben den Kreis.* Faßt das Kind bei der Hand. Die richtige Mutter wird die Kraft haben, das Kind aus dem Kreis zu sich zu ziehen.

ZWEITER ANWALT *schnell:* Hoher Gerichtshof, ich erhebe Einspruch, daß das Schicksal der großen Abaschwili-Güter, die an das Kind als Erben gebunden sind, von einem so zweifelhaften Zweikampf abhängen soll. Dazu kommt: Meine Mandantin verfügt nicht über die gleichen Kräfte wie diese Person, die gewohnt ist, körperliche Arbeit zu verrichten.

AZDAK Sie kommt mir gut genährt vor. Zieht!

Die Gouverneursfrau zieht das Kind zu sich herüber aus dem Kreis. Grusche hat es losgelassen, sie steht entgeistert.

DER ERSTE ANWALT *beglückwünscht die Gouverneursfrau:* Was hab ich gesagt? Blutsbande!

AZDAK *zu Grusche:* Was ist mir dir? Du hast nicht gezogen.

GRUSCHE Ich hab's nicht festgehalten. *Sie läuft zu Azdak.* Euer Gnaden, ich nehm zurück, was ich gegen Sie gesagt hab, ich bitt Sie um Vergebung. Wenn ich's nur behalten könnt, bis es alle Wörter kann. Es kann erst ein paar.

AZDAK Beeinfluß nicht den Gerichtshof! Ich wett, du kannst selber nur zwanzig. Gut, ich mach die Probe noch einmal, daß ich's endgültig hab. Zieht!

Die beiden Frauen stellen sich noch einmal auf. Wieder läßt Grusche das Kind los.

GRUSCHE *verzweifelt:* Ich hab's aufgezogen! Soll ich's zerreißen? Ich kann's nicht.

AZDAK *steht auf:* Und damit hat der Gerichtshof festgestellt, wer die wahre Mutter ist. *Zu Grusche:* Nimm dein Kind und bring's weg. Ich rat dir, bleib nicht in der Stadt mit ihm. *Zur Gouverneursfrau:* Und du verschwind, bevor ich dich wegen Betrug verurteil. Die Güter fallen an die Stadt, damit ein Garten für die Kinder draus gemacht wird, sie brauchen ihn, und ich bestimm, daß er nach mir „Der Garten des Azdak" heißt.

Die Gouverneursfrau ist ohnmächtig geworden und wird vom Adjutanten weggeführt, während die Anwälte schon vorher gegangen sind. Grusche steht ohne Bewegung. Schauwa führt ihr das Kind zu.

Aus: Bertold Brecht, Werke. Große kommentierte Berliner und Frankfurter Ausgabe, Band 8: Stücke 8 © Suhrkamp Verlag Frankfurt am Main 1992
(Aus lizenzrechtlichen Gründen erscheint dieser Text nicht in reformierter Schreibung.)

- *Vergleichen Sie die Variante des „Salomonischen Urteils" bei Brecht mit Hauptmanns Drama „Die Ratten".*

Klausurvorschlag Dramenschluss

Hinweis: In dem Auszug aus der im Jahr 1910 abgefassten Version wird die Staatsgewalt nicht nur durch Schierke, sondern auch durch den Polizeileutnant vertreten.

Schlussszene der im Juli 1910 fertiggestellten Fassung, in der Frau John überlebt, aber in Wahnsinn („Geistesumnachtung") verfällt:

(Sie [Frau John] geht singend ab, von einigen Beamten begleitet und gefolgt von John, der vollständig gebrochen ist, abwechselnd „Jette" und „Mutter" sagt und von Quaquaro mühsam auf den Beinen gehalten wird.)

DIREKTOR HASSENREUTER. *Sie* gehört vor den Arzt und nicht vor den Richter.

DER POLIZEILEUTNANT. Was in ihrem Fall für die Frau tatsächlich die Rettung ist.

DIREKTOR HASSENREUTER. Und der Mann?

DER POLIZEILEUTNANT. Der Mann steht nicht unter Anklage. Man nimmt an, dass er selbst auf das allergröblichste hintergangen ist.

DIREKTOR HASSENREUTER. Wenn nur nicht diese arme Person das schuldlose Kind in ihren Untergang mit hineingezogen hat. *(Spitta bringt in einem sauberen Körbchen das Kind durch die Oberbodentür, von Walburga und Schierke geleitet.)*

WALBURGA. Nein, hier ist es, Papa. Es ist am Leben.

DER POLIZEILEUTNANT. Schierke, Sie sind für das Kind verantwortlich. *(Er grüßt und geht schnell ab. Spitta stellt das Körbchen mit dem Kinde mitten auf den Tisch.)*

DIREKTOR HASSENREUTER. *(am Tisch, bei dem Kinde).* Lasst mal sehen! Nun, Gott sei Dank, dass wenigstens dieses ahnungslose kleine Geschöpf noch erhalten geblieben ist! – So! Spitta, bringen Sie mal einen Stuhl! *(Es geschieht. Er läßt sich hineinsinken.)* Ich gestehe offen, dass ich ganz unvorbereitet . . . dass ich von dieser Tragik, diesem tragischen Aufruhr in der Mietskaserne vollständig überrumpelt worden bin.

SPITTA. Sagten Sie tragisch, Herr Direktor?

DIREKTOR HASSENREUTER. Die John ist eine Verbrecherin! Ich würde das niemals von ihr geglaubt haben! aber ich habe sie auch gute zehn bis zwanzig Sekunden, als sie oben erschien, für eine mir vollkommen fremde Frau angesehn und ganz allmählich erst wiedererkannt. Bis sie so weit gekommen ist, diese John, muss sie im Schutz ihrer Niedrigkeit Ungeheures erlebt und durchlitten haben. Ich muss mich erkundigen. Nein, nein, ich glaube nicht, dass meine Vermutung unrichtig ist.

SCHIERKE. Na ja, aber wat wird nu mit so'n Kind. Vater war jestern uff unser Bezirksbüro. Sacht, det de Pauline Piperkarcka alle Mannsbilder nachjeloofen is. Will von de Vaterschaft nischt for wahr haben. Is heute mittag sojar uff't Standesamt an de Fischerbrücke mit eene reiche Karussellbesitzerswitwe jetraut. An Ende is et nu eejentlich schade for det Wurm, det de John nich in ihre Mutterfunktion jeblieben is.

DIREKTOR HASSENREUTER. Eine Frau aus dem Volk, deren mütterliche Eignung ich als Kindernarr, der ich bin, buchstäblich bewundert habe. Wie proper, wie sauber liegt dieser Bengel im Bettchen drin! Die Themis[1] ist blind! Schade um dich, kleiner Massenartikel.

SPITTA. Ich bin überzeugt: seine wahre Mutter hat dieses Kind mit der John eingebüßt.

SCHIERKE. Privatflege, Städtisches Waisenhaus, und nu jar, wo hätte de Kielbacken in de Mache jekricht. Staatsanwalt kann se man immer nich fassen. Hat immer sechse, achte zu liejen in Flege, wo heechstens pro forma ma eens un's andere leben jeblieben is.

DIREKTOR HASSENREUTER. Ich meinesteils hätte dich der John, dir die John gegönnt, und der Maurerpolier! dieser Prachtmensch von Vater! *(Zu dem Kinde.)* Du weißt nichts davon, und doch warst du reich und bist heut um wahre Krösusreichtümer an zärtlicher Sorge, Liebe und Treue ärmer geworden! auch wenn du, bei allem Unglück zu deinem Glück, nicht umsonst gerade auf dem Theaterboden des Direktors Hassenreuter gelandet bist. Freilich, die John wird dir keiner ersetzen.

SPITTA. Wäre ich Richter in Israel . . .

DIREKTOR HASSENREUTER. Sie würden der John ein Denkmal errichten. Das geht nicht! Der Weltlauf, mein Lieber, ist von jeher recht wunderlich. – Was ist tragische Ironie, guter Spitta?

---

1 Göttin der Sitte, Ordnung und Gerechtigkeit im griechischen Mythos.

SPITTA. Alle menschliche Ironie, weil sie ohnmächtig ist.

DIREKTOR HASSENREUTER. Und was halten Sie von der göttlichen?

SPITTA. Dass Sein ein wahrhaft grauenhaftes Bedürfnis der seligen Götter ist.

DIREKTOR HASSENREUTER. *(zu Walburga).* Für seine Jugend ist dein Freund reichlich alt, gute Walburga. Was nützt das, wenn wir auch noch so fatale Gesichter schneiden? Was bleibt uns übrig, als trotz alledem gläubig, tätig, heiter und zuversichtlich zu sein? Unser Leben kann nicht anders gelebt werden! Sorge dafür, dass die Laune des Jünglings menschlicher wird.

WALBURGA. *(umhalst ihn).* Geliebter Papa!

DIREKTOR HASSENREUTER. *(streichelt ihren Kopf, bewegt).* Schlimme, schlimme Walburga.

Aus: Gerhart Hauptmann: Sämtliche Werke. Centenar-Ausgabe zum hundertsten Geburtstag des Dichters. 10 Bände, Band 9. Frankfurt/M., Berlin: Propyläen 1962, S. 1200–1202. Gerhart Hauptmann: Die Ratten © Ullstein Buchverlag GmbH, Berlin

1. *Erläutern Sie, inwiefern Hauptmann im fünften Akt die verschiedenen Handlungsstränge des Dramas zusammenführt.*
2. *Vergleichen Sie das Ihnen bekannte Ende des Dramas mit dem Schluss der 1910 entworfenen Fassung. Gehen Sie dabei besonders auf die Frage nach der moralischen Schuld Henriette Johns im Urteil der Gesellschaft ein.*

Lessings Hamburgische Dramaturgie (Auszug)

Die Namen von Fürsten und Helden können einem Stücke Pomp und Majestät geben; aber zur Rührung tragen sie nichts bei. Das Unglück derjenigen, deren Umstände den unsrigen am nächsten kommen, muss natürlicherweise am tiefsten in unsere Seele dringen; und wenn wir mit Königen Mitleiden haben, so haben wir es mit ihnen als mit Menschen, und nicht als mit Königen. Macht ihr Stand schon öfters ihre Unfälle wichtiger, so macht er sie darum nicht interessanter. „Man tut dem menschlichen Herze Unrecht", sagt auch Marmontel[1], „man verkennet die Natur, wenn man glaubt, dass sie Titel bedürfe, um uns zu bewegen und zu rühren." [...]

Was liegt daran, welches der Rang, der Geschlechtsname, die Geburt des Unglücklichen ist, den seine Gefälligkeit gegen unwürdige Freunde und das verführerische Beispiel ins Spiel verstricket, der seinen Wohlstand und seine Ehre darüber zugrunde gerichtet, und nun im Gefängnisse seufzet, von Scham und Reue zerrissen? Wenn man fragt, wer er ist; so antworte ich: er war ein ehrlicher Mann, und zu seiner Marter ist er Gemahl und Vater; seine Gattin, die er liebt und von der er geliebt wird, schmachtet in der äußersten Bedürfnis und kann ihren Kindern, welche Brot verlangen, nichts als Tränen geben. Man zeige mir in der Geschichte der Helden eine rührendere, moralischere, mit einem Worte, tragischere Situation! Und wenn sich endlich dieser Unglückliche vergiftet; wenn er, nachdem er sich vergiftet, erfährt, dass der Himmel ihn noch retten wollen: was fehlet diesem schmerzlichen und fürchterlichen Augenblicke, wo sich zu den Schrecknissen des Todes marternde Vorstellungen, wie glücklich er habe leben können, gesellen; was fehlt ihm, frage ich, um der Tragödie würdig zu sein? Das Wunderbare, wird man antworten. Wie? Findet sich denn nicht dieses Wunderbare genugsam in dem plötzlichen Übergange von der Ehre zur Schande, von der Unschuld zum Verbrechen, von der süßesten Ruhe zur Verzweiflung: kurz, in dem äußersten Unglücke, in das eine bloße Schwachheit gestürzet?"

Man lasse aber diese Betrachtungen den Franzosen, von ihren Diderots und Marmontels, noch so eingeschärft werden: es scheint doch nicht, dass das bürgerliche Trauerspiel darum bei ihnen besonders in Schwang kommen werde. Die Nation ist zu eitel, ist in Titel und andere äußerliche Vorzüge zu verliebt; bis auf den gemeinsten Mann will alles mit Vornehmern umgehen; und Gesellschaft mit seinesgleichen ist so viel als schlechte Gesellschaft.

Aus: G. E. Lessing: Hamburgische Dramaturgie, in: Lessings Werke. Frankfurt/M. 1967, S. 176–78

[1] Jean-François Marmontel (1723–1799), französischer Schriftsteller und Literaturtheoretiker

■ *Fassen Sie die wichtigsten Aussagen des Textes zusammen und stellen Sie Zusammenhänge mit der poetologischen Kontroverse zwischen Hassenreuter und Spitta her.*

Goethe: Zum Shakespeare-Tag

14. Oktober 1771.

[...]

Erwarten Sie nicht, dass ich viel und ordentlich schreibe, Ruhe der Seele ist kein Festtagskleid; und noch zur Zeit habe ich wenig über Shakespeare gedacht; geahndet, empfunden, wenn's hoch kam, ist das höchste, wohin ich's habe bringen können. Die erste Seite, die ich in ihm las, machte mich auf zeitlebens ihm eigen, und wie ich mit dem ersten Stücke fertig war, stund ich wie ein Blindgeborner, dem eine Wunderhand das Gesicht in einem Augenblicke schenkt. Ich erkannte, ich fühlte aufs lebhafteste meine Existenz um eine Unendlichkeit erweitert, alles war mir neu, unbekannt, und das ungewohnte Licht machte mir Augenschmerzen. Nach und nach lernt ich sehen, und, Dank sei meinem erkenntlichen Genius, ich fühle noch immer lebhaft, was ich gewonnen habe.

Ich zweifelte keinen Augenblick, dem regelmäßigen Theater zu entsagen. Es schien mir die Einheit des Orts so kerkermäßig ängstlich, die Einheiten der Handlung und der Zeit lästige Fesseln unserer Einbildungskraft. Ich sprang in die freie Luft und fühlte erst, dass ich Hände und Füße hatte. Und jetzo, da ich sahe, wie viel Unrecht mir die Herrn der Regeln in ihrem Loch angetan haben, wie viel freie Seelen noch drinne sich krümmen, so wäre mir mein Herz geborsten, wenn ich ihnen nicht Fehde angekündigt hätte und nicht täglich suchte, ihre Türme zusammenzuschlagen.

Das griechische Theater, das die Franzosen zum Muster nahmen, war nach innerer und äußerer Beschaffenheit so, dass eher ein Marquis den Alcibiades nachahmen könnte, als es Corneillen dem Sophokles zu folgen möglich wär'. [...]

Nun sag' ich geschwind hintendrein: „Französchen, was willst du mit der griechischen Rüstung, sie ist dir zu groß und zu schwer."

Drum sind auch alle französische Trauerspiele Parodien von sich selbst. [...]

Shakespeares Theater ist ein schöner Raritätenkasten, in dem die Geschichte der Welt vor unsern Augen an dem unsichtbaren Faden der Zeit vorbeiwallt. Seine Plane sind, nach dem gemeinen Stil zu reden, keine Plane, aber seine Stücke drehen sich alle um den geheimen Punkt, „den noch kein Philosoph gesehen und bestimmt hat", in dem das Eigentümliche unseres Ichs, die prätendierte Freiheit unsres Willens, mit dem notwendigen Gang des Ganzen zusammenstößt. Unser verdorbner Geschmack aber umnebelt dergestalt unsere Augen, dass wir fast eine neue Schöpfung nötig haben, uns aus dieser Finsternis zu entwickeln. [...]

Die meisten von diesen Herren stoßen auch besonders an seinen Charakteren an.

Und ich rufe Natur! Natur! nichts so Natur als Shakespeares Menschen.

Da hab' ich sie alle überm Hals.

Lasst mir Luft, dass ich reden kann!

Er wetteiferte mit dem Prometheus, bildete ihm Zug vor Zug seine Menschen nach, nur in kolossalischer Größe; darin liegt's, dass wir unsre Brüder verkennen; und dann belebte er sie alle mit dem Hauch seines Geistes, er redet aus allen, und man erkennt ihre Verwandtschaft.

Und was will sich unser Jahrhundert unterstehen, von Natur zu urteilen? Wo sollten wir sie her kennen, die wir von Jugend auf alles geschnürt und geziert an uns fühlen und an andern sehen. Ich schäme mich oft vor Shakespearen, denn es kommt manchmal vor, dass ich beim ersten Blicke denke, das hätt' ich anders gemacht! Hintendrein erkenn' ich, dass ich ein armer Sünder bin, dass aus Shakespearen die Natur weissagt, und dass meine Menschen Seifenblasen sind, von Romanengrillen aufgetrieben. [...]

Auf, meine Herren! trompeten Sie mir alle edle Seelen aus dem Elysium des sogenannten guten Geschmacks, wo sie schlaftrunken in langweiliger Dämmerung halb sind, halb nicht sind, Leidenschaften im Herzen und kein Mark in den Knochen haben, und weil sie nicht müde genug zu ruhen und doch zu faul sind, um tätig zu sein, ihr Schattenleben zwischen Myrten und Lorbeergebüschen verschlendern und vergähnen.

Aus: Johann Wolfgang von Goethe: Werke. Hamburger Ausgabe. Hrsg. E. Trunz. Hamburg: Christian Wegner Verlag, 1953. Band 12, S. 224–227

■ *Fassen Sie die wichtigsten Aussagen des Textes zusammen und stellen Sie Zusammenhänge mit der poetologischen Kontroverse zwischen Hassenreuter und Spitta her.*

Goethes „Regeln für den Schauspieler" (Auszüge)

Dialekt

§ 1
Wenn mitten in einer tragischen Rede sich ein Provinzialismus eindrängt, so wird die schönste Dichtung verunstaltet und das Gehör des Zuschauers beleidigt. Daher ist [83] das Erste und Notwendigste für den sich bildenden Schauspieler, dass er sich von allen Fehlern des Dialekts befreie und eine vollständige reine Aussprache zu erlangen suche. Kein Provinzialismus taugt auf die Bühne! Dort herrsche nur die reine deutsche Mundart, wie sie durch Geschmack, Kunst und Wissenschaft ausgebildet und verfeinert worden.

§ 2
Wer mit Angewohnheiten des Dialekts zu kämpfen hat, halte sich an die allgemeinen Regeln der deutschen Sprache und suche das neu Anzuübende recht scharf, ja schärfer auszusprechen, als es eigentlich sein soll. Selbst Übertreibungen sind in diesem Falle zu raten, ohne Gefahr eines Nachteils; denn es ist der menschlichen Natur eigen, dass sie immer gern zu ihren alten Gewohnheiten zurückkehrt und das Übertriebene von selbst ausgleicht.

§ 12
Rein und deutlich ferner spreche man die *Hauptwörter, Eigennamen* und *Bindewörter* aus. Zum Beispiel in dem Verse:

Aber mich schreckt die Eumenide,
Die Beschirmerin dieses Orts.

Hier kommt der Eigenname *Eumenide* und das in diesem Fall sehr bedeutende Hauptwort *Beschirmerin* vor. Daher müssen beide mit besonderer Deutlichkeit ausgesprochen werden.

§ 13
Auf die *Eigennamen* muss im Allgemeinen ein stärkerer Ausdruck in der Aussprache gelegt werden als gewöhnlich, weil so ein Name dem Zuhörer besonders auffallen soll. Denn sehr oft ist es der Fall, dass von einer Person schon im ersten Akte gesprochen wird, welche erst im dritten und oft noch später vorkommt. Das Publikum soll nun darauf aufmerksam gemacht werden, und wie kann das anders geschehen als durch deutliche energische Aussprache?

§ 14
Um es in der Aussprache zur Vollkommenheit zu bringen, soll der Anfänger alles sehr langsam, die Silben und besonders die Endsilben stark und deutlich aussprechen, damit die Silben, welche geschwind gesprochen werden müssen, nicht unverständlich werden.

§ 15
Zugleich ist zu raten, im Anfange so tief zu sprechen, als man es zu tun imstande ist, und dann abwechselnd immer im Ton zu steigen; denn dadurch bekommt die Stimme einen großen Umfang und wird zu den verschiedenen Modulationen gebildet, deren man in der Deklamation bedarf.

§ 17
Das falsche oder unrichtige Auswendiglernen ist bei vielen Schauspielern Ursache einer falschen und unrichtigen Aussprache. Bevor man also seinem Gedächtnis etwas anvertrauen will, lese man langsam und wohlbedächtig das zum Auswendiglernen Bestimmte. Man vermeide dabei alle Leidenschaft, alle Deklamation, alles Spiel der Einbildungskraft; dagegen bemühe man sich nur, richtig zu lesen und danach genau zu lernen, so wird mancher Fehler vermieden werden, sowohl des Dialekts als der Aussprache.

Stellung und Bewegung des Körpers auf der Bühne

§ 35
Zunächst bedenke der Schauspieler, dass er nicht allein die Natur nachahmen, sondern sie auch idealisch vorstellen solle, und er also in seiner Darstellung das Wahre mit dem Schönen zu vereinigen habe.

§ 37
Die Haltung des Körpers sei gerade, die Brust herausgekehrt, die obere Hälfte der Arme bis an die Ellbogen etwas an den Leib geschlossen, der Kopf ein wenig gegen den gewendet, mit dem man spricht, jedoch nur so wenig, dass immer drei Viertel vom Gesicht gegen die Zuschauer gewendet ist.

§ 39
Sie sollen daher auch nicht aus missverstandener Natürlichkeit untereinander spielen, als wenn kein Dritter dabei wäre; sie sollen nie im Profil spielen noch den Zuschauern den Rücken zuwenden. Geschieht es um des Charakteristischen oder um der Notwendigkeit willen, so geschehe es mit Vorsicht und Anmut.

Haltung und Bewegung der Hände und Arme

§ 56
Die malende Gebärde mit der Hand gegen die Brust, sein eigenes Ich zu bezeichnen, geschehe so selten als

nur immer möglich und nur dann, wenn es der Sinn unbedingt fordert, als z. B. in folgender Stelle der „Braut von Messina“:

[98] Ich habe keinen Hass mehr mitgebracht,
Kaum weiß ich noch, warum wir blutig stritten.

Hier kann das erste *Ich* füglich mit der malenden Gebärde durch Bewegung der Hand gegen die Brust bezeichnet werden.
Diese Gebärde aber schön zu machen, so bemerke man: dass der Ellbogen zwar vom Körper getrennt werden und so der Arm gehoben, doch nicht weit ausfahrend die Hand an die Brust hinaufgebracht werden muss. Die Hand selbst decke nicht mit ganzer Fläche die Brust, sondern bloß mit dem Daumen und dem vierten Finger werde sie berührt. Die andern drei dürfen nicht aufliegen, sondern gebogen über die Rundung der Brust, gleichsam dieselbe bezeichnend, müssen sie gehalten werden.

In der Probe zu beobachten

§ 66
Um eine leichtere und anständigere Bewegung der Füße zu erwerben, probiere man niemals in Stiefeln.

§ 67
Der Schauspieler, besonders der jüngere, der Liebhaber und andere leichte Rollen zu spielen hat, halte sich auf dem Theater ein Paar Pantoffeln, in denen er probiert, und er wird sehr bald die guten Folgen davon bemerken.

Haltung des Schauspielers im gewöhnlichen Leben

§ 78
Dagegen ist es eine wichtige Regel für den Schauspieler, dass er sich bemühe, seinem Körper, seinem Betragen, ja allen seinen übrigen Handlungen im gewöhnlichen Leben eine solche Wendung zu geben, dass er dadurch gleichsam wie in einer beständigen Übung erhalten werde. Es wird dieses für jeden Teil der Schauspielkunst von unendlichem Vorteil sein.

Stellung und Gruppierung auf der Bühne

§ 87
Wie die Auguren mit ihrem Stab den Himmel in verschiedene Felder teilten, so kann der Schauspieler in seinen Gedanken das Theater in verschiedene Räume teilen, welche man zum Versuch auf dem Papier durch rhombische Flächen vorstellen kann. Der Theaterboden wird alsdann eine Art von Damenbrett; denn der Schauspieler kann sich vornehmen, welche Casen er betreten will; er kann sich solche auf dem Papier notieren und ist alsdann gewiss, dass er bei leidenschaftlichen Stellen nicht kunstlos hin und wider stürmt, sondern das Schöne zum Bedeutenden gesellet.

[105] § 91
Hiebei versteht sich von selbst, dass diese Regeln vorzüglich alsdann beobachtet werden, wenn man edle, würdige Charaktere vorzustellen hat. Dagegen gibt es Charaktere, die dieser Würde entgegengesetzt sind, z. B. die bäurischen, tölpischen etc. Diese wird man nur desto besser ausdrücken, wenn man mit Kunst und Bewusstsein das Gegenteil vom Anständigen tut, jedoch dabei immer bedenkt, dass es eine nachahmende Erscheinung und keine platte Wirklichkeit sein soll.

Aus: Johann Wolfgang von Goethe: Regeln für Schauspieler, 1803. In: Eduard Scharrer-Sauten: Die Weimar'sche Dramaturgie. Leipzig 1927, S. 15–19

- *Fassen Sie die wichtigsten Aussagen des Textes zusammen und stellen Sie Zusammenhänge mit der poetologischen Kontroverse zwischen Hassenreuter und Spitta her.*

Schiller: Über den Gebrauch des Chors in der Tragödie

Die wahre Kunst aber hat es nicht bloß auf ein vorübergehendes Spiel abgesehen; es ist ihr ernst damit, den Menschen nicht bloß in einen augenblicklichen Traum von Freiheit zu versetzen, sondern ihn wirklich und in der Tat frei zu machen, und dieses dadurch, dass sie eine Kraft in ihm erweckt, übt und ausbildet, die sinnliche Welt, die sonst nur als ein roher Stoff auf uns lastet, als eine blinde Macht auf uns drückt, in eine objektive Ferne zu rücken, in ein freies Werk unsers Geistes zu verwandeln und das Materielle durch Ideen zu beherrschen.

Und eben darum, weil die wahre Kunst etwas Reelles und Objektives will, so kann sie sich nicht bloß mit dem Schein der Wahrheit begnügen; auf der Wahrheit selbst, auf dem festen und tiefen Grunde der Natur errichtet sie ihr ideales Gebäude.

Wie aber nun die Kunst ganz ideell und doch im tiefsten Sinne reell sein – wie sie das Wirkliche ganz verlassen und doch aufs genaueste mit der Natur übereinstimmen soll und kann, das ist's, was wenige fassen, was die Ansicht poetischer und plastischer Werke so schielend macht, weil beide Forderungen einander im gemeinen Urteil geradezu aufzuheben scheinen. [...]

Beide Forderungen stehen so wenig im Widerspruch miteinander, dass sie vielmehr – eine und dieselbe sind; dass die Kunst nur dadurch wahr ist, dass sie das Wirkliche ganz verlässt und rein ideell wird. Die Natur selbst ist nur eine Idee des Geistes, die nie in die Sinne fällt. Unter der Decke der Erscheinungen liegt sie, aber sie selbst kommt niemals zur Erscheinung. Bloß der Kunst des Ideals ist es verliehen, oder vielmehr es ist ihr aufgegeben, diesen Geist des Alls zu ergreifen und in einer körperlichen Form zu binden. Auch sie selbst kann ihn zwar nie vor die Sinne, aber doch durch ihre schaffende Gewalt vor die Einbildungskraft bringen und dadurch wahrer sein als alle Wirklichkeit und realer als alle Erfahrung. Es ergibt sich daraus von selbst, dass der Künstler kein einziges Element aus der Wirklichkeit brauchen kann, wie er es findet, dass sein Werk in allen seinen Teilen ideell sein muss, wenn es als ein Ganzes Realität haben und mit der Natur übereinstimmen soll.

[...]

Durch Einführung einer metrischen Sprache ist man indes der poetischen Tragödie schon um einen großen Schritt näher gekommen. Es sind einige lyrische Versuche auf der Schaubühne glücklich durchgegangen, und die Poesie hat sich durch ihre eigene lebendige Kraft, im Einzelnen, manchen Sieg über das herrschende Vorurteil errungen. Aber mit den Einzelnen ist wenig gewonnen, wenn nicht der Irrtum im Ganzen fällt, und es ist nicht genug, dass man das nur als eine poetische Freiheit duldet, was doch das Wesen aller Poesie ist. Die Einführung des Chors wäre der letzte, der entscheidende Schritt – und wenn derselbe auch nur dazu diente, dem Naturalism in der Kunst offen und ehrlich den Krieg zu erklären, so sollte er uns eine lebendige Mauer sein, die die Tragödie um sich herumzieht, um sich von der wirklichen Welt rein abzuschließen und sich ihren idealen Boden, ihre poetische Freiheit zu bewahren.

Aus: Friedrich Schiller: Über den Gebrauch des Chors, Vorwort zu: Die Braut von Messina, in: Schillers Werke. Bd. X der Nationalausgabe. Weimar 1980, S. 9–11

■ *Fassen Sie die wichtigsten Aussagen des Textes zusammen und stellen Sie Zusammenhänge mit der poetologischen Kontroverse zwischen Hassenreuter und Spitta her.*

Gustav Freytags Theorie des Dramas (Auszug)

Die dramatische Person soll menschliche Natur darstellen, nicht wie sie sich tätig und gefühlvoll in ihrer Umgebung regt und spiegelt, sondern ein großartig und leidenschaftlich bewegtes Innere, welches danach ringt, sich in die Tat umzusetzen, Wesen und Tun anderer umgestaltend zu leiten. [...]
Aber die Charaktere, welche durch die Poesie und ihre helfenden Künste vorgeführt werden, vermögen ihr inneres Leben nur zu betätigen an einem Geschehenden, als Teilnehmer an einer Begebenheit, deren Verlauf und innerer Zusammenhang durch die dramatischen Vorgänge in der Seele der Helden dem Zuhörer deutlich wird. Diese Begebenheit, wenn sie nach den Bedürfnissen der Kunst zugerichtet ist, heißt die Handlung. [...]
Die Handlung des ernsten Dramas muss folgende Eigenschaften haben:
Sie muss eine fest geschlossene Einheit bilden.
Dies berühmte Gesetz hat bei Griechen und Römern, bei Spaniern und Franzosen, bei Shakespeare und den Deutschen sehr verschiedene Anwendung erfahren, welche zum Teil durch die Kunstgelehrten, zum Teil durch die Beschaffenheit der Bühnen veranlasst wurde. Das Verengen seiner Forderung durch die französischen Klassiker und der gegen die drei Einheiten von Ort, Zeit, Begebenheit geführte Kampf der Deutschen haben für uns nur noch ein literarhistorisches Interesse. [...]
Aber auch das Leben von Privatpersonen ist seit Jahrhunderten aus dem äußeren Zwange bestimmender Überlieferung herausgehoben, mit Adel und innerer Freiheit, mit kräftigen Gegensätzen und Kämpfen angefüllt. Überall, wo in der Wirklichkeit ein Kreis weltlicher Ziele und Handlungen von der Zeitbildung durchdrungen ist, vermag aus seiner Lebenslust ein tragischer Held herauszuwachsen. Es kommt nur darauf an, ob ihm ein Kampf möglich ist, welcher nach der gemeingültigen Empfindung der Zuschauer ein großes Ziel hat und ob das Gegenspiel eine entsprechende, achtungswerte Tätigkeit entwickelt. Da aber die Wichtigkeit und Größe des Kampfes nur dadurch eindringlich gemacht werden kann, dass der Held die Fähigkeit besitzt, sein Inneres in großartiger Weise mit einer gewissen Reichlichkeit der Worte auszudrücken, und da diese Forderungen bei solchen Menschen, welche dem Leben der Neuzeit angehören, sich steigern, so wird auch dem modernen Helden auf der Bühne ein tüchtiges Maß seiner Zeitbildung unentbehrlich sein. Denn nur dadurch erhält er innere Freiheit. Deshalb sind solche Klassen der Gesellschaft, welche bis in unsere Zeit unter dem Zwang epischer Verhältnisse stehen, deren Leben vorzugsweise durch die Gewohnheiten ihres Kreises gerichtet wird, welche noch unter dem Druck solcher Zustände dahinsiechen, die der Hörer übersieht und als ein Unrecht verurteilt, solche endlich, welche nicht vorzugsweise befähigt sind, Empfindungen und Gedanken schöpferisch in Rede umzusetzen, zu Helden des Dramas nicht gut verwendbar, wie kräftig auch in diesen Naturen die Leidenschaft arbeite, wie naturwüchsig stark ihr Gefühl in einzelnen Stunden hervorbreche.
Aus dem Gesagten folgt, dass das Trauerspiel darauf verzichten muss, seine Bewegung auf Motive zu gründen, welche von der Empfindung der Zuschauer als kläglich, gemein oder als unverständig verurteilt werden. Auch dergleichen Beweggründe vermögen einen Mann in den heftigsten Kampf mit seiner Umgebung zu treiben, aber die dramatische Kunst wird, im Ganzen betrachtet, nicht imstande sein, solche Gegensätze zu verwerten. Wer aus Gewinnsucht raubt, stiehlt, mordet, fälscht, wer aus Feigheit ehrlos handelt, wer aus Dummheit und Kurzsichtigkeit, aus Leichtsinn und Gedankenlosigkeit kleiner und schwächer wird, als die Verhältnisse ihn fordern, der ist als Held eines ernsten Dramas völlig unbrauchbar.
Wenn vollends ein Dichter die Kunst dazu entwürdigen wollte, gesellschaftliche Verbildungen des wirklichen Lebens, Gewaltherrschaft der Reichen, die gequälte Lage Gedrückter, die Stellung der Armen, welche von der Gesellschaft fast nur Leiden empfangen, streitlustig und tendenzvoll zur Handlung eines Dramas zu verwerten, so würde er durch solche Arbeit wahrscheinlich die Teilnahme seiner Zuschauer lebhaft erregen, aber diese Teilnahme würde am Ende des Stückes in einer quälenden Verstimmung untergehen. Die Schilderung der Gemütsvorgänge eines gemeinen Verbrechers gehört in den Saal des Schwurgerichts, die Sorge um Besserung der armen und gedrückten Klassen soll ein wichtiger Teil unserer Arbeit im wirklichen Leben sein, die Muse der Kunst ist keine barmherzige Schwester.

Aus: Gustav Freytag: Die Technik des Dramas, Darmstadt 1965, S. 20, 26, 58f.

■ *Fassen Sie die wichtigsten Aussagen des Textes zusammen und stellen Sie Zusammenhänge mit der poetologischen Kontroverse zwischen Hassenreuter und Spitta her.*

Eine Theaterkritik zur Züricher Inszenierung von 1965

„Ein problematisches Stück sind ‚Die Ratten', ein Höhepunkt des realistischen Theaters, gerade dadurch, dass sie den puren Realismus weit überschreiten. Aus einem scheinbar höchst simplen dramatischen Grundgefüge, der Überschneidung zweier sozialer Kreise, der im Grunde bürgerlichen Welt des Theaterdirektors Hassenreuter und der proletarischen Welt der um ein Kind betrogenen Putzfrau John, gewinnt er eine Sprengkraft, die die Welt entlarvt, ihre Brüchigkeit bloßlegt, die Welt des gestorbenen 19. Jahrhunderts und darüber hinaus unsere heutige Welt. Man könnte sich eine Inszenierung denken, in der Johns Ausbruch, sein Haus sei durch und durch zerfressen von den Ratten, Ziel und Mittelpunkt wäre, wo also alles im Dienst einer vom Realismus nur durchsichtig bedeckten visionären Schau stände.
Lindtbergs Regie ist nicht so gewalttätig. An seiner Arbeit besticht die Feinarbeit, die sorgsame Verfugung der einzelnen Elemente, der Eindruck, hier sei das Werk von neuem und ohne vorgefasste Meinung durchgedacht worden. Kühn ist an dieser Inszenierung das, was an ihr zurückhaltend ist, das, worin sie verzichtet auf das spektakulär Dramatische. Kühn ist also der kaum komische, noble Hassenreuter, wie ihn Fritz Schulz spielt. Er ist ein Herr, er ist sogar vielleicht ein Künstler, ein menschenfreundliches Wesen, klassisch gesinnt bis in die Knochen, aber kein Lügner. Schulz gibt den Hassenreuter ohne jeden Drücker, ohne Schmuddligkeit. Da ist noch eine Spur altfränkischer Verlässlichkeit, er ist Hausbesitzer und Hausvater zugleich. Was in seinem Haus geschieht, überrennt ihn, diese Welt versteht er als Bürger nicht mehr. Wohl aber geht ihm an dieser Welt eine neue Möglichkeit des Theaters auf, eben des Theaters, das Hauptmann geschaffen hat.
Als Fürsprech dieses neuen Theaters steht der junge Spitta da, der ungelenke Theologe, der ausgerechnet Schauspieler werden will, sich zu Hassenreuter verirrt, dort nur lernt, wie man (oder jedenfalls er) es nicht machen kann und machen darf, Spitta, der auf der Bühne seinen eigenen Stil, den Stil des neuen Theaters entdeckt. Peter Brogle spielt diesen Spitta in seiner ganzen Verklemmung und seiner endlichen Befreiung, spielt ihn schüchtern und verwegen zugleich, mit dem Mut der Verzweiflung über das eigene Versagen. Das ist sehr subtil, immer erlebt, eine Tat vor allem darin, dass Brogle die ihm so reich gegebenen komödiantischen Möglichkeiten asketisch beiseite schiebt und ganz von innen heraus gestaltet. Gretler, der den alten Spitta monumental versteinert verkörpert, ist diesem Sohn das richtige Gegengewicht.
Mit der Besetzung des John und seiner Frau ist Lindtberg auf sicher gegangen. Walter Richter und Heidemarie Hatheyer mussten unfehlbar Wesentliches gestalten und noch unfehlbarer das Publikum mitreißen. Beide gaben sie dumpfes Volk, Instinkt, Natur, spielten es so, als sei es Natur selbst, als könnten sie überhaupt nicht anders und nichts anderes spielen. [...] An der Frau John Heidemarie Hatheyers ist das Bestürzendste eigentlich ihre tiefe Ähnlichkeit mit ihrem Bruder, dem Mörder. Sie sind wirklich Geschwister, aus einem Stamm, einer Grundart. Beide sind sie auf das Verbrechen hin angelegt, Zufall ist es, ob sie die Anlage ausleben müssen oder nicht. So ist denn auch der Abschied vom Bruder etwas vom Stärksten der Aufführung, hier lebt die Mutter John ihre Mütterlichkeit wahrhaft aus, hier ist sie nicht usurpiert Mutter. Das ganze Spiel hindurch hält sich diese Frau John schwebend zwischen Bosheit und Güte, zwischen Ordnung und Verfall. Das ist in seiner Art einzig."

Brock-Sulzer: Theaterkritik zur Züricher Inszenierung von Gerhart Hauptmanns „Die Ratten", 1965. In: Theater heute 1965, Heft 11, S. 54

■ *Stellen Sie die in der Kritik deutlich werdenden positiven und negativen Beurteilungsaspekte in übersichtlicher Form zusammen.*

Eine Theaterkritik zur Düsseldorfer Inszenierung von 1976

[...]

Die Düsseldorfer Bühnenfassung legt den Akzent auf die einzelnen Charaktere, nicht auf den Handlungsablauf. So macht sie, indem sie herkömmlich als Schwäche des Stücks bezeichnete Verästelungen und quasi pedantische Ausführlichkeit betont, zu seiner Stärke. Schwerpunkte werden durch Umstellungen hervorgehoben. Die Künstlichkeit einer Theater- und Mittelstands-Bürgerwelt im Gegensatz zu Proletariern und Arbeitern; Verständnis ist nicht möglich; jeder steht isoliert für sich.

Diese Unmöglichkeit von Kommunikation in Bilder umzusetzen, gelang Utzerath und den Schauspielern eben nicht durch das Erzählen einer ‚Berliner Tragikomödie', sondern durch das Aneinanderreihen von Szenen mit Menschen, die ihre Nöte unter einer dicken Kruste von Eitelkeit und Selbstsucht verstecken oder nach dumpfem Schweigen aufbrechen, ihre Qual hinausschreien. Das Hinwenden zu den Menschen, die als einzelne ihr Schicksal tragen, gibt den Blick frei auf die Schauspieler. Und Utzerath brachte sie zu hervorragenden Leistungen.

Das Signal, dass hier etwas Neues, Unerhörtes auf der Bühne geschieht, ist gleich beim Aufgehen des Vorhangs gesetzt: Ein riesiger Raum, nur mit Matratzen gefüllt, in den die Schauspieler durch Falltüren heraufsteigen. Links eine rot-weiß-goldene Theaterloge. Dass es sich nicht um Theater-Manierismus handelt, beweist natürlich erst die gesamte Aufführung. Der Zuschauer muss sich erst ein-sehen und vor allem ein-hören. Der unterschiedlich gefärbte (und gekonnte) Berliner Akzent ist nicht gleich gut verständlich; und – das leider während der ganzen drei Aufführungs-Stunden – der große, mit Matratzen gepolsterte Bühnenraum verschluckt vieles.

Auch die Betonung der Künstlichkeit ist zu Anfang gesetzt: Theaterdirektor Hassenreuther (Wolfgang Arps) probiert mit seinen Eleven Schillers ‚Braut von Messina' in ungetrübt prätentiöser Pose. Mit derselben pathetisch-artifiziellen Geste wird er zum Schluss ein weißes Tuch über das Seelen-Schlachtfeld der Johns werfen. Kindesraub, Mord, Selbstmord können seinen Kunst-Sockel nicht zum Wanken bringen.

Wie eine fotografische Serie breitet Utzerath die Typologie der Hauptmann-Geschöpfe vor uns aus (Nicht umsonst ist das Programm mit August Sanders Stände-Fotos[2] illustriert.): Authentische Dokumentation (wie Sanders Fotografien) und gleichzeitig durch die Mittel eines künstlichen Mediums (das Theater) auf eine un-wirkliche Ebene gerückt. Was sich bei der Fülle, vor allem ‚realistischer' Theaterexperimente wie eine Revolution ausnimmt, ist also tatsächlich die Rückkehr zu den herkömmlichen, theater-eigenen Möglichkeiten.

Dass diese bei Utzerath ja gewohnte Rückbesinnung Zukunft hat, zeigen die Schauspieler. Sie fesseln das Publikum drei Stunden lang – was man von der Geschichte der Frau John nicht behaupten kann, die das Kind des Dienstmädchens Pauline Piperkarcka als eigenes ausgibt und sich verzweifelt bis zu Mord und Selbstmord an das Kind hängt. Die Bilder von Menschen, die Utzerath vorführte, gehen uns direkt an!

[...]

Liebe kennen diese Menschen nicht, höchstens Sex, der aber auch nicht gelingen will; nicht einmal bei dem Ex-Theologiestudenten und Schauspielschüler Erich Spitta (Michael Abendroth, sehr behutsam, fast zaghaft) und Walburga, Theaterdirektors-Tochter (Alberta Schatz, spontan und frisch). Die Ersatzhandlung – Erich sticht mit einer Theaterlanze, von Freiheitsparolen geschüttelt, in eine Matratze; Walburga begleitet die Hiebe mit wollüstigem Stöhnen – ist beispielhaft für Utzeraths Analyse mit Bildern.

Die einzigen, die Zärtlichkeit füreinander aufbringen, sind Frau John und ihr Mörder-Bruder Bruno, die am tiefsten Gesunkenen. Vorsichtig streichelt, wäscht und füttert die John ihren Bruder; ein Bild, das in Erinnerung bleibt, wie die ihre Verzweiflung herausheulende Frau John, die ihr Gesicht in den Matratzen-Bergen vergräbt. John hat sich stumm ans Grammofon gesetzt, seiner Frau den Rücken zugedreht und hört deutschen Gesang."

Amine Haase, in: Rheinische Post. Nr. 224, 24. September 1976.

---

1 Haase zitiert (ungenau) aus Thomas Manns Rede zu Hauptmanns 90. Geburtstag.

2 August Sander (1876–1964), Porträtfotograf; arbeitete seit 1910 an dem Projekt „Menschen des 20. Jahrhunderts". Abgelichtet werden sollten „idealtypische Vertreter" aller Gesellschaftsschichten und Berufsgruppen. Der erste und einzige Band einer insgesamt auf 20 Folgen angelegten Reihe erschien 1929 unter dem Titel „Antlitz der Zeit".

■ *Stellen Sie die in der Kritik deutlich werdenden positiven und negativen Beurteilungsaspekte in übersichtlicher Form zusammen.*

Eine Theaterkritik zur Berliner Inszenierung von 2007

Grandiose Bückware – Thalheimers „Ratten"

Auf dem Dachboden des Grauens treffen sich die Unglücklichen. Regisseur Michael Thalheimer inszeniert am Deutschen Theater die Tragikomödie „Die Ratten". Gerhart Hauptmanns Stück über Putzfrauen, Dienstmädchen und arme Männer ist ein erster Höhepunkt der Saison.

Zappenduster ist's auf dem Oberboden einer Mietskaserne am Berliner Alexanderplatz. Und doch liebt und zankt, keimt, fackelt, raucht und blutet hier im dunklen Dreck wie verrückt und unheimlich wie blindwütiges Rattengezücht das Leben.

Dabei ist dieser Ort auf halber Bühnenhöhe zwischen Himmel und Hölle der einzige, wahrlich einzig pässliche, an dem Regisseur Michael Thalheimer in Berlins Deutschem Theater Gerhart Hauptmanns Tragikomödie „Die Ratten" zum beklemmenden Taumel bringt. Immer beängstigend dicht entlang an der steilen Absturzkante. Denn dieser so unheimliche wie insgeheim auch heimelige Unort ist rattengleiche Zuflucht für alles, was jenseits von ihm, in des Tages heller und auch bürgerlich guter Ordnung, nicht sein darf.

Wieder ein tolles Bühnenbild

So gerät denn dieser Dachboden, den Olaf Altmann in ganzer Breite und Tiefe in den Guckkasten des Deutschen Theaters bretterte, bloß knapp schulterhoch. Aufrechten Gangs also ist er nicht betretbar. „Die Ratten" spielen quasi in einem Spalt. Wie zwischen zwei riesigen Schraubzwingen, dem monumental abstrahierten Bild für den Sumpf der faulen Menschenverhältnisse im Berlin von vor einhundert Jahren, das zugleich ein Sinnbild gibt für – so der Autor – „die unabirrbaren Blutbeschlüsse der Schicksalsmächte", diesen immerwährenden, ewigen Qualen der Menschheit.

Allein Altmanns Architektur wäre wieder ein „Bühnenbild des Jahres". Wie einst seine brutal deckenhohe Bretterwand für Thalheimers „Orestie"-Inszenierung im gleichen Haus vor just einem Jahr.

Horst Lebinsky als Harro Hassenreuter und Isabel Schosnig als Alice Rütterbusch. Damals klatschte die Regie die antiken Figuren fatalistisch an die Wand. Jetzt lässt sie Hauptmanns Proleten- und Kleinbürgerpersonal nicht ohne Komik gebeugten Rückens lebenswütig zappeln und auch verrecken zwischen des Schicksals ehernen Zwingen. Ein trefflich stilisierter Rahmen, in dem eine schauspielerisch suggestive Beeindruckungsmaschine wie geölt auf Hochtouren läuft im magisch traurige Terzen träufelnden Soundtrack von Bert Wrede. Das Sentiment des Hauptmann'schen Naturalismus sozusagen abstrakt gefasst und konsequent aufs Tragödische gestellt.

Die Putzfrau und das polnische Dienstmädchen

Dafür wird die herzenswehe Geschichte der kinderlosen Putzfrau John (Constanze Becker) auf den aberwitzigen Clinch zweier Muttertiere konzentriert. Kauft doch die John, die ihren Mann, den Maurerpolier John (Sven Lehmann), mit Nachwuchs überraschen und also ihre Ehe sicherstellen will, dem polnischen Dienstmädchen Piperkarcka (Regine Zimmermann) deren uneheliche, auf besagtem Dachboden das Licht der Finsternis heimlich erblickende Frucht ab.

Piperkarckas erwachendes schlechtes Gewissen, ihr machtvoll sich Bahn brechender Mutterinstinkt sowie der Johns geradezu wahnsinniges Klammern am kriminellen Status quo, das schließlich zum ungewollten Mord an der Piperkarcka und zum Selbstmord der John führt, diese „unabirrbar" in die Katastrophe schlitternde Polizeiakten-Story blättert Thalheimer genial gerafft auf in einer soghaften Folge archaisch komponierter Schauspiel-Bilder.

Da ducken sich lauter Kraftpakete sprachlich-gestischer Energie an der düster dräuenden Absturzrampe. Da bekommt das Elend im Hinterhof-Milljöh unversehens archetypische[1] Kontur. Da erwächst aus dem lokalen, teils auch angestrengten Icke-Dette-Dialekt geradezu gespenstisch ein menschheitlicher Klageton.

Die Inszenierung: So karg wie stark

Und es ist, dies sei ausdrücklich vermerkt, sonderlich Sven Lehmann, der das prall Berlinische schlagend virtuos beherrscht, um sich schließlich darin empor zu schrauben zum unvergesslichen, einsam im Leid erstarrten Schmerzensmann.

Dass Hauptmann seine Tragödie zugleich komisch kontrapunktiert mit einem durchgeknallt reaktionären, aber ausgedienten Theaterdirektor (aasig schmierig: Horst Lebinsky), der einen unglücklichen Schüler (bemitleidenswert: Mathis Reinhardt) sowie Frau und Tochter tyrannisiert (armselig verhuscht: Barbara Schnitzler; teenagerhaft trotzig: Lotte Ohm),

[1] urförmige, elementare

das alles bleibt zwar nebensächlich, wird aber nicht unter den Dachbodenschmutz gekehrt, sondern pointiert und knapp ausgestellt.

Wie auch die anderen Bewohner des Rattennests intensiv konturiert sind: etwa Frau Johns blutrünstiger Bruder (Niklas Kohrt), die kleine Nutte Alice (Isabel Schosnig), die große Hure Knobbe (Kathrin Klein) mit ihrer vernachlässigten Tochter (Henrike Jörissen) sowie ein elend schleimiger Zuträger (Michael Benthin).

Thalheimers „Ratten“-Inszenierung darf als ein Höhepunkt seiner ingeniös[1] redundanzfreien[2] Auf-den-Punkt-Bringe-Poesie gelten. Sie ist so karg wie stark. So fantastisch wie lakonisch[3]. So gedankenschwer und universal wie leicht und konkret. Ein erhellendes Denk-, ein grandioses Mitfühlstück. Das Publikum raste hingerissen.

Reinhard Wengerick
Quelle: Welt Online Kultur, 7. Oktober 2007

[1] scharfsinnig
[2] frei von weglassbaren Elementen
[3] kurz, einfach ausgedrückt

■ *Stellen Sie die in der Kritik deutlich werdenden positiven und negativen Beurteilungsaspekte in übersichtlicher Form zusammen.*

Literaturverzeichnis

Textausgabe:

Gerhart Hauptmann: Die Ratten. Berliner Tragikomödie, Berlin ³⁶2007.

Literatur:

Bellmann, Werner: Gerhart Hauptmann, Die Ratten. Erläuterungen und Dokumente, Stuttgart 2000.

Bellmann, Werner: Rinnsteinsprache. Anmerkungen zu Hauptmanns „Die Ratten", in: Wirkendes Wort 37 (1987), S. 265–268.

Chapiro, Joseph: Gespräche mit Gerhart Hauptmann, Frankfurt u. a. 1996.

Guthke, Karl S.: Gerhart Hauptmann, München 1980.

Ders.: Gerhart Hauptmann und die Kunstform der Tragikomödie, in: Germanisch-Romanische Monatsschrift 38 (1957), S. 349–369.

Hoefert, Sigfrid: Gerhart Hauptmann, [2]1982 (= Sammlung Metzler Bd. 107)

Klotz, Volker: Geschlossene und offene Form im Drama, München [14]1999.

Kohrs, Peter: Deutsch in der Oberstufe. Ein Arbeits- und Lesebuch, Paderborn 2007.

Leppmann, Wolfgang: Gerhart Hauptmann. Leben, Werk und Zeit, Bern u. a. 1986.

Mittler, Rudolf: Theorie und Praxis des sozialen Dramas bei Gerhart Hauptmann, Hildesheim u. a. 1985.

Pasche, Wolfgang: Gerhart Hauptmann, „Die Ratten". 39 Arbeitsblatter mit didaktisch-methodischen Kommentaren, Stuttgart u. a. 1999.

Pilz, Georg: Deutsche Kindesmord-Tragödien, München 1982.

Reichart, Walter A.: Grundbegriffe im dramatischen Schaffen Gerhart Hauptmanns, in: PMLA 82 (1967), S. 142–151.

Schrimpf, Hans Joachim (Hrsg.): Gerhart Hauptmann, Darmstadt 1976.

Sprengel, Peter: Gerhart Hauptmann. Epoche-Werk-Wirkung, München 1984.

Tank, Kurt: Hauptmann. Mit Selbstzeugnissen und Bilddokumenten, Hamburg [24]1995.